中国社会科学院
日本研究所
INSTITUTE OF JAPANESE
STUDIES,CASS

"登峰战略"系列研究成果

SELECTED PAPERS ON
JAPANESE STUDIES,1981-2020

日本研究文选
（1981~2020）上 册

杨伯江　主　编

王晓峰　吕耀东　张季风　副主编

社会科学文献出版社
SOCIAL SCIENCES ACADEMIC PRESS (CHINA)

前　言

　　时值中国社会科学院日本研究所成立 40 周年，特推出《日本研究文选（1981～2020）》以飨读者，以资纪念。作为中国社会科学院所属专事当代日本研究的国别问题研究所，日本研究所自 1981 年成立至今已逾 40 载，成员年有更替，记录在册之总数有 200 余人，目前在编人员 52 人，非在编人员 4 人，设有日本政治、经济、外交、社会、文化及综合战略六个研究室。

　　多年来，在院领导的亲切关怀、指导和各职能部门的大力支持和帮助下，日本研究所全体同仁筚路蓝缕，砥砺前行，为民献智，为国献策，以基础理论研究和应用政策研究双领域的出色工作，为我国改革开放和经济社会发展借鉴日本的经验教训、为社会民众全面深入了解当今日本、为推动中日关系健康发展以打造和谐稳定的外部环境、为中国社会科学院发挥党中央思想库智囊团的作用，尽到了应有的职责。40 年来，研究所人员新老交替，国内外形势日新月异，但研究所刻苦钻研、为民为国的精神始终如一，并在新的历史时期不断发扬光大。这种精神是老一辈科研人员开创事业的动力所在，也是激励新一代科研人员奋发进取的不竭源泉。

　　当然，日本研究所的研究工作离党和人民的要求还有不小差距，国内众多兄弟单位也在锐意进取，日本研究势如百舸争流，优秀成果多若过江之鲫。放眼未来，日本研究所绝无故步自封的理由，更无"自娱自乐"的资本，只有力戒浮躁、自觉自持、守正创新、步伐坚实，才能真正实现高质量发展，取得更大成绩。

　　日本研究所的研究内容涉及日本和中日关系多个方面，因篇幅所限，本文选只能选择部分公开发表的论文和研究报告，在经过严格压缩后集辑出版，用以展示我们的成果于一二。由于技术原因，部分退休人员的论文未能收录其中，在此深表遗憾。此外，为便于读者全面了解文选中论文的观点，每篇论文在结尾处注明了原文出处，以方便读者循迹检索。由于时间、水平所限，文选中错漏舛误之处在所难免，敬请广大读者和业内专家同行不吝批评指正。

杨伯江

2021 年 1 月 31 日

目　录

上　册

政治安全篇

外交关系篇

下 册

经济科技篇

社会文化篇

历史研究篇

政治安全篇

改革开放以来中国的日本研究[*]

孙 新[**]

1972 年，中日实现邦交正常化，揭开了两国关系新的篇章，更多国人把目光投向日本，开始全方位地关注我国的这个近邻。1978 年，我国实行改革开放政策，工作重点转移到经济建设上来，对世界第二经济大国日本的研究随即掀起热潮，大批研究机构应运而生，研究队伍迅速壮大，中国的日本研究进入新的发展时期。30 年来，通过广大研究人员的辛勤努力，我国涌现出了大批日本研究成果，社会影响范围不断扩大，为中日关系的发展和国家的经济社会建设做出了应有的贡献。

一 改革开放以来中国的日本研究的轨迹及总体特征

（一）轨迹

30 年来，中国的日本研究是与中国改革开放和现代化建设的需要同步进行的，是与中日关系的发展紧密联系在一起的。根据每一时期主要关注点的不同，可以把 30 年来中国的日本研究分为以下四个阶段。第一阶段即 20 世纪 80 年代，是"日本经济成功之谜"成为主要关注点的时期。"文革"后，中国百废待兴。在毛泽东、周恩来等第一代领导人和邓小平等第二代领

---

[*] 本文系作者在中国社会科学院纪念改革开放 30 周年系列学术报告会上的报告摘要。

[**] 孙新，中国社会科学院日本研究所研究员，研究方向为日本政治与经济、中日关系。

导人营造的中日友好氛围下，改革开放的现实需求、实现现代化进程中引发的诸多课题，使中日关系成为我国最重要的双边关系之一，形成了加强对近邻日本研究的共识，掀起了研究日本的热潮。对于这一时期的日本研究，不管专业是经济、政治、外交，还是社会、文化，其焦点都在于揭示"日本为什么经济上能够成功"。例如：在经济上，揭示政府主导型宏观经济管理模式和以"三种神器"（终身雇佣、年功序列、企业内工会）为核心的企业管理模式的特征；在政治上，揭示自民党长期执政的成功经验；在文化上，揭示以"集团主义"为核心的有利于经济发展的企业文化的特征；等等。总之，这一时期的日本研究的主线侧重于日本经济，以正面研究日本快速发展的成功经验为主，为中国的现代化建设提供借鉴。

第二阶段即20世纪90年代前半期，是"日本政治右倾保守化"成为主要关注点的时期。20世纪80年代后期，日本出现了严重的泡沫经济现象，随着我国经济的快速发展以及日本政治右倾保守化日趋明显，我国对借鉴日本经济成功经验的热情减退，对日本政治走向的关注度提高。在这一背景下，我国的日本研究的主要关注点也由日本经济转向日本政治。针对当时日本一些右翼政客和社会上的右翼势力开始有组织地为其侵略历史翻案的言行，我国的对日研究人员进行了针锋相对的斗争，对其错误言行进行了深入的分析和批驳。"日本为何不愿彻底反省侵略历史？"成为这一时期的研究焦点。其他问题则成为这一时期日本研究的副线。

第三阶段即20世纪90年代后半期，是"日本的挟美制华外交"成为主要关注点的时期。冷战后，日本政府仍坚持维护和强化日美军事同盟。1997年9月日美公布了新的《日美防卫合作指针》。1999年4月日本国会通过相关法案，即"周边事态法"等。这一强化军事同盟的动向及其针对中国的意图，引发中国学术界的极大关注。日本的"政治大国化""普通国家化"以及中日关系的"重新调整"，成为这一时期我国日本研究的焦点，也就是说，在这一时期，日本研究的主要关注点在日本的外交方面。

第四阶段即21世纪初期，是"日本民族性特征"成为主要关注点的时期。进入 21 世纪，随着中日关系的曲折发展和中国的日本研究的不断深入，我国学术界和其他相关人士对日本经济、政治与外交行为方式背后的总体民族特性的关注度日益提高。力图从总体上认识日本、认识日本人，是当前日本研究的突出特点。这标志着我国的日本研究正在进入更加深入、综合的新阶段。

（二）总体特征

1. 研究范围不断扩大

改革开放初期，我国的日本研究以日本经济、外交等为主，随着改革开放的深入发展，日本研究涵盖的范围越来越大，领域越来越广，扩展到政治、军事、科技、社会、文化、历史、语言等方面。目前对日本的研究可以说是全方位的研究。当然，根据形势的发展和任务的不同，不同时期的研究热点会不一样，关注点会有所不同。

2. 研究深度不断提高

从上述日本研究的轨迹可以看得比较清楚，初期对日本经济、社会的过度颂扬构成了日本研究的主色调；随着时间的推移，开始从历史发展的角度研究日本的政治、文化、语言转向专业性的大文化的综合研究，揭示日本经济沉浮背后隐藏着的深刻矛盾，辩证地看待日本社会、经济变化以及客观地分析、预测其未来的发展。

3. 研究视野不断拓宽

随着解放思想、实事求是精神的深入人心，禁锢人们头脑的枷锁不断被打破，我国日本研究工作者的思想活跃，学术视野日益开阔。在经济全球化和区域化的大潮中，他们对日本的研究超越国别，开始将日本置于地区乃至世界的视野中进行研究，出现一些新的成果，譬如，以日本国别研究为先导，系统、深入论述东亚历史与现实的学术著作不断涌现。

4. 研究方法不断创新

随着研究工作的深入开展，对有关日本研究自身理论建设的探讨逐步开展，研究方法的创新越来越重要。比如，在比较研究方法的基础上，鼓励不同学科之间交叉渗透和提出新的研究方法，即从事物的关联性中把握研究对象，提出一些过去局限于各自学科中的未被发现的规律和新观点，学术气氛日趋活跃，研究方法不断创新。

二 近年来日本研究的理论动态

（一）中日关系受到空前关注

2001 年 4 月小泉纯一郎出任日本首相以后，以参拜靖国神社等强硬姿态挑起了新一轮的中日政治摩擦。针对这一现实，中国国内出现了围绕中日关系和对日政策的讨论，有力地推动了中日关系研究的深入发展。

1. 如何认识冷战结束后特别是21世纪初中日关系的新特点？

这一时期的大量论著认为：中日关系在国际环境、两国国内条件以及双方相互作用的变化下，进入了重新调整、重新定位的转折期；这一时期的特点是中日关系在双边和地区两个层次上处于和平与竞争共存、共同利益与相互矛盾同在的状态；未来中日关系有友好、非敌非友、对抗三种可能性；中国的对日政策应以争取友好前景、防止对抗前景为基调；中日共同牵引东亚经济、推动区域合作是摆在今后两国关系面前的机遇和挑战。

2. 从民众心理、相互认知和舆论作用的角度分析中日关系的症结

21 世纪初，中日关系的一大特点是两国新闻媒体、社会舆论的关系日益密切，民众之间的沟通日益频繁，其对两国政治、安全与经济关系的影响日益增大。这一时期的大量论著运用舆论形成、新闻传播、民众心理、相互认知等人文社会科学领域的最新理论，分析了中日关系的上述新现象和新趋势。应该提到的是《日本学刊》2002 年、2004 年、2006 年第 6 期分别刊登了中国社会科学院日本研究所进行的三次"中日舆论调查"的结果和分析报告。这些调查表明，日本否认侵略历史动向猖獗及小泉首相参拜靖国神社是近年来中国民众对日本少有亲近感的主要原因。

3. 如何调整和制定转折期的对日政策？

2006 年 10 月，中日关系以安倍成功访华为契机实现了转圜，打破了首脑互访与会谈中断的政治僵局。国内学术界为这一进程做了大量理论准备，为实现安倍访华起到了推动作用。安倍访华之后，对于如何保持良好发展势头，推动中日关系健康稳定发展，学界积极地提出政策建议。

（二）日本战略走向成为一大焦点

1. 如何认识日本走向政治大国？

很多论著认为，近年来，日本加快了走向政治大国的步伐。以强大的经济和科技力量为后盾，走"以经促政"的发展道路；以进一步加强日美同盟为基础，全面拓展国际政治空间；以成为联合国安理会常任理事国为重要目标，着力扩大国际事务发言权。大量论著对日本追求政治大国目标的背景、进程、前景做了深入分析。

2. 如何认识日本政治右倾化和民族主义思潮的兴起？

不少论著认为，日本政治右倾化的背景和原因是多方面的，既有战后美国对日本实行绥靖政策的初始国际背景，也有日本基于"岛国根性"的民族心理以及近代以来富有侵略性的政治传统，还有战后缺乏有效的国际制约机制等外部原因。一些论著用"新民族主义""新国家主义""新保守主义""民族保守主义"等概念界定当前日本日益抬头的思潮。特别应该提到的是，中国社会科学院日本研究所关于当代日本民族保守主义研究的课题已经完成。该课题指出，当今日本政坛，"政党保守化"、"政治右倾化"与"民族主义"之间的"政治共鸣"，正汇集成一股强大的主流政治思潮——"民族保守主义"。这种民族保守主义已逐步取代战后以来由吉田茂倡导并实践的"重经济、轻军备"的传统保守主义（保守本流政治），对日本的政治、外交、经济、社会生活产生深刻的影响。尤其是进入 21 世纪以后，它更成为日本主流派政治家的思想意识和政治理念，进而转化为保守执政党的政治纲领和政策实践，并引领日本实现其憧憬和设定的"政治大国"目标。

（三）日本经济得到深入探讨

1. 日本经济为何长期陷入萧条？

一些论述认为，日本经济长期陷入萧条是由国内外诸多因素构成的，但日本自身结构改革滞后和调控政策失误是主要原因；日本企业存在缺乏有效的资本市场、经济目标选择不明确、采取保守和封闭的经营策略、传统管理模式具有局限性等严重问题，这些问题制约了日本企业的发展。有些著述认为，自 2002 年以来，日本挣脱长期萧条步入复苏阶段，而日本经济的复苏在很大程度上是由中国经济带动的，中国经济的发展对日本经济的影响越来越大。但在国际石油、其他资源涨价和美国经济减速的背景下，日本经济面临严峻考验。

2. 国际金融危机对日本经济的影响

一些论著指出，日本经济受到国际金融危机的极大冲击，出现衰退，而且这种负面影响涉及的领域还在不断增加。日本经济在 2002 年到 2007 年经历了战后最长的一次扩张期后，从 2007 年 11 月开始进入周期性衰退，而且这是第一次石油危机以来最严重的一次。由于此次经济扩张由内需主导开始，并逐步发展为受外需影响，因此当金融危机来临时，外需收缩引起企业生产收缩，最终发展为内需、外需共同收缩，从而导致经济衰退。

3. 如何认识中日经贸摩擦？

20 世纪 90 年代后，中国对外贸易增速远远快于日本，两国的经济发展差距明显缩小，两国开始出现经贸摩擦。近年来，食品安全问题逐渐凸显。一些论著认为，中日贸易摩擦是由美国经济减速、日本国内贸易保护主义及政治层面的问题引发的。建议中国尽快熟悉世界贸易组织规则，善于运用国际规则维护正当权益；同时，企业应增强主体意识。

有的论著认为，面对当前国际金融危机，中日双方应充分发挥自身优势，通力合作，加强协调，共同应对，变压力为动力，把国际金融危机的不利影响降到最低。同时学界还提出很多应对危机的具体建议。

（四）日本历史与文化研究再掀高潮

1. 如何认识日本的现代化进程？

有些论著认为，日本的现代化是成功的，具有后现代化国家的一般特征。但日本的现代化并非单纯的"西化"，全盘照搬西方的东西，而是学习与引进外部世界的先进文明，并结合自己的传统和实际，强力推进自己的现代化政策，这是植根于日本民族文化土壤并在树干上嫁接西方理性主义而结出的果实。

2. 如何认识日本人的民族性？

不少论著认为，对日本文化进行深层次研究，是日本研究的一个基础性领域。要用科学的态度深入研究日本文化、日本的国民性和民族性。只有这样，中日两国人民才能增进理解。一些论著系统地整理了迄今为止日本国民性研究的脉络，就今后深化这一领域的研究提出了相关见解。

3. 日本的错误历史观和其外交行为方式的文化根源是什么？

一些论著指出，小泉纯一郎等人为参拜靖国神社辩解的"日本文化特殊论"话语，其实在 200 年前就有人提倡过，其被作为对内欺骗、控制和对外狡辩的依据；缺少哲学思想导致日本文化发展没有深厚的根基，"泛宗教意识"导致日本社会价值混乱，伦理精神丧失则使日本经济缺少发展的精神动力；21 世纪的日本面临精神文化的反思与重建。一些论著则对日本外交行为方式的深层文化背景做了探讨。有的论著以"集团主义"和"町人根性"为例，分析了国民性、民族文化对日本外交政策潜移默化的影响。

三 处理好基础理论研究与应用对策研究的关系，把日本研究提升到新的水平

通过 30 年的日本研究实践，我们得出的一个重要经验就是，要想搞好日本研究就必须正确处理基础理论研究和应用对策研究的关系。有了扎实的

基础理论研究，才能正确地把握事物发展的动态，对现实问题的分析才能更加深入，才能提出独到的见解；而只注重基础理论研究，不关心现实问题，基础理论研究就容易脱离实际，失去活力，难以发展，二者是互为促进的关系。近年来，国内各个层面对中日关系的关注、对日本情况的关心程度显著提高，由此形成的"需求"成为我国对日研究的重要动力。因此，处理好基础理论研究和应用对策研究的关系，把日本研究提高到新的水平，是广大中国日本研究人员的职责。

搞好日本研究，应该坚持运用辩证唯物主义和历史唯物主义的观点和方法，而不应人云亦云。在研究工作中，我们需要吸收日本的研究成果，并将其作为我们提高研究水平的营养。但是，吸收不等于照搬，更不能代替我们自己的分析。对于同一事物，立场不同，观察的角度不同，就会得出不同的结论。我们研究日本的政治、经济和社会文化现象，应该有我们自己的分析与判断。

改革开放30年来，我国的对日研究环境、研究队伍和研究成果发生了巨大变化。我国的对日研究取得了骄人的成绩，较为完备的日本研究体系业已形成，特别是在机构人员数量、成果种类、研究领域等量化指标上，可以说已名列世界前茅。但是，我们也清醒地认识到，我们的日本研究成果与党和政府、人民的要求尚有距离，还缺少具有理论冲击力、影响广泛的著述，也就是说，传世之作、精品力作还不多，因此在研究质量、国内外影响以及学科建设上，还有许多工作要做。

（原载《日本学刊》2009年第3期）

日本的利益集团

王新生[*]

一　利益集团的类型

从利益特征上讲，影响力较大的日本利益集团主要有以下几类。

1. 工商业利益集团

毋庸讳言，工商业利益集团对决策过程的影响力最大，这不仅因为工商业集团拥有雄厚的政治资金，而且更重要的是因为工商业在工业化国家中的地位，也就是其国民经济主要负担者的地位使政府的决策过程容易被置于工商业界的特别影响之下，这使一些经济精英拥有协商和实际参与政策制定的特殊权力。日本工商业利益集团大致可分成三个层次。三个层次的利益集团的政治影响力以及施加政治影响力的渠道有所不同。

作为工商业最高层次组织的财界四团体（即经团联、日经联、日商和同友会）表面上代表整个工商业的利益，某些现象也反映财界拥有这种整合能力，例如经团联通常代表整个日本工商业对内对外进行交涉，而且工商业公开的政治捐款是通过经团联组织的"国民政治协会"进行的，但实际上，财界四团体更多的是代表大企业的利益。在所有的利益集团中，财界的利益集团的政治影响力是最大的，而且其对决策过程施加影响的渠道主要通过自民党及政府首脑。

---

[*] 王新生，历任中国社会科学院日本研究所研究员、北京大学历史系教授，研究方向为日本历史与政治、东亚政治。

　　工商业中间层次的组织是业界团体，诸如日本钢铁联盟、石油联盟，日本矿业协会、日本纺织协会、日本造船工业会、日本汽车工业会、日本化学工业会等同行业组织。这些团体在相关经济政策上具有较强的发言权。它们对决策过程施加影响的渠道主要是自民党政调会相关都会、国会中相关常任委员会及相关政府省厅。

　　工商业的基层组织是中小企业团体，这些为数甚多的团体大多是在政府的法令下由上而下组建的，例如 1957 年根据《中小企业团体法》建立的中小企业团体中央会、1957 年根据《环境卫生法》建立的环境卫生同行组合联合会、1962 年根据《商店街振兴组合法》建立的商店街组合联合会等。这种自上而下的组织方式，一方面决定了中小企业团体与行政机构具有密切的联系；另一方面也使中小企业团体带有明显的政策受益性团体的色彩。

　　如同日美纺织品纠纷①、钢铁价格争议②、批发零售商对立③等事件所表明的那样，在财界、业界和中小企业界之间存在矛盾，但其矛盾并不是对抗性的，多是由财界团体与业界团体所关心的事务范围不同而引起的，财界团体主要从整个工商业的立场提出利益要求，如缓和世界经济摩擦，进行国际产业协调、地域开发与税制改革、经济结构调整与促进企业生产环境稳定、进行行财政改革、执行农业政策、应对进出口与能源问题、实现金融市场自由化、促进新技术开发等。而业界团体关心的大多涉及具体的生产领域及相关的金融政策等。

　　尽管从理论上讲，日本的大企业与中小企业之间存在结构上的对立，但随着《延迟支付承包金防止法》（1956 年）、《中小企业事业机会确保法》（1977 年）等保护性竞争法规的制定④，这种对立已逐渐得到缓和。

2. 劳工利益集团

　　日本的工会组织很多，20 世纪 80 年代以前，全国性的团体主要有 4

---

① 大嶽秀夫『現代日本の政治権力経済権力』、三一書房、1979、69~198 頁。
② 大嶽秀夫『日本政治の争点』、三一書房、1984、213 頁。
③ 村松岐夫、伊藤光利、辻中豊『戦後日本の圧力団体』、東洋経済新報社、1986、149~150 頁。
④ 辻中豊『利益集団』、東京大学出版会、1988、75 頁、128 頁。

个，即日本劳动组合总评议会（简称总评）、全日本劳动总同盟（简称同盟）、中立劳动组合联络会议（简称中立劳联）和全国产业别劳动组合联合（简称新产别）。另外，还有日本教职员劳动组合、全日本自治团体劳动组合、全农林劳动缀合以及各种各样的行业工会团体、以企业为单位的工会团体。

尽管日本的工会组织比较多，成员规模也比较大，但工会的政治影响力并不强。这是因为日本作为一个后发展的资本主义工业强国，第三产业的发展速度始终比第二产业快，加上 20 世纪 70 年代高技术化、信息化工业的迅速发展，进一步加剧了这一状况，遂造成工会组织率呈现逐年下降的趋势。1949 年参加工会的工人有 666 万人，组织率为 55.8%[1]，但到 1987 年，参加工会的工人虽然上升到 1227 万人，但组织率下降到 28%，其中"总评"为 408 万人，"同盟"为 210 万人，"中立劳联"为 165 万人，"新产别"为7 万人。[2]

另外，由于几大工会组织的基本观点不同，如"总评"强调政治斗争，而"同盟"却主张在劳资协调体制下提高工人生活水平，"总评"与"同盟"等这些全国性的工会组织处于对立状态，加上它们的整合能力较差，过半数的民间企业工会不属于任何中央组织。"同盟"下的基层工会组织也多各行其是，这样就限制了工会组织的政治影响力。虽然现在各主要工会组织逐渐联合起来（1989 年 12 月成立的日本劳动组合总联合会成员占有组织工人的 63%），但克服实际分裂状态、达到真正的统一尚需时日。

尽管存在上述弱点，工会组织也没有被排除在决策过程之外，它们通过在野党（社会党、民社党等），甚至执政党和行政机构（主要是劳动省）等渠道施加政治影响，保护自己的利益，例如在 1984 年 10 月到 1985 年 9 月，全民劳协（全日本民间劳动组合协议会，1982 年成立，会员为 500 万人）提出的利益要求涉及经济政策、产业政策、物价对策、税

---

① 菊井礼次『日本の政治：視点と争点』、法律文化社、1992、148 頁。

② 『社会しんぶん』1989 年 11 月 18 号第 6 版。

制改革、就业政策、退休金制度、医疗制度、土地及住宅政策等 13 个领域，并就相关问题与政府各省厅进行了 29 次会谈，与执政党和在野党进行了 50 次会谈。①

3. 农业利益集团

尽管在农业领域也存在各种各样的团体，如全国农民总同盟、中央酪农会议、中央畜产会、日本园艺农协联合会、全国农业会议所等，但与工会中央组织林立的状况相反，日本农业协同组合中央会具有较强的整合能力。它不仅能将 99% 以上的农户组织到农协中来，而且对其他农业组织负有指导监督、提供信息、调解纠纷以及向政府提出建议的责任。因此，在国会议员选举中，数百万比较协调一致的选票使农协具有强大的政治影响力。上述状况在国会中得到充分体现。支持农协的国会议员为数甚多，仅自民党所属议员就超过 370 名（1987 年）。国会中有许多农林议员集团，如振兴农林议员协议会（成员为 354 名，1987 年）、日本农政刷新同志会（成员为 208 名，1987 年），以及新农政研究会、农业再建研究会、保障农民健康协会、振兴畜产议员联盟、振兴蔬菜议员恳谈会等。像这些议员组成的"农林族"，在国会中势力很大，甚至被称作无敌的"农林族"。这种状况决定了农协对决策过程施加影响的主要渠道是通过国会议员特别是执政党的国会议员。

日本农业在很大程度上是依靠政府的巨额财政补贴维持的，因此，作为"衰退"产业部门的组织，农协的政治影响力正在逐年下降。这种现象固然与农业利益的多样化有关（如兼业农户的迅速增加），更重要的是来自其他社会集团的对立。早在 20 世纪 60 年代初，财界就对政府的保护性农业政策持批评态度，1979 年"同盟"也公开反对农补政策，再加上消费者团体以及外国（特别是美国）施加的压力，使农协在决策过程中的活动从进攻型被迫转向防守型，即从获取利益型转向保护利益型。②

4. 公众性利益集团

公众性利益集团是指那些为维护社会利益而兴起的团体。其特点是，成

① 中野実編『日本型政策決定の変容』、東洋経済新報社、1986、291 頁、261 頁。
② 详见王新生《日本的压力集团——农协》，《日本问题资料》1989 年第 5 期。

员没有职业或行业的限制，所关心的问题对整个社会具有普遍影响，如涉及社会福利、消费者利益、生态环境、能源政策、税收政策、妇女及老人社会地位等。这类集团在日本数不胜数，主要有全国社会福利协议会、国民健康保险中央会、日本残疾人团体联合会、日本消费者联盟、新日本妇女会、拥护宪法国民联合、禁止核武器日本国民会议等。

大多数日本公众性利益集团是在政府政策的推动下形成的，如全国社会福利协议会、全国老人俱乐部联合会等。因此，这类集团的政治影响力不是很大，其社会地位也常随着经济发展状况而上下波动。一些因公害、住宅、物价等社会问题自发形成的公众性利益集团，如公害对策全国联络会、禁止核武器日本协议会、日本生活协同组合联合会等，虽然规模很大，但因缺乏政治资金和人力，聚集选票与提供政治资金的能力都很弱，例如拥有2181万名会员（1986年）的消费者团体联络会的活动经费每年只有500万日元，专职工作人员仅有3名，所以很难协调会员参与选举的行动。公众性利益集团影响决策过程的方式大多是动员群众和影响社会舆论等。

除上述工商、劳工、农业、公众性利益集团外，在日本还有以医师会为代表的专家利益集团、以地方六团体为代表的行政关系利益集团、以私立大学联盟为代表的教育利益集团等，由于篇幅关系，在这里就不一一介绍了。

二 利益集团的运动形态

运动形态是指利益集团影响决策过程的方式。简单来说，主要有提供政治资金、聚集选票、个人联系、直接参与、大众宣传与大众动员（集会游行、静坐示威）等。

几乎所有的日本利益集团都采取提供政治资金影响决策过程的方式，即通过向政党或国会议员提供政治资金，以便使这些决策者在制定政策时能够照顾到自己的利益，如1989年8月《文艺春秋》周刊报道的"弹子房"业政治捐款一事即如此，5年间，"弹子房"业团体——全国娱乐业组合联合会至少向83名国会议员提供了1.5亿日元的政治资金，结果成功地删除了在《风俗业法修正案》中附有允许警察进入"弹子房"检查的条款。

另外，日本的政党带有浓厚的议会党团色彩，基层组织薄弱，例如1975年时，自民党号称有党员115万人，但缴纳党费的正式党员不超过11万人。因此，这些政党尤其是保守政党的收入主要来自个人、企业、团体的捐款。1985年，自民党总收入为1897亿日元，其中69.5%来自捐款，党费收入仅占19.2%；新自由俱乐部总收入为44583万日元，其中54.1%来自捐款，4.7%来自党费；民社党总收入为182964万日元，其中39.7%来自捐款，15.4%来自党费。①

在提供政治资金方面，没有一个团体能与财界团体相匹敌。换句话说，财界可动用的政治资金使工会组织或其他团体拥有的那点政治资金相形见绌，而且财界团体的政治资金并不像其他团体那样来自个人的收入，而是来自企业的收入。例如，工会组织的政治资金来源是工会会员缴纳的会费及特别会费（选举资金），规模很小。据统计，作为日本较大工会组织的"总评"和"同盟"，1978～1987年，分别向社会党和民社党捐献资金9亿日元和10亿日元；② 而负责财界政治捐款的国民政治协会，从1976年到1979年支出的政治资金，分别是73亿日元、81亿日元、86亿日元和106亿日元。③

实际上，国民政治协会提供的上述政治资金不过是财界捐款的一小部分，即公开捐献给自民党等保守党派的资金，其他部分是通过私人渠道秘密地捐献给自民党及其派系的。例如，不同的企业集团（三菱的"金曜会"、三井的"日曜会"、富士的芙蓉会等）为确保自己对执政者的影响，不惜提供大量政治资金支持自民党有关派系竞选自民党总裁。据粗略估计，财界每年提供的政治资金都在数百亿甚至千亿日元。这是工商业精英能够对决策过程具有强大影响力的一个重要因素。

需要注意的是，根据1976年修正的《政治资金限制法》，团体向某个政党或议员提供的捐款不得超过150万日元，超过100万日元的须向政府有

---

① 間場寿一『日本の政治分析』、有斐閣、1987、76頁。
② 牧野富夫「労働組合と政治献金問題」、『ハーフバック』1989年9月、82頁。
③ 福岡政行『現代政治の過程』、学陽書房、1982、198頁。

关机构（自治省）申报，但对政治团体则没有数额的限制。① 因此，许多利益集团纷纷以"政治联盟"的名义进行捐款，例如日本医师会的"日本医师联盟"、全国酒类零售商组合中央会的"全国酒类零售商政治联盟"、石油联盟的"全国石油政治联盟"等。根据自治省的统计，1986 年活动范围超过两个县的政治团体有 4601 个，其中 577 个为国会议员的专有团体，314个为利益集团的化身。

聚集选票是指利益集团利用选举将自己的候选人或支持自己利益的候选人选入国会等决策机构，实现自己利益要求的方式。这是那些组织规模较大、凝聚力较高的利益集团影响决策过程的主要战略。根据村松岐夫等人对252 个全国性团体的调查，有国会议员的团体为 73 个，占被调查团体总数的 29%，其中最高的是专家团体（55.6%），接着是农业团体（43.5%）、福利团体（36.7%）和工会团体（34.6%）。拥有 30 名以上友好国会议员的团体有 84 个，占被调查团体总数的 33.3%，其中比例最高的是农业团体（60.9%），接着是专家团体（55.6%）和教育团体（50%）。② 这些友好国会议员大多是在个别团体的支持下当选的。例如在 1983 年 6 月的参议院选举中，在医师联盟推荐的 58 名候选人中有 48 名当选；在同年 11 月的众议院选举中，医师联盟推荐的 358 名候选人中有 271 名当选（其中 245 名为自民党议员）。③ 由这些团体推荐当选的议员在国会中形成专门的议员集团，他们在个别政策领域具有很大的发言权，从而能够维护支持团体的利益。

个人联系是利用私人关系接触政治家、高级官僚，从而影响决策过程的方式。利用这种方式的多是工商业团体、行政关系团体、教育团体、专家团体等，其中财界尤为突出。因为在日本，权力精英（政治家、高级官僚、财界头面人物及部分利益集团领袖）的主要社会基础是学历，即相同学校的经历是构成同质集团的重要条件，所以，同校毕业生之间的联系和友谊便是用于表达个人和集团利益要求的一个重要渠道。据统计，在 1980 年日本

---

① 辻中豊『利益集団』、東京大学出版会、1988、75 頁、128 頁。
② 依田博『政治』、有斐閣、1988、72 頁、185 頁。
③ 中野実編『日本型政策決定の変容』、東洋経済新報社、1986、291 頁、261 頁。

国家公务员考试录取的 1059 名人员中，东京大学出身者为 519 名，接近总数的 50%；在 359 名国会议员中，出身东京大学的有 206 名，占被调查议员总数的 52%；而在银行、商社、钢铁公司、汽车制造厂、电力机械等大企业任职的 251 名总经理、社长中，有 109 名毕业于东京大学，占被调查人员总数的 41.5%。同届毕业生定期聚会，相互之间保持着一种密切的联系，在无形之中对决策过程施加影响。

财界与政治家的个人联系是显而易见的，日本历届首相都有财界头面人物参加的"私人团体"，如佐藤荣作的"长荣会"、池田勇人的"末广会"、田中角荣的"维新会"、福田赳失的"一火会"和"清谈会"、三木武夫的"庸山会"和"三睦会"、大平正芳的"十二日会"和"贺屋会"以及铃木善幸的"春幸会"和"十一日会"等。这些名目不一的"首相外围会"成员定期或不定期地同首相会晤，磋商重大事宜，无疑会对决策过程产生巨大影响。

从某种意义上可以说，这种个人联系方式是形成"料亭政治"（幕后政治）的重要因素，也就是利益表达、协调冲突、利益实现大多是在酒馆这种非正式场合以非公开方式进行的。报统计，80% 以上的团体间冲突是依靠直接交涉解决的，行政解决的只占 9%，政党解决的只占 4%。尽管"料亭政治"减少了日本决策过程中的对立与冲突，但也限制了决策过程的透明度。

派代表参加政府的咨询机构也是日本利益集团对决策过程施加影响的重要途径。审议会是日本政府省厅的重要咨询机构，政策课题通常是由审议会提出的。1985 年时，根据法律和内阁令组建的审议会有 214 个，其中总理府有 50 个、通产省有 31 个、农林省有 22 个、厚生省有 22 个、文部省有 17 个、大藏省有 17 个、劳动省有 14 个等。重要的审议会有：决定政府经济政策最高方针的"经济审议会"，决定产业政策的"产业结构审议会"，讨论政府财政、决定预算方针的"财政制度审议会"，讨论资本自由化的"外资审议会"，决定税收政策的"税制调查会"以及"中小企业安定审议会""米价审议会"等。大多数利益集团一般派代表参加这些由有关省厅主持的咨询机构，表达自己的利益要求，因而各省厅均与有关团体保持密切关系。

其中通产省的联系团体有 758 个，运输省有 226 个，建设省有 73 个，邮政省有 82 个，劳动省有 51 个。从这一点讲，审议会为利益集团对决策过程施加影响开辟了一个渠道。

另外，每个审议会都有不同团体的代表参加，例如，在 1981 年为进行行政改革而组建的第二次临时行政调查会的 9 名正式委员中，政府官员有 2 名，财界代表有 3 名，劳工代表有 2 名，新闻界代表有 1 名，学者代表有 1 名。从调查会正式会议收到的 402 项要求来看，工会团体提出的要求最多，为 132 项（占总数的 32.8%），接着是公众性利益团体（73 项，占 18.2%）、工商业团体（73 项，占 18.2%）、地方自治体（58 项，占 14.4%）、教育团体（19 项，占 4.7%）、农业团体（17 项，占 4.2%）、专家团体（13 项，占 3.2%）。由此可以看出，审议会基本上能够反映各界的利益要求，从而使决策过程带有多元化色彩。

不可否认，尽管在这些审议会中各界代表比例逐渐趋于平衡，如在产业结构审议会中，1973~1983 年大企业代表从 36 名减至 12 名，中小企业代表从 1 名增至 4 名，工会代表从 0 增至 6 名，消费者团体代表从 2 名增至 4 名，但大企业仍具有优势地位。有大企业参加的审议会数量占审议会总数的 2/3（124 个，1983 年）；在 47 个有关工商问题的审议会中，大企业代表有 232 名，占审议会委员总数的 19.5%（1980 年），而且审议会的会长大多由财界代表担任。

除审议会这种政府咨询机构外，还有 300 多个（1985 年）涉及首相、大臣等的私人咨询机构。如前首相中曾根的"和平问题审议会""文化教育恳谈会"，厚生大臣的"社会保障长期展望恳谈会"，劳动大臣的"劳资关系法研究会"，农林大臣的"农业生产对策中央会议"等，这种私人咨询机构不是根据法律而是根据首相或大臣的个人意图设立的。形式上，它们受首相或大臣个人的委托，就特定问题提出系统的意见，以供其在进行决策时参考。实际上，这种私人咨询机构也是利益集团表达利益要求、影响决策过程的一个渠道。

大众宣传是利益集团通过现代社会所能提供的一切传播媒介（报刊、电视和广播等）来影响社会舆论，组织示威游行、大型集会甚至进行静坐罢工，这是利益集团为了吸引公众注意力采取的更为直接的行动，是利益集团间接影响决策过程的方式。在日本，采用这些方式的主要是公众性利益集团（它们缺乏政治资源和施加影响的渠道，不得不经常使用直接行动来表达和实现自己的利益要求）。有时工会组织和农业团体也采取直接行动方式，例如农协在争取提高政府收购大米价格和反对农产品进口自由化时，常采用大型集会、游行示威的方式。

三　利益集团在决策过程中的作用

归纳起来，其积极作用主要有以下几点。

第一，日本利益集团具有促进决策民主化的作用。在日本，存在各种各样的利益，从某种意义上说，这些利益有时是相互对立的，即一种利益的实现会妨碍另一种利益的实现，或损害其他利益。例如，1974 年在蚕农的要求下通过的限制生丝进口、保护国内市场的《一元化法案》，虽然保护了蚕农的利益，但损害了由生丝进口及和服制造厂组成的工商业界中小企业集团的利益，其他如农业集团与工业集团围绕农产品价格的对立、大企业集团与中小企业集团围绕国内市场的对立、公众性利益集团与企业集团围绕环境问题的对立、劳工组织与企业主组织围绕工资及劳动保护等问题的对立等，都带有利益冲突的色彩。

如果冲突的双方都在动员自己的政治资源对决策过程施加影响，作为"价值的权威性分配"的政治系统就不得不对双方进行调解，使冲突的双方达成某种程度的妥协，尽可能地在实现一方利益的同时又不损害另一方的利益。这样就产生了多元民主的基础，即利用公共机构的"正常渠道"来达到各集团一致同意的目的，例如 20 世纪 70 年代初石油冲击以后，随着结构危机的加深，大企业采取了经营多元化的战略，侵犯中小企业经营领域的现象骤然增加，引起了大企业与中小企业围绕国内市场的纠纷。[①] 由于中小企

----

① 依田博『政治』、有斐阁、1988、72 页、185 页。

业集团发起相关运动，政府于 1977 年制定了保护中小企业经营权限的《中小企业事业机会确保法》，平息了这场纠纷。即使是被普遍认为政治影响力不强的工会组织，不仅没有被排除在决策过程之外，而且有时也能成功促成或阻止某项法案通过。

第二，日本利益集团具有利益聚合与利益表达的作用。尽管在日本这个发达的资本主义国家里，公民参与政治是资产阶级民主政治的基础，但公民的众多利益要求不可能都直接向决策系统表达，而且决策系统也不可能同时受理那么多的利益要求，因此，利益要求更多的是通过一定的中间媒介加以聚合，然后再输入决策系统。作为公民参与政治的组织形式，利益集团扮演了这一角色。例如日本的个体农户有千差万别的利益要求，但经过农协中央会的聚合，最终形成能够反映农户基本愿望的三大利益要求——提高政府收购农产品（特别是大米）的价格、争取更多的政府农业补助金和限制农产品进口；再如医药界经过日本医师会的聚合，利益要求主要是提高医疗费、维持医师售药权及医师优惠税制等。这些经过聚合的利益要求既使决策者容易受理，也使利益集团可以集中政治资源实现自己的目标。

第三，日本利益集团具有扩大决策系统信息输入范围的作用。随着社会的高技术化，政治决策也复杂化了，因而要求决策者必须掌握高度专业的知识。但实际上决策者、政府官员和国会议员难以做到这一点，为克服这一缺陷，他们必须取得掌握这些专业知识和信息的利益集团的支持。同时，利益集团为了实现自己的利益要求，也希望通过向政府官员和国会议员提供信息来影响决策过程，这样就达到了扩大决策系统信息输入范围的效果。

重要的是，利益集团所反映的意见比正常的代议制政府机构了解和妥善处理的意见更为广泛、深刻，更为多样化。因为相互对立的利益集团会把不同倾向的信息送到政府官员和国会议员手中，这样就使决策者有可能对其加以比较选择，从而减少政策的失误。日本各省厅的审议会典型地反映了这一点。例如经济审议会和产业结构审议会成员大多是业界代表，这些代表掌握最新的信息和熟练的专业知识，因而由这两个审议会提出并在国会通过的法案具有较强的合理性和可操作性。使日本经济能够持续高速增长的产业政策大多是这种审议会的产物。

第四，日本利益集团具有补充政党功能的作用。本来政党与利益集团具有不同的政治功能，它们在组织基础、活动目标及方式上都存在差异，一般来讲，政党是由政治上的志同道合者组成的社会组织，成员没有地区、职业、社会阶层的限制，因而拥有雄厚的社会基础，规模也比利益集团大。但日本的政党大多带有议会党团的色彩，基础组织薄弱，发展成员、聚集选票、征募资金等常常不得不依赖有关利益集团。长此以往，某些利益集团慢慢演变成政党的基层组织，如自民党与农协、社会党与"总评"、民社党与"同盟"、公明党与创价学会等。另外，这些集团也需要通过相关的政党来表达、实现自己的利益要求。

第五，日本利益集团具有完善代议制的作用。日本的代议制是一种地域型代议制（参议院全国选区除外），也就是按地域划分选区，实行大多数选区选举3～5名国会议员的中选举区制。在农业经济占统治地位时期，这种地域型代议制尚能满足社会的需要，但随着工业化社会的发展，社会职业和社会利益也多元化了，具有相同利益的人需要自己的政治代表，以便更好地表达、实现自己的利益要求。因而在职能型代议制尚未形成之前，大多数利益集团便成为职能利益的代表组织，而国会中的"族议员"就是这种职能利益的政治代表，其在一定程度上弥补了地域型代议制的不足。

不消说，日本利益集团对决策过程施加影响构成的压力政治也具有局限性。

首先，这种压力政治是造成政治不平等的根源。因为压力政治容易使那些有组织的少数人的利益得到实现，而无视无组织的社会弱者的利益。如前所述，财界团体与其他社会团体相比，具有组织更完善、资金更充足、施加政治影响力的渠道更畅通等优势，即使"总评"与"经团联"具有同样的政治影响，但由于人数上的差别，"总评"的每一位成员具有的政治影响要比"经团联"的成员小。再如，医师会是一个规模比较小的利益集团，但它能够利用完善的组织机构、优越的政治资金开展活动，而且权力角逐的准则也允许它在医疗保健等福利领域的政策制定上具有强大的影响力。反过来讲，消费者团体的成员很多，但缺乏政治资源，结果是成员越多，成员之间的行动越难协调，从而经常处于政治上的不利地位。

其次，压力政治容易使政策成为少数人进行密室交易的产物。如前所述，大多数日本利益集团是在政府的推动下形成的，其成员的政治主体意识和政治参与意识较差，他们对集团的追求目标不甚关心，甚至连集团的具体利益要求也常被委托给集团领导人去交涉，而这些领导人又大多利用私人关系影响决策过程，因而造成"料亭政治"盛行。这与民主主义理念相去甚远。从这一点讲，日本政治虽然带有多元主义色彩，但实质上仍然是精英政治，充其量实行的是一种精英民主制。

再次，压力政治容易造成金权政治泛滥。如前所述，提供政治资金是日本利益集团影响决策过程的主要方式，也就是利益集团将巨额资金捐献给政党和政治家，其在制定政策时为利益集团争取更多的利益。这样就形成了金钱、权力相互交换的恶性循环，即提供的政治资金越多，得到的利益越大。尽管有《政治资金限制法》的约束，但其透明度很低，且漏洞百出，这是造成日本政治腐败的重要原因。战后屡见不鲜的政治家贪污受贿案充分证明了这一点。

最后，压力政治容易造成共同利益服从局部利益。正如最近的研究成果所表明的那样，类似财界—通产省—工商族议员、农协—农林省—农林族议员、运输业团体—运输省—运输族议员、建筑业团体—建设省—建设族议员、教育团体—文部省—文教族议员、国防产业—防卫厅—国防族议员组成的次级政府使政策领域割据对立化，它们对局部利益的过分追求阻碍了具有共同利益性质的政策的形成。从某种意义上可以说，超过国民生产总值40%的赤字国债就是由这些"次级政府间的预算战争"带来的。因此，如何打破"次级政府"割据性也是目前日本政治改革面临的一个重要课题。

（原载《日本学刊》1993 年第 1 期）

论日本行政组织的若干基本特征

韩铁英[*]

顾名思义，所谓行政组织，就是履行行政职能之主体的组织。由于日本实行的是地方自治制度，因而中央政府与地方政府通常被视作不同的主体，国家分别用不同的法制对其组织进行管理，日本学术界亦常常对其分别加以论述。例如，日本的《国家行政组织法》仅是中央政府机构的组织规范，对地方政府的行政组织根本未予提及。本文则依照我国的习惯将包括中央和地方政府在内的日本行政组织整体作为研究对象，但因篇幅所限，仅就其发展过程中表现出来的一些特征——稳定性、效率性和割据性及其产生原因进行探讨。

一　A 级行政组织的稳定性

如果将日本与我国及主要西方发达国家的行政组织的沿革加以比较，就会发现日本的显著特征之一是，直接隶属于中央政权之下的内阁各省厅（相当于我国正部级机构，不包括设在各省区市之下的副部级"厅"）和地方各都道府县（相当于我国的省区市）的组织体制长期处于相对稳定状态。为叙述便利起见，这里暂且将上述中央和地方行政机关统称为"A 级行政组织"。

---

* 韩铁英，中国社会科学院日本研究所研究员、编审，研究方向为日本政治体制、日本产业政策。

（一）稳定性的具体表现

先看日本的中央 A 级行政组织——省与厅。综观日本内阁总务厅及其前身行政管理厅历年来编制的《行政机构图》，就会看到直接列于内阁之下的只是总理府、法务省、外务省、大藏省、文部省、厚生省、农林水产省、通商产业省、运输省、邮政省、劳动省、建设省、自治省等 13 个部门。这可以说是狭义的中央 A 级行政组织，在日本俗称"1 府 12 省体制"。因为这一体制基本上形成于战后民主改革结束的 1952 年（只有自治省是在 1960 年由厅升格为省的），所以其又被称作"1952 年体制"。在这一体制形成之后，至今几乎没有变动。至于"厅"（包括委员会），则是隶属于府或省之下的"外局"（一般相当于我国的"总局"，即副部级机构）。只是由于位于总理府之下的总务厅、防卫厅、科技厅、国土厅、环境厅等是由与各省大臣同为内阁成员的国务大臣任长官的（俗称"大臣厅刀"），加上其内部机构中亦与各省同样可以设"局"而不像各省之外局（如资源能源厅）那样只能设"部"，因而往往被人认为与省同格。实际上，在法律上，省与厅还是有区别的：各省大臣的官衔可冠以该省名称，如"大藏大臣""外务大臣"等，而"大臣厅"的首脑只能称"国务大臣、某某厅长官"，而不能称"某某大臣"（如不能称"国土大臣"）；各省大臣之下可设秘书官，而"大臣厅"不能设此职位；等等。此外，各"大臣厅"的业务规模一般都比省小，其性质也多与省有所不同，即多属综合协调性的业务，因此不能说"大臣厅"与省是完全同格的。即使说中央 A 级行政组织中包括"大臣厅"，也可以说它在"1952 年体制"形成之后基本上未发生大变动，因为虽然在 20 世纪 50 年代和 70 年代前期设立了科技厅、环境厅以及国土厅等机构，但是，应当说这些变动并不大，而且不是基于组织的变动。

在日本，许多学者甚至认为中央 A 级行政组织自 1890 年《明治宪法》生效以来就基本上没有发生变化。其理由是：日本初建内阁时设置了外务、内务、大藏、陆军、海军、司法、文部、农商务、递信等 9 个省。如果将日本为进行侵略扩张而设置的拓殖务省、大东亚省和军事部门排除，那么日本中央政府 100 多年来只是将农商务省分为通商产业省和农林水产省，将内务省分为自治、厚生、劳动、建设 4 省，将递信省分为运输、邮政 2 省而已，而外务、大藏、司法、文部 4 省几乎未动，有变动的内务省等也基本上只是单纯地进行"细胞分裂"，而不是将原有机构全盘打乱再重新组合。[①] 这些看法也是有一定道理的。

再看地方 A 级行政组织——都道府县。这里不打算对它们的内部组织机构进行论述（实际上，它们也是相当稳定的），而只从日本全国的角度考察都道府县的管辖区域即行政区划的变动情况，结论可用一句话概括：都道府县的管辖区域自《明治宪法》生效以来几乎毫无变化。

都道府县的现存管辖区域是在明治政府打破德川时代的"幕藩体制"并进行多次改革后确立下来的。所谓"幕藩体制"是指德川时代由幕府实际执掌中央权力、约 270 个封建领主掌握地方统治权力的政治体制。明治政权建立后，大力推行"废藩置县"，于 1872 年将各藩及幕府直辖领地改名为"府"和"县"（3 个府 302 个县），紧接着又于当年内将其合并为 3 个府 72 个县，此后又于 1873 年进一步将其合并为 3 个府 60 个县。1876 年，明治政府又对地方 A 级行政组织进行了更加大胆的改革，将其一举合并为 3 个府 35 个县。但是，这次改革遭到多方面的激烈反对，结果使府县的数目几乎每年都发生变动。直到 1890 年即《明治宪法》实施后才确定为 3 个府（东京、京都、大阪）43 个县和直属中央政府的北海道厅，即全国共分为 47 个地方 A 级行政组织。这一管辖区域框架从此固定下来，除东京府先后改名为东京市和东京都、北海道于 1946 年由中央直辖改为与其他府县同格外，至今没有发生什么变化（冲绳县在 1945～1972 年被美国占领管辖，那是另一个性质的问题）。

值得注意的是，从社会经济条件看，日本各个地方 A 级行政组织之间存在巨大的差距，例如，1991 年，东京都的人口达 1163 万人，而全国有 7

---

① 猪口孝『現代日本の政治経済の構図』、東洋経済新報社、1982、9 頁；林修三『日本官僚建国論』、行政問題研究所出版局、1982、161 頁。

个县的人口却不足 100 万人，人口最少的鸟取县仅有 61 万人，与东京都相差 18 倍。它们在经济实力上的差距更大。1990 年，东京都的国民收入为 444980 亿日元，而鸟取县仅有 12290 亿日元，前者是后者的 36.2 倍。[①] 这些地方 A 级行政组织在条件如此悬殊的情况下，仍能维持区划的长期稳定，其原因非常值得我们思索。

（二）原因试析

谈到行政组织稳定或变动的原因，人们可能会首先想到国体是否发生过变革这一因素。离我们最贴近的实例就是中、俄等国建立社会主义制度后行政组织发生的巨大变动，而日本自明治时期以来并没有发生过这种国体变革，但这并不能成为解释日本 A 级行政组织长期保持稳定的有力根据。因为尽管日本自明治维新以来的确一直实行资本主义制度，但同样长期实行资本主义制度的英、法等西方国家已多次对其 A 级行政组织进行改革。我国在社会主义制度下也多次对 A 级行政组织进行重大改革。那么，使日本 A 级行政组织长期保持稳定的基本原因是什么呢？

1. 行政组织管理法律化

在主要发达国家中，日本是行政组织管理法律化程度最高的国家。德、法、英等国的中央行政组织均是由内阁决定设置或撤销的。日本的中央行政组织则是由《行政组织法》《内阁法》《总定员法》和各省厅的《设置法》等法律所规定设置的。具体来说，《行政组织法》是日本政府规范、管理行政组织的基本法，它规定了中央行政组织的种类、名称、设置程序及其内部机构的基本形态。这一法律规定了设置、撤销省厅级机构必须通过立法程序（1984 年以前这项规定曾长期适用于局级以上机构），即制定或废除《某某省（厅）设置法》。由于《内阁法》规定大臣的总数为 21 人，而《行政组织法》规定中央 A 级行政组织的首长必须由大臣充任，因而如设置或撤销中央 A 级行政组织，不仅要制定或废止有关《设置法》，还必须修改

---

① 行政管理研究センター『日本行政資料集』1992、191～193 頁。

《内阁法》（除非由 1 名大臣兼管 2 个机构）。关于都道府县，《地方自治法》第三条和第六条则指出"都道府县的名称的变更""废、置、分、合或边界变更由法律规定"。不仅如此，按照现行《日本国宪法》第 95 条，国会在制定仅适用于某一特定地方政府的法规时，还必须按法定程序在该地方政府管辖区域内举行公民投票并获半数以上票数赞成，这样才能生效。由于废、置、分、合都道府县需要制定的就是这种仅适用于某一特定地方政府的法规，因而举行由当地居民参加的投票亦成为一个必须履行的法定程序。

日本行政组织管理的法律化制度是在战后初期美军占领期间形成的制度。它的意义主要在于将对行政组织的管理置于国会和公众舆论的监督之下。尽管战后日本国会长期由自民党一党占据多数席位，但这也并不意味着自民党政府的立法行动可以不受国会的牵制，1947～1988 年，自民党政府所提法案的通过率为 85%，而且有的法案是经过国会多次审议才通过的。[①]由于日本国民的纳税人意识较强，人们对需用"血税"供养的行政组织的变动自然都很敏感，在国会审议通过有关法律就更加引人关注，这有助于加强人民对行政组织的监督，抑制其不必要的狂增滥长。而且，由于制定、审议这类法律往往会成为朝野政党在国会表演以争取民心的好机会，这成为它们相互讨价还价的筹码，因而履行立法程序就变得艰难起来。这使法律具有了不能轻易制定、修改的"刚性"。在这种刚性作用之下，行政组织管理的法律化自然会抑制行政组织的变动，这成为使其保持稳定的重要因素。

2. 自民党长期执政的影响

中央 A 级行政组织的"1952 年体制"与自民党一党长期执政的"1955 年体制"在形成时间上十分接近。它们之间是否存在某种内在联系？回答是肯定的。理由主要有以下三点。

第一，由于各政党之间在政策主张及其与各行政部门的关系上必然有所

---

① 阿部斉等『現代日本政治の概説』、東京大学出版会、1990、20 頁。

不同，一个政党重新上台时往往会对原有行政组织进行改组。在英、法等国现代政坛就可以看到这种情形。自民党一党长期执政显然避免了这种因政权更迭造成的行政组织变动。

第二，自民党"族议员"的庇护。"族议员"现象是自民党一党长期执政的产物。被称作"族议员"者一般有在国会某常任委员会、自民党政调会某部会任职的经历，有些还在中央省厅中担任过大臣、政务次官或高级业务官员，他们在多年工作中与相关行政部门结成了互相利用、互相庇护的共生关系。他们通过利用此种关系为选民谋取利益来保证能够继续当选，走向更高的职位。对"族议员"来说，相关行政组织之地位的变动直接影响到他们本身的利益，因而他们几乎都会积极充当有关省厅的"保护神"。例如，1967 年 11 月佐藤内阁决定削减各省厅的局级机构时，就曾发生过一些国会议员为反对将煤炭局与其他局合并而大闹内阁会场的事件。① 减一个局级机构尚且如此，若改组省厅那就更是可想而知了。

第三，自民党在各省厅间的综合协调使其避免了组织变动。如本文后面所述，日本政府各部门之间互相竞争、掣肘甚至割据的本位主义现象十分严重。而这往往会成为人们要求对其进行组织改组的动因。但是，由于自民党在长期执政过程中增强了对行政组织的影响力，它的政策调查会已可在相当程度上通过决策过程中的一些环节对各省厅之间的矛盾进行综合协调，从而在不进行大的改组的条件下也能维持运作。

3. 以"小变动"维持"大不动"

日本 A 级行政组织的长期稳定，并不意味着其下属的 B 级、C 级行政组织也不发生变动。与此相反，恰恰是这些 B 级、C 级行政组织的"小型"灵活变动和"非正规变动"，使日本的行政组织保持了机动应付客观环境变化的活力，从而维持了"大型" A 级行政组织的稳定。

从中央行政组织来看，日本政府中课（相当于我国的处）一级机构的设置始终是由行政部门而不是立法部门决定的，即由内阁用下达政令的方式

---

① 池田豊治『行政改革の歴史と課題』、教育社、1979、105 頁。

决定其废、置、分、合。局级机构原由各省厅《设置法》规定设置，1984年后也改为由内阁用政令设置，法律只规定了其数额上限。这样，各省厅就可以用"废旧置新"的办法来改组机构以适应工作需要。据日本学者统计，1955～1988年，仅厚生省就对其课级以上机构进行新设、废止、合并、分解、升格、减员等共196项次变动。① 此外，各省厅还常用设立外围团体等非正规行政组织的办法来适应新产生的行政需求。

在地方，位于地方A级行政组织——都道府县之下的市町村级行政区划百余年来发生了多次大规模变动。例如，1889年曾一举将市町村数目从71497个合并为15859个，至1953年又将其合并至5206个。此后，日本政府仍用各种措施鼓励市町村合并，1992年降至3236个。②

从地方行政组织的层数来看，日本自明治维新以来基本上实行都道府县与市町村两层体制。但是，在《明治宪法》体制建立初期，由于市町村数量较多，交通通信设施又不是很发达，因而都道府县的规模显得较大。针对这一情况，日本政府曾在一段时间内设置了介于府县与町村之间的"郡"这一中间层次以适应行政需要。相反，当战后因市町村规模变大、交通通信设施发达而使府县规模变小时，日本政府采取由有关府县、大城市和中央政府的地方派出机构参加的"地方行政联络会议"等"非正规"行政组织解决跨府县的行政问题的措施。在工业集中地区，日本政府还先后设置"东京圈""近畿圈""中部圈"等跨府县的协作组织，从而在一定程度上解决了因都道府县管辖区域偏小而不适应社会经济发展的问题。这些措施可以说是维持都道府县区划稳定的直接原因。

4. 比较笼统的权限规定使行政组织能够适应新的行政需求

与许多西方国家不同，日本中央政府机构的权限基本上不是由"作用法"而是由各机构《设置法》规定的。这些规定一般来说不是很具体，只是规划了大的框架。在这个框架之内，只要没有其他特殊规定，行政部门就有权应

---

① 総務庁長官官房企画課編『組織と政策（Ⅱ）』、行政管理研究センター、1988、91頁。
② 全国市長会編『市長手帳』1992、1頁。

付所有新出现的问题。而且，由于对总体权限的规定比较笼统，也比较容易用对"所辖事务"做出新解释的办法来扩大权限范围，这样，行政部门就成了"全能"的组织，即使环境发生较大变化，出现新的行政需求，也不必轻易设置新省厅。反之，即使某一省厅的原有业务大幅度减少，也不会立即导致其消亡。例如，日本第一产业的从业人员在就业者总数中所占比例已从1950年的48％降至1988年的9.3％，[①] 但主管第一产业的农林水产省的机构及地位并无根本变化，只是其工作重心从"振兴农业"向"保障农林渔民的生活"（《农林水产省设置法》中语）和国际协调方面有所倾斜而已。

此外，由于日本政府实行由各省厅大臣掌握任命权的人事制度，公务员对其所属省厅的依附性非常强，他们对安身立命的行政机构的兴衰存亡极其重视。每当出现撤、并、改组的可能或企图时，他们都会竭力维护并借助其盟友——"族议员"和压力团体的力量进行抵抗。这已成为制约行政组织变动的重要因素。战后数届内阁的重组省厅方案（如福田、中曾根内阁等曾准备将国土厅并入建设省、将北海道开发厅并入国土厅、将科技厅与通商产业省的部分机构合并为资源能源省等）都因遭到上述三种势力组成的"铁三角"的抵抗而胎死腹中。

至于行政组织的稳定性对社会经济的发展究竟发挥了哪些作用，这里不准备对其进行深入论述。不过，笔者认为：虽然不能肯定行政组织特别是 A级行政组织的稳定与社会经济的发展有必然联系，但它无疑是对保持政策和人才培养的连续性有直接作用的重要因素。而保持这种连续性对社会经济发展应当说是有积极意义的。

二 "小政府"的效率性

从国际比较来看，日本属于政府经济职能较强的国家，这一点不仅在日本国内得到许多人的赞同，而且在其他国家更成为几乎一致赞同的定论。然

---

① 根据经济企画厅调查局编『経済の要覧』1988 所列数据算出。

而日本又是一个行政组织规模较小的国家，日本政府在 1992 年发表的《总务厅年度报告》中公布，英、法、美、德等国在 1988 年的公务员总数（不包括军人）在全国人口中所占比例分别为 7.8%、11.1%、6.8%、6.9%，而日本同年的这一比例仅为 3.8%。与此相关联，日本的政府支出在国民生产总值中所占比例和国民负担率（赋税负担率与社会保障负担率之和）也只大体相当于英、法、德等国的 2/3。那么，日本为什么能以如此小规模的行政组织发挥那么大的行政职能呢？

（一）政府对行政组织特别是公务员定员的管理比较成功

在 20 世纪五六十年代，日本公务员的数量一度有较大规模的增加，但自 60 年代末开始，日本政府就对行政组织规模的扩大进行严格的控制。其不仅坚持用法律来规定行政机构和定员的总量，而且采取制订"定员削减计划"和"废旧置新"等措施，有效遏制了行政机构和公务员数量迅速增加的势头。例如，日本中央政府各省厅的局级机构在 1967 年共有 131 个，此后一直未超过这一数字，自 1980 年开始一直保持在 128 个的水平。对于中央政府一般公务员的定员数，1967 年为 89.9 万人，1991 年只有 86.4 万人，[①] 可谓稳中有降。地方公务员曾因福利、环境保护等业务范围的扩大而在 20 世纪 70 年代持续增加，但进入 80 年代后亦基本稳定下来。中央政府所辖企业的职工数量则在 20 世纪 80 年代的行政改革过程中因实行民营化而减少了约 31 万人。日本政府能够成功地控制行政组织的膨胀现象，固然受国际上新保守主义思潮抬头之影响，但其为此所采取的坚决而有效的措施在国际上也颇受人称道。

（二）政府所辖企业的职工较少

日本政府虽有在明治初期和二战期间直接经营较多企业的历史，但在二战结束以后未像英、法等国那样大搞工业国有化，反而将战时掌握在政

---

① 総務庁編『総務庁年次報告書』1992、49 頁、64 頁。

府手中的钢铁、电力等行业的企业改为民营企业。战后日本中央、地方政府所辖企业涉及的领域基本上属于公用事业，几乎没有制造业。在进行公务员数量的国际比较时，一般是将政府所辖企业职工计算在内的。据日本原行政管理厅统计，日本、英国、法国、联邦德国等国在 1980 年的公务员总数（军人除外）在全国人口中所占比例分别为 4.24%、9.99%、7.44%、6.50%，而同期上述国家中央政府所辖企业职工在全国人口中所占比例则分别为 0.81%、3.74%、1.95%、1.41%，可见日本在这方面与其他国家之间的差距更大。① 而日本公务员总数在全国人口中所占比例能从 1980 年的 4.24% 降至 1988 年的 3.8%，中央政府所辖企业在 20 世纪 80 年代行政改革中大幅度减少是主要原因。

（三）协助政府工作的外围团体较多

这里所说的"外围团体"，是指经主管行政部门批准成立的财团法人、社团法人等"认可法人"和无须行政部门审批即可成立的"任意公益团体"。目前日本还没有官方公布的外围团体名簿。据日本学者统计，协助中央政府部门工作的外围团体有 6000～7000 个，加上地方政府所管部分，全国共约有 1.5 万个。② 在这些外围团体中，既有从事检查监督、科学研究等业务的专业团体（如综合研究开发机构、日本煤气机器检查协会），又有工农商学等各行各业的行业团体，还有从事各种社会福利、慈善、宗教、教育、学术等活动的团体，它们多被统称为"公益法人"。活跃在城乡各个角落的居民自治组织——"町内会""部落会"则多是没有法人资格的"任意团体"，它们未被算入前述 1.5 万个外围团体之内。

外围团体协助行政部门工作的方式各不相同。其中，有些外围团体（如前述专业团体）本来就与被算作政府所辖企业的"特殊法人"无多大区别，只是由于近年来国会很难通过设立特殊法人的议案，日本政府才采

---

① 福井良次「公務員数の国際比較」、『法学家』増刊第 29 巻、81 頁。
② 大宮知信『経済と政治の関係』、明日香出版社、1993、213 頁。

用了以民间法人名义设立的形式。这类实际上代行行政职能的认可法人在外围团体中只占少数。冠以"协会"等名称的各种行业团体和居民自治团体是政府与企业、居民之间的联系纽带，政府部门通过它们把政策方针乃至各种信息传达并贯彻到基层，把基层民众的意见要求反映到政府部门。几乎把所有农、林、渔民都揽到羽翼之下的各种"协同组合"，实际上是半公益半营利的合作制经济团体，它们的活动是对农业行政组织的有力支撑。町内会等居民自治组织则起到了协助行政部门维持治安、处理垃圾、扶困济危等作用。各种福利、慈善、宗教、教育、学术团体的活动也是对行政职能的有效补充。政府部门只需向这些外围团体提供少量劳务补贴，节省了大批行政工作人员。当然，欧美发达国家也并非根本没有这类外围团体，如英国就有不少半官方团体，欧美各国的教会等组织也都从事一些公益活动，但似日本这样把如此众多的外围团体纳入行政运作系统之中的国家很鲜见。有些日本学者甚至把这些外围团体的工作人员称为与政府官僚相对应的"民僚"。

（四）民间企业和家庭在社会福利方面发挥了替代功能

众所周知，日本中等以上企业大多长期维持"终身雇佣"和"年功序列工资"，这有助于使失业率处于较低水平。企业内的福利待遇也相对较好，如有些企业向职工提供费用低廉的居住、饮食和娱乐疗养设施，提供低息购房贷款和为职工负担健康保险、养老保险费用等。据某位日本学者推算，日本企业的这些福利费用的全国平均值约相当于职工工资的30%，有些企业甚至相当于100%。[①] 这种情况在欧美国家中是不多见的。

家庭的替代功能主要体现在赡养老年人方面。据统计，1968年日本老年人与子女共同生活的比例高达80%，而美国、英国、丹麦等国的这一比例则分别仅为28%、42%、20%。[②] 近年来，与子女共同生活的日本老人

---

① 中川八洋『超先進国—日本—』、講談社、1980、23頁。
② 八代尚宏『行政改革の経済学』、東洋経済新報社、1982、70頁。

（65岁以上）在逐渐减少，到1989年，比例已降至65.4%（此外，还有12.3%的老人与子女同住一栋住宅或住在同一社区里）。[①] 但这一比例仍比欧美主要国家高得多。

日本企业和家庭发挥的上述福利功能无疑使政府部门节省了用于福利事业的人力和物力。

（五）日本国民的均质性使其易与行政工作相协调

这是一种很难用数据进行测定和说明的因素。一般来说，日本的民族构成比较单一，收入差距相对较小，教育水平比较均衡，理应有助于减少行政成本。这也可以说是日本出现"小政府"现象的一个原因。

综上所述，日本能够保持较小的政府规模，国民的均质性等客观因素虽也起了一定作用，但更主要的是由于日本政府本身在控制行政组织增长和利用民间力量等方面做出了较大的努力。实际上，这也正是日本垄断资产阶级意志的集中体现。与其他西方国家一样，现代日本的垄断资本确实已与国家权力更加紧密地结合在一起，但它们仍像马克思曾经阐述过的那样，希望"只是在总的方面留下一个为整个资产阶级所必需的最低限度的行政权，以便在对内对外政策上保障资产阶级的共同利益并管理资产阶级的共同事务；而就连这个最低限度的行政权也必须组织得尽可能合理而经济"。[②] 多年来，每当日本行政组织的规模超出垄断资本所能容许的限度，它们总会做出激烈的反应。政府采取的精简行政措施，往往是垄断资本施加压力的结果。日本在20世纪60年代和80年代搞的两次大规模行政改革，都由财界首脑直接出面坐镇指挥——出任"临时行政调查会"会长即行政改革总参谋部的总头目。日本在20世纪80年代初期大搞行政改革的直接契机，就是日本政府因受到财界压力而在增加企业税负和通过改革缩小政府规模二者之间选择了后者。这个事例典型地说明了这一点。

---

① 経済企画庁『国民生活白皮书』、1984、90页。
② 《马克思恩格斯全集》（第8卷），人民出版社，1961，第389页。

三　根深蒂固的割据性

（一）割据性的主要表现

所谓"割据性"，指的是日本行政部门之间缺乏协调性，经常为维护本部门权益而互相掣肘甚至对立的本位主义现象。其实，这种现象在其他国家的政府及大规模民间组织中普遍存在，在日本各地方政府之间也可见到（如一些府县之间曾为争夺水资源利用权而争斗），在日本中央政府部门间表现得尤其突出。

翻开日本行政学方面的论著，有关行政部门之割据性的记述随处可见，如通商产业省长期与外务省争夺经济外交主导权，自治省与大藏省围绕地方交付税额进行了"30 年战争"，等等。农林水产省在修建新东京国际机场问题上与运输省互不配合，大藏省与邮政省在邮政储蓄管辖权上的争执也广为人知。由于中央政府部门之间的横向协调不够，当它们各自把触角伸向地方政府时，地方行政部门出现纵向分割、缺乏整体性的"条条专政"现象。例如，为充实地方福利事业，自治省和厚生省等部门在 20 世纪 70 年代都曾出钱资劝地方政府修建公民馆、老人之家这类设施，其实质内容大同小异甚至互相重叠。有的地方政府为避免重复、浪费而将其建成一栋房子，对此，中央政府部门就会责令其开设两个大门，分别在门旁写上"某省援建"等字样，以标榜它们各自的政绩，这令人啼笑皆非。

近年来，关于"在计算机软件的著作权保护问题上通商产业省与文部省文化厅发生对立""邮政省与通商产业省为争夺'附加价值通信网'的管辖权而打了 5 年嘴仗"之类的报道屡见报端。这种割据性的表现形式多种多样，但实质都是为了争夺管辖权限或势力范围，以维护本集团的权益。日本著名评论家、通商产业省前审议官天谷直弘曾作过一首《狂歌》来形容行政部门间的割据性："官僚啊！为了争夺权限，理由不讲，昼夜不分。"

为了消除或削弱行政组织中的这种割据性，战后历届日本政府煞费苦心。特别是日本在 20 世纪 60 年代前期进行大规模行政改革时，曾将加强内阁的综合协调功能以克服割据性、保持行动的统一作为重要课题，并提出设立"内阁府"和"首相辅佐官"等解决方案，但这些方案最终未被采纳。在 20 世纪 80 年代进行的大规模行政改革中，加强综合协调以克服割据性被列为重要议题，日本政府以此为理由通过合并总理府内部部分机构设立了总务厅。至今还很难说此举对克服割据性产生了明显效果。

（二）产生割据性的背景

那么，日本行政组织中为什么会表现出如此强烈的割据性呢？简要来说，可概括为以下几点原因。

1. 战前形成的传统因素还在起作用

明治维新以前，日本曾长期实行封建割据性的"幕藩体制"。明治维新后，由在推翻德川幕府过程中立下大功的萨摩、长州等藩的"藩阀"多年把持朝政，以至于一度出现"萨摩藩控制海军""长州藩控制陆军"并由萨、长两藩轮流担任内阁首相的局面。1889 年公布的《明治宪法》更为保留甚至发展这种割据性提供了法律依据。在这一宪法体制下，首相只是"同辈中的首席"，无权指挥、监督其他内阁大臣；各大臣之间地位平等，各自"单独辅弼天皇"，并且由这些大臣兼任各省长官，因而各省的独立性很强，难以进行有效合作。许多学者甚至将此作为日本在第二次世界大战中战败的原因之一。针对这一问题，战后新宪法特别注意赋予首相以组阁为由任免内阁大臣的权限，从而使内阁制度发生较大变化。但是，战前旧制度下长期形成的传统心理和制度性惯例至今仍顽强地残存于行政组织之中。

2. 权力结构的制约

其实，战后日本首相并非像宪法条文规定的那样可以在内阁中"一手遮天"。由于战后历届内阁几乎都是建立在各党或自民党内各派之间的势力均衡基础之上的，这使首相任免大臣的权限打了很大折扣，每次组阁实际上都是各党派之间讨价还价的结果，首相无法对各省充分行使指挥权。而且，由于日本内阁大臣更迭频繁，大臣们难以在各省厅里迅速确立领导权威，往往很快被各省厅中根深蒂固的割据性所"俘虏"，成为受官僚们操纵的傀儡。

3. 人事制度方面的原因

如果说前述传统上、权力结构上的原因是属于可变化的柔性因素的话，那么人事制度方面的原因则是导致产生割据性的刚性因素。具体来说，日本虽然在明治时代就已开始实行国家统一招考政府官员的文官制度，但官员的任命权一直掌握在各省厅手中。从战后日本中央政府公务员的录用过程来看，中央人事机关——人事院只负责组织出题、考试、评卷并决定合格者名单，最后录取者由各省厅在合格者名单中自由选择（高级官员的确定由人事院按一定比例和分数推荐候选人），即各省厅大臣才是法律上的"任命权者"。一般来说，高、中级录用考试的合格者与被录用者之比约为 2.8∶1，初级录用考试的相关人员之比接近 2∶1。[①]

而且，日本政府部门实际上一直存在"一次考试定终身"的惯例。公务员被录用后，极少在省厅之间调动，即使一时被派到其他部门工作，也始终保留其在原录用省厅中的"本籍"（相当于我国的"工作关系"）。终身雇佣、年功序列工资等做法在政府部门也比民间企业表现得更加突出。公务员被录用后基本上按照既定次序升级晋职，高、中级官员还可指望退职后由各省厅安排到政府企业或民间企业任职。因此，公务员很容易把自己的命运与所属官厅的兴衰联系在一起，具有浓厚的利益共同体意识。这种共同体意识虽然有助于维持内部协调和团结，却很容易产生对外封闭和排斥的特性。如前所述，由于各省厅多与"族议员"和压力团体结成"铁三角"，这种利益共同体从"山头"变成了"山脉"，从而使割据性成为日本官厅中十分引人关注的重要特征。

割据性对行政工作效率的影响是显而易见的。由于各部门官员只注意维护本集团利益，其他部门乃至国家整体的利益就会被他们置之脑后，加上设

---

① 　人事院『公務員白書』、1990、44～49 頁。

置各省厅的背景和标准不完全一致以及新的行政业务不断出现等原因，总会有一些行政业务的权限划分不是非常明确或互相交叉重叠，因而就更容易产生各部门之间争权夺利、互相扯皮的现象。这种割据性常常会成为人们批评政府部门的靶子。但也有些日本学者认为上述割据性有好的一面，即有助于行政部门之间进行竞争，激发活力，为国民提供更好的行政服务。笔者认为，这种看法虽不无道理，但在科学技术高速发展、社会形势瞬息万变的今天，提高政府部门的工作效率、增强政府工作的整体性应被置于更重要的地位，我国在进行行政制度特别是人事制度改革时，也应注意从制度上避免出现割据性这类问题。

（原载《日本学刊》1994 年第 6 期）

论日本政治右倾化的民族主义特质[*]

吕耀东[**]

　　在日本政坛总体保守化的形势下，日本政治右倾化日益显现民族主义特质。当前日本保守政党奉行的保守主义执政理念，适时与日本盛行的民族主义形成"政治共鸣"，在以"自由主义史观"、"爱国心"及传统文化等方式粉饰殖民及军国主义侵略历史的同时，力求通过解禁集体自卫权达到修改和平宪法目的，不断推动"正常国家论"所言的政治军事大国化进程。特别是安倍再次上台执政以来，日本政治右倾化演绎出来一系列具有民族主义色彩的政策及主张，潜移默化地影响日本的内政和外交。日本政治右倾化中的民族主义因素将长期左右21世纪日本的政治局面及国家发展战略走向。

　　第一，从政党政治格局来看，在日本政坛总体保守化的形势下，和平主义与左翼政治思潮式微，政治右倾化的民族主义成分得以迅速提升。

　　在日本盛行的民族主义氛围中，日本政党格局的总体保守化，必然加速日本的政治右倾化。日本政治右倾化是执政的保守政党及其保守主义政治理念的外化，亦表现出鲜明的民族主义的特质。

　　对于日本日益突出的"右倾化"政治现象，有学者分析指出："日本的右派，当然是针对左派而言的。""保守也就是针对革新而言的。"[③] 右

---

　　*　原文荣获2015～2019年度中国社会科学院优秀科研成果三等奖。

　　**　吕耀东，中国社会科学院日本研究所研究员，研究方向为日本政治、外交以及大国关系和中日关系。

　　③　邓红：《谈谈日本的"右倾"与保守化问题》，《中国评论》2000年6月号。

派（或右翼）坚持"传统权威、民族主义"等观点，左派（或左翼）奉行"平等主义、合理主义"等理念，① 两者在现实政治层面表现为"重整军备、修改宪法第九条"与"反战、和平主义和捍卫宪法第九条"等观点的对立和斗争。这样通过"左"和"右"的相对性，导出日本革新政党与保守政党的对立以及此消彼长形成的"右倾化"政治格局。日本众议院前议长河野洋平曾就日本的政治右倾化现象表示："切身感受到整个政界都在右倾。在自民党和社会党分庭抗礼的时代，双方势均力敌，政治基本是中庸的。如今那样的平衡已完全被打破。"他还指出，修改宪法、教育基本法的议论之声高涨，强调"爱国心"的主张越来越强烈，这都是右倾化的表现。② 这样的观点既说明了自民党及其保守主义执政理念的张扬，也明确了日本政治右倾化的民族主义特质。对此，有学者进一步指出，政治右倾化是日本右翼保守势力及其主张在政界渐占上风并影响政府决策的一种政治倾向。③ 当今日本政治右倾化表现为纵容极端民族主义势力抬头、以否认甚至美化殖民及军国主义侵略历史提振"爱国心"、以解禁集体自卫权及修宪谋求"正常国家化"、以领土主权纠纷及价值观外交遏制中国等。

　　日本的政治右倾化及其民族主义特质引起日本国内外学者的高度关注。日本学者安井裕司曾指出，以安倍晋三为首的"自民党在第 46 届众议院总选举时就表示要行使集体自卫权和自卫队改国防军。当自民党获 294 席，加上改宪派日本维新会的议席比例超过三分之二，使在随后参议院选举中继续改宪议题成为可能，因此所谓'右倾化'的说法是没有错的"。④ 又如美国前助理国防部部长、哈佛大学教授约瑟夫·奈在赞同日本解禁集体自卫权和修改武器出口三原则等"右倾化"政策的同时，也强调"用民族主义包装

---

① 浅羽通明『右翼と左翼』、幻冬舍新書、2006、43 頁。
② http://china. kyodo. co. jp/2004/sekai/20040429 – 204. html.
③ 参见刘江永《中国与日本：变化中的"政冷经热"关系》，人民出版社，2007，第 163 页。
④ 「日本の政治は『右傾化』しているのか？『保守化』しているのか？ それとも「ナショナリズム」なのか?」、http://www. quon. asia/yomimono/business/global/2012/12/22/3762. php。

这些政策是错误的，损害了安倍自身的立场"。他还指出，安倍"参拜靖国神社、做出修改'河野谈话'的姿态涉及历史问题，会使中国和韩国想起战前的日本而感到不安，应该停止煽动民族主义情绪"①。诸如此类的评论，比较直观地说明了日本政治右倾化的民族主义表现形式。正如有的学者所言："日本政治右倾化作为日本社会的一种政治思潮，与其对立的是日本左翼政治思潮与和平主义，与其相近的有新保守主义、新国家主义和极端民族主义思潮。"② 这表明日本政治右倾化含有保守主义、国家主义或民族主义的成分。本文认为，日本的政治右倾化就是执政的保守政党及其保守主义理念和政策体现出民族主义倾向的政治现象。

第二，从理论及政治实践来看，日本的"民族主义"和"政治右倾化"有着内在联系，即日本政治右倾化有着鲜明的民族主义要素。

当代日本的民族主义大体体现为追求对于民族或国家的政治认同。英国学者厄内斯特·盖尔纳在《民族与民族主义》一书开宗明义指出："民族主义首先是一条政治原则，它认为政治的和民族的单位应该是一致的。民族主义作为一种情绪或者一种运动，可以用这个原则做最恰当的界定。"③ 民族性及民族主义是当代日本保守主义政治的突出表征和本质特性。在日本，民族主义与"国家主义"常常被理解为同一概念的不同解读。一般来讲，"民族"（nation）一词，含有"国家"和"民族"两方面含义，其中"国家"的含义要高于"民族"，且更强调政治特点。也就是说，"国家"需要"民族"这样一种概念来确定疆土、人口和主权。所以，"国家"和"民族"在概念上紧密相关，且具有鲜明的政治意味。"民族包含有现代国家这一政治制度的含义"，尤为重要的是，民族是有自己的国家或者是自治程度高、高度政治化的族群（ethnic group）。④ 民族国家是政治单位，通过共同的价值、

---

① http：//china. kyodonews. jp/news/2014/04/73342. html.
② 参见刘江永、王新生等《战后日本政治思潮与中日关系》，人民出版社，2013，第55页。
③ Ernest Gellner, *Nations and Nationalism* (Ithaca, N. Y.: Cornell University Press, 1983), p. 1.
④ ［日］吉野耕作：《文化民族主义的社会学——现代日本自我认同意识的走向》，刘克申译，商务印书馆，2004，第21页。

历史和象征性行为表达集体的自我意识。① 因此，"对于大多数学者而言，民族主义是一种试图把民族等同于国家的运动。他们认为如果民族与国家之间没有这种紧密的结合，民族主义就几乎没有社会或政治意义"。正所谓"民族主义是政治上的需要"。② 所以，把握现代世界中民族主义的特质，"必须从文化到政治、从历史性文化共同体到公民的民族国家"等多角度分析。③ 从政治实践来看，民族主义是通过对国家的"依靠或反对"来关注民族利益的。不同的国家、不同的执政党对待本国的民族主义的态度不尽相同，但将民族主义作为政治手段是常有的。在日本盛行的极端民族主义表现为，以否认殖民及军国主义侵略历史弘扬"民族精神"，恢复昔日的"民族自信心"和"自豪感"的言行，这对于急于"摆脱战后体制"、恢复"正常国家"形态的日本保守势力来说是求之不得的政治借口，因此不断演绎出一系列具有民族主义色彩的政治右倾化言行及政治现象。

第三，从日本政治变迁过程来看，日本的民族主义有着独特的形成、演变和发展过程。

日本的民族主义是"近代以来才有的现象"。日本学者小熊英二认为：日本的"所谓民族主义（国家主义），是指国家（或民族）范畴内，持有一种'我们'意识的现象。近代以前的社会，尤其是封建社会，原则上人们拥有的只是由血统规定下的身份，再加上住处是固定的，人们很难拥有这种以国家（或民族）为单位的'我们'意识。……明治时期日本的知识分子，为了对抗来自欧美的殖民地化威胁，曾反复论及如何使人们持有'我们'、'日本人'这种意识"。④ 这可以说是日本真正的民族主义觉悟，并且给日本

---

① 徐迅：《民族主义》，中国社会科学出版社，1998，第31页。

② 〔英〕安东尼·D. 史密斯：《全球化时代的民族与民族主义》，龚维斌、良警宇译，中国编译出版社，2002，第130、185页。

③ Peter J. Katzenstein, *Cultural Norms and National Security: Police and Military in Postwar Japan* (Ithaca, N. Y.: Cornell University Press, 1998), p. 4.

④ 〔日〕小熊英二：《全球化与日本的民族主义》，载林振江、梁云祥主编《全球化与中国、日本》，新华出版社，2000，第19页。

带来国家（或民族）近代化的根本动力。日本这种民族主义意识的产生，"大大促进了共通且同一的'日本文化'的形成。这不仅局限在只是灌输给人们天皇崇拜和国家忠诚的意识形态水平上，而是意味着'文化'自身的改观"。① 对于日本民族主义这样的文化解读，事实上也包含浓烈的政治意味，因为日本国民的"天皇崇拜和国家忠诚"正是在民族主义的政治演变过程中形成的。英国学者厄内斯特·盖尔纳在论及"民族主义的弱点"时指出，"民族主义的定义，是为使文化和政体一致，努力让文化拥有自己的政治屋顶"。② 可以说，日本民族主义从产生伊始就与"天皇崇拜和国家忠诚"的政治目的密切相关。历史事实证明，日本的民族主义原动力没有修成"正果"，最终走上了帝国主义、殖民主义和军国主义的邪路，并堕落为战后以弘扬所谓"传统文化""民族气魄"来否认殖民及军国主义侵略历史的政治的、极端的民族主义。

第四，从日本政治思潮发展过程来看，日本激进的民族主义逐步展现出排外言论盛行、"皇国史观"复活、力图修改和平宪法及重建政治军事大国等政治现象。

长期以来，日本极端民族主义否认甚至美化殖民及军国主义侵略历史的言行，逐渐弥漫到学术界、政界和舆论界，引发"日本国内从20世纪90年代后半期开始爆发多种形式的民族主义"。日本学者川村范行将其分为四种类型：第一，朝鲜发射导弹引发的、对抗来自其他快速发展国家威胁的民族主义；第二，针对中国和韩国对其历史问题的批判，否定自虐史观、肯定过去战争的民族主义；第三，爱国甚至强制性爱国比个人尊重更优先的民族主义；第四，主张日本文化优越性的民族主义。其中，上述第一、二点是排外的民族主义，第三、四点是加强日本统一

---

① 〔日〕小熊英二：《全球化与日本的民族主义》，载林振江，梁云祥主编《全球化与中国、日本》，新华出版社，2000，第20页。

② Ernest Gellner, *Nations and Nationalism* (Ithaca, N. Y.：Cornell University Press, 1983), p. 61.

性的民族主义。① 这样"蓬勃发展"的民族主义思潮与日本的保守主义执政理念合流，演化成为日本政治右倾化的内在动力。正如英国学者埃里·凯杜里在《民族主义》一书中所言："若一种诸如民族主义这样的学说的确控制了一个民族的文化和政治领导人，他们将按照这一学说的原则行动。"② 小泉纯一郎以首相身份六次参拜供奉甲级战犯的靖国神社，充分利用了"排外的民族主义"情绪实现其政治目的，并严重助长了日本极端民族主义的泛滥，导致日本国内的政治气候逐渐向参拜靖国神社"合理化"的方向发展。③ 对此，有日本学者批评道："小泉首相的靖国神社参拜，应主要作为政治问题考虑，应该作为包括日本的整个亚洲的问题来进行批评。"④ 但是，保守派政要麻生太郎煽动扩大参拜靖国神社的事态，妄称基于靖国神社供奉的许多亡灵生前是高呼"天皇万岁"而赴死的，因而天皇应该前往参拜。⑤ 2013 年 12 月，安倍晋三不顾国际社会的强烈反对，再次以首相身份参拜靖国神社。日本首相参拜美化殖民和军国主义侵略战争的靖国神社，严重违背了日本政府就侵略历史向亚洲各国人民进行反省的承诺，这种行为是对侵略战争受害国人民感情的极大伤害。但是，安倍晋三为自己的"历史观"辩解："所谓历史，是不能简单地用善、恶来划分的……百年、千年来，在日本漫长的历史中产生、形成的传统为何得以保存下来？对此常有真知灼见，这才是保守主义的精神。"⑥ 这种在保持日本"民族传统"借口下，对日本保守主义的历史误读，正是其助长极端民族主义、否认日本殖民及军国主义侵略罪行的政治右倾化表现。

总之，日本的政治右倾化是日本政坛总体保守化历史必然。日本政治右

① 〔日〕川村范行：《从日中友好到战略互惠——排外的民族主义的克服和战后和解》，载中国社会科学院日本研究所《"纪念中日邦交正常化 35 周年国际学术讨论会"论文集》，2007，第 5 页。
② 〔英〕埃里·凯杜里：《民族主义》，张明明译，中央编译出版社，2002，第 110 页。
③ 李建民：《冷战后的中日关系史（1989—2006）》，中国经济出版社，2007，第 318 页。
④ 〔日〕依田憙家：《日中关系的问题点》，《中日关系史研究》2008 年第 1 期。
⑤ 麻生太郎『自由と繁栄の弧』、幻冬舍文库、2007、307 頁。
⑥ 安倍晋三『美しい国へ』、文藝春秋、2006、27 頁。

倾化的内容或目标与日本民族主义的政治诉求有着"同一性"特征，且日本执政的保守政党实施政治右倾化所奉行的保守主义理念含有民族主义成分，进一步证实日本的政治右倾化具有民族主义特性。日本保守势力的保守主义执政理念体现为政治右倾化及其民族主义言行，并在日本政界成为影响政府决策及政策方针的重要因素。

（原载《日本学刊》2014 年第 3 期，有删减）

日本民主模式及政党制形态
转变的可能性与不确定性

张伯玉*

在日本，英国长期被片面地视为"议会政治的母国"，多数代表制——小选举区制也往往被视为代表"自由民主体制"的选举制度。小泽一郎认为，在众议院选举中长期实行单记非转让式投票制（俗称"中选举区制"）——准比例代表制的战后日本"一直无视或轻视多数决原理"。在国家统治阶层自上而下地积极推动民主模式转换以及政党制重塑的过程中，以"最明确反映多数决原理的选举制度"——小选举区制为主、比例代表制并用的新选举制度在 1994 年导入众议院选举。在新选举制度下举行的第五次大选即 2009 年 8 月 30 日的大选中，原来在众议院具有绝对多数优势的执政党自民党一夜之间被民主党赶下执政宝座，日本实现了向"有政权轮替的民主"的转化。这种政权轮替的实现，不仅标志着日本政党制向两党制迈出了重要一步，而且甚至意味着日本整个民主模式可能发生转变。

一 民主类型与日本民主模式

从理论上讲，民主国家可以通过多种方式来组织和运作。在实践中，现代民主国家也向我们展示了政府机构和制度的多样性。然而，当我们从机构组成体现的规则与实际活动究竟是旨在寻求多数支持还是谋求达成共识的视

---

* 张伯玉，中国社会科学院日本研究所研究员，研究方向为日本政治体制、日本政党。

角进行考察时，才能发现清晰的民主模式及其规则。①

在界定"民主"概念时，利普哈特使用了传统定义，即民主是"民治和民享的政府"。那么，政府由谁来治理？当人民之间产生了不一致或有不同偏好时，政府应该代表谁的利益？对此，利普哈特从全新的角度提出了两种民主模式：多数民主与共识民主。"人民的多数"就是多数民主模式的本质，即"政府由多数人控制并符合多数人的愿望"。在多数民主模式下，"政治权力集中在多数人的手中，甚至往往集中在相对多数人而不是绝对多数人手中"。因而，多数民主模式是"排他性的、竞争性的和对抗性的"。而"尽可能多的人"则是共识民主模式的核心所在。它在承认多数人的统治优于少数人的统治这一点上与多数民主并无不同。但是，共识民主模式仅仅把多数原则视为最低限度的要求："它努力使'多数'的规模最大化，而不是满足于获得做出决策所需的狭隘多数。"共识民主模式"通过多种手段试图分享、分割和限制权力"，因而"以包容、交易和妥协为特征"。

利普哈特从"多数民主"与"共识民主"的本质区别出发，系统地比较了两种类型的民主模式之间在行政权力、政党制度、选举制度、利益集团以及中央银行等重要的民主制度和规则方面的差别。其中，两种民主模式之间最重要、最典型的差异是一党多数政府与广泛的多党联合政府之间的差异。它集中体现了集权与分权的差别：一党多数政府集中体现了将权力集中于多数人手中的多数决原则，而广泛的多党联合政府则集中体现了广泛分享权力的共识原则。多数民主模式与共识民主模式之间在政党制度、选举制度等制度安排上的差别也是显而易见的。两党制是多数民主模式的典型特征，多数民主模式强烈倾向于相对多数选举制或非比例代表制，而排斥比例代表制。多党制则是共识民主模式的典型特征，共识民主模式采用的典型选举制度是比例代表制。

在1955年体制下，日本的行政权力长期集中在最小获胜一党内阁，即

① 参见〔美〕利普哈特《民主的模式：36个国家的政府形式和政府绩效》，陈崎译，北京大学出版社，2006。

自民党一党多数内阁；在行政机关与立法机关的关系方面，官僚在行政机关中的影响力很强，甚至凌驾于内阁及其母体立法机关；选举制度实行的是单记非转让式投票制即准比例代表制（中选举区制）。日本的政党制形态是自民党一党优势体制。日本政府即自民党一党多数政府，形式上体现了将权力集中于多数人手中的多数决原则，但从内阁的实际表现来看像少数派内阁（日本议院内阁制的最大特征是弱内阁）。在自民党一党优势体制下，由于自民党长期执政，没有政权轮替的可能性，因此自民党很少利用其在国会中的多数，强行通过存在争议的议案。为使议案在国会两院通过，自民党通常会以妥协与让步的方式努力确保其提案得到一个甚至更多反对党的支持。"如果法案被质询，自民党就要让步到全场一致同意为止。对于在野党的行动，媒体不仅不提出质疑，很多有名的报纸和电视台还主张让在野党尽情审议以追求共识。"① 同时，在野党在公开的政治舞台上挑战执政党，并抵抗到最后，但在幕后与执政党交易，双方互相让步，最终达成一致。这种国会审议方式使少数政党拥有强大的拒绝权。也就是说，自民党一党多数政府的实际活动，并未体现将权力集中于多数人手中的多数决原则，应该算作少数派内阁而不是最小获胜一党内阁。加之，战后日本具有浓厚的共识政治色彩，"多数决原理被认为是权力的横暴"②。因此，1955 年体制下形成的这种独特的"日本型民主主义"在多数民主—共识民主的光谱中应该处于共识民主模式这一端。

随着冷战体制的解体、自民党一党优势体制的崩溃以及重要制度的变更，日本传统的统治机构的基本框架发生了重大变化，这种变化还有继续加深的可能——至少目前未看到有停下来的迹象。重要制度的变更，主要包括推动日本政党制形态向两党制转变的相对多数—比例代表双轨制这一新选举制度的导入以及为使日本型弱内阁向英国型强内阁转变、以强化内阁机能为中心的各项制度的改革（如废除政务次官制度，创设副大臣、大臣政务官

---

① 小沢一郎『日本改造計画』、講談社、1993、24 頁。
② 小沢一郎『日本改造計画』、講談社、1993、24 頁。

制度，首相辅佐官的增设以及内阁府的创设等）。冷战后日本政治发展的方向已经非常明确：由"已不能适应内外变化"的日本型民主主义向多数决型民主主义转变。

二　政党制的形态划分及日本政党制形态

在思考日本走向两党制可能性的过程中，有必要对现有政党制及其分类法进行简要总结。关于政党制的概念及其形态划分，学术界有不同的认知和界定。本文在政党体制的意义上使用政党制这一概念，即政党制"是指一国的一组政党在一定的社会生态环境下，在竞争或参与国家政权的过程中以固定方式结成的互动关系形式和模式"①。其中，有两点值得注意。第一，政党制是组成政党的结合体，组成政党通过固定的方式互动形成一个复合而连续的整体。也就是说，政党制在形式上表现为以固定方式互动的一组政党。同时，政党制还意味着组成政党的连续性。如果组成政党出现巨大断裂或退化，那么另一种形态的政党制就会取而代之。第二，政党制的生成和演化受一国政治、经济、社会、文化、历史与传统等诸因素的影响。

关于政党制的形态划分，萨托利在《政党和政党制：一个分析的框架》（1976 年）中提出的划分方法最有影响。他根据两个维度即政党数目和意识形态两极化程度，将政党制形态划分为以下四种：一党优势制，即一个政党长期赢得过半数或更多议席；两党制；有限多党制，即意识形态两极化程度低的多党制；极端多党制，即意识形态两极化程度相当高的多党制。萨托利的著作虽然在许多方面遇到挑战，但依然是唯一最重要的全面论述政党制的理论著作。他提出的区分政党制的两个维度影响深远，其分类标准依然是划分发达工业化国家政党制的最有效标准。

那么，如何判断一个国家的政党制形态属于两党制而非有限多党制？只要某一个第三党或若干个第三党的存在无碍于两个主要政党单独执政时，亦

---

① 吴辉：《政党制度与政治稳定——东南亚经验的研究》，世界知识出版社，2005，第 20 页。

即无须与之组建联合政权时，就具备了一种两党制的形态。简而言之，在两党制这种政党制形态下完全可能存在第三党或若干个第三党。在这种情况下，两党制区别于三党制或有限多党制正如一党制政府区别于联合政府。当然，这一条件适合议会内阁制，而不适合美国式的总统制。

萨托利认为，依据两党制规则运作的体制应具备以下特征：第一，两个政党以竞争绝对多数议席为目标；第二，其中一党实际上成功地赢得足够的议席多数；第三，赢得足够多数议席的党愿意单独执政；第四，政权轮替或轮流执政一直是一个可信的预期。这四个特征并不是绝对的。比如一个政党可以单独执政却不选择单独执政，这并无太大的关系。政权交替可以是一党对两党，如果这两党不只是"联合"的两党，而且具有"共生"性，即在选区中很少或从不相互竞争。一党优势体制与两党制都有某种特别的共同点：如果获得的选票差距小，或者是选举制度改变，那么都可能容易改变该体制的性质。

日本 2009 年政权轮替的实现，是在"1955 年体制"解体后新的社会生态环境下发生的。新选举制度推动政党制形态向两党制发展；新的最大在野党民主党替代绝对优势政党自民党上台执政；选民期待政权轮替，并且"满意"这种变化。有鉴于此，我们可以做出以下判断：自 2009 年 9 月政权轮替实现之时起，就意味着日本政党制形态已经发生了改变，即自民党一党优势体制被两党制取而代之。

三 日本向多数民主模式及两党制转换的可能性

"1955 年体制"以来，在自民党一党单独执政（1955～1993 年）的日本，很多人仍在追求两党制和以此为基础的多数派一党内阁之间交替执政的理想的民主模式——"多数民主模式"。他们大多相信英国式的小选举区制能使两党制得到保障，并坚信世界上多数发达国家在实行这一制度。"日本的'民主'观念是以美国和英国为媒介传进来的。在这个国家里，存在深厚的共同体主义和经济增长至上主义的土壤，人们的权利意识、人权意识、保护少数派或珍视不同立场之共存的意识却很淡薄。他们对民主主义也有着与盎格鲁－撒克逊人不同的、刻板的、多数派优先主义的独特理解，认为‘民主主义就是按多数意见做出决定’的观点似已成为通说。”① 1955 年体制前期，鸠山一郎内阁、岸信介内阁、田中角荣内阁先后尝试以小选举区制推动实现两党制。进入“1955 年体制”后期，“随着冷战体制解体，日本型民主主义已不能适应内外的变化”②，国家统治阶层自上而下推动民主模式转换、重塑政党制的动向在日本变得更加活跃起来。积极推动这种改革的小泽一郎在其系统论述“政治改革”构想的《日本改造计划》一书中认为，“日本战后政治一直无视或轻视多数决原理，由此产生无责任的政治”③。主张改革的基本方向“必须有利于政党以政策竞争、以多数决原理推动政治”④，“使最高领导者能够负责任地决定政策，使无谓分散的权力，无论在形式上还是实质上实行民主主义的集中化”⑤。也就是说，小泽主张以多数决原理推动日本政治的发展。

冷战后日本政治发展的方向已经非常明确：以多数决原则推动日本政治的发展，即由日本型民主主义向多数决型民主主义转变。但是，冷战后日本这种方向非常明确的民主模式转换目前具备哪些可能性？未来又有怎样的非确定性？由于体现多数民主模式的各项特征源自多数决原则，因此从逻辑上讲它们是联系在一起的，在现实世界中也可以把它们视为共生的。本文将民主模式的转换与政党制形态的转换联系在一起，进行分析。

（一）从理论上讲，这种转换的可能性体现在非比例代表选举制这种制度安排上

1988 年 12 月至 1994 年 3 月，以重塑政党制为核心的政治改革相关法案

---

① 〔日〕山口定：《政治体制：宏观经济学》，韩铁英译，经济日报出版社，1991，第 188 页。
② 小沢一郎『日本改造計画』、講談社、1993、4 頁。
③ 小沢一郎『日本改造計画』、講談社、1993、25 頁。
④ 小沢一郎『日本改造計画』、講談社、1993、71 頁。
⑤ 小沢一郎『日本改造計画』、講談社、1993、22 頁。

终于在"非自民非共产"的细川护熙内阁得以通过。政治改革关联四法案即《公职选举法修正案》、《政治资金规正法修正案》、《政党助成法案》以及《众议院议员选区划分审议会设置法案》主要涉及两个问题：一个是选举制度的变更，即废除单记非转让式投票制、导入相对多数—比例代表双轨制；另一个是政治资金规正法的修改，即新法对政治家个人筹集政治资金予以限制，渐进式禁止企业向政治家个人提供政治资金，由政党负责管理公共政治资金。第一个问题与以多数决原则推动日本政治的发展密切相关。第二个问题则与政党自身的变化有关。

改单记非转让式投票制即准比例代表制为相对多数—比例代表双轨制，这种选举制度改革不仅直接关乎政党制的重塑，而且甚至意味着日本整个民主制度中寻求共识的氛围大为淡化，多数决的色彩更加浓厚。这是因为，选举制度是政党制的重要的决定因素之一。"相对多数选举制有利于产生两党制"是比较政治学领域一个众所周知的命题。相反，比例代表制则鼓励多党制的产生。同时，这与两种选举制度体现的原则与追求的目标密切相关。相对多数或过半数代表制奉行"胜者通吃"的游戏规则，赢得多数选民支持的候选人获胜，而投票给其他候选人的选民则一无所获，这一游戏规则是多数决原则的完美体现。比例代表制则与之形成鲜明对比，其根本目的是使多数党和少数党都能够获得代表权，并根据它们所获选票的比例分配议会议席。

1996 年开始实施的新选举制度规定：众议院议席定数为 500 席（2000年以后改为 480 席），其中 300 名代表由 300 个单名选区以相对多数代表制选出，200 名（2000 年以后为 180 名）代表由 11 个比例区以比例代表制选出；每个选民分别有两张选票，一张投给单名选区的候选人，另一张投给比例区提出候选人名簿的政党。在选举中，相对多数制和比例代表制的操作各行其是，毫不相关。这种相对多数制和比例代表制并用的选举制度只有部分比例性。2000 年以后，选举区议席和比例区议席比为 5 : 3，因而该选举制度不能作为比例代表制的一种类型，属非比例代表选举制。尽管所有的选举制度都会产生非比例性的结果，都倾向于减少议会有效政党数目，都可能使未获半数以上选民支持的政党成为议会多数党，但上述三种倾向在非比例代表选举制下比在比例代表选举制下表现得更为强烈。理论上，这种制度安排使两党制以及以此为基础的一党多数内阁之间交替执政的多数民主模式成为可能。

值得关注的是，民主党在2009年大选的政权公约中明确提出将削减80个比例代表定数。大选后不久即2009年9月7日，民主党干事长冈田克也再次公开表示："削减比例代表定数的方针不会改变。"在民主党政权下，如果这一主张能够实施，那么众议院选举区议席和比例区议席之比将变为3∶1，由此形成的选举制度将更倾向于相对多数代表制。

（二）从实践即大选结果来看，非比例代表选举制这一制度安排确实具有推动日本政党制形态向两党制发展的功能

从新选举制度实施以来五次大选的选举结果来看，这一选举制度明显对两大政党有利，对少数政党不利。公明党、日本共产党、社民党等少数政党依然能够参与竞选并且赢得一些众议院议席（以比例区议席为主）。但是2000年大选以后，上述三党在众议院中的议席占有率呈现不断下降的趋势：2000年大选三党议席率合计为14.58%，2003年为10.21%，2005年为9.79%，2009年则为7.71%。自民党和民主党成为众议院两大政治势力，控制了众议院绝对多数议席。尤其是300个选举区议席几乎被两大党垄断。两大政党议席率合计分别为79.0%、75.0%、86.25%、85.21%、88.96%；选举区两党议席率合计分别为88.33%、85.67%、91.00%、90.33%、95.00%。[①]

从相对多数代表制的制度性或体制性效应来看，得票率与议席率之间的非比例性程度显著高于比例代表制，它使相对多数选票转换为绝对多数议席。以最近的两次大选为例，2005年大选，自民党与民主党得票率之比为1.31∶1，议席率之比是4.21∶1。自民党以民主党1.31倍的选票分配到民主

---

① 1996年大选至2003年大选各党所获议席数参见石川真澄『戦後政治史　新版』、岩波書店、2004、235～238頁。2005年大选各党所获议席数参见蒲島郁夫、菅原琢「地方の刺客が呼んだ『都市の蜂起』」、『中央公論』2005年11号。2009年大选各党所获议席数参见http://www2.asahi.com/senkyo2009/kaihyo/。

党 4.21 倍议席。第一大党自民党以 47.77% 的选票分配到选举区 73.0% 的议席，第二大党民主党以 36.44% 的选票分配到选举区 17.33% 的议席。2009 年大选，民主党与自民党得票率之比为 1.23∶1，议席率之比为 3.45∶1，民主党以自民党 1.23 倍的选票分配到自民党 3.45 倍议席。第一大党民主党以 47.40% 的选票分配到选举区 73.67% 的议席，第二大党自民党以 38.6% 的选票分配到选举区 21.33% 的议席。在 2005 年和 2009 年大选中赢得选举区 70% 以上议席的自民党和民主党的得票率均未超过 50%。有学者将这种情况下产生的多数称为 "制造出来的多数"，即通过相对多数选举制人为地制造出来的多数。也就是说，某些政党在没有得到多数选票的情况下获得了议会多数席位。事实上，分别在 2005 年和 2009 年大选中赢得众议院绝对多数议席的自民党和民主党都得益于这种 "制造出来的多数"，使组建一党多数内阁成为可能。而一党多数内阁正是多数民主模式最重要且最典型的特征。因此，将日本看作 "相对多数决" 国家而不是 "多数决" 国家或许更为准确。

（三）与 "1955 年体制" 时期对抗自民党的最大在野党社会党不同，民主党是在冷战后新的社会生态环境下成长并壮大起来的政治势力，且该党具备了替代自民党执掌政权的实力

在长达 38 年间的 "1955 年体制" 时期，社会党在众议院选举中所获席位最多的一次是 1958 年大选，当时社会党拥立 246 名候选人，当选 166 人（众议院议席定数为 467）。这也是社会党在 "1955 年体制" 时期唯一一次在大选中为获取众议院过半数议席提出了足够多的候选人。在 "1955 年体制" 下，社会党既无夺取政权、上台执政的欲望，亦无组建社会党政权或以社会党为中心的联合政权的实力，这也是自民党一党绝对优势能够长期维持的重要原因之一。

民主党自 1996 年 9 月成立，经 1998 年 4 月重组后，短短的十余年已由政界的 "第三极" 势力发展到最大在野党，进而在 2009 年 9 月成为替代自民党的执政党。与此形成鲜明对照的是，社会党由一党优势体制下的主要组

成政党退化为只有一位数议席的少数政党（社民党）。这种变化本身意味着自民党一党优势体制将会被另外一种形态的政党制取而代之。出现这种差别，除与两党生存、发展的社会生态环境迥异密切相关外，还与两党自身的努力密切相关。民主党为成为替代自民党执掌政权的政治势力而不断努力，将自民党不能容纳的优秀人才吸纳到自己旗下，既有现今自民党所无法比拟的人才储备，又具备健全的老中青人才梯队建设。这种人才储备和人才梯队建设使民主党进一步具备了长期执政的可持续性。

（四）选民期待政权轮替，并满意这种变化

在"1955 年体制"下，多数选民期待社会党发挥的作用，不是替代自民党上台执政，而是牵制自民党的行动。尤其是在关系到国家根本走向、容易引起党派冲突的宪法问题上，选民期待社会党阻止自民党修改宪法。自民党和社会党在选民中的形象是互相对立的："自民党 = 改宪"，"社会党 = 护宪"。社会党自身也以"护宪政党"为己任。1994 年 6 月 30 日村山富市内阁成立后，社会党放弃了长期以来坚持的"自卫队是违宪但合法的存在"以及"非武装中立"的政策方针，承认"日美安保体制"。社会党方针政策的转换导致其失去较高比例的社会党支持者。[①]

然而，在冷战后新的社会生态环境下成长起来的民主党，在选民心中的形象显然与"1955 年体制"下的社会党不同：选民期待民主党能够替代自民党执政。2009 年大选前，日本各大主流媒体便形成了一种强大的"舆论共识"——几乎所有的媒体都认为民主党将在此次大选中胜出。如果说媒体对选举结果有不同看法的话，那也只是对民主党将以何种方式获胜的预测结果的不同。选民就是在这种舆论宣传——民主党将赢得大选中去投票处投下了自己的一票。2009 年 8 月 31 日总务省发布 2009 年大选选举区投票率为69.28%，超过"邮政大选"（67.51%）1.77 个百分点，比例区投票率为69.27%，超过上次大选（67.46%）1.81 个百分点，两个选区的投票率都

---

① 小林良彰『日本人の投票行動と政治意識』、木鐸社、1997、68～85 頁。

创造了 1996 年实施新选举制度以来的最高纪录。这一数字反映了选民对"政权选择选举"的高度关心，也表明选民期待政权轮替的实现。NHK 在大选后不久即 2009 年 9 月 4~7 日做了一个调查，调查结果显示，63% 的被调查者对此次大选结果表示"满意"。选民意识的变化为这种转变从另一个层面提供了重要依据：至少选民并不排斥这种转变或这种政治发展。

（五）日本社会的特性——意识形态非极化、社会分裂程度低为这种转换提供了比选举制度安排更重要的稳定条件

日本是一个意识形态非极化的社会。20 世纪 70 年代的统计数据表明，从意识形态分布或观念分布来看，日本处于保守和革新之间的温和选民数量比荷兰、法国、英国、爱尔兰等国的要多。[①] 就日本社会自身纵向比较而言，与 1983 年、1993 年相比，1995 年选民意识形态分布"中道化"趋势显著增强：处于保守、革新两极的人数减少，而处于二者之间的选民增加。[②] 这意味着两个主要政党可以在同一空间展开向心性竞争，除非两大党中的一个开始担心它在可预见的未来没有获胜的机会。削弱分野并以负责任的态度提出"中道政策"的政党能够获得多数选民的支持。同时，日本还是同质性相当强、社会分裂程度低的社会。利普哈特在通盘考虑族群、宗教团体、意识形态集团以及其他可能出现的群体等因素的基础上，把包括日本在内的 36 个民主国家划分为多元社会、半多元社会和非多元社会。日本与英国一样同属非多元社会。[③] 但是，绝不能将"非多元"社会或社会分裂程度低的社会与"同质"社会等同起来。日本至少在一定程度上存在宗教分化。在多元或极度分化的社会中，多数决原则的结果不是民主，而是多数专政和国内纷争。因此，日本社会的特性为这种转换提供了比选举制度安排更重要的稳定条件。

---

① 蒲島郁夫、竹中佳彦『現代日本人のイデオロギー』、東京大学出版会、1996、201 頁。
② 蒲島郁夫、竹中佳彦『現代日本人のイデオロギー』、東京大学出版会、1996、347 頁。
③ 参见〔美〕利普哈特《民主的模式：36 个国家的政府形式和政府绩效》，陈崎译，北京大学出版社，2006，第 38~41 页。

四 日本向多数民主模式及两党制转变的不确定性

大部分研究政党制的理论，尤其是研究发达工业化国家政党制的理论都隐含地把政党制的形态看作社会的反映，强调塑造政党制形态的力量来自下层。特别是解释政党制形成的重要研究路径——社会分化法和空间分层法一直强调的是，社会是如何自下而上塑造政党制的。社会分化法将政党制看作社会分化结构的体现。李普塞特和罗坎提出，西欧政党制的主要差别反映了社会分化的不同结构。他们认为主要包括四种分化，即宗教、阶级、中心—边缘关系、城市—农村关系塑造了不同形态的政党制。解释政党制形成的另一个主要研究路径是唐斯提出的空间模型，经过多次修正，空间模型主张政党制是按照选民的偏好分配形成的。与社会分化法相同，空间模型强调选民的偏好分配塑造政党制。

日本推动民主模式转换以及重塑政党制的情况则显示出，我们必须更加注意检视国家和政治精英是如何自上而下推动民主模式转换及重塑政党制的。逭过改变重要制度安排、抑制旧的政党制和该体制下的主要组成政党，并且精心组建新的政党，国家和政治精英能够决定性地推动民主模式的转换以及重塑政党制形态。自20世纪80年代末开始，日本统治阶层加快了通过各种方式自上而下转换民主模式以及重构政党制的步伐。其中，最重要、最具决定性影响的行动便是以政治改革的方式改变民主运作过程中的重要制度安排，将战后长期推行的准比例代表制改为非比例代表制。这不仅抑制了自民党一党优势体制下的主要组成政党——社会党以及相关政党日本共产党在国会中的力量，还培养了新的能与老保守党自民党抗衡并能够替代其执政的政治势力——民主党。同时，这种制度安排还意味着日本整个民主制度中"相对多数决"的色彩更加浓厚。

在国家统治阶层决定性的影响下，日本已经在多个层面具备向多数民主模式及两党制转换的可能性。但是，要说这一新的政党制形态能够稳定运作，以及以此为基础的多数派一党内阁之间交替执政的"理想"的民主模式能够在日本长期扎根，仍为时过早。

首先，从日本的历史与传统来看，日本社会是尊重全体一致而不是多数决的社会。尽管日本社会正在成为国际化社会，但是，这种历史与传统的影响仍深深扎根于现代日本社会。具有这种历史与传统的日本社会能否顺利孕育出尊重多数决的政治文化，将从更深远的层面影响日本民主模式及政党体制的转变。

其次，日本虽是同质性相当强、社会分裂程度低的社会，却存在多个引起政治分化或党派冲突的问题维度，如社会经济问题、宗教政党与世俗政党之间的差别、外交政策、修改宪法、社会福利等问题。当一个社会存在多个引起政治冲突的问题维度时，就需要有多个表达社会分歧的渠道。而两党制却无法像多党制那样，能够容纳许多问题维度、充分表达社会分歧。在典型的多数民主模式下，两个主要政党的政策往往只在某一问题上彼此大相径庭，特别是社会经济问题。这将从更现实的层面给这种转换带来不确定性。

与已经具备的多个层面的可能性相比，不确定性只体现在两个层面。但是，这两个层面均来自下层，其影响绝不可小视。

（原载《日本学刊》2009 年第 6 期，有删减）

冷战后美国学界的日本
安全战略研究评析

——兼论日本安全战略的走向及对中日安全关系的影响

张晓磊*

从学术研究视角看，冷战时期美国对日本安全战略的研究侧重点主要是从政治史的角度分析安全战略形成的原因。至于冷战后的日本安全战略，仍在不断发展，相关的官方文献也在解密过程之中，至今为止还无法完整定性。因此，这一问题仍处于一个发展、开放、多视角的研究阶段，研究范围和前景广阔，具有较强的现实意义。另外，上述巨大的研究空间决定了相关的学术文献具有庞杂错乱的特征，急需一种学术史式的概括和梳理。

一 冷战后日本安全战略演变的分期

在梳理、概括相关文献前，我们仍有一些准备工作。冷战结束已近30年，文献浩瀚复杂，对这一大跨度时间段内的日本安全战略的演变进行纵向概览式梳理，并为梳理过程提供一个合适的视角或"处理平台"，绝不是一件容易的事。一种较为清楚的分析方法莫过于对这30年的时间按照其发展的性质做一个粗略的阶段性划分，这一分期的过程也有助于我们寻找日本安全战略理论和实践间的逻辑关系。

---

* 张晓磊，中国社会科学院日本研究所副研究员，研究方向为日本宪法、日本行政改革、日本政局。

笔者在前期阅读大量美国学界文献资料的基础上提出了一个初步判断，并将此作为划分 30 年的标准，以期在后续部分的分析中进一步验证。此判断是，冷战后 30 年日本安全战略的演变或可按照十年一期大致分为三个阶段。第一个阶段即 1989～1999 年，借鉴日美同盟研究的相关说法，我们可以称之为冷战后日本安全战略的漂流期，这一时期日本安全战略的两个部分——安全目标和安全手段都是不清晰和模糊的。第二个阶段即 1999 年至 2009 年，为冷战后日本安全战略的共识形成期，这一时期安全目标逐步清晰，安全手段得到再确认，但受日本国内外因素限制，在实施和落实层面还有所欠缺。第三个阶段即 2009 年至今的十年时间，为冷战后日本安全战略的初创期，这一时期安全目标日益清晰且不断深化，安全手段逐步加强且渐趋完善，可以说战略上已经达到了初步成型且小有所成的程度，但在国际不确定性增加的背景下也面临出现多种走向的可能性。

需要注意的是，尽管我们对 30 年做了粗略的阶段式划分，但这只是学术意义上的分期，从国际关系的实际进程乃至学界的研究过程来看，都无法僵硬地将三个阶段进行绝对切割。实际上，三个阶段是一个动态过程，对于美国学界来说，这三个阶段一直穿插着对一些永恒命题的分析和判断。因此，我们需要找到这些命题，并发现学界分析这些命题的研究方法和学术流派。

总的来看，美国学界对日本安全战略的研究仍然建基于西方国际关系理论的三大主流研究模式，即现实主义、自由主义和社会建构主义。到 20 世纪 90 年代，西方国际关系理论的流派开始向新现实主义、新自由主义和社会建构主义三足鼎立的格局发展，三大流派的核心命题大致围绕权力和实力（对应现实主义）、制度和规范（对应自由主义）、角色和身份（对应社会建构主义）三组概念展开对话和交流，并将国际关系的实践纳入上述命题逻辑当中。因此，冷战后 30 年美国学界的日本安全战略研究并没有超出三大主流学术流派或三组核心命题的外延，只是随着国际关系实践进程而在 30 年的时间中有不同的侧重点，并且因应现实需求而在不同阶段有不同的学术流派占据主导地位。

接下来，笔者试图就日本安全战略发展的三个阶段中美国学界的相应研究做切片式或案例式分析，以期通过管中窥豹的方式做一个纵览式的学术综述。

二 冷战后日本安全战略漂流期的研究评析（1989～1999年）

1989～1999年是日本安全战略的漂流期，这一时期对日本安全战略的研究核心的问题是关于日本的角色、规范与国家安全的关系。随着苏联解体、冷战结束以及外部威胁的突然消失，作为日本安全战略主要手段的日美同盟的存在意义大为削弱，日本安全战略的目标也变得模糊，现实主义视野下以权力和实力为核心概念对日本安全战略的解释显得捉襟见肘。因此，在现实需求的压力传导下，美国学界的日本安全战略研究开始转向制度和规范、角色和身份等概念和命题。恰好在这个时间段，整体学术潮流也深受冷战结束的巨大影响而发生转向，社会建构主义开始在批判新现实主义、新自由主义的基础上逐步成为西方国际关系理论的主流。

（一）社会建构主义视角与国家安全文化

这一时期具有代表性的学者当属社会建构主义学派代表人物之一的彼得·卡赞斯坦（Peter J. Katzenstein）。他首先在其专著中选择战后日本警察与自卫队这一视角并将研究重点转向文化规范与国家安全①，随后带领一批学者从社会建构主义视角，开始系统地对国家政治和安全文化进行深入研究，成果主要体现在其1996年主编的《国家安全的文化》（*The Culture of National Security*）一书中。卡赞斯坦认为二战后日本的国家安全文化发生了巨大的变化，从性质和定位上来说，日本是反军事主义的"交易国家"，

---

① 〔美〕彼得·卡赞斯坦：《文化规范与国家安全——战后日本警察与自卫队》，李小华译，新华出版社，2002。

这决定了其国家安全利益的界定以及其在全球和地区的安全角色，也就是说，日本运用自主防卫保护自身国家安全是缺少战后国家文化支撑和社会舆论支持的。

以规范、身份和国家安全文化的关系为核心，托马斯·伯格（Thomas Burger）在《国家安全的文化》一书中承担了第九章（"德国和日本的规范、身份和国家安全"）的写作。卡赞斯坦、伯格等学者从社会建构主义的视角对冷战后日本安全战略的漂流现象做出了一个社会学意义上的合理解释，甚至认为这种漂流是难以逆转的、持续性较强的一种固化了的社会现象。站在今天再来看学者们当时的解释，其中的合理与不合理之处一目了然。他们的确发现了战后日本走和平主义发展道路过程中逐步形成的国家安全新文化和在此基础上培养的和平主义舆论氛围，但同时有意无意地忽略了明治维新以来日本国家发展过程中强烈的危机意识和刺激反应机理，而这一意识和机理在之后两个十年中逐步演化并对日本安全战略的转型产生了较大影响。

（二）现实主义视角下的"双重对冲战略"

同期，麻省理工学院的理查德·萨缪尔森（Richard J. Samuels）从现实主义角度对日本安全战略的特征进行再审视，是对上述社会建构主义视角研究的有益补充。1998 年，萨缪尔森与他的学生赫金博瑟姆（Eric Heginbotham）在《国际安全》（*International Security*）上发表了《商业现实主义与日本的外交政策》一文。他们认为，日本的安全战略手段并不符合新现实主义的理论预测，而应概括为通过"商业现实主义"手段实现对国家安全利益的维护。这篇文章最大的创新点在于，针对当时的新现实主义者关于日本安全战略的一些判断（日本没有严肃的安全战略、日本是经济巨人和政治侏儒等）提出了挑战，认为新现实主义不足以作为日本安全战略的指导理论，而"商业现实主义"更符合日本的战略诉求。他们强调，尽管日本有足够能力，但其国内并没有形成将庞大经济实力转变为军事力量，并承担区域性的乃至全球化的领导力的广泛呼吁。在日本的外交政策中，军事安全的最大化经常被排在追求技术、经济安全利益之后，处于次要地位。军事安全的确不容忽视，但也不是长期以来旨在提高国家综合实力的日本大战略的焦点。①

综合社会建构主义和现实主义学者的两方面研究，可以发现二者用不同的研究视角和论证方法得出了一个相似的结论：即使具备了相应的物质和技术水平，日本在冷战结束后的第一个十年对运用军事手段强化自身安全的策略是持消极、抵制态度的，并且日本的这一国家安全战略可能长期持续。但两派分析也有较大的不同点，社会建构主义更加强调日本国家安全战略的文化基因，而现实主义则注重日本实现国家安全战略的手段及其策略性。这种差异使两派在接下来的研究中形成了两种不同的道路。

三　冷战后日本安全战略共识形成期的研究评述（1999～2009年）

1999～2009年这段时间，我们称为日本安全战略的共识形成期。这一时期日本的国内外环境都发生了较大变化。国际上反恐威胁上升到国家层面，日本对自身在地区和全球的角色也进行了重新定位，经济和军事手段并举维护国家安全日趋成为日本执政阶层的共识。2006年安倍晋三在其著作《致美丽的祖国》中呼吁日本要建立足以和其他发达国家相媲美的强势政府和强大军队，并培养忠君爱国的国民，希望日本能像其他西方大国一样轻松向海外派兵。② 国内外的现实变化为冷战后日美同盟的强化提供了动力需求，权力和实力、制度和规范、角色和身份三大核心命题在这一时期面临重新排序，美国学界对日本安全战略的研究也在前十年的基础上继续深入。

---

① 〔美〕彼得·卡赞斯坦：《文化规范与国家安全——战后日本警察与自卫队》，李小华译，新华出版社，2002，第203页。
② 〔美〕彼得·卡赞斯坦主编《世界政治中的文明：多元多维的视角》，秦亚青等译，上海人民出版社，2011，第146～147页。

（一）日本的大战略

这一时期，现实主义学者比前一个阶段更为积极地对日本的安全战略加以系统阐释。2002 年，萨缪尔森与赫金博瑟姆在《外交事务》杂志共同发表了他们关于日本战略的第二篇文章《日本的双重对冲》（Japan's Dual Hedge）。论文提出"双重对冲"的概念并指出，虽然日本未来可能会采取额外的象征性军事措施以满足美国的需要，但它不太可能再支持自卫队在全球或东亚与美国就自身防御之外的问题进行合作。原因是战略性的：日本的领导人既不是鸽派也不是鹰派，而是实用主义者，对他们而言，经济和军事安全同样重要。近半个世纪以来，该国已经就这一完善、全面的安全理论达成了广泛的共识，并已经体现在一个不断发展的战略中，即"双重对冲"。① 其本质含义是，日本在交叉运用经济和军事两种手段实现维护国家安全目标的同时，也在安全领域根据自身的具体防卫需求调整日美军事同盟的适用范围和程度，而对冲的评判标准取决于各种手段的实际功效。

2007 年，萨缪尔森在前期研究的基础上出版了专著《保卫日本——日本的大战略与东亚的未来》（*Securing Japan：Tokyo's Grand Strategy And The Future of East Asia*），将日本的"双重对冲"战略比喻为"金发姑娘"（Goldilocks）式的共识②，认为"双重对冲"是日本自认为最适合自己的大战略。他在书中大致描绘了日本大战略的基本框架：日本战略家们将在各方面进行对冲，他们不会放弃美国或给美国放弃他们的理由，但他们将比过去更远离美国；日本将加强与中国的经济相互依存，同时提高自身的军事能力。这种战略态度植根于务实心理，希望日本在经济和军事方面都有选择。

---

① Eric Heginbotham, Richard J. Samuels, "Japan's Dual Hedge," *Foreign Affairs*, Vol. 81, No. 5, 2002, pp. 110 – 121.

② 西方童话故事《金发姑娘与三只熊》中的主人公金发姑娘喜欢不冷不热的粥，不大不小、不软不硬的椅子和床，总之，她会根据自己的需求选择最适合自己的东西，所以美国人常用"金发姑娘"一词形容"刚刚好"。

（二）日本的安全角色与身份重构

继萨缪尔森之后，华盛顿大学的欧阳安（Andrew L. Oros）、约翰·霍普金斯大学的肯尼斯·佩尔（Kenneth Pyle）相继出版了关于日本安全战略的专著，同时以卡赞斯坦为代表的学者继续就日本的国家身份和安全文化进行研究，他们都敏锐地捕捉到日本安全战略在冷战后第二个十年的明显变化，并对这种变化进行了学理上的系统阐释。

欧阳安于 2008 年出版的《正常化的日本：政治、身份和安全实践的演变》（*Normalizing Japan：Politics，Identity，and the Evolution of Security Practice*）一书，侧重于从日本国家身份的再定位来分析日本安全政策和战略的演变过程。

同样从日本的国家身份视角进行反思性研究的还有戴维·雷尼（David Leheny），他在卡赞斯坦主编的《世界政治中的文明：多元多维的视角》一书中撰写了第五章"樱花武士援救亨廷顿：日本对其全球与地区身份的思考"。如果说欧阳安的研究侧重分析安全实践和身份之间的交互影响，那么戴维·雷尼的研究则主要沿着前述第一个十年社会建构主义对日本在地区和全球的整体身份的研究主线，继续聚焦从社会、文化层面解读日本和日本人对自身身份认同的反思和国家身份的变化过程。

从欧阳安和雷尼的分析可以看出，在第二个时间段内，尽管日本在政治安全文化和反军事主义的安全身份方面依然保持了基本框架和特质，并持续对日本的安全战略产生限制作用，但从社会和文化层面看，日本面临寻找身份和角色独特性以及实现新的自我认同的主观需求，因此如何满足上述需求是摆在日本政治家面前的棘手问题。这就跟之前提到的安倍的理想呼应起来，也就是说，冷战后第二个十年日本安全战略共识的形成是一个以全社会的反思为基础、由政治主导、与日本整体国家发展战略息息相关的过程。

（三）日本安全战略的历史视角

最后需要特别强调一下肯尼斯·佩尔于 2009 年出版的专著——《日本

崛起：力量和战略的复兴》（*Japan Rising*：*The Resurgence of Japanese Power and Purpose*）。他在历史的视野中，从力量和战略的角度，以过去 150 年的日本发展为基础，分析了当时日本外交和安全政策中出现的新变化，并认为日本所处的国际环境以及国内政治的代际交替开始对日本的安全战略调整产生重要影响，日本对经济现实主义的传统追求将通过强烈的政治现实主义来丰富。①

在学术史上，肯尼斯·佩尔的这一成果具有承前启后的重要意义。往前看，正如卡赞斯坦在书评中所言，"过去半个世纪里，日本回归大国政治曾经被多次错误地预测，佩尔的这部著作可能更符合现实和日本的战略目标，因为他在书中的分析精湛，理解深刻，学术价值极大"②；往后看，该书成功预测了从 2009 年至 2019 年日本的安全力量增长和安全政策调整的进程，同时也从实质上开启了美国学者对日本安全战略的集中研究热潮。这也进一步证明了本文对日本安全战略演变分期的合理性以及美国学界研究的阶段性和递进性。

四　冷战后日本安全战略初创期的
研究评述（2009～2019 年）

如果说冷战后日本安全战略第二个十年的焦点在于如何思考、定位、凝聚共识，那么第三个十年的中心则是如何实施、布局和统筹推进新的安全战略。分析这一阶段时，我们还是要回归到前述的三大核心命题以及日本如何处理战略自主、日美同盟和国际协调三者之间的关系上。权力和实力、角色和身份、制度和规范三组命题在第三个十年中继续发生着深刻变化：权力和实力层面，日本的全球位置从第二转到第三，但第三的位置比较稳定，如何处理与中国和美国的关系其实是日本对外战略层面的焦点，而这又与后两组

---

① Kenneth Pyle, "Japan Rising: The Resurgence of Japanese Power and Purpose," *Public Affairs*, 2009, p. 2.

② Kenneth Pyle, "Japan Rising: The Resurgence of Japanese Power and Purpose," *Public Affairs*, 2009, p. 2.

命题息息相关；角色和身份层面，日本以国家身份在第二个阶段的反思和重构后基本找到了一个大致适合日本的纵向的定位，但在横向的定位上的确仍然面临着反思，这恰好与第一组命题相关联；制度和规范层面，日本开始在安全层面全方位、多层次地构筑起国家安全保障的战略布局和战术架构，这充分说明了日本在整体国家发展战略上的经济和安全双对冲，以及安全层面上自主防御、日美同盟、国际协调三结合的多重对冲安全战略。基于此，美国学界在第三个十年将研究焦点放在日本如何定位和利用自身的安全身份，以及如何最大化运用安全战略实现维护自身国家安全的根本目标，同时对日美同盟在新环境下的作用和意义做了更深入的探讨。

（一）中日关系与日本安全战略

近十年对日本安全战略的学术研究主要集中在 2015 年以后，这一特征符合该时间段的历史发展脉络。如前所述，2009～2015 年，受民主党执政时期的政治内讧局面，以及安倍第二次上台初期忙于巩固内政的影响，日本的安全政策发展是非常态化的，需要潜心观察和评估效果；而 2015 年之后，日本安全政策发展脉络逐步清晰，为随后学术成果的集中出现提供了现实基础。也正因如此，2015 年希拉·史密斯（Sheila A. Smith）的著作《亲密的对手——日本的国内政治和崛起中的中国》（*Intimate Rivals—Japanese Domestic Politics and a Rising China*）引起了较大的反响。史密斯从中日关系特别是中国对日本国内政治的影响这一特殊的视角，对日本安全战略的调整和变化进行了深入分析，这一研究视角及其得出的结论都可以说是开创性的。希拉·史密斯在书中提出，"中国对日本的持续压力可能会打击日本人的战后成就感，并使其产生应激性民族主义情结，从而忽略国家对未来道路的正确选择"；反过来，"中国若增强对日本的可信承诺能力，使日本相信未来两国的合作前景可期，则可以减少日本民族主义活动的政治空间"[1]。

---

[1] Sheila A. Smith, *Intimate Rivals—Japanese Domestic Politics and a Rising China* (Columbia University Press, 2015), p. 284.

史密斯的结论说明，近十几年来中国对日影响和塑造力不断增强。中国实力的上升不仅促成日本对华政策的调整，还在重构其国内政治话语和政治文化，甚至推动日本对战后国家身份和发展道路的再定位。

（二）日本的"安全复兴"

如果说史密斯的著作是另辟蹊径，那么两年之后 2017 年欧阳安的新著《日本的安全复兴——21 世纪的新政策和政治》（*Japan's Security Renaissance - New Policies and Politics for the Twenty-first Century*）则是延续了其近十年前对日本"正常国家化"问题研究的学术脉络。如同 2010 年欧阳安的著作梳理了此前十年的日本安全战略一样，他在新著中同样梳理了刚过去的近十年的情况，用"欧洲文艺复兴"（renaissance）一词来比喻过去十年日本安全政策的变化，并称之为日本的"安全复兴"。可见，欧阳安的分析焦点仍然体现在日本各阶层对自身国家身份以及国家安全观念的认知转变上，并以此为起点进一步分析了造成上述转变的国内外因素。

那么，日本的"安全复兴"到底发展到了什么程度？日本国民和日本政治家的安全战略认知已经从根本上一致了吗？欧阳安得出了两个重要的结论。第一，尽管在过去十年中日本的安全政策出现了"复兴"，但日本国民对自卫队在解决冲突中所起效用的看法并没有实质性改变，对政治精英竭力营造的相关氛围接受得十分勉强。第二，未来关注的焦点应是日本的和平主义政治力量的影响力是否进一步下降，使日本保守集团能够实现"夺回强大日本"的目标。然而，如果未来日本没有遭受足以导致重大政治转型的震撼性冲击，那么果断、全面放弃过往的反军事主义遗产似乎是不太可能的。[1] 很明显，欧阳安的第二个结论与史密斯的结论基本上是一致的，都强调日本未来安全战略走向的可塑性以及中国作为最大外部影响因素的重要意义。

---

[1] Sheila A. Smith, *Intimate Rivals—Japanese Domestic Politics and a Rising China* (Columbia University Press, 2015), pp. 199, 201, 204.

（三）日美同盟的再反思

在第三个十年这一阶段，日美同盟在日本安全战略中的地位和作用、发展状况、存在问题以及未来趋势是美国学者重点关注的问题之一。詹姆斯·肖夫（James L. Schoff）和希拉·史密斯分别于 2017 年和 2019 年出版了专著《为了共同利益的特殊同盟——冷战后的日美关系》（*Uncommon Alliance for the Common Good：The United States and Japan after the Cold War*）和《日本再武装——军事政策》（*Japan Rearmed：The Politics of Military Power*），两部专著分别从冷战后日美同盟的演变历史和日本国内安全机构及实力发展的视角，对日美同盟的未来定位和趋势做了深入探讨。

肖夫在其专著的序言中抛出了非常新鲜的观点，认为应该对同盟的战略进行反思，找到强化日美同盟的真正理想的战略，不能再将日美同盟的重点仅仅局限于军事安全领域，而应在地区和领域的广泛层面强化日美同盟。

史密斯的新著与其四年前将焦点集中在中日关系上有所区别，毕竟她的研究优势还是侧重于日本国内政治，因此《日本再武装——军事政策》这本著作实际上是一种研究上的回归。本文之所以将这一研究成果放在日美同盟这一部分，最根本的原因还是史密斯在结论中仍然将强化日美同盟作为日本安全战略的根本依赖。与肖夫一样，史密斯也指出了当前日美同盟存在的问题及其对日本安全战略的消极影响。

（四）日美关系与国际秩序

如前所述，肯尼斯·佩尔善于从历史长轴距的视角对日本的安全政策做出叙述。继 2009 年的那部专著之后，2018 年他又出版了一部著作《美国世纪中的日本》（*Japan in the American Century*），主要从美国主导的国际秩序日渐式微的视角对日美关系的变迁及日本国家战略的转向进行研究。[①] 佩尔认为，近两年外部因素的迅速变化实际上给日本的安全战略带来了非常大的

---

① Kenneth B. Pyle, *Japan in the American Century*（Harvard University Press, 2018）, p. 415.

冲击，日本开始思考如何在美国对国际秩序的主导力逐步下降的过程中强化自身的角色和地位。

该书向我们展示出，日本的变化可能既出乎所有人的意料，但同时又符合日本民族的精神特质。[①] 在该著作的结尾部分，佩尔从如何维护美国主导的国际秩序的角度给日美两国开出了药方。他的观点与肖夫、史密斯的结论从大方向上看是一致的，都在为日美在新的环境下强化关系并维护区域秩序而出谋划策，但佩尔的视野更大程度上基于文化、文明的角度。

（原载《日本学刊》2019 年第 4 期，有删减）

---

① Kenneth B. Pyle, *Japan in the American Century* (Harvard University Press, 2018), p. 450.

试析安倍首相"一强"政治格局

—— 日本议会内阁制的变革

何晓松*

安倍首相"一强"政治格局是指，安倍首相率领自民党取得四次国政选举胜利，在自民党内也取得稳固领导地位，压制自民党内反对派，政府相对自民党有权力优势即"政高党低"，自民党干部服从首相官邸；自民党总裁相对公明党和在野党有权力优势，自民党"一党独大"；安倍晋三当选首相后，加强日本首相官邸集权，以强有力的手段推行经济、外交和安全保障政策，首相官邸统辖各省厅，主导政治决策。①

一 安倍首相"一强"政治格局形成的选举制度因素

1994 年日本借鉴英国议会内阁制，实施政治改革，其主要特点是修改选举制度，以小选举区和比例代表并立制促进两大保守政党相互竞争，实现政权交替；增强首相权力，实现内阁与执政党一体化。②

（一）日本政治改革背景

1988 年里库路特事件和 1990～1991 年的海湾战争冲击日本政坛，暴露出日本政治结构问题。小泽一郎认为，日本是重视协调的、调整型政治体

---

* 何晓松，中国社会科学院日本研究所副研究员，研究方向为当代日本政治、中日关系。
① 牧野出『「安倍一强」の謎』、朝日新闻出版社、2016、58 页。
② 饭尾润『政権交代と政党政治』、中央公论新社、2013、141 页。

制。战后自民党政治偏重协调各阶层经济利益，日本政府缺乏政治领导力，损害国家利益。因此 20 世纪 90 年代政治改革有两大目标：第一是解决政治腐败问题；第二是建立强有力的政治领导力，即"强首相"。1992 年 4 月 20 日，民间政治临调成立，通过政治改革基本方针，指出协议会不仅要确立政治伦理，防止腐败，还要建立应对国际社会变化和内政问题，并能实现政权交替的政治体制。[①]

1992 年 11 月发表的中选举区选举制废止宣言指出，选举制度改革是政治和行政改革成功与否的核心课题，要实现健全的政党竞争、政策选择以及政权交替。对于选举制度改革，在野党希望实行有利于小政党的比例代表制。自民党政治改革大纲提出众议院选举制度改为小选举区和比例代表并立制。在 1993 年大选后，以支持小选举区和比例代表并立制为条件，成立细川联合内阁。1994 年通过一系列政治改革法案，包括《公职选举法》修正案、《政治资金规正法》、《政党助成法》等四法案，众议院选举制度采用小选举区和比例代表并立制。

（二）安倍首相"一强"政治格局形成的选举制度因素

实施小选举区和比例代表并立制后，政党权力向党首集中，政府权力向首相官邸集中。其原因如下。第一，政党在选举中作用不断提高，候选人作用不断降低。中选举区制下，在选举区一级，政党组织不发达，相比自民党，在野党地方组织更弱小。代替它功能的是个人后援会，国会议员组织以地方议员和地方首长为核心的拉票机构，在选举时动员选民。国会议员与都道府县、市町村议员建立非定型、非固定的系列关系，中选举区制下，自民党要在选举区推选多名候选人，候选人之间的竞争与对立演变为都道府县议员之间对立。选举制度改革后，一个选举区选举一名候选人，地方议员只能支持政党公认候选人。自民党公认候选人主动接近以前对立的都道府县议员，建立选举动员组织。自民党地方议员参与中央政府决策，就需要明确支

---

① 民间政治临調『日本変革のビィジョン—民間政治改革大綱—』、講談社、1993、214 頁。

持本选举区的自民党候选人。如果地方议员不支持公认候选人，则可能威胁到自己政治生命。自民党地方组织都道府县支部联合会组织选举的效率更高，自民党选举运动逐渐由以个人后援会为中心转变为政党统一组织选举，自民党总裁在选举中作用增强。[①] 小选举区和比例代表并立制实施后，在众议院选举中，重视政党的选民的比例从 1993 年的 40% 上升到 2005 年的 50% ，政党在选举中的作用更加突出。[②]

第二，实施小选举区和比例代表并立制后，一个选举区选举一名议员，选民投票选举候选人就是选择担当政权的政党，也是选择首相和政权政策。因此，党首评价影响选民投票行动，自民党要维持政权，必须选出人气高、强有力的总裁，不仅国会议员，地方议员和一般党员也关心自民党总裁人选。选举制度改革后，自民党对党员动员能力下降，自民党众议院候选人与地方议员关系疏远。2012 年大选和 2014 年大选，自民党当选议员中一期生和二期生占 40% ，有些议员甚至没有组建个人后援会。只要拿到自民党公认，依靠安倍首相人气，在地方没有选民基础的候选人就容易当选。

第三，自民党派阀逐渐衰落。政治改革前，自民党派阀领袖通过分配党内职务、政治资金、给予政党公认，获得派阀成员忠诚，建立支持基础。根据中选举区议员定数，自民党议员组成派阀，支持各自候选人。一个选举区选举一名候选人后，派阀在选举区作用下降，公认候选人权力收归自民党总裁，派阀领袖不能给予成员好处，派阀领袖获得支持能力开始弱化。在选民游离于政党、小选举区候选人竞争压力增加的情况下，自民党允许一般党员参与总裁选举。自民党总裁选举选区是全国范围，代表全国利益，而 300 个小选举区选举出的议员代表地方利益，他们追求不同政策。自民党总裁选举民主化运动，使一般党员参加总裁选举，党内派阀和族议员影响减小。限制总裁权力的党内势力衰弱，自民党总裁独裁可能性升高。

---

① 待鳥聡史『政党システムと政党組織』、東京大学出版会、2015、88 頁。
② 上神貴佳『政党政治と不均一な選挙制度』、東京大学出版会、2013、50 頁。

第四，小选举区制下，候选人不仅要考虑本选举区利益，还要考虑政党整体利益，因此议员委任自民党总裁实现政党整体利益。[①] 自民党总裁有公认候选人权力，还决定比例代表区名簿，发挥重大影响力。1994 年通过的《政治资金规正法》，禁止个人接受政治献金，政党每年获得政府补助金，自民党总裁可使用资源大大增加，这些制度变化增强了总裁权力。在 2001 年中央省厅实施编制改革，设立内阁府，在内阁府设置经济财政咨询会议，强化首相官邸职能，首相权限得到强化。内阁总理大臣，同时是执政党党首，对党内领导力逐渐增强，在野党领导人不能使用政府资源，不能利用行政、财政改革强化党内权力，因此自民党和民进党的党首权力不同。自民党整体利益的重要性提升和总裁权力强化是相互关联的。选举制度改革后，维持政党良好评价很重要。通过各种改革，自民党总裁及其领导机构实现自民党整体利益，各议员追求各自选举区个别利益。[②]

第五，小选举区制是简单多数决定制，刚刚过半数或者半数以下相对多数议员可以当选。因此，这种选举制度，"死票"很多，自民党在 2014 年大选中以 48% 左右的得票率获得 75% 左右议席。"合议型"议会内阁制一般采取比例代表制，以及与比例代表制相近的大中选举区制，是选民更加重视候选人的制度，实施中选举区制的"1955 年体制"是一种"合议型"民主主义。而现行小选举区和比例代表并立制，比例代表制是约束名簿制，在选票上填写政党名称，是选择政党的"合议型"选举制度。

小选举区制的本质是胜者全得，有利于最大政党，第三、第四大政党很难取得议席。因此，第二大政党以下的政党要联合起来。日本第二大党民进党内部左中右势力相互对立，日本维新会支持修宪，与自民党接近，日本共产党与民进党政策分歧大。自民党作为最大政党，在公明党辅助下，往往取得选举的压倒性胜利。因此，现行小选举区和比例代表并立制不仅不会产生

① 高安健将『首相の権力—日英比較から見る政権党とのダイナミズム—』、創文社、2009、92~93 頁。

② 上神貴佳『政党政治と不均一な選挙制度』、東京大学出版会、2013、199 頁。

两党制，还会强化自民党和安倍首相"一强"政治格局，在日本一强多弱政党体制下，自民党会获得所有选举的胜利。[①]

二 安倍首相"一强"政治格局形成的政党体制因素

在议会内阁制的母国英国，下议院作为国家政治构造上的权威有优越性，在下议院得到多数议员支持的政党组建政府，失去下议院多数议员支持，政权将更迭。在大选中获得过半数议席的政党，以实施选举纲领为前提，有权组成政府，构建强有力的权力。

英国学者克里克指出，英国传统自由更多来自政党间的政权交替，这是英国政治系统合法性来源。克里克指出，对于很多人来说，自由的最低条件，是保障定期、和平的政权交替的各项权利和各项条件。[②] 英国首相受到执政党制约，英国政府遵循社会伦理和良好见识，但英国政府主要靠大选制约，这是英国政治的长处。因此，大选是从新议会开始第一天就持续、恒常的选举运动。克里克认为，大选后政府应该在一定期间稳定施政，议会不应否决政府法案或让政府崩溃。在大选与大选之间，议会以批评、警告、向国民披露信息的方式让政府对舆论做出反应。更为重要的是，议会向选民提供在下一次大选中用于判断政党的信息。

日本议会内阁制的权力创造和控制与英国有相似之处，日本战后28位首相中，因大选失利下台的首相只有三木武夫、宫泽喜一、麻生太郎和野田佳彦，而在英国战后12位首相中，6位因大选失利下台。在众参两院关系上，有别于英国议会内阁制，日本众议院受参议院制约，众议院只在首相任命和预算案上有优先权。[③] 因参议院选举失败和"扭曲国会"下台的首相是

---

① 永田正行「かつての『自民党政治』を否定するための政治改革がもたらした一強状態—中北浩爾 一橋大学教授に聞く—」、http：//www. blogos. com/article/137480/？ p＝1。

② 飯尾潤『政権交代と政党政治』、中央公論新社、2013、190 頁。

③ 高安健将『首相の権力—日英比較から見る政権党とのダイナミズム—』、創文社、2009、31 頁。

宇野宗佑、桥本龙太郎、安倍晋三（第一次内阁）、福田康夫、菅直人。2007 年民主党赢得参议院选举，利用"扭曲国会"阻碍自民党和公明党联合政权施政，2009 年大选民主党获胜，实现政权交替。2010 年自民党和公明党执政联盟赢得参议院选举，2012 年自民党和公明党获得大选胜利。因此，参议院是制约政府和首相权力的重要力量。自民党总裁任期也是首相更迭的重要因素，20 世纪 80 年代后，任期届满退任的自民党总裁有铃木善幸、中曾根康弘、海部俊树和小泉纯一郎。

2012 年安倍首相率领自民党夺取政权以来，举行了 3 次国政选举，即 2014 年大选和 2013 年、2016 年参议院选举。自民党和公明党执政联盟在众议院获得 2/3 以上席位，在参议院自民党单独过半数。按日本政治学界定义，执政党连续 4 次获得国政选举胜利，就建立了"一党独大"体制。① 自民党"一党独大"体制下，在很长时间内政权不能交替，参议院对政府权力的制约也是 1994 年政治改革以来最小的，在野党对执政党政策审核、权力平衡能力也是历史上最弱的。

日本保守势力崛起，政治权力向安倍首相集中。其具体原因如下。第一，日本政党体制从"保革对立"转为保守主义与自由主义对立，2008 年金融危机爆发后，日本自由主义和中道势力衰落，保守势力崛起，民进党党势低迷，自民党强势崛起。② 自民党内保守右倾派取代保守本流势力，成为自民党主流派。右倾保守政治集团掀起的政治运动是推动安倍首相上台、构建安倍"一强"政治格局主要力量。

2016 年 7 月参议院选举，自民党在保守势力支持下，时隔 27 年取得参议院过半数议席，修宪势力超过参议院 2/3 多数。参议院选举中，在外交、安全保障和修改宪法等政策上存在保守主义对自由主义的对立面，自民党和公明党当选者在保守主义一侧，民进党和共产党当选者在自由主义一侧。

第二，民进党的前身民主党在不断壮大中，吸收社会党右派、保守的自

---

① 待鳥聡史『政党システムと政党組織』、東京大学出版会、2015、129～130 頁。
② 待鳥聡史『政党システムと政党組織』、東京大学出版会、2015、127 頁。

由党，政策主张代表工会、社会中下层民众利益，强调社会"共存、共荣"，反对重启核电站和解禁集体自卫权。

2009 年前，日本政党体制向两党制发展，众议院有效政党数减少，最大两党议席占有率上升。但 2012 年大选两党制发展中断，自民党和公明党执政联盟获得 325 席，民主党获得 58 席，与自公执政联盟相差很多，只比第三大党日本维新会多 4 席。2014 年大选，民主党获得 73 席，自民党从 294 席减少到 291 席，众议院有效政党数由 11 个减为 8 个，最大两党的议席占有率有所提高，但自民党议席与民主党议席悬殊，远未达到 2005 年和 2009 年水准。2016 年参议院选举，自民党继 1989 年以来，时隔 27 年再次获得过半数议席，在参众两院优势明显。

以前，离开自民党的平沼赳夫、园田博之等也恢复党籍，日本之心党（太阳党、创新党）也与自民党组成统一会派。日本政坛没有回归自民党的，只剩下众议院议员冈田克也和参议院议员增子辉岩。原民主党政调会长松本刚明指出，自民党政治支持团体过于庞大，民进党很难定位。松本指出两大政党应该相互竞争，而不是对立。自民党和民进党持续对立，民进党寻求与自民党差异化，这也是民进党和共产党携手的原因。

第三，安倍首相得到与其政治观点相似的保守派势力支持，2007 年第一次安倍内阁失败后，围绕在安倍周围的保守势力始终支持安倍东山再起。安倍再次成为首相后，打出"摆脱战后体制束缚""找回强大日本"等旗号，以首相身份参拜靖国神社，解禁集体自卫权，力图修改和平宪法，迎合右倾保守派的"强军、修宪"战略目标，取得保守派支持。安倍首相依靠以"日本会议"为首的保守集团，安倍政治拥趸大多加入了"日本会议"。

在自民党内，右倾保守派政治集团以"党中党"形式，控制自民党。安倍首相提拔自己出身派阀细田派和右倾政治拥趸入阁或担任自民党领导职务，强化安倍政治集团在自民党内地位。

安倍几次组阁，内阁成员多数来自安倍首相担任会长的"日本创生会"、"神道政治联盟国会议员恳谈会"以及安倍首相担任特别顾问的"日本会议国会议员恳谈会"。聚集在安倍首相周围的政治势力自称"真正保守",秉持"尊王攘夷"政治观念,反美、反华、反韩。①

三　安倍首相"一强"政治格局形成的内阁和行政制度因素

日本政治制度改革,目标是两大保守政党交替执政,日本首相发挥强有力的领导力。日本内阁制度和行政制度改革是政治制度改革一部分,2001 年中央省厅编制改革,内阁官房强化政策企划、立案和综合调整机能。2001 年后,内阁官房新设内阁总务官、3 名内阁官房副长官辅,内阁广告官、内阁情报官。2013 年 6 月设立内阁情报通讯政策监察办公室,2014 年设立国家安全保障局和内阁人事局,2015 年 1 月设立内阁网络安全中心。1957 年以来首相秘书官定数是 3 人,2011 年发布政令增加到 5 人,根据情况可以扩大到 7 人。内阁官房长官权力扩大,内阁官房大幅增员,到安倍政权时期已经有 800 余人。2001 年日本修改内阁法,设立内阁府,负责内阁重要政策规划、立案、调整,内阁府和内阁官房分工并不明确,内阁府管辖范围包括经济财政政策、国家战略特区、地方分权、科学技术政策、太空政策、防灾、冲绳政策、北方领土、少子化对策、男女共同参画等,内阁官房负责非定型事务。② 根据内阁法,内阁府主任大臣是总理大臣,总理大臣任命负责上述政策的特命担当大臣。2014 年安倍第三次内阁任命 8 名特命担当大臣负责内阁府 13 项事务。1999 年修改内阁法,首相不仅被赋予在阁僚会议上提案的权利,还正式获得要求内阁官房准备法案的权限,在制定政策方面,权限得到加强。③首相官邸集权在行政组织上得到强化,提高首相政策立案能力。

21 世纪初,日本首相官邸只负责协调各省厅提交的政策,官僚权力强大。安倍首相再次当选后,继承了民主党政权许多做法,虽然恢复各省厅事务次

---

① 2015 年 6 月笔者在东京采访自民党干事长代理平将明。
② 川人祯史『議院内閣制』、東京大学出版会、2015、167～168 頁。
③ 川人祯史『議院内閣制』、東京大学出版会、2015、155～156 頁。

官会议，但不事先协调提交内阁的人事和法案，官僚不再定期召开记者招待会。① 官僚们认为通过政府省厅渠道反映意见，不如直接向强大的政治家提案，小选举区制导入后强大的政治家就是拥有解散权的首相，高级官僚直接与首相取得联系。制定政策时，官僚事先向官房长官或首相说明政策法案，加强他们对政策法案的理解，再逐步推进。首相官邸变成所有政策决定的中心。

安倍首相官邸有如下决策特点。首先，发挥内阁府经济财政咨询会议作用，统管经济政策。在内阁官房建立恳谈会、临时调查会，邀请知名教授、社会贤达参加，对特定问题提出咨询报告，如就解禁集体自卫权而成立的"安保法制恳谈会"。安倍内阁一般会依据报告制定政策，自民党最高决定机构总务会曾经在选举制度改革和邮政民营化上，对政府方针做了轨道修正。现在总务会变成"橡皮图章"，自民党议员批评自民党内无法议论，虽然在政策起草阶段，征求地方组织和议员意见，但往往不能反映到政策中，自民党领导部不允许自由讨论，议员只是追认党领导部方针。②

其次，在首相官邸政策决定过程中，内阁官房长官菅义伟发挥重要作用。桥本龙太郎内阁在内阁官房设立"人事决定会议"，决定各省厅局长以上职务。2013 年内阁官房设立内阁人事局，统管各省厅副局级以上干部任用、调动和罢免，现任内阁官房副长官萩生田光一兼任人事局局长。③

最后，安倍内阁在政策议题上，需要官僚提出意见。安倍首相会面次数最多的官僚是外务省官僚，其次是内阁官房、内阁府、财务省和经产省。④ 掌握预算分配权的财务省官僚和自民党一直关系良好，历届内阁正常运转都需要财务省配合。安倍首相在 2017 年 1 月出版的大下英治采访录中称，总理大臣不是一个人什么都能做，今井给了很大帮助。⑤ 在安倍内阁担任重要职务的内阁广告官长谷川荣一、内阁副参事官佐伯耕三都是经产省出身。内

---

① 「省庁の発信消えた」、『朝日新聞』2017 年 2 月 28 日 13 版。
② 「議論なき自民いつまで」、『毎日新聞』2017 年 3 月 6 日 12 版。
③ 「平成の政治改革　官邸に権力集中」、『朝日新聞』2017 年 2 月 27 日 13 版。
④ 川人禎史『議院内閣制』、東京大学出版会、2015、172～173 頁。
⑤ 「経産省で固めた側近」、『朝日新聞』2017 年 1 月 27 日 12 版。

阁官房设立的日本经济再生综合事务局也由经产省官僚主导。强化首相官邸机能，首相官邸官僚必然得到强化。

四　结语

1994 年政治改革后，带给日本议会内阁制一系列变革，首相官邸和执政党党首权力增强。首先，左派势力获得 30% 左右的选票很难在小选举区当选，小选举区制是简单多数决定型选举制度，过半数或低于半数但取得相对多数选票可以当选。国际经济危机和国际政治对立冲击日本国内政治环境时，保守派推动社会保守主义思潮，利用小选举区制"赢者全得"属性，会在大选中取得压倒性胜利。

其次，赢得选战胜利，党首要有人气，政党必须提出明确政策纲领，党首和政党具备政策执行能力。强有力的党首可以约束党内势力，在议会通过内阁法案。安倍首相有自民党公认权，分配政治资金，尤其重要的是，安倍首相有解散众议院的权力，选择适当时机解散众议院，在反对派选举区推举新人，是对反对派的致命打击。安倍首相在自民党取得近乎"独裁"地位，日本议会内阁制呈现英国议会内阁制特点，执政党和内阁高度统一，行政机构在政策决定过程中相对优于立法机构。

最后，1989 年后自民党所占议席在参议院无法过半数，但自民党在参议员中获得重要地位，从宇野宗佑到福田康夫，自民党 10 任总裁中有 5 人在参议院选举前后退任，说明自民党内存在审查总裁选举表现的政治集团。自民党为维持参议院议席过半数，必须与其他政党联合。在联立政权中，其他政党提出政治、政策要求，日本首相不能轻视。展望今后日本政治发展趋势，安倍首相"一强"政治格局将持续很长时间。后安倍时代，自民党内没有强势领导人接班，日本政党制度可能重归保守两党制，但首相官邸主导政治是日本政治发展必然趋势，会不断得到完善。

（原载《世界经济与政治论坛》2017 年第 5 期，有删减）

试析冷战后日本政治决策机制的演变及影响

——安倍政权的调整和重塑

孟明铭　吴怀中*

冷战后至今的近 30 年里，尤其是安倍晋三长期执政期间，日本为应对国际国内形势的深刻变化，加强决策能力和落实施政效果，对政治决策机制进行了诸多改革，促使其发生深刻演变。目前该现象已引起学界关注。[①] 在这一时间段内，日本政治决策机制演变的内容、特点及影响有哪些？对这一主题的研究，能够有效填补国内日本政治研究的空白，进一步深化对日本政局实况的把握。

一　日本政治决策机制的定义及对其先期改革的概述

（一）日本政治决策机制的定义和模式

"政治决策机制"，一般指一个国家的政策制定过程中各政治主体的地位及其相互关系。[②] 就日本而言，形式上，政治决策的形成主要通过各种议

---

*　孟明铭，中国社会科学院日本研究所助理研究员，研究方向为日本政党政治、中日关系；
　　吴怀中，中国社会科学院日本研究所研究员，研究方向为日本外交与安全政策、中日关系。

①　现有代表性研究成果主要有：刘红的《论日本民主党政权下的政治决策体制改革》（《日本研究》2012 年第 3 期）对民主党时期的政治决策领域进行了探讨；徐万胜的《安倍首相的"强首相"决策过程分析》（《日本学刊》2014 年第 5 期）重点论述了安倍二次执政初期的决策方式。目前尚缺对政治决策机制的演变趋势进行概观定性的成果。

②　〔英〕戴维·米勒、韦农·波格丹诸编《布莱克维尔政治学百科全书》，中国问题研究所、南亚发展研究中心、中国农村发展信托投资公司译，中国政法大学出版社，1992，第 185页。燕继荣：《现代政治分析原理》，高等教育出版社，2005，第 277 页。

案经国会批准成为法令而实现。在战后自民党长期单独执政的 1955 年体制下，绝大多数议案是由政府提出的（日本称之为"阁法"）①。政府各省厅内，以课长、课长助理、资深课员为代表的中下层行政官僚依据工作需要或外部诉求（如议员意见、媒体批判、民间建议、内阁指示等）制成议案（草案）初稿，逐级上报和讨论，并与执政的自民党内以族议员为代表的、通晓相关领域知识、对该领域各方势力具有影响力的政治家进行协调，在此基础上形成议案草案。再由各省次官和大臣裁决同意后，形成省厅方案提交给自民党。在自民党内，通过党内设置的决策机构（如党大会、参众两院总会、总务会和政治调查会，其中起到核心作用的是政调会）审议认可后，将其作为政府议案提交议会通过。

根据这一决策过程，我们可以将 1955 年体制下的政治决策机制大致分为政党（主要指长期执政的自民党）、行政官僚、首相及其组建的内阁三部分。在这三大主体板块外围，还有利益集团（如作为财界代表的"经济团体联合会"）、选民、媒体、智库等影响因素。所有因素相互关联并相互作用。在运作过程中，基本保持以内阁为中心、多元参与、多层次反复磋商的金字塔型结构。

这一决策机制促使决策主体之间得以亲密合作，同时也能最大限度兼顾社会各界利益诉求，保证了日本政治体制的长期稳定。但该机制在协调沟通过程中经常出现权力寻租和利益输送等弊端，1955 年体制下执政的自民党因此一直被诟病为"金权政治"。更为重要的是，该机制"自下而上""利益兼顾"的特点也很容易异化成决策时的"政出多元"。在决策过程中，官僚和政党发挥主要作用，而作为这两者的最高领导者和决策主体之一的首相及其内阁的存在感很低。首相摆脱前两者的牵制，不仅要克服行政官僚的专业壁垒，抵挡执政党内部的派阀倾轧，而且缺乏法律制度的保证，只能依靠个人魅力和威望，或者迂回借力"曲线救国"②。

---

① 〔日〕岩井奉信：《立法过程》，李微译，经济日报出版社，1990，第 41～51 页。
② 後藤田正晴『政と官』、講談社、1994、177 頁。

（二）安倍二次执政前日本对政治决策机制的改革和影响

进入 20 世纪 90 年代，长期执政的自民党在 1993 年大选后失去了长达 38 年的单独执政地位，1955 年体制终结。这说明传统的日本政治模式已无法适应新时代的需求。不少政治精英开始反思，希望进行政治改革以扭转日本政治经济发展的颓势，这就意味着对包括政治决策机制在内的重整。在安倍二次执政之前，日本对决策机制的改革主要分为两个阶段。

1. 酝酿起步期

这一阶段具有代表性的改革进展为小泽一郎改革构想和桥本龙太郎行政改革。早在 1990 年前后，自民党内就出现了以小泽一郎为代表，希望净化日本政治，转变国家战略方向的改革派势力。小泽于 1992 年出版的《日本改造计划》一书认为，长期以来日本政治倾向于利益导向，兼顾各方诉求，决策机制过分重视协调和调整，导致政府缺乏政治决断力，损害了国家利益，因此有必要将"官僚内阁制"转变成"议院内阁制"，扩大首相的裁决权，增强内阁职能，构建能够集中高效制定政策的自上而下的决策体系。在小泽等人的影响和推动下，日本国会从 1994 年起通过了一系列政治改革法案，其中包括《公职选举法》修正案、《政治资金规正法》、《政党助成法》等法案，促使众议院选举制度确立了小选举区和比例代表并立制。在新的法律制度下，首相对于议员的掌控力度不断加强，可调配资源增多，派阀势力开始遭到削弱，利益集团对政党的干涉影响逐渐被遏止。[①] 这一轮改革浪潮，为政治决策领域的进一步变革提供了法律和政治基础。

1996 年成立的桥本龙太郎内阁对决策领域进行了首次直接改革。改革内容主要包括以下三点。一是赋予首相重要政策提案权，首相可以根据自身执政需求主动提出议案，这有效调整了政策形成的程序和政府决策的方式。二是新设辅佐首相、协助内阁官房的机构——内阁府，其管辖范围涉及经济、财政、科学技术政策等诸多领域，并由首相任命负责上述政策的特命担

---

① 张伯玉：《论日本自民党的中央集权化》，《日本问题研究》2018 年第 3 期。

当大臣、副大臣、大臣政务官及"政策统括官"等。① 三是对整个中央行政机构体系进行了全面改组精简,将省级机构由 22 个（1 府 12 省 1 委 8 厅）减至 13 个（1 府 10 省 1 委 1 厅）,10 年内削减中央公务员人数 25%,并对之前具有强大权限的省厅进行了权力分割,如将邮政省的通信产业、广播业务分拆至经济产业省和总务省;大藏省的金融管理职能转至金融厅,名称改为财务省。②

总的来看,这一时期机制改革已开始启动,一方面在法律上扩充了首相的权限,又完善了首相辅佐体系,增强了首相和内阁作为中枢机关的决策领导力和综合协调力;另一方面也开始削弱政党与行政官僚的决策影响力。虽然这些措施仍以清算、修正为主,对政治体制进行的基础性改革短期内较难迅速见效,有架构并能落到实处的创新性措施不多,但是机制演变的大致方向已初见端倪。

2. 突破重组期

这一阶段较有代表性的改革措施集中在小泉纯一郎政权和民主党执政时期。2001 年 4 月,强烈主张政治改革的小泉纯一郎成为自民党总裁和首相。为保证改革顺利进行,小泉对决策机制也有重大调整。③ 具体的调整方向有三方面。一是在决策流程上,在内阁府内组建"经济财政咨询会议",包括首相在内的 6 名内阁成员、4 名"民间有识之士"④ 和日本银行总裁。该会议由首相主导,集中出台了一系列改革方针和措施。二是在人事上,大胆启用几无政治背景的庆应义塾大学教授竹中平藏为经济财政大臣,推行激进的金融改革措施,并支持其当选自民党参议员。三是进一步树立首相权威,为推进作为改革象征的邮政民营化方针,小泉不顾邮政官僚、"邮政族"议员乃至党内部分派阀的激烈反对,打出"砸烂自民党"旗帜,开除"造反"

---

① 特命担当大臣为专门推行某项政策的临时大臣职位,"政策统括官"专职研究某领域政策并辅佐担当大臣、副大臣协助大臣处理本省事务,大臣政务官主要辅佐大臣处理日程政务。

② 王新生:《首相官邸主导型决策过程的形成及挫折》,《日本学刊》2008 年第 3 期。

③ 张季凤:《"小泉改革"剖析》,《当代亚太》2004 年第 7 期。

④ 4 人分别为牛尾电机公司会长牛尾治朗、丰田汽车会长奥田硕、大阪大学教授本间正明、东京大学教授吉川洋。

议员，直接举行大选"问政于民"并取得大胜，在实现了邮政民营化目标的同时，沉重打击了阻挠首相决策的党内派阀。①

2009~2012 年民主党执政期间，同样被认为是日本决策机制的顽疾是"官僚主导""中央省厅的居高临下指挥式行政"，因此提出"政治主导"路线，力图通过专项改革将决策主导权从官僚完全转移到政治家手中。为此民主党采取了两项重要措施。一是加强对官僚机构内部事务的干涉。民主党在各省厅内，设置了由大臣、副大臣和政务官组成的"政务三役"会议，由其决定省厅内的重要事项。如有业务问题，该会议也可直接找下属局、课人员问询。二是设立推进政治决策机制改革的专门机构。民主党在内阁里设置"国家战略室"和"行政刷新会议"两个机构，"国家战略室"负责规划和设计财政、税收框架和经济经营的宏观战略，"行政刷新会议"负责规划各级行政机构的制度和对预算等进行改革等。②

这一时期，首相冀望集中权力、改革决策机制以推动日本改革与转型的诉求日渐强烈。小泉内阁"砸烂自民党"的政治姿态和民主党政权对官僚集团进行的激进改革，不仅打击了执政党和官僚内的抵抗势力，也破坏了原有决策机制的架构和内在关系。1955 年体制下"自下而上""多元共治"型的政策决定方式已难以为继，机制演变呈加速突破趋势。以政治主导、首相主导为特色的新机制的雏形已显现。正是在这一背景下，安倍再一次走上了日本政治舞台的中心。

二　安倍长期执政时期对政治决策机制的改革措施

2012 年末，第二次上台担任首相的安倍晋三开始了长达 7 年半的执政生涯。在任期间，安倍于政坛内几无对手，呈现安倍"一强"的独大格局。为保证执政稳定和效率，安倍从三个方面对日本政治决策机制进行改革。

---

① 王屏：《日本政界重组拉开帷幕》，《日本学刊》2005 年第 6 期。
② 吴寄南：《民主党执政后的政官关系》，《日本学刊》2011 年第 5 期。

（一）改革决策制度

安倍刚上台时，正值中日力量对比发生历史性逆转、美国全面调整亚太布局之际。国际国内形势的变化，促使日本统治集团更为重视外交和安全防卫问题。为此，安倍于 2013 年在内阁设立了国家安全保障会议（NSC），强化首相官邸对这些要害领域的决策与控制权。该机构包括三级会议形式：由首相、官房长官、外交大臣、防卫大臣参加的"四相会议"构成机构的核心；"四相"外加总务大臣、财务大臣、经济产业大臣、国土交通大臣和国家公安委员长的"九相会议"，处理一般事务；紧急事态下举行的不固定大臣会议，首相可以根据事态的性质灵活召集不同人员来应对。为落实 NSC 做出的决定，其下设有三个服务机构，即国家安全保障局、内阁危机管理监、内阁情报调查室，其中起主要作用的是国家安全保障局，由深受安倍信任的谷内正太郎担任局长，负责综合制定与国家安全相关的外交防卫方针政策，进行情报分析等。国家安全保障局有 60 余人的编制，其中 10 多人为自卫队军官和专家，该局下设 6 个部门中有 3 名部长由防卫省官员担任，从而使首相能够直接接收和处理国家安全的一线信息。NSC 一般每月举行 2 次"四相会议"，探讨安保方向的宏观形势及未来规划，必要时会扩大到"九相会议"，会议形成决议后下达至国家安全保障局，并由其责令相关省厅予以落实。而且，安倍在成立 NSC 时，将国家安全保障的定义扩大到国内紧急情况、武力攻击和周边事态等领域。① 国家安全保障会议的出现，使首相在内政、外交、国防等关键领域打破以往的决策流程惯例，进一步推动决策机制向有利于首相扩大权限的方向进展。

安倍在决策机制改革中的另一项重要举措是强化对行政官僚的人事权。2014 年，日本通过《国家公务员制度改革关联法》，规定由内阁统一掌控中央政府内干部的任命和调动权力。为此，安倍在内阁官房新设"内阁人事

---

① 首相官邸「国家安全保障会議設置法」、首相官邸のホームページ、http：//www. kantei. go. jp/jp/singi/anzenhosyoukaigi/konkyo. pdf。

局"，内阁人事局接管了日本人事院和总务省的国家公务员考试和培训、决定政府编制和薪酬等职能，专门负责管理各省副局级以上官员（约600人）的人事工作，包括人员信息管理、合法性审查、拟定和确定干部人选，并根据首相和官房长官的人事要求进行相应安排等。通过这一改革，首相官邸可以越过各省厅内部人事制度和论资排辈的升迁惯例，直接干涉重要岗位的官僚任免。如关于2018年财务次官的人选，财务省推荐财务官浅川雅嗣，但安倍和麻生太郎更属意预算局局长冈本薰明，尽管招致财务省内的强烈反对，佢仍然任命了冈本①；更为典型的事例是2017年安倍政权爆发"森友学园"丑闻时，时任财务省理财局局长的佐川宣寿在国会上否认安倍等人参与此事，并涉嫌篡改相关文件以帮其"脱罪"。事后佐川果然得到"关照"升迁至国税厅长官，直至篡改文书一事被揭发后被迫辞职。文部科学省前次官前川喜平就认为，首相官邸掌握了行政官僚的人事权后，"霞关全体（官僚）日益成为安倍官邸的仆从、私兵"②。

（二）架空执政党内决策流程

1955年体制下的经典政治决策机制存在官僚与执政党之间协调、自下而上进行决策的特点。冷战后历届内阁对政治决策机制的改革对象多以行政官僚为主，经过20年的努力，官僚对于内阁的制衡力已逐渐减弱。但在执政的自民党内部，议案必须通过政治调查会等机构的审议并在总务会上得到通过才能报送内阁的流程并无实质变化。这种"事前审查"式的党内决策流程，必然会影响首相施展权力。

针对这一状况，安倍一方面利用党总裁的地位和权力，在内阁府设置直属总裁的资政机构。除了已在小泉时代发挥过重要作用的"经济财政咨询会议"以外，还新设旨在摆脱通胀的"日本经济再生本部"、促进地方发展的"地方创生本部"、负责应对TPP问题的"外交经济联合本部"、推进女

---

① 軽部謙介「官僚人事、誰が決める：官邸主導で何が変わったか」、ウェブサイト、2018、https://www.nippon.com/ja/currents/d00433/.
② 「安倍首相辞任表明　人事掌握、忖度まん延」、『毎日新聞　大阪朝刊』2020年8月30日。

权事业的"女性活跃推进本部"、研究少子老龄化问题的"一亿总活跃推进本部"、研究教育改革的"教育再生实行本部"、推进安保法制的"和平安保法制推进本部"等，并邀请专家学者和各界代表人士参加，对这些特定问题提出咨询报告和相应的政策议案，从而绕过了传统的政策决定过程中的各方纠葛牵制。另外，这些议案经内阁与首相审定后，再以党总裁的名义提交给自民党政策审查机构，无形中迫使审查机构在"修改议案"和"对抗党总裁"中做单选题，使其"知难而退"。而议案通过审查并成为自民党决议后，又能"约束"国会内的自民党议员在表决中投票通过。对比另一位强势首相小泉执政时期，其党内反对派曾利用总务会等机构的"事前审查机制"，在选举制度改革和邮政民营化等问题上，对政府方针进行修正，给小泉改革带来阻力，甚至闹到公开内斗的地步。到安倍执政时对于决策流程的修改巧妙将"事前审查"变为"橡皮图章"，变相削弱了自民党内各势力集团对决策的影响力，这进一步加强了首相在决策机制中的优势地位。

（三）打造鲜明的首相个人决策风格

安倍在均衡党内各方势力的同时，有意识地将自己的人脉广泛安插在政府和党内的要职中。如和安倍结成"铁三角"盟友的副首相麻生太郎、官房长官菅义伟，以及曾任自民党政调会长的岸田文雄、税调会长甘利明、修宪推进部长下村博文、厚劳大臣岩崎恭久、防卫大臣稻田朋美等，这些人未必与安倍同属"细田派"派阀，但至少都是他第一次执政时的"老搭档"，较为熟悉。对于自己的竞争对手，如与安倍争夺党总裁的石破茂，安倍采取敬而远之的方式，上台初期给予其党干事长之位安抚，待政权稳固后即将其"下放"为发展地方经济的特命大臣，最终将之逼出内阁。安倍对亲信表现出充分的支持，甚至在其陷入丑闻后仍想办法将之"捞"出复用。如甘利明任财政经济大臣时因受贿嫌疑辞职，风波平息后旋即被启用为自民党税制调查会长；稻田朋美任防卫大臣时因隐瞒自卫队海外行动日志事件被迫辞职后复又成为自民党代理干事长等。通过这种提拔政治合作者和自己出身派阀入阁或担任自民党领导职务的方法，安倍在政府和执政党上层营造可靠"朋友圈"和"党中党"，强化了自己在日本政坛的突出支配地位。

除了在政治家层面外，安倍同样在首相官邸内的首相秘书、助理等官邸官僚高层岗位中安插自己的亲信，利用这一群体直接实现决策意志。以曾担任过首相秘书和首相助理的今井尚哉为例。今井因其舅曾为安倍外祖父岸信介秘书而与安倍熟识，在安倍第一次执政时即担任过首相秘书。安倍于2007年第一次下台后曾想过隐退，今井鼓励其东山再起，因此安倍第二次上台后对其倍加重用。今井再任首相秘书后职权范围很大（安倍给其定的辅佐范围为"政策企划的总体担当"，远远超过其他官邸官僚），在一些施政重点领域发挥了关键作用。如2016年在消费税增税至10%的问题上，主张"重建财政"的财务省与主张延期的经济产业省发生对立，最终经产省出身的今井出面说动安倍延期，财务省虽不满但也无可奈何。① 今井的影响力还深度介入外交决策领域。据日本媒体报道，在2017年二阶俊博访华期间，向习近平主席递交了安倍亲笔信。该亲笔信本应由外务省和国家安全保障局审核后即递交给对象国，但今井在得到安倍直接指示后，在来华后临时修改了亲笔信，加入了非常关键的日本希望在"一带一路"倡议上加深合作的话语，有效改善了中日关系。② 2017年安倍政权爆出"加计学园丑闻"。文部科学省违规批准（由安倍好友加计信太郎担任理事长的）爱媛县加计学园增设兽医学院。据日媒披露，正是首相助理和泉洋人向时任文部科学省事务次官的前川喜平"委婉"传达了安倍的指示，要求其"忖度"（揣摩）首相意图行事。③ 安倍利用首相官邸官僚在决策过程中单边行使权力，成为其执政时的重要特点。

---

① 「経産省で固めた側近」、『朝日新聞』2017 年 1 月 27 日。
② 「総理のためだけに動く「官邸官僚」今井補佐官の正体」、『月刊日本』2019 年 12 月号、https：//hbol.jp/206895/2。
③ 森勲「前川喜平氏を呼びつけた首相補佐官の正体—「官邸官僚」の研究—」、『文藝春秋』2018 年 5 月号、https：//http：//bunshun.jp/articles/ －/7373。

三 对安倍政治决策机制改革的评价

就目前情况看，安倍二次执政期间对政治决策机制的改革有如下特点和影响。

第一，政治决策机制形成以安倍为中心的新格局，首相对于行政官僚和执政党内部的干涉、影响力度达到了一个新高度。这一新格局同以往相比有明显优点。安倍执政时期，日本的决策效率明显提高，集中资源取得了明显政绩。如"安倍经济学"虽有争议，但确实在数年内成功刺激了经济发展，实现了历史第二长的景气，失业率创新低；为了整顿财政但又久拖不决的消费税增税问题也在安倍执政期间两次闯关成功，有效缓解了政府的收支压力；推行国内规制改革，成功实现日本加入 TPP，并在美国退出后维持住了 CPTPP。在安全方面，安倍政权实现了解禁集体自卫权的目标，提升了日本在日美同盟中的地位。近几年国际不确定性因素日渐增加，安倍政权驾驭下的日本保持得比较稳定。但是这套决策机制目前的缺点也非常明显：决策权力过分向着首相集中，很容易导致"偏听则暗"，一旦处于顶点的决策者做出错误决策，就很难挽回。比如在亚洲基础设施投资银行（AIIB）筹建过程中，安倍无视国内舆论的呼吁做出误判，结果失去了创始成员等优厚条件，后面想加入时就面临巨大的困难，浪费了大好机会。[1] 尤其在其执政的中后期，安倍因权力集中而犯下不少出格错误，其中最为典型的即森友、加计学园丑闻，引发国民强烈反感，导致 2019 年的参议院选举中以自民党为代表的修宪势力未能获得 2/3 多数的议席，令安倍修改宪法的夙愿梦碎，引为恨事。这种反噬现象也说明当前日本"政治主导"决策机制仍存在缺陷和改进空间。

第二，安倍改革意味着日本政治决策机制的"政治主导""首相官邸主

---

[1] 歳川隆雄「AIIBは『中国外交の完全勝利』・間違った安倍首相は、官邸で財務省、外務省幹部を怒鳴った!」、現代ビジネスウェブサイト、2015 年 4 月 4 日、https://gendai. ismedia. jp/articles/ - /42761。

导"趋势已取得阶段性成功。经过历届内阁，特别是安倍这7年多的努力，在政治决策机制的内部，首相、执政党、行政官僚这三个主体间的关系发生了非常明显的变化。在冷战前的决策机制中存在的政党和官僚对于决策的强干涉、首相的弱干涉态势发生了逆转。首相在决策过程中已基本掌握了主导权。更为关键的是，安倍改革对于决策领域相关法律规则的修改，使首相主导决策的地位得到进一步巩固。在以往的决策过程中，如岸信介、田中角荣、中曾根康弘、小泉纯一郎等人在任时曾力排众议获取了不少政绩，但这种强大的决策力是与其个人密切相关的：这些"名相"往往拥有强大的派阀影响力和高超的政治手腕支配政局。然而一旦其离任，缺乏相同能力的继任者只能"退缩"到原有的决策弱干涉地位。安倍提出的内阁人事局与党内审议制度改革等措施，前所未有地为首相有能力夺取和保持对执政党和行政官僚的优势地位提供了稳定的抓手和保障。继任者用来制衡其他两个决策主体的手段明显丰富，形成首相独断决策局面的概率也将越来越高。

　　第三，安倍改革取得进展的外部原因源于日本国际国内形势和国家战略的变化。日本是议会内阁制国家。从制度属性来讲，其领导人同总统制国家相比缺少一定的独断优势。决策过程往往是平衡、进行交易和互相协调的过程，首相和内阁都具有明确但又受到较多限制的职权范围。之所以安倍能够将政治决策机制朝着有利于首相的方向演变，且政党和官僚愿意从机制规则上接受退却的外部原因在于：冷战结束后至今，日本力量的高峰期已过，存量不小但难有大的增长和起色。在日本政治日趋保守化的大背景下，以安倍为代表的保守势力不愿接受日本相对缓慢衰弱的现状，认为原有的、注重协调和平衡的政治决策机制已沦为"难以决断的政治"[1]，呼唤强势政治人物推动日本在逆境中崛起，谋求"夺回强大日本""成为国际社会主要玩家"，使日本"绝不做二流国家"。大部分日本政治精英对此至少并没有持正面反

---

[1]　飯尾潤『政権交代と政党政治』、中央公論新社、2013、129頁。

对的态度。① 加之安倍二次上台前发生的政权轮替,给自民党带来深刻刺激,驱使全党议员和派阀领导人摒弃了以往"半永久型执政党"长治久安的认知,危机感和凝聚力空前加强。② 这一切有利因素的汇聚,也助推首相主导的政治决策机制在安倍时期达到新的高度。从目前情况看,安倍离任后仍存在不少未解难题和全新挑战,这一外部条件在后安倍时代仍将继续存在并成为首相主导决策的有利因素。

第四,在后安倍时代的日本政局走向上,预测首相在决策上的强主导性未来仍将持续,但政局未必能保持稳定。2020 年 8 月安倍辞职后,菅义伟在其支持下接任首相职位。外界普遍预测,安倍辞职是以退为进,在幕后仍可利用自己的政坛威望,发挥强大影响力,菅义伟政权是"没有安倍的安倍内阁"。但是,安倍的这一举动,有可能与其本人推动的决策机制首相主导化趋势相冲突。由于安倍已明确表示不会退出政坛,暂居二线但又具有强大话语权的安倍议员不排除会对菅义伟政府的决策"指手画脚"。一旦出现这种情况,在各项有利于首相在决策机制中占据优势地位的法律规则已经稳定并持续发挥效力的情况下,菅义伟是否会对安倍的诉求言听计从,将是难以预料之事。菅义伟上台后虽按照安倍的指示和派阀势力局势确定了内阁人选,但在首相决策的关键机构首相官邸内的人事问题上则有明确改动:长期作为安倍心腹的今井尚哉被调离首相助理这一要职,由与菅义伟关系密切的和泉洋人替任。可以认为,这是其在日本政治决策机制中,在首相这一主体内部清除安倍影响力的一个重要步骤。③ 更何况,菅义伟与安倍之间并非完全"合拍"。例如 2020 年 5 月,两人曾围绕疫情处理问题产生严重对立,关系出现裂痕,菅义伟随后"被"淡出决策中枢。④ 新政权下,权力位置对

① 吴怀中:《"安倍路线"下的日本与中日关系——兼论构建中日新型国家关系》,《日本学刊》2016 年第 3 期。
② 张伯玉:《论日本自民党的中央集权化》,《日本问题研究》2018 年第 3 期。
③ 「菅首相が『居抜き内閣』に仕込んだ『安倍切り』と長期政権への布石」、『週刊朝日』2020 年 10 月 2 日、https://dot.asahi.com/wa/2020091800056.html?page=1.
④ 「菅長官、影響力に陰り 新型コロナで安倍首相と距離?」、『時事ドットコム』2020 年 5 月 4 日、https://www.jiji.com/jc/article?k=2020050300127&g=pol.

比发生变化的安倍与菅二人如果出现难以调和的矛盾，那么后者可能会利用首相主导下的决策机制强行推进自身主张，从而导致政局不稳。结合这一判断，考虑到经过冷战后至安倍长期政权的数轮决策机制改革，行政官僚的决策影响力已经明显下降，未来的决策机制改革应会朝着改变执政党内对首相决策权的制约这一方向演变。

（原载《东北亚学刊》2020 年第 6 期）

安倍政府对越安全合作：
路径、动因及影响

常思纯*

2012 年底安倍晋三第二次出任日本首相后，在加紧"摆脱战后体制"、启动全面大国战略、伺机突破安保政策禁区并牵制中国崛起的战略需求下，日本对亚太地区的安全战略重心日益转向东南亚。其突出特征是对东南亚安全合作逐步被纳入日本亚太安全战略的顶层设计中，嵌入亚太地区多边博弈框架内。安倍政府将东盟视为"占据日本海上通道要冲的传统伙伴"，进一步明确对东南亚安全合作的战略定位。东盟在日本国家安全战略中的排序居于美、韩、澳之后的第四位。日本还将与包括东盟在内的亚太各国的双边和多边安全合作，作为构筑"统一机动防卫力量"的组成部分。① 随着中日地缘政治竞争加剧，安倍政府更着重将南海声索国视为战略支点，积极开展防务外交，致力于增强日本在地区安全事务中的发言权和影响力。在此背景下，在南海问题上一贯态度强硬的越南日益受到日本的战略倚重。随着日越两国在地缘政治、安全和经济等方面的利益交汇点不断增加，日本拉拢越南，谋求合纵"制华"的战略驱动力明显增强，对中国周边安全环境造成复杂深刻的影响。

---

* 常思纯，中国社会科学院日本研究所副研究员，研究方向为经济外交、日本与东南亚地区关系。

① 「国家安全保障戦略」、内阁官房、http：//www. cas. go. jp/jp/siryou/131217anzenhoshou/nss – j. pdf.

一　安倍政府对越安全合作的主要路径

从"经济大国"走向"政治大国"的战略追求，是日本安全战略调整的内在驱动。受此影响，战后日本对越外交逐渐从经济领域拓展到安全领域，对越安全合作态势也随之变化。近年来，日越安全合作的一个突出特点就是逐渐从21世纪初的反海盗、防灾减灾等非传统安全领域向更加广泛且更具有实质性内容的综合安全领域发展。安倍政府不仅通过积极的首脑外交，力促与越南双边防务关系从简单交流上升到机制化合作，还通过武器装备出口与援助、军事培训和联合演习等多层援助体系，在大力助越提高海上安保能力的同时，积极加强与越南的军事互动。

（一）积极开展首脑外交，奠定安全合作政治基础

近年来，不仅安倍及其内阁成员多次访问越南，而且越南主要国家领导人都实现了对日访问，并受到日方高规格接待。安倍本人还屡次在日接见越方高级代表团，日越副部级以上的高层交流更是异常活跃。2014年时任越南国家主席的张晋创访日，日越决定将2009年建立的战略伙伴关系进一步升级为"促进亚洲和平与繁荣的广泛战略伙伴关系"。2015年9月，越共总书记阮富仲访日，双方发表《日越关系共同愿景声明》，决定全面深化两国关系，并将加强政治、安全保障与防卫领域合作视为日越关系今后发展的重点方向。2017年6月，越南新总理阮春福上任后第二次访日，日越决定进一步深化上述"广泛战略伙伴关系"，尤其是在防卫及安全领域，双方决定进一步加强合作与对话，确认今后不仅要在非传统安全领域加强合作，还将进一步强化两国在海上保安机构交换情报、搜索救助及反海盗等海上综合安全保障领域的合作。①

---

① 「日本とベトナムの広範な戦略的パートナーシップの深化に関する共同声明」、外務省、http：//www.mofa.go.jp/mofaj/files/000268924.pdf。

（二）加强防卫领域交流，构建安全对话机制

近年来，安倍政府不仅利用现有多边机制加强与越南安全对话，还积极构建日越双边对话机制，深化安全合作。

在多边层面，日本积极利用东盟防长扩大会议（ADMM＋）、东盟地区论坛（ARF）、日本与东盟防长会议和以亚洲安全峰会（香格里拉对话）为代表的具有 1.5 轨性质的防务对话机制，与越南在安全、防务领域加强对话与交流。在双边层面，日本防卫省和自卫队高官与越南国防部门、军方高层互访的频度和密度都大大提高，推动日越防务、安全对话层级提升，频度加大和领域扩大。

（三）"软""硬"两手结合，大力助越提升军事力量

安倍政府已明确将进一步利用政府开发援助（ODA）在确保海上交通安全和完善法律制度方面向越南等发展中国家提供援助。[1] 一方面，日本积极助越提高装备水平，强化越南的"硬"实力。截至 2017 年 2 月，日本赠送的 7 艘二手巡逻船和海上安保监视器材（总价值 7 亿日元）已全部交付越方，用于越南人民军海上警卫队及渔业监视局等机构的海上巡逻和执法。2017 年 1 月，安倍访越时又宣布，将以 0.1% 的年利率向越南援助 384.82 亿日元，用于为越新造 6 艘巡逻船。[2] 这是日本首次向越南提供新造巡逻船，将大大有助于越南海上执法能力的提升。可以预见，今后除巡逻船、巡逻艇外，日本自卫队的二手 P－3C 反潜巡逻机和二手军用运输车、越野车都有可能成为日本对越援助的重点。

另一方面，日本积极开展对越"能力建设"支援，从"软"实力方面着手，加大对越提供军事培训的力度，助越提高军事人员的法律素养和业务

---

[1] 「2017 版開発協力白書（ODA）」、外務省、http：//www. mofa. go. jp/mofaj/gaiko/oda/files/000336398. pdf。

[2] 「ベトナムに対する円借款の供与（事前通報）」、外務省、http：//www. mofa. go. jp/mofaj/press/release/page3_ 001959. html。

能力。2012年10月至2017年6月，日本防卫省和自卫队共向越南派出包括陆海空自卫官在内的13批共68人次的培训人员，占到日本对东盟派遣总数的近30%，内容主要涉及潜水医学、飞行安全、人道主义救援和救灾、国际航空法和航空医学等项目，培训内容大都与海洋安全有关。① 此外，日本还邀请越南军方人员赴日观摩、研修自卫队在航空医学和联合国维和行动（PKO）等方面的教育训练。不仅如此，日本还积极联手域外大国，共同开展对越南等东南亚各国的"能力建设"支援。在2015年举行的日美澳三国防长会议上，三国确认将在海洋安全保障领域加强合作。2013年5月、2015年3月及2016年3月在越南举行的由日本组织的潜水医学研讨会上，美澳两国都派专家参会。2016年2月，日英在菲律宾共同主办了面向东盟十国的救灾培训，越南也派员积极参会。2017年2月，稻田朋美与美国国防部长马蒂斯一致同意加强对东南亚国家的"能力建设"支援，借此实现对南海的介入。②

（四）展示远海投射能力，增强南海军事存在

近年来，日本通过积极参加各种双边或多边军演，加强舰、机对越重要港口的战略性访问，在促进与越南军事交流的同时，加强日本在南海的军事存在。

目前，日本主要通过开展"防灾外交"，以"人道主义救援及救灾"的名义，与越南等国举行联合搜救演习，借机将陆海空自卫队派往南海。其中，日越多次共同参加美国海军主办的"太平洋伙伴关系"人道主义救援演习，日本海上自卫队多次停靠越南海港。此外，根据2015年9月日本海上保安厅与越南海上警察签署的合作备忘录，日本海上保安厅于2017年6月派"越后"号巡逻船到达越南岘港，与越海警举行打击违法作业的共同训练，以提升越海警海上执法能力。尤为引人关注的是，日本援助越南的巡

---

① 『平成29年版防衛白書』、防衛省、http://www.mod.go.jp/j/publication/wp/wp2017/pdf/H29_MDF_whitepaper.pdf。
② 「日米同盟を強めアジアの安定に貢献を」、『日本経済新聞』2017年2月6日。

逻船也首次参与了此次共同训练。①

除军舰的战略性靠港不断增加外，日本自卫队飞机也以各种借口多次在越南停降。如日本海上自卫队 P－3C 反潜巡逻机在 2014 年首次停降越南胡志明市后，又于 2015 年 5 月和 2016 年 2 月两次在结束打击索马里海盗的任务后停降越南岘港。而在 2016 年 2 月的停降期间，日本海上自卫队机组人员还"顺便"与越南海军联合举行海上搜索桌面演练，并邀请越南军方参观了 P－3C 巡逻机。②

二 安倍政府深化对越安全合作的动因

安倍政府谋求对越深化安全合作的背后，有其追求地缘战略利益的深层次战略考量，既出于日本实现国家战略和地区政策的需要，也出于其国内安全战略调整的需要。

（一）提升日本对亚太安全的影响力

2012 年底安倍上台后，全面启动日本的大国化战略，立足于强化日美同盟，以全球视野开展"战略外交"，并着重从政治安全领域谋求突破，"试图通过各种方式在亚太安全体系中留下自己的印记"③。安倍抓住奥巴马政府"重返亚太"之机，以美国与东南亚国家之间的"桥梁"自居，欲与美共同主导亚太地区安全新秩序。安倍还极为重视向周边国家宣扬"基于法治"的海洋秩序，先后提出了旨在加强日美澳印安全合作的亚洲"菱形安保圈"构想，重塑日本与东盟关系，尤其是加强与"海上东盟"全面合作的"安倍主义"，加强从印度洋到太平洋的海洋安全合作的"自由开放的

---

① 「海上保安庁巡視船『えちご』のダナン寄港」、在ベトナム日本国大使館、http：//www. vn. emb－japan. go. jp/itpr_ ja/echigokikou. html。
② 「海自が存在感、中国を牽制 P3C 派遣しベトナム海軍と合同訓練」、『産経新聞』2016 年 2 月 18 日。
③ 封帅：《变动中的平衡：东盟在亚太安全体系中的地位与作用》，《东南亚研究》2017 年第 4 期，第 18 页。

印太战略"。可以看到，近年来，日本越来越强调其"海洋国家"的身份属性，从宣传本国是海洋资源的受益者变为争当海洋权益的守护者，并以"维护海洋安全与繁荣""确保航行自由""贯彻法治"等争夺海洋问题的国际话语权。

正因如此，战略地位极为重要的越南成为日本极力拉拢的对象。越南不仅拥有长约3400公里的海岸线，掌握金兰湾（世界上最好的天然深水良港之一，是军事力量进入南海的绝佳基地）和岘港等重要战略港口，还是中南半岛的重要大国，地缘优势极为明显。这使越南成为日本与其他大国争夺在东南亚地区影响力的重要国家。一方面，日本将越南视为强化海上安全合作的重点对象。包括越南在内的东南亚各国正处于安倍构想的"钻石联盟"和"印太两洋"的内部区域。安倍将越南定位为与日本通过"自由的海洋"相连接的邻邦，日越共享太平洋这一"开放的海洋"，并共有基本价值观。①安倍政府积极迎合越南的战略需求，强化与越南的战略互动，借深化对越安全合作，增强日本在海洋安全保障问题中的发言权和行动力。另一方面，日本也将越南视为加强与湄公河流域国家合作的重要支点。越南是湄公河流域最具影响力的国家之一，日本希望通过强化与越南的安全合作，在该地区各国中形成示范带动效应，拉动缅甸、柬埔寨和老挝等国加强与日本在各领域的合作，提高日本在该地区的政治、经济影响力。

（二）联手越南制衡中国崛起

与越南等东南亚国家"合纵连横"，在地区乃至全球层面联手制衡中国，是安倍政府对越开展"战略外交"、加强安全合作的重要战略考量之一。随着近年来中国的快速崛起和中日实力差距日益拉大，中日关系步入竞争与合作并存的战略相持阶段，日本各界对华产生严重的"战略焦虑"。日本既担心中国发展挤压自身战略空间，削弱日本在地区政治、经济及安全秩

① 「フィリピン・オーストラリア・インドネシア・ベトナム訪問についての内外記者会見」、首相官邸、http：//www. kantei. go. jp/jp/97_ abe/statement/2017/0116kaiken. html。

序构建中的主导作用，也担心中国海上实力的快速增长，将加大对日东海压力，甚至影响日本南海"海上生命线"的通道安全。因此，自安倍上台以来，日本将中国定位为主要对手和现实威胁，利用各种双边或多边国际场合，不遗余力地宣传"中国威胁论"，意图联合国际上各种力量，对华加强戒备与防范，从战略上牵制中国，减轻自身对华博弈压力。

越南与日本一样，在海上都同中国存在领土主权争端，越南更是南海主权的主要声索国之一。近年来，越南利用美、日、印等国积极介入南海的机会，加强与各大国互动，推动南海问题国际化，力求遏制中国在南海行使主权，保住本国在南海攫取的既得利益。因此日越双方在防范中国上存在一定的利益契合点，联手制衡中国已成为两国加强安全战略互动的重要出发点。在对越关系中，安倍政府将越南视为制约中国的重要棋子，力促越南成为日本介入南海争端的战略支点和共享战略利益的重要伙伴，拉越在各种国际场合共同发声指责"中国威胁"，并从多渠道助越加强海上执法能力，意图推动越南在制约中国的过程中发挥更大作用。

（三）巩固日本国内安全战略调整的成果

安倍再次执政以来，打着"积极和平主义"的大旗，加紧推动本国防卫政策的"自我解禁"。如创立"国家安全保障会议"（NSC），并通过《国家安全保障政策》，统筹日本外交及安全政策；将"武器出口三原则"改为"防卫装备出口三原则"，放宽武器出口限制；改"政府开发援助大纲"为"开发合作大纲"，解禁对外国军队"非军事目的援助"；正式通过《国际和平支援法案》与《和平安全法制整备法案》，即所谓的新安保法，解禁集体自卫权成为现实。2017 年 5 月，安倍在接受《读卖新闻》专访时，又抛出了"力争在 2020 年将自卫队加入日本宪法第九条中"的宣言。①

为了巩固上述安全战略调整的成果，并推动"自卫队入宪"，在"军事

---

① 「憲法改正 20 年施行目標」、『読売新聞』2017 年 5 月 3 日。

力量的动用、军援军贸手段的尝试以及日美联合行动的摸索"① 等问题上，日本都将以越南为首的南海声索国视为其落实改革成果的"试验田"。为此，2017 年 4 月，日本海上保安厅总务部新设"海上保安国际合作推进官"的职位，致力于帮助越南等东南亚国家提升海上安全机构的执法能力。同年 5 月，日本又通过修改后的《自卫队法》，允许自卫队将所持二手防卫装备以免费或低价转让他国，为日本向越南等国援助二手防卫装备大开方便之门。

三　安倍政府加强对越安全合作的影响

安倍政府对越安全合作的升级不仅加剧了南海地区局势的紧张，也对我国周边安全形势产生一系列负面影响，主要表现在以下几个方面。

（一）对日越两国的影响

首先，提升了日越关系的水平。2009 年日越建立战略伙伴关系以来，两国关系发展明显提速，各领域的合作全面展开，其中尤其是安全领域的合作日益得到双方的重视。2014 年时任越南国家主席张晋创访日，这是日越 1973 年建交以来越南国家主席第二次访日，对日越关系意义非凡。访问期间，安全领域合作的议题成为日越高层会谈的重点内容，最终双方就共同推动 2011 年达成的《日越防卫合作与交流备忘录》的有效实施、继续进行副部长级防卫对话、加强不同级别的安全对话与交流以及促进日本自卫队与越南军队的合作等多项合作内容达成一致，这显示出两国的合作重点开始向政治与安全领域加速拓展。也正是在此基础上，日越将战略伙伴关系进一步升级为"促进亚洲和平与繁荣的广泛战略伙伴关系"。② 对于 2017 年日越关系的发展，2018 年 1 月，越南国家主席陈大光在接受日本《读卖新闻》采访

---

① 杨伯江、刘华：《日本强化介入南海：战略动机、政策路径与制约因素》，《太平洋学报》2016 年第 7 期，第 22 页。
② 「アジアにおける平和と繁栄のための　広範な戦略的パートナーシップ関係樹立に関する日越共同声明」、外務省、http：//www. mofa. go. jp/mofaj/files/000031618. pdf。

时给予高度评价，认为，"2017 年是日越关系史上高层互访最多的一年，日本首相、天皇及国会众议院议长先后访越，越南总理也率团访日，两国关系已进入新阶段"①。诸多事实证明，安全合作的不断深化已经成为推动日越关系提升的主要力量。

其次，日越得以相互"借力"，实现各自利益诉求。日越加强安全合作有助于日本确保海上通道安全、谋求地区安全主导地位和突破"专守防卫"政策。特别是在菲律宾总统杜特尔特上台后，南海局势有所降温，日本在各种国际场合鼓动菲律宾不要搁置南海仲裁的举动也相继受挫。因此，日本更加倚重在南海争端上态度仍然较为强硬的越南，为今后或配合美国或单独介入南海做好准备。而对越南而言，与日本加强安全合作，既可以借外力帮助本国提升维护海洋权益的能力，又能够借此机会，增强自身在东南亚的影响力和发言权。

（二）对地区安全的影响

冷战结束以来，东南亚地区除了少数国家内部出现过动荡以外，国家之间和地区层面上总体保持和平与稳定。但不可忽视的是，当下东南亚面临的挑战也越来越多，除了领土海洋权益争端等传统安全威胁外，恐怖主义、能源矛盾、跨国犯罪等非传统安全挑战也日益突出。这些问题的存在加剧了东南亚地区和平的"脆弱性"，也给某些别有用心的域内外国家通过各种途径改变现状、挑起争端提供了借口。有学者认为，日本不断渲染"中国威胁"，支持越南等东南亚各国增强军事力量，很可能带来各国之间的相互猜忌，加剧地区军备竞赛，导致地区安全形势恶化，为地区安全局势增添更多不稳定因素。②此话不无道理。瑞士斯德哥尔摩和平研究所 2017 年最新统计数据显示，越南等东南亚五国 2016 年军费与五年前相比的增幅达到两位

---

① 吉田健一「ベトナム主席本紙と会見　対日関係『過去最良』」、『読売新聞』2018 年 1 月 14 日。

② 包霞琴、黄贝：《日本南海政策中的"对冲战略及其评估"——以安倍内阁的对华政策为视角》，《日本学刊》2017 年第 3 期，第 61 页。

数，其中印度尼西亚和越南的增幅都超过六成。特别是越南军费开支已经连续五年增长，2016 年的军费开支达到 50 亿美元，比 2011 年增长 61.4%。①东南亚相关国家军费开支的强劲增长无疑将使整个地区的安全环境面临较为严峻的挑战。

（三）对中国的影响

日越深化安全合作无疑将加大中国周边安全压力。主要表现如下。一方面，影响中国与东南亚国家之间的关系。安倍政府加强对越安全合作具有牵制中国的明显意味，因此也给中越关系的健康发展蒙上了一层阴影。安倍以"积极和平主义"为旗号，游说越南等国共同牵制中国海洋行动，这很可能导致越南等东盟国家对华疑虑增加，不仅不利于中越关系的健康发展，而且很可能影响其他国家的对华态度与立场，导致中国在东南亚方向的周边安全环境恶化。另一方面，将增大中国南海维权的难度。近年来，日越领导人会谈频繁提及南海问题，以中国加快岛礁建设等威胁地区安全为由，共同推动南海问题"国际化"，积极对华施压，将在一定程度上牵制中国的南海维权行动。

四　结语

由上可知，日越安全合作关系的拓展是基于双方地缘政治利益的相互需求，也是双方相互借重的结果。对此，中国应保持警惕，但也不必过于紧张，因为尽管日越存在一定的利益交汇点，但双方战略诉求并不完全一致，在深化安全合作方面也存在诸多制约因素。

首先，日越社会制度迥异，意识形态对立，完全不是安倍所称的拥有"共同价值观"。两国只是出于现实利益考量，在一定程度上针对中国强化

---

① SIPRI, *Data for All Countries from 1988 - 2016 in Constant* （2015）, USD, https：//www. sipri. org/sites/default/files/Milex - constant - 2015 - USD. pdf.

战略合作。因此，双方安全合作的深化将因政治理念、外交目标的巨大差异而受到制约。

其次，日越战略诉求存在差异。在对越安全合作中，日本欲以越南为"棋子"，拉拢越南联手制衡中国，并扩大日本在东南亚地区的政治、经济和安全影响力。而越南实行的是大国平衡战略，即在中美日等各个大国之间寻求战略平衡，从中谋取最大利益，并非想与其中任何一个大国进行直接对抗。在对日关系上，越南更希望获取经济利益。因此，越南并不甘仅作为"棋子"被日利用。尤其是在特朗普任美国总统后，美国对亚洲政策出现极大不确定性。越南更加避免在中国和美日之间"选边站"，而是谋求借南海问题盘活越南外交，实现本国的主张和利益。

最后，日越在对华态度上也存在"温差"。安倍上台以来，将中国定位为主要对手和现实威胁，把"中国威胁"作为改变日本外交防务政策的最重要理由，在政治、安全领域凸显"抑制中国"的意图。相比之下，越南与中国同为社会主义国家，尽管在南海问题上存在领土争端，但近年来中越高层互访仍然频繁，经贸关系也日趋密切，人文交流持续升温。在对华关系上，越南会在中越关系的大背景下寻求南海问题的解决方案，不会违背中越关系发展的大局。[①]

有鉴于此，面对日越安全合作深化态势，中国应保持清醒的头脑，审时度势，综合因对。中国要注意掌握战略重心和战略资源的投放重点，避免被日本引入无谓的纠缠和对抗，消耗中国的战略资源。中国应坚定信心，看到中国是影响日本与越南安全关系走向的重大干预变量，中国综合国力提升与国际影响力增强是制约日本对华遏制战略的根本因素。此外，中国还应该看到，中越尽管在海上存在一些问题，但总体态势依然可控。2017 年 5 月 11 日，中国国家主席习近平与越南国家主席陈大光举行会谈，双方一致同意推动中越全面战略合作伙伴关系迈上新台阶，为两国和两国人民带来更多实实

---

① 李春霞：《大国博弈下的越南南海策略调整：东盟化与国际化》，《太平洋学报》2017 年第2 期，第 96 页。

在在的利益。① 目前，中越不仅可依托澜沧江—湄公河合作机制、中国—东盟自由贸易区、区域全面经济伙伴关系（RCEP）等多边合作机制，还可通过"一带一路"与"两廊一圈"的有效对接，努力加强双边合作以提升政治互信。如此，日本欲拉拢越南制衡中国的图谋未必能够如愿。

（原载《日本问题研究》2018 年第 4 期，有删减）

---

① 《习近平同越南国家主席陈大光举行会谈》，中华人民共和国外交部网站，http：//www.fmprc.gov.cn/web/gjhdq_676201/gj_676203/yz_676205/1206_677292/xgxw_677298/t1460758.shtml。

美日安全合作：从地区走向全球

朱清秀*

美日同盟是美国维持亚太地区国际秩序不可或缺的重要基石，也是美国遏制中国，打造围堵中国的亚太同盟体系的重要抓手和战略依托。随着中国综合实力的不断提升，重塑亚太地区国际秩序的能力不断增强，美国在亚太地区的军事存在和战略安排呈现"捉襟见肘"的局面。为了应对中国崛起，美国希望加强美日安全合作，发掘和利用日本的军事潜力，并在此基础上强化美日同盟，共同打造遏制中国的亚太同盟体系。

冷战结束后，以遏制苏联为主要目的的美日同盟失去了目标，陷入"同盟漂流"的状态，然而随着中国影响力的不断提升，以及朝核问题、台海危机等热点事件的持续发酵，美日双方通过"同盟再定义"的进程，不断强化双边同盟关系。

美日对双边安全合作的根本变革势必会加剧东亚地区现已存在的领土海洋问题争端，冲击东亚和平稳定的基础。不仅如此，而且美日借强化美日同盟之机意图提升对中国的军事遏制以及掌控地区冲突热点的能力，并重塑美国在亚太地区的统治力，这必然会干扰中国周边外交政策的实行及"一带一路"倡议的推进，对中国的和平稳定带来极大的负面影响。如何有效应对美日安全合作转型成为我们不得不面对的重要课题，特别是在特朗普就任美国总统之后，美国的外交战略及美日安全合作存在极大的不确定性，准确预判美日安全合作的未来发展趋势显得尤为重要。

---

* 朱清秀，中国社会科学院日本研究所副研究员，研究方向为日本政治、日本安全战略。

一　美日安全合作走向"全球"的原因

早在 2003 年美日首脑峰会时期，美国前总统小布什和日本前首相小泉纯一郎提出要打造"世界中的美日同盟"。

从美国方面来看，推动美日安全合作的全球化主要有以下原因。

1. 强化美国在东亚地区的主导地位，维持美国在全球的战略支配

冷战结束后，美国通过构筑的亚太同盟体系继续维持和主导着东亚地区的国际安全秩序，然而 2001 年"9·11"事件的发生，应对恐怖主义威胁成为美国国家安全战略的重点，美国的战略关注和军事部署几乎集中在了中东地区，对于亚太地区的关注和投入明显不足。也正是在美国主导反恐战争期间，亚太地区经济快速发展，区域一体化顺利推进，东盟的成立以及以东盟十国为主导的"10＋X"合作机制甚至得到世界大国的普遍认可。在亚太各国频繁的政治、经济合作过程中，各方势力此消彼长，各种力量的重组和洗牌，导致亚太地区的国际秩序呈现结构性的变化。这种变化在一定程度上稀释和消解了美国在亚太地区的影响力，动摇了美国在亚太地区的统治力。

除此之外，美日在东亚地区之外进行的安全合作极其有限，美日同盟作为"美国全球战略的中心"，更是日本外交的基轴，双方之间的军事合作尚不及同为亚太国家的美韩及美澳等盟国之间的合作。一方面受限于战后日本宪法等国内法制，另一方面也由于日本与东亚国家之间存在的历史问题，日本自卫队走出海外面临周边国家强烈的反对。然而此次《美日防卫合作指针》的修订及新安保法的修改将极大提升美日军事安全合作的空间，日本可以按照美国的要求在全球范围内与美国开展军事合作。

2. 实施"亚太再平衡战略"，推动国家安全战略转型

亚太地区新兴国家的崛起及区域一体化的迅猛发展促使地区力量发生结构性的变化，这种变化不仅冲击"美国治下的和平"，动摇美国在亚太地区的统治力，同时也使美国意识到调整国家安全战略已经迫在眉睫。于是奥巴马担任美国总统之后即着手推动国家安全战略的转型，将战略的重心从中东

转移至亚太地区。为此奥巴马提出"回归亚太"的口号，加快结束阿富汗和伊拉克战争的进程，积极推动"亚太再平衡战略"的实施。

美国"亚太再平衡战略"已经突破政治或安全战略的范畴，意图通过整合全球与地区、国内与国外、政治与经济等战略资源来继续维持在全球秩序中的主导地位，进而通过资源的调配，集中优势力量全面应对中国快速崛起带来的冲击。

美国国家安全战略的调整不可避免地会牵涉美日同盟。作为美国在亚太地区的重要盟友，日本强大的海空力量及坚定的全面制衡中国的决心必定会在美国"亚太再平衡战略"中发挥重要的作用。然而，日本宪法对于集体自卫权的限制及原先陈旧的美日同盟框架使日本难以全面满足美国在地区及全球事务中的新要求。于是2015年在美国政府的怂恿和支持下，美日同盟的再定义以及新安保法顺利通过，使日本顺利突破制度的束缚，"名正言顺"地参与美国的全球行动，支持其全球战略。

3. 强化美日同盟关系，开辟安全合作新领域

美日同盟是冷战的产物，其主要应对的是战争及国际冲突等传统性安全，随着苏联解体，冷战结束，原有敌人消失使同盟的存在受到世界各国的普遍质疑。如今，网络安全和太空安全成为美日政府和媒体关注的焦点，在2009年举行的美日首脑会谈中，双方一致认为推动太空安全领域的合作是强化美日同盟的重要内容，除了定期举行讨论会外，美日双方还于2015年成立"宇宙合作工作组"，共同推进双方在太空安全领域的全面合作。网络安全方面的合作虽然起步较晚，但网络安全作为美日安全合作的重要内容获得了美日防卫部门的重视。[①] 在新的《美日防卫合作指针》中，太空及网络安全的重要性也有所体现。从美日太空及网络安全的合作进程来看，未来这方面的合作将成为双方安全合作的重点。无独有偶，日本对于强化美日安全合作，打造"世界中的美日同盟"也非常积极。

[①] 美日双方合作的具体内容可参见平成 27 年版『防衛白書』、http://www.mod.go.jp/j/publication/wp/wp2015/pdf/index.html。

日本对于构建全球性的美日安全合作主要有以下几方面的考虑。

1. 强化美日同盟，维持良好的美日关系

日本响应美国号召，积极推动美日安全合作从地区走向全球，不仅有利于强化美日同盟，同时也有利于维持良好的美日关系。众所周知，美日同盟是日本外交的战略机轴，日本不仅在安全防卫、经济贸易领域依赖美国，而且甚至在军备技术及信息科技等方面也高度依赖美国。由于美国实力的相对衰落以及军费支出的削减，美国要想继续维持其在全球事务中的主导力必须更多地依靠盟友来分担责任。为此，冷战结束以来美国曾多次要求日本承担更多的防卫义务，但受国内和平宪法的限制，日本难以在行使集体自卫权上做出抉择。再加上，2009年民主党上台后一直试图增强日本外交自主性，构建"对等"的美日同盟关系，破坏了美日之间的战略互信。为了修复美日关系，应对日益严峻的亚太安全形势，2012年第二次安倍内阁积极响应美国的要求，在推动美日同盟"再定义"的同时，也开始修改限制美日安全合作的国内法制。

2. 强化同盟关系，增强对华战略优势

随着中国快速发展，以亚洲优等生自居的日本难以坦然对待，从20世纪90年代初开始，日本媒体渲染"中国崩溃论"，随后又在国际上传播"中国威胁论"，这种对中国未来发展前景矛盾式的臆想表露出日本媒体乃至日本社会对中国日渐强大的焦虑心理。因此，强化美日同盟，进一步深化美日安全防卫合作成为日本平衡此种焦虑的"药丸"。特别是2010年中日东海撞船事件发生之后，中日两国围绕东海钓鱼岛主权争端的冲突逐渐升级，中国一方面加大对钓鱼岛周边海域的巡航力度；另一方面派出大量军舰、飞机频繁穿越太平洋"第一岛链"。再加上中国决心加强对南海地区的管控，不断推进陆域吹填工程，使视"海上交通线"为生命线的海洋国家日本产生严重的危机感。为此日本一方面加强与菲律宾、越南等南海争端国间的军事安全合作；另一方面积极推动南海问题的国际化，拉拢印度、澳大利亚等域外大国介入南海问题，使南海问题成为全球瞩目的热点问题。在钓鱼岛问题方面，日本不断敦促美国公开表态《美日安全条约》适用于钓鱼岛。

在日方的反复敦促下，为了打消日方的疑虑，2014 年 4 月美国总统奥巴马访问日本，并在首脑会谈中承诺"《美日安全条约》第五条适用于钓鱼岛"①。

3. 提升美日同盟应对和处理突发危机的能力

随着东海以及南海局势的紧张，中日之间的对抗呈现公开化的趋势，特别是围绕东海钓鱼岛主权争端，中日双方的舰机在海上和空中展开了激烈的对峙。面对中日之间一触而发的紧张局势，日本深知依靠现有的同盟框架难以共同应对和处理。面对日益紧迫的海上危机，日本需要提升美日在应对和处理突发危机的能力。与此同时，走向全球的美日安全合作还将面临地震、海啸以及海盗等非传统安全问题。2011 年 3 月 11 日日本发生大地震之后，美国海军与日本海上自卫队展开了大规模的代号为"伙伴行动"的救灾行动。然而此次救灾行动暴露了美日双方在同盟内部协调、灾情共享等方面存在严重的问题。"救灾初始两国军队的合作就出现问题，美军无法发挥应有的实力，这主要是由于美日之间对于灾情判断的标准不统一、救灾信息不共享，双方无法灵活应对救灾前线出现的变化，与此同时，双方军队的指挥官在现场指挥时也出现沟通协调不一致的情况。"② 于是修改后的《美日防卫合作指针》特别强调同盟内部之间协调机制的建设。其强调"美日之间应强化从平时到紧急事态各个阶段自卫队和美军在决策、指挥及执行各个环节间的协调，建立信息共享机制和指挥人员交流机制，理顺各指挥系统"。③ 这预示着美日同盟将改变原先侧重分工的合作机制转而向同盟军事一体化的方向发展。现阶段尚不清楚这种改革能否从根本上改变"日本出基地、美国出人"的非对等的同盟关系，但双方在军事行动中强化决策、指挥及执行等领域的合作将提升美日应对和处理突发事件的能力。

---

① 参见「日米首脳会談（概要)」、日本外务省网站、http：//www. mofa. go. jp/mofaj/na/na1/us/page3_ 000755. html。

② 下平拓哉「東日本大震災における日米共同作戦—日米同盟の新たな局面—」、『海幹校戦略研究』2011 年 12 月（1－2）。

③ 参见［日米防衛協力のための指針］、日本防卫省网站、http：//www. mod. go. jp/j/approach/anpo/shishin/shishin_ 20150427. html。

二　构建"全球性美日安全合作关系"的进程

面对中国的快速发展以及国际恐怖主义势力的高涨，原有的美日安全合作框架已经难以适应当下国际形势的发展，美日双方迫切要求更新同盟关系，强化双方在全球范围内的安全合作。

2012 年 8 月，美国战略与国际问题研究所发布了第三份阿米蒂奇—奈报告，该报告从政治、经济、能源、外交、军事等方面建议日本强化美日同盟关系。2012 年再次成为日本首相的安倍晋三上台之后几乎完全按照该报告的要求对日本的安全防卫体制进行修改。

在美日外交与防卫部门的紧密协作下，2014 年 10 月，美日防卫合作小委员会（SDC）发布了《修改美日防卫合作指针的中期报告》，该报告明确指出"为构建全球性美日同盟关系，应扩大双方安全合作的范围"。[1] 该中期报告的提出在日本社会引起轩然大波：一方面，该报告提出的打造"全球性的美日同盟"是以日本可以行使集体自卫权为前提的，涉嫌违反战后日本和平宪法；另一方面，以往制定或修改《美日防卫合作指针》都有明确的针对目标，1978 年是以"日本有事"为对象，1997 年是以朝鲜半岛事态为目标，但此次打造"全球性的美日同盟"不仅没有明确的针对目标，而且对于"全球"也没有给出明确的定义。[2] 然而，日本社会各方的反对并没有迟滞对该指针的修改。

最终在 2015 年 4 月，新版《美日防卫合作指针》正式出炉，时任美国国务卿克里和日本外相岸田文雄在记者招待会上高度评价了此次修订工作，克里指出"此次防卫合作指针的修订是美日安全合作的转折点"，岸田文雄

---

[1] 『日米防衛協力のための指針の見直しに関する中間報告』、http：//www. mofa. go. jp/mofaj/files/000055168. pdf。

[2] 『現在進められている我が国の安全保障政策に対する緊急声明—「日米防衛協力指針の見直しに関する中間報告」を中心に—』、国民安保法制懇国、http：//kokumin - anpo. com/wordpress/wp - content/uploads/2014/12/da165434c683e117a094ca2b97c229bd. pdf。

则表示"我们向海内外展示了强劲的同盟关系"。① 新防卫合作指针的出台不仅是美日安全合作的转折点，同时也是战后日本安全政策的重要转折点，其表现如下。

（1）美日安全合作的性质更加对等，即由原先日本出基地、美国出人的单向防卫体制全面向美日"全天候"安全合作体制改变，进一步改变了日本受美国保护而无法保护美国的尴尬局面。

（2）美日安全合作不受地域限制。新的《美日防卫合作指针》明确了美日安全合作的范围包含但不限于亚太地区，这对以往的美日安全合作是一次重大的突破。

（3）《美日防卫合作指针》的成功修订预示着日本的国家安全战略和外交政策将发生根本性的改变。战后日本长期坚持的"专守防卫"，"不做军事大国"等立国理念将在其冲击下变得支离破碎。为了更好地维持美国在全球及地区事务中的地位，更好地服务于美国的全球和地区战略，日本需要扩张军事预算，强化军事力量的投入，这不仅会动摇战后日本首相吉田茂确立的"轻军备，重经济"的吉田路线，还有可能加剧中日在东亚地区的对抗。

《美日防卫合作指针》的顺利修订离不开美日双方的充分准备和紧密协作，但日本首相安倍晋三在指针修订过程中也发挥了重要的作用。首先，其协调执政联盟内的意见，加大对内阁人事的介入力度。一方面，安倍为了获得自民党内以及联合执政的公明党国会议员的支持，实行执政党协商一致原则，即广泛征求大家的意见，经过充分的磋商，最终达成共识；另一方面，为了对修订过程及内容进行掌控，安倍加大了对内阁人事的介入力度，比如 2013 年 8 月安倍更换了主张行使集体自卫权违反宪法的内阁法制局长山本庸幸，选择了主张修改宪法解释的驻法国大使小松一郎。因此，在日本首相安倍晋三的强力推动下，执政联盟内部和官僚之间

---

① 「日米、世界で安保協力　ガイドライン18 年ぶり改定」、『日本経済新聞』、http：//www. nikkei. com/article/DGXLASFS27H6F_ X20C15A4MM8000/。

在修订过程中能够实现较为有效的合作。

其次，其加强与美方的协调，共同推动修订工作的顺利进行。日本首相安倍晋三在积极整合国内各种力量的同时，也一直强化与美方的协调工作，利用战后以来美日之间建立各层级的沟通协调机制，较为有力地推动了修订工作的顺利进行。

尽管为了推动指针修订工作的顺利进行，以安倍为首的日本政府十分重视各方利益的协调。然而作为民选首相的安倍却因忽视日本社会及国民的意见，过度依靠首相权力而未能取信于民。2014 年 7 月安倍内阁通过了名为"整备实现国家独立生存、无间隙地保护国民的安全保障法制"的内阁决议。该内阁决议在内容上与新修订的防卫合作指针高度重合，也可以说是日本新安保法的高度概括版。

三　美日安全合作的未来趋势

未来美日安全合作如何发展，既与日本国内对威胁的感受度相关，也与美国的全球战略紧密相连，但归根结底取决于美国面对国际国内新形势将做出何种战略选择。

（一）未来趋势

如今美国的对日认识与冷战初期主张的"敲打日本"时大不相同，尽管日本依然保持较强的经济实力和竞争力，但已经不大可能对美国的经济霸权形成挑战。因此，大多数美国人认为应该强化美日安全合作，共同应对中国的发展。其中由日本笹川和平财团和美国战略与国际问题研究所在 2016 年 2 月发表的名为《2030 年的美日同盟：权力和原则》的研究报告最具代表性。该报告认为，"对于美日同盟而言最重大的地缘政治事件将是中国的崛起，为了在 2030 年构筑安全繁荣自由的世界并应对中国的崛起，应该强化美日同盟；加强美日安全合作；强化统一指挥系统的建设；建设美军和自卫队利用对方军事设施的机制；推进双方在防卫产业领域的合作"。① 然而，美国国内对于美日安全关系的发展并非都如此乐观，日本学者古森义久总结了美国国内流行的三类批评美日同盟的观点："第1类是比较极端的放弃美日同盟论，尽管持该种观点的人比较少，但这是美国传统的孤立主义的表现；第2类是认为美日同盟不平等、不公正，该观点在国会议员中广泛存在；第3类是缩小或者削弱美日同盟的作用。"②

与美国国内对美日安全合作关系存在分歧相似，日本国内对于美日安全合作的意见也不尽相同。在现阶段，无论是民主党执政还是自民党上台，各方对于日本未来国家安全战略的发展都已经达成初步共识，即全面强化美日同盟以应对中国的快速发展，但日本各界对于美日关系的争论依然还在继续，争论的焦点依然为"靠美国"还是"求自立"。在多数日本人看来，此次强化美日在全球范围内的安全合作只是换取美国对于日本更明确的安全承诺。

与此同时，强化美日同盟，构建全球性的安全合作关系也是一把双刃剑，其不仅无法给日本带来安全的周边环境，甚至还可能削弱美日同盟的凝聚力，产生难以估量的后果。

首先，可能加剧东亚地区的安全困境，激化原有的矛盾与冲突。美日强化同盟关系将进一步打破东亚地区原有的势力均衡，制造不稳定因素。

其次，美日强化安全合作反而离日本想要实现"自立"的目标更加遥远。美日安全合作的深入只会加强日本对美国的依赖，一方面强化联合指挥机制的建设强行将日本的国家安全战略与美国的全球战略进行捆绑，降低日本的战略自主性；另一方面加强军工科技方面的合作只会固化美日在防卫领域依附与被依附的关系，遏制日本军事技术的发展。

最后，构建全球性的美日安全合作关系有可能加深美日间的猜疑，削弱同盟的凝聚力。正如日本军事研究者所言"所谓美国的亚太再平衡战略，仅仅是由于美国疲于应付反恐战争，将在中东地区的军事力量向亚太地区转移罢了"。

---

① 『2030年までの日米同盟「パワーと原則」（要約）』、日米同盟の将来に関する日米安全保障研究会、https：//www.spf.org/topics/JPNexecutivesummaryfinal.pdf.

② 古森義久「アメリカの本音 日本から米軍が引き揚げる日」、SAPIO、2016。

（二）特朗普对日政策展望

2016 年的美国总统选举，共和党候选人特朗普出人意料地击败了民主党候选人希拉里，成为下一任美国总统。然而特朗普的成功当选让日本非常紧张，一方面，特朗普在竞选过程中对日本的贸易政策和安保政策提出强烈批评；另一方面，日本首相安倍全力支持希拉里，并将未来美日合作的所有希望寄托在希拉里身上。因此，特朗普的获胜不仅给安倍内阁一个措手不及，同时还打乱了其对未来美日关系的设想。特朗普对日本的批评主要包括："（1）特朗普指责日本抢走了美国人的就业机会，并表示如果其能当选将从日本人手里抢回工作；（2）TPP 等贸易协定损害美国的利益，并指责奥巴马的对日贸易政策；（3）指责日本是汇率操纵国；（4）美日安保关系不平等。"① 事实上，早在 20 世纪 80 年代，特朗普就经常利用报纸和媒体公开批评日本，甚至在 1987 年自费买下《纽约时报》的广告版面抨击日本。可见，特朗普在竞选期间对日本的批评并非竞选策略，也不是为了迎合选民的需求。这种一以贯之的对日批评体现了特朗普一些较为成熟的对日政策宣示，通过考察这些政策宣示可以对未来特朗普的对日政策进行展望。

1. 美日同盟将何去何从？

美日同盟作为美国亚洲战略的基石，一直获得历届美国政府的重视。特朗普一方面批评美日同盟的不平等性，另一方面指责日本需要 100% 负担驻日美军的费用。因此特朗普上台后可能要求日本在美日同盟框架下承担更多的责任：（1）要求日本扩张防卫预算，进一步增加负担驻日美军的费用；（2）支持日本进一步发展军事力量，并且这种军事力量并非以协助美军为目的，而是能够独立承担维护自身安全的功能；（3）鼓励日本分摊美国在全球和地区国际事务中的责任，弥补由于战略收缩而产生的力量真空，打造更坚实的全球性美日同盟。

---

① グレン・S・フクシマ「トランプはなぜ日本嫌いなのか」、『中央公論』2016 年 8 月号、106～107 頁。

如此，未来美日关系的发展将会跨入新的时期，首先，特朗普降低美日同盟作为遏制日本军国主义复兴的瓶盖作用，使日本加快"普通国家化"的进度；其次，美日同盟之间的关系更为平等。原先的美日同盟以美国为核心、以日本为轮轴，是一种具有等级色彩的主次关系，而美国鼓励日本增强自身军事实力之后将降低其对美国安全的依赖，最终减弱美国对日本安全的影响力和主导力。最后，长期以来日本军费只占GDP 的 1% 左右，面对特朗普的施压，日本完全可以灵活应对，进而获取较为有利的谈判"筹码"。

2. 特朗普是否会支持 TPP（跨太平洋伙伴关系协定）？

特朗普在 10 月 22 日于葛底斯堡正式公布了《特朗普与美国选民的契约》①（Donald J. Trump's Contract With the American Voters）并提出了 18 个改革方案，其中就包括退出 TPP 谈判。无独有偶，11 月 21 日特朗普发表关于执政百日的视频，公然宣布将在上任总统的第一天发布总统行政令退出TPP。然而，作为商人的特朗普并不反对自由贸易，其反对的是该贸易政策未能反映其意志。因此特朗普上台后出于兑现竞选承诺的考虑，必定会退出TPP 谈判，但退出 TPP 谈判并不意味着特朗普反对自由贸易，以其特有的个性和自信，他必定会提出以"美国第一"（Put American First）并打上"特朗普烙印"的自由贸易方案。

3. 网络安全会成为美日安全合作新的重点吗？

由于美国中央情报局指责俄罗斯黑客干预此次美国大选，网络安全问题成为人们关注的焦点。特朗普上台后一方面会加强网络安全机制的建设，加大对网络系统的监视力度，回应民众对于俄罗斯干预美国大选的质疑；另一方面将进一步强化美国与日本有关网络安全方面的合作，健全合作机制。

---

① Daniel Bush, "Read President-elect Donald Trump's Plan for His First 100 Days," November 10, 2016, http://www.pbs.org/newshour/rundown/president – elect – donald – trumps – plan – first – 100 – days/.

四　总结

同盟体系作为战后美国维护全球霸权主导国际事务的重要工具历来受到美国各界政府的重视。美日同盟作为美国亚太政策的重要基石，在美国的全球战略中具有重要的地位。然而，随着中国实力的不断增强，美国和日本意识到原有的同盟框架已经难以应付。为此美日急需更新同盟框架，实现战略转型，而构建全球性的美日安全合作关系即美日应对中国崛起的战略回应。然而，在构建全球性同盟关系中，美日双方的利益关注也并不一致。美国希望支持日本解禁集体自卫权，进而更多地承担美国在中东以及全球其他地区的责任，而日本则希望利用美日同盟更多地介入亚太安全事务，维护日本的安全。因此，美日同盟的"全球化"可以发挥预期中的效果受到美国和日本国内学者的广泛质疑。

（原载《国际安全研究》2017 年第 3 期，有删减）

外交关系篇

钓鱼岛问题与中日关系

蒋立峰[*]

    2012 年是中日邦交正常化 40 周年。回顾中日关系 40 年来的发展，显然并非一帆风顺，而是历经诸多曲折。时至今日，两国经贸合作成绩斐然，人员往来规模不断扩大。但遗憾的是，由于日本政经学界一些人的言行破坏了中日两国欲求"政治互信"的现实基础，中日关系在诸多方面正显示出越来越强的"战略竞争"态势。与此相关，两国民众的心灵之间的距离正渐行渐远，亲近感下降已成明显趋势。"四十而不惑"竟然成为评价当今中日关系的不恰当词语。

    究其原因，国内有观点认为在于中国的快速发展造成日本的不适应乃至惊恐，甚至产生"战略焦虑"，为日本的前途担忧。这种观点乃属自我评估过高，有硬给他人"戴帽"之嫌，或可理解为实为日本客观开脱的"发展失衡观"。日本一些人鼓吹的"中国威胁论"，冷战时代即已有之，与中国改革开放后的快速发展不存在直接的联系。何况目前中国的综合国力（尤其科技创新能力和军事投放制御能力）远未达到能够全面威胁日本发展的水平，连越南、菲律宾一类国家都敢在领土问题上无中生有地向中国"叫板"，何况似日本之强国。其实日本并非"战略焦虑"，而是"战略冲动"。美国在阿富汗以西的"问题"大致解决后，明确提出了"重返亚洲"（实即重返东亚）的战略。日本的"战略家"们自以为适逢难得的重大战略机遇期，或以为中国共产党集中精力准备十八大而无暇外顾，趁此"良机"日

---

    * 蒋立峰，中国社会科学院日本研究所研究员，研究方向为日本政治、中日关系。

本必须为巩固乃至提高在亚太的地位放手一搏。从首倡"自由繁荣之弧"到推进"价值观联盟"，从制定新的《防卫力量整备计划》将军事力量南移到积极与韩国签订"军事情报保护协定"（在最后一小时遭韩国拒签），从承诺向菲律宾赠送12艘巡逻舰艇到承诺帮助越南培养海岸警备人员等，日本为在中国周围拉帮结伙、制造遏制中国的包围圈动作频频，不遗余力。

在日本采取这一系列行动的大背景中，有两项直接以扩大日本权益同时遏制中国发展为目标的动作更值得关注：其一是妄图指冲之鸟礁为岛，借以圈出大片的管辖海域及"大陆架"甚至"外大陆架"；其二是妄图通过将钓鱼岛等岛屿"公有化"或"国有化"，使日本占有钓鱼岛等岛屿更加"名正言顺"，使其以钓鱼岛为一基点划出的东海中间线理由更加"充分"。其前项动作已遭遇挫折，其后项动作正在变本加厉地进行。中国对此当然不会漠然置之，而是果断采取应对措施。日本在钓鱼岛问题上挑起的纷争，已经严重破坏了纪念中日邦交正常化40周年所应具有的热烈友好的气氛。

一　解决好钓鱼岛问题就是维护中日关系大局

进入2012年，日本在钓鱼岛问题上动作不断。1月，日本政府以将为作为日本专属经济区基点的39座离岛命名为名，将钓鱼岛群岛内的4座小岛礁夹带其中，以显示日本对钓鱼岛群岛的"主权"。对此，《人民日报》刊文指出，日本"企图对钓鱼岛附属岛屿命名，是明目张胆地损害中国核心利益之举"。"钓鱼岛及其附属岛屿自古以来就是中国的固有领土，中国对此拥有无可争辩的主权，中国捍卫钓鱼岛领土主权的决心是坚定不移的。"日本"不要一意孤行，不要试探中国维护主权的意志和决心"。① 然而，日本政府仍一意孤行，于3月2日正式"公布"其命名，并声称将根据2010年颁布实施的《日本低潮线保障法》进一步加强对岛屿的"管理"，

---

① 参见钟声《中国维护领土主权的意志不容试探》，《人民日报》2012年1月17日第3版"国际论坛"。本文所称"钓鱼岛群岛"与"钓鱼岛及其附属岛屿"同义。

例如实施类似冲之鸟礁的变礁为岛"工程",向国际社会明示日本领海的范围,趁机占有"大陆架",扩大专属经济区。显然,日本的做法严重违背了《联合国海洋法公约》的基本规定。

4月16日,开口闭口称中国为"支那"的日本右翼政客、东京都知事石原慎太郎在访美演讲中表示,东京都要通过向"尖阁诸岛"(即日本在窃占我钓鱼岛群岛后起的日本名)的所有权人购买的方式实现其公有化,以"保卫尖阁诸岛"。随后,其在华盛顿接受媒体采访时宣称,美国曾将钓鱼岛"作为冲绳县的一部分返还日本",中国说要打破日本的"实际控制","这些话听起来就像是针对日本的宣战布告",日本政府必须更加强硬。① 石原真说真干,在热热闹闹地募集"捐款"的同时,一方面积极与"私有主"联系"购买"相关事宜;另一方面组织都议员等赴钓鱼岛周围"钓鱼"、考察,不断向政府施加压力。7月2日,石原在《产经新闻》著文称,回首历史便知,改变世界的"绝对的力量",极言之就是"军事力量"。如果日本在钓鱼岛问题上屈服于中国的压力,轻率地将日本的国土岛屿交给中国,那么这"无异于国家的自杀"。② 7月5日,日本石垣市两名议员登上钓鱼岛群岛中的北小岛。7月7日,野田佳彦首相宣布"尖阁诸岛国有化"的方针,并立即开始了相关工作。7月24日,野田佳彦首相在参议院回答质询时表示,日本政府已正式开始收购钓鱼岛手续,目前正在准备筹措预算,争取在2013年4月政府同土地所有者之间的租约到期之前,将钓鱼岛国有化。

回顾2012年上半年中日之间关于钓鱼岛问题的应对往来,日本挑事在先,中国应对在后,但斗争的主动权正在越来越多地转到中国一方,日本反而日益陷入被动。出现这种局面,与中国外交方面坚持原则、措施果断分不开。针对日方在钓鱼岛问题上严重威胁我主权的一系列无理举动,一些学者视之为"闹剧",是无聊政客在"刷人气""博选票",主张"以中日友好

大局为重"，注意"中日关系不能被石原绑架"，甚至貌似公允地提出"中日都要防范极端分子挑事"。① 中国外交方面认识到日本这次在钓鱼岛挑事的严重性，对日本的每一个动作都毫不含糊地严肃回应，表明决不退让的坚定立场，强调"钓鱼岛及其附属岛屿自古以来就是中国的固有领土，中方对此拥有无可争辩的历史和法理依据。中国的神圣领土决不允许任何人拿来买卖。中国政府将继续采取必要措施坚决维护对钓鱼岛及其附属岛屿的主权"②。7 月 11 日，中国外长杨洁篪在与日本外相玄叶光一郎会晤时，重申了中方在钓鱼岛问题上的原则立场，"敦促日方切实信守双边迄今达成的有关共识和谅解，回到与中方通过对话协商管控分歧的正确道路上来，以切实行动维护两国关系大局"③。在此同时，中国渔政船编队多次进入钓鱼岛附近海域进行常态化护渔巡航，面对日方船只的挤压和喊话干扰，中方渔政船以严正立场回应日方。日本当局对此曾两度向中方提出交涉和抗议，但中国外交部均表示拒绝接受，并对日方船只干扰中方公务船执行公务表示强烈不满。

2012 年上半年中国在处理外交问题上表现出了新的特点，取得了一大进步，以致使日本看惯了中国外交"出牌"方式的人直呼"看不懂"。④ 中国外交最主要的变化是，从理想回归现实，理想主义与现实主义相结合。在对日外交方面，既主张维护大局，又注意解决实际问题。所谓"大局"不是空洞抽象之物，而是由许多具体事物（实际问题）组成的。不解决好这些实际问题尤其影响深远且重大的问题，则难以维护大局。所以，不能因顾虑一时的影响而对解决实际问题犹豫不决，不能总想着牺牲小局以维护大局，而应该是努力解决小局问题以维护大局。无视或掩盖小局问题，对于维护大局来说是很危险的。大局与小局是相互存在、相互影响甚至在内外条件

---

① 参见《中日关系不能被石原绑架》，《环球时报》2012 年 6 月 20 日；《中日都要防范极端分子挑事》，《环球时报》2012 年 7 月 27 日。

② 《人民日报》2012 年 7 月 8 日。

③ 中华人民共和国外交部网站，http：//www.fmprc.gov.cn/chn/gxh/tyb/zyxw/t950122.htm。

④ 新华网，http：//news.xinhuanet.com/world/2012-07/14/c_123411717.htm。

满足时可能相互转化的关系。类似这次钓鱼岛问题，如果面对日方的挑事抱息事宁人的态度，束手无策或措施失当，致使日方的企图得逞，则中日关系可能遭到严重破坏，甚至钓鱼岛问题自身就会成为决定中日关系发展或倒退的大局。另外，大局所包含的内容也不是固定不变的。40 年前，中日关系的大局是实现邦交正常化。此后数年，签订《中日和平友好条约》成为中日关系的大局，相对而言钓鱼岛问题是小局，中方则提议将钓鱼岛问题留待后人解决。中国改革开放后，友好合作成为大局，历史认识问题本可以放一放，但由于小泉纯一郎首相多次参拜靖国神社，大局受到严重影响，才由两国政府协商，通过中日历史共同研究等方式解决历史认识问题，以维护大局。在"战略互惠"成为中日关系大局的今天，钓鱼岛问题虽然仍是小局，但已不是长久搁置无碍的小局，而成为应认真解决的小局。解决好钓鱼岛问题，就是维护中日关系大局。如果看不到这些变化，一味地以"维护大局"来限制解决小局问题，则大局最终难以维护。

处理外交问题往往涉及国家利益，所以理应慎重。对于如何解决这些重要的外交问题，一种说法是"抓住战略机遇期发展自己"。这句话虽然没有错，但如果将抓住战略机遇期与解决外交实际问题尤其是解决事关国家根本利益的重要实际问题对立起来，则有失偏颇。在这次处理钓鱼岛问题的过程中，这种"机遇论"听得不多，客观环境较为宽松。这一变化使外交方面在应对日方挑事时有更大的可操作空间，应对更加自信，决策更加合理、有力。

中国是儒家文化圈的核心，中国外交自然要受到儒家文化的影响。这就是太重君子之道，有些"好面子"。如果对方的外交是君子之道加小人之术，甚至以小人之术为主，则只懂君子之道者难免陷于被动，甚至吃亏上当。回顾 17 世纪以来的日本外交，对琉球，先肢解（将北部诸岛并入萨摩），后改名，最后全部吞并；甲午中日战争、日俄战争及太平洋战争，日本都是先搞突然袭击消灭敌方有生力量，然后再宣战；"九一八"事变和"七七"事变都是日本一手制造的事件，并且其以此制造出不断扩大侵华、妄图最后鲸吞中国的借口；当代则有强行对我东海各油气田和钓鱼岛群岛中的岛屿命名，不仅无视中国对东海大陆架的合法权益，而且甚至对其划出的所谓"东海中间线"以西至距日本200海里处也主张日本的权益；通过变冲之鸟礁为岛以主张200海里专属经济区及350海里外大陆架等，日本外交中的这类做法不一而足。①

中国重君子之道，在对外交往中遵守国际法及国际惯例。在对方不按国际法和国际惯例行事时，中方若仍机械地依国际法或国际惯例要求对方，恐怕很难达到目的。国际法和国际惯例并非万能，不可能包罗国际万事，国际法和国际惯例也需要在解决层出不穷的新的国际矛盾过程中不断得到扩展、充实和改进。所以，应以国际法及国际惯例约束自己而不是束缚自己，在不得已的情况下"以其人之道还治其人之身"，或许效果更好。在考虑钓鱼岛问题的应对措施时，中国已经这样做了，今后当然会继续这样做。

二 钓鱼岛群岛是中国固有领土不容置疑

针对日本在钓鱼岛的每一次挑事，中国外交部都做出明确回应，强调"钓鱼岛及其附属岛屿自古以来就是中国的固有领土，中方对此拥有无可争辩的历史和法理依据"。而且至今，中国已经发表了大量的历史资料和分析文章，充分证明了中国上述主张的正确性是无可置疑的。

从中国已发现的相关历史资料看，可以明确以下几点。

第一，从地理要素看，琉球群岛不包括钓鱼岛群岛。钓鱼岛群岛在中国

---

① 2012年6月28日，石原慎太郎在会见记者时充分表露其别有用心："（熊猫）生了孩子是要归还（中国）的，要不给他们起名'尖尖'和'阁阁'不好吗？这样一来，对方就能对熊猫进行'有效支配'了。"对这种卑劣的言论，中国外交部发言人给予严肃的批判，"石原慎太郎处心积虑破坏中日友好关系的拙劣表演为世人所不齿。不管石原慎太郎企图给中国熊猫起什么名，都改变不了这些熊猫属于中国的事实。同样，不管日本给中国钓鱼岛及其附属岛屿起什么样的名字，都不能改变这些岛屿属于中国的事实"，参见 http：// www. metro. tokyo. jp/GOVERNOR/KAIKEN/TEXT/2012/120628. htm；《中方回应石原给大熊猫起名：拙劣表演为世人不齿》，中国新闻网，http：// www. chinanews. com/gn/2012/06 - 29/3997497. shtml。

东海大陆架上，隔琉球海槽（亦称冲绳海槽）与琉球群岛相望。自古所称"琉球三十六岛"，岛岛有名，根本不包括钓鱼岛群岛。琉球三山国时代及琉球王国时代，其施政范围始终限于此 36 岛之内（17 世纪初，36 岛中的与论岛以北诸岛被日本割走归萨摩藩并改名为奄美群岛），西以古米岛（日本后称久米岛）为界，从未越过琉球海槽。① 所以，琉球群岛不包括钓鱼岛群岛，这是世人公认的事实。无论琉球群岛上施政状态如何变化，均与钓鱼岛群岛无涉。

第二，钓鱼岛群岛为中国最先发现，并加以利用。15 世纪初期明朝完成的《顺风相送》一书，就已记载了钓鱼岛是福建、琉球间航线的指标地之一，此后历朝的琉球册封使在出使记录中多次记录下钓鱼岛群岛的航标作用。② 数百年来，包括台湾渔民在内的中国渔民从未间断在钓鱼岛周边渔场捕鱼、在钓鱼岛上进行采集等开发利用活动。在 1895 年前长达五个世纪的时间里，中国一直在行使这些权利。日本人对这一点并不否认，但认为利用不等于主权管辖，主权管辖必须有明确无误的标识或历史依据。

第三，钓鱼岛群岛是中国神圣领土即接受中国历代王朝主权管辖有充分的历史依据。中国国内对此已有极多阐述，主要有下述三个方面。

其一，官方史料记录。1534 年（明嘉靖十三年），琉球册封使陈侃记曰："……过钓鱼屿，过黄毛屿，过赤屿，目不暇接……十一日夕见古米山，乃属琉球者。夷人鼓舞于舟，喜达于家。"③

1561 年（明嘉靖四十年），琉球册封使郭汝霖记曰："赤屿者，界琉球地方山也。"其意为赤屿乃毗连琉球的临界山，或称分界山，过赤屿后就要

---

① 例如，1757 年琉球册封副使周煌在《琉球国志略》中对琉球 36 岛一一记述，并称位于黑水沟以东之"姑米（即古米岛）为全琉门户，（乃）封贡海道往来标准（标志）"，位于黑水沟以西的任何岛屿显然不属于琉球。见周煌《琉球国志略》，清乾隆二十二年刊本，卷四上，舆地；卷七，第 4 页。

② 有中国学者认为，中国关于钓鱼岛的最早记载可追溯到 7 世纪初的隋朝。隋炀帝曾特派使臣朱宽召琉球归顺。《隋书》中记载的 610 年朱宽赴琉球所经过的高华屿即现在的钓鱼岛。但这一点有待进一步研究。

③ 参见陈侃《使琉球录》，明嘉靖甲午本，第 8 页。

进入琉球海域了。①

1606 年（明万历三十四年），琉球册封使夏子阳记录册封后的回程云："二十九日早，隐隐望见一船；众喜，谓'有船，则去中国不远；且水离黑入沧（从黑水驶入沧水，即船向西驶过黑水沟——引者注），必是中国之界'。"②

1663 年（清康熙二年），琉球册封使张学礼记曰："初九日，浪急风猛，水飞山立。舟中人颠覆呕逆，呻吟不绝。水色有异，深青如蓝。舟子曰：入大洋矣。顷之，有白水一线，横亘南北。舟子曰：过分水洋矣，此天之所以界中外者。"③ 从"浪急风猛"和水色"深青如蓝"分析，此处所记"大洋"即黑水沟，亦被视为"分水洋"，"白水一线"即黑水沟之边际，看到"白水一线"时，表示即将驶过"分水洋"，黑水沟这里就是天然形成的中外之界。

1683 年（清康熙二十二年），琉球册封使汪楫详细记述了出使琉球过程中过黑水沟祭海的情况："二十五日见山……遂至赤屿，未见黄尾屿也。薄

---

① 参见陈侃、萧崇业、夏子阳撰《使琉球录三种》，《台湾文献丛刊》第 287 种，台湾银行发行，1970。日本《产经新闻》2012 年 7 月 17 日载文称，日本长崎纯心大学副教授石井望查阅古籍后认为，郭汝霖之《石泉山房文集》收录了郭氏册封琉球后的奏文，其中有"闰五月初三日涉琉球境界地名赤屿"句，意思为"（船）行过琉球边境，界地名为赤屿"。显然，石井对文中"涉"字的理解有误。"涉"字有两个意思，即"涉过"或"涉及"。此文中"涉"字应取后者，意即"到了琉球的边境（但尚未进入），界地的名称为赤屿"。故此意与上文"赤屿者，界琉球地方山也"之意是一致的。郭汝霖在册封琉球途中尚有多篇诗作，其五言律诗《赤屿》："幽赞归神贶，安全荷圣朝。海邦忽伊迩，早晚听夷谣。"此句意即"到了赤屿，海邦琉球突然变近了，以致早晚都能听到琉球人唱的歌谣"（郭文见：《石泉山房文集》，明万历吉水李交刊，卷七第 13 页、卷三第 13 页）。所以，石井说"现判明到处都找不到中国领有尖阁（即我钓鱼岛——著者注）的史料，但至少看到了认为大正岛（即我赤尾屿，古称赤屿——著者注）属于琉球的史料，因而更加明确了中国的主张是没有历史根据的"，是因误读史料而产生的判断，参见 http：//headlines. yahoo. co. jp/hl？a =20120717‒00000064‒san‒pol。

② 参见陈侃、萧崇业、夏子阳撰《使琉球录三种》，《台湾文献丛刊》第 287 种，台湾银行发行，1970。

③ 张学礼：《使琉球纪》，载《丛书集成初编》，商务印书馆，1937，第 3 页。张学礼一行驶过黑水沟后，至 15 始至琉球，耗时较多。其原因是：过中外之界后，"连日无风，船浮水面，膠滞不前"，"惟有顺流"，从而未能直驶那霸，而是绕远到达了"琉球北山，与日本交界"处。

暮过郊（或作沟），风涛大作，投生猪羊各一……久之始息。问：郊之义何取？曰：中外之界也。界于何辨？曰：悬揣耳。然顷者恰当其处，非臆度也。"① 可见，汪楫明确记录此沟为"中外之界也"。

此后，1756 年（清乾隆二十一年），琉球册封副使周煌亦记曰："舟过黑水沟，投牲以祭，相传中外分界处。"② 在其《琉球国志略》卷五中尚记曰："（琉球）环岛皆海也，海面西距黑水沟，与闽海界。"③ 显然，"与闽海界"即与中国领海交界。

这些记录十分重要。它清楚地表明，中国与琉球以赤屿与古米岛之间的黑水沟为界。结合地理要素分析，上述册封使所记之黑水沟应为琉球海槽，因两岛紧傍海槽西东，之间没有其他地理要素可考虑。④ 所以，黑水沟以西即琉球海槽以西的赤尾屿及钓鱼岛其他各岛皆为中国领土，琉球海漕以西海域为中国主权管辖海域。上述记录者均为中国朝廷派出的正式使臣，其记录完全可以视同正式官方文件。

其二，历史地图。1561 年（明嘉靖四十年）郑若曾的《万里海防图》、1562 年（明嘉靖四十一年）福建总督胡宗宪与郑若曾编纂的《筹海图编》一书中的《沿海山沙图》、1621 年（明天启元年）茅元仪绘制的中国海防图《武备志·海防二·福建沿海山沙图》等，都将"钓鱼屿"、"黄尾山"和"赤屿"纳入其中，证明当时钓鱼岛、黄尾屿、赤尾屿等岛屿都在充分体现中国主权的福建海防范围以内。1863 年（清同治二年），胡林翼、严树森等编绘了《皇朝中外一统舆图》，其上用中文地名标出了钓鱼屿、黄尾

---

① 参见汪楫《中山沿革志》卷五，京都本，第 5 页。

② 参见周煌《海山存稿》卷十一，清嘉庆丙辰本，第 11 页。

③ 周煌：《琉球国志略》卷五，清乾隆二十二年刊本，第 4、19～23 页。在此稍感遗憾的是，周煌在《琉球国志略》的"图绘·针路图"中，疏忽地将"过（黑水）沟"误标在黄尾屿与赤尾屿之间。但其在后文具体叙述航船路径时，仍是去程为五虎门—钓鱼台—赤洋（赤尾屿附近海域），过沟祭海—姑米山—那霸，回程为那霸—姑米山，过沟祭海—台州石盘山—五虎门的次序，可见周煌与其他册封使一样，也认为黑水沟是位于赤屿与姑米山之间的中外分界洋面。

④ 当然，关于这一点，中国学者可以在条件具备时与有关部门共同组织一次古代琉球册封使记录航线的实地考察。

屿、赤尾屿等岛，而其他凡属日本或琉球的岛屿，皆注有日本地名。这些官方地舆图也是钓鱼岛群岛一向为中国领土的有力证据。

其三，慈禧太后诏谕。清朝时盛宣怀药局就将采自钓鱼岛的药材制成药丸，"施诊给药，救济贫病"，进奉皇室，"甚有效验"。1893 年（清光绪十九年）10 月，慈禧太后特下诏谕，"即将该钓鱼台、黄尾屿、赤尾屿三小岛赏给盛宣怀为产业，供求药之用"。① 此诏谕于 1972 年 1 月始见于世，此后一直有人质疑此诏谕的真实性。如果此诏谕为真，则说明钓鱼岛群岛明确无误地在中国的版图之内；如果此诏谕近假，此诏谕亦非毫无价值，它仍能说明此诏谕的制作者在当时即已知道钓鱼岛群岛乃由中国朝廷主权管辖之领土，否则编造这样的诏谕没有任何意义。而且，此诏谕的制作应是 1893 年或之前，因为 1894 年甲午中日战争爆发，中国一败涂地，中国台湾及其附属岛屿被日本抢走，此后再编造这类诏谕已无实际意义。总之，关于慈禧太后诏谕之事仍需进一步研究，应设想多种情况进行调查，而不能简单地予以否定。

以上历史文件足以证明钓鱼岛群岛是中国自古以来的固有领土，这一点不容置疑。对此，日本声称钓鱼岛群岛是日本的固有领土，但日本不再拿所谓古贺辰四郎于 1884 年 "发现" 钓鱼岛说事，因为显然这一 "发现" 要比中国人发现钓鱼岛晚 400 余年甚至千余年。日本政府故意漠视上述阐明 "中外之界" 的众多中国官方史料，而在 1972 年公布《基本见解》称："自 1885 年以来，日本政府通过冲绳县当局等途径多次对尖阁诸岛进行实地调查，慎重确认尖阁诸岛不仅为无人岛，而且没有受到清朝统治的痕迹。在此基础上，于 1895 年 1 月 14 日，在内阁会议上决定在岛上建立标桩，以正式编入我国领土之内。"② 这是百分之百的谎言。

历史事实是，1885 年日本已知钓鱼岛群岛是中国领土而未敢轻举妄动。针对 1885 年日本对钓鱼岛进行的调查，同年 9 月 6 日，中国《申报》及时在 "台岛警信" 指出，"文汇报登，有高丽传来信息，谓台湾东北边之海

---

① 慈禧太后诏谕参见吴天颖《甲午战前钓鱼列屿归属考》，外文出版社，1998，第 116 页。

② http：//www.mofa.go.jp/region/asia - paci/china/pdfs/r - relations_ cn.pdf.

岛，近有日本人悬日旗于其上，大有占据之势，未悉是何意见，姑录之以俟后闻"，[1] 从而提醒国人和清政府注意。9月22日，日本冲绳县令西村舍三的调查报告称，久米赤岛、久场岛及鱼钓岛"与前时呈报之大东岛所处地点不同，恐无疑系与《中山传信录》记载之钓鱼台、黄尾屿、赤尾屿属同一岛屿。若果真属同一地方，则显然不仅已为清国册封原中山王使船所详悉，且各附以名称，作为琉球航海之目标。故是否与此番大东岛一样，调查时即建立国标仍有所顾虑"。10月21日，外务卿井上馨致函内务卿山县有朋称："该等岛屿亦接近清国国境。与先前完成踏查之大东岛相比，发现其面积较小，尤其是清国亦附有岛名，且近日清国报章等，刊载我政府拟占据台湾附近清国所属岛屿等之传闻，对我国抱有猜疑，且屡促清政府之注意。此刻若有公然建立国标等举措，必遭清国疑忌，故当前宜仅限于实地调查及详细报告其港湾形状、有无可待日后开发之土地物产等，而建国标及着手开发等，可待他日见机而作。"

上文提到的"港湾"，乃指冲绳县调查报告写明钓鱼岛岸边有码头及锚地。既然日本人是在1884年才"发现"即登上钓鱼岛，则此码头等建筑显然非日本人所为，而是中国先民开发钓鱼岛和清朝统治的遗迹。12月5日，内务卿山县有朋指示："冲绳县令申请建立国标事，涉及与清国间岛屿归属之交涉，宜趁双方合适之时机。以目下之形势，似非合宜。"以上记载说明，日本冲绳地方政府和中央政府当时已基本确认，这些岛屿是中国领有之土地，当时若占领必然会刺激中国，引起争议，故而暂行搁置。[2]

直到1894年底，日本在甲午战争中已胜券在握，12月27日，内务大臣野村靖认为，"今昔形势已殊"，关于"久场岛、鱼钓岛建立所辖标桩事宜"，"有望提交内阁会议重议"。[3]

1895年1月14日，日本政府不等战争结束便迫不及待地通过"内阁决

---

[1] 参见鞠德源《日本国窃土源流 钓鱼列屿主权辨》（下册），首都师范大学出版社，2001，图54。

[2] 外务省编纂『日本外交文書』第18巻、日本国際連合協会、1950、573～576頁。

[3] 外务省编纂『日本外交文書』第23巻、日本国際連合協会、1952、571～572頁。

议"，认可"位于冲绳县下八重山群岛西北的称为久场岛、鱼钓岛之无人岛为冲绳县所辖，准许如该县知事所请建设航标"。① 日本就这样将觊觎十年之久的所谓"无人岛"钓鱼岛等中国主权岛屿划归冲绳县所辖，抢在《马关条约》谈判前先行窃取了钓鱼岛。

对于日本政府窃取中国领土钓鱼岛群岛的不光彩行为，日本著名历史学家井上清在日本政府提出《基本见解》的 1972 年 10 月即出版专著予以批判。井上指出，日本政府从 1885 年开始调查到 1895 年攫取钓鱼岛群岛，所有的活动都是秘密进行的，包括阁议文件在内的全部相关文件都未公开，所以称之为"窃取"毫不过分。

他还指出，此后在天皇于 1896 年 3 月 5 日裁可的第 13 号关于冲绳县的郡编成的敕令中，并未将钓鱼岛群岛包括在冲绳县组成之内。

直到 1952 年 3 月《日本外交文书》第 23 卷出版，日本窃取中国领土钓鱼岛群岛的真相才得以暴露，但直至 1969 年，日本各级政府尚未在钓鱼岛上竖立航标。井上明确指出，近代形成的所谓"无主地先占"的国际法理是为殖民主义服务的，看到日本的主张，强烈感觉到日本帝国主义再起的危险性。② 时过 40 年，井上清的言论仍值得后人三思。

日本横滨国立大学教授村田忠禧深入研究钓鱼岛问题多年，他得出的结论是："作为历史事实，被日本称为尖阁列岛的岛屿本来是属于中国的，并不是属于琉球的岛屿。日本在 1895 年占有了这个地方，但这是借甲午战争胜利之际进行的趁火打劫，而不是堂堂正正的领有行为。这一历史事实是不可捏造的，必须有实事求是的认识和客观科学的分析态度。"③

日本著名政论家大前研一在 2010 年钓鱼岛撞船事件发生后也著文谈钓鱼岛问题，认为 1895 年关于将"尖阁诸岛"划入冲绳县的"阁议决定是非公开的窃议决定，既不是国会的决定，也未以各外国能够知晓的形式公布，

---

① http：//www. jacar. go. jp/jpeg/djvu2jpeg? item = a0211202％2Frui11300％2F0728&p = 1.

② 井上清『「尖閣」列島—釣魚諸島の歴史解明—』、第三書館、1996、50～57 頁、124～135 頁。

③ http：//j. people. com. cn/94474/7138819. html.

所以比岛根县议会的《竹岛领有宣言》还难得到国际社会的认同"。①

2012 年 7 月 9 日，美国政府发言人努兰德称："尖阁诸岛适用《美日安全条约》第五条的范围，但美国对尖阁诸岛的主权问题不持特定立场，期待当事人之间以和平手段解决之。"②

2012 年 7 月 11 日，日本外务省国际情报局前局长孙崎享在《朝日新闻》发表文章《"搁置"状态对日本有利》称："日本的主张以 1895 年将尖阁诸岛编入冲绳县的阁议决定为依据，虽然总说是日本固有的领土，但才有 100 余年的领土能够称为'固有'吗？而中国的主张是，早在 14 世纪其军事影响力就波及尖阁诸岛周边，这是十分清楚的历史事实；尖阁诸岛属于台湾，台湾属于中国，所以，尖阁诸岛是中国的领土。日本因 1951 年的《旧金山和约》放弃了千岛群岛和台湾的领有权，尽管解释不一，但中国的主张绝非没有根据。""这对日本人来说也许难以接受，但必须认识到，尖阁诸岛并非日本的'固有领土'，而是一块'争议之地'。""但遗憾的是，日本的政治家和国民都相信，应该对中国采取强硬姿态。但是，取悦舆论的外交有损国家利益。日本强硬，中国也不得不强硬，如果发展成军事冲突，因为中国军队与自卫队的实战能力相比具有压倒性优势，日本必将完败。""在国际上日本的主张也得不到认可。不让领土纠纷升级是国际社会的常识。如果以只在国内通行的伦理来挑衅中国，只能遭到国际社会的孤立。"③

日本关西学院大学教授丰下楢彦的文章《"购买尖阁"问题的陷阱》指出，美国政府在 1971 年 6 月签署冲绳归还协定之前，就已经决定了这样的方针："将把尖阁群岛的施政权与冲绳一道归还，但在主权问题上不表明立场。"石原购岛计划纯属对中国的挑衅行为，导致日中关系极度紧张。日本首先要抛弃"固有领土"这一毫无意义的概念。此概念在国际法上并无依据。如果日本继续固执地强调"固有领土"概念，就应先游说美国。如果

① http：//www. nikkeibp. co. jp/article/column/20101006/247616/？P = 1.

② http：//headlines. yahoo. co. jp/hl？a = 20120710 - 00000736 - yom - pol.

③ 孙崎享「『棚上げ』の現状、日本に有利」、『朝日新聞』2012 年 7 月 11 日。

连盟国美国的同意也得不到，日本就应该承认"存在领土问题"的事实，和中国举行具体谈判。①

从以上言论不难看出，日本政府的《基本见解》在日本国内并未得到学者和官员的一致支持，同样也未得到美国的支持。日本不厌其烦地宣称美国认同钓鱼岛适用《美日安全条约》第五条，这种拉大旗作虎皮的做法，只会向国际社会展露其二等国地位，暴露其外交外强内虚的本质，一旦离开美国，真不知日本外交尚何可作为。

因为日本是在 1895 年采取了窃取中国领土钓鱼岛群岛的行动，则日本此后一切有关钓鱼岛群岛的所作所为，对钓鱼岛群岛主权的拥有者中国而言无疑是非法而且无效的。日本拿出 1920 年《中华民国驻长崎领事的感谢信》、部分中国标注错误的地图以及 1953 年 1 月 8 日《人民日报》的资料说事，在日本窃取钓鱼岛群岛的前提条件下，日本这样做只能是徒劳之举。

三　和平方式是解决钓鱼岛问题的最好途径

至 2012 年年中，钓鱼岛问题不仅没有缓解，反而愈加严重。从半年多来围绕钓鱼岛问题的形势发展看，石原不闹出个"子丑寅卯"来不想收手。他要实现的目标就是：第一步实现钓鱼岛群岛的"（东京）都有化"即公有化；第二步通过"转让"方式实现国有化。不管中国怎样表态，采取什么应对措施，石原是铁了心肠要做到这一点。他就是要把中日之间的矛盾挑得越严重越好，从而使更多日本人支持其买岛计划。

石原以为，中国对其挑事只能外交抗议，难有实质性应对，实在是打错了算盘。中国政府与民众早已看穿了石原及日本政府"买岛"举动的真实用心，日本政府声称"买岛"是为更有效地维持稳定，这是瞒天过海，欺骗视听。日本此举类似以毒资买物"洗钱"，石原及日本政府深知，无论能否成功"买岛"，此"买岛"过程都已向世人证明钓鱼岛群岛是日本的领土

① 豊下楢彦「『尖閣購入』問題の陥穽」、『世界』2012 年 8 月号、41 頁。

无疑,从而达到目的。这显然是名为"买岛",实为"洗岛"。因此,中国只有采取果断有效的实际措施,击破其"洗岛"美梦,进一步展示中国对钓鱼岛群岛的主权,为在适当时间完整收回钓鱼岛群岛做好准备。①

中国历来主张不使用军事力量而以和平方式解决钓鱼岛问题。为和平解决钓鱼岛问题,中国必须不断寻机加强对钓鱼岛群岛的控制力。日本认为钓鱼岛群岛目前在日本的完全控制之下,这种观点是不正确的。多年来任何人不得登上钓鱼岛群岛,不得在钓鱼岛群岛周边海域进行开发活动,这都是中国对钓鱼岛群岛具有一定的控制力的表现,当然这种控制力还不够强。近年来,中国的海监船在东海尤其钓鱼岛群岛海域开始常态化巡航,渔政船亦在相同区域同时进行护渔,这是中国加强对钓鱼岛群岛的实际控制力的重要举措,对今后解决钓鱼岛问题具有重要意义。中国的"维权"(维护主权)行动必然会继续下去,如果日本政府许可或怂恿日本人登上钓鱼岛,中国就会有更加果断的措施应对,直到将日本的所谓"执法船"排除到钓鱼岛群岛海域之外。

在此必须提醒的是,除了中国海军与日本海上自卫队的直接军事对抗外,其他任何形式的解决都在和平解决的范畴之内,这包括中国海警、海监、渔政与日本海保的直接对抗。为此,中国迅速发展海警、海监、渔政力量是理所当然的。

但是,还有一点必须讲明,中国历来主张不使用军事力量而以和平方式解决钓鱼岛问题,并不意味着中国对使用军事力量解决钓鱼岛问题有所畏惧。野田佳彦身为日本首相,在 2012 年 7 月 26 日的众议院答辩时竟然说:"如果周边国家在尖阁诸岛等日本领土和领海有不法行为,政府将毅然回

---

① 钓鱼岛群岛包括位于琉球海槽底线以西的钓鱼岛海域的全部岛屿、岛礁及水面下各高低岩礁,既包括中国国家海洋局于 2012 年 3 月 3 日公布的《钓鱼岛及部分附属岛屿标准名称》名单中的全部岛屿、岛礁(已有 71 个),还包括钓鱼岛海域内其他尚未列入名单的岛屿、岛礁及全部水面下岩礁。鉴于日本变冲之鸟礁为"岛"、非法以钓鱼岛群岛中某些小岛为基点划海洋基线及以钓鱼岛为一基点划中日"中间线"的做法,中国理当完整收回钓鱼岛群岛,对钓鱼岛群岛进行充分体现主权所有的完全的行政管理。

应，包括在必要时动用自卫队。"① 日本防卫大臣森本敏 27 日也在记者会上表示，"法律确保"动用自卫队应对"尖阁诸岛"争端。② 这是明确无误的对中国进行战争威胁。既然日本的首相和防卫大臣在正式的场合发表了其职责所在的谈话，要动用自卫队应对中国，则中国更需严肃对待之。中国必须从速加强海上及空中的军事打击力量，吸取历史教训，制定多套作战方案，当日本欲以军事行为侵犯我主权利益时，我方也应以军事力量捍卫主权。③

中国之所以重视并回击石原的"买岛"举动，还因为石原的举动得到了较多日本人的支持，石原以此对日本民众进行了一次"民族主义教育"。在 2012 年 4 月 24 日，即石原在美国披露"买岛"数日后，日本支持石原"买岛"者达到主动在网上表态者总数的九成。④ 石原连续四次高票当选东京都知事，他在东日本大地震后发表"天谴论"而遭到民众批判时，摆开一副"世人皆醉我独醒"的架势。

但在 2011 年 12 月《朝日新闻》进行的全国舆论调查中，对于"无论是否国会议员，谁适合当首相，请从现在活着的日本人中仅选一人（自由回答）"的提问，在未设定人选范围的情况下，石原则以 8% 的被选择率位居"适合当首相人物"第一位，第二位桥下彻的被选择率为 6%，第三位小泉纯一郎的被选择率为 4%。⑤ 石原因此而忘乎所以，以为自己可以呼风唤雨，为所欲为，想在钓鱼岛问题上再赌一把。一方面积极与"私有主"谈判；另一方面提出登岛调查的计划，给政府出难题。因为日本的中央政府与

---

① http://headlines.yahoo.co.jp/hl？a=20120727-00000096-san-pol.
② http://headlines.yahoo.co.jp/hl？a=20120727-00000059-mai-pol.
③ 这便是"以其人之道还治其人之身"。日本早已将军事方针由"专守防卫"转变为"先制攻击"（即先发制人），2003 年日本制定的《武力攻击事态应对法》明确规定，当日本遭到来自外部的武力攻击，或遭到武力攻击的危险迫在眉睫，甚至预测将遭受武力攻击时，为排除武力攻击，自卫队可使用必要的武力，部队等可展开其他行动。这就是说，日本将对对其进行武力攻击的国家（凭"预测"认为的国家）使用武力，参见 http://www.kantei.go.jp/jp/singi/hogohousei/hourei/kakuho.html。
④ http://32259407.at.webry.info/201204/article_25.html.
⑤ 『朝日新聞』2011 年 12 月 30 日。

地方政府是平级关系，所以尽管中央政府向石原施加压力，石原实现"买岛"的可能性仍不能说完全没有。为此，中国必须准备多套应对预案，做到有备无患，时刻主动。

因中国采取了主动有力的应对措施，没有按照石原预想的路子"出牌"，石原未占到便宜。石原此举不仅最终必然是搬起石头砸自己的脚，而且必将把日本拖入更加不利的被动局面。在日本，"志士"与"死士"相通。在现实中，石原与三岛由纪夫曾是好友。石原认为，"包括国民在内的整个国家在衰退、堕落"，对此忧心忡忡，以"忧国忧民之士"自居。石原自称已经写好了给社会大众的"遗书"，等到一旦"买岛"失败，则怒"愚劣之官僚"与"幼稚之国民"之"不争"的石原还有一条"光荣"之路可走，那就是去造访三岛以倾诉"苦衷"。①

中国主张钓鱼岛群岛自古以来是中国的固有领土，这就意味着钓鱼岛群岛事关中国的核心利益，决不容许他人侵犯，在这一点上与日本无可谈判。这才是"主权在我、搁置争议"的应有之义。中国对他国没有任何领土要求，同时也决不允许任何外国势力侵犯中国的神圣领土。今后，中日两国有关部门关于钓鱼岛问题的谈判，应主要涉及日本无条件承认钓鱼岛群岛是中国领土，在此条件下，如果日本有意愿，中国也有需求，那么才能谈到日本能否与中国合作开发钓鱼岛海域资源的问题。今后这类谈判应逐步在公开环境下进行，即每次谈判后均发布较为详细的谈判纪要。这样一来，中国的各项对日政策和举措一定能得到越来越多民众的理解和支持。只有在民众的支持与监督下，随时注意民意变化，这类谈判才有可能取得成效。这也是"人民外交"的应有之举。

中国今后应该且能够采取的措施很多，在此不一一列举。有一点可以做的就是，中日两国的学者应为解决钓鱼岛问题发挥应有的作用，如同中日历史共同研究对解决中日间历史认识问题发挥的作用那样。通过两国学者的共同研究，在两国共同发布相关资料及观点主张，使两国民众更多地了解对方

---

① 石原慎太郎『新・堕落論—我欲と天罰—』、新潮新書、2011、4頁。

的资料和观点，知晓钓鱼岛问题产生的历史原委，冷静客观地倾听对方的意见，从而将石原一类狂热的民族主义者边缘化，这样就有可能实现令双方满意的钓鱼岛问题的最终解决的目标。

（原载《日本学刊》2012 年第 5 期）

冲绳问题的复杂因素及其本质

李　薇*

2010 年 6 月 23 日是美军占领冲绳暨冲绳日军结束反抗 65 周年的日子，也是新《日美安全条约》生效 50 周年的日子。在冲绳战役战亡者纪念日和日美同盟关系迎来"天命"之年的这一天，菅直人首相到冲绳，完成了前任留下的任务，向冲绳民众表示歉意和感谢。对于在 2009 年 9 月以高票赢得执政地位并改写日本"1955 年体制"的民主党来说，与下台前的自民党一样，冲绳问题仍旧是他们解不开也剪不掉的硬结，因为其本质是日本近代争霸亚洲遗留的伤痕以及战后立足日美军事同盟的国家定位问题。

一　冲绳问题复杂因素之一：
被吞并和被牺牲的历史记忆

近代冲绳的历史是在近代东亚国际关系演变中形成的。在这个演变的进程中，琉球从一个独立的王国依次被萨摩藩侵占、被幕府利用、被明治政府收编、被昭和政府作为保护本土的前哨阵地。这样的历程导致冲绳人在身份认定上心境复杂。

最近几年，国内有不少学者对琉球的历史有不同程度的研究。根据《明史》卷三二三和《明史·外国传》等史料，1372 年（明洪武五年）时，琉球已经存在中山、山南、山北三个分立的政权，它们对中国的朝贡也至少

* 李薇，中国社会科学院日本研究所研究员，研究方向为日本民法、日本政治与经济。

可以看作从那时开始。1429 年，中山王尚巴志统一了琉球，形成琉球王国的第一尚氏王朝。自此，每代王朝只有得到明朝册封才能确立其正统性。《明史·外国传》记载了 14～15 世纪各国的朝贡次数，其中琉球朝贡 171 次，居 17 国之首，日本居第 13 位，处于边缘。在 1511 年葡萄牙舰队进攻亚洲消灭马六甲王国之前，琉球已经成为连接东亚和东南亚贸易的枢纽，其重要的地理位置和货物中转能力为明朝政府长期利用，成为重要中介贸易渠道，琉球因而获得丰厚的朝贡利益。① 16 世纪东亚海上的贸易竞争多围绕中国的购买力展开，其中特别表现为日本与琉球之间的利益竞争。② 因此，当 1609 年萨摩藩藩主岛津家的家臣桦山久高挟持琉球王时，德川幕府却将萨摩对琉球的占领限制在奄美群岛，其目的正在于借助琉球的贸易能力获得经济利益，同时抑制萨摩藩的势力扩张。但琉球实质上已在萨摩的支配之下，册封关系所带来的贸易利益也在萨摩的掌控之中。③ 在清朝的册封体制中，琉球的地位仅次于朝鲜，名列第二。直到 1875 年琉球被迫停止对清朝的朝贡为止，琉球与中国的藩属朝贡关系持续了 500 年。其中，1609 年之后是处在中国的藩属册封和日本萨摩藩的隐形支配下，其身份两属的局面一直持续了 200 多年。④

　　进入 19 世纪后，随着西方资本主义世界体系的建立，帝国主义的扩张把诞生于欧洲的主权国家概念以及依据这一概念所产生的国际规则带到了东亚，该地区的主题和角色也开始发生变化。自 1844 年法国船队抵达琉球开始，萨摩藩就利用琉球作为外围屏障，在得到贸易好处的同时保护了自身安全。当 1853 年美国佩里舰队抵达日本后，琉球被作为日本区域之外的外藩，以应对美国等列强的开港要求。这是琉球第一次被日本作为抵御外敌的桥头

---

① 参见韩毓海《五百年来谁著史》，九州出版社，2009，第 87 页；《读书》杂志编《亚洲的病理》，生活·读书·新知三联书店，2007，第 43～44 页。
② 参见韩毓海《五百年来谁著史》，九州出版社，2009，第 89 页。
③ 《读书》杂志编《亚洲的病理》，生活·读书·新知三联书店，2007，第 45～47 页。
④ 《读书》杂志编《亚洲的病理》，生活·读书·新知三联书店，2007，第 48～49 页。

堡。明治维新后的日本迅速接受西方主权国家的概念，在"官方民族主义"① 主导下，运用西方国际规则走上吞并他国领土的道路。1871 年，明治政府通过废藩置县实现中央集权，借机于 1872 年将琉球王国改为琉球藩，将其纳入日本领属，实现了日本近代领土扩张的第一步。而 1874 年日本竟然以琉球渔民 54 人被台湾"生藩"杀害为借口，出兵台湾侵占中国领土。1875 年，明治政府强迫琉球解除了与清朝的册封和朝贡关系。1879 年，日本施行"琉球处分"，设置冲绳县。② 此后，冲绳作为日本的一个县，一直是一个特殊的存在。出于统治的需要，日本政府并没有让冲绳与本土的其他县同步实行"地租改正"和"秩禄处分"，而是分别拖延到 1899 年和 1910 年才实行。1889 年《大日本帝国宪法》颁布之后的第一届众议院选举也没有适用到冲绳。③ 直到第一次世界大战结束后的萧条时期，冲绳才被置于与本土相同的制度下。随着 1925 年日本《治安维持法》的颁布与实施，冲绳即被拖入战争体制之中。

冲绳是二战期间在日本领土上的唯一地面战场。"对于日本来说，冲绳岛成为保卫本土的最后防波堤。"④ 冲绳战役自 1945 年 3 月 25 日开始到 6 月 23 日结束，日本方面付出的代价除了 6.5 万本土士兵牺牲外，还有 3 万名冲绳应征的士兵和 9.4 万名普通县民牺牲。冲绳战役以其惨烈著称，而对于经历了那场战役的冲绳人来说，战役结束前被灌输、被恐吓、被命令集体自杀的经历更是刻骨铭心。著名作家大江健三郎在阅读上地一史的《冲绳战史》后，数次亲临冲绳实地考察，他的《冲绳札记》引起了一场旷日持久的诉讼，而大阪地方法院和大阪高等法院也不得不在判决中认定"大江的记述有合理的根据，本案所引用之各书籍发行时大江等有相当的理由认为

---

① 向卿：《日本近代民族主义（1868～1895）》，社会科学文献出版社，孙军悦译，2007，第51～52 页。
② 参见〔日〕新崎盛辉《现代日本与冲绳》，《开放时代》2009 年第 3 期，第 47 页；"琉球处分"狭义指 1879 年对琉球的废藩置县，广义指整个过程。
③ 只有缴纳了 15 日元国税的人才具有选举权，而当时的冲绳还没有跟随全国实施"地租改正"和"秩禄处分"制度，因而不可能缴纳国税。
④ 《读书》杂志编《亚洲的病理》，生活·读书·新知三联书店，2007，第 28 页。

（曾经发布过命令之事）是真实的"①。恐吓和命令都是日本统治者对冲绳人的欺骗，因而冲绳人可以自问：我们最终是属于战败的日本的一部分，还是被日本拖入战争的区别于日本的被殖民者？这是日本近代帝国主义扩张给冲绳留下的伤痕。

二　冲绳问题复杂因素之二：日美军事同盟关系

战后的冲绳作为美国实现东亚战略和日美军事同盟的战略要地，再次成为区别于日本本土的特殊存在。美国塑造的战后日本有两个特点：一是在实行民主制的同时保留天皇制；二是在实行非武装化的同时保留美国军事基地。1946 年 1 月，盟军司令部提出了"把若干外围地区从日本分离出去的备忘录"。1947 年 6 月麦克阿瑟在会见美国记者团时指出：日本是阻止共产主义进军的壁垒，冲绳诸岛是美国天然的国境，日本不会反对美国对冲绳的排他性军事统治，因为"冲绳人不是日本人"。同时，麦克阿瑟非常自然地把《日本国宪法》第九条放弃军备的实现与美国的冲绳统治紧密联系在一起。② 美国了解日本本土与冲绳的历史关系以及本土人对冲绳人的心理歧视，知道日本人不会反对美国拥有冲绳。正如美国人判断的那样，甚至连不再拥有决策权的昭和天皇也在 1947 年 9 月表示，为了保护日本主权，可以以租借的方式允许美军长期对冲绳实施军事支配。③

在美国的东亚战略背景下，《日本国宪法》第九条历经弹性解释，对于日本扩充军备的约束力逐步减弱。朝鲜战争爆发后，美国变相解除了对日本的非武装要求，希望有限地恢复日本军备。同时，美军增加了对冲绳基地的建设预算，将冲绳作为冷战的桥头堡。日本于 1950 年 8 月颁布了《警察预备队令》，1952 年 7 月颁布了《保安厅法》，10 月成立保安队；1954 年 6 月

---

① 《读卖新闻》2008 年 3 月 28 日。
② 参见〔日〕新崎盛晖《冲绳现代史》，胡冬竹译，生活·读书·新知三联书店，2010，第 20～21 页。
③ 〔日〕新崎盛晖：《冲绳现代史》，胡冬竹译，生活·读书·新知三联书店，2010，第 21 页。

颁布了《自卫队法》，并于7月将保安队改为自卫队。1951年9月8日，在《旧金山和约》签订的同时，日美签订了《日美安全条约》（1952年4月28日在华盛顿互换批准书）。《旧金山和约》第三条对冲绳的地位做了具体规定，而《日美安全条约》为美军在日本的长久驻扎提供了条约上的根据。《旧金山和约》第三条规定："日本国对于合众国向联合国所提出的有关把冲绳、小笠原纳入以合众国为唯一施政权者的国籍托管制度下的任何议案都表示同意。至议案的提出、通过为止，合众国对包括领水在内的岛屿的领域以及居民有权行使行政、立法、司法上的全部及部分权力。"这意味着只要美国不向联合国提出对冲绳的托管议案，就可以不受联合国安全理事会是否承认的限制，而日本在美国提出托管申请之前，承认美国在冲绳的排他性军事统治。

冲绳在1972年回归日本之前，其立法权、司法权、行政权、货币发行权实质上都被美国方面控制。冲绳立法院的立法活动被限制在不能与美军布告、命令相抵触的范围内，冲绳政府的行政首长由琉球列岛美国民政府任命，冲绳的民事法院被置于琉球列岛美国民政府法院之下，涉外案件均由美方法院受理。冲绳居民若去日本本土，则需要使用相当于护照的"渡航证明书"。美军统治下的冲绳通用货币在1945~1958年为军票，1958~1972年为美元。根据《海牙陆战公约》，可以理解为日本在签署投降书后其土地不得被美军擅自使用，但美方的解释是，在日本结束被占领之前仍处于战争状态，而结束占领后则根据日美双方签署的条约。因此，冲绳土地处于可被美国永久使用的状态。1952~1954年，美国在冲绳的"民政府"连续发布土地征用令，规定合同期限为20年，对拒绝签署合同者依其既成事实的土地使用情况，视为达成默认契约，作为永久租借权，美方可一次性支付若干年租金。从1951年的旧安全条约到1960年的新安全条约的几年间，随着冲绳基地的扩大，日本本土的美军基地减少了3/4，冲绳的美军基地增加了1倍，仅占国土总面积0.6%的冲绳拥有与本土同等规模的美军基地，而且冲绳的基地密度是本土的100倍。1960年修改的《日美安全条约》去掉了旧安全条约中"日本请求""美国希望"等不平等的表述方式，条约在名称上增加了"共同合作"的表述，在使日本相对于旧安全条约得到一定的自主权的同时，强化了日本在军事上的责任。新安全条约第五条规定共同防卫的区域为"日本施政范围内的区域"；第六条规定美军不仅在维护日本的安全时使用日本基地，在为远东国际和平及安全时也可以使用。根据第六条规定，双方以另文规定的方式确定了在日美军的配置和装备发生变化时须进行"事前协议"的原则，但在当时上述条约和事前协议的原则对冲绳都不适用。

虽然冲绳在1972年回归日本施政权之下，但在整编强化后的日美同盟体制之内，其承受的基地压力和战略作用并未减弱。根据2008年3月的统计，含美日共用基地在内，冲绳县内有34个美军设施（包括4个军营、2个机场、3个港口、15个演习场、4个仓库、1个医院、4个通信设施等），占地面积23293公顷，为冲绳县面积的10.2%、冲绳本岛面积的18.4%，为在日美军基地总数的25%、在日美军基地总面积的23%。如果仅以美军单独使用的基地计算，在日美军专用基地的38.8%在冲绳，那么这些基地占地面积为在日美军专用基地总面积的74.2%（冲绳民众经常以此强调说仅占国土面积0.6%的冲绳承担了74%的基地，即"安保负担过重"）。驻日美军总人数为33386人，其中64%驻扎在冲绳，其中，海军陆战队的86%驻扎在冲绳。基地给冲绳民众带来的危害主要有四大类：美军犯罪、演习事故、噪声干扰、交通事故。从犯罪方面看，1972～2008年接到举报的事件有5584件，其中杀人、放火、偷盗、强奸的案件为559件。演习事故包括火灾、水污染①、故障导致的放射性污染等；交通事故在2003～2008年中，每年为160～180次，死亡205人，伤200人左右。② 根据2005年的统计，冲绳人口为136万人，占全国人口的1%，面积为2274平方公里，占全国领土面积的0.6%。更令冲绳人苦恼的是，在司法裁判上存在的法律适用问题和损害赔偿上的困难得不到解决，土地因被征用而损失的利益无以计算，基地依存型生计无法得到结构性调整。

从冲绳的基地经济情况看，以2006年数据为例，来自美军的收入包括：

---

① 核潜艇进入冲绳的次数逐渐增加，2006年为16艘次，2007年为24艘次，2008年为41艘次。
② 参见〔日〕前泊博盛《"基地依存型经济"的神话》，《世界》2010年第2期，第204～205页。

（1）军用地租 777 亿日元；（2）美军雇用的基地从业人员工资 516 亿日元；（3）对美军提供的货物、服务所得 746 亿日元；（4）其他 117 亿日元。以上四项共计 2155 亿日元。该年度冲绳县总收入为 39592 亿日元，其中上述基地收入占 5.4%，而在 1972 年 "冲绳归还" 时，基地收入占总收入的 15.5%，由于观光业等的发展，基地收入的比重在下降。就基地收入本身来看，1972 ～ 2006 年，增加了 1.7 倍，其中，从业人员的所得从 240 亿日元增加到 2006 年的 516 亿日元，增加了 1.15 倍。军用地租从 123 亿日元增加到 777 亿日元，增加了 5 倍多。因此，基地经济在全县经济中所占比重在下降，军用土地的经济效益和利用价值与民间的土地利用效益无法相比，有几倍甚至上百倍的差距。受到影响的地主越来越对征用土地产生对抗情绪。日本政府以 "地域振兴事业" 和 "恳谈事业" 的名义，对基地所在的 24 个市町村投入资助，同时以 "减轻冲绳负担" 为名，于 2006 年与美国签署驻日美军部署整编计划。根据该计划，日本政府负担普天间基地搬迁到边野古的数千亿日元建设费，以及 8000 名海军陆战队员转至关岛所需的搬迁费（约 1 万亿日元）的 60%。①

1945 年以来的冲绳历史大致可以分为两个阶段：1945 年至 1972 年的美军统治时代和 1972 年至现在的政权回归时代。② 冲绳民众的社会运动走过了多重而复杂的 65 年。其中包括迎接 "民主化" 运动、工人运动、土地运动、争取基本人权的运动、反复归论与复归运动、反越战运动、教职员运动、围绕基地展开的各种维权运动、追究天皇战争责任的运动、反对海外派兵运动、一坪反战地主的拒绝签名运动，以及大田知事拒绝签名、反基地运动和反对在日美军再编协议的运动等。1995 年 9 月，因三名美军士兵对冲绳少女施暴以及引渡犯罪美军士兵而引发的适用法律问题，激化了冲绳民众与基地的矛盾，地主们发起了阻止续签土地租赁合同的运动。1996 年 9 月，冲绳实施了全县第一次居民投票，大多数民众要求整顿和缩小基地，修改地位协定。根据当时的美军用地特别征用法，市町村长应代表被征用土地的地

---

① 参见〔日〕前泊博胜《"基地依存型经济" 的神话》，《世界》2010 年第 2 期，第 205 页。
② 参见〔日〕新崎盛晖《冲绳现代史》，胡冬竹译，生活·读书·新知三联书店，2010。

主签字，市町村长拒签时，由县知事代为在登记簿和批准征用的公告上签字。结果，当时在任的大田昌秀也拒绝签字。这一事件导致出现前所未有的尴尬局面，拒签行动导致日本政府不得不向法院起诉县知事，请求法院发布履行职务的命令。[①] 这是一次积怨的爆发，促成"有关冲绳基地的日美特别行动委员会"向日美安保协议会提交报告，就普天间基地搬迁达成协议。但与此同时，日美双方在1996年和1997年分别发表《日美共同宣言》和新修订的《日美防卫合作指针》，把整个亚太甚至全球规模的合作纳入同盟内涵，进一步提升了冲绳基地在履行同盟义务中的地位。基地问题自此越来越成为冲绳民众与日本政府之间政治斗争的核心问题，同时也成为朝野政党争相利用的话题。

冲绳民众的反基地运动面临两难的抉择。在要求基地搬迁时并不完全否定基地存在的必要，他们担心赶走基地将导致日本修改和平宪法，害怕因此导致更加难以控制的结果。历次重大斗争的结果往往是带来政府补贴的增加或军用地租上涨，而这些实惠以及基地创造的就业机会和服务性收益反过来把基地与基地所在地捆绑得更紧。大田昌秀知事的拒签行动得到了民众的赞许，但由于政府冻结了对冲绳承诺的振兴资助，县内经济界不满。政府的相关振兴政策和特别行动委员会的转移基地补助金，都在更换了新知事之后才得以启动。冲绳的社会运动和经济振兴都因日美同盟下的基地而带有敏感、复杂的政治性。

三　冲绳问题的本质：日本的国家定位

大江健三郎在《冲绳札记》中写道："冲绳为整个日本承受了牺牲并遭受歧视，今天它仍为保护日本担负沉重的责任。今天真实的日本躲藏在冲绳的背后，也正因为它默默地藏在冲绳的背后，我们才得以透视到它所显示的

---

① 1995年12月，村山首相以大田知事违反职务执行命令为由对其提起诉讼。1996年3月，福冈高等法院那霸支部的一审判决和8月福冈高等法院的二审判决均认为大田知事败诉，法院批准由桥本首相代为签名。

独立的假象。何为日本人？我们能不能把自己变成不同于现在的日本人的、那个地方的日本人？带着这样一个简单的想法，当我抵达机场、港口的时候，在我头脑中的地图里，再次显示的是，日本属于冲绳。"① 大江以他深邃的思维展现给我们一个真实意义上的冲绳。自明治政府将琉球王国纳入日本版图直至二战结束，冲绳人就一直未曾享有作为日本国民的权利和地位，在被边缘化的同时为保护日本做出牺牲。战后的冲绳被提供给美军，1972年之前处于被统治状态，而1972年以来承担着基地负担，使冲绳人缺少国民归属感与和平享受感。正如有的学者所说，冲绳"不是弃子就是棋子"。冲绳保护着日本，这种保护的背后讲述的是近现代东亚的国际秩序的变迁以及日本在这个变迁中的国家战略的选择。

如果把冲绳问题置于整个东亚国际关系演变视野中进行把握，冲绳的历史脉络所显现的是近代日本国家发展道路的选择。国家身份是一个现代意义上的主权国家与国际社会的认同程度。国家对国际社会的态度和行为是基于对国家身份的认知，一旦身份认知改变，态度和行为也会改变。如果说"国际体系和国家都是历史发展的产物"②，那么日本对国际体系和国家主权的认知较中国要早得多。近代亚洲的主权国家概念和国家间体系在欧洲的影响下形成，当这些概念随着西方列强一同东渐时，西方的知识带来了19世纪亚洲区域的新主题和新角色，并赋予这些主题和角色所谓的合法性。面对近代西方国际规则对东亚秩序的冲击，近代日本在认知自己国家身份的过程中，把中国作为自身定位的比照，日本对自身的认识随着对中国和对亚洲的认识而形成。中国作为"他者"启迪了日本的自身反省，同时，日本把自己和中国一起作为"自我"，以亚洲的身份去关注西方的"他者"。孙歌指出，所谓"脱亚入欧"，"实际上就是把日本这一亚洲国家从其所在的地域位置上抽离出来，符号化为可以移动的文明载体，使它与欧亚大陆另一端的近代强国发生一体性关联"。③ 福泽谕吉的《脱亚论》和冈仓天心从不同的

---

① 『沖縄ノート』、岩波書店、1970、33 頁。
② 秦亚青：《权力·制度·文化》，北京大学出版社，2005，第 24 页。
③ 参见孙歌《主体弥散的空间》，江西教育出版社，2002，第 104 页。

方面揭示了日本面对中国时的两种身份。① 前者是摆脱亚洲的身份，后者是代表亚洲的身份，两者都把文明的符号从欧洲或从中国转移到自己的头上，两种身份定位最终都归结在帝国主义民族国家的性格上。甲午战争和日俄战争的胜利，为日本加速这个身份的定位争取到了所谓的正当性。随着日本中国观的变化，其行动的第一步就是染指琉球王国，接着就是利用琉球人的遇难事件吞并了中国的台湾。冲绳的被吞并、被牺牲，就是日本作为民族国家在融入近代国际体系的过程中走上帝国主义道路的结果。冲绳至今仍旧被基地困扰的状态是冷战基本结构的产物，而冷战的基本结构也是日本帝国主义导致的结果。战后的东京审判意味着欧洲和亚洲对日本的拒绝，标志着日本脱了"亚"又没能入得了"欧"，这个状态由于日本置身于冷战体制之内而持续到今天。"东亚共同体"的主张由于日本今天的身份而再次使人联想到帝国主义时代的"亚细亚主义""大东亚共荣圈"，这是因为，日本近代思想家以日本为主体寻找亚洲原理的基本立场和近代日本在"脱亚"与"兴亚"的双重变奏下的所作所为一直没有得到足够的清理。

冲绳美军基地是战后美国在亚洲的战略部署，是日本不得不接受的处理结果，也是日本自身的选择。从一开始，冲绳就被再次作为代价付出，"理所当然"地要为日本的"安全保障"承载负担。在今天，日本将防御的目标瞄准了中国。日本和美国的一些政治精英认为，维持和强化日美同盟、保留冲绳基地是抵御日益增强的中国军事力量所必不可少的条件，强大的美国军事力量的存在，是亚洲得以稳定的保障。在日本媒体就日美关系所做的报道和采访中，这个观点比比皆是，也被称为"霸权稳定论"。这清楚地表明，近代国际体系的基本概念和框架至今没有变，过去的国际规则仍在发挥作用，军事强势依然是世界格局变化中的重要因素，美国依旧要求自己的军

---

① 参见钱婉约《从汉学到中国学——近代日本的中国研究》，中华书局，2007。钱婉约指出，福泽谕吉的《脱亚论》首先传达的是民族危机感，其次是对中国的失望。他的"脱亚"所指的亚洲不是地理概念，而是一个落后文明的符号。福泽完全是在"优胜劣汰"基础上思考亚洲价值。冈仓天心的《东洋的理想》对西方文明持保留态度，强调"亚洲一体"，强调日本的特殊作用，认为日本是东洋文明的代表。

事霸权覆盖东亚地区，而冲绳就是这个霸权在东亚存在的载体，是日本所谓安全的寄托。冲绳基地的任何变动联动着重大的战略关系。因此，在普天间基地问题背后，隐藏着日本怎样在变化的国际环境中给自己的身份进行定位的问题，也是日本在世界到底扮演什么角色以及如何扮演角色的问题。这就是普天间基地问题的本质。冲绳正承载着这个沉重的问题。

冲绳隐含着日本太多的前生今世。如果霸权法则及其军事控制不变，冲绳将继续作为日美同盟的一个载体面对以往的那些问题。此时，我们更加能够体会大江健三郎先生的话："思考冲绳，意味着对置身于东洋的日本和日本人进行根本性思考的契机，这样的思考再次把我带到'日本属于冲绳'这个命题上。"①

（原载《日本学刊》2010 年第 5 期）

---

① 『沖縄ノート』、岩波書店、1970、88 頁。

中日关系的辩证解析

冯昭奎[*]

　　中日两国在亚洲构成一对复杂、多变、难解难分的矛盾。中日关系的发展和变化，就是一次次地产生矛盾，一次次地缓解矛盾，又一次次地面对矛盾上升、激化、缓和的周而复始的矛盾运动过程。在这个过程中，可以说中日之间的主要矛盾一个也没有彻底解决过。中日矛盾不仅经历了时缓时紧的起伏，也经历了矛盾主次的移位——20 世纪 90 年代以来历史问题、贸易摩擦、领土争端相继成为最突出矛盾——甚至经历了矛盾性质的转化，近年来一部分矛盾从非对抗性矛盾转化为对抗性矛盾。1972 年中日复交以来，总的来说中日矛盾经历了从 20 世纪 70 年代到 90 年代的相对缓和期，21 世纪前十年的矛盾上升期，进入 21 世纪第二个十年以来的矛盾激化期，2014 年两国矛盾激化到了 "不能再激化" 的危险局面，由此而出现了中日两国政府达成四点原则共识和习近平主席与安倍晋三首相会见，使中日关系迎来转机。中日关系在国际问题研究中堪称 "世界级难题" 之一。多年以来，国际问题研究者从不同观察角度，用各种分析方法，对中日关系进行深入研究，取得了丰硕成果。本文在借鉴和吸取已有研究成果的基础上，以马克思主义的辩证唯物主义和历史唯物主义的立场、观点和方法，对中日关系的现实和未来提出一些新的思路和见解，亟待得到同行和读者的批评指正。

---

　　* 冯昭奎，中国社会科学院日本研究所研究员，研究方向为日本科技、经济及中日关系。

一 中日关系的新的转机

2014 年 11 月，中日两国政府就正确对待和妥善处理有关问题达成四点原则共识，11 月 10 日习主席与安倍首相在亚太经济合作组织（APEC）领导人非正式会议期间举行了简短会见。"两国领导人的此次会见与中日邦交正常化以来的历次会见有所不同。以往的会见或是在关系友好背景下实现，或者是在关系明显修复的条件下进行，而这次会见是在中日两国政治关系陷入僵局、钓鱼岛争端处于紧张状态的形势下进行的，引起中日两国乃至整个国际社会的关注。"① 国家之间难免会有矛盾，在正常情况下都属于"非对抗性矛盾"或"潜在的对抗性矛盾"。中日关系也不例外。然而，此次中日首脑会见的背景是中日矛盾围绕钓鱼岛等问题已经发展到现实的局部对抗状态，如听任其继续发展，就会走向现实的全面对抗状态，而中日走向现实的全面对抗，就意味着两国关系发生质变，从非敌非友关系演变成互为敌国关系，导致两国之间引发战争的危险，从而将可能给中日两国乃至世界和平带来极为严重的后果。在这种情况下，习主席应约与安倍首相举行会见，体现了一个大国领袖的崇高风范、宏达气度和大局外交思维。据笔者观察，四点原则共识和中日首脑会见的积极影响，主要表现在以下方面。

（一）使中日关系持续两年多的空前严峻局面迎来重要转机

尽管中日两国没有也不可能靠一次首脑会见解决在历史问题和领土主权问题上的根本分歧，但重要的是双方达成了要"管控"彼此之间分歧的原则共识，对日本前首相福田康夫所称的"欧洲各国舆论认为日中两国在明天开战都是有可能"的，而且在事实上确实存在擦枪走火危险的中日紧张关系起到了明显的降温和"退烧"作用。这无疑是中国领导人捍卫国家利益之举，维护地区稳定之举，对世界和平做出的重要贡献。

---

① 李薇：《中国与日本：邦交正常化以来最复杂严峻的一年》，《世界知识》2015 年第 1 期。

（二）避免了中日紧张局势对中国推进"APEC 外交"的干扰

中国通过成功推进"APEC 外交"，彰显了中国的大国风范、大国战略和大国担当，促进了中国与亚太主要国家双边关系的新发展，推动了"一带一路"（"丝绸之路经济带"和"21 世纪海上丝绸之路"）倡议，开辟了一系列全球性问题的合作新领域，凸显了中国外交的全球性引领和局部性主导作用。

（三）对推动中日之间开展各个级别、部门、领域的对话乃至地方交流起到了"带头"作用

2014 年 11 月 15 日，中日财长重启中断了两年零七个月的部长级对话；11 月中旬，中日再次就启动"中日海上联络机制"进行磋商（或可能在 2015 年启动），也被认为是遵照首脑会见精神做出的反应；同年 12 月下旬，中日节能环保论坛在北京举行，这是 11 月中日首脑会见以来两国政府间首次举行的大型活动，双方还签订了 41 份开展企业间技术交流合作等文件。笔者认为，中日应像中美共同发表《中美气候变化联合声明》那样，迅速启动两国环保部门的高级别对话并达成有关中日应对气候变化和地区性环境污染问题的协议。

（四）对日本国内政治"一路向右"的走势产生一定的阻遏作用

这是因为虽然保守化、右倾化日益成为日本政治的主流，但日本不是铁板一块，其国内矛盾很大很多，包括政治上的右翼与左翼之争、鹰派与鸽派之争、军国主义余孽与和平主义力量之争。在历史问题上，既有极力否认侵略历史的右翼势力，也有承认对中国是侵略的大部分国民和积极主张对侵略历史进行反省的民间正义人士；在经济问题上，广大民众对所谓"安倍经济学"的不满情绪日益高涨。此外，日本知识界对安倍推行《特定秘密保护法》非常担心，怕回到战前那种容不得不同声音和主张的恐怖时代。以石原慎太郎为代表的极右势力视中日之间的紧张关系为推动日本社会"极

右化"和"战前化"、进一步打压国内和平主义力量甚至再次使日本成为破坏东亚地区稳定的策源地的良机（石原在 2014 年 7 月还在叫嚣要同中国"打一仗"）。然而，经过中日双方的外交努力和两国领导人的会见，及时使中日关系得到缓和，既打击了日本极右好战势力，又支持了日本国内的和平主义力量。2014 年 12 月日本众议院大选中，以"次世代党"（主要成员都是 80 岁左右的老人）为首的极右政治势力的缩水和泄气，也与他们失去了利用中日紧张关系升温这个"抓手"不无关系。

（五）回应了中日民众希望改善两国关系的主流意愿

首脑会见给期盼中日政治关系走出迄今这种冰冻状态的中日两国人民乃至国际社会带来了希望，也起到了争取被政治右倾化裹挟的部分日本国民的作用。近年来，尽管中日民众对对方国家持好感的人数占比跌至复交以来最低，但是，认为两国关系"重要"的普通中国人和日本人的比例一直保持 70%~80% 的高位。2014 年 8 月 9~10 日的日本广播协会（NHK）民调显示，认为有必要尽快举行日中首脑会谈的人数占比达 55%，日本民意主流依然是要以经济为主，对华政策宜稳健。总之，中日首脑会见的实现，回应了两国多数公众希望两国政府重视和改善关系的主流民意。中日首脑会见虽然走出了两国关系改善的第一步，但是，"冰冻三尺，非一日之寒"，这次中日之间的"冰层"之厚度和深度大大超出了 2006 年安倍第一次上台时中日之间的"冰层"，因此可以预计中日关系会很难再现当年那样"破冰""融冰""迎春""暖春"的迅速改善过程。由于两国之间严重的"不信任感"依然没有完全消除，中日再次"破冰"将可能是一个"时快时迟""有进有退"的缓慢过程。要使两国关系平稳发展，逐步改善，防止横生枝节，2015 年的中日关系应该是"安静"、少上某些报纸的头条为好，以便给双方的相关部门留足相互磨合的空间，切实遵循和落实四点原则共识，相向而行，积水成渊，积量变为质变，推动两国关系走上和平、发展、合作、共赢的发展轨道。历史又翻过了一页。进入 2015 年，中日关系的发展趋势可能是双方进入在继续处理两国之间矛盾的同时，更加注重打理本国内部问题，在继续解决两国之间分歧的同时，更加注重寻求两国共同利益的"新常态"。换句话说，中日关系好比跷跷板，一边是相互合作与利用，另一边是相互防范与牵制。近年来，相互防范与牵制这一边跷得太高，过度失衡，几乎成"垂直状态"；进入 2015 年，相互防范与牵制一边有可能下来一些，相互合作与利用一边则有可能上去一些，行稳致远，渐渐趋向准平衡状态。

二　中日关系的困境与变数

尽管已陷入 1972 年邦交正常化以来最为困难局面的中日关系开始企稳回升，但我们回望过去，中日矛盾导致的两国关系困境历历在目，而且留下巨大负面遗产。中日政治关系僵冷，两国高层交往中断两年多，政治互信严重受损，相互猜疑达到了复交以来的最高点，相互信任降到了复交以来的最低点，可以说已经陷入了"谁都不信谁"的严重信任危机，双方都把对方政府的每一个外交和内政行为看成针对己方（在事实上大部分确是如此，但未必是全部）。更为重要的是，两国政治互信的缺失和政治关系的恶化影响到中日关系的各个方面。

（一）中日经贸关系

中日作为世界第二和第三大经济体，早已形成你中有我、我中有你，一荣俱荣、一损俱损的"利益共同体"。中日经济仍处于不同发展阶段，两国经贸合作仍有较强互补性，在节能环保、绿色低碳、高新科技、财政金融、智能城市建设等领域的互利合作大有可为。当前，陷入结构性困境的日本经济要走出衰退，实现振兴，开拓中国市场对其具有"性命攸关"的意义。另外，进入"新常态"的中国经济转方式、调结构，推动产业结构加快由中低端向中高端迈进，也需要借力中日经贸合作的拓展和深化。

政治关系持续恶化，给两国之间的经贸关系带来深刻的负面影响，不仅影响中日两国经济的发展，影响持续多年的中日韩 FTA 谈判的进展，而且对亚洲经济增长活力带来严重的消极影响。在经济全球化时代，任何两国之间的双边经贸关系都不是孤立的，都是全球性经贸关系网络的一个组成部分，是全球性产业链条的一个重要环节。因此，作为世界第二和第三大经济体之间的经贸关系的削弱或破坏，必然带来"双输"的结果，却让"第三者"成了赢家，特别是美国，既坐收渔利，又获得牵制中国并削弱日本使之更"听话"的战略实惠。

中日经贸关系后退对中国的负面影响显而易见。从日方来看，日本企业界反映说，安倍首相再度上台后引导日本企业向东南亚跑、向印度跑、向非洲跑、向欧洲跑，绕了一大圈回头坐下来一算，不行，日本的合作重点还得在中国。① 因为东南亚、印度、非洲都还没有形成开展深入的产业合作所必需的上下游产业链、较完备的基础设施和素质较高的技术队伍。总之，无论对国家还是对世界，产业才是经济的核心和基础，一个连续的、完善的产业链才是经济增长的活力所在。中日经贸关系倒退会成为中国推进区域经济一体化和"一带一路"倡议的障碍，并对整个世界经济增长带来深刻的负面影响，因而关系到我们履行对地区乃至世界经济稳定发展的大国责任的情况。

（二）历史问题和民众的相互感情

中日两国民众的相互感情持续下滑，降到了复交以来甚至是新中国诞生以来的最低点，特别是两国青年一代在历史问题上的认识差距不断扩

---

① 后藤锦隆指出：安倍首相原先考虑，既然已经形成了对抗局面，那么日本企业就需要尽量避开中国，往东南亚方向发展。但东南亚也有具体情况，这一地区人口总量不大，但国家与民族众多，语言差异明显，各方利益很难调和，难以达成共识。这就注定了安倍选择的是一条不平坦的道路。事实上，虽然近年来日本对中国新增投资大幅减少，但是总量并没有减少，相反还呈现继续扩大的态势。"这就是彼此经济的吸引力之所在，中国魅力之所在，也是日本企业界和日本政府都避不开的现实课题，日本企业界不赞成安倍搞对抗中国那一套。"参见《日本学者：未来"日本梦"要搭"中国梦"便车》，《中国青年报》2014年11月19日。

大。历史问题归根结底是个教育问题。由于日本的教育大权掌握在统治者手里，他们在教科书中刻意淡化侵略历史，至于日本右翼更是美化、歪曲、否认历史事实。在这种教育和宣传的潜移默化之下，现在日本没有经历过战争的一代人对历史问题就开始不买账了，说这是过去的事情，是我们爷爷辈儿干的事，跟我们这代人没关系，日本知识界的一部分人也不理解中国人为什么对过去日本侵略中国的历史"念念不忘"，甚至担心迄今仍念念不忘过去日本侵略罪行的中国一旦强大起来后会用同样方式来报复日本。然而，中国人民怎么能忘记那段残酷的史实！惨绝人寰的历史记录不仅真实地保存在中国的教科书、历史教育基地和抗日电视剧里，还牢牢地铭刻在中国人民的心里，成为我们从长辈那里传承下来的国家记忆。而这一切又与"淡忘"历史的日本中青年一代人之间形成了非常鲜明的历史认识反差，这样世世代代下去，两国人民对历史认识的隔阂将越来越大，鸿沟会越来越深。

中日历史认识问题面临一种"两难困境"：一方面，历史认识问题导致两国关系恶化，官方和民间的相互交流日益萎缩甚至隔断；另一方面，历史认识问题唯有通过两国官方和民间的持久的、大面积的相互交流，增进两大民族之间的相互了解和加深相互之间的感情，"让日本国民真正明白'哦，原来是这么回事啊'，或许双方以后更能坦诚相待"。[①] 显然，如果两国民众长期处于相互疏远甚至隔断的状态，中日历史问题非但不可能得到解决，反而会变得越来越难解决。2015 年是中国人民抗日战争暨世界反法西斯战争胜利 70 周年。中日两国能不能站在反法西斯、反军国主义、维护历史正义和世界和平的共同立场上，采取各种方式一起纪念这个重要的历史性日子？安倍在日本战败 70 周年之际能否做出一个与"村山谈话"不相违背的"安倍谈话"？这对长期困扰中日关系的"历史认识问题"既是一个挑战，也可能是一个机遇。

---

① 参见《日本学者：未来"日本梦"要搭"中国梦"便车》，《中国青年报》2014 年 11 月 19 日。

（三）对生态环境的影响

中日紧张关系持续下去，必将给海洋和陆地的生态环境乃至全球气候变化问题带来严重后果。有研究表明，军备与战争的温室气体排放远远大于民生工业生产及其他人类活动。面对气候变化、极端天气、海洋污染、福岛核辐射扩散以及雾霾、干旱等环境危机，中日不能不考虑军备竞赛会使环境问题雪上加霜，战争则会给生态环境带来极严重的、不可逆的恶果。正如习近平主席所说："保护生态环境，应对气候变化，维护能源资源安全，是全球面临的共同挑战。"① 这意味着除去维护反法西斯战争成果之外，保护生态环境，应对气候变化也是当今人类道义的制高点，中日两国都应该把握好"捍卫人类道义"与"捍卫主权利益"之间的平衡。

（四）对日本好战势力保持高度警觉

中日政治关系恶化引发军事对峙，曾达到被国际社会认为随时发生战争的剑拔弩张状态。虽然中日双方都不想正式开打，但在两国政府间的互信降至最低点的情况下，尽管中方在钓鱼岛问题上一再表明希望通过和平磋商办法解决争端，日方却一直怀疑中国军队会化装成渔民突袭钓鱼岛，为此而大搞"夺岛"演习，反过来令中国军方感到它是在故意挑衅，借机走向军事大国，谋划对华战争。尤其是日本右翼势力大肆夸张所谓"中国威胁"，在日本公众当中竭力煽动对中国的仇恨情绪的情况下，谁能保证"擦枪不走火"不演变成"擦枪走火"？总之，我们必须对日本一些好战势力保持高度的警觉，紧紧盯住他们的一举一动。虽然有人会问：一旦发生局部战争，谁能保证能源自给率只有4%的日本的能源运输线不受"卡喉"之痛？谁能保证日本五十几台目前基本处于停运状态的核电机组、核废料储存池、高大水坝等要害部位不受到常规武器攻击以致引发灾难性后果？然而，对于执政者

---

① 《生态文明贵阳国际论坛 2013 年年会开幕，习近平致贺信》，新华网，http：//news. xinhuanet. com/mrdx/2013 - 07/21/c_ 132559452. htm。

而言，如果政治上有迫切需要，他们就会毫不迟疑地发动战争，即使这一战争与他们的国家利益相悖。①

综上所述，中日首脑会见前的中日关系已发展到了接近"全面崩溃""坏到不能再坏"的状态。为此，早在 2013 年 9 月，习主席与安倍首相在出席二十国集团圣彼得堡峰会之际的短暂站立会见时就说："近来中日关系面临严重困难，这是我们不愿看到的。"② 随着中日关系的"严重困难"在 2014 年变本加厉，"火药味"更趋浓厚，中日双方通过艰难的谈判达成四点原则共识和实现首脑会见，才使剑拔弩张的中日关系终于出现了转机。

然而，中日关系从上述困境中走出，仍然有着变数。在 2014 年 12 月安倍搞"突然袭击"式的众议院选举后，自民党与公明党执政联盟胜出，安倍晋三很可能继续担任首相。这就给安倍留下充足时间进行各种政治运作，特别是实现自己的夙愿——修正日本"和平宪法"第九条。尽管其推行修宪之路未必顺畅，但安倍继续推行以修改"和平宪法"为中心的右倾化路线，仍可能给中日关系增添新的变数。根据日本宪法，修宪议案在众议院通过后须经参议院审核，若被参议院否决但经众议院以 2/3 多数再次通过即可生效。自民党与公明党在众议院获得 2/3 以上议席，今后将可行使众议院表决权，使一些被参议院否决的议案生效。

然而，《日本国宪法》第 96 条规定，即使国会提议修宪，还要由国会发动公投议案并获得半数以上国民的赞成方可实施。为此，安倍认为需要发起一场"国民运动"，唤醒更多国民的修宪意愿。事实上，与安倍意愿相违的另一场"国民运动"早已兴起。由大江健三郎（作家）、梅原猛（哲学家）等人发起组织的"九条会"，在日本全国呈燎原之势，在各行各业各地，冠有"九条会"名称的团体达 7500 个（2011 年数据）之多。③ 然而，

---

① 日本外务省亚洲大洋洲局前副局长小原博雅认为，日本的核心国家利益包括东亚的稳定，防止日本周边出现敌对国家，打击威胁日本国民生命、财产的恐怖主义活动，维持和加强自由、开放的国际经济体系，维护中东地区的稳定，海上航线的安全等六个方面。参见〔日〕小原博雅《日本走向何方》，加藤嘉一译，中信出版社，2009，第 93～98 页。
② http://www.gov.cn/ldhd/2013-09/06/content_2482303.html.
③ 「『九条の会』と共鳴ダメ　調布市が後援拒否」、『東京新聞』2014 年 10 月 4 日。

安倍却对著名学者和知识分子的呼声置之不理，坚持要修改宪法，其专制蛮横态度与当年日本军部领导人如出一辙。① 在太平洋战争爆发纪念日的 2014 年 12 月 8 日，日本作家协会发表声明称，近年来日本社会的氛围和 73 年前日本突然发动太平洋战争时的气氛非常相似。"从惨痛历史的反省中重新出发的日本，正发生巨大的本质变化。日本政府通过实施《特定秘密保护法》，让军事、战略信息等不便公开的信息都能随意隐瞒民众。"该声明还批评安倍不断推进解禁集体自卫权，"是曾经的强权国家和极端国策的重现"。

70 年前，日本在"战后体制"下走和平发展道路，实现经济腾飞，带动了亚洲的发展繁荣，使日本成为世界名列前茅的经济大国和现代化国家，然而，如今日本领导人却执意要摆脱这个曾给日本带来巨大好处的体制。那么，他们真的是为了创建一个比"战后体制"更符合当今日本国情的新体制吗？辩证法认为，事物发展的整个过程是由肯定、否定和否定之否定诸环节构成的。日本战后体制是对战前体制的"否定"，而战后体制延续了 70 年，战后宪法未经修改地实行了 68 年，确实出现了一些不能适应当今日本政治、经济、社会发展新形势的缺陷和问题（例如不合理的选举制度），终将会出现一种新的体制、一部新的宪法取而代之，从而实现辩证法意义上的"否定之否定"。为此，不改第九条的一般意义上的修宪有其必要性和合理

① 1940 年初，遭到中国人民奋力抵抗的日本侵略军日渐不支，资源短缺，特别是由于在中国大陆没有找到石油，能否将战争进行下去成了问题，为此，日本军部下决心"南进"，以夺取东印度群岛（今印度尼西亚）的石油，扬言不惜与美国一战，以夏威夷群岛为界与美国"平分太平洋"。在发动太平洋战争之前，日本军部组织了主要由民间经济学家组成的"战时经济研究班"，着手分析被视为"假想敌"的英美与日本之国力对比。当时参加"战时经济研究班"的成员、时任东京帝国大学副教授（被停职）有泽广巳等人在接到有关"英美的经济抗战力与日本的经济战持久力"的调研任务后，并没有像当时的媒体、御用学者那样一味迎合军部，而是通过冷静理性的研究做出了"英美国力大大超过日本"和"不宜对美开战"的政策建言，并于 1941 年 7 月在陆军省和参谋本部的联席会议上发表相关报告。时任陆军总参谋长杉山元虽然承认"该报告的调查完美无缺"，但判定其内容"违背国策"，并做出将报告"一烧了之"的处理决定。伴随对社会科学工作者的冷静理性研究报告"一烧了之"的错误态度，迷信武力的日本军国主义为争夺西太平洋霸权居然向那个控制着石油产业链和运输线、国力数倍于己的美国发动战争，最终导致日本被美国的原子弹和轰炸机"一烧了之"。

性（这也是为什么在日本国内反对修宪的组织大多取名"九条会"而不是"护宪会"）。然而，历史在不断前进，"否定之否定"绝非意味着回到上一次"否定"之前的状态，而是周期性螺旋式的上升和前进的过程。具体到日本的发展道路，未来将可能出现的对战后体制的否定，是对战后体制的继承和变革这两者相统一的"扬弃"，而不是"回归"到那个可怕的战前体制。安倍却利用一般意义上的修宪的必要性和合理性，在"修宪"中塞进自己的私货，将矛头直指宪法第九条。显然，把安倍所谓的"摆脱战后体制"与他修正侵略历史、强行通过《特定秘密保护法》等行径结合起来看，不能不令人怀疑他对战后体制的"摆脱"在很大程度上意味着对战前体制的"回归"，让"曾经的强权国家和极端国策重现"，从石桥湛山所主张的"小日本主义"回归到石桥所批判的"大日本主义"。① 日本右翼团体已公然要求安倍回归"传统"，并称"首相的观点跟我们的思维方式极其接近"。② 显然，安倍的"摆脱战后体制"带有浓厚的"回归传统""回归战前"的色彩，是背离历史前进方向的倒行逆施，不能不使亚洲邻国和国际社会对日本政府继续走和平发展道路产生极大担忧，同时也会对中日关系产生很大的负面影响，因为只有走和平发展道路，中日关系才能真正得到改善。

三　中日关系的长远发展

多年来，日本推行"借美制华"政策损害了中国核心利益，从而与坚

---

① 日本著名思想家和评论家石桥湛山认为，"大日本主义是把军事力量和武力征服放在首位的军国主义、专制主义、国家主义"，核心是"军事立国论"。而"小日本主义则是通过改革内政，促进个人自由和激发个人活力，立足于产业主义，以达到利国富民之目的"，核心是"产业立国论"。在战前军国主义狂潮翻滚的形势下，石桥主张的"小日本主义"被认为是"痴人说梦"，无法阻挡日本走上侵略战争道路。日本在二战中的惨败恰恰证实了石桥"大日本主义幻想"必将破灭的预言。在许多日本人在战败之初为国家前途感到忧心忡忡之际，石桥却认为战败"正是实现小日本主义的绝好机会"。而战后日本经济和现代化发展的成就在一定意义上可以说正是遵循"小日本主义"思想路线才得以实现的。参见石橋湛山「袋叩きの日本」、『東洋経済新報・社説』1918 年 8 月 15 日。

② "Abe's Base Aims to Restore Past Religious, Patriotic Values," http://www.japantoday.com/category/politics/view/abes-base-aims-to-restore-past-religious-patriotic-values.

定维护自身核心利益的中国之间产生了尖锐的矛盾。2005 年美国哈佛大学教授萨缪尔·亨廷顿阐述日美结盟政策时称："在政治及经济上中国大陆的力量均将强大化，因此美日在对华政策上将拥有共同的利害，亦即美日将会合作来牵制中国。从中长期而言，日本将会摆脱对美国的依赖而追求某种自主性，长期而言，最后日本可能还是不得不追随中国。"① 可以认为，萨缪尔·亨廷顿对近期、中长期日本对外政策的预言基本上与事实相符。当前，日本统治者以"日美合作牵制中国"思想为指针的"借美制华"政策，必然与中国对自身核心利益的坚定维护产生不可调和的矛盾。

《中国的和平发展》白皮书②对中国的核心利益进行了清晰的界定：国家主权、国家安全、③ 领土完整、国家统一、中国宪法确定的国家政治制度和社会大局稳定、经济社会可持续发展的基本保障。这意味着中国所要维护的核心利益包括六个方面，为了全面维护中国的核心利益，应注意六个方面的核心利益是相互联系的。正如沈丁立所指出："这六项核心利益一方面相互关联，互为促进；另一方面，也容易造成不同的利益互为牵制。"④

当前，中国在东海、南海与日本、菲律宾等国之间存在的岛屿主权和海域划分争端与上述"中国的核心利益"中的"国家主权""国家安全""领土完整"之间都有联系。坚持以和平的外交手段解决以上争端，会对维护核心利益中的"国家主权""国家安全""领土完整"等均做出正面的贡献，起到促进的作用。反之，如果因为上述争端与相关国家之间形成长期对抗关系甚至爆发武力冲突，则意味着为了核心利益中的"国家主权"和"领土完整"而与核心利益中的"国家安全""国家统一""国家政治制度和社会大局稳定""经济社会可持续发展"之间形成互为牵制的局面。显然，为了落实中国外交的最大课题——为实现两个一百年奋斗目标创造良好

① http://japan.people.com.cn/2001/07/31/riiben 20010731_ 9415. html.

② 《中国的和平发展》，中华人民共和国国务院新闻办公室，人民出版社，2011。

③ 根据习近平主席提出的总体国家安全观，"国家安全"包括 12 个要素：人民安全、政治安全、国土安全、军事安全、经济安全、文化安全、社会安全、科技安全、信息安全、生态安全、资源安全、核安全。

④ 《根据利益和问题区分敌友》，《环球时报》2014 年 8 月 27 日。

的周边环境，我们应致力于做到维护核心利益中的"国家主权"和"领土完整"与维护核心利益中的"国家安全""国家统一""国家政治制度和社会大局稳定""经济社会可持续发展"之间形成相互促进的关系而不是相互牵制的关系。

中国是世界上陆地边界线最长的国家，实际管辖领土与俄罗斯、印度等14个国家接壤。与此同时，中国与日本、韩国之间在东海存在海洋边界划分问题，与日本之间存在钓鱼岛争端，与菲律宾、越南、马来西亚、文莱等东南亚各国在南海存在海洋边界划分与岛屿主权争端。以上问题的总和直接触动了中国核心利益之中的"国家主权"利益和"领土完整"利益，并在不同程度上影响到其他四项核心利益，特别是影响到"国家安全"利益。至于以上每一项领土争端（例如中日钓鱼岛争端、中菲海域争端）相对于"国家主权"和"领土完整"这两项核心利益的总体而言，则属于局部利益。正如张蕴岭所说："如果我们把周边看成一个整体……那就可以有一个客观的大局分析。"[①]

2012年4月石原慎太郎与美国鹰派政治家共同策划"购岛"、日本政府于同年9月对钓鱼岛实施所谓"国有化"以来，中日围绕钓鱼岛的领土主权争端和东海海域划界争端曾经发展到白热化的地步。显然，这个争端是由日本方面挑起的，而从中国方面看，所谓中日"岛争"也成为中国外交和军事斗争的一个空前突出的热点。虽然钓鱼岛的领土主权争端和东海海域划界争端相对于中国"国家主权和领土完整"的总体利益而言，乃至相对于中国六大核心利益的总体利益而言，显然属于"局部性核心利益"，[②] 但是，事关中国国家主权和领土完整的某些核心利益的局部性并不意味着它在各种核心利益当中受关注程度和战略优先顺序必然是靠后的，因为日本方面不断对我挑衅与"激怒"才使这个局部矛盾不断激化，而且上升到中日之间的"战略对峙"，同时钓鱼岛争端问题又与日本的错误历史认识问题存在

---

① 张蕴岭：《中国周边地区局势和中日关系》，《日本学刊》2014年第5期。
② 在一些学术讨论会上，也有学者主张"有争议的领土不宜定位为'核心利益'"。

密切关系，致使中日"岛争"在一个时期上升为我们维护国家核心利益斗争的"最前线"，中日矛盾从非对抗性矛盾上升到局部的对抗性矛盾，在一定时期我与日方展开坚决的、毫不妥协的斗争是完全必要和正确的。

然而，应该看到中日关系"现在处于一个历史性重构的长进程中，看待中国与周边关系，要放在这个百年重构的长进程中，要有长视野，要有战略耐心"①。目前中国的 GDP 虽然超过了日本，但是经济"存量"依然不如日本，人均生产性财富只及日本的几分之一。金碚认为：评估一个国家的经济实力和工业化水平，不仅应计算其经济流量规模，还要计算其经济存量规模。形象地说，如果要评估一个家庭的经济实力，则经济流量估算的是"全家一年能挣多少钱"，而经济存量估算的是"全家总共拥有多少财富"。当今中国经济存量规模仍然较小。2008 年，美国财富总量是中国的 5.9 倍，日本是中国的 2.8 倍；美国生产性财富（工业生产物蓄存量）是中国的 3.8 倍，日本是中国的 2.4 倍。而人均生产性财富，美国是中国的 16 倍，日本是中国的 25 倍。又据 2012 年联合国公布的一项衡量经济发展和国家财富的新指标——"包容性财富指数"（Inclusive Wealth Index），日本的人均 GDP 指数并不及其他发达国家，但在人力成本、自然成本与生产成本三项指标综合后的人均"包容性财富指数"排名第一，美国排名第二，中国的这项指数排名第 17。② 朱建荣认为："中国经济规模现在已经是日本的两倍，预计到 2020 年，中国的 GDP 规模将接近美国，成为日本的 3～4 倍，届时日本就会调整好对华心理，目前的这种几近发泄的对华反感（主要体现在日本媒体的诱导和煽动上）会退潮。"③ 这意味着解决中日之间的问题的根本，还在于搞好我们自己的事情，实现中华民族的伟大复兴，把中国建设成为一个经济繁荣、政通人和、文明健康、以德服人、受到国际社会尊重的大

① 张蕴岭：《中国周边地区局势和中日关系》，《日本学刊》2014 年第 5 期。
② 参见《推进工业化仍是我国重要战略任务》，《光明日报》2014 年 12 月 1 日；《包容性财富指数排名：日本第一，中国第十七》，网易，http://money.163.com/12/0619/12/84C3M30800253G87.html。
③ 朱建荣：《日本各阶层是怎样看待中国的?》，共识网，2014 年 12 月 12 日。

国，正可谓"小胜靠力，中胜靠智，大胜靠德，全胜靠道，道乃德、智、力之和"。

从这个长远目标反观当前，我们应根据形势发展，审时度势，在全面维护国家核心利益的前提下，维护好各种核心利益之间的关系，维护好全局利益与局部利益之间的关系，对维护各种核心利益、全局利益与局部利益的力度和优先度进行适时的合理调整，以高度的政治智慧和外交努力，努力化解热点问题，防止"热点"变成"爆发点"，避免周边地区长期存在与我们势不两立的"敌国"，以维护和延长中国发展的重要战略机遇期，为我们实现"两个一百年"奋斗目标营造一个和平稳定的外部环境。

四　夯实中日关系的基础：加强民间交流

中日首脑会见走出了缓和中日关系的第一步。为了使今后中日关系走稳走好，继续缓和并改善下去，一个重要的课题就是加强中日民间交流。发展中日关系必须坚持"以民为本"，两国人民友好是中日关系发展的根本动力，两国民间交流是中日关系发展的重要基础。辩证法认为，矛盾双方既具有斗争性又具有同一性。就中日矛盾而言，在正常情况下（除去战争和相互隔绝状态），矛盾双方的斗争性主要体现在官方层面，而矛盾双方的同一性主要体现在民间层面。在2000年中日关系史中，无论两国在官方层面的斗争如何激烈，中日民间交流都不曾中断过，特别是在中日两国官方关系出现困难的时候，中日民间交流显示出顽强的自身动力和生命力，在中日社会之间形成强固的"同一性纽带"，依靠社会力量来填补官方关系的"苍白"和"空白"。

中日首脑会见以来，人们依然担心中日关系缓和乃至改善的趋势能否持久，能否继续向前发展。而当中日关系不确定性依然使盼望两国关系好起来的人们感到困惑的时候，我们应该相信中日关系的改善，既需要两国政治领导人的互信互动，也需要通过激发民间的力量、文化的力量、互联网的力量，让业已走出"第一步"的两国关系改善进程继续前行。

（一）"以官促民"与"以民促官"相结合

在讨论民间交流对中日关系所起的作用时，人们往往会想到在20世纪50~60年代民间交流超越官方关系对推动中日复交发挥过十分重要的作用，留下了"以民促官"的佳话。但是，如果仔细回顾那段历史，就不难发现当时在中日人员往来几乎隔绝的状态下，想要通过民间交流来促进两国官方关系发展谈何容易！事实恰恰是，先有了"以官促民"，之后才有所谓"以民促官"。一个典型例子是：1956年5~7月，由梅兰芳率领的中国京剧代表团访日，成为战后中日民间交流的一场"破冰之旅"。但最初梅兰芳本人不愿意访日，因为他曾在日本侵华战争期间拒绝演出，"蓄须明志，息影舞台"。当周恩来总理得知梅兰芳不愿访日之后，就派人到梅兰芳家里进行"动员"，然而几次派人劝说无果，周恩来便亲自请梅兰芳和著名作家老舍等人一起吃饭。席间，周恩来说，中日两国人民交往，和日本军国主义侵略是有根本区别的，并鼓励梅兰芳说："你去一定会引起轰动。让日本人民也看看中国的文化。只有你去最合适，这样才能促进中日两国人民的民间往来。"①

这个例子说明，为了推动中日关系发展，中日两国政府应努力维护两国人民之间的友好交往，积极支持中日民间交流，防止两国政治、外交层面的矛盾扩大为两国人民之间的矛盾与相互仇视。要着眼长远，加大投入，积极推进教育、文化、科技、学术、地方、媒体、青少年等各领域交流合作，努力增进两国人民的相互了解和友好感情，特别是恢复和扩大中日学生赴对方国家的"修学旅行"，吸引两国越来越多的年轻人加入民间友好交流的行列中来。

同时，这个例子也使人们想起周恩来总理为推动中日关系发展而亲力亲为，呕心沥血，立下了前无古人的丰功伟绩。我们要牢牢记住周总理关于"中日两国关系从根本上说必须建立在两国人民友好的基础上"的精辟论

---

① 参见冯昭奎等《战后日本外交：1945—1995》，中国社会科学出版社，1996，第319页。

断，扎扎实实地推动中日民间交流。2013年1月25日，习近平主席在会见日本公明党党首山口那津男时曾说，中日两国领导人要像老一辈领导人那样，体现出国家责任、政治智慧和历史担当。这句话用在周恩来身上，确实是非常准确贴切的评价。

同样，中日民间交流也离不开地方政府的重视和支持，地方是中日两国合作最基层、最务实的层面，是两国合作成果惠及民生的最前沿。根深则本固。中日关系发展需要扎根地方、依靠地方、惠及地方。迄今中日两国已经建立了300多对友好城市，中国改革开放以来30多年时间里，中日两国地方政府和各地民众之间的交流十分频繁，合作领域涵盖方方面面，积累了丰富的经验和深厚的人脉，这些都是今后重启和推进中日地方交流和民间交流可资利用的宝贵"资产"。

在地方交流中，地方媒体之间的交流值得大力加强。据朱建荣统计，"日本的全国性大报实际上在居住着60%以上人口的地方城市和乡村只能算'小报'，因为各地方报纸平均占当地整体发行量的比例较大，而他们大都对极端言论保持一定距离。比如长野县，其境内销售、购读的《信浓每日新闻》的发行量占当地所有报纸发行量的近六成，右倾报纸《产经新闻》几乎无立锥之地……而其他地方，除了大城市周围，也都是地方发行的报纸主导舆论"①。因此，从加强地方媒体交流入手，促使两国媒体共同担负起各自应尽的社会责任，客观全面地报道真实的中国和真实的日本，帮助两国民众更好地了解对方国家，建立符合事实的相互认知，更加重视与对方国家的友好关系，是加强两国民间交流的一个重要课题。

（二）大力发展旅游业

当然，中日民间交流并非都需要政府的支持和援助，因为中日关系已经进入一个非常广阔、深入的发展阶段，每天近2万人往返于中日之间，他们很多是公司雇员、学生、观光者，还有70多万名华侨居住在日本，10多万

---

① 朱建荣：《日本各阶层是怎样看待中国的？》，共识网，2014年12月12日。

名日本人长期居住在中国。他们中的很多人，已经融入对方的社会，在中日之间发挥着重要的"纽带"和"桥梁"作用。近年来尽管中日关系不好，在不少领域两国民间交流大幅度降温，然而无论在经贸、文化领域，还是社会生活的方方面面，两国之间仍有很多人执着地开展着多种多样的民间交流活动。其中，特别需要提到中日两国的旅游业。2013 年年底，安倍参拜了靖国神社，中日政治关系紧张，但中国赴日游客短时下降后很快恢复并迅速增长，这既与中日离得近、日元贬值等客观因素有关，但同时也反映了中国人的一种开放态度，去哪儿旅游是个人的自由选择。

"百闻不如一见。"中日两国人民只有通过相互交往增加对对方的了解，才能对对方的行为多一些理解。现在很多去日本旅游回来的中国人说亲身感受到日本环境很干净，日本国民文化素质很高，对中国人很友好等。可以说，中国人普遍欣赏日本的现代化成就，并没有让对安倍内阁的厌恶根本改变我们对日本这个国家和社会的总体评价。中国应继续学习日本，这种声音即使在两国政治关系恶化的时候，也没有遭到排斥。

值得注意的是，日本来访中国游客的数量并未出现反弹，2014 年上半年是继续下降的。尽管这里有经济和环境方面的多种原因，但也不能否认，日本主流媒体存在"正和负的失衡"，就是多关注有关中国的负面消息，很少报道甚至不报道有关中国的正面信息，这导致日本舆论所制造的中日关系氛围，比中国舆论的这一氛围更严峻更纠结。

关于旅游，还有一点值得提起，这就是在互联网时代，旅游者往往会把自己在旅游过程中的所见所闻，通过在网上与大家分享，不少人使用智能手机，利用当地的无线网即时给国内朋友发微信，使自己的"朋友圈"或"粉丝圈"在国内也能随时了解自己的旅游足迹，分享自己的旅游收获。可以想见，来华旅游的日本民众也很可能这样做。这意味着互联网发挥了促进两国人民通过旅游增进相互了解的"倍增器"的作用，促使旅游升华为两国之间的文化交流乃至两国人民之间的情感交流。

通过中日两国民间往来，两国越来越多的人"越过"媒体宣传的局限性亲身感受对方国家的真实情况和风土人情，通过直接交往增进两国人民的相互了解和感情，有助于缓解多年积累起来的相互误解和相互厌恶的情绪化倾向，进而减轻两国政府和外交部门推出符合各自国家整体利益的理性外交政策所承受的国内压力。正如日本学者天儿慧所说："两国首脑的此次会谈都顶住了来自国内的巨大压力。"① 只是不知道其怎么知道中国的领导人也"顶住了来自国内的巨大压力"的。显然，要减少两国政府和外交部门推出符合国家利益的理性外交政策所承受的国内压力，一个根本的、有效的办法就是加强中日民间交流，缓和两国民众因为历史和钓鱼岛等问题产生的情绪化倾向，从而在双方国内形成和营造有利于改善两国关系的舆情和气氛。

（三）促进两国文化交流

20 世纪 90 年代以后，中日文化交流持续发展，有关经济、政治、文化、社会等领域的学术交流日益深入，中日两国的文学、音乐、绘画、戏曲、书法等文艺工作者之间的交流十分频繁。由于文化产品经过数字化均可在网络传播，因此，互联网成为中日文化交流的新平台，越来越多的日本动漫、电子游戏等文化产品搭上互联网"快车"传到中国。

而且，在信息化时代，能够跨越海洋、国界和一切障碍的社交互联网作为中日民间交流"新平台"的作用越来越大，而走在中日互联网民间交流前线的正是文化交流和电子商务。比如，中国的人民网年年主办"中国人游日本摄影大赛"，日本 KDDI 公司与中国的腾讯公司共同开发可供智能移动手机使用的 AU 版 QQ，中国的淘宝网与雅虎日本合作建立跨国网购平台，等等。当今，互联网真正让世界变成了"地球村"。在这样的背景下，如果在地理上互为邻邦的中日两国却相背而行，日益疏远，岂非有悖于时代进步的潮流和文明发展的规律吗？中日政治关系恶化对两国文化交流活动造成了很大的影响。在日本的书刊市场上，妖魔化中国的书刊层出不穷，铺天盖地，而正直的日本学者和作家通过出书或在媒体上发表意见，想要诚实地介

---

① 天儿惠：《中日会谈，态度比表情更重要》，《环球时报》2014 年 11 月 12 日。

绍中国则变得越来越困难。这种现象被日本坦普尔大学教授杰夫·金斯敦称作"文化战争",这场没有硝烟的战争对中日关系起了极大的破坏作用,不能不引起人们高度的警觉。

五　增强中日关系的纽带:深化环保合作

2014 年 8 月,《日本经济新闻》记者撰文报道中国环境污染问题,文章的题目《环境亡国·中国》[①] 令人感到震惊,颇有耸人听闻、哗众取宠之嫌。环境污染、食品安全等问题在中国确实必须加以治理。但中国其实是一个"强弱不均"的国家,而中国最大的弱项就是"环境",中国可以说是一个"环境弱国","环境承载能力已达到或接近上限"[②],雾霾等环境污染与广大人民对健康的生存环境的需要之间的矛盾较为突出。

反观日本,也是一个十分典型的"强弱不均"国家,日本最大的弱项是人口少子化和超老龄化加上相当于 GDP 约 2.5 倍的公共债务,"对于日本的国家安全保障来说,最重要的课题不是中国,也不是朝鲜,而是少子化问题"。[③] 因此,常被学者所指的中日"强强型关系"实际上是两个"强弱不均"国家之间的关系。"打铁还需自身硬。"首先要克服自身的弱项,防止走上"环境弱国"之路。

环境问题正在"弱化"中国作为大国的竞争力。美国著名记者托马斯·弗里德曼指出:"未来强国国力竞争将集中在四个方面:教育、基础设施、法制程度和环境。"现在中国的环境问题受到广泛关注,水、空气质量、土地资源等都因经济粗放式发展遭受很大破坏。环境安全已经成为中国

---

① 「環境亡国·中国『不!(NO)』突き付けた市民」、『日本経済新聞』2014 年 8 月 4 日。
② 《中央经济工作会议:环境承载能力已达或接近上限》,中国日报网,http://www. chinadaily. com. cn/hqcj/xfly/2014 - 12 - 11/content_ 12880808. html。
③ 虽然现在日本人口为 1. 27 亿人,然而据日本国立社会保障与人口问题研究所调查,预计 2100 年日本人口会减少到 5000 万人以下。人口减少,争取优秀人才的竞争更加激烈,将加入自卫队作为人生选择的人并不多。参见《日本学者:未来"日本梦"要搭"中国梦"便车》,《中国青年报》2014 年 11 月 19 日。

国家安全的重要组成部分。

中国的环境问题不是孤立的，也是全球环境问题的一个组成部分。比如，发生在中国的极端天气如极端干旱等问题来源于全球气候变暖，而气候变暖是全人类面临的课题。中国政府签署《气候变化框架条约》等多项有关环保的国际公约，不断加强同其他国家、地区和国际组织在环保领域的合作。2014年7月，中美双方在战略对话框架下举行了气候变化政策对话，签署了绿色合作伙伴结对计划。同样，中日两国作为身处东亚地区的邻国，有更多的理由加强环保合作。2015年，中国节能环保产业总产值达到4.5万亿元，年均增速超过15％。中国强力推进节能减排，加快污染治理，必将产生巨大的节能环保产业市场，不仅给中国，也将给拥有先进的节能、环保技术的日本等其他国家的企业带来商机。可以认为，追求绝对的自身传统（军事）安全会成为割裂中日两国的利刃，而追求共同的非传统安全（环境问题、海上运输线的共同安全等）会成为连接中日两国的纽带。

六　战争与和平：中日矛盾的焦点

2000多年来中日关系史的特点在于，两国经过"中国强日本弱，以和平与友好交流为基调的强弱型"关系，"日本强中国弱，以战争与弱肉强食为基调的弱强型"关系，战后两国开始出现双方都在走向强大的"强强型"关系，但是至今尚未出现中国全面强于日本的、明显的"中国强日本弱"关系。为此，中日在战争与和平问题上依然存在很大的不确定性。另外，中国正在快速发展，"历史上看，一个崛起中的大国经常挑战现存大国，而现存大国则往往恐惧于前者，导致了无穷的战争和冲突"。因此，"中国与这些大国交往，要解决的不仅是贸易问题，更重要的是战争与和平的问题"。①1894年中日甲午战争以来，战争与和平问题一直是中日矛盾的焦点。当今

---

① 郑永年：《中国大外交时代的来临》，《联合早报》2014年12月23日。

中日之间的主要问题，如历史上日本的战争、战败与战后是"过去的"战争与和平问题；钓鱼岛争端是"现在的"战争与和平问题；安倍"修宪"使日本成为"能进行战争的国家"，是"将来的"战争与和平问题；2014年安倍多次提出"积极和平主义"，其实与100年前一战肇始者们所做的"和平秀"在逻辑上并无二致，这就是"和平诚可贵，不惜用战争来捍卫它"；2015年夏季，据报道"安倍将借二战周年纪念之际发表其对战争与和平的看法"①，令人拭目以待。

总之，中日之间的几乎所有主要问题，都牵连同一个问题，这就是战争与和平。2014年12月22日，日本媒体大肆炒作中国在位于浙江省鳌江口外仅30海里的南麂岛建设军事设施一事，日本内阁官房长官菅义伟也对日媒报道进行呼应，表示"对中国军方的动向高度关注"。安倍内阁为引导民意支持其不断强化的防卫动作，进而达到"修宪"的目的，依然在不断炮制"中国威胁论"话题。在中日达成四点原则共识和首脑会见后，两国之间爆发的第一次政治风波出现在军事领域，绝非偶然。在军事领域的矛盾是中日矛盾中最深刻、最尖锐、最具有刚性的结构性矛盾。为了落实中日四点原则共识，固然需要加强民间交流，加强环保合作，但是，更重要的是解决好"战争与和平"这个根本问题。

（一）中国的对日"军事斗争准备"应提升到军事创新境界

中日首脑会见后，尽管中日关系出现了缓和的迹象，但日本"借美制华"的军事战略并没有改变，中国仍然需要做好军事斗争准备，而且在"军事斗争准备"方面也要"转方式、调结构"，注意保护环境，从数量型的军备走向质量型的军备，大力推进军事创新。习近平主席在2014年8月指出，我们要"看到世界军事领域发展变化走向，看到世界新军事革命重大影响，形成科学的认识和判断，与时俱进大力推进军事

---

① 《日媒：重要节点多 2015 年仍是中日关系敏感年》，参考消息网，http：//china. cankao xiaoxi. com/2014/1228/611484. shtml。

创新"。① 笔者理解"军事创新"的基本含义是：由于技术革新，过去不可能实现的各种新武器等组成的新军事系统的开发成为可能，进而引发对各种新武器等组成的军事系统加以运用的战略战术、作战思想、战争模式、组织体制、军事管理发生相应的深刻变革。根据"军事创新"的基本含义，可以看出："军事创新"的原点在自然科技革新，"军事创新"的内涵涉及军事思想、军事管理、军事组织等，则离不开社会科学的支持，总之，包括自然科技和社会科学在内的科学技术成为"军事创新"的核心，成为一国的经济实力、军事实力乃至综合国力的核心要素。

（二）注意应对日美"军事技术同盟"的挑战

在推进军事创新过程中，我们特别需要注意军事技术创新与民用技术创新存在相互促进、相互转化的内在机制。例如，早在 1983 年作为军事技术大国的美国就要求作为民用技术大国的日本向美国提供"军事技术"，包括超大规模集成电路、光通信、砷化镓半导体、电荷耦合器件、碳纤维、精细陶瓷、电致发光显示板、机器人等②，以从其民用技术开发活动中吸收相关技术来创新武器技术。这个事实表明，在电子、材料、激光、精密机械等尖端技术领域中，军用技术与民用技术之间并不存在截然的分界，而既具个性，又有共性，既互相区别，又可互相利用和转化。例如，互联网最初就是美国为了军事用途开发出来的，现在已成为军事技术转化为民用技术的典型案例，反之，民用技术也是发掘具有军事利用价值的先进技术宝库，尤其是战后日本在很多民用技术领域达到世界领先水平，吸引了美国军方的高度关注。

---

① 《习近平：准确把握世界军事发展新趋势　与时俱进大力推进军事创新》，新华网，http：//news. xinhuanet. com/politics/? 2014－08/30/c_ 1112294869. htm。

② 长期以来，美国军方紧盯高度重视研发的日本民间企业。日本的科研投入相当于国内生产总值的 3.4%，其中 77% 来自民间企业，而经合组织成员国的科研投入相当于国内生产总值的平均比例只有 2.3%；在全球十大发明型企业中，有八家在日本，其专利发明集中在电子、机械、精细化工、纳米新材料、能源与环保等高科技行业。参见冯昭奎《美国要日本提供哪些军事技术》，《系统工程与电子技术》1984 年第 2 期。

众所周知，自第一次产业革命以来，工业和制造业成为技术创新较多的产业领域，而日本的工业和制造业民间企业所开发的很多民用技术则成为可望发掘众多具有军用价值的尖端技术的"苗子"，例如美国开发隐形轰炸机等隐形武器使用的涂料，就是从日本一家中小企业提供的用于家用微波炉的电波吸收材料样品中得到启发。美国与拥有领先于世界的民用技术实力的日本结成"技术同盟"，成为它在同苏联的军备竞赛中夺取优势的重要原因之一。美国借助日本的民用技术开发新式武器的事例启发我们：要高度重视高技术的军民两用性和转用性，使军事科技创新与民用科技创新达到相互促进、相互转化、相互刺激创新灵感的互动境界，为达到这种境界，必然要推进整个国家的科技体制的创新。

众所周知，长期以来正是"创新"成为美国维持强大军事力量的原动力。美国不仅依靠从全世界吸引优秀科技人才等措施提高其军事科技研究水平，而且通过加强"盎格鲁－撒克逊五国同盟"① 的紧密的军事技术合作和协同关系，通过加强与日本之间的军民两用技术的交流与合作，来提升其作为西方军事技术霸权国的地位。这意味着与中国进行军事创新竞赛的对手是以美国为首且包括日本在内的大半个西方阵营。战争的逻辑在本质上就是矛盾运动的逻辑。"有矛必有盾"，矛越锐，盾越坚；盾越坚，矛更锐。恩格斯说过："两个阵营都在准备决战，准备一场世界上从未见过的战争……只有两个情况至今阻碍着这场可怕的战争爆发：第一，军事技术空前迅速地发展，在这种情况下，每一种新发明的武器甚至还没有来得及在一支军队中使用，就被另外的新发明所超过；第二，绝对没有可能预料胜负，完全不知道究竟谁将在这场大战中获得最后的胜利。"②

当前，"信息技术、生物技术、新能源技术、新材料技术等交叉融合正

---

① "盎格鲁－撒克逊五国同盟"已经制定、设立的计划和组织有：美英加澳陆军计划（ABCA）、航空航天相互运用性协议会（ASIC）、三项海军关联计划、合同通信电子委员会（CCEB）、多国间相互运用性协议会（MIC）、技术协作计划（TTCP）等，参见 http://www.jcs.mil/j6/cceb/multiforahandbook2006.pdf。

② 《马克思恩格斯全集》（第 22 卷），人民出版社，1965，第 53 页。

在引发新一轮科技革命和产业变革。这将给人类社会发展带来新的机遇"①。从科技创新这个原点和基础出发，依靠自主创新掌握最先进的高精尖武器的核心技术，构筑日新月异的武器系统、与时俱进的军事战略、超越传统的作战思想、灵活机动的军事指挥和管理体制，努力打破"瓦森纳国家群"②，瓦森纳安排机制经过多次修订，目前成为对华高科技出口管制的主要的"指导性文件"。针对技术封锁，我国应加强武器技术乃至武器概念的创新，同时减少资源被消耗在购置大量"几年不用就变成难以处理的垃圾"的二三流武器上。当今武器装备更新换代很快。比如一架价值几千万美元的最先进的战斗机，其技术寿命也只有5～8年。早在20世纪80年代后期，几千架一次也未参战过的旧式战斗机被抛弃在美国的亚利桑那沙漠中的巨大空军基地里，全成了难以处置的废物。如今，处理废旧核武器，成为在冷战时期大搞核军备竞赛的美国、俄罗斯的沉重负担（目前大约有30艘从俄罗斯太平洋舰队退役的潜艇仍然停泊在远东的一些港口。自从苏联解体后，俄罗斯方面就有两种担心：一是这些废旧潜艇会污染海洋；二是艇上的核材料将被偷盗）。

（三）积极推进军事创新

当今，求和平、促发展、谋合作的时代潮流不可阻挡，"顺之者昌，逆之者亡"。十年前，美国五角大楼预计，随着全球人口在2050年向100亿大关逼近，战争将在2020年定义人类生活。这是"所有国家安全问题的根源"。"到2020年，毫无疑问将会有大事发生。随着地球的负载能力减弱，一种古老的模式将重新出现：世界将爆发对食品、水与能源进行争夺的全面战争，战争将定义人类的生活。"

---

① 《习近平点题新一轮科技革命和产业变革》，网易，http：//money. 163. com/14/0604/02/9TS20NV/100253BOH. html。

② 《瓦森纳协定》又称瓦森纳安排机制，全称为《关于常规武器和两用物品及技术出口控制的瓦森纳安排》（The Wassenaar Arrangement on Export Controls for Conventional Arms and Dual-Use Good and Technologies），目前共有美国、日本、英国、俄罗斯等40个成员国。

然而，越来越多人开始思考战争是不是解决世界问题的最好手段，特别是质疑和批评美国和北约对动用战争手段的轻率态度（例如对伊拉克、对阿富汗、对科索沃、对利比亚），因为战争将加速消耗资源并破坏已经脆弱不堪的自然环境，当今日本右翼势力推行战争擦边球政策的最大危险就是只想着右翼的政治理念和当下执政者的政治利益而缺乏"为当代人和子孙后代着想"的人类良知。这个"人类良知"就是：在地球环境已经不堪忍受产业革命以来人类活动所造成的沉重负荷的情况下，不要再雪上加霜，把一个打得稀烂的地球留给后代。

值得注意的是，最近有美国学者提出 2012～2022 年的"第三次世界大战"将是"中美创新之战"，因为理智最终总是会占上风，认识到应该推动创新与技术的转变，促使将创新与技术的着眼点置于解决人类面临的真正重大的问题上：最重要的是人类的生存而非杀戮。[1] 三年前，中国一位军队领导人在美国国防大学发表演讲说："中国搞经济建设是为了解决好 13 亿人民的生活，使他们的日子过得更好，而不是拿这个钱去搞武器装备，去挑战美国。美国人民的生活水平高出中国人民生活水平 12 倍，如果我们拿这个钱去搞武器装备挑战美国，中国老百姓也不会答应。"[2] 总之，针对当今复杂的国际形势，搞军备竞赛是下策，积极推进包括军事创新在内的"创新竞赛"才是上策。

（原载《日本学刊》2015 年第 1 期）

---

[1] 《第三次世界大战：中美之间的创新之战》，凤凰网，http：//finance.ifeng.com/usstock/mgpl/20120111/5437198.shtml。

[2] 《陈炳德称中国大陆在台湾海峡沿海无导弹部署》，《环球时报》2011 年 5 月 20 日。

新时代中美日关系：
新态势、新课题、新机遇

杨伯江[*]

  中美日之间是否存在"三角"关系？中国学术界历来存在不同看法。有观点认为，基于从国际关系史例中抽象出的理论定义，严格意义上"标准的"三角关系有其国际体系、国家间交往层次以及国家层次上关于所涉三方各自行为的前提条件。就前一层次而言，"标准的"三角关系需要具备三项条件：其中任何两国之间的基本关系在一段较长的历史时间里，既非纯粹合作，也非纯粹对立，而是处于合作与对立交织状态；上述基本关系同样在一段较长的历史时间内有重要的变动，而非基本不变甚至没有足以令人广泛注意的波动；其中任何一国有关对外政策的重大变更，都会对其他一国或两国有关对外政策及整个三方关系造成巨大影响。就后一层次即国家层次而言，"标准的"三角关系需要具备两项条件：有关三方都具有基本独立自主的对外政策；三国都将纵横捭阖的典型多极均势及权谋外交（diplomacy of maneuver）视为三边关系的一大特征。按此标准衡量，无论是 20 世纪前期的中美日关系，还是 1972 年尼克松访华以来的中美日关系，均不构成严格意义上的三角关系。[①]

  相较上述狭义观点，中国学术界普遍更倾向于广义界定，认为判断中美

---

* 杨伯江，中国社会科学院日本研究所研究员，研究方向为亚太大国关系、中国周边安全、日本问题。

① 时殷弘：《中美日"三角关系"——历史回顾·实例比较·概念辨析》，《世界经济与政治》2000 年第 1 期。

日三国之间是否存在三角关系，应主要考虑以下几方面因素：其一，中美日是否构成亚太地区的三极，并形成三边关系？其二，三对双边关系之间是否存在密切互动关系？其三，三国关系在亚太地区是否具有举足轻重的地位，且影响到三国与"三角"之外其他国家的关系？据此标准，可以认定：在近现代亚太地区多边国际关系格局中，中美日三角关系形成于20世纪初。一战后，随着"外太平洋势力"的衰落，中日美分别作为弱而大、小而强、强而大的三个重要国家，出现于亚太并构成该地区的三极。三国之间双边关系的进一步发展，影响到三国与英俄等其他大国之间的关系，构成中美日三角关系得以形成的必要条件。[①]

20世纪70年代，美国从亚洲实施战略收缩，中日、中美相继建交，日本在同盟中实力地位上升，中美日三角互动增强，但明显带有不平衡、不等边特点。冷战后，随着俄罗斯势力从本地区大幅退潮，在亚太战略格局中，中美日关系成为最具现实影响力的一组三边关系，不仅左右地区力量结构与战略走向，也制约其他双边及中日俄、中日印、中日韩等三边关系的发展演变。"尽管在形式上并不存在一个机制严谨、规则明确、运作规范的中美日三边互动机制，但中美日关系的战略性调整及各方对外政策的制定，无不以其他一方或两方外交政策和国家行为作为参照系，从而在实际上形成了具有地区战略影响的三角关系，并作为一个整体以其演变左右着亚太地区的国际战略格局。"[②] 客观上，中美日之间，一国战略方针和对外政策的调整，都对另外两国的战略方针、政策策略的选择产生直接影响。主观上，三国都具有明确的三角互动意识，任何一国在制定实施对外战略和政策时，都不得不考虑对另外两国产生的影响以及由此导致的后果。[③]

无论对照上述广义还是狭义的"三角"定义，都可以看出，在经过21

---

① 臧运祜：《20世纪前半期的中日美三角关系述论》，《北京大学学报》（哲学社会科学版）2000年第6期。

② 林晓光：《中日关系与中美日三角关系：战略利益的结构分析》，《中日关系史研究》2010年第2期。

③ 杨伯江：《中美日三角：利益磨合与前景分析》，载中国现代国际关系研究所《亚太战略场——世界主要力量的发展与角逐》，时事出版社，2002，第303页。

世纪头十年美国加强国际反恐、偏离传统地区战略轨道以及小泉纯一郎下台后日本政治乱象导致的短暂休眠期后，中美日三角自 2012 年后恢复活跃，各方"三角运作"意识更强，政策作为更加积极，战略互动更为频繁，三角整体联动性明显趋强。

一 中美日三角"复苏"

2012 年后，在各方实力对比持续变化、战略政策调整加速的内在驱动下，中美日三角关系出现深刻变化。美国"亚太再平衡战略"深化调整，日本战略自主性增强，美日同盟走出低谷，三角陷入"美日对华"失衡状态。

（一）中国快速发展及其外溢效应成为推动亚太地区格局变化与态势发展的首要变量，对美日同盟战略决策产生重大、直接影响

2010 年中国经济总量超过日本，跃居世界第二。2012 年党的十八大以后，中国特色社会主义进入新时代，全方位外交布局深入展开；实施共建"一带一路"倡议，发起创办亚洲基础设施投资银行（AIIB），设立丝路基金；倡导构建"人类命运共同体"，促进全球治理体系变革；中国的国际影响力、感召力、塑造力进一步提高。进入这一时期，中国的国际秩序观、世界格局观及对自身国际地位、国际角色的认知发生深刻变化，从毛泽东时代"第三世界的一员"、邓小平时代多极世界之"一极"发展到"日益走近世界舞台中央"，谋求"不断为人类作出更大贡献"[①]。同时，中国在原则问题上决不让步，坚决捍卫国家利益，在东海、南海果断维权，东海巡航常态化，2013 年 11 月划设东海防空识别区。

"一带一路"对推动中美日力量格局重塑发挥了重要作用。2008 年国际金融危机后，发达国家经济持续低迷，中国对新兴市场国家贸易投资持续扩

---

① 《习近平：决胜全面建成小康社会 夺取新时代中国特色社会主义伟大胜利——在中国共产党第十九次全国代表大会上的报告》，新华网，http://www.xinhuanet.com/politics/19cpcnc/2017 – 10/27/c_ 1121867529. htm。

大，出口迅猛增长。中国对低收入国家出口占比 1995 年仅为 2%，2015 年上升至 14%，对"曾经的中低收入国家"出口占比为 1/3 左右。借助"一带一路"建设平台，2016 年中国企业在 61 个共建"一带一路"国家承接的建设项目金额达 1260 亿美元，较上年增长 36%，占对外承建项目总额的 51.6%。在美日看来，更值得关注的是，"一带一路"不只是"硬件的、有形的"，更是"软件的、无形的"，不仅有从中国走向各地的海量设施联通，还包括附着于设施之上的技术标准的普及、卫星情报网的整备、电子商务网络的构建以及潜在的地缘政治影响。内涵多元的"一带一路"构想，引发了本质为如何应对"中国式全球化"的空前挑战。①

（二）美国"亚太再平衡战略"进入深化调整期，推动区域内盟国及安全伙伴对华多边制衡

2013 年 1 月，美国进入奥巴马第二任期，受内政与中东问题牵制，"亚太再平衡战略"势头减弱，调门降低，开始集中于"可实现的目标"。9 月，奥巴马在联大发表演讲，强调剩余任期内将推动解决叙利亚内战、伊朗核问题，并为巴以关系缓和寻求突破。较之此前，"亚太再平衡战略"出现三点重要变化。一是在安全领域更新、扩展盟友和安全伙伴体系，强化三边及多边合作，利用"亚洲内部不断扩展的双边安全关系"，"将传统盟友与新兴伙伴连接起来"，促进地区"安全关系网络多元化"。② 二是战略手段上更重经济，强调经济、外交、均势、价值观等手段的综合平衡运用。将"跨太平洋伙伴关系协定"（TPP）作为推进"再平衡"的支柱政策，将加速完成 TPP 谈判并获得国会批准作为首要目标。三是战略地域范围呈扩大趋势，开始向太平洋、印度洋两洋兼顾方向转变。2012 年 1 月，奥巴马政府出台的《防务战略指南》将"重返"（pivot）正式改为"再平衡"（rebalance）。国防部部长帕内塔在"指南"前言中明确表示，美国的战略重点不仅包括太平洋，

---

① 伊藤亜聖「中国の『一帯一路』構想と日本」、『地域開発』2017 年 8・9 月号。

② Ely Ratner, "Rebalancing to Asia with an Insecure China," *The Washington Quarterly*, Vol. 38, No. 2, 2013, pp. 25 – 27.

也包括阿拉伯海。

奥巴马第二任期继续提升区域内盟国的战略定位，同时推动盟友之间的和解合作。2014 年 3 月美国国防部发布的《四年防务评估报告》（QDR）明确将继续强化与日本、韩国、澳大利亚等"关键盟友"的安全合作，深化与新加坡、越南等"关键伙伴"的防务联系。同月，在海牙第三届核安全峰会期间，奥巴马以美日韩三边峰会形式促成日本首相安倍晋三与韩国总统朴槿惠自两人上台以来的首次会面。美国对"关键盟友"的重视还体现在推动日本发挥桥梁作用，发展与缅甸等地区"支点国家"的安全关系，加强与印度等安全伙伴的军事合作，为东南亚国家提供海上安全装备、建立培训基地，推动亚太同盟体系从"轴辐"向"网络"转型。

（三）日本政治恢复稳定，安倍内阁追求"全面正常化"目标，在强化日美同盟的同时彰显战略自主性

2012 年 12 月，自民党籍的安倍再度出任首相，结束了 2006 年 9 月小泉下台以来日本政坛"七年七相"、执政党两度更迭的政治乱象。对"全面正常化"国家战略目标的追求体现了战后日本经济政治发展的内在逻辑，而且安倍"超长期执政"模式开启后，日本表现出极强的战略稳定性和持续性。安倍内阁以安全防务领域的"改革"为抓手推动国家战略转型，2013 年成立国家安全保障会议、出台《国家安全保障战略》，2015 年通过"新安保法"，实际解禁集体自卫权。日本从部署高端常规武器系统等硬件、突破政治禁区实现自我"松绑"等软件同时入手，补齐国力结构短板，强化军事实力与战略行为能力，地区政治安全影响力明显上升。从中美日三角视域分析，日本的作为实际上进一步满足了"三角"成立的基本要件：以增强战略自主性弥补自身作为"三角"一方硬实力的相对下滑，阻止三方综合实力对比的极度失衡。

"如果用三角关系在理论上的诸项先决条件来衡量，也可以大致证明 1972 年以来中美日关系的非三角性，而其中最突出的两点在于：日本缺乏基本独立的对外政策；与此相关，美日关系的基本性质始终是美国支配或主

导的全面联盟。"① 但事实上，2012 年后日本在外交安全领域，针对美国的自主独立意识及相关政策举措都明显走强。安倍内阁强化日美同盟，与强化自主行为能力实际是"一体两面"的关系。前者是日本战略转型的"显性主线"，后者则是"隐性主线"，前者掩盖了后者，但归根到底服从、服务于后者。正如战后日本反美民族主义思潮同时来自左翼和右翼阵营一样，无论是安倍的"摆脱战后体制""战后外交总决算"，还是鸠山由纪夫的"东亚共同体"构想，同样都体现出日本以自身价值与战略判断为依据、谋求独立的国际认同的政治诉求。② 即使在这点上，中美日关系也已达到上述狭义论"三国都具有基本独立自主的对外政策"的"三角标准"。

（四）美日关系走出低谷，同盟重返强化轨道，中美日三角中"美日对华"不平衡态势加剧

在奥巴马首个任期内，日本先后经历了五任首相——自民党籍的麻生太郎和安倍，民主党籍的鸠山由纪夫、菅直人和野田佳彦。"短时间内东京领导层的频繁变更导致同盟的困难和紧张"③，美日关系出现起伏。特别是鸠山内阁时期，日本外交尝试从以同盟为中心转向以亚洲为中心，提出构建"对等的日美同盟"和"东亚共同体"，日美围绕普天间美军基地搬迁问题、"核密约"事件④裂痕加深，矛盾激化，直至 2011 年东日本大地震后才有所缓解。

---

① 时殷弘：《中美日"三角关系"——历史回顾·实例比较·概念辨析》，《世界经济与政治》2000 年第 1 期。

② 杨伯江：《美国战略调整背景下日本"全面正常化"走向探析》，《日本学刊》2013 年第 2 期。

③ 〔美〕塞布丽娜·蔡：《奥巴马第二任期的亚太政策——总结过去，展望未来》，美国 2049 计划研究所网站，http：//www. knowfar. org. cn/report/201311/05/1580. htm。

④ 2010 年 3 月，日本外务省第三方委员会证实，1960 年修订《日美安全条约》时日本曾与美国达成密约，默许载有核武器的美军舰艇停靠日本港口。这是日本政府首次公开承认核密约的存在。核密约违背日本"无核三原则"，即不拥有、不制造、不运进核武器，自民党执政时期的历届内阁均予以否认。时任外务大臣冈田克也在新闻发布会上表示，不排除美方曾将核武器运入日本的可能。不过，自 1991 年美国宣布美军舰艇停止携带战术核武器以来，核武器应该没有进入日本。

2012 年中日围绕东海钓鱼岛争端对抗加剧，自民党重新掌权，日美同盟得到恢复和加强。进入这一时期，美国国内对华负面认知上升，攻击奥巴马对华政策"过软"，对中国"反击"不力。"美国的政策圈变了，开始倾向于认为'迄今为止的对华接触政策是错误的'，'中国在富裕起来之后也不会实行民主化'。"① "中国强势论""另起炉灶论"等新政策话语出现，要求全面修正对华战略。② 奥巴马政府调整对华政策，对中国构建中美"新型大国关系"的倡议采取模棱两可实则怀疑、拒绝的态度；介入中国周边领土领海争端，采取偏向立场，并将盟友和安全伙伴推向对华前台。美国承诺将与日本等盟国紧密合作，对安倍"积极和平主义"政策"充满期待"，"强烈支持"日本在国际安全领域做出更大贡献，在亚太地区发挥主导作用。2014 年 4 月，奥巴马在启程访日前接受《读卖新闻》专访，宣称《美日安全条约》第五条适用于钓鱼岛防卫，并支持安倍政府解禁集体自卫权，成为首位就这两个问题明确表态的美国现职总统。2015 年 4 月，美日安全磋商委员会发布新版《美日防卫合作指针》，两国作战协同范围从 1978 年版的"本土防卫"、1997 年版的"日本周边"扩大为在全球范围内"无缝对接"。

二 中美日关系发展新态势

2017 年以来，伴随三对双边关系的重要变化，"中日关系改善背景下的中美贸易摩擦"与"中美战略竞争背景下的中日合作"交织叠加，相互作用，衍生出复杂多重的"三角意涵"，推动中美日关系进入新一轮战略活跃期，表现出新特征。

---

① 吉崎達彦「日米中それぞれの思惑—米中間選挙後の米中関係—」、『東亜』2019 年 1 月号。

② Harry Harding, "Has US China Policy Failed?" *The Washington Quarterly*, Vol. 38, No. 3, Fall 2015; Robert D. Blackwill, Ashley J. Tellis, "Revising U. S. Grand Strategy toward China," *Council Special Report*, No. 72, Council on Foreign Relations, March 2015.

（一）双边关系层面，中美、中日、美日关系均有显著变化

首先，中日关系改善，合作步伐加快。2017 年日本对"一带一路"态度逆转，2018 年两国领导人实现互访。安倍访华期间，中日双方敲定 52 个合作项目，内容主要涉及"一带一路"框架下第三方市场合作，总金额超过 180 亿美元；同时签署 12 项政府间协议，其中包括新版货币互换协定。剧烈波动、严重恶化八年之久的中日关系重新回到正常发展轨道。其次，中美贸易摩擦升级，矛盾激化。2018 年 3 月特朗普签署总统备忘录，基于美国贸易代表办公室对华"301 调查"报告，指令对从中国进口的约 600 亿美元商品大规模加征关税，并限制中企对美投资并购。在美国国内，对华强硬"非常罕见地成了共和、民主两党一致的政策"。① 再次，美日围绕贸易体制、对朝政策等产生分歧，"同盟裂痕"日渐明显。特朗普指责"与日本的贸易缺乏公平"，威胁对日实施制裁。与澳大利亚等美国其他盟友不同，日本没有得到美国对钢铝产品进口关税的豁免，钢铁进口限制令最终也使日本产品关税上调。日本汽车出口有四成销往美国市场，而特朗普提出可能将进口汽车关税提高到 20%。

除贸易问题外，特朗普政府单边主义"非常规外交政策"让日本感到同盟的可靠性"空前地不确定"。② 特朗普要求日本购买更多美制武器，为驻日美军支付更多费用，但回避就条约义务做出明确承诺，甚至威胁从东亚撤军。对朝核问题，特朗普上台第一年采取了借同盟架构协调应对的路径，美日韩三方频繁磋商，共同对朝"极限施压"，但进入 2018 年后，日本"被冷落在美朝、韩朝之间高调的谈判之外"。特朗普"在没有任何迹象表明朝鲜准备放弃核武能力的情况下对其无限宽容"，这使日本对事态的发展

① 吉崎達彦「日米中それぞれの思惑—米中間選挙後の米中関係—」、『東亜』2019 年 1 月号。

② Ben Westcott, "Donald Trump's Unconventional Diplomacy Is Pushing China and Japan Closer Together," Oct. 24, 2018, https：//edition. cnn. com/2018/10/24/asia/japan – china – us – trump – intl/index. html.

颇为忧虑。① 2018 年 6 月，美朝领导人举行会谈，美方没有按日本所请关照其利益——解决绑架问题、朝鲜中程导弹问题，相反却使日本直面"东亚地区的'1953 年体制'将走向终结"这一重大而紧迫的战略困境。② 无论是对朝政策本身，还是在推行政策的路径上，美日之间都出现明显分歧。

特朗普对朝政策的变化据信始于 2017 年 11 月，朝鲜成功试射洲际弹道导弹"火星－15"，并宣告完成"核导伟业"。"火星－15"在发射 53 分钟、飞行 4472 千米近程垂直弹道高度后坠入距发射点 950 千米的日本海。忧思科学家联盟（The Union of Concerned Scientists）就此发表声明，认为若按标准轨道而非高飞轨道飞行，则其射程可能超过 13000 千米。这意味着，理论上美国全境已被纳入朝鲜导弹射程。③ 国际战略分析界认为，朝鲜远程打击能力提高、开始对美国本土构成现实威胁，是导致特朗普改变对朝政策的关键因素。对美日同盟来说，朝鲜洲际弹道导弹技术水平的提升扮演了"规则改变者"的角色，因为"在美国眼里，这意味着对日提供安全保障的价值下降了"。④

（二）双边关系变化衍生出复杂多重的"三角意涵"

2017 年以来中日关系的改善，本质上是基于双方"以经济社会发展领

---

① Jonathan D. Pollack，"Abe in Beijing, the Quiet Accommodation in China-Japan Relations，"http：//www.sohu.com/a/271996844_617737.

② 宫家邦彦「『1953 年体制』終わりの始まり」、『産経新聞』2018 年 6 月 21 日。该文认为，1953 年《朝鲜停战协定》的签署使朝鲜半岛分裂格局固定下来，由此产生的地区稳定使日本战后重建、韩国的"汉江奇迹"、中国的改革开放成为可能。"1953 年体制"的稳定框架一直支撑东亚地区的和平与稳定。但如果朝鲜拥核成为既成事实，日本就将面临修改"无核三原则"的重大战略安全抉择，或允许美国核潜艇靠港、部署美国战术核导弹，或自身拥有核武器。

③ 朝鲜此前试射的"火星－14""火星－12"的射程覆盖美国太平洋基地和西太平洋地区，这些地区处于美国海基和陆基导弹防御系统防护之下。但是"火星－15"打击能力所及的美国中部和东部地区，目前尚不在导弹防御系统防护范围内。

④ Takako Hikotani，"Trump's Gift to Japan：Time for Tokyo to Invest in the Liberal Order，"*Foreign Affairs*，September/October 2017.

域的互利互惠为核心的双向多元合作需求"① 的内在驱动，但美国因素的持续发酵，无疑对中日相互走近产生了进一步的助力作用。首先，日美分歧的扩大直接增加了日本改善对华关系的动力。特朗普一系列"退群"行动、"交易型"外交政策，迫使日本接受双边货物贸易谈判，"削弱了半个多世纪来支撑东亚经济发展的体制和政策"，直接损害日本利益。"与美国保持紧密关系是安倍内阁的第一要务，没有哪个外国领导人像安倍那样为密切与特朗普的关系投入了如此多的政治资本。"然而安倍却基本上空手而归，所有幻想和设想都没有换得任何真正的特殊待遇，反而在贸易问题上招致美国相当粗鲁和敌对的态度。② 在"默默承受了许多沉重打击及个人羞辱"③后，安倍认识到，现任美国总统反复无常，日本需要对冲。④ 其次，美国因素促使中日领导人同时"对当前国际趋势产生了不安"。"特朗普政府为中日之间维持稳定但不亲密的关系提供了一个不言而喻的理由。"尽管两国领导人和公共舆论之间，特别是日本对中国仍存在深深的猜疑，但中日有足够的动机，至少在双边关系领域尝试"新常态"。⑤ 固然"在遏制中国崛起方面，日本少不了要与美国合作"，但随着日美关系负面因素的上升，"从促使美国回归自由贸易体制的角度出发，与中国合作的重要性也在增加"。⑥

对日本来说，"近年来美中关系已远远超出两国关系范畴，发生了质变，

---

① 杨伯江：《弘扬条约精神，推动中日关系重返正常发展轨道》，《东北亚论坛》2018 年第 5 期。

② Ben Westcott, "Donald Trump's Unconventional Diplomacy Is Pushing China and Japan Closer Together," Oct. 24, 2018, https://edition.cnn.com/2018/10/24/asia/japan - china - us - trump - intl/index.html.

③ Jonathan D. Pollack, "Abe in Beijing, the Quiet Accommodation in China-Japan Relations," http://www.sohu.com/a/271996844_617737.

④ Ian Bremmer, "Japan's Tricky Balancing Act between the U.S. and China," Oct. 18, 2018, http://time.com/5428169/risk - report - japan/.

⑤ Jonathan D. Pollack, "Abe in Beijing, the Quiet Accommodation in China-Japan Relations," http://www.sohu.com/a/271996844_617737.

⑥ 「米中に秋波とけん制」、『日本経済新聞』2018 年 5 月 18 日。

波及众多国家"，更成为决定日本外部环境的首要变量。中国全面发展与美国相对衰落的历史进程相互叠加，两国关系的"实力非对称性"特点逐渐淡化，美中关系最终可能演绎出两种情形相反但同样棘手的结果：一是全面协调和均势状态，即"G2"的形成；二是全面对立状态，包括权力转移理论所涉及的军事冲突。作为三角中最弱的一方，日本既不乐见中美过于密切，导致自身被边缘化，又无法承受中美关系过度紧张，迫使其选边站。所以，"无论美中关系朝哪种前景发展，日本都需要从国际协调主义立场出发，预先采取措施，避免受到冲击"。① 总体来看，在中美日三角发展演变的当前阶段，日本奉行的是以维护本国利益为核心的"日本优先"原则，② 基本政策是在中美之间保持动态"微妙的平衡"。

中日关系的改善没能解决两国间所有问题，结构性深层次矛盾依然存在，即便如此，中日关系"有限的改善"也足以扩大两国战略转圜空间，在一定程度上改变三角博弈态势。中美日三角"美日对华"基本格局没有变，但就国际合作而言，中日围绕如何重构秩序、建立规则存在分歧的同时，在维护多边主义、自由贸易体制这一最高原则方面存在共识。"维护多边贸易体系是中日共同的固有利益，两国领导人都认识到彼此的关系非常重要。""中日关系更为稳定的基础将始于经济的考量，包括双方可能探索以更为协调的方式推进亚洲基础设施的发展。中日都将基础设施投资视为长期外交政策的核心组成部分，尽管彼此在具体做法上常常出现分歧，但某些分歧并非不可弥合。"③

---

① 高木誠一郎・舟津奈緒子・角崎信也「米中関係と米中をめぐる国際関係」、『平成28年度外務省外交・安全保障調査研究事業　国際秩序の動揺期における米中の動勢と米中関係—米中関係と米中をめぐる国際関係—』、公益財団法人日本国際問題研究所、2016、1～2頁、http：//www2. jiia. or. jp/pdf/research/H28_ US－China/00－introduction_ takagi_ funatsu_ kadozaki. pdf。
② 吉崎達彦「日米中それぞれの思惑—米中間選挙後の米中関係—」、『東亜』2019年1月号。
③ Jonathan D. Pollack, "Abe in Beijing, the Quiet Accommodation in China-Japan Relations," http：//www. sohu. com/a/271996844_ 617737.

（三）日本战略自主性持续上升，中美日三角进一步满足了"三方都具有基本独立自主的对外政策"要件

从三角结构看，恰恰是力量最弱的日本一方，其充分的战略活跃度决定了中美日三边能够形成"三角"而不是"中美＋"的结构。2008 年国际金融危机后，尽管因内政因素偶有中断，但日本总体上一直在为"后美国霸权时代"的到来未雨绸缪，其国家决策机制持续调整、安全理念和政策不断更新、就地区秩序与合作规则积极发声，以综合手段有效弥补了因长期低增长而丧失的经济体量优势，保住了作为三角一方的战略地位。美欧战略学界认为，在过去十年的大部分时间里，日本都在对美国从亚洲实施战略收缩和撤退的风险进行前瞻性评估。[①] 安倍重掌政权后，更是大刀阔斧地进行改革，谋求安全领域的突破，以增强未来应对风险的能力。

2017 年以来，鉴于国际环境的巨变，上述风险看似更加迫在眉睫，日本追求战略自主、强化国际行为能力的趋向进一步显现，包括在国际战略上主导全球自贸规则与秩序重构、在地缘战略上主推"印太构想"、在大国关系上主打"日中协调"倡议。[②] 安倍内阁在继续将日美同盟置于外交首位的同时，积极寻求最小化"特朗普风险"造成的利益损伤，日益显示出维护"独立于美国的日本国家利益"的能力。[③] "日本的战略圈正在形成一种共识，即日本现在应该抓住机会，做它本来就应该做的事"，有人甚至建议实施"更果断的变革"。[④] 日本的相关举措还包括，在防卫领域，提前修订《防卫计划大纲》，装备常规高端武器系统，更新防卫观念，考虑突破防卫预算占国内生产总值（GDP）1% 的限制。

---

① Richard J. Samuels, Corey Wallace, "Introduction: Japan's Pivot in Asia," *International Affairs*, Vol. 94, Issue 4, July 1, 2018, pp. 703 – 710, https://doi.org/10.1093/ia/iiy034.

② 吴怀中：《日本谋求"战略自主"：举措、动因与制约》，《国际问题研究》2018 年第 6 期。

③ Jonathan D. Pollack, "Abe in Beijing, the Quiet Accommodation in China-Japan Relations," http://www.sohu.com/a/271996844_617737.

④ Richard J. Samuels, Corey Wallace, "Introduction: Japan's Pivot in Asia," *International Affairs*, Vol. 94, Issue 4, July 1, 2018, pp. 703 – 710, https://doi.org/10.1093/ia/iiy034.

（四）三角内互动与竞争重点围绕共建"一带一路"国家和地区、从西太平洋到印度洋一线区域秩序与合作规则展开

2017 年以来，国际社会对"一带一路"的认同度持续上升。是年 5 月在北京举行的首届"'一带一路'国际合作高峰论坛"，包括 29 位国家元首、政府首脑在内，共有 140 多个国家、80 多个国际组织的 1600 多名代表出席。"作为由单个国家提出的构想，在不到四年的时间里就能得到如此众多国家、国际组织响应，这在历史上是空前的。"自"一带一路"提出以来，中国在与共建"一带一路"国家构建或升级伙伴关系时，所签署文件中经济交流合作内容明显增多。中国与不同国家建立不同的、适合该国国情的经济交流框架，最后形成综合性多边自由贸易协定（FTA）网络，这被视为中国为改革全球治理体系、构建新型国际关系进行的布局。[①] 2017 年 7 月，AIIB 获得穆迪国际信用评级机构最高信用评级，由此得以发行低息债券，以已缴纳资金为基础完成新的融资目标。"一带一路"将产生"一石数鸟"的效果，包括促进国际产能合作这一中国企业对外投资新形态的发展，促进人民币国际化，迅速提升人民币在共建"一带一路"国家和地区的存在感，促进中国巨额外汇储备的有效利用。从趋势看，"一带一路"金融支持环境逐渐完善，"一带一路经济"的全球占比将进一步上升。[②]

针对中国"一带一路"倡议，2016 年 8 月安倍在第六届非洲发展国际会议（TICAD）上正式提出"自由开放的印太"构想，表示要"把从亚洲到非洲一线建设成为发展与繁荣的大动脉"，构筑一个"由高质量规则覆盖的从太平洋到印度洋地区的世界"，并在此后成功说服特朗普接受了这一概念。2017 年 11 月，特朗普亚太之行首次提及"印太战略"，并与安倍就为实现"自由开放的印太"加强合作达成一致。不过，在战略宣示层面以"印太"取代"亚太再平衡"后，美国政府迟迟未就新战

---

① 江原规由「一带一路をどう深読みするか―伙伴関係による一带一路 FTA の構築―」、『東亜』2017 年 11 月号。

② 伊藤亜聖「中国の『一帯一路』構想と日本」、『地域開発』2017 年 8・9 月号。

略做出系统性阐释与政策跟进。特朗普连续缺席东亚峰会、亚太经合组织（APEC）领导人非正式会晤等一系列重要会议，被视为对亚太地区"缺乏持续兴趣"，强化了外界"美国在减弱对亚洲的承诺，中国的作用正在增强"的印象。①

特朗普对重大战略问题表现出的"漠不关心"，使日本陷入"一种特别的焦虑情绪"之中，认为美国领导层基于稳定的国内政治基础设计、实施对外政策的能力在下降。② 为平衡中国的影响，日本尝试部分承担起原本属于美国的"角色"，把"如何努力引导世界秩序走向健康发展"作为头号战略课题③，把共建"一带一路"国家和地区、印太地区作为推行"战略性外交"、"安全外交"及传统经济外交、主导秩序重构与规则制定的重点区域。在外交安全领域，日本在日美同盟框架之外，与印度、澳大利亚、东盟国家建立合作伙伴关系，加强日韩情报合作，尝试与俄罗斯签订和平条约。在区域合作领域，日本坚守被特朗普抛弃的 TPP 框架，推动"全面且先进的跨太平洋伙伴关系协定"（CPTPP）于 2018 年 3 月签署，12 月 30 日正式生效。日本外交、安全及国际合作重点加速向亚洲回归的这一动向，被美欧战略学界称为"日本版的重返亚洲"，④ 明显带有因变行为特点，本质是对中国发展与美国衰落趋势的对冲。

三　基于三角之变的战略思考

中美日三角恢复活跃，为具有发展优势的中国在对外战略上动态把控"时"与"势"、在多边博弈中争取相对有利结果提供了新机遇、新抓手。

---

① 《特朗普缺席亚洲峰会，加剧人们对美国对本地区承诺的担心》，《华尔街日报》2018 年 11 月 14 日。

② Richard J. Samuels, Corey Wallace, "Introduction: Japan's Pivot in Asia," *International Affairs*, Vol. 94, Issue 4, July 1, 2018, pp. 703 – 710, https://doi. org/10. 1093/ia/iiy034.

③ 田中明彦「『自由で開かれたインド太平洋戦略』の射程」、『外交』2018 年 1・2 月号。

④ Richard J. Samuels, Corey Wallace, "Introduction: Japan's Pivot in Asia," *International Affairs*, Vol. 94, Issue 4, July 1, 2018, pp. 703 – 710, https://doi. org/10. 1093/ia/iiy034.

而三角中相对较弱一方以及影响三角平衡的外部变量，应成为相关战略操作的首选切入点。

（一）强化处理中美、中日两对双边关系的"三角思维"

尽管中美日三角"美日对华"的基本格局没变，但随着中日关系改善、美日分歧增加，2012～2016 年中日对抗加剧、美国对华政策负面因素上升导致的极度不平衡态势有所缓解；尽管美日同盟"美主日从"的基本结构未变，但在政治意愿、战略意识与实际操作层面，日本的自主独立性无疑空前上升。日本无法放弃日美军事同盟，也无法舍弃对华经济合作，并试图在此前提下增强军事能力，厚积战略资源，以"灵活的实力"应对可能的地区危机或安全环境的迅速恶化。日本对外战略的内在结构性矛盾即经济与安全的"二元结构"进一步凸显，在安全上不得不继续依赖美国、依赖同盟的同时，维护自由贸易体制、推动区域合作的动力增强。美日在"应对中国崛起"这一最高战略层面仍高度契合，但并非完全一致，更达不到美日两"点"无限接近、重叠为一"点"的程度。为此，中国应更注重日本作为独立"一角"的角色，对美日区别定位。

基于美国在三角中的顶点地位，中日关系很难达到"不受别国影响"[①]的理想状态。但从上述分析可以看出，中日关系对中美关系、美日关系的"反作用"在上升，并非后者的完全因变量，中国对日外交也越来越带有超越双边的全局意涵。从日方看，改善对华关系，也有借对华合作平衡日美关系、牵制特朗普对日用强的意图。日本战略自主性的加速提升，从长远看可能使中美面对"日本何去何从"这一共同的课题，但从近中期看，是可以利用的事态发展，为通过中日关系影响中美关系、美日关系创造了条件。战后日本靠"吉田路线"起家，经济利益、安全利益同为核心利益，难分轻重，日本在中美之间的平衡术，核心是避免在两个利益之间陷入选择的困境。从自身利益出发，日本需要阻止中美矛盾发展到不可调和

---

① 「他国に左右されない安定した日中関係に」、『日本経済新聞』2018 年 8 月 10 日。

的地步。[1]

较经济利益，安全利益往往带有紧迫性，具有"生死攸关"的特点，但基于自身经济产业体系特殊的安全脆弱性，日本对国际贸易战有着本能的恐惧。这源于它对全球供应链的高度依赖。"日本的经济增长在很大程度上依赖于复杂的供应链的弹性，这些供应链帮助建构了美中贸易相互依存，反过来又为美中贸易相互依存所塑造。"[2] 由于所需材料和工业设备遍布世界各地，日本企业尤其容易受到贸易下滑的影响。2008 年国际金融危机后，在世界主要国家中，属日本工业品出口额下滑幅度最大。日本判断，美国鹰派所主张的美中"脱钩论"不可能变成现实，但中美贸易争端向高科技、安全领域扩散并走向长期化，将对日本造成严重冲击。在贸易摩擦长期化背景下，相关国家经济增长率将承受 0.5% ~1% 的下行压力，中国的 GDP 年增长率为 6%，美国的 GDP 年增长率为 3%，即使减速也能保持正增长，但日本是相对的弱者，经济总量只有美国的 1/4、中国的 2/5，GDP 年增长率只有约 1%，只要下滑 0.5 个百分点就会损失惨重。[3]

（二）以灵活调整把控"时""势"，注重利用"动态相乘效果"

日本在推进构建区域合作框架的过程中充分利用"动态相乘效果"——在推动 CPTPP 谈判、达成协议过程中注重积累各种有形和无形的战略资源，后续再将这些资源充分用于推动其他谈判朝对自己有利的方向发

---

[1] Ian Bremmer, "Japan's Tricky Balancing Act between the U. S. and China," Oct. 18, 2018, http：//time. com/5428169/risk – report – japan/. 该文认为，从战略上看，日本在中美之间的对冲政策，只有在中美关系没有彻底脱轨的情况下才能奏效。如果事态发展到极端地步，包括发生军事冲突，那么日本将别无选择，只能站在美国一边。为此，日本要竭力避免出现中美矛盾失控的局面。

[2] Ali Wyne, "The Implications of U. S. – China Trade Tensions for Japan," https：//www. rand. org/blog/2018/09/the – implications – of – us – china – trade – tensions – for – japan. html.

[3] 吉崎達彦「日米中それぞれの思惑—米中間選挙後の米中関係—」、『東亜』2019 年 1 月号。该文认为，美国不少人认为中国"剥夺"了美国的繁荣，导致美国中产阶级没落。从经济角度看，这种指责根本就是错误的。国间贸易本来就具有双赢的关系，不是剥夺对方国家繁荣的零和游戏。美国有 7 万家企业依赖中国市场，失去中国市场是难以想象的。5G 时代即将到来，通信技术的开发如果没有中国的参与就将无法取得进展。

展。同样，日本对中美日三角以及中美两国政策带有明显的多重两面性，多重两面的具体内容及其排列组合不是一成不变的，而是随时处于动态调试之中，这也体现出对"动态相乘效果"的运用。

实证研究证明，日本对中美贸易摩擦的应对是一个随形势发展变化而不断修补、完善的动态调试过程。在特朗普对华强势施压的初期，日本先是附和美国、对华转嫁压力，避免矛头指向自己。2018年3月，"钢铁过剩产能全球论坛"在巴黎召开，美方出示调查清单并"追究中国的责任"，日本附议提出（导致钢铁产能过剩的） "震源地在中国"。① 4月，世贸组织（WTO）数字贸易意向国会议在日内瓦召开，日本与美国一道提出含有保障数据自由流通、禁止强制技术转移等高水平自由化规则的方案，矛头指向中国。但同月，中日高层经济对话时隔八年重启，双方就维护国际贸易自由化、推动经济全球化发展达成共识。同期，日方提出"自由开放的印太"与"一带一路"倡议并不是相互排斥的关系。9月，日美欧贸易部长三方会议发布联合声明，提出WTO改革方案，主张加大对补贴某些行业的"第三国"执法力度。10月安倍访华，中日双方就第三方市场合作达成多项协议。如此朝秦暮楚的背后，是面对特朗普强势施压、中美贸易摩擦升级，日本的忧虑同步上升，担心难逃池鱼之灾。日本尤其害怕被美制裁的"东芝事件"重演。中国是日本最大货物贸易伙伴，据中方数据，2017年中日双边贸易额重返3000亿美元规模，达到3029.9亿美元，同比增长10.9%。而在日本的对华出口中，使用了美国零部件或软件的商品可能成为美国制裁的对象。②

日本要在中美之间实施对冲，保持"微妙的平衡"，为此采取的战略步骤、政策举措往往表面看似矛盾，用词晦涩婉约，令人费解。对此看穿识破、精准把握，是中国外交调动中美日三角的认知基础。站在日方立场看，"必须不能留下日中一致对抗华盛顿的印象"，但维持稳定的对华关系对日本来说同样至关重要，所以也不能与美国一道对华施压。"像美国那样一味

---

① 「米中に秋波とけん制」、『日本経済新聞』2018年5月18日。
② 吉崎達彦「日米中それぞれの思惑—米中間選挙後の米中関係—」、『東亜』2019年1月号。

施压，只能迫使中国与其正面冲突，导致东亚和平陷入不稳定状态。""如果日美联手对华，加强对'一带一路'政治、军事层面的指责，将导致日中关系再度恶化。所以，日本只有更加自主地承担起维护东亚和平与繁荣的责任，并从这一立场出发，与中国展开密切对话，在安全保障与贸易投资两方面，努力将其拉进现有的规则之中。"① 日本对华展开"创新合作对话"，讨论在高端技术、知识产权等领域展开合作，以及就第三方市场合作提出开放性、透明性、经济性、财政健全性"四项标准"等，都是意识到美国对华态度趋于严厉、为在中美之间保持战略平衡而刻意提出的。从日方角度看，"四项标准"是为寻找"印太构想"与"一带一路"的接点而设置的前提条件②——虽然带有附加条件，但目标终究是寻找接点。

（三）把握"大国"与"周边"的内在逻辑，处理好"三角"外部平衡变量

2018 年 6 月中央外事工作会议提出，要运筹好大国关系，推动构建总体稳定、均衡发展的大国关系框架；要做好周边外交工作，推动周边环境更加友好、更加有利。要实现这一目标，前提是深刻认知"大国"与"周边"之间复杂深刻的内在关联性。实际上，美国的对华认知在相当程度上是由中国周边国家帮助塑造的，其中日本、东盟扮演重要角色。中美日三角是一个开放的系统，与外部环境相互作用，与地区秩序的整体构建息息相关，需要放到整体对外战略系统中定位和运作，而目标应是借助上述内在关联性，使大国外交与周边外交进入良性互动、良性循环。

在影响中美日三角走向的诸多外部平衡变量中，东盟尤其重要。美国、日本历来重视东南亚中小国家在推行地区战略、赢得大国博弈中的作用。2010 年 2 月奥巴马政府发布的 QDR 大幅提升东盟国家的战略定位，首次将其明确划分为正式盟友（菲律宾、泰国）、战略伙伴（新加坡）、可预期的

---

① 角崎信也「日米中それぞれの思惑—『平和友好』以後の米中関係—」、『東亜』2019 年 1 月号。
② 川島真「日中関係『改善』への問い」、『外交』2018 年 11・12 月号。

战略伙伴（印尼、马来西亚、越南）三类，提出要强化与正式盟友的关系、深化与战略伙伴的合作、同可预期的战略伙伴"发展新的战略关系"。① 较之美国，日本对东盟国家的政策更为细密，对东盟国家战略心态的把握更为精准，政策手段更富柔性。譬如，在借力东盟对华博弈问题上，日本就注意到，东盟国家在中日之间常常表现出政策两面性，"即便是与日本持相同立场的国家，在某些问题上也可能倾向于中国；而某些倾向中国的国家也会在某些情况下与日本持相近立场，即便不是从正面赞同日本，至少也不会站在日本的对立面"。为此，日本需要多下功夫，"使第三国理解日本的对华政策，不要将其误解为旨在阻止中国大国化的结盟政策。即使是在批评中国时，也要不断强调其目的在于指出中国的不当行为，而绝不是为了构筑'对华包围圈'以阻止中国的'大国化'"。② 2018 年 8 月，日本决定改称"印太战略"为"印太构想"，目的不仅是"避免刺激中国"，深层原因还在于迎合东盟国家"不想在中日之间选边站"的战略心理，博得其认同和接受。③

总之，包括中日关系在内，如果"周边关系不能大致地搞好，对美关系就没有大致搞好的希望"。近年来许多中美关系特别重要的不良方面和不良阶段，出自中国周边的"麻烦"或"乱子"，出自中美两国就这些"麻烦"或"乱子"的结构性和情势性摩擦、对立和竞争，出自美国对这些"麻烦"或"乱子"的鼓动、利用或"添乱"。④ 这应是这一轮中美摩擦带

① http：//odam. defense. gov/omp/Functions/KnowledgeManagement ＿ DecisionSupport/Strategy％ 20Ma nagement/FY07％ 20QDR％ 20Quarterly％ 20Updates％ 20to％ 20Congress. pdf.
② 高木誠一郎・舟津奈緒子・角崎信也「米中関係と米中をめぐる国際関係」、『平成 28 年度外務省外交・安全保障調査研究事業 国際秩序の動揺期における米中の動勢と米中関係—米中関係と米中をめぐる国際関係—』、公益財団法人日本国際問題研究所、2016、300～301 頁、http：//www2. jiia. or. jp/pdf/research/H28 ＿ US － China/20 － summary ＿ recommendation＿ takagi＿ funatsu＿ kadozaki. pdf。
③ 「インド太平洋消えた『戦略』政府が『構想』に修正」、『日本経済新聞』2018 年 11 月 13 日。
④ 时殷弘：《当前中美日关系的战略形势和任务——一种宏观视野的讨论》，《日本学刊》2015 年第 1 期。

给中国外交的深刻启迪。贯穿"百年未有之大变局"与中华民族复兴全过程，争取中国在周边有愈益增多的友国、战略中立国甚或严格意义上的战略伙伴，同时日益减少或克服紧邻中国的战略对手或对美国的战略附庸，将大大有助于减少甚或杜绝给美国提供客观的便利，使其无法塑造和加固旨在防范、钳制和抵御中国的"统一战略"。①

（原载《日本学刊》2019 年第 1 期，有删减）

---

① 时殷弘：《当前中美日关系的战略形势和任务———一种宏观视野的讨论》，《日本学刊》2015 年第 1 期。

冷战前期中国的对日政策研究

——兼论两国复交后存在的两个隐患

刘世龙[*]

冷战前期（1949～1972 年）中日从敌对走向友好：20 世纪 50 年代到 60 年代，中苏与美日对抗；70 年代初，中日美联合抗苏。这既是国际战略格局剧变的产物，也是中国对日政策成功使然。在此阶段，中国对日政策的核心理念是积累、渐进，目标是化敌为友，路径是"民间先行，以民促官"，手段是"打""拉""压"。本文拟概述中日建立、建设友好关系的长期性，详述冷战前期中国对日政策的目标、路径、手段，并分析复交后中日关系存在的两个隐患。

一　中日建立、建设友好关系的长期性

中华人民共和国最终与日本政府建立友好关系，是经历长期斗争与做了许多工作才得以实现的。1954 年 10～11 月，随中国红十字会李德全会长访日的代表团副团长廖承志明确告诉日方："中日友好是中国的国策。"[①] 周恩来总理为此提出了"瞻前顾后，日积月累，水到渠成"的方针。[②] 这是个提纲挈领的对日政策。"瞻前"是希望日本成为真正的和平国家；"顾后"是

---

　*　刘世龙，中国社会科学院日本研究所研究员，研究方向为日本对外战略、日美关系。
①　吴学文：《忆廖公》，《瞭望》1984 年第 23 期，第 17 页。
②　中华人民共和国外交部外交史编辑室编《研究周恩来——外交思想与实践》，世界知识出版社，1989，第 23 页。

要日本放弃干涉主义；"日积月累"是审慎而缜密地对日做工作，化解敌意；"水到渠成"是长期蓄能、造势，最终一举复交。为了化敌为友，中国做了四件大事。一是释放善意，在 20 世纪 50 年代友好地从事战后处理工作。二是制定交往规则，1955～1971 年相继提出对日外交五原则、一方针。① 三是发展对日贸易，20 世纪 50 年代与日本缔结四个民间贸易协议或协定，60 年代对日开展友好贸易和"备忘录贸易"。四是把握政治方向，1964～1972 年与日本建立半官方关系乃至复交。

要化敌为友，就须扩大团结面，缩小打击面。鉴于日本朝野对立，中国区别对待日本政府和人民、执政党和在野党、执政的自民党内的主流派和非主流派。中国团结自民党非主流派政治家松村谦三即为一例。1954 年廖承志访日时向时任改进党干事长的松村谦三说明中国为何把中日友好作为国策。松村表示："与中国友好相处，本来也应当成为日本的国策。但廖先生这次来访，未能成为政府的客人，令人惭愧。我愿为日中两国的修好而努力。"这次推心置腹的交谈，成为松村后来访华的动机。② 次年访日的郭沫若与刚辞去文部大臣一职的松村谦三深谈，为他后来同中国发展关系进一步奠基。③ 1957 年 4 月 15 日，周恩来总理获悉松村谦三想访华，当即表示欢迎，称可由外交学会张奚若会长邀请。④ 1959 年，松村谦三实现首次访华，周总理、陈毅副总理兼外交部部长、国务院外事办公室（外办）副主任廖承志与其进行了多次会谈。松村在 12 月 1 日离广州回国前告诉外办日本组的孙平化："现在的岸信介内阁已不可指望，但是日本的内阁不久将改组，我虽不会加入下届内阁，但会有较大的发言权，请给我时间。"⑤

---

① 对《日美安全条约》两原则（1955 年）、政治三原则（1958 年）、政经不可分原则（1959 年）、贸易三原则（1960 年）、复交三原则（1971 年）以及"两条腿走路"的对日贸易方针（1962 年）。

② 吴学文：《忆廖公》，《瞭望》1984 年第 23 期，第 17～18 页。

③ 王殊、肖向前等：《不寻常的谈判》，江苏人民出版社，1994，第 188 页。

④ 《周恩来总理接见日本社会党访华亲善使节团谈话记录》，1957 年 4 月 15 日，中国外交部档案馆：105－00540－05。

⑤ 孙平化：《我的履历书》，世界知识出版社，1998，第 64 页。

中日化敌为友为时 23 年。其间，中国放眼全局，基本保持战略主动。1952～1956 年，中国谋求与日本改善关系：1952 年，缔结首个中日民间贸易协议，提出协助日侨回国政策；1953 年，向日方提出和平共处政策，同意与日本互派常驻商务代表；1954 年，宽赦 417 名日本战犯；1955 年，邀请日本政要访华；1956 年，宽赦 1017 名日本战犯，建议与日本互换记者。但是，岸信介、佐藤荣作担任首相时，中国改善与日本关系的行动受阻。中国因此反制日本：对岸信介政府，中国暂时中断中日贸易，暂不邀请日本政要访问北京，并决定中日关系向好前不与日本互派常驻商务代表和记者；对佐藤荣作政府，中国在政治上待机、经济上缓进。日本友人冈崎嘉平太回忆称，那时，周总理告诉他们：“慢慢来吧，目标是中日友好，是中日合作。这急不得，所以慢慢来吧，花费些时间吧。”①

冷战前期中日初步化敌为友的特点有三。一是渐进性。两国人民从和解的愿望出发，做修好之事，以求前嫌冰释。在毛泽东主席领导下，周总理、陈毅、廖承志等从基础做起，日夜辛劳，对日做了大量的工作。1972 年 9 月 29 日中日复交，周总理欣慰地于次日说：“我们和日本是两千年的历史，半个世纪的对立，20 多年的工作。今天，我们已经看到时代螺旋式地前进了。”② 二是曲折性。1949 年 10 月到 1964 年，中日关系两度从敌对走向缓和。1955～1956 年是第一个缓和时期。此前的 1949～1954 年，以及此后的 1957～1960 年都是敌对时期。1961～1964 年是第二个缓和时期。此后又经过一个敌对时期（1965 年至 1972 年 7 月）才迎来两国复交之机。三是脆弱性。近代以来的中日敌对状态都是由日本造成的。中国因此警惕日本，其相关政策有三：（1）彻底解决中日关系中的台湾问题；（2）反对《日美安全条约》；（3）推动日本与战前的军国主义划清界限，走和平发展道路。

中日复交后建设友好关系之路比初步化敌为友之路更长，这是一个建

① 新华通讯社编译《举世悼念周恩来总理》，人民出版社，1978，第 321 页。
② 张锡昌、王义浩、王泰平、黄志良：《峰峦迭起——共和国第三次建交高潮》，世界知识出版社，1998，第 266 页。

立互信的过程。1972 年 11 月 9 日，周总理向日本前陆军中将藤田茂谈及他的设想："前不久，我与田中首相刚刚发表了恢复中日邦交的联合声明。这是经济基础不同的两国总理的书面保证。能否说这两个国家的邦交关系已真正恢复了呢？我认为，只有日本人民和中国人民真正做到从心里相互理解，最后建立起深厚的信赖关系时，才能形成一种子子孙孙，世世代代一直友好下去的睦邻友好关系。这需要很长的岁月。"① 不仅如此，周总理还担心日本再次与中国为敌。他告诫说："在日本，政治家也好，知识分子也好，军人也好，如果不研究东条英机侵略失败的历史，而且还要美化他，将来还要重蹈覆辙。"② 中国因此高度重视日本的历史认识问题，强调"前事不忘，后事之师"。由此观之，中日建设友好关系不但有长期性，也存在不确定性。

时至今日，中日两国仍处于非敌非友状态。如何避免两国关系倒退，是个难题。为避免陷入友好—敌对—友好的怪圈，中日需重视三点。第一，要友好，就须多合作，少冲突。这要求两国增进共同利益，妥善处理冲突。第二，没有诚信，就没有友好。中日复交前夕，周总理对田中角荣首相说："我们重建邦交，首先要讲信义，这是最重要的。我们跟外国交往，一向是守信义的。我们总是说，我们说话是算数的。中国有句古话说：'言必信，行必果。'你们这次来表现了这个精神。"周总理当场将"言必信，行必果"写出交给田中。田中也将日本旧宪法上的一句话"信为万事之本"写成汉字交与周恩来。③ 简言之，两国总理约定：讲友好，守信义。第三，友好必须是相互的。中日在 21 世纪是否再次敌对，取决于日本的对华态度。1964年 4 月 18 日，周总理曾告诉松村谦三："我们的政策是，凡是对我们友好的国家，我们就以更友好的态度对待他们；如果敌视我们，我们就以同样的态

---

① 李德安校译《周恩来与日本朋友们》，中央文献出版社，1992，第 236 页。
② 中共中央文献研究室编《周恩来年谱（1949—1976）》（下卷），中央文献出版社，1997，第 562 页。
③ 中共中央文献研究室编《周恩来年谱（1949—1976）》（下卷），中央文献出版社，1997，第 554 页。

度进行抵抗。但是敌视不为人先，这就是我们的原则。"① 此言表明：中国愿与日本良性互动，因而外交上后发制人、军事上不打第一枪。

二 中国对日外交目标：化敌为友

1955～1956 年，中国政府确立了视日本为被压迫民族、与日本化敌为友的外交目标。1952 年参加对日工作的王效贤回忆："根据毛泽东主席的指示，在中日关系问题上，中国和日本要友好相处，争取日本人民。对于日本上层，不仅要做'左派'的工作，对于'中派'和'右派'人士的工作也要开展起来。"② 因此，中国决定邀请日本前军人访华。1955 年 8 月刘宁一赴日参加首届禁止原子弹和氢弹世界大会时，日本前陆军中将远藤三郎向他谈及台湾问题演变成国际冲突的可能性。这是刘宁一抵日后首次听到如此有实质内容的话。他表示："我一回国就向上级报告。希望先生也来中国直接谈。"③ 同年 11 月 9 日，应外交学会张奚若会长之邀，远藤三郎随前首相片山哲抵达北京。同月 28 日，毛主席接见远藤时说："你是军人，你可以组织一批军人来中国参观，越右的越好，多找右的人来看看好。"周总理积极推动此事。他特别托廖承志在远藤临上飞机前转告：请他回去组织日本前军人到中国来参观。④

中国邀请日本前军人访华，是出于团结广大日本人民、深化中日民间交流的考虑。道理很简单，要与日本化敌为友，就须化消极因素为积极因素，团结一切可以团结的力量。1956 年 3 月 14 日，周总理在第二届全国政协常委会第十九次会议（扩大）上说："日本军人参观回去，对在日本做工作很有用处。我们不要希望他们来说好话，不让他们来，他们在日本反正也要说

---

① 中共中央文献研究室编《周恩来年谱（1949—1976）》（中卷），中央文献出版社，1997，第 636 页。
② 王效贤：《跟随廖承志开展对日工作》，《中共党史资料》2006 年第 2 期，第 88 页。
③ 遠藤三郎『十五年戦争と私』、日中書林、1974、354～355 頁。
④ 《关于特赦国内战争罪犯问题文献选载（一九五六年三月——九六〇年十月）》，《党的文献》1995 年第 2 期，第 20 页。

一百句坏话，如果他们来了，还说一百句坏话，总有人说几句好话，那情况就变了。他们当中有一部分人说了好话，对我们来说就是收获。"[1] 毛主席也在同年 4 月 29 日说："对日本我们也尽量争取，不管对它过去侵略中国的仇恨有多么大，我们对日本的资本家、日本的前高级军官也争取。一批过去侵略过中国的日本军人要求来中国看看，我们说可以。他们已经组织了一个十几个人的代表团，在五一节以后来。"[2]

1956 年 8 月 12 日，日本前军人访华团远藤三郎、金泽正夫（前海军中将）一行抵达北京。该访华团赴长春、鞍山、沈阳参观，并主动要求到抚顺战犯管理所访问服刑中的战犯，还参观了大连海军学校。这些人参观后都态度友好。9 月 4 日，廖承志书面请示毛主席：（日本前军人）"到了东北之后，解决了他们思想上的以下问题：甲、中苏友谊牢不可破，挑拨中苏关系没有用；乙、中国确有力量，这力量确在不断增长，和中国敌对或'再打仗'是不行了，还是友好妥当；丙、证明过去访问过中国的日本人所说的话是真实的，是实事求是的。思想上还存在的问题是：甲、中国现在投了如此重大力量搞建设，个人自由恐怕总受一些限制；乙、日本自己究竟怎样做，内部争论纷纷，但也认为不便和中国方面讨论，颇感苦闷。在这情况之下，为能使他们进一步扩大对日本的影响，主席接见他们一次确是有极大好处的。他们团内也确有此要求，但都说：'中国对我们这样客气，再提出来不知道是否太过分'。我也确信，如主席能接见他们一次，效果将是极大的。以上请指示。"[3] 毛主席当晚就在中南海会见了访华团。他说："我们欢迎日本朋友是真诚的。希望改善我们的关系……使它变为友好……中日若不友好，亚洲和平是不可能的。"[4]

周总理身体力行、广交日本朋友的个人因素也起到了重要作用。朝鲜战

①《关于特赦国内战争罪犯问题文献选载（一九五六年三月——一九六〇年十月）》，《党的文献》1995 年第 2 期，第 20 页。

②《毛泽东文集》（第七卷），人民出版社，1999，第 63 页。

③《廖承志文集》编辑办公室编《廖承志文集》（下卷），生活·读书·新知三联书店，1990，第 809 页。

④ 中共中央文献研究室编《毛泽东年谱（1949—1976）》（第二卷），中央文献出版社，2013，第 615 页。

争停火后，他就准备会见日本来访的重要客人。经过慎重选择后，他于1953年9月28日接见日本拥护和平委员会主席大山郁夫。夏衍回忆：周总理接见日本客人前，要亲自批阅中方接待单位提出的接待计划。"他有时亲笔在接待计划上一条一条地批注，提出他要了解的问题；有时甚至深夜打电话要我和接待单位的负责人（如文联各协会）向他当面汇报。"① 曾任中国人民对外文化协会会长的楚图南回忆："由我陪同去见过周总理的日本外宾数量之多，可以说超过许多国家的外宾。周总理对日本外宾所做的大量工作，影响之大、之深，是怎么评价都不过分的。"② 据不完全统计，1953年7月至1972年9月，周总理会见日本外宾311次。③

中国对日化敌为友政策既宏观（扩大国际统一战线），又微观（对日做工作）。在宏观层面上，中国主要做两件事。一是争取日本。1960年6月21日，毛主席表示，我们中日两大民族有合作的可能性，也有此必要，因为都受美帝国主义压迫，有共同立场。现在压迫中日两国人民的是美国。④ 二是积极促成相互承认。1955年周总理向日本友人表示："我们两个国家是靠近的，彼此'休戚相关'，我们两国和平友好，彼此承认，我们能长期合作，共存共荣。如果不承认，不来往，彼此就不安，不安就紧张，紧张就不好。"⑤ 在微观层面上，中国团结日本人民，共同推动日本政府放弃敌视中国政策。为与日本人民直接联系，早在1949年6月中国共产党就创办了国

---

① 中华人民共和国外交部外交史编辑室编《研究周恩来——外交思想与实践》，世界知识出版，1989，第23～24页。

② 《我们的周总理》编辑组编《我们的周总理》，中央文献出版社，1990，第309页。

③ 该统计数据包括周总理接见多国外宾的次数在内，1972年的数据为该年1～9月的次数，参见中华人民共和国外交部外交史研究室编《周恩来外交活动大事记（1949—1975）》，世界知识出版社，1993；田桓主编《战后中日关系史年表（1945—1993）》，中国社会科学出版社，1994。年均接见次数约为16次，可以说，在日本稍有一点代表性的人，他几乎都见过，参见《廖承志文集》编辑办公室编《廖承志文集》（下卷），生活·读书·新知三联书店，1990，第567页。

④ 中共中央文献研究室《毛泽东思想年编（1921—1975）》，中央文献出版社，2011，第900页。

⑤ 《周恩来总理接见日本教职员工会教育考察团的谈话记录》，1955年11月14日，中国外交部档案馆：105－00210－08。

际电台的日语广播。其时，廖承志任中央广播事业管理处处长，他每天都要从头到尾仔细审阅、修改全部日文稿件。[1] 1954 年 11 月 20 日，郭沫若向记者表示，双方文化工作者应增加互相往来，广泛地交换文化工作的成果；双方应在平等互利的基础上，广泛地交换彼此所需要的物资。[2] 两国扩大交流的结果是，1972 年复交时，中日友好的涓涓细流已汇成不可阻挡的大潮。

中日初步化敌为友须达成三个子目标。一是军事上保障国家安全。为此，1955 年中国就对日关系提出对《日美安全条约》两原则（反对《日美安全条约》，支持日本人民反美）。中苏关系破裂后，中国于 20 世纪 70 年代初转向联美日反苏。二是政治上恢复中日邦交。为此，中国提前做了许多本应在复交时乃至复交后做的事。三是经济上保障国家繁荣。为此，中国反对日本参与西方的对华禁运，尽力与日本正常交流人员、物资。这三个子目标充实了化敌为友政策的内容，既缺一不可又并行不悖。

为保障国家安全，中国反对日本联美反华。战后日本在三个问题上威胁中国的安全。（1）在美国阻挠下，1949 年中华人民共和国成立后未能与日本媾和，因而两国没有结束战争状态。（2）1950 年 6 月 25 日朝鲜战争爆发后，美国出兵中国台湾。日本配合美国，先于 1952 年 4 月 28 日与中国台湾当局缔结"和约"，后于 1954 年鼓吹"两个中国论"。（3）1951 年缔结的《日美安全条约》把日本拴在美国的战车上。对此，陈毅在 1959 年 10 月 23 日告诉松村谦三："只要日本不跟美国一起恢复军国主义，利用美国在日本的基地危害中国，也就没有问题了。但是日本同美国勾结在一起，利用美国在日本的军事基地危害中国大陆，把原子武器运进日本，恢复军国主义，重新进攻中国，那么任何友好都谈不上。"[3] 中国因此采取了两个行动。一是联合苏联反美日。这表现为 1950 年缔结《中苏友好同盟互助条约》。二是

---

① 郭瑄：《廖承志同志与我国的对日广播》，《中国广播电视》1983 年第 8 期，第 2 页。
② 田桓主编《战后中日关系文献集（1945—1970）》，中国社会科学出版社，1996，第180 页。
③ 《陈毅副总理会见日本友人松村谦三的谈话记录》，1959 年 10 月 23 日，中国外交部档案馆：105 - 00667 - 04。

谋求在东亚乃至亚太地区建立多边安全体系。中国就此提出两个建议：（1）远东国家订立和平公约；（2）中日复交后缔结互不侵犯条约，并扩大至远东和亚太地区。1972年中日复交，解决了这三个问题中的前两个（中日复交之日，即两国宣告结束战争状态和"日台和约"自然失效之时），第三个问题因中日美联合抗苏而潜在化。具体地说，中日复交解决了两国间关于中国台湾的问题，但未涉及《日美安全条约》。这使日本可能在该条约的框架内干涉中国内政。

为与日本复交，中国重点反对"日台和约"。这意味着，中国须与日本分裂中国的言行斗争，一俟日本放弃"两个中国"或"一中一台"政策，就果断地与之复交。中国为此做了两件事。一是确定复交门槛，先后提出三组不可谈判的原则：（1）1958年提出政治三原则，要求日本不发表敌视中国的言论，不搞"两个中国"，不阻碍两国复交；（2）次年提出政经不可分原则，推动日本对华外交格局从"政治——台湾当局，经济——中国"变为"政治——中国，经济——台湾省"；（3）1971年提出复交三原则，确保日本在承认台湾是中国的一部分的基础上，废除"日台和约"，与中国复交。日本政府接受政治三原则（1971年）、复交三原则（1972年）后，中日于1972年9月实现复交。二是推进与日本复交。中国不求快，只求逐步推进。这具体表现为"以民促官"，分三步复交：1964年4月前是第一阶段，两国以民间外交形式展开交流；此后至1972年7月是第二阶段，两国交往从民间外交上升为半官方外交；1972年7~9月是第三阶段，中日"官民并举"，成功复交。

为保障国家繁荣，中国提出三项政策。一是争取持久和平。1956年9月4日，毛主席就告诉日本前军人访华代表团，我们是刚开始进行建设的，我们需要时间、和平环境和友好。我们永远不要战争，要和平，要广大的朋友。因此希望和日本搞好关系。① 可见，中日友好与两国和平发展互为因

---

① 中共中央文献研究室编《毛泽东年谱（1949—1976）》（第二卷），中央文献出版社，2013，第615页。

果。1961 年 1 月，外交部第一亚洲司的一份文件讲得更直白："我国对日政策的基本着眼点一贯是支持和促进日本人民争取独立、和平、民主、中立和要求中日友好力量的发展，积极争取中间力量及其代表社会党，打击和推迟美日反动派复活军国主义的阴谋计划，以利于推动日本民族、民主运动的发展，维护亚洲和世界和平，从而有利于争取一个持久的国际和平环境，保证我国社会主义建设的顺利进行。"① 二是发展对日贸易。在日本参加美国主导的对华禁运局势下，中国欲用原料换日本的禁运物资、设备，需要推动日本政府支持对华贸易。三是愿与日本开展地区经济合作。1957 年 12 月 12 日，周总理设想："亚非国家中，除日本外，我们都是落后的国家。我们不需要互相竞争，互相排挤，因为那是帝国主义的做法。我们要平等互利，不要特权。我们亚非国家在经济上来个分工。这一点需要说服日本，不要在亚洲搞独霸，当然我们不是要把日本搞穷。日本有些物品和技术是我们需要的，他们需要的东西我们可以分担供应，如缅甸供给大米，中国供给铁砂、煤，东南亚国家供给棉花，印尼可供给盐，缅甸还可供一些石油……这样我们互相合作，大家都会发展。"②

三 中国与日本化敌为友的路径和手段

1949～1955 年，关于与日本化敌为友的路径、手段，中国是有一个逐步深化认识的过程的。关于路径，1952 年是"民间先行"，1955 年增加了"以民促官"。关于手段，前四年以"打"为主，后两年以"拉"和"压"为主。此后中国循"民间先行，以民促官"的路径，灵活运用这三种手段，走向与日本复交。

---

① 《外交部第一亚洲司：目前日本形势和中日关系》，1961 年 1 月，中国外交部档案馆：105 - 01467 - 05。
② 中华人民共和国外交部外交史研究室编《周恩来外交活动大事记（1949—1975）》，中央文献出版社，2013，第 226～227 页。

第一，周总理主张走"民间先行，以民促官"之路。[1] 本质上，这是服务于政治目标的国民外交：中国循先易后难、先左派后右派、先民后官的顺序，团结日本国民、民间团体、国会议员、在野党，共同力促日本政府改善对华关系。"民间先行，以民促官"有五个步骤。（1）1958 年 5 月的"长崎国旗事件"：1958 年 5 月 2 日下午，日本右翼分子在长崎市滨屋百货商店四楼展出中国邮票和剪纸等工艺品的展厅内，扯下了会场内悬挂的中国国旗。对此侮辱中国国旗的事件，日本警方处置不力，仅拘留日本暴徒数小时。因此，中国外贸部于同月 8 日决定停止对日进出口贸易。复交前，中国在政治上以民间友好推动官方友好，在经济上以经促政。（2）"长崎国旗事件"后，中国变以经促政为暂停对日贸易，促使日本政府接受政治三原则。（3）20 世纪 60 年代，中国继续以民间友好推动官方友好，同时签订民间贸易合同，推动中日关系半官方化乃至正常化。（4）20 世纪 70 年代初，中日复交的条件趋于成熟，中国一边做日本民间的工作，另一边把工作重点转移到日本的当权派上来。[2]（5）1972 年 7～9 月，中国通过民间、半官方、官方三个渠道一举与日本复交。

中国的"以民促官"政策屡经波折，方才成功。（1）1957 年，周总理提出分三步与日本复交的路线图。从国民外交到半官方外交再到官方外交。[3] 因发生"长崎国旗事件"，中国推行该政策受阻。针对岸信介首相的倒行逆施，中国提出政治三原则。为促使日本接受该三原则，中国通过日本友人和民间团体施压。这时，"以民促官"的行为体既有中国，也有日本在野党、利益集团和个人。1960 年池田勇人政府成立后，中日关系有所改善，但矛盾未根本缓解。中国在政治三原则上一步不退；日本在搞"两个中国"的路上越走越远。尽管如此，中国仍区别对待池田勇人和岸信介，尽力发展

[1] 中华人民共和国外交部外交史编辑室编《研究周恩来——外交思想与实践》，世界知识出版社，2013，第 2 页。

[2] 1971 年 9 月 19 日，刘德有向驻日记者吹风时传达周总理的指示，把对日工作的重点放在主要当权派上。参见王泰平《王泰平文存——中日建交前后在东京》，社会科学文献出版社，2012，第 265 页。

[3] 《周恩来总理接见日本社会党访华亲善使节团谈话记录》，1957 年 4 月 15 日，中国外交部档案馆：105-00540-05。

中日关系。1964年2月，廖承志向日本友人表示，为进一步扩大中日贸易规模，两国应相互开辟空中航线、互派常驻商务代表、互换常驻记者。① 中日能否迈出这三步，取决于日本政府的态度。由于日本政府反对开辟空中航线，中日在1964年只前进了两步（互派商务代表、互换记者）。中国由此达成与日本复交的过渡性目标（中日关系半官方化）。（2）因佐藤荣作首相反华，中国推动与日本复交的努力再次受阻。20世纪70年代初中美关系解冻，日本政界要求恢复中日邦交的呼声日隆。为推动日本政府接受一个中国原则，中国于1971年3月提出复交三原则。此后到1972年，以"民间先行"为基调，中日围绕复交三原则互动，成果有三：一是对佐藤政府形成压力，加速其倒台；二是废除"日台和约"成为日本三大在野党（日本社会党、公明党、民主社会党）的共识，"以民促官"格局在日本政坛形成，为田中政府接受复交三原则奠定民意基础；三是中国于1972年9月达成邀请日本首相访华的目标。

第二，冷战前期中国对日外交手段中，"打"指斗争，"拉"指吸引，"压"指善意或无情施压。中国运用这"三手"时既注意软硬兼施（与日本人民友好，与敌视中国的日本政府斗争），又注意区别对待（区别对待日本人民与日本政府，区别对待日本历届政府）。具体地说，对日本人民，中国支持左派，争取中间派。对谋求改善对华关系的鸠山一郎、石桥湛三、田中角荣三届政府，中国态度友好，即使施压，也往往出自善意；对敌视中国的吉田茂、岸信介、佐藤荣作三届政府，中国坚决斗争、无情施压；对摇摆于友好与敌对之间的池田勇人政府，中国鼓励其对华示好，反对其敌视中国。下面分述中国的三手政策。

（1）中国打击日本，往往不是主动出击，而是被迫反击。言论上，中国就四个重大问题批评日本政府的错误言行。一是围绕对日媾和问题，在1949～1951年反对日本与美国等片面媾和，维护中国的权益。二是围绕台

---

① 《参考资料》1964年2月24日。

湾问题，在 1954～1972 年先后发动五次斗争，打击日本分裂中国的活动。①
三是围绕《日美安全条约》问题，在 1951～1972 年先后发动三次斗争（缔
结该条约的 1951 年、修改该条约的 1960 年、无限期延长该条约的 1970
年），反对日本充当美国的帮凶。四是围绕日本重整军备问题，反对日本扩
军，警惕其重搞干涉主义。行动上，中国在三个涉台问题上反对日本政府的
错误政策。其一，1958 年岸首相在中日互派商务代表问题上屈服于台湾当
局的压力，中国大陆被迫中断对日贸易。其二，1965 年佐藤首相在售华维尼
龙生产设备问题上站在台湾当局一边，不准日本公司在向中国大陆出口时使
用国家银行的资金，从而使中日公司签订的合同不能实现。中国出于政治上
的考虑，停止赊购日本成套设备。其三，1969 年 11 月 21 日的《尼克松—佐
藤荣作联合公报》称中国台湾的安全是日本安全的最重要因素（"台湾条
款"），迫使中国大陆限制与中国台湾关系密切的日本公司。

　　针对日本政府在台湾问题上言行不一的做法，中国不给日本以脚踏两只
船之机，把日方的政治态度与民间贸易挂钩（开展友好贸易，同时在经济
上制裁日本的反华势力）。总之，只有坚决打击日本的反华势力，才能在坚
持原则的基础上迎来中日关系的转机。

　　（2）中国"拉"日，表现在办实事上。既对日本人民也对日本政府，
中国主要做三件事：1953～1958 年协助约 3.1 万名日侨回国；1956～1964
年陆续释放 1000 余名日本战犯；1972 年，为两国人民友好，正式放弃对日
索取战争赔偿权。对日本人民，中国主要做两件事：支持日本人民反美斗
争；从 1960 年起开展友好贸易。对日本政府，中国主要做四件事：1955～
1956 年，同情鸠山一郎内阁受美国压迫的处境，支持其对美独立性；
1953～1964 年，争取与日本互派常驻商务代表；1956～1964 年，争取与日
本互换常驻记者；1954～1972 年，要求日本接受和平共处五项原则。应该
指出，只有在日本政府对华采取接触政策时，中国"拉"日才有效，既能
促进中日友好，又可孤立美国。

---

① 参见刘世龙《冷战前期中国对日政策中的台湾问题》，《晋阳学刊》2015 年第 4 期。

（3）鸠山内阁时期，为推动日本对华友好，毛主席提出对日施压政策。[①] 中国对日施压方式有二：单独施压或与日本人民共同施压。两种施压的目的相同，即逐步开展中日友好运动，对日本政府形成越来越大的压力，最终使之放弃敌视中国政策。中国对日施压分善意、无情两种。1955～1957年，中国在中日北京谈判复交事宜时向日本政府施压，系出自善意，其目的有二：近期而言，改善中日关系，帮助日本摆脱美国的控制；长期来看，建立正常的中日关系。1958年中国暂停对日贸易，对岸信介内阁施压，要求其承认政治三原则，可谓无情斗争，其含义有三：不许日本搞"两个中国"；不许台湾当局干预中日关系；在中华人民共和国和台湾当局之间，日本应逐渐靠拢前者。

中国对日施压适可而止。兹举复交谈判的两例。其一，针对日方维护《旧金山和约》，中方坚持原则，指出该"和约"是非法的、台湾已经归还中国，同时允许日方承认台湾应当归还中国。这意味着鉴于战后日本已经实施《波茨坦公告》第八条，台湾已经归还中国是不争的事实。其二，针对日方维护《日美安全条约》，中方反对该条约，但是主张中日复交不涉及第三国。结果，中方允许日方使用充分理解和尊重中国政府关于台湾是中国领土不可分割的一部分的表述。这意味着：台湾问题是中国的内政，不容日本干涉。

四　复交后中日关系的两个隐患

复交前，中日关系的结构已极不平衡：民间在经济上友好，官方在政治、军事上敌对。这是美苏冷战使然。在中美关系解冻的1972年，中日解决了两国间的台湾问题，并建立友好关系。但是，中日友好关系先天不足。20世纪70～80年代中日美联合抗苏，也未能解决中日关系结构不平衡的问

---

① 中共中央文献研究室编《毛泽东年谱（1949—1976）》（第二卷），中央文献出版社，2013，第435页。

题，其表现有二。第一，1972年复交后，中日友好关系虽然从民间扩及官方，从经济扩及政治，但军事隐患犹存。这涉及《日美安全条约》。第二，复交后，中日建设友好关系，不但要深化民间和官方的交流，而且有待日本站在和平方面反对侵略战争。这涉及日本的国家发展道路。本文现围绕这两大隐患，详述如下。

第一，军事隐患问题。中日复交是两个主权国家的事，不涉及第三国，因而未解决驻日美军威胁中国安全的问题。这意味着复交后的中日友好关系仍是初步的，因为中国人民不理解，为何日本自称和平国家，却向追求霸权的美国提供军事基地。中国希望日本站在中、美之间，做太平洋上的和平桥梁。但是，日本与美国共进退，在《日美安全条约》的"远东条款"中，有干涉中国内政的隐患。这必然对中日关系产生消极影响。

中日不战乃至携手，对确保东亚和平至关重要。中日复交后，日本就台湾问题做出两个承诺。（1）1972年冬，日本承诺：关于1969年《尼克松—佐藤荣作联合公报》中的"台湾条款"，日本在运用《日美安全条约》时，将考虑中日友好关系，"慎重地加以照顾"。（2）在即将缔结《中日和平友好条约》的1978年春，日本承诺：关于《日美安全条约》中的"远东条款"，美国事前就出兵台湾与其协商时，日本将考虑中日友好关系，"慎重地加以照顾"。① 日本这样说，是因为它深知，《日美安全条约》与中日友好关系格格不入。问题在于，日本的这两个承诺并未改变《日美安全条约》的侵略性。至少，日本应宣布《日美安全条约》的"远东条款"不涉及中国。

《日美安全条约》的侵略性增大了中日关系发展前景的不确定性。冷战后重现日美对中国的"二对一"格局，导致中国坚决反对日本利用该条约遏制中国。2015年后，日美安保体系更具侵略性。这使中国面临两个新情况。

一是日本行使集体自卫权，导致客观上加大了支援美军的力度。2015

---

① 新华社东京1978年3月23日电。

年 4 月 27 日日美两国出台第三个《日美防务合作指针》后，日本对美承担更多、更具体的战时合作义务。同年，日本众参两院通过和平安全立法相关法案，以修改后的宪法解释为依据，事实上解禁了集体自卫权。这可能导致中日敌对。综合日美提出的各种设想，一旦台湾海峡发生战事，日本可能以13 种方式支援美军：守卫驻日美军基地；向美军提供更多的港口、机场、基地；反导；为美军护航；扫雷；从事船舶检查活动；阻止敌舰船活动；保护海上交通线；向美军提供后勤支援；向美军提供情报和通信服务；从事警戒监视；从事作战搜索，救助难民和遇险的美国军人，疏散非战斗人员等；实施经济制裁。这表明，与此前相比，台湾海峡有事时，日本自卫队可能支援美军乃至与美军联合作战的领域明显扩大，且是全方位的，涉及作战、后勤和情报三方面。不仅如此，在日美同盟中，日本自卫队的功能也日益强化。

二是日本逐渐成为"正常国家"，美攻日守的分工趋于瓦解。从 2015 年《日美防务合作指针》和 2015 年 9 月 19 日日本参议院通过的和平安全立法相关法案的内容看，日美战时合作将从日本"有事"、日本周边事态扩大到对日本有重要影响的事态、美国"有事"、与日本关系密切的第三国"有事"、亚太地区乃至全球范围的"和平安全合作"。这预示着，日本可能在更广的空间，更紧密地追随美国。从日美提出的设想看，日本可能放弃"专守防卫"战略。判断依据有三。（1）判断日本是否取攻势，关键看其是否承担海外军事义务。据此，美国或第三国"有事"时，日本若从事与其本土"有事"无异的作战行动，就是取攻势。（2）发生"重要影响事态"时，日本将主要从事后勤支援。这种支援即使规模有限，也可能干涉别国内政。（3）在亚太地区乃至全球从事"和平安全合作"时，日本将有限参加确保海上交通线的活动。这涉及反海盗、扫雷、防止大规模杀伤性武器扩散、反恐等。鉴于美国将继续搞全球霸权主义，日本可能在其本土、周边、亚太地区乃至全球配合美军作战。

第二，国家发展道路问题。干涉主义势力在战后日本始终存在，但在日本和平宪法的限制、日本人民和世界爱好和平的人民的反对下没有泛滥成灾。因此，1972 年复交后，中国继续警惕日本复活军国主义。同年 10 月 16 日，廖承志表示："中国人民反对复活日本军国主义的立场是一贯的。日本一小撮复活军国主义的势力并不因为中日邦交正常化就不再存在，就改恶从善、立地成佛。对于这股危险的势力，我们决不能放松警惕。"① 进入 21 世纪后，日本"正常国家"化，其未来发展的不确定性减小，危险性增大。在此背景下，日本若重搞干涉主义，有百害而无一利，轻则危害别国安全、制造国家间的不和乃至冲突，重则滥用武力。

图 1 表明，战后日本的国家发展道路有四种选择：和平国家、联美"和平主义"、联美干涉主义、脱美干涉主义。第一条和平国家的选项有二：（1）非武装中立；（2）拥有自卫武装，不结盟。第二条联美"和平主义"道路是战后日本走过的路：1947 年的和平宪法第九条规定放弃战争。但是，日本并未践行和平主义，而是逐渐脱离专守防卫政策，走上攻势化道路。后两条是日本可能走的路，其本质是成为攻守兼备的国家。这意味着，21 世纪日本国家发展道路不具有和平国家倾向，而具有干涉主义倾向。由此推断，中日既可能走向战略互惠，也可能走向战略对立。

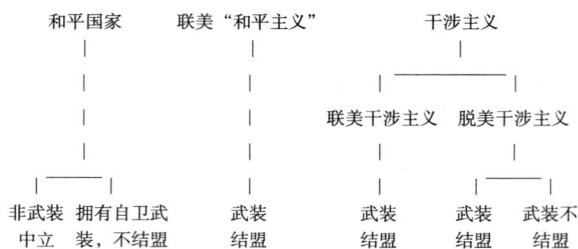

图 1　战后日本国家发展道路选项

综观战后日本 70 余年的历史，对其国家发展道路的诠释如下。（1）战后日本的国家发展道路之争存在于以非武装中立论为代表的和平主义与干涉主义之间。（2）军国主义时代在日本一去不复返。但是，战后日本的干涉

① 田桓主编《战后中日关系文献集（1971—1995）》，中国社会科学出版社，1997，第 124 页。

主义与战前的军国主义一脉相承，而非武装中立的和平主义是对战前军国主义的矫正。（3）21 世纪的日本行使武力的方式决定其走和平发展道路抑或干涉主义道路。（4）21 世纪的日本若奉行干涉主义，选项有二：脱美干涉主义或联美干涉主义。（5）整体上，日本近代史上的军国主义是脱美干涉主义。（6）未来日本可能从联美"和平主义"走向联美干涉主义，在美国的推动下发挥更大的国际军事作用。

鉴于《日美安全条约》和日本国家发展道路对中日关系的消极影响增大，未来中日两国能否友好，取决于日本何去何从。这正是冷战前期中国的看法。日本前外务大臣藤山爱一郎认为："周总理的对日政策是：日本曾经做过极其粗暴的事。但互为邻国，又离不开，所以要它成为不粗暴的国家。"① 为了减小中日交恶的可能性，笔者愿指出两点。第一，中日真正友好的前提是两国在战略上并行不悖乃至互惠。为本国乃至东亚安全计，中国不愿看到日本的国家发展走弯路。就中日关系而论，这要求日本政府至少做四件事：（1）政治上走和平发展道路；（2）思想上认真反省日本军国主义的侵略历史；（3）外交上尊重中方的核心利益；（4）军事上不敌视中国。但是，21 世纪的日本加强与美国的同盟，以应对中国和平发展。这显然是开错了药方。第二，中日各自走和平发展道路，就能相安无事。中国和平发展将增强其对日本的吸引力，日本也没有理由与中国作对。退一步说，即使日本奉行敌视中国政策，也不可持续。该政策难以为继之日，就是中日友好时期来临之时。

（原载《日本学刊》2018 年第 4 期）

---

① 中国新闻社编《廖公在人间》，生活·读书·新知三联书店，1984，第 198 页。

"东亚共同体构想"与中日关系的发展

王晓峰*

2009 年 9 月，日本民主党新政权上台后，鸠山由纪夫首相在外交上提出了一系列新的政策，包括建立"与美国紧密且对等的日美同盟关系"，构建"东亚共同体"等。① 其中，有关"东亚共同体"的构想最为引人注目，在亚太地区乃至世界范围内引起广泛热议。鸠山首相在随后的一系列出访中，不断提到"东亚共同体"。在 2009 年 10 月举行的中日韩领导人峰会上，"东亚共同体"作为三国共同致力实现的长远目标，被写入了《中日韩合作十周年联合声明》。

此举表明，作为东亚地区主要大国的中日韩三国对建立"东亚共同体"表现出了积极的姿态。但东亚各国乃至亚太各国对如何建立"东亚共同体"，如何明确其构成、作用和目标等则莫衷一是。作为积极倡导者，日本民主党新政权希望通过政权交替，在实现其 21 世纪国家发展战略目标的过程中，谋求更大的自主性和独立性，在国际事务中进一步发挥负责任的大国作用。其出发点是通过在亚洲地区建立区域共同体，来对抗欧洲的欧盟以及以美国为中心的北美自由贸易协定（NAFTA）。因此，"东亚共同体"构想的再次提出，在很大程度上意味着东亚各国乃至整个亚洲国家将与美国及欧盟在经济、社会及地缘政治等方面产生激烈的竞争。但是，任何所谓"共同体"都无法脱离政治，更无法抛开价值观的统合。没有共同的价值观和

---

* 王晓峰，中国社会科学院日本研究所研究员，研究方向为日本政治、中日关系。

① 参见鸠山由纪夫《日本的新道路》，《纽约时报》2009 年 8 月 26 日。

意识形态基础，"东亚共同体"就将形同沙丘楼阁。较之欧洲各国，东亚各国在民族、宗教、经济、社会制度等诸多方面差异巨大，建立政治、经济、外交、安全及文化等方面高度一体化的共同体实非易事。特别是在亚太经合组织、东盟、东盟"10＋3"机制、东亚峰会等区域合作机制运行良好的情况下，构建几乎涵盖整个亚太地区的"东亚共同体"将任重而道远。而日本民主党新政权要切实推进东亚区域合作，真正建立"东亚共同体"，以实施其重视亚洲的外交政策，那么，中日两国携手合作，进一步改善和发展两国关系，不断丰富中日战略互惠关系的内涵，全面开展各领域的务实合作必不可少。

一 关于东亚共同体及其两次失败经历

东亚共同体并不是一个新的概念。早在1990年，时任马来西亚总理的马哈蒂尔就提出了"东亚共同体"的概念，被认为是提出东亚共同体设想的第一人。但马哈蒂尔的想法因为美国的严重抗议和日本的退出无果而终，没有付诸讨论。1995年，东盟决定在每年举办一次的首脑会议时，欢迎亚洲其他国家的首脑与会。1997年，东盟与中日韩三国"10＋3"合作机制正式建立。2000年，马哈蒂尔又提出了"东亚峰会"的设想。2001年，参加"10＋3"会议的东盟与中日韩13国26位专家组成的"东亚展望小组"提出了建立"东亚共同体"的报告，为东亚地区合作提出了发展蓝图。

东亚共同体构想自提出之日起，受冷战格局及国际形势深刻而复杂的变化影响，先后经历了两次失败。第一次是在1990年。当时的马来西亚总理马哈蒂尔提出建立"东亚经济集团"，其目的是要建立一个东亚自由贸易区，其基本思想是建设一个完全本土化的经济合作机制。显而易见，经济多元化和地区经济一体化是符合东盟利益的。虽然作为一个整体的东盟是促进地区经济一体化的最为积极的力量之一，但东亚地区中日韩三国的经济实力及其对东盟的影响巨大，推进区域经济一体化建设离不开中日韩三国的积极参与。因此，马哈蒂尔所倡导的东亚共同体，主要是建立由东盟加上中日韩三国组成的自由贸易区。但马哈蒂尔的"东盟＋3"模式把美国排除在外，因而引起了美国的强烈不满。在美国的影响下，当时东亚地区最强的经济实体日本宣布退出东亚经济论坛，马哈蒂尔所倡导的东亚共同体便失去了意义，结果不了了之。

第二次是在2003年底。日本与东盟国家举行特别首脑会议，会后发表的《东京宣言》确认了建立东亚共同体的目标。这标志着自民党的小泉政府重启建立东亚共同体。小泉政府旨在借助本国经济实力的恢复，扩大国内经济恢复的成果，借助美国的支持，企图主导东亚地区合作。小泉政府的东亚共同体构想虽然也考虑了经济合作等诸多因素，但当时的小泉政府更愿意将民主、人权、军事安全等非经济的内容尽快塞入东亚共同体的合作框架中，以便与被日本视为"威胁"的中国等与日本体制不同的国家相抗衡，具有浓厚的对立与对抗的色彩，并主张把美国纳入其中，使其成为东亚共同体的一员。小泉政府此举引起了东亚各国，尤其中国和东盟国家的警觉，被认为是日本图谋借助美国势力主导东亚事务，引美国人插手东盟事务之举，因此遭到中国和东盟各国的反对。时任日本首相的小泉纯一郎施行唯美是从、不惜恶化与亚洲邻国关系的外交政策，导致其构筑东亚共同体的倡议在东亚遭到各国冷遇，自民党版本的东亚共同体构想亦宣告失败。

近年来，东亚地区逐渐出现了走向共同体的动向。特别是受国际金融危机的影响，世界各国都不同程度地出现了经济衰退，日本、美国及欧盟等经济体亦遭重创。反观亚洲，以中国为首的新兴经济体却能在金融危机中积极采取妥善的应对措施，使本国经济继续保持较好的增长势头，亚洲尤其是东亚地区成为引领世界经济复苏的引擎。亚洲各国经济发展极不均衡，加之欧盟的一体化成绩，让很多亚洲国家眼热，期盼亚洲能出现类似欧洲共同体那样的东亚共同体，以便合理利用资源，加强区域合作，促进经济发展，共同防范国际金融危机对各国造成的冲击。

随着日本实现政权交替，民主党政权采取重视亚洲的外交政策，积极倡导建立东亚共同体，并将其设定为国家目标。此举虽未获得东亚各国的一致认可，却引起了广泛的热议。

二　日本民主党政权倡导东亚共同体的背景

（一）民主党政权的政治需要

东亚共同体构想并不是日本民主党鸠山新政权的专利，此前在日本以及亚洲其他国家的学术界和政界早有议论。小泉纯一郎任首相期间，日本就明确向东南亚国家提出了东亚共同体的构想。[①] 2003 年底，东亚共同体构想在日本和东盟国家特别首脑会议上被写入《东京宣言》。当时日本自民党政权提出这一构想，旨在突出日本和东盟的战略合作关系，加强日本与东盟的经济联系，确保日本在东亚经济外交中占据主导地位。但日本在推销这一构想时遇到了种种困难，主要体现在小泉政府采取对美一边倒的政策，致使中日关系跌至低谷，高层交往中断数年，而且日本与东亚其他国家关系也出现了危机等。因此，有关东亚共同体这一话题逐渐淡出了日本的外交。如今，东亚共同体高调重返日本外交，与新上台的民主党政权的内外政治需要紧密相关。

冷战结束以后，日本自民党政权一直将日美同盟关系作为其外交的基轴，并依靠美国的军事力量来保卫本国的安全，这就使日本在政治上处于依附美国的地位，在外交上和国际事务中很难对美说"不"。当时在野的日本民主党为显示与自民党的区别，一直严厉批评自民党的外交路线是"追随美国"。在 2009 年月众议院选举中，在野的民主党击败自民党而一跃成为执政党。民主党新政权在外交上明确提出要建立"与美国紧密且对等的日美同盟关系"，意在构筑更加具有独立性和主动性的外交战略。[②] 然而，摆脱对美追随的状态而实现"对等"就需要为日本外交找到新的定位，采取重视亚洲的外交政策就成为必然选择。东亚共同体就成为日本加强亚洲外交最

---

① 参见《关于东亚共同体设想的思考》，《东亚共同体评议会会报》2009 年秋季号。

② 《民主党竞选公约》，2009 年 7 月 27 日，http://www.dyor.jp/special/manifesto2009/index.html。

好的口号，并被明确写入民主党的"政权公约"。① 因此，鸠山由纪夫上台后，在其一系列的出访中不断推销东亚共同体的构想，便成为顺理成章的事，也是民主党新政权兑现"政权公约"的首要任务之一。

（二）基于国家利益的选择

日本民主党新政权推出东亚共同体构想，是日本面对国际形势的复杂变化而做出的政策调整，也是基于国家利益做出的选择。东亚共同体的核心目标，就是要在日本所处的东亚地区创建稳定的经济合作与安全保障框架。

冷战格局终结后，美国成为世界上唯一的超级大国，追随美国仍能为日本带来很大的战略利益。但是，随着经济全球化的进展和世界格局多极化趋势的逐渐明朗，美国已很难再一家独大。进入21世纪后，以中国为代表的新兴国家的蓬勃发展，使当今世界格局出现重大变化。中国经济持续稳定增长，特别是在国际金融危机重创世界经济的情况下，与日本经济的停滞不前相比，中国通过采取积极而稳妥的应对措施，收效明显，已呈现摆脱金融危机影响和维持经济高速增长的态势，为世界经济的复苏起到了很好的示范作用。中国在国际事务中的政治影响也在迅速增长，甚至一度出现了"中美"G2的提法。亚洲其他国家和地区经济发展势头亦相对较好。而作为国际金融危机源头的美国，却因为伊拉克战争、阿富汗战争的严重后果而国际威望下降，单极控制世界已显力不从心，其实力日渐下滑。日本仍然依靠美国而谋求最大的战略利益，已变得越来越困难，转而把目光投向经济发展活力强劲的亚洲，则成为日本确保国家利益的最佳选择。日本民主党新政权诞生伊始，鸠山由纪夫首相就提出东亚共同体构想，其目的是想通过东亚共同体的建设为日本经济的恢复和发展寻找出路，顺应全球化发展大势，在地区合作中谋求日本的发展。

此外，日本与中韩等亚洲国家的联系日益紧密。2007年，中国已超越

① 《民主党竞选公约》，2009年7月27日，http：//www.dpj.or.jp/special/manifesto2009/index.htm。

美国成为日本最大贸易伙伴。因此，备受国际金融危机打击的日本经济的复苏也有赖以中国为首的亚洲市场。在许多重大的国际和地区问题上，日本发现没有中国的参与已难以解决，也越来越感受到美国对中国的重视正在超越对自己的关注。

在此背景下，前执政的日本自民党就已经开始转向加强亚洲外交，小泉之后的安倍、福田和麻生三任首相都致力于恢复和发展与中韩等国的关系，并出现了"新福田主义"等重视亚洲外交的走向。而民主党新政权的东亚共同体构想，则是在重视亚洲外交方面迈出了更大的步伐。

三 东亚共同体中的美国因素

对于日本民主党新政权所倡导的东亚共同体构想，美国首先表示疑虑。2009 年 10 月，日本首相鸠山由纪夫在中日韩领导人峰会上表示："一直以来日本有些太过依赖美国，日美同盟虽然重要，但是未来希望能采取更加重视亚洲的政策。"这一表态引发美国不满。特别是关于东亚共同体构想，日本政府内部也出现了不希望美国成为正式成员的声音，这些都招致美国的担忧。鸠山随即表示，并未打算把美国排除在共同体之外。之后，鸠山在东盟与中日韩领导人会议上再次强调重视日美同盟，旨在向美国传达一个信息，即重视亚洲并不等于轻视美国，日美同盟关系仍然是日本外交的基轴。但实际上，美国更为担心的是鸠山对于东亚共同体的另一种表态：希望按照欧盟的形式建立一个东亚共同体，即在亚洲建立与美国和欧盟并驾齐驱的世界经济"第三极"。

长期以来，美国在国际事务中极力推行单边主义政策，引起其他国家的诸多不满，而美国则更加重视在亚洲的存在，并试图"重返亚洲"。[①] 在此次金融危机中，以美元为主要结算货币的国际货币和经济体系的弊端暴露无

---

① 参见《亚洲的崛起和美国亚太战略的调整》，国际关系论坛，http：//bbs. newslist. com. cn/thread - 31940 - 1 - 1. html。

遗。当年欧盟的建立，就是以反对美国霸权为宗旨的，而欧元的建立，更是打破了美元一统天下的格局。东亚共同体如果按照欧盟的模式建立，那么也必然在这两个方面发挥功能。即使未来美国以某种形式加入东亚共同体，也不可能改变这两个主要功能，否则，东亚共同体就会名存实亡。

美国负责东亚和太平洋地区事务的助理国务卿坎贝尔表示，亚洲地区有很多的合作机制，如亚太经合组织、东亚峰会、东盟"10+3"机制，以及现在的中日韩领导人峰会等，"美国有一些原则，其中最为重要的就是，涉及安全、经济、商业的重要机制都不应该将美国抛在门外"。对于日本民主党新政权的亚洲外交，坎贝尔表示，美国欢迎日本发展同中国和韩国更友好的关系，但日美同盟仍然是亚太安全的基石，无论未来亚洲出现哪种主导机制，美国都将参与其中。2009年11月13日，奥巴马总统与鸠山由纪夫举行会谈，在其后日美两国领导人共同举行的新闻发布会上，奥巴马表示"美国将强化美日同盟关系，为这一地区的安全做出努力，构建面向未来的新型同盟关系"①。

实际上，东亚共同体仅仅是构想，目前并无明确的范围，也没有大致的路线图，而且明显存在很多潜在的困难。但美国仍然如此敏感，恰恰反映出东亚国家强化区域合作的重要性。如果东亚各国决心自己处理东亚事务，特别是东北亚的中日韩三国表现出强烈的合作意志，那么无论美国如何反对和介入都是没用的。因此，现在的问题不是美国是否介入东亚合作的问题，而是东亚国家特别是中日韩的意志是否坚决的问题。只要东亚国家共同致力于推进东亚共同体建设，美国就只能在外部寻找与东亚共同体合作的途径。

四 东盟与东亚共同体

随着全球化的发展，区域一体化和区域经济组织在世界各地蓬勃发展。

---

① 参见《美国总统奥巴马的亚洲外交政策演说》，http://www.asahi.com/intemational/update/1114/TKY200911140237.html。

在当今世界的三大经济区中，欧洲和北美已经朝着地区经济一体化方向迅猛发展，政治合作和安全协调也有了显著发展。较具代表性的地区一体化组织是欧盟和北美自由贸易协定。而东亚地区虽然已做出许多努力，但在区域一体化方面仍然相对落后。东南亚地区的区域共同体建设早在20世纪60年代就已开始，但直到冷战结束，共同体建设一直没有取得实质性成果。该地区一体化从一系列次地区机制的形成开始，是一个循序渐进的过程。其中最重要的发展是1967年东南亚国家联盟（东盟）的建立。东盟现有10个成员国，拥有大约5.8亿人口，目前已发展成为一个具有很大吸引力的市场。东北亚地区的三个重要国家——中国、日本和韩国也加强了与东盟在经济领域的磋商与协调。

在区域一体化问题上，虽然东盟对日本首相鸠山由纪夫提出的东亚共同体这一"长期构想"表示欢迎，但并不隐讳其疑惑和警惕。尽管中日两国对东亚共同体的建设具有重要的影响力，但毫无疑问，东盟时刻警惕东亚共同体的主导权旁落。

截至目前，东盟已陆续与中国、日本、韩国、印度、澳大利亚、新西兰等国签署了自由贸易协议。2010年东盟与中国的自由贸易协议将正式生效。东盟成立至今，一直谋求以东盟为基础向外扩大发展空间，加强区域合作，促进经济增长。因此，对于近年来各国热议的东亚共同体设想，东盟自然是欢迎的。但东盟认为，无论是什么名称的共同体，东盟必须是共同体的核心。澳大利亚总理陆克文倡导的亚太共同体，就把东盟当成核心角色。日本首相鸠山由纪夫也表示，东盟是真正的东亚中心。目前，东盟和许多亚洲国家签署了自由贸易协议，东盟已基本具备发展东亚共同体的良好基础。但是，东亚共同体目前仍是一个没有任何实质内容而且很遥远的概念，无论是相关会议还是哪些国家可能参与共同体等具体问题，现在都无从谈起。

对于本地区现有的几个区域组织的合作架构，东盟认为今后都有必要做出调整，以确保它们的开放性，促进与本地区以外各国在经济、政治及文化等领域的联系。目前，虽然美国除了亚太经合组织之外，并不是其他主要区域组织如东亚峰会或东盟"10＋3"机制等的成员，但自二战后，美国已同一些亚太国家建了正式的双边关系，具备一定的合作基础。因此，东盟认为，从平衡区域全盘势力的角度考虑，美国的参与是必不可少的。

五　建立东亚共同体所面临的现实问题

日本首相鸠山由纪夫提出的东亚共同体设想，虽无具体内容，但已引发东亚各国的热议。从国际上的反应看，中韩两国已经对东亚共同体构想表示了支持。但一个不争的事实是，要实现这一构想将困难重重。

对于日本而言，日美同盟关系是其外交基轴，即使民主党上台也无法改变这一现实。今后在如何处理东亚共同体与美国的关系上，日本民主党新政权将面临严峻的考验。如果美国成为东亚共同体成员，东亚共同体就将不伦不类。而美国也不愿亚洲形成共同体而削弱其在亚洲的影响力。因此，如果将美国排除在共同体之外，就会导致日美同盟关系产生裂痕。

鸠山已明确表示中日韩是东亚共同体核心。但是，中日韩三国在历史问题和领土问题上存在争端，特别是中日两国还有能源开发、领海问题的冲突等。到目前为止，东海边界的划分仍然悬而未决。特别是在小泉纯一郎时代，每年都以首相名义参拜靖国神社，引发了中韩两国强烈抗议，也导致亚洲国家对日本的普遍不信任。这些都影响到双边关系的正常化。特别是中国和日韩两国在政治体制和意识形态上存在巨大差异，要实现欧盟式的政治一体化非常困难。除此之外，中日间还有"藏独""疆独"引发的两国外交冲突，这些都起着恶化双边关系的负面作用。即使是在鸠山提出的应优先发展的经济合作方面，由于发展水平各异，三国在经济一体化最基础的自由贸易协议签署问题上都迟迟无法取得进展，更不用说设立共同货币。

从整个东亚及东盟的情况来看，各国在政治体制、宗教社会、语言文化、经济发展水平等方面也千差万别，缺少欧盟成立前的早期西欧国家那种一致性，东亚要实现一体化将是困难重重。特别是主导权的争夺、宗教信仰的不同、领土领海的纷争、历史问题上的认识差异、各国国内的反对意见等，都严重制约东亚共同体的进程。

中国政府对东亚共同体问题表明了慎重而理智的看法，诚如温家宝总理所说，"东亚共同体不能一蹴而就"。的确，东亚国家政治经济模式多样，资本主义、社会主义、市场经济、计划经济，还有君主立宪、军人政权共存，意识形态和政治经济模式分歧巨大，构建东盟、亚太经合组织这样的松散型组织容易，想将其提升为欧盟那样的高度一体化组织将非常困难，这就使东亚共同体的组建障碍重重，不可能一蹴而就。

六　东亚共同体对中日关系的影响

中日两国结束了多年的政冷经热、高层互访中断数年这一不正常状态后，以胡锦涛主席访日为契机，中日两国确认了共同致力于构筑战略互惠关系的发展战略，为中日关系的健康发展创造了良好的条件。日本同意与中国建立战略互惠关系，也是日本在国际格局正在调整变化的关键时刻做出的历史必然选择。历史证明，建立和发展中日睦邻友好合作关系，不仅有利于两国的繁荣和发展，而且对争取亚洲乃至世界的和平、稳定与发展具有重要意义。

作为东亚地区两个主要大国，中日两国在政治、经济、外交、防务及文化等诸多领域的交流不断深入，人员往来日益频繁，特别是中国超越美国成为日本最大的贸易伙伴，两国在经济领域的交流与合作不断深化，尤其在应对国际金融危机方面，中日两国均采取了积极而有效的措施，出台了一系列经济刺激政策，不仅中国经济保持了持续增长的良好势头，日本经济也显现出摆脱多年停滞不前、逐渐复苏的迹象，这些都为中日两国携手合作应对金融危机，共同致力于东亚共同体的建设创造了良好的条件。

进入21世纪，中、日、美三边关系发生了重大转折，中国发展迅速，国际影响力显著增强，中日经济联系加强，美国经济实力已呈衰减趋势，大环境迫使日本不得不回归亚洲。中日携手合作不仅可以稳定亚洲的局势，包括朝鲜半岛局势的转趋平稳，也可以加速东亚的经济增长，促进东亚经济共同体的实现。作为亚洲国家，日本希望亚洲保持稳定与繁荣。而为了亚洲未来的稳定与繁荣，日本希望建立东亚共同体。因此，日本必须加强并发展与中国、韩国等邻国的关系。日本将积极致力于解决与朝鲜半岛有关的问题，并推进着眼于未来建立东亚共同体的地区合作。

日本民主党新政权上台后，采取了重视亚洲的外交政策，并积极倡议在亚洲构建东亚共同体。民主党在其竞选纲领中强调"以构建东亚共同体为目标，确立亚太地区区域合作"。民主党所说的重视亚洲，即主张推动东亚共同体和亚太区域内的合作，是民主党对外政策的重点之一。关于东亚共同体问题，中方表明了积极参与的态度。关于组建东亚共同体的原则，中国国务院总理温家宝给予了高度概括："要遵循开放包容、循序渐进的原则，凝聚共识，深化合作，朝着建立东亚共同体的长远目标不断迈进。"中国外长杨洁篪在上海举行的中日韩三国外长会议上指出，中国是最早倡导和支持东亚共同体建设的国家之一，并积极参与了东亚合作和一体化进程。中方将继续以开放的态度同各方一道推进东亚区域合作，本着循序渐进的一贯做法推进东亚共同体建立。

面对中日关系的新局面，中日两国必须从长远战略角度和两国共同根本利益出发处理双边关系。只有这样，才能为亚洲乃至世界的和平与发展做出贡献。总之，中日两国关系迎来了难得的健康发展的契机，只要两国能够抓住机遇，就能够不断扩大共识，深化务实合作，共同构筑 21 世纪的中日战略互惠关系，造福中日两国人民。

（原载李薇主编《日本发展报告（2010）》，社会科学文献出版社，2010）

论构建中日新型国家关系[*]

吴怀中^{**}

安倍晋三自 2012 年二次上台以来的执政时期，正值中国新一届领导集体带领中国奔向"两个一百年"奋斗目标、实现中华民族伟大复兴"中国梦"的关键阶段。^① 有目共睹的是，"安倍路线"引导下的日本，不仅试图"夺回强大日本"、实现重新崛起的安倍版"日本梦"，也正从各方面对中国实现以上国家战略目标产生种种明显的干预和影响。与此同时，以双方的对外重大战略方针出台为标志，在安倍执政以来的三年多时间，中日在战略与全局层面上对对方的评估、定位、核心对策应该说已初步确立和就位，双方都竭力将两国关系纳入各自一系列整体的大战略框架中进行设计和处理，以使自己的国家顺利实现安全与发展的总目标，进而在大国博弈加剧、权势格局加速调整的国际社会占据有利地位。^②

大约从 21 世纪第二个十年起，以经济总量反转、定位调整为主要标志，包括相互认知、政策应对、依存程度、交往方式等诸多因素在内，中日关系

进入了一个由诸多新特征综合而成的新时期，开启了或将持续较长时期的
"新常态"阶段。"常态"是指回归到中日历史长河中基本由中国占据相对
优势的关系状态，"新"是指过去没有的时代特征，并且是以上诸元素的综
合之新。安倍执政时期被认为是从 2012 年到 2020 年，主要在 21 世纪第二
个十年的这个区间。这个时期的中日关系，处于新时期阶段的入口区间，面
临双方经过"战略错肩期"的集中磕碰与磨合后能否导出积极后果及新型
关系模式的重大局面，具有承前启后的重要意义，将对今后两国关系格局及
各自国家发展走势产生长远影响。因而，就此进行宏观上的"中期盘点"
是很有必要的。①

一　关于中日新型国家关系的战略目标

中国的对日战略目标，从国家根本战略利益和长远目标来看，应是在确
保核心利益不受侵害的情况下，能够让"日本因素"为我所用、服务于大
局，即应以争取日本不阻挠或不过分阻挠中国国家战略的实现为第一要义，
使日本在中国快速发展进程中尽量多地发挥正能量作用、尽量少地发挥负能
量作用，不成为中国快速发展道路上始终相随的巨额负资产。但中短期内的
中日关系，难以达到战略互信、政治友好、军事"撤防"的状态，单纯友
好并非现阶段对日关系建构的现实目标和主要任务。②

友好固然是一种理想的关系状态，但当前中日关系在难言友好的前提
下开展，也不可能做到使日本必须采取对华友好的态度。中日政治关系一
向很难处理，历史上也没有真正理顺过。目前则是既有历史恩怨，也有现
实利益冲突，彼此难以认同的两个大国，正在展开综合性博弈，这已是一

---

① 笔者在 2016 年 5 月初以"安倍"为主题词在中国知网（CNKI）检索发现，共有论文 3453
篇，但以"安倍路线"为主题词的论文仅有 3 篇，而对安倍路线下的日本走向及中日关系
进行整体盘点的论文，则没有出现。

② 但这不代表将来不可能，或平时不用为此努力。外交战略中的现实主义政策与理想主义志
向是可以相互转化、相辅相成的。

种不正常的常态关系。双方关系的公约数定位，应是"战略竞争对手＋战术协调伙伴"的非敌非友关系。关于中日关系的这个问题，有两点需要厘清。（1）经贸往来和民间交流关系上的"友好"，与政治及安全关系上的友好，不具有一个次元的意义。出于"政治正确"，这两者常被混为一谈，并引起了不必要的争论。即使在一战和二战的前期和间期，欧洲尤其是西欧各国的经贸和民间关系也相当良好，但国家间关系由高阶的政治和安全关系决定。（2）中日关系在 20 世纪 80 年代前后的短暂"友好蜜月期"是一个特殊时期的产物，在两国关系的历史长河中，不具有普遍性的指导意义。自日本学习中国、初具国家形态后，大历史中的双方关系状态（政治与安全关系）盖有三种：有外交关系，日本朝贡但一般不接受册封；无外交关系，官方隔绝、不相往来；爆发战争，兵戎相见，关系恶化。所以，双方的政治与安全关系，长期缺少真正平等与友好的历史记录。

中国应在自身国家及全球战略棋盘中设定"日本坐标"，使中国对日外交、中日关系服务于民族复兴、实现"中国梦"的大局。[①] 要做到这些，实现政治关系基本稳定、安全关系保持和平、经贸往来正常开展、改变日本"逢中必反"，是基本的前提条件。这些条件的总目标可具体分解为：政治上，不使日本在国际上对中国竭尽负面宣传之能事，不使其发挥制华、抗华的串联作用，从而影响中国崛起的软实力和友善环境。经济上，稳住其投资，不使其政府刻意推动撤资、转资等，使中日经贸往来、日本技术及经验等长处交流有利于中国"新四化"和"五理念"的实现。新四化，是指新型工业化、信息化、城镇化、农业现代化；五理念，是指创新、协调、绿色、开放、共享的五大发展理念。[②] 军事安全上，一是降低其或日美同盟对

---

① 中国国内有两种政策观点（当然有共同点，如"防日"等）：（1）"拉日稳日"论，日本仍很重要，不重视日本要吃亏，宜给日本位置和作用，拉住、稳住日本；（2）"压日制日"论，中国 GDP 为日本数倍后，问题就解决了；日本不是战略力量，心怀不满却又力不从心；中美相处好，则中日无问题。

② 参见中共中央宣传部编《习近平总书记系列重要讲话读本》，学习出版社、人民出版社，2014，第 2、17 页。

中国威胁程度；二是要防止危机和突发事件。三大领域的目标，又可详细表述为如下六种日本对中国以及中日关系有利有益的状态：（1）国家发展上，维持相对富裕稳定及"民主机制"健全——近似于维持"现状"；（2）安全军事上，受日美同盟管辖，而不是感到安全受到威胁，开始独立核武装、拥有完全自我完结性的军事力量，同时不在西南群岛重兵布防，不导致擦枪走火而使中日发生重大武装冲突；（3）外交政策上，采取"日美同盟＋日中协调"模式，具有外交平衡性，不倾注最大资源对付中国；（4）经贸往来上，按经济规律来往、互利互补，不刻意以政治意图影响经济活动（例如鼓动从华撤资、转移投资方向，以及禁止高技术输出等）；（5）国民感情和认知上，多数人对中国有好感、认同感，不认为中国是威胁而缺乏安全感，不拿中国做扩军备战对象以及煽动民族主义的借口；（6）在国际多边外交场合，不大肆攻击批评中国，不渲染"中国威胁论"等，不损害中国国际形象及软实力环境，而是与华携手发挥一定的大国责任、承担全球治理等国际义务。

反之，这六种的反面状态就是对华不利并且需要避免的情况。中国对日策略应围绕此目标展开，从趋利避害、为我所用的立场出发，坚持内外两线统筹、局部服从整体，积极运筹、主动塑造中日关系的利我局面。尤其在当前及未来一段时间，应抓紧实现可能（部分）达成的第三、第四、第六种状态，为构建中日新型国家关系创造条件。

二 2012年以来的中国对日关系评估

2012年中日"岛争"发生后，双边关系陷入复交以来的谷底状态。中国新一届领导集体诞生后，中日关系逐渐得以调整与转圜，部分实现企稳、改善的目标。但是，也能看到，当前中日关系的状态即在政治、经济及安全上的关系状况，与上述目标设定仍有较大的距离，并且在反复震荡中有时还偏离目标。这一无法回避的重要问题，无疑急需准确认识、评估和解决。

（一）对日关系大致实现不失控、不破裂的低阶目标

中国新一届领导集体诞生后，"从2013年起，以着力保持与近邻各国关系稳定的周边外交战略为指导，采取了不使日中关系决定性恶化的基本方针"[1]。周边外交工作会议以及中央外事工作会议，对"新型大国关系构建"与"周边外交战略"有着清晰的设计和阐释，但是被认为不同程度地"失落"了中日关系，对日本的定位和作用等，看似没有明确的说法。连续几年中国外长的有关讲话，使日本似乎感觉到自己被降格处理或周边化的迹象。[2] 然而，"周边外交理念"适用于日本是题中应有之义（日本不是例外）。周边战略框架和理念需包含日本，"利益共同体"（甚至"命运共同体"）意识都强调中国与周边国家有着广泛、重大的共同利益，睦邻友好、平等合作符合双方的现实利益和长远利益，强调双方的共同梦想、共同发展等。[3] 这些显然无法排除日本，不能"容日"则显说服力不够。

中国并非要恢复天朝中心的等级体系，也没有打算在中短期内取西方而代之。如此来看，日本的定位或中国对日本的期望值、目标值以及政策方针，就比较清楚了。未来10~20年中国的战略目标，应是构建部分对接日本的、与美日同盟体系可协调共治的亚洲政治经济秩序，首先完成在亚洲的区域目标，建立共赢共享新秩序和战略依托带。中国的发展已处于关键期，世界主要大国正将其战略重心纷纷投向亚太地区，亚太地区的战略形势及大国博弈更加复杂化与尖锐化，维护周边和平稳定的难度在加大，经营大周边格局处于紧要关头。日本作为中国周边国家、主要大国，加之其在国际经济金融领域的权重，对中国推动建立国际经济金融新秩序、维护中国国家形象和软实力、构筑周边战略依托带，都具有重要作用。

---

① 添谷芳秀『安全保障を問いなおす』、NHKブックス、2016、225頁。
② 在王毅外长连续几年的年终外交讲话中，相对于其他几对中外关系，没有过多涉及日本或中日关系。日本方面显然注意到了这一现象并持有疑虑。
③ 参见习近平《坚持亲、诚、惠、容的周边外交理念》，《习近平谈治国理政》，外文出版社，2014，第296~299页。

同时，从更大的视野来看，中国政府就其国际大战略进行的规划和设计，使中国外交正处在推动全球政经秩序从破到立的开局阶段。当前，中国经济进入"新常态"、深改进入关键期，其他新兴国家发展也并非顺风满帆，与发达国家间的竞争态势一时难分明暗。中国与西方竞争及改善西方主导的政治经济秩序，将是一个长期艰巨的曲折过程。

基于这种思路，2014 年 11 月亚太经合组织（APEC）领导人非正式会议上中日领导人会见后，中日关系出现解冻、缓和迹象，起步调整。这实际是中国领导层在周边外交工作会议之后，重视中日关系，力求稳定周边、构筑良性战略依托带工作的一环。周边外交工作会议及其后的中央外事会议，就中日关系"虽然没有说法，但有做法"，中国对日政策的策略和具体做法出现微妙变化，即进一步明确了中国周边外交的战略目标，是服从于、服务于"两个一百年"奋斗目标，并特别强调，维护中国周边和平稳定是当前中国外交的重要目标。这可以说是对中国周边外交战略目标第一次明确的公开宣示。中国认识到，外部世界对中国快速发展的疑虑确实存在，周边尤需稳定，需要处理好维稳与维权的平衡关系。2014 年比 2013 年、2015 年比 2014 年，中国方针策略的明显变化与进化是，该维稳的要维稳——中国实力（例如装备制造和工程技术等）上升后维权手段及能力大幅增强，但是不能让事态失控并一路恶化下去，不能使日本完全站到中国对立面，要管控争端，不使其影响到中国的国际评价及战略大局。

中国将日本及中日关系放在大周边里或作为大周边的有机一环处理，是要达到如下两大目的：保持两国关系基本稳定，以实现使周边总体稳定的重要一环；尽量保持两国正常的经贸往来，做到互利互惠，利益融合。具体的实施举措有三条。（1）在有效维护中国核心利益的情况下，保持维权与维稳的适当平衡，适时开展中日海上联络机制等磋商、管控分歧与争端，维护周边安全环境，避免双方对峙过于紧张而影响中国战略大局。（2）推动双边经贸往来及民间关系的改善与正常化，开展互惠互利合作，以经贸为发力工具，加强利益融合，形成双边利益共同体。即便双边暂时难以形成"命运共同体"，利益的深度互嵌也是正能量的影响因素。（3）推动或倡导中日韩自贸协定（FTA）、区域全面经济伙伴关系协定（RCEP）、亚太自贸协定（FTAAP）建设，把日本拉进地区合作网络中，使日本一只脚踏进来或半个屁股坐在东亚或东北亚这边。双方认可的地区安全秩序虽不兼容，但经济秩序或规则部分可以先融通、融合起来。日本的另一只脚跨在 TPP、日欧 EPA 那边，对中国也并非零和之举。如果日本的利益大头在东亚，嵌在中日都有股份的区域体系里，那么在政治安全关系上，其对华政策倾向多少会有所顾忌和收敛。

（二）以"周边"及"一带一路"视域处理中日关系存在局限性

2012 年安倍二次上台执政以来，中日关系陷入恶化僵局，中国发展环境不免"受伤"。因为同期中俄、中欧、中印甚至中美等几对主要关系并无如此情况。恰逢中国发展关键期，中日关系如此恶化并陷入僵局、日本方面如此"闹腾"，这个问题是无法回避的，需要准确认识和评估。中日关系"非正常现象"，作用大、影响坏，对中国战略机遇期的确保当然不利。中国的目标是构筑一个为中国复兴和快速发展服务的整体战略依托带，这个构想有两个特点：一是党的十八大及周边外交工作会议以来，把中国的周边作为整体区域来考虑和设计；二是战略依托带应成为比较稳定、友好（至少相对友善）、繁荣的区域。

"一带一路"倡议是中国周边外交的重要一环和延伸，其与日本的关联，引起了不少的议论和猜想。这个问题如果没有厘清，那么对日政策或中日关系在某种程度上就有"不落地"和"拖后腿"之嫌。需要看到的是，将日本"周边化"即仅仅把中日关系放在周边框架内加以一揽子考虑的思路，有其局限性，短期看难以解决两国问题，也影响中国战略机遇期。中国周边外交理念及举措，有与日本及中日关系兼容或对接的部分，但不兼容或相排斥的部分也较明显。日本将中国的周边外交构想及"一带一路"倡议看作中国试图主导东亚秩序构建并进而谋取地区主导权的宏大计划的一部分，因而对此拒绝的部分也很多，排斥的反应非常明显。中国对周边其他国家的政策效果，在日本这一自我定位为"西方一员"、具有全球重要影响的地区大国身上可能难以充分达成或得到体现。

　　中国的周边外交大战略对中日关系而言，总的问题是四大不对接或不兼容现象，即在观念、秩序、经济、安全四个层面的排斥难题。（1）对于"亲诚惠容""命运共同体"的政治理念，日本在思想及情感上表示不相信、不认同、不接受。（2）地区秩序的解构及重构进程中，日本对于中国主导的任何政治、安全、经济合作倡议或构想，都持消极对待、拒不接受或反对抵制的态度。日本联合美国及其他国家，在政治秩序（多极化及民主化）、亚太海洋秩序（南海争端）、经贸秩序（AIIB、TPP）、安全秩序（美国主导的同盟体系及其扩大版）上，几乎都与中国唱"对台戏"，拒绝接受中国影响力和主导力。（3）经济上的"惠及周边"、"辐射四周"、让利融合、解决产能过剩及出口导向等问题，由于日本属于发达国家，在技术资本领域处于价值链上游，因此对日也不适用。（4）中国主导的周边安全合作构想和平台（CICA、SCO等）、战略安全上的新安全观，与日本竭力维系的日美同盟安全体系难以兼容，日本在安全上仍主要依靠美国，对中国有十足的戒心和防范。[1]

　　佢是，在周边战略依托带中，东部方向（西太平洋及第一岛链）是不是可以出现一大缺口，或暂时作为一种特例而不考虑作为中国快速发展的依托？实情应该并非如此，否则不需要对外"积极有所作为"，至少东部方向应进一步安稳下来，即便没有好作用但负能量效应也不应过于突出，对中国发展的损耗作用也不能像现在这么大。而且，中日关系处理好坏的一得一失、一正一反，在整个周边引起的连锁反应、乘数效应也不一样。中日、中美、中国与周边其他国家关系是有机联动的：中日关系好，周边国家在看，可以带动中国整体对外关系向上向好发展；中日关系坏，日本大搞串联，利用越南、菲律宾等东盟国家的疑虑部分推动"围华外交"。[2] 安倍二次上台

---

①　日本对华局部协调、功能性合作、参股分红都有可能，但（整体）支持中国主导的这一构想是不可能的。日本认为，这是一个秩序的问题，与政治、海洋、安全等其他秩序的变化相关联，这是使地区秩序变化、中国重新主导东亚秩序的一个有机部分和动向。所以，日本的政策是"总论反对、分论协调"。

②　例如，日本东盟首脑会议宣言涉及南海问题，中国东盟首脑会议宣言罕见地涉及中日关系，对中国而言，这并不是没有任何外交压力。

执政后，日本的外交政策行为并非一无所获，增加了外界对中国和平发展的疑虑，这也说明中国周边外交尚有改进余地，崛起的公信力还不够。

三　中日新型国家关系的构建方向与路径

2021年是中国新一届政府推动实现全面建成小康社会以及"第一个百年"目标的时间，可以说"现在中国比历史上任何时期都更接近中华民族伟大复兴的目标"①，而中国发展关键阶段的大部分时期与安倍二次上台后的执政期重合。为确保中国最主要的国家战略目标顺利实现，构建互利共赢、健康稳定的中日关系样态，就需要正确界定并牢牢锁定对日政策目标，总结安倍二次执政以来中日关系发展的得失经验——在很大程度上即与此目标的相距远近问题，从而构筑符合实现目标要求的新时期的中日新型国家关系。

以上论述表明，中日关系当前进入一种两国历史上从未有过的"和而不同、斗而不破、互利互惠、往来不绝"的阶段，至少中短期内双方处于复杂的"战略竞争＋战术协调"的非敌非友关系。笔者听到过多位日本政、官、学界的代表性人士将当前中日关系定义为"非敌非友"，他们均倾向于排除"朋友"和"敌人"的两个极端定义。② 在这个阶段，双方关系构建的公约数共识是安全和平、政治稳定、经济互利、"社交"不绝，这实际上也是日方所谓"战略互惠"的目标。但是，由于种种原因，这种理论上可以实现的及格线目标，在现实中也没能达标。中日两个大国，陷入了战术互损而非互利互助的困境，这对两个正在图强振兴的民族实现其各自宏大的国家战略目标，显得很不利。日方对这种状况，并非志得意满、无动于衷。实际上，日本也想把战术互损关系拉回到其定义的战略互惠状态——一种抽去了友好、互信、真诚合作精神的政经分离的低阶关系。日本外相岸田文雄及其他高官

---

① 习近平：《实现中华民族伟大复兴是中华民族近代以来最伟大的梦想》，载《习近平谈治国理政》，外文出版社，2014，第35~36页。

② 例如，这些人士有毛里和子、宫本雄二、垂秀夫、宫家邦彦等。

近期抛出"符合新时代的日中关系"，主要用意即在于此。当然，岸田也提倡在可能的范围内日中针对全球治理及非传统安全领域展开合作。

日方的对华战略思路，与中国的新型国际关系及周边外交倡议存在明显的高度差，难以对接和兼容部分甚多。2014 年底，中国国家主席习近平提出构建以合作共赢为核心的新型国际关系，强调要建立平等相待、互商互谅的伙伴关系，营造公道正义、共建共享的安全格局，谋求开放创新、包容互惠的发展前景，促进和而不同、兼收并蓄的文明交流等，形成了"五位一体"打造人类命运共同体的总布局和总路径。同时，习近平也提出，通过迈向亚洲命运共同体，推动建设人类命运共同体，开启中国特色大国外交新征程。① 鉴于中日关系的现实，双方应夯实利益共同体格局，先构建和平共处、健康稳定发展的中日关系，继而为走向东亚一体化和命运共同体做好阶段性的准备工作。

因而，现阶段对日关系的主要目标和任务，是采取实事求是的现实主义思维，在双方公约数共识中寻找害取其轻、利取其大的实现途径，这种思维可总结为构建中日新型国家关系的 16 字方针："和平稳定、相互尊重、良性竞争、互利共赢。"此亦为新时期、"新常态"下中日关系过渡阶段的总路线。按此方针循序渐进，通过长期平稳过渡、逐步趋好的步骤，向一个相对友好、互信、互助的理想主义目标靠拢。

在构建中日新型国家关系方面，中国应树立对日的一些理性认知和原则方针。（1）两国有结构性矛盾，有认知和利益的冲突，相互制衡、防范在短期内难以避免，这是不正常时期的正常现象，重要的是须保持在一定理性和限度范围之内。（2）危机管控机制要及时建立健全，防止中日发生超出可预期和掌控范围的重大冲突。（3）面对现实，适度"政经分离"，大力开展经济交流和务实合作，扩大经贸往来规模，推进面向第三方的合作，在命运共同体达成之前，实现双方利益深度融合、相互依赖的利益共同体。

---

① 中共中央宣传部编《习近平总书记系列重要讲话读本》，学习出版社、人民出版社，2014，第 260～277 页。

（4）厘清并阐明在以下四个问题上，即便引起关系震荡，中国也不会让步的底线政策：一是严重伤害全体中国民众感情的日本历史认识问题，包括其政府首脑参拜靖国神社等，实际上这也涉及日本将来走什么路的问题；二是日本政府公然干涉中国内政的问题，包括但不限于升级日本与中国台湾的"政治关系"、公开支持"台独"等；三是日美同盟以中国为共同假想敌并付诸行动、对中国实际造成巨大危害；四是单方面大举打破目前"岛争"中的动态平衡局面。

　　新型关系构建的总体方略由三点内容构成。（1）总体政策路径是抑害处突——包括危机管控与底线方针，维稳增信——包括高层互动及战略磋商，趋益融利——包括经济合作及利益交融，促好修睦——包括民间交流及人文交往即"民亲"及"社交"工程。与前述日方的"对华四策"相对，中方也要开展稳、用、防、竞、融的工作。需注意的是，对于同样的策略，双方的出发点和目的是不一样的。譬如，中方的"融日"方针，目的是将日本拉入地区合作网中，实现共同繁荣、持久和平的局面。而日方的对华接触和融合方针，是为了让中国在快速发展过程中"遵规守则"，以便维护西方的秩序霸权和既得利益。（2）面向未来，尤其要推进五大促好系统工程：增进政治互信与战略和解；深化务实合作，不断扩大共同利益；大力开展人文、民间交流，改善国民感情；加强地区层面的沟通、协调和合作，携手振兴亚洲；在全球治理及解决全球课题上开展更多良性互动与合作。① （3）面对现实，发展中日关系，尤其需要务实解决以下两大问题。一是两国关系中夹杂了很多历史情感及主观因素，历史与现实交织，时而对两国关系的正常发展起到干扰作用。"处理中日关系，最主要的还是需要理性，不能老是停留在情绪阶段。"② 二是双方的四个政治文件，尤其是后两个，分别规定了33项和70项合作项目，这是对双方都有利有益的事业。但是，针对中日关系的实际情况，双方也应适时开列一份"负面清单"（negative list），即阐

---

① 参见唐家璇《继往开来，共创中日战略互惠关系新局面》，中国共产党新闻网，http：//politics.people.com.cn/n/2012/0626/c70731-18386636.html。

② 郑永年、杨丽君：《中国崛起不可承受之错》，中信出版社，2016，第199页。

明不能做、不该做的事情。中日之间的合作"好文件"可能是中外、日外关系中最多的，但当前对发展中日关系而言，处突、避害、止跌等"消极合作"更具有紧迫性，也同样重要。

处理好中日关系"向新"的过渡要注意三点。（1）目标调低、力求稳进，不大起大落，不急于求成。对日关系构建，有不符合实际情况的一面，也有操之过急的一面，应调到符合实情的一种状态。（2）注意维稳与维权的平衡关系。在维权的同时，该维稳的也要进行，不能让局面失控，应管控争端，不使其影响到整个地区环境以及中国国际形象和软实力。（3）要看到中日"新常态"，是避害、维稳、趋益、向好的一个长期复杂的过渡阶段，是具有动态平衡性的演进状态，不是一朝一夕的事情。中日关系至少在短期内是一种战略对峙、防范与竞争的僵局，可以得到缓和，但无法得到根本化解。过去那种中日之间有了问题马上要解决问题、在解决问题的基础上再发展关系或恢复交流的"即事"互动模式，已无法适用关系现状。坚决斗争、积极交往、主动引领，应是新时期中国对日交往的有理有利方式。

在新型关系状态的下一阶段，即中日力量对比变化和主观愿望调整所导致的"大共识及战略基础重建"以及"稳定结构生成"之前，中日复杂曲折的动态平衡进程或会持续较长的一段时间。在这种双边关系的格局下，中日关系发展模式中的友好、健康状态不易做到，各种麻烦、摩擦和争端盖不会少，但正面冲突和全面破裂也很难发生。所以，经过双方管控危机、凝聚共识、相互调适，和平、稳定的局面大约可以实现。对此现实，中日可在继续推动战略互惠关系、力争补足"政治互信"与"安全保障"两个短板的同时，尝试建立基于"新常态"、共筑互利互惠共同体、共谋地区合作及一体化的新型国家关系。

（原载《日本学刊》2016 年第 3 期，有删减）

论日本人"中国观"的历史变迁

王 屏[*]

日本人的"中国观"在漫长的中日关系史上几经变迁。并且,这种变迁往往都伴随着彼此社会内部结构的动荡与重组以及周边国际关系格局的调整与秩序的重建。中日两国人民的相互认识就建筑在这种由于国内外形势的变化而形成的新的价值观基础之上。它以历史、文化为出发点并最终归结为对各自国家利益的认同与追求上。日本人的中国观在变迁的各个阶段尤其表现为"实力主义""现实主义"的价值取向以及对"国家利益优先"原则的追求。

一 近代以前日本人的中国观

古代日本人有关中国的正式记载体现在《日本书纪》(公元720年)当中。《日本书纪》所提到的中国王朝有:周(2次)、汉(2次)、魏(3次)、晋(2次)、隋(1次)、唐(96次)、吴(31次)。日本对中国的正式外交始于公元607年,即从小野妹子奉派赴"大唐"(实际上是我国的隋朝)开始。《日本书纪》中所记载的与日本有正式外交的中国王朝只有唐王朝,唐朝以前的隋也被改成了唐朝。《日本书纪》对唐朝国名的记载至公元696年止。

---

* 王屏,中国社会科学院日本研究所研究员,研究方向为近现代日本政治外交思想史、日本右翼、日本军事安全战略。

日本直接参与东亚国际关系从日本初次派大军赴朝鲜半岛参加白春江战役（公元 663 年）开始。本来，从魏朝开始日本基本被纳入朝贡体系之中。但到隋朝时，日本人的自我意识不断增强，对隋唐视其为东夷小国产生了一种抗拒心理。据《隋书》记载，大业三年（607 年）日本国王遣使来华，其所献的国书中有"日出处天子致书日没处天子无恙"的表述，令皇帝极为不悦。不过，从国书的用语可以看出日本想与中国平起平坐意识的产生。另外，日本在挑战"华夷秩序"的同时，也试图构筑自己的小"华夷秩序"，例如，日本称朝鲜为"西藩"就表现出其优越感。后来随着大唐的衰落，日本对中国的称谓也由"邻国"变成"藩国"。另据《旧唐书》记载，"日本旧小国，并倭国之地。其人入朝者，多自矜大，不以实对。故中国疑焉"。因此，我们可以将隋唐时期日本人对华认识的这种变化，视为日本人中国观的第一次变迁。

唐朝衰落后日本遣唐使的派遣也于 894 年终止。进入 10 世纪后，中日之间的正式外交基本中断。在日本民族文化——"国风文化"形成的过程中，平安贵族产生了强烈的排外意识并力图超越"大唐文明"。9～13 世纪，以中国长江中下游为中心，民间通商活动迅速展开，人员、物品的交流及金融业的发展已超出国家的范围，导致东亚国际关系格局重组。这一时期日本的中国观"基本没有什么太大的变化，对外闭锁政策与排外意识还在持续"。到了平清盛时代（1118～1181 年），以博多港为中心，日宋贸易得到积极推动。宋朝货币大量流入日本，取代了日本平安时代的实物货币。"镰仓时代（1192～1333 年），宋钱占据主导地位。清盛所开拓的中世流通经济为日本纳入东亚铜钱经济圈创造了契机，其历史意义不可小视。"不过，此时的日本虽然是"东亚铜钱经济圈"中的一员，但其政治上孤立的局面并未打开。

进入室町时代（1336～1573 年），特别是到了足利义满时期，日本对亚洲以及中国的认识才发生了划时代的变化。日中、日朝外交重开，1373 年明朝使节团被派往京都，足利幕府与明朝开始了正式的外交往来。明永乐皇帝授予足利义满"日本国王"称号，足利义满从明朝领取冠服并臣服明朝。

这样，日本又被重新编入东亚国际秩序之中，返回了"中华文明圈"。日本人的中国观发生第二次变迁。义满、义持、义教三位将军都曾接受中国皇帝的正式册封。义政、义澄、义晴也都使用过"日本国王"这一封号。幕府将军受到册封，"意味着属于天皇的外交权被武家政权所夺取"，在一定程度上改变了日本国内的政治权力结构。不过，在日本国内的正式场合并不使用这个国王称号。

进入 15 ~ 16 世纪后，随着以葡萄牙为首的西方势力向东方的渗透，日本的对外认识发生了前所未有的重大变化。当日本人知道印度以西还存在一个西方世界时，以往的三元国际观"本朝（日本）、震旦（中国）、天竺（印度）"，开始向"本朝、唐、西洋"新三元国际观转化。

这一时期，织田信长、丰臣秀吉以及德川家康三人不同的对外认识比较有代表性。织田信长为了获取武器实现国内统一而对"南蛮"文化表示强烈的关心，对西方基督教也能够容忍，因此，他采取的是开放式的外交方针。丰臣秀吉实行的是封闭式的外交方针。但同时他又垂涎台湾的鹿皮、东南亚的丰富物产。16 世纪末，丰臣秀吉率军侵略朝鲜、觊觎大明，并在对女真族钳制的过程中形成了日本"大陆政策"的雏形。德川家康改变了丰臣秀吉的锁国外交路线，实行比较积极的对外政策。但他拒绝接受中国皇帝的册封。德川家康废除了自足利义满以来的"日本国王"封号，自称"日本国大君"。"这个新称呼具有德川家康在以自我为中心设定国际秩序的过程中，把自己作为日本国统治权与外交权的总揽者而定位的含义。"1616 年是日本对外政策发生重大变化的一年。中日勘合贸易终结；长崎发生基督徒惨案。16 世纪 30 年代，日本通过五次"锁国令"并终于在 1641 年正式进入锁国状态，直至近代。在"锁国"期间日本留出四个对外"窗口"，即对中国、荷兰的长崎，对朝鲜的对马，对琉球的萨摩，对阿伊奴的松前。

16 ~ 17 世纪，东亚国际关系在动荡中重组。明朝政府的朝贡贸易受到来自亚洲其他国家不断扩大的民间贸易的挑战，但为了维护"华夷秩序"并防范西方的入侵，明朝政府始终垄断对外贸易。1644 年清朝取代明朝统治中国并于 1717 年开始实行海禁。江户幕府也出于对西方基督教的防范以及对贸易的垄断而脱离国际社会进入锁国状态。经过东亚各国内部的整合，至18世纪初，东亚新的国际关系格局基本形成。新秩序仍然是以中国为中心的"华夷秩序"。西方势力向东方的渗透在这一时期还无法触动东亚固有的国际秩序的根基。此时的"西力东渐"还主要表现为俄罗斯对北亚以及荷、英对东亚的渗透上。西方势力在南北两方基本处于均衡状态。也就是说，从18世纪初到19世纪中叶，亚洲的"主体性"还没有从根本上遭到西方的破坏。华夷秩序仍是东亚国际关系格局的基本特征。这一时期，日本在政治与外交上基本游离于华夷秩序之外，但在文化上与中华文明仍有共识。

19世纪中叶，以中华帝国为中心的"华夷秩序"受到西方列强的挑战。东亚各国的民族危机感同时增强。东亚原有的国际秩序又面临新的整合。1871年《日清友好条约》的签订终于使日本天皇与大清皇帝处于平等的地位。这是日本"开国"以来所签订的唯一的平等条约。但日本并未照此与周边的国家、民族建立起对等的关系，而是选择了"扩张国权＝对外侵略"的道路。日本的攘夷与扩展国权是同时进行的。攘夷需要联合亚洲，扩展国权又导致对亚洲的侵略。近代日本就是在这种自相矛盾的状态中构筑着自己的亚洲观与中国观的。日本会形成这种分裂式的亚洲认识与对华认识，恐怕要从以下两点考虑："第一，在幕藩权力所培育的国际秩序意识中不存在连带＝对等联合的观点。第二，日本是通过屈服于有军事力量＝'武威'的西方列强的方式而被编入资本主义世界的。这对传统上习惯于以'武威'为轴来考虑国际秩序的幕藩权力及维新政府来说，并没有什么不和谐的感觉。"崇尚和屈服"武威"导致日本能够很容易地接受"弱肉强食"的价值观。正是由于有了这种不平等的国际秩序观以及价值观，近代日本的亚洲观与中国观在经过甲午战争后发生了质的转变。

二　近代日本人的中国观

近代日本人中国观的形成与"东洋"概念的重新界定有着直接的关系。

所谓"东洋"（orient），其地理范围并不十分明确。在古代西方社会，它主要指现在的近东（西亚），即小亚细亚、波斯、埃及，而印度、中国则另外称呼。包括中国、日本、朝鲜在内的"远东"一词是后来才有的。随着西方人地理知识的扩展，东洋所指范围也在扩大。"东洋"一词最早散见于宋书之中。在中国人眼中，东洋除作为地理概念外没有什么特别的含义。最初，在利玛窦与中国人编制的世界地图上，"大东洋"与"大西洋"同指单纯的地理位置。明朝人张燮著有《东西洋考》，其中有"东洋航线"与"西洋航线"的记载。东洋航线的起点在金门，终点在文莱。文莱既是东洋的终点，又是西洋的起点。东洋航线指，出金门，取道澎湖，达吕宋岛，再南下到爪哇群岛或文莱北岸的航线；西洋航线指，从文莱出发，向爪哇或苏门答腊方向行驶，沿印度支那东岸返回到澎湖、金门的航线。后来，东洋航线沿岸就被称作东洋，西洋航线沿岸就被称作西洋。其中，东洋的地理位置虽然包括在后来的东洋概念之中，但是西洋的地理位置与现在的西洋概念截然不同。因为，在当时中国人的眼中根本就没有与东方平起平坐的西方，甚至也没有东方的概念，"自古帝王居中国而治四夷"（洪武三年《谕日本国王良怀》）。到了近代，中国人多称日本、菲律宾、文莱北部为东洋，尤其视日本为东洋。

总之，东洋的方位大体"指广东东南部的菲律宾、马来群岛及文莱东部，后来其范围进一步扩大到东北部，包括中国台湾、日本，尤其日本常被称作小东洋。但在日本情况却与此相反，东洋与西洋这两个单词分别是从orient与occident翻译过来的。西洋大体指欧洲，而东洋的范围不甚明了，有时指全亚洲，有时指远东。所谓东洋史，是日本学者定位的体系、命名的学问，一般来讲不包括日本，但也存在一会儿包括西亚，一会儿又不包括西亚的不妥之处"。由此可见，历史上的"东洋"与"西洋"概念属于地理范畴，而并非历史、文化范畴。近代日本赋予"东洋"一词以特殊的含义是有其目的的。日本的"东洋"概念有两层含义。首先，作为地理方位而言，在狭义上指包括中国、朝鲜、日本在内的东亚地区，即远东地区；广义上指整个亚洲。其次，作为日本在世界史或国际关系格局中的自我定位，"东洋"概念有了特殊的指向性。而且，在这一层面上又分别具有普遍与特殊两种性质。当面对西方对东方的侵略时，即"东洋"外指时，日本是被包括在东洋之内的，这是"东洋"概念的普遍性质。但当"东洋"内指时，即在东洋内部，日本把自己排除在外，表现出"东洋"概念的特殊性质。

在日本，广泛地使用"东洋"一词是进入明治时代（1868～1912年）以后。随着西方工业革命的完成，19世纪初，西方就将自己定位在"文明"层次上。这种"西洋对东洋"模式无形中就被规定在"文明对野蛮"的框架中。这时的"东洋"与"西洋"已超出地理概念的范围，具有历史与文化的限定性。日本之所以要创造出一个新的东洋概念，其原因是日本经过"文明开化"后，自觉与"文明"的欧洲属于一类，并刻意与"落后"的亚洲保持一定的距离。特别是甲午战争后，中国的失败导致日本在亚洲产生了优越感。于是，"文明＝西洋、野蛮＝东洋"的模式就被简单地套为"日本＝文明＝西洋、中国＝野蛮＝东洋"。这时的"东洋"专指中国。"汉学"研究也变成了"东洋史"研究，日本从"远东"一员变成了"远西"一员，即所谓西方"文明世界"的一员。这样，日本对中国、朝鲜的扩张与干涉就可以在"文明"的名义下进行并在理论上得以正当化。在谈到日本创造"东洋"概念的由来时，丸山真男指出："它反映了明治以后的日本迅速 westernization 的过程，因为由（江户中期以来形成的'国学的'）国家主义与明治以后的 westernization 合流而产生的文化、政治路线与亚洲各国明显不同。"从近代日本精心构筑"东洋"概念的过程中，我们看出了近代日本在亚洲及世界国际关系格局中企图为自己重新定位的打算。而且，由此所产生的对历史的重新认识及其所形成的理论体系规定了近代日本历史发展的方向与进程。它不仅使作为"命运共同体"的亚细亚主义无法在各国平等合作的基础上实现，而且让日本陷入自己精心设计的"矛盾网"之中，使近代日本的历史、文化发展因此而处于进退维谷的矛盾境地。近代日本的"东洋"观具有明显的"二律背反"现象。

本来，"东洋"一词是相对于"西洋"而言的，不论在地理上还是在历史、文化上，东洋（亚洲）都应是一个整体。但日本为了"谢绝亚细亚之恶友"（指中国，福泽谕吉语）抛弃了传统的"汉学"研究，另起炉灶创立了"东洋史学"理论体系，为近代日本"东洋"观的最终形成提供了一整套的理论依据。日本人所说的"东洋学"是以亚洲为研究对象（不包括日本）。甲午战争中日本的胜利，极大地刺激了日本人对外扩张的欲望。以日俄战争为标志，日本资本主义制度的确立期结束并进入帝国主义时代。这两次战争的胜利奠定了日本在亚洲的霸权地位。为了配合其殖民主义政策，日本开始了"东洋史学"的研究。1886年，东京大学招聘德国历史学家里斯·L. 赖斯来日本讲学。赖斯在东京大学增设了历史专业，并与回国不久的坪井九马三共同讲授历史。1890年，毕业于同一专业的白鸟库吉到学习院讲授东洋史，这被认为是日本学术性东洋史学诞生的标志。1894年，根据那柯通世、三宅米吉的提议，日本文部省将中等教育科目中的"支那史"改为"东洋史"。

东洋史学的代表性人物是被称为"东洋史学大御所"的白鸟库吉，他的"尧舜禹抹杀论"反映了日本当时急于树立自己在亚洲的"威信"而对"东洋"重新认识的需要。1909年8月，44岁的白鸟库吉在东洋协会评议委员会上发表了题为《支那古传说之研究》的演说，对儒学经典特别是孔子极为赞赏的尧舜禹三代的真实性提出了强烈的怀疑。他的"尧舜禹抹杀论"是对儒学"法先王"基本观念的极大冲击，动摇了日本汉学家的信仰。1918年他发表《汉文化的价值》一文，一边鼓吹日本人已把中国文化全部学完了，现在的任务是向西方学习；一边又提醒日本人西洋的东西并非什么都好，"儒教"应该受到尊敬。1930年，他发表《日本建国之精神》的公开讲演，大声疾呼"日本人的精神便是吸取印度的佛教、中国的儒教并使之在日本达到统一"的一种精神。他还把"儒教"推崇为日本整个国家的基本精神。白鸟库吉自相矛盾的思维是近代日本历史发展过程中所存在的二律背反现象在理论上的真实反映。

津田左右吉的"中国传统文化否定论"继承了白鸟库吉"中国观"的一个方面。津田认为，"东洋"作为一个文化整体根本就不存在。中国文化与印度文化性质截然不同。中国文化对印度文化没有任何影响，印度虽然把佛教传给中国，但佛教的影响并未使中国的民族生活发生根本性的改变。他的这种理论与近代初期日本所倡导的"脱亚"精神以及创造东洋概念的出发点是一致的。然而，这种理论到了 20 世纪 30 年代显得有些"过时"。因为当日本与西方殖民主义者之间的争霸达到白热化的时候，日本政府需要的不是脱亚入欧的理论，而是如何打"亚洲牌"的理论。近代日本的亚洲认识及其中国观在 20 世纪 30 年代发生了微妙的变化。因为，第一，日本的东洋观此时已由"内指"转向"外指"，即已由与东洋划清界限转向强调东洋一体共同对付西洋了；第二，东洋史学作为"欧化主义"的理论基础已不适应"超越近代"以及与西方列强争霸的需要；第三，"恢复东洋的文化与传统"是为日本所谓的"圣战"及"大东亚共荣圈"目标的实现在文化上寻找理论根据。在这种形势下，津田的理论受到冷遇是理所当然的事情。另外，更主要的是，津田对日本神代史的研究结果（津田称"天孙民族""万世一系"不过是神话而已）令军国主义者大为不满，津田的理论被右翼团体攻击为"大逆思想"，津田本人也被当时日本的法院判刑三个月并被终身禁止写作。

白鸟库吉与津田左右吉对中国文化的否定，加深了近代日本人对中华文明乃至中国人轻蔑的程度。但进入 20 世纪 30 年代以后，随着国际关系格局的变化，陷于孤立地位的日本为了与西方殖民主义者争夺在亚洲的利益又开始寻找"脱欧入亚"的理论。因此，东洋这张曾被日本打过的牌又一次派上了用场。近代日本自相矛盾的亚洲观与中国观在日本政府对待津田的态度上得到了淋漓尽致的表现。在津田发表讲演的同一年，谷川彻三在《中央公论》上发表论文《东洋与西洋》，对当时日本的东洋观进行了理论分析。谷川认为，在东洋与西洋的称呼中含有历史传统与文化上的意义是无疑的。正是在这个意义上讲，东洋各国即便过去没什么交往但有一体感。可是，如果把东洋与西洋对立起来，那就必须回到过去，而"过去的东洋无法成为今天的指导原理"，"目前，尤为重要的问题是，以日本为中心建设东洋的新秩序还缺少充分的现实性……（因为）日本立于亚洲文化前列的时日还太浅。我们对异民族进行统治、安抚的经验只有一点点"。所以，他认为日本是在东洋的"大口号"下实施其侵略的真实目的。他告诫日本不要步当年入侵中原的异族人的后尘，因为他们"虽然征服了汉人，但不久就被汉人的文化所同化"。在当时军国主义者统治下的日本，他能以如此冷静的头脑与明确的语言透彻地分析日本的亚洲政策实属难能可贵。

三　现代日本人的"中国观"

对于日本来讲，"一直到明治维新，中国都被当作'圣人君子之国'。孔孟之学即儒学奠定了日本政治思想史的基础"。但甲午战争中国的失败，使日本人的中国观发生了第三次大的变迁，日本开始蔑视中国。二战结束，日本战败。中国在日本人眼中重新成为"人类理想之国"，他们把中国看成"亚洲大陆的强国"。但很快这样的中国认识就发生了变化。因为进入20世纪60年代后，日本经济实现了腾飞，日本经济名列世界前茅，中国仍然处于贫困状态。因此，日本人的亚洲观与中国观又恢复到了近代的原点上。反映这种变化的代表性作品是长谷川庆太郎在20世纪80年代所著《别了！亚洲》一书。此书作者认为："日本位于亚洲大陆的东端，日本人是亚裔黄种人。对于日本人来说，不论从哪方面讲，亚洲都是一个关系很近的地区。在长期的历史当中，日本从亚洲输入了文字与思想，接受了宗教，学习了政治制度。但这已成为历史。因为在战后的40年里，日本与日本人都发生了很大的变化。可亚洲在这40年里却未发生什么变化。结果，日本与日本人决定性地离开了亚洲。"长谷川认为，日本人的意识与日本周边亚洲人的意识之间，可以说几乎不存在共同的要素。他说："日本不属于亚洲，日本人也不是亚洲人。日本是耸立在亚洲这个巨大的垃圾堆里的一栋超近代的高层建筑。"他的话很容易让人联想起19世纪80年代福泽谕吉撰写的《脱亚论》一书中所提出的"谢绝亚细亚之恶友"（指中国）的主张。

当然，战后50多年来，从方法论以及基本理论的角度来认真研究中国的学者也不乏其人。

关于战后日本人亚洲观的问题，最早在理论上以及方法论上着手进行研究的是竹内好。1961年，他在《作为方法的亚洲》一文中主张把亚洲作为对象来研究。20世纪80年代后期，沟口雄三又对研究中国提出了具体的理论分析框架。沟口认为，研究的目的不能限于中国以及解构中国学。他在《作为方法的中国》一书中指出，把中国作为方法（对象）来研究的领域是一个多元领域。在这里，中国是一个要素，欧洲也是一个要素。他把中国作为亚洲来解读，并试图用中国这副眼镜（被相对化的马克思主义）看西方。沟口试图用从中国导出的价值观来替换东洋这一概念。他认为，用马克思主义的方法论所研究的中国不应停留在对象上，而应把中国自身再作为一种方法来观察世界，即通过把日本相对化来把中国相对化，进而再把世界相对化。他认为，这样才能在主客体相对化的过程中摆脱欧洲中心史观，同时将追求日本主体性本身也相对化。这不能不说是在研究中国与亚洲的方法论上的一个尝试、一种创新。

2002年11月28日，日本发布了一个重要的报告，这就是小泉内阁"对外关系课题组"在经过一年零两个月的研究并召开了32次会议的基础之上形成的最后书面文件——《21世纪日本外交的基本战略——新时代、新理念、新外交》。该报告所显示的日本人的国际观可以概括为以下三点：（1）经济与社会结构的全球化；（2）军事力量的显著发展与强化；（3）中国经济的快速扩张。报告强调日本在制定未来的外交战略时，首先要考虑到日本的国家利益。它将日本的"国家利益"规定为：（1）维持日本的和平与安全；（2）维持自由贸易体制；（3）拥护自由、民主、人权；（4）推进与各国民众之间的学术、文化、教育交流，培养人才。笔者认为这份报告是即将来临的日本人中国观第四次大变迁的信号。下面分析一下该报告中所体现的21世纪日本人"中国观"的新特点。

1. 重新定位中国以及日中关系

报告认为，"中国已成为自鸦片战争以来150年中从未出现过的'强势中国'"。日本必须面对这个新的事实，而不能用以往的方式来处理日中关系。虽然该报告没有把中国像美国那样定位在"对日本来说是最重要的国家"上，但认为"与中国的关系是 21 世纪初期日本外交政策中最重要的课题"。同时，将日中关系定性在"协调与共存""竞争与摩擦"两种相反要素相互交织的框架之中，主张在处理日中关系时不能感情用事，要"以冷静的心情"加以对待，构筑"敞开心扉""建设性"的日中关系。对于双方的"共同点"要加以扩展，对于"差异点"双方也要有勇气承认。两国政府要确立和增强"世界范围内的日中关系这一意识"，认为良好而稳定的日中关系不仅对两国有利，而且有利于地区以及世界的和平与稳定。

2. 否定经济上的"中国威胁论"

报告指出："对于日本来说，究竟希望近邻的大国中国处于何种状态呢？是一个经济陷入停滞、时而发生激烈社会动荡的中国，还是一个经济发展、社会稳定并能给包括日本在内的国家带来丰富商机的中国？这一点无须讨论。"报告认为，与其说中国的发展是一种威胁，不如说是一种机遇。关于日本经济"空心化"问题，报告承认这是事实，并认为随着时间的推移其程度有加深的可能，但并不认为中国要对此负责。报告指出，解决经济空心化问题的唯一途径是将其作为日本经济结构改革中的一个环节，"使日本自身在高附加价值的生产活动中成为有魅力的国家并推进广义上的服务化"，"胡乱地强调对中国的受害意识毫无意义。与其如此，还不如接受'健康的中国'，走与中国共存共荣的道路，进而推进面向东亚经济一体化的日中合作这一目标的实现"。

3. 肯定军事上的"中国威胁论"

令人遗憾的是，该报告认为，日本与中国的"摩擦"主要来源于"中国的军事威胁"，并把中国军事力量的增强看成"对日本的中长期深刻威胁"。报告说"特别是最近，中国海军在日本周边游弋，给日本国民带来了不安"，建议日本政府在与中国进行安保对话时应向中方提出提高军事预算透明度的强烈要求。同时也指出，日中双方有必要积极开展安保对话，加强军队之间的交流以及军舰互访。关于"日台关系"，该报告认为，"自日中关系正常化以来，台湾变化很大，日台关系发生一定的变化是自然的事情"。这就为日本继续涉足台湾事务埋下了伏笔。报告还认为，中国应拿出

"大国的风度"，"沉着应对"类似李登辉访日的问题。对于"个别问题"，中国政府的主张不应"过度僵硬"。

4. 对解决"历史问题"的看法

历史问题是中日相互认识中挥之不去的阴影。报告呼吁应尽快从"历史的束缚"中摆脱出来，"构筑面向未来的日中关系"。报告主张：一方面，日本要加强对青年一代的教育，不应任由歪曲历史的现象继续下去，尤其是日本领导人要控制自己刺激中国以及近邻亚洲各国人民感情的鲁莽言行；另一方面，要求中国增进对日本的理解，特别是面对中国国内青年人"厌日情绪"的增长，要求日本政府就中国国内的教育方式问题与中国政府进行坦率协商，并期待中国能通过教育及媒体为改善未来的中日关系做出努力，同时向中国人民介绍战后的日本是如何排除走军事大国的道路而将所余之力用于支援亚洲各国发展经济的。

总之，在《21世纪日本外交的基本战略——新时代、新理念、新外交》中所体现出来的日本人的新中国观既有合理性的一面，也有误解的成分。但总的看来积极的成分多一些。未来的中日关系绝不是谁附属谁的问题，是中日两国人民和平友好、共同发展的问题。未来的亚洲在经过艰难的整合后必定有一个稳步、快速的发展时期。目前，问题的关键是，不论是日本人的中国观还是中国人的日本观都存在误区。究其原因，既有日本侵略中国所带来的后遗症的因素，也有在交流中产生的误解的因素。更重要的是，日美军事同盟的存在无疑会捆住日本人民的手脚，同时也会给中日关系投下阴影，成为未来中日关系发展以及中日两国人民相互认识中的最大障碍。到目前为止，日本仍没有真正解决是把中国作为战略伙伴还是战略对手的问题。最近，美国就有人提出要提高美日合作的档次以抗衡中国。但历史事实已经证明，中日两国"和"则相互辉映、"斗"则两败俱伤。就日本人的中国观而言，日本所面临的问题是选择，即日本是继续在亚洲保持"光荣孤立"，还是放下包袱与亚洲真正地融为一体，共同开创亚洲的美好未来。我相信，中日两国都会更加注重从历史、文化、地缘政治的角度去追求双方价值观上的共同点，走出双方认识上的误区，携手共进，与亚洲各国一起，为世界的和平与发展做出贡献。

综上所述，在过去的 2000 年中，日本人的中国观共发生了三次大的变迁，第四次变迁正在形成之中。日本人中国观的变迁具有一定的规律性，即每当中国处于鼎盛之时，日本人的中国观就向波峰方向发展（认同），而每当中国处于衰落之时，日本人的中国观就向谷底方向发展（不认同），表现出明显的"实力主义""现实主义"价值取向，例如，在大唐衰落后发生的第一次变迁、在大明鼎盛期发生的第二次变迁、在甲午战争中国失败后发生的第三次变迁以及正在形成中的第四次变迁，都已证明或即将证明这一规律性特点。

（原载《日本学刊》2003 年第 2 期）

国际秩序变革与日本外交转型[*]

张　勇[**]

一　国际秩序内涵与日本学界关切

特伦斯·K. 霍普金斯与伊曼纽尔·沃勒斯坦等西方学者曾评估国际体系在 1945～1990 年发生的变化并依此对未来运行轨迹做出预测。他们认为，"从其形成开始，一整套体制就被不断地建构和重构起来"。这些体制在二战后指导人们的行为，而且"在未来 25～50 年间，它们将继续指导人们的行动"。当然，"困难也许将会愈来愈大"。[①] 在亨利·基辛格看来，今天这一"基于规则的"体系面临诸多挑战。[②] 应当说，上述西方学者对国际秩序的认识带来的主要启示有二：其一，国际秩序基于规则并发挥作用；其二，秩序可以被不断地建构与重构。

借助较为权威的《广辞苑》以及《大辞泉》，我们不妨认识一下日文语境中的"秩序"概念。《广辞苑》将秩序定义为"（1）事物正确的（正しい）顺序与条理；（2）社会等基于规则而形成的相互关系"。《大辞泉》也给出了与《广辞苑》相似的定义，确认了"正しい顺序"这一关键词，另

---

　*　原文题为《秩序变革期日本外交的重构与对华政策调整》。

　**　张勇，中国社会科学院日本研究所研究员，研究方向为日本外交与安全、对外战略与决策机制、东北亚国际关系。

　①　〔美〕特伦斯·K. 霍普金斯、伊曼纽尔·沃勒斯坦：《转型时代：世界体系的发展轨迹〔1945—2025〕》，吴英译，高等教育出版社，2002，第 2 页。

　②　〔美〕亨利·基辛格：《世界秩序》，胡利平等译，中信出版社，2015，第 viii 页。

外还做了有益的补充，指出了保持秩序的动机是确保"所希望的状态"。因此，所谓国际秩序，在日本学者看来，是"国际社会共有价值观①的国家之间存在的规则关系"，这种关系涵盖价值观、国际社会与规则三个方面。②

细谷雄一在其著作《国际秩序：从18世纪的欧洲到21世纪的亚洲》中明确提出："尽管面临挑战，但日本仍是当今国际秩序的主要角色之一。"③ 该书前言的开篇语即为"国际秩序发生了重大变化"。为解释秩序的形态，该书作者提出了三种秩序观，即"均衡的秩序"、"协调的秩序"以及"共同体的秩序"，探讨了日本在其中的位置与角色。同年，六卷本的《日本的外交》中的第四卷，详细阐释了冷战终结后的结构性变动如何影响和改变日本外交这一关键性命题。④ 2016年，添谷芳秀编著的《秩序变动与日本外交：扩大与收缩的七十年》，对战后各个时期的日本外交进行了比较系统的探讨。⑤ 2018年10月，日本国际问题研究所组织13位专业人士，就"应对动摇的国际秩序的新安全战略"提出11项政策建议。⑥

相关学术杂志也对国际秩序变革予以重点关注。《外交》杂志创刊号标题就是《特集　世界新秩序与日本的进路》，第48号的标题则为《特集　东亚国际秩序的地壳变动》。日本新政治学理论刊物 LEVIATHAN 第58号，以主要国家国际秩序观与现代外交为特集主题，组织一线学者探讨了国际秩序观与外交、自由国际主义的挑战、日本"联合国中心主义"的起源、中国"和平崛起"与国际协调以及英国国际秩序观与外交等问题。⑦ 2018年

---

① 此处使用的"价值观"，与"正しい"含义近似。
② 飯田敬輔など編「特集　主要国の国際秩序観と現代外交」、『レヴァイアサン』58号、木鐸社、2016年4月15日発行、10頁、11頁。
③ 細谷雄一『国際秩序—18世紀ヨーロッパから21世紀アジアへ—』、中央公論新社、2013、まえがき、iii頁。
④ 国分良成編『日本の外交　第4巻　対外政策　地域編』、岩波書店、2013。
⑤ 添谷芳秀編著『慶應義塾大学—拡大と収縮の七・年—』、慶応義塾大学出版会、2016。
⑥ 日本国際問題研究所「揺れる国際秩序に立ち向かう新たな安全保障戦略—日本を守るための11の提言—」、2018年10月、http：//www2.jiia.or.jp/pdf/policy_ recommendations/2018/181010jpn-security_ policy_ recommendations.pdf。
⑦ 飯田敬輔など編「特集　主要国の国際秩序観と現代外交」、『レヴァイアサン』58号、木鐸社、2016年4月15日発行。

日本《国际问题》杂志开年第一期，主题即为"动摇的国际秩序"，该特集的四篇文章，就"国际秩序动摇了吗"、战后秩序的动摇与日本外交的课题、中国对外政策目标与国际秩序观、国际秩序的历史性展开等篇目对这一主题展开了深入探讨。[①] 2018 年的《国际安全保障》杂志也组织特集"国际秩序攻防的时代"，内容涵盖了秩序与同盟——美国的"自由国际主义"战略、俄罗斯的秩序观——以"主权"与"势力圈"为线索、中国的国际秩序观——围绕从选择性接受到规则的制定的竞争、围绕"价值"的摸索——冷战后日本外交的新局面等问题。[②]

二　国际秩序与日本

为何学术界的"秩序"论日渐隆盛？究其根源，正如《国际安全保障》杂志特集中所认为的那样，"这不能不说与国际秩序遭遇重大挑战与危机这一时代背景有着密切关联"。[③]

让我们先从历史视角来纵向看日本与国际秩序的关系。大体上，自近代以来，日本对自身与国际秩序这一问题的渐进式认识过程可分为三个阶段。其中，每个阶段都"威胁"到要彻底摧毁日本人曾有的关于世界的认知，又都促使日本学术界与政策界在面临困境时审视自己的思维习惯和行为模式。在经历战略转型与体制调整之后，通过确立新的路线与政策，来反作用于国际秩序。

第一阶段，西洋冲击下的"死之跳跃"。这一时期，日本实现了近代以来的首次对外战略转型。19 世纪中叶，美国使节马修·佩里率领舰队抵达日本，逼迫开国。这一事件成为改变日本进而改变国际秩序的重要起点之一。正基于此，日本先后出现了倒幕运动与明治维新。作为孤悬海外的远东

---

① 『国際問題 2018 年 1・2 月合併号』、No. 668、http：//www2. jiia. or. jp/BOOK/201801. php。

② 『国際安全保障』編集委員会「特集　国際秩序をめぐる攻防の時代」、『国際安全保障』第 45 巻第 4 号、2018 年 3 月。

③ 『国際安全保障』編集委員会「特集　国際秩序をめぐる攻防の時代」、『国際安全保障』第 45 巻第 4 号、2018 年 3 月、3 頁。

孤岛，面对外患内忧，日本决策者们迅速调转航向，通过文明开化、殖产兴业与富国强兵，日本得以迅速崛起，并在第一次世界大战后步入世界五大强国之列。[①] 20 世纪 20 年代，迈入近代国家的日本再次迎来挑战，抛弃日英同盟，挑起"九一八事变"，退出国联，国内也发生了"二二六兵变"，一连串的愚策招致了日本的噩运。尽管"对外协调"思想与主张曾在一定程度上发挥作用，但随着军国主义势力的发展，日本最终走上了对外侵略扩张的不归之路，直到战败。回顾这一段历史，可以说战前日本外交中的现实性与崇尚机会主义的一面非常明显。在新局势形成时虽然也出台了相应的政策，但政策缺乏全局统一性，而且未能产生指导瞬息万变的世界局势的根本思想。在这种情况下，日本的政治行动刺激世界各国采取新的举措，这又使日本面临新的问题与挑战。这种连锁反应持续存在，其结果是日本不得不对当时的外交状态做出深刻反省和再次评价，这就是二战前日本外交的主要特征。[②]

第二阶段，"吉田主义"的起源与定型。二战之后，美军进驻下的日本瓦砾如山，整个民族感到了极度的挫败感，也正式迎来了自明治维新后对外战略的再度转型，整个国家不得不去"拥抱战败"，选择了复兴与回归国际社会之路。冷战前半期（1945～1970 年），美国主导的国际政治经济秩序形成与定型。在这一时期，美国对日单独占领，最初对日本进行了比较严苛的战后清算，日本和平宪法也是在这一阶段形成的。随着冷战铁幕的落下，以美国为首的北约与以苏联为首的华约针锋相对。在新的国际秩序下，美国调整了对日政策。《旧金山和约》特别是《日美安全条约》即为美国转变政策的产物；以吉田茂为首的日本政治家接受了失败的现实，基于对战败后国家特性的重新认知，逐步践行与确立了以与美结盟、轻军备和全力发展经济为主要内容的"吉田主义"，为日本描绘了战后复兴的蓝图。在贯彻"吉田主义"的过程中，日本专注于发展经济，实现了从积贫积弱的最低谷走向繁荣的"日本奇

---

① 参见行政改革会議事務局 OB 会編『21 世紀の日本の行政—行政改革会議活動記録—』、行政管理研究センター、1998、35 頁。

② 入江昭『日本の外交—明治維新から現代まで—』、中央公論新社、1966、64～65 頁。

迹"。冷战后半期（1970～1990年），国际秩序中出现的最大变化是美国主导的国际政治经济秩序开始发生动摇。对于国际秩序的这一深刻变化，日本已有一定的认识，并依据国情对外交战略与实施体制进行了有针对性的调整。比如，日本曾于1957年提出"外交三原则"，其中坚持"亚洲一员"的立场，受到美国因素的牵制，未能真正落实。20世纪70年代，日本决策层感觉有必要依据新形势，调整对东南亚外交。1976年8月18日，福田赳夫系统阐述了日本的东南亚政策：不做军事大国、建立相互信赖关系以及积极提供合作。这三点来源于对20世纪50年代以来日本对东南亚外交的经验与教训的总结，也是基于70年代国内外环境的变化而做出政策调整的结果。

第三阶段，路线"裂变"背景下新的战略摸索。冷战后（1990年之后），日本迎来了一个崭新的国际秩序，不得不面对一个国际化、多样化、复杂化的世界。日本正在进行中的新一轮对外战略转型，肇始于冷战之中，正式开启于后冷战时期。20世纪80年代中曾根康弘执政时期，明确提出政治大国目标。之后随着国际经济地位的提升，日本学术界开始出现"日美欧三极"构想，并指出在秩序变革期，日本应制定新国家战略，强化"首相主导型"外交。[1] 后冷战时期，日本民主党前党首小泽一郎提出日本应勇于承担大国责任，实现"普通国家"诉求。[2] 1990年海湾战争爆发，当时日本向多国部队支援了130亿美元，却并未得到肯定评价，反而被批"只出钱，不出人"。海湾战争的强烈"冲击"，使日本意识到必须突破法律限制。特别是自第二次安倍内阁执政以来，通过"俯瞰地球仪的外交"、"积极的和平主义"以及"战后外交总决算"，致力于开展战略性外交。为重构安全体制，日本设立了国家安全保障会议，接连出台"安保三箭"，制定了《特定秘密保护法》。此外，日本还调整"武器出口三原则"为"防卫装备转移三原则"，宣布解禁集体自卫权，实施新安保法。这一新的战略性布局的核心目标是摆脱"战后体制"，最终"实现"一个经济、外交乃至军事上"全面正常化"的新日本。

---

[1] 五百旗頭真『秩序変革期の日本の選択—「米、欧、日」三極システムのすすめ—』、PHP研究所、1991、176頁。

[2] 小沢一郎『日本改造計画』、講談社、1993、16頁。

三　日本外交"双转型"

在国际秩序变革特别是大国相对实力发生变化的情况下，日本外交转型问题从幕后走到台前，外交战略与决策机制的"双转型"得以开启。从作用力模式来看，秩序变革能引发一国外交改变原有发展路径，也就是战略转型和体制改革，以适应来自外部世界的要求。更多的强调外部世界压力的学说，可称为"秩序变革—外交转型"论。在外交实践中，日本也通常习惯于借助外部压力来求得国内认同，从而促进相关谈判。比如，从冷战期间的通产省，到现在的经济产业省，往往在强大的外来压力之下，以美国对日施压为依据，来促使舆论转圜，通过与经济利益集团的协调，做出适当让步，以推进本部门日后的对美谈判进程。这一概念模式，将国家视为统一体，往往把国内政治过程视为"黑箱"，因此未能将外压下的决策过程纳入视野，即国际秩序变革能对一国从战略与体制两方面施加影响，带来新的变化；反过来，特定国家的外交转型，正如日本，又能对外部世界发挥影响力，从而在一定程度上影响国际秩序变革。

（一）"安倍路线"与"吉田路线"的本质差异

在日本学者中，添谷芳秀的研究较为引人关注和深思。添谷把"吉田路线"定义为："把战后日本和平宪法与美日安保条约绑成一套体系。"① 这一体系由对美协调、轻军备和经济优先三个不可分割的部分组成。（1）对美协调，在安全上依存驻日美军。鉴于战败后的日本面临的国际环境和国内局势，吉田认为，在相当长的时期内，日本欲谋求复兴，只能依靠美国。（2）只寻求必要的、最低限度的军备。吉田反对大规模重整军备，主张将日本的国家安全置于美国的核保护伞之下，通过与美国媾和并缔结安全条约

---

① 〔韩〕文正仁、徐承元：《日本复兴大战略：与日本高层战略家的深层对话》，李春福、李成日译，社会科学文献出版社，2017，第9页。

来尽量减轻军备负担。（3）开展以经济复兴为前提的外交。吉田主张经济立国，他认为，战后日本必须"用经济手段在海外伸张日本的威信"，即在外交活动中主要运用经济手段，使外交为实现经济利益服务，凭借经济实力而非军事实力塑造国家形象，谋求在国际上的发言权。[①]

与"吉田路线"相比较，正在形成的"安倍路线"对核心国家利益的界定和排序均展现出明显差异。

2013年12月，日本国家安全保障会议出台了战后首份《国家安全保障战略》文件，对新时期日本的国家利益进行了明确而系统的阐述。为实现新时期国家利益，以安倍为代表的日本决策层及其智囊进行了周密的战略谋划与拆分，力图构筑囊括"兵""食""信"等核心理念的"安倍路线"。这无疑属于全新的战略思维，其特征主要有以下几个方面。（1）重经济，但更重安全与价值。（2）实现"普通国家"是其中间阶段，最终的大战略指向是全面正常的大国。（3）意在摆脱战后体制，在很大程度上否定战败与占领，甚至要找回明治时期崛起的荣光，是其最突出的表现。（4）以政治"右倾化"为依托。对实现全面正常化的大国这一终极目标而言，"右倾化"是贯穿全过程的核心理念。（5）注重唤起日本的自尊心，找回因长期贯彻"吉田路线"而丧失的民族尊严。（6）最大的目标是修改和平宪法，特别是第九条。（7）更多强调周边环境给日本安全上带来的威胁与挑战，为实现军事现实主义的目标服务。（8）从对美从属到谋求对美对等，注重对美国的战略性利用。（9）注重价值观外交，凸显"海洋国家"与"大陆国家"的差异。

综上所述，"安倍路线"与"吉田路线"相比有着本质上的差异，但"吉田路线"是否已经"寿终正寝"了呢？回答是否定的。吉田茂属于政治现实主义者，安倍晋三则与其不同，他在观念层面更倾向于对外高姿态和发挥军事作用（尽管仍未脱离现实主义的范畴）。"吉田路线"尽管已经备受

---

① 参见张勇《日本战略转型中的对外决策调整——概念模式与政治过程》，《外交评论》2014年第3期。

质疑和挑战，特别是在安倍执政时期，但该路线仍未终结。意图摆脱战败的往届（比如岸信介）以及现任领导人安倍，仍在一定程度上受到国际国内秩序的制约，尽管其活动半径已逼近"吉田路线"的天花板，但仍未能彻底突破，这也是全面落实"安倍路线"，谋求修宪、强军以及积极发挥对国际秩序引领与塑造作用的最大动力。

（二）"安倍路线"下战略转型与体制改革相互促进

日本《国家安全保障战略》开宗明义地指出，政府最重要的职责是维护国家和平与安全、确保国家生存与发展。源于国际秩序的重大变革使日本周边安全形势日趋严峻。因此，日本政府应从战略视角全面审视何为日本的国家利益，举全社会之力强化外交与安全的制度基础。

"安倍路线"下的日本外交，由"俯瞰地球仪的外交"、"积极和平主义"、"自由开放的印太战略"① 和"战后外交总决算"组成。第一，"俯瞰地球仪的外交"是指作为日本外交的基本方针，不只关注与周边各国的双边关系，而且要像注视地球仪那样俯瞰整个世界，立足于自由、民主主义、基本人权、法制支配等基本价值观，开展战略性外交。第二，在"和平主义"前面加上"积极"这一定语，自有其明确的指向。"积极和平主义"所针对的正是"吉田路线"下的"消极和平主义"。也正是在这一逻辑之下，日本成立国家安全保障会议，制定《国家安全保障战略》，修改《防卫计划大纲》和《中期防卫力量整备计划》，废除"武器出口三原则"，制定《特定秘密保护法》，解禁集体自卫权，强力推进通过新安保法和《特定秘密保护法》，使日本安全政策迎来重大转折。第三，"自由开放的印太战略"。早在 2016 年 8 月 27 日第六届非洲发展国际会议开幕式上，安倍在致辞中就正式提出了这一战略，他认为接下来是"印度洋—太平洋世纪"，要由日本参与设计，并力促美国一道引领；其构想逻辑是：在"东亚南亚长链条"上，

---

① 最近调整为"构想"。由"战略"到"构想"，一种说法是东南亚国家忌惮与日本合作会有选边站之嫌，不愿因此而得罪中国，因此建议将"战略"调整为"构想"，安倍政府显然是为了顾及有关方面的疑虑。

从基础设施、贸易、投资、开发、人才培养等入手提高日本的参与度，使之成为安倍经济学的重要"推动力"。同时，新战略也关涉安全问题。日本将首先探索由日美澳印建立海洋秩序，希望创建四国战略对话，把合作具体化。未来还将加入英法，构建更加广域的安保合作机制。第四，在 2018 年自民党总裁选举期间，安倍在故乡山口县下关市正式宣告，必须构筑新时代东北亚和平与繁荣的基础，完成"战后外交总决算"的时刻已经到来。"战后外交总决算"的主要课题包括全面解决朝鲜绑架人质和导弹问题、与俄罗斯进行和平条约谈判等。安倍访华后，其工作中心是日俄关系和日朝关系。这一方针还反映到内阁改组和自民党高层人事中。新战略的出台，对外交体制提出了新的要求。反之，外交体制改革也给战略谋划、拟定、决策、实施、评估提供了制度保证。曾担任外务省高官的田中均明确认为，完成国际秩序变革带来的挑战，需要绵密的战略设定，开展更加主动的外交，强化作为外交支撑的外交体制。① 概言之，二者是相辅相成的关系，共同服务于大国化志向的"安倍路线"。

总体来看，战略转型下的体制改革主要围绕强化战略外交的制度基础展开，主要包括以下内容。（1）强化政治主导。政治主导主要指首相主导和扩充首相官邸职能。（2）明确外交分工。日常事务性权限归以外务省为代表的省厅，战略型、危机型决策由首相官邸来运筹。（3）强化政官合作，特别是决策信息流动方面，注重打造畅通的渠道。（4）提升省厅特别是外务省的信息收集与分析能力。（5）大力加强智库建设。（6）巩固外交的社会基础。②

值得高度注意的是，在落实"安倍路线"的过程中，安倍本人的人格特质与政治手法，是其能够长期执政并比较顺利地推进外交决策的最主要因素。其人格特质与政治手法如下。（1）作为首相必须要做的事，一定要勇于承担责任，坚定不移地去做，咬定青山不放松，不达目的誓不罢休。（2）大胆启

---

① 田中均『日本外交の挑戦』、角川新書、2015、4 頁。

② 详细论述请参见张勇《日本战略转型中的对外决策调整——概念模式与政治过程》，《外交评论》2014 年第 3 期；张勇《日本战略转型中的对外政策智库》，《外交评论》2015 年第 6 期；张勇《日本外交的选择：概念、议程与方向》，《外交评论》2016 年第 6 期。

用有经验的官僚和有识者充实其侧近，会听取即使是与首相言论不一致的意见，最后由自己进行综合判断；（3）充分考虑、审慎选择时机，依照优先顺序逐步推进重要课题，然后逐一耐心落实。①

（原载《外交评论》2018 年第 6 期，有删减）

---

① 相关内容参见東郷和彦「トランプ政権の登場と日本の外交戦略—北朝鮮・中国・ロシアー」、『問題と研究』第47卷第1号（2018年1、2、3月号）、10～11頁；另外可参见张勇《韬晦之"鸷"：安倍晋三人格特质与对外政策偏好》，《外交评论》2017年第6期。

日本对缅甸经济援助：
历史、现状与启示

白如纯[*]

缅甸地处中国和印度两大国间并跨印、太两洋，战略位置十分重要。战后以来，凭借特殊的历史渊源，日本一直把缅甸作为主要的亲日国家看待。即使在西方国家对缅甸军政府实施制裁期间，日本朝野也与其保持了最低限度的政治经济联系。在 1961～2011 年缅甸民主化改革前漫长的半个世纪，日本一直是西方主要国家中对缅甸援助最多的国家。1988 年 3 月缅甸发生军事政变后，西方国家对缅甸军政府实施制裁。尽管日本与西方国家一道，暂停对缅甸政府的开发援助，但是日本以改善民生为口实，维持对缅甸的经济援助（见表 1、图 1），它也是西方主要国家中与缅甸联系最多的国家。

表 1　缅甸接受 DAC（发展援助委员会）主要援助国
双边援助净流量（1961～2010 年）

单位：百万美元

时间段	日本	德国	英国	美国	DAC 总额
1961～1970 年	147.74	16.03	3.42	33.84	214.22
1971～1980 年	662.97	134.27	34.26	14.00	978.71
1981～1990 年	1400.57	347.70	39.14	59.00	2107.52
1991～2000 年	625.29	18.82	5.18	4.26	806.59
2001～2010 年	413.58	68.59	252.89	187.48	1850.88
总计	3250.15	585.41	334.89	298.58	5957.92

* 白如纯，中国社会科学院日本研究所研究员，研究方向为日本外交、日本与东盟国家关系。

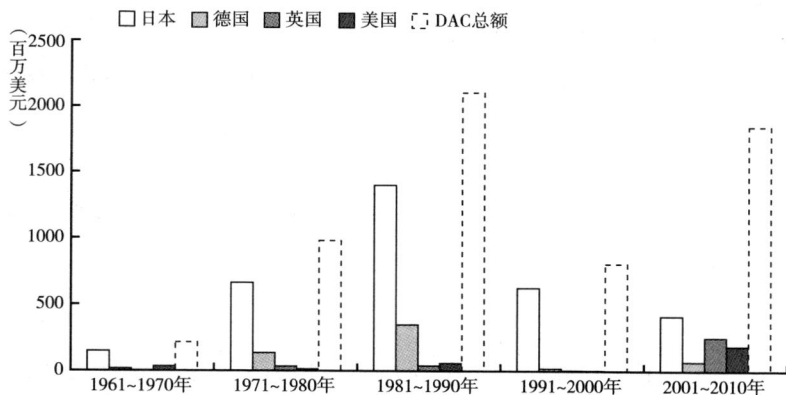

图 1　缅甸接受 DAC 主要援助国的双边援助净流量（1961～2010 年）

资料来源：根据经济发展与合作组织（OECD）发展援助委员会、《发展合作报告》、《国际发展统计》数据库整理做成。

2011 年 3 月吴登盛就任总统后，缅甸开启民主化改革和民族和解进程。2012 年 4 月 1 日，缅甸举行议会补选。昂山素季领导的民盟获得联邦议会 45 个可选空缺议席中的 43 个，成为议会第一大反对党。2015 年 11 月，缅甸举行全国大选，民盟获胜并于 2016 年 3 月底成立新政府，继续致力于民主化和民族和解以及可持续发展等广泛领域的改革。在东盟共同体成立的节点，日本希望在协助缅甸实现民主化和市场经济方面有所作为。在恢复、巩固与缅甸政治关系的同时，日本政府希望与缅甸加强经济合作，对内助推安倍经济学目标的实现，对外配合美国亚太战略，维护在东南亚特别是湄公河流域的主导地位。

一　日本朝野对缅甸政治经济形势的评估

2011 年后缅甸在政治、经济等领域进行了一系列改革，逐步迈向民主化并重新融入国际社会。2016 年 3 月 15 日，缅甸联邦议会进行总统选举，昂山素季的同窗好友、民盟资深党员吴廷觉高票当选为缅甸半个多世纪以来首位非军人出身的民选总统。

缅甸政治经济形势的变化，引起了周边国家乃至世界大国的关注。日本在东南亚尤其是湄公河流域具有影响力，且与缅甸一直保持密切联系，其对缅甸的关注与参与热情尤其高涨。日本朝野把缅甸定位为东南亚乃至亚洲最值得投资也是最后待开发的地区，从政府省厅到驻外派出机构、智库及民间组织均发挥各自优势，对推动日本政府与企业开发与援助缅甸献计献策。

日本政府认为，在政治关系层面，应基于历史上形成的友好关系，全方位强化双边关系。2011 年吴登盛政权开启改革以来，日本对缅甸的民主化和经济改革以及民族和解起到了推动作用；2016 年昂山素季领导的新政权执政后，缅甸的地缘政治重要性和经济发展的潜力凸显。日本认为缅甸国内的稳定对地区的安定与繁荣直接相关，认为缅甸是"共同拥有基本价值观的伙伴"，将采取"官民并举支援缅甸新政权致力的民主化、民族和解及发展经济"方针。在经济领域，日本认为 2011 年 3 月以后，缅甸在完善投资法规、统一汇率、开放银行保险、整顿证券市场方面采取了一系列经济改革措施，带动了能源、通信、制造业、不动产等领域的投资热潮，以至于2012 年后至今，缅甸维持每年 7% 以上的稳定经济增长。[①]

日本政府注意到欧美各国对缅甸的民主化给予积极评价，美国在 2012 年 11 月解除了除一部分宝石品目之外的商品禁运措施，欧盟则随后在 2013 年 4 月解除了除武器禁运之外的经济制裁。2016 年 3 月诞生的昂山素季领导下的现政权，显示了欢迎外国投资、放松管制的姿态，并于同年 7 月发表新经济政策，10 月制定了新投资法。（作为褒奖）美国解除了武器禁运以外的对缅甸经济制裁。

除作为官方的外务省等机构的宣传之外，来自半官方乃至民间的这种推介、调研也佐证了缅甸作为"新宠"的地位和价值。日本"缅甸经济·投资中心"向有意投资缅甸的企业提供咨询服务，缅甸投资的十大优势：

（1）2011 年 3 月民选政府执政后推进经济改革，经济呈现快速增长；

---

① 外务省「ミャンマー連邦共和国（Republic of the Union of Myanmar）基礎データ」、http://www.mofa.go.jp/mofaj/area/myanmar/。

（2）土地辽阔，天然气和矿产资源、农作物丰富；

（3）由于日本政府援助，开发中的迪洛瓦等经济特区具有优越的税收待遇和支援措施；

（4）具有低价优质的劳动力资源和富有吸引力的生产据点；

（5）识字率超过90%的高知识水平；

（6）较好的通晓英语的商务环境；

（7）约6000万人口的消费市场；

（8）人口约九成为性情温和的佛教徒，治安良好；

（9）高涨的日语学习热潮，国民普遍亲日；

（10）特惠关税政策。①

上述成为"缅甸投资指南"中所列对缅甸投资的优势，基本反映了日本朝野对缅甸国情的认知。

日本金融机构三菱（UFJ）于2015年6月发布调研报告，通过对缅甸经济数据的分析以及缅甸与亚洲发展中国家的增长率比较（见表2、图2），② 对进入21世纪以来缅甸的经济发展及对缅甸投资表示相对乐观的展望。同时，对缅甸经济社会面临的课题做了谨慎、客观的分析。从表2的数据可以看出，2000年至2016年的17年间，缅甸国内生产总值的增长率除个别年份低于中国以外，基本在亚洲国家中处于领先地位。

表2　中国及部分东南亚国家国内生产总值（GDP）增长率（2000～2016年）

单位：%

年份	中国	印度尼西亚	缅甸	菲律宾	泰国	越南
2000	8.492	4.92	13.746	4.411	4.456	6.787
2001	8.34	3.643	11.344	2.894	3.444	6.193
2002	9.131	4.499	12.026	3.646	6.149	6.321
2003	10.036	4.78	13.844	4.97	7.189	6.899
2004	10.111	5.031	13.565	6.698	6.289	7.536

① 「ミャンマー―経済・投資センター」、http：//www.jmeic.org/toushi－merit/。

② 三菱（UFJ）调研报告的数据统计至2014年，2015年、2016年数据为笔者重新整理添加。

续表

年份	中国	印度尼西亚	缅甸	菲律宾	泰国	越南
2005	11.396	5.693	13.569	4.778	4.188	7.547
2006	12.719	5.501	13.076	5.243	4.968	6.978
2007	14.231	6.345	11.991	6.617	5.435	7.13
2008	9.654	6.014	10.255	4.153	1.726	5.662
2009	9.4	4.629	10.55	1.148	-0.738	5.398
2010	10.636	6.224	9.634	7.632	7.507	6.423
2011	9.536	6.17	5.591	3.66	0.834	6.24
2012	7.856	6.03	7.333	6.684	7.231	5.247
2013	7.758	5.557	8.426	7.064	2.702	5.422
2014	7.298	5.024	7.991	6.218	0.818	5.984
2015	6.918	4.794	7.294	5.905	2.828	6.679
2016	6.7	5.02	6.3	6.84	3.23	6.21

资料来源：根据世界银行相关数据整理而成。

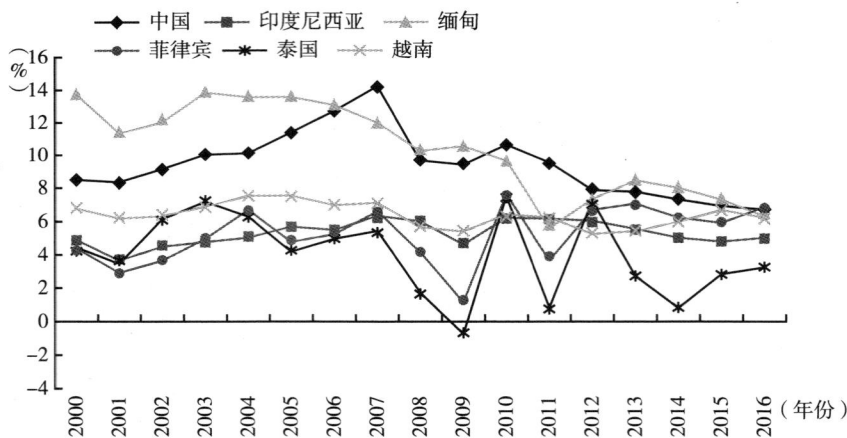

图2　中国及东南亚发展中国家经济（GDP）增长率（2000～2016年）

资料来源：根据世界银行相关数据整理而成。

关于当前的缅甸经济的预测，报告认为民选政府成立后，在经济开放、自由化以及外资流入、ODA增加的大背景下，缅甸的个人消费、外来投资将呈现上升趋势，缅甸经济有望维持目前8%左右的高增长。另外，外资的流入将导致房地产价格和人力成本升高，通胀压力增大。关于投资风险，报告首先提到缅甸国内政治因素，但预计尽管当时（2015 年秋季前）尚未举行大选，但假定民盟取得选举胜利，政权移交过程中出现纷扰，也不太可能招致欧美再度对缅甸追加制裁。因为继续制裁和围堵缅甸，将导致缅甸在援助和投资方面过度依赖中国，这是欧美日所不愿看到的风险。

经济发展离不开吸引外资这个大前提。为此，缅甸面临改善投资环境、基础设施、法律制度、人才培养等方面的诸多课题。依赖日元贷款进行基础设施改造，将使仰光等大城市的商业环境在 2020 年前得到相当大的改善，日本企业进入缅甸将比目前大幅增加。以日元贷款为核心的基础设施援助项目的增加和事业的推进，直接关系到日本企业进入缅甸的积极性，也关系到缅甸经济的走势。[①]

二　日本对缅甸经济援助的经纬

作为最早与日本解决战后赔偿并建立外交关系的国家，缅甸对于因赔偿问题与东南亚相关国家旷日持久讨价还价的日本来说，具有十分重要的政治意义。日本由此正式重返地区外交舞台，并逐步使东南亚地区成为日本资源、能源的重要来源地和商品市场。

日本与缅甸的经济关系确立与发展，离不开二战期间曾被扶持的缅甸精英阶层的配合。包括昂山和奈温（1962 ~ 1988 年执政）在内的"三十志士"，曾在日本的庇护和资助下开展军事训练并从事独立斗争。在 1942 年至 1945 年占领缅甸实行军政统治期间，日本也曾为不少缅甸留日学生提供奖学金，其中很多人在缅甸独立后进入政界并担任要职。正是在这些亲日势力的协助下，在两国没有正式建立外交关系的 1954 年前，日本就曾以低于国

---

① 三菱 UFJ リサーチ&コンサルティング「ミャンマー経済の現状と今後の展望—動き出したアジアのラスト・フロンティア—」、2015、http：//murc.jp。

际市场的价格从缅甸进口数十万吨大米，以应对战后初期的粮食危机。作为"回报"，日本把对缅甸的战后赔偿（1954年11月）及追加赔偿（1963年3月），用于帮助缅甸建设水库、水电站以及四大工业化项目（轻型车辆、重型车辆、农机具、机电制造）。即使在以美国为首的西方国家对缅甸进行经济制裁时期，日本也以"人道主义"为名，向缅甸提供各种援助。

（一）军政府执政前日本与缅甸的经济关系

1948年缅甸独立后奉行自主外交，拒绝参加美国主导的"旧金山和会"。因而未能依据该框架与日本展开外交接触。但日本与缅甸以双边方式接触，于1954年11月缔结"和平条约"并签署了日本对缅"赔偿协定"，缅甸成为日本第一个完成赔偿谈判并实现外交正常化的国家。1963年3月，双方缔结了相当于"追加赔偿"的"经济技术合作协定"，又于1972年缔结"航空协定"。

缅甸独立后直到奈温执政结束的1988年前，是日本与缅甸关系稳定友好的"蜜月"期。与昂山一道得到日本资助的缅甸国家领导层与日本政客之间的私交，对奈温主政时代（1962～1988年）的两国关系产生了重大影响。1962年奈温发动军事政变后，外国驻缅使节中只有日本大使与奈温继续保持联系。在东京有一个被俗称为"缅甸游说团"的组织，成员包括安倍晋三首相外公前首相岸信介、其父前外相安倍晋太郎、自民党中曾根派系掌门人渡边美智雄等。基于高层人脉关系，带来日本对缅甸的巨额官方发展援助（ODA），既缓解了奈温发动政变后缅甸出现的经济危机，也促进了这种基于政治精英个人感情之上两国关系的发展。

日本对缅甸最初的经济援助以解决战败赔偿的形式进行。在1955年到1965年10年间，日本以货物和劳务输出等形式向缅甸支付了约2亿美元，同时还提供了相当于5000万美元的技术援助。1963年，日本决定再向缅甸提供具有"准赔款"性质的1.4亿美元的资金援助，促进经济和技术合作。日本第一次向缅甸提供真正意义上的经济援助即日元贷款（ODA）是在1968年，此时日本已经走上高速发展轨道。随着国力的增强，日本以经济外交为手段谋求政治影响力成为可能。

20 世纪 70 年代后半期，奈温政府为了缓和国内的经济和政治危机，以开放姿态接收来自其他国家的官方援助。这一时期日本对缅甸的 ODA 迅速增长。1976 年，东京举办了缅甸援助组织第一次正式会谈，奈温政府向国际援助组织提出援助请求，用于实现国家经济发展五年计划。在援助组织会议之后，缅甸的官方经济收入迅速增加。日本则以"综合财政补贴"（1975 年）、"文化补贴"（1976 年）、"食品增产补贴"（1977 年）和免除债务（1979 年）等名目，持续对缅甸进行经济援助。倘若没有来自包括日本在内的巨额外来经济援助，奈温政府就难以应对 20 世纪 70 年代和 80 年代的数次经济危机。而日本对缅甸的援助，在其中扮演了最重要的角色。

（二）军政府执政时期日本对缅甸的经济援助

1988 年 3 月缅甸发生军事政变，日本和其他主要援助国迫于美国的压力，中止了对缅甸的官方经济援助。来自最大援助国日本援助的中止，对缅甸经济的冲击极为严重。虽然日本随后恢复了小规模的基于人道主义的基本生活物资援助，但日元贷款一直被冻结。日元贷款是此前缅甸 ODA 资金的最主要来源。1978～1988 年，日本平均每年向缅甸提供约 1.5 亿美元的援助；1989～1995 年，日本对缅援助的年均额下降到约 8000 万美元；1996～2005 年，这个数字更是降到了约 3500 万美元（见表 3）。①

军政府统治期间，对缅关系上，日本一方面利用援助作为工具实行有限的压力政策；另一方面又保持对缅接触，在经济制裁与接触政策之间折中。日本在缅甸问题上所表现的两面性特点，是其在国内各方分歧、日美基轴外交与亚洲独立外交、国家利益与价值观外交之间相互平衡的结果。②

---

① 根据日本外务省政府开发援助（ODA）统计数据整理得到，参见 http：//www. mofa. go. jp/mofaj/gaiko/。
② 范宏伟、刘晓民：《日本在缅甸的平衡外交：特点与困境》，《当代亚太》2011 年第 2 期。

表3 日本对缅甸政府开发援助（ODA）（1969～2014年）

单位：百万美元

年份	政府贷款	无偿资金援助	技术援助	赠与	政府开发援助支出净额	政府开发援助支出总额
1969	—	14.56	0.20	14.76	14.76	14.76
1970	—	11.64	0.30	11.94	11.94	11.94
1971	9.90	16.61	0.15	16.76	26.66	26.66
1972	11.59	16.36	1.69	18.05	29.64	29.64
1973	41.90	13.15	1.22	14.37	56.27	56.27
1974	34.23	10.61	1.53	12.14	46.37	46.37
1975	5.24	14.15	2.26	16.41	21.65	22.05
1976	11.99	12.26	3.06	15.32	27.31	28.12
1977	9.21	9.93	1.41	11.34	20.55	21.44
1978	93.41	7.89	2.72	10.61	104.02	107.33
1979	148.04	25.02	4.98	30.00	178.04	183.34
1980	115.27	32.61	4.58	37.19	152.46	159.62
1981	92.12	26.81	6.45	33.26	125.38	133.39
1982	76.48	21.31	6.14	27.45	103.93	111.02
1983	65.00	42.24	6.15	48.39	113.39	120.83
1984	47.32	41.91	6.18	48.09	95.40	109.67
1985	104.88	43.37	5.79	49.16	154.04	168.90
1986	175.18	61.37	7.59	68.96	244.14	266.11
1987	104.73	55.43	11.84	67.27	172.00	192.41
1988	168.29	81.69	9.56	91.26	259.55	278.65
1989	27.53	40.36	3.52	43.88	71.41	81.60
1990	27.98	30.18	3.16	33.34	61.32	61.32
1991	42.81	37.17	4.59	41.71	84.52	84.52
1992	35.51	31.58	4.98	36.56	72.06	72.07
1993	26.86	35.98	5.77	41.75	68.61	68.61
1994	26.49	99.95	7.37	107.32	133.82	133.81
1995	−37.19	139.27	12.16	151.42	114.23	167.38
1996	−76.65	101.98	9.87	111.85	35.19	117.90
1997	−49.59	55.14	9.28	64.42	14.83	64.42
1998	−41.94	47.01	11.01	58.02	16.09	61.92
1999	9.63	9.08	15.47	24.55	34.18	34.18
2000	11.43	17.97	22.38	40.35	51.78	51.78

续表

年份	政府贷款	无偿资金援助	技术援助	赠与	政府开发援助支出净额	政府开发援助支出总额
2001	9.12	33.64	27.10	60.74	69.86	69.86
2002	-15.84	30.03	35.21	65.24	49.39	65.27
2003	—	18.52	24.56	43.08	43.08	43.08
2004	—	8.41	18.41	26.81	26.81	26.81
2005	-0.19	6.65	19.03	25.69	25.49	25.69
2006	—	13.35	17.48	30.84	30.84	30.84
2007	—	11.68	18.84	30.52	30.52	30.52
2008	—	23.77	18.71	42.48	42.48	42.48
2009	—	24.50	23.77	48.28	48.28	48.28
2010	—	21.56	25.27	46.83	46.83	46.83
2011	—	19.70	22.80	42.50	42.50	46.51
2012	-0.00	54.82	37.96	92.78	92.78	92.78
2013	-758.78	3238.45	48.65	3287.10	2528.32	5331.76
2014	11.14	119.68	83.10	202.78	213.92	213.92
合计	563.09	4829.37	614.26	5443.56	6006.64	9202.66

资料来源：根据日本外务省政府开发援助（ODA）统计数据整理，日本外务省政府开发援助主页，http：//www. mofa. go. jp/mofaj/gaiko/oda/shiryo/jisseki/kuni/index. php。

（三）双方政权更迭但日本如期提供援助

20 世纪末缅甸加入东盟，特别是进入 21 世纪最初的几年，中国与东盟关系显著改善，以东盟为中心的区域经济合作蓬勃发展。2003 年，中国—东盟自贸区谈判启动，日本感到竞争压力。2006 年，安倍晋三曾在第一个首相任期内大力推行"价值观外交"，并制定了所谓的"自由与繁荣之弧"外交战略，缅甸即为该弧形线上的重要一点。

2011 年缅甸民选政府成立后，双方关系显著改善。缅甸总统吴登盛和反对派领导人昂山素季于 2012 年和 2013 年相继访问日本，缅甸朝野与日本的来往趋于热络。随着缅甸政府开启民主化大门，2012 年 4 月民主党野田佳彦内阁即改变对缅甸外交方针，重启包括日元贷款在内的对缅经济援助。

2012 年 12 月自民党夺回政权后，时任安倍内阁副首相兼财政大臣麻生则步欧美后尘，于 2013 年新年伊始访问缅甸，重申野田内阁对缅甸的援助承诺。2013 年 5 月，继 1977 年福田赳夫之后，时隔 36 年安倍晋三以首相身份访问缅甸。安倍代表日本政府承诺，继 2013 年初麻生副首相访缅时免除 3700 亿日元的债务后，追加免除缅甸欠日本的剩余约 2000 亿日元债务。

三　日本对缅甸经济援助的新动向和特点

吴登盛政权成立后，缅甸的投资环境大为改善。以美国为首，西方主要国家基本上解禁了对缅甸的经济制裁，包括日本在内的国家的援助随之而来，电力、运输（道路、桥梁、铁路）、通信、经济特区建设以及城市供水等生活设施等基建活动纷纷开启，特别是日本政府重启日元贷款带来的影响最大。经济制裁解除、基础设施建设的发展、金融制度改革等，带来投资环境的改善，激发了日本的民间企业对缅甸的投资热情。2013 年度以及 2014 年度投资额分别为 41 亿美元和 80 亿美元。到 2015 年前半年累计投资达到 566 亿美元。其中的约七成投资是面向石油、天然气以及电力部门。几年来，对劳动密集型产业的投资也在增加，制造业以约占投资额一成的比例暂居投资领域第三位。日本企业中 5 亿美元左右的投资已不鲜见。随着迪洛瓦等经济特区基建项目开工、日本银行分支机构开设，可以想见日系企业将更多进入缅甸。①

对日本政府来说，通过对缅甸援助加强双边关系，除了争取缅甸发展提供的经济机会外，更为重要的是通过全面恢复与缅甸的关系，重新获取对中南半岛乃至东南亚地区的实质影响力。为此，安倍二次执政以来加大了对缅甸经济外交的力度。除积极开展首脑外交完善顶层设计之外，日本各界尤其是经济产业界发挥其做事细致周到的一贯传统，为日本企业尤其是中小企业

① 西澤信善「ミャンマー——ODA で整備の進む投資環境」、『Business Labor Trend』2015 年第 12 号。

提供优质服务，包括在缅甸投资、访问视察、寻找合作伙伴等方面提供信息以及各种后勤服务。

总体来看，日本对缅甸经济外交主要有三个重点领域：一是有关改善民生（支援少数民族贫困阶层、农业开发、区域开发）、医疗保健、防灾等方面；二是为支援民主化进程培养人才，使其具有完善、应用制度的能力，如接纳留学生、研修生等；三是发挥日元贷款的作用，援助保证经济持续增长所需的基础设施建设，包括能源、交通网建设等。①

安倍二次执政以后，日本对缅甸援助呈现新特点，其经济外交与政治安全相结合的意味浓厚，与中国争夺影响力的意图强烈，配合美国亚太战略的用心明显。

（一）以"金元外交"巩固合作关系

安倍二次执政以来，日方已全部免除缅甸 5000 多亿日元债务。另外，安倍宣布向缅甸提供 510 亿日元贷款用于迪洛瓦经济特区的电力、港口建设及全国的扶贫项目，提供 400 亿日元的无偿援助用于铁道建设和医疗保健领域。2013 年 12 月，借"第二次日本—东盟首脑特别会议"之机，日本再次向缅甸提供总额为 630 亿日元的政府贷款。

日本有关人士甚至计算出援助的 1540 亿日元额度相当于 2013 年度缅甸政府全部财政预算的 10% 或相当于该国省厅级预算的 27%，并预计该投入将惠及在缅甸的日本企业。安倍访缅时，40 余家大企业负责人随行。日产汽车一次性投资 5 亿美元，成为缅甸最大的外资项目之一。2015 年 11 月，昂山素季率领缅甸民主联盟（NLD）取得压倒性胜利，日本及时采取了继续援助缅甸开发的外交方针。②

日本身处以美国为首的西方阵营，加之日美关系在日本外交中的重要作

---

① 外务省「ミャンマーに対する我が国 ODA 概要」、http：//www.mofa.go.jp/mofaj/gaiko/oda/files/000142134.pdf。
② 白如纯：《安倍政权强化对东盟外交的台前幕后》，《当代世界》2014 年第 3 期，第 21 ~ 24 页。

用，因此美国因素在日缅关系的恶化中发挥了极为重要的作用。例如在
2002 年 5 月，日本政府决定向缅甸提供 6.28 亿日元作为修复巴卢昌河水电
站的资金，并以恢复对缅甸的 ODA 作为对缅政府释放昂山素季的回应。但
此举遭到了昂山素季本人以及美国政府的强烈批评。此后，每每日本尝试以
部分恢复 ODA 的形式向缅甸政府传达积极的信息，都会遭到美国的阻止，
最终使计划流产。

进入 20 世纪 90 年代之后，随着缅甸政府通过对外开放政策加强了与中
国、泰国、印度等周边国家的经济联系，削弱了过去主要援助来源国日本的
地位，加之国内天然气的大规模开采使缅甸获得了巨额外汇，缅甸对于缅日
关系已经没有之前那样渴求，所以才会出现在 2006 年公开谴责日本的情形。

（二）谋求借缅甸发展助推国内经济

对于日本来说，缅甸除了具有地缘优势、能源丰富和廉价劳动力等客观
因素外，近两年的政治体制转向成为重要因素。新的外国投资法、经济特区
法和外汇改革等措施，进一步完善了缅甸的对外开放格局。根据美国智库的
预测，2020 年之前，缅甸国内生产总值的年增长速度平均为 6% 左右。日本
通过以政府援助为主要手段的经济外交，主要目的是为日本企业进入缅甸提
供机会，也给无以为继的"安倍经济学"提供支撑。2015 年 4 月，安倍在
一次国际论坛演讲中提到日本 40 年前援助缅甸的水电站项目"仍在发挥作
用"，意在强调日本的质量和管理与其对缅甸基础设施建设的价值。

（三）凭借历史因素确立人脉关系

20 世纪 40 年代日本曾帮助"缅甸国父"昂山等"三十志士"在静冈
县的滨松地区开展军事训练，日本认为其对缅甸独立提供的援助，是与将获
得政权的昂山素季拉近关系的重要基础之一。2015 年 10 月 9 日，日本电视
节目直播缅甸议会选举，并专题报道昂山素季与日本的因缘——留学京都大
学并送其独子到日本公立小学就读；2013 年访日时，昂山素季曾寻访其父
在日期间的旧迹等资料介绍。尽管从 1977 年福田访缅到缅甸总理应邀访日

（参加 2003 年 12 月东京举办的"日本—东盟特别首脑会议"）的近 30 年间，两国首脑外交停滞，但与西方主要大国不同，日本与缅甸之间的部长（大臣）、厅局官员等高级别互访一直持续。

（四）针对中国主动出击的意图明显

第一，安倍列举 40 年前援助缅甸的水利设施仍在发挥作用，借以强调日本项目具有的高质量、高效率等表述，明显具有剑指中国的意图。2015 年的日本与湄公河五国首脑会议上，日本方面表示希望与湄公河流域诸国成为"实现强大经济成长力量的湄公河地区的未来成长伙伴"，"欢迎与有关各国在构筑民主化、国民和解、法制、人权等领域开展合作"等表述，暗含协助缅甸推进民主化进程的用心。

第二，日本外务省在对首脑会议的总结（概要）中表明，"日本与（包括缅甸在内的）湄公河五国首脑会谈时，重申在该区域深化海洋安全合作的重要性以及在该区域维护航行自由、航行安全、飞越自由的各自立场。双方在维护该区域贸易自由及根据包括《联合国海洋法公约》在内的国际法及其基本准则和平解决该区域争端的各自立场"。① 该说法与美国介入南海争端的托词如出一辙。

第三，安倍在与缅甸首脑的会谈中，就日本的政府援助在军事安全领域发挥作用达成一致。日本认为长期以来缅甸军政府与中国关系密切，日本对缅甸军方的介入成为除"支持缅甸民主化"进程之外，制约中国影响力的另一个重要手段。

四　"一带一路"倡议下加强对缅甸外交的思考

缅甸是中国"一带一路"倡议中"21 世纪海上丝绸之路"中的重要国

---

① 外务省「日本ミャンマー首脳会談」、http：//www. mofa. go. jp/mofaj/s_ sa/seal/mm/page1_000118. html。

家，也是陆上连接孟中印缅经济走廊的关键点，处理好与缅甸的政治经济关系对中国地区外交具有重要意义。同时，日本对缅甸经济外交针对中国的色彩日益浓重。为此，在处理与缅甸、湄公河流域各国以及与东盟之间的关系时，日本因素成为中国地区外交的重要考虑之一。

第一，注重提高效率、加强管理、把握质量。日本的明显优势是质量、技术和管理，这也是日本在地区经济外交中经验和教训的总结。早在 20 世纪六七十年代，日本在东南亚掠夺式开发造成的负面效应，引起当地反日游行甚至暴动。福田主义出台后，日本逐渐完善政策、措施，国家及企业的形象得到改观并长期保持。日本的前车之鉴，提醒我们在与各国合作和交往中树立大局意识和全局观念，立足长远，注重把握细节，提高办事效率和符合驻在国法律规范和国际惯例。

第二，发挥地缘、人缘优势，完善朝野交往。尽管日本标榜与缅甸关系的渊源，但相较日本，中国在与湄公河流域国家关系中更具有地缘、人缘优势。中缅胞波情谊是日本望尘莫及的先天优势。在保持高层交往的同时，应加强学者、媒体间交流，加大援助互派留学生力度。人员交流是一把双刃剑，利用得当可以加深亲情、促进合作的开展，反之可能因部分人的消极表现，造成更大范围的相互厌烦。有关部门应加强对民间企业进驻的管理，防止少数部门、企业不当言行对国家战略的实施带来消极后果。

第三，巩固周边外交的同时保持与日本的协调。尽管泡沫经济破灭，经历长期经济萧条，但日本作为世界经济大国、科技强国的实力依旧。经过长期经营，日本取得了包括缅甸在内的湄公河流域乃至东盟多数国家的正面评价。包括缅甸在内的东南亚国家均希望包括日本、中国在内的各大国在2015 年宣布成立的"东盟共同体"建设中发挥积极和建设性作用。中国的发展离不开和平的周边环境，在处理对东盟关系中，应与日本保持协调、推进合作，避免在东南亚、湄公河地区基础设施建设中各自为战的恶性竞争。

第四，升级次区域合作，助推"一带一路"倡议。推进"澜沧江—湄公河合作"机制，必须面对日本这个中国在次区域最强有力的竞争者。2015 年 11 月 12 日，由中国倡议举行了首次澜沧江—湄公河外长会议，

2016 年 6 月澜湄合作首届领导人会议成功举办，标志"澜湄"合作机制诞生。对于湄公河流域多种合作机制并存的现状，应强调这是对既有的大湄公河次区域合作机制（GMS）的补充，使其成为克服次区域合作中"离心力"的有益尝试。大湄公河次区域合作面临的机遇和挑战，要求中国负起大国担当，与相关国家共同打造以"开放、包容、均衡、普惠"为理念的次区域合作升级版，为"一带一路"倡议的顺利推进创造有利的周边外交环境。

（原载《现代日本经济》2017 年第 5 期）

日台经贸发展与前瞻[*]

吴万虹^{**}

长期以来，日本视中国台湾为"特殊利益地区"，企图通过密切日台关系达到既推动"台独"势力发展，又控制台湾地区经济命脉的目的。近年来，日本加快与台湾地区洽签经济合作协议步伐，双方经贸关系进一步深化。2011年，"日本交流协会"与"台湾亚东关系协会"在台湾签署"日台民间投资协定"。为防止日台双重课税，促进双方人员往来和投资，经过两年多的谈判，日台于2015年在东京签署"避免双重课税协定"①。日本首相安倍晋三于2013年印尼APEC会议期间与中国台湾地区代表肖万长会见时表示，日本与中国台湾的经贸关系紧密，盼以堆积木方式完成日台自由贸易协定（FTA）。

日台在过去60年间签署了61项合作协议，其中28项是在马英九主政的8年间签署的，占总数的45.9%。至此，日台以堆积木的方式初具自贸区之实。台湾希望以此为契机，将来与日本正式签署自由贸易协定，促进广泛的经贸合作。据悉，2011年的日台投资协议对于促进双方投资已经发挥很大作用，税收协议将进一步提升效应。据台湾经济部门统计，2014年台湾对日投资额为6.8亿美元，相当于2013年的4倍。近年来，以台湾鸿海精密工业对夏普出资为代表，台湾地区的资本对日投资增长迅猛。②

---

* "日台"为日本与中国台湾地区的简称，为行文方便以下一律使用简称。

** 吴万虹，中国社会科学院日本研究所副研究员，研究方向为战后日本外交、日台关系。

① 孙晋蔚：《台日签署"避免双重课税协定"》，《台湾周刊》2015年第46期。

② 「日台、租税協定を締結へ　二重課税防ぎ投資促す」、http://www.nikkei.com/article/DGXLASGM18H07_Y5A111C1MM0000/。

2016 年是台湾地区领导人选举之年，选举结果会对日台关系产生深刻影响。1 月 16 日，民进党蔡英文获胜当选。由于民进党实行"倚美亲日反中"政策，蔡英文提出"新南向政策"，力图进一步疏离大陆，强化与美日以及东南亚等国关系，推动与日本、印度、印度尼西亚、菲律宾等国构建"钻石型"的"海洋国家自由联盟"，并积极寻求签署自由贸易协定或准 FTA 协定。此外，台湾希望通过以开放"美猪"等一系列政策为交换，加入由美国主导的 TPP，和日本签署"经济合作协定"（ECA）或 FTA。[①] 可以预见，未来的日台经贸关系将更加密切。

一 推动经贸发展的政策准备

2008 年 5 月，马英九就任台湾地区领导人，台湾实现第二次政党轮替。马英九提出"活路外交"的政策理念，以取代陈水扁时期"烽火外交"的提法。台湾地区与日本的关系亦进入转变与调整阶段。

（一）构筑"台日特别伙伴关系"

为强化对日关系，马英九当局把台日关系重新定位为"特别伙伴关系"，并将 2009 年定为"台日特别伙伴关系促进年"。马英九对日态度务实、谨慎，谋求在经贸、文化、青少年、观光及对话五个领域，推动对日合作与交流。

2009 年 1 月 7 日马英九在出席台湾日本人会及台北市日本工商会"2009 年新年联谊酒会"时，提出把 2009 年定为"台日特别伙伴关系促进年"。他强调要大力发展台日关系，建立高层互信，"让台日真正成为特别伙伴关系"。[②] 以下两个事实表明，台日关系在 2009 年明显提升。第一，2009 年 12 月 1 日，台湾在日本设立第六个办事处。1972 年中日邦交正常

---

① 任冬梅：《蔡英文对外政策解析》，《世界知识》2016 年第 11 期。
② 严安林：《马英九上任以来台湾与日本关系新进展及其走向》，《台湾研究集刊》2010 年第 5 期。

化后，根据《中日联合声明》，台日只保留经济文化的交流关系。为了进行这种交流，1972 年以后台湾相继在东京、横滨、福冈、大阪、那霸设立五个办事处。这次台湾当局在札幌设办事处，体现出台日关系在新形势下得到加强。第二，2009 年 2 月 19 日，台日就新的航约达成协议。据报道，未来台北松山机场和东京羽田机场每天将有八个往返航班。台湾地区是华航及长荣航空飞行，日本是日本航空和全日空飞行。每家航空公司每天各飞两班。

进入 2010 年后，台日"特别伙伴关系"继续加强，主要表现在以下两方面。

第一，2010 年 5 月 1 日台湾"亚东关系协会"与"日本交流协会"就地球温暖化、灾害与国际性犯罪应对措施等事项，在台北签署加强合作与交流备忘录。这是台日"断交"后双方签署的第一个综合性合作文件。该备忘录所列合作交流事项共计 15 条，涉及经贸、观光、学术、文化、科技、防灾、环保、节能、海事安全、共同打击国际犯罪、农渔业合作、地方交流、媒体互访等领域。

第二，2010 年 9 月 1 日台日商务交流协进会理事长辜濓松与日本商工会议所会长冈村正就加强日台合作在东京签订协议书。此举旨在"确认彼此在经济、贸易等领域上有互利关系存在，并有助于活络双方之地方经济及增进双方中小企业之共同利益"。该协议书的主要内容有四。（1）为有助于台日经济发展，致力于推动双方之贸易、投资、技术、经济合作及促进观光，同时也促进双方之地方交流。（2）为增进日台贸易、投资等经济交流，并使日台合作关系更加紧密，双方将加强相互商情资讯交换，以及致力于共创日台企业之事业商机。（3）对于双方主办之台湾商务相关会议、投资说明会、论坛及相关情报交流之研讨会等活动，提供彼此必要支援与协助。（4）在日台企业干部互访时提供最大协助。

总之，在马英九的第一个任期，台湾当局对日政策调整已经完成，其基本脉络和方向逐渐清晰，主要涉及六个方面。第一，对台日之间的政治关系进行定位。第二，主张台日应继续加强安全合作，认为《日美安全条约》

是"东亚和平的重要支柱"。第三，主张在继续扩大台日贸易的基础上，推动双方经济合作的机制化。台日间没有类似自由贸易协定的经济协定，但双方经济相互依存度高。为推动台日经济关系的深化，推动台日最终签署自由贸易协定，日台采取"堆积木"方式，开展在知识产权、产品相互承认、贸易便利化及投资协定等方面的谈判，为最终签署自由贸易协定铺路。第四，要进一步加强民间交流。马英九上台后，台日就开通包机航线、增加日游客赴台数量等达成一致，双方还拟采取更积极的措施，鼓励更多的城市结成姐妹城市。第五，希望日本今后能在协助台湾"参与国际组织"、扩大"国际空间"方面发挥作用。第六，提出不论台湾和大陆的关系如何改善，台日关系都应继续提升。

"台日特殊伙伴关系"的构筑，为日台经贸发展提供了牢固的基础。

（二）签署一系列经济协议，逐步迈向自由贸易协定

近年来，日本与台湾之间的经济交流密切、规格逐渐提高。2011年9月22日，"日本交流协会"与台湾"亚东关系协会"在台湾签署了"日台民间投资协定"。截至2016年，日本与15个国家或地区缔结了投资协定，与台湾的协定是第16个。该协定的签署使双方企业相互投资不受外资条件限制，通过明确双方企业获得无差别"国民待遇"，提高双向投资环境水平。"民间投资协定"签署之后，2012年日台又签署"专利审查高速公路备忘录""电机电子产品检验相互承认协议""产业合作备忘录"，并计划在11个领域内展开生产合作。日台在专利审查合作方面于2012年试行"专利审查高速公路备忘录"之后，续签"日台优先权证明文件电子交换合作备忘录"。未来，专利申请人将可以电子交换方式相互取得专利优先权证明文件，免除重复制作纸本的时间与成本，有助于加速审查作业，提升行政效率。

2013年11月5日，台湾"亚东关系协会"会长李嘉进与"日本交流协会"会长大桥光夫在台北签署"电子商务合作协议"、"优先权证明文件电子交换合作备忘录"、"药物法规合作框架协议"、"铁路交流及合作备忘录"及"海上航机搜索救难合作协议"等5项协议或备忘录。这5项协议

或备忘录，不仅强化日台在电子商务、专利、药事、铁路及海上救难领域的合作与交流，亦促使日台关系进一步发展。① 同月 28 日，日台在东京签署"金融监理合作备忘录"。该备忘录对于加强双方金融监理具有积极影响，签署后将有助于双方确保金融体系的健全、保障投资人权益及提升金融市场效率，也可协助双方业者拓展商机，强化双边的布局，创造双赢。台湾媒体称，此次签署的 6 个协议和备忘录是日台之间重要的经济合作协议，是继 2011 年签署投资协议后，再度以"堆积木"方式为双方未来达成经贸伙伴协议或自由贸易协议向前迈进一大步。马英九在 10 月会见"日本交流协会"会长大桥光夫时曾表示，希望能加强与第二大贸易伙伴日本的经贸互动，"有一个更广泛、层次更高，能够更促进双方经贸往来的安排"，以深化台日关系。

2014 年 11 月 20 日，台湾"亚东关系协会"会长李嘉进与"日本交流协会"会长大桥光夫在台北签署"专利程序上微生物寄存相互合作了解备忘录""观光事业发展加强合作备忘录""核能管制信息交流备忘录""有关入出境管理实务及情资交换暨合作了解备忘录"等强化日台经济关系的 4 个合作协议，不仅强化日台在相关领域的合作，亦促使日台关系进一步发展。日台之间继 2011 年签署投资协议后，陆续签署覆盖面日益扩大的重要经济协议，为双方未来持续洽签经贸协议奠定良好基础。②

为防止日台的双重课税，促进双方人员往来和投资，经过两年多的谈判，日台于 2015 年 11 月 26 日在东京签署"避免双重课税协定"。③ 同时签署的还有"竞争法适用备忘录"及"灾防交流合作备忘录"。

通过签署一系列经济协议，日台以化整为零的"堆积木"方式初具自贸区之实。这对深化双方经贸关系，逐步迈向自由贸易协定签署具有重要意义。

---

① 参见台北驻日经济文化代表处网站，http：//www. taiwanembassy. org/ct. asp？xItem = 44324 3&ctNode = 1420&mp = 201&nowPage = 3&pagesize = 15。
② 伍俐斌：《安倍重新上台后日本拉拢台湾的策略与做法》，《台湾周刊》2014 年第 48 期。
③ 孙晋蔚：《台日签署"避免双重课税协定"》，《台湾周刊》2015 年第 46 期。

（三）注重发挥1.5轨对话机制的作用，以民促官，以学术促交流

因为台湾与许多重要国家并无外交关系，所以台湾当局擅长利用各种形式的研讨会，集专家学者、政治家、政府官员于一堂，充分发挥半民间、半官方的1.5轨对话机制的作用，引导舆论，探讨进一步发展战略合作伙伴关系的方案，达到以学术促交流的目的。

2012年7月10日在东京早稻田大学国际会议场举办"追求东亚和平发展"座谈会，为促进台日经济交流所设立的台湾经济团体"三三企业交流会"会长江丙坤出席并以"ECFA后台日经济协力关系"为题发表专题演讲。江丙坤在担任海基会董事长期间，签署"海峡两岸经济合作框架协议"（ECFA）等19项协议。江丙坤在演讲中提到签订ECFA后的商品贸易、服务贸易等具体交涉部分，ECFA的经济效益，如何活用ECFA推动台日经济合作等，并说明ECFA后依据"商品贸易协议"将调降关税、发展"服务贸易协议"以及推动与外国贸易自由化来增强台湾对外输出竞争力。他强调，日本企业想要进出中国大陆市场，通过台湾是最安全快速的管道，同时介绍双方经济合作之成功案例，再次重申强化台日经济关系的重要性。

2012年9月5日，日本每日新闻社旗下的亚洲调查会在东京日本记者俱乐部，以"东亚安全保障与日、台扮演角色"为题举行国际研讨会，向各界人士开放。研讨会上，"台湾驻日本经济文化代表处"沈斯淳致辞表示，根据马英九2012年在8月5日提出的"东海和平倡议"，今后双方将秉持其精神，继续推动与有关各方进行和平对话，并呼吁日本协助台湾加入国际民航组织（ICAO）、《联合国气候变化框架公约》（UNFCCC）、跨太平洋伙伴关系协定（TPP）。[①]

此外，日台之间还存在由台湾中山大学、国策研究基金会和日本国际问题研究所、东京财团、PHP财团等组织的日台战略对话等多个2轨对话机制。以日台战略对话机制为例，从2014年开始已经举办3届。除学者出席

---

① 参见台北驻日经济文化处网站，http：//www. taiwanembassy. org/ct. asp? xItem = 421398& ctNode = 1420&mp = 201&nowPage = 4&pagesize = 15。

外，现任台湾"陆委会"和外务部门官员也会以观察员身份出席。官民一起共同讨论日台自由贸易协定等政治经济及安保多项议题。这种半民间、半官方的 1.5 轨机制切实发挥了以民促官、以学术促交流的作用。

二　日台经贸发展的成果与特点

（一）日台经贸发展的成果

在上述一系列政策的支持下，日台经济关系得到进一步发展。2015 年，日本是台湾第二大贸易伙伴、第一大进口来源地和第四大出口对象。2013 年，台日之间贸易额达 621 亿美元。此外，日本还是台湾外资重要来源地。随着海峡两岸经济合作框架协议和 2011 年日台投资协议的签署，日本对台投资件数和金额猛增，由 2009 年的 266 件、2.4 亿美元增至 2012 年的 619 件、4.1 亿美元。2010~2011 年日本对台投资案累计达 1237 件，总金额达 8.2 亿美元，日台经济日渐密切。日本企业以台湾为跳板，与台湾企业联手向大陆投资，获得 ECFA 给台湾的大幅优惠。[1]

2011 年的日台投资协议对于促进双方投资已经发挥了很大作用，税收协议将进一步提升效力。相关数据显示，2015 年日台贸易额达 603 亿美元，其中日本对台出口额为 370 亿美元，主要为电子、机械、化学、金属制品；从台湾的进口额为 233 亿美元，主要有石油矿产制品、电子、机械、化学制品。[2]

人员交流方面，日台之间互访人数持续增加。"台日青年度假打工协议""开外天空协议"广受欢迎，赴台访问的日本人数连创历史新高。2014 年台日互访人数达 460 万人，比马英九上任前的 2007 年增长了 1 倍。2015 年，台日互访增至 530.3 万人。其中，日本访台人数为 162.7 万人，台湾访日人数为 367.6 万人。[3]

---

[1]　伍俐斌：《安倍重新上台后日本拉拢台湾的策略与做法》，《台湾周刊》2014 年第 48 期。
[2]　参见日本外务省网站，http：//www. mofa. go. jp/mofaj/area/taiwan/data. html。
[3]　参见日本外务省网站，http：//www. mofa. go. jp/mofaj/area/taiwan/data. html。

（二）日台经贸发展的特点

与以往相比，近期日台关系有三大变化。一是 2008 年经济危机爆发后，日本产能过剩更加突出，国内消费严重不足；二是 2011 年日本大地震进一步增大日本企业"走出去"的压力，在这种背景下，以往利用台湾制约大陆的政策已不适用；三是马英九上台后，两岸关系日益密切，但是迫于美国的压力，害怕被扣上"亲大陆、反日"的高帽，不断向日本示好，台、日地缘因素下降，相反经济方面的考量和比重增加和提高，日方借助台湾地区共同开发中国大陆的意图日益明显。

2011 年签署的《日台民间投资协定》使双方企业相互投资不受外资条件限制，通过明确双方企业获得无差别"国民待遇"，提高双向投资环境水平。同时，由于台湾与大陆签订了海峡两岸经济合作框架协议，日企与台湾企业联手进入中国大陆的可能性也会提高。这既是台湾吸引日本投资的一个砝码，也是日企进入台湾的一个目的。

近年来，日本与台湾之间的经济交流密切，规格逐渐提高。日本媒体称，日台投资协定签署后，台湾领导人马英九向日本企业呼吁，可以用好用足 ECFA 的优惠政策，利用台湾作为投资大陆的跳板。台湾《工商时报》称，为推进台日经济合作，台湾经济部门成立台日产业协力推进办公室专门负责，并同时向日本派出招商引资团，计划用 5 年时间从日本引资 3 万亿元台币。

2015 年日本是台湾的第四大出口国，出口额为 233 亿美元；日本还是台湾的第二大进口国，进口额为 370 亿美元。同时，日本也是台湾重要的投资国，投资额为 4.5 亿美元。[①] 台湾、日本产业链一向紧密，台湾制造许多产品的关键零部件均来自日本。尤其是"3·11"大地震之后，日本企业希望能分散生产风险，一向合作紧密的台湾成为日商投资首选；加上台湾和大陆签有 ECFA，进一步强化日本企业赴台投资意愿。

---

① 数据来源于日本外务省网站，http：//www.mofa.go.jp/mofaj/area/taiwan/data.html#section4。

台湾方面预计 ECFA 未来将逐渐降成零关税，但目前日本工业产品输往中国大陆，关税为 9.2% 左右，这产生了很大的诱因，吸引日本企业到台湾投资。加上日本为了震后重建酝酿加税，会进一步推动日本企业选择台湾投资生产，进军中国大陆。

台湾证交所董事长薛琦表示，台湾向来希望吸引日本企业来台上市。他强调台湾与大陆的邻近性，在台湾上市为大陆认可更快。他还强调，台湾集中市场具有筹措资金、市场本益比合理，流动性佳，并有完整的产业供应链，加上知名高科技产业群聚，可共同进入中国大陆等是吸引日企的优势。

值得关注的是，日台之间继 2011 年签署"民间投资协定"之后，又相继签署"专利审查高速公路备忘录""电机电子产品检验相互承认协议""产业合作备忘录"，并计划在 11 个领域内展开生产合作。在此推动下，2012 年，日商赴台投资增加 30%，居外商投资第一位，大有日台联手摘取 ECFA 果实之势。"从东京到北京，最短的距离是台北"，这似乎已越来越多地成为日台经济界之间的共识。因为 ECFA 是大陆对台湾单方面的让步，对台湾企业的优惠力度较大，令不少日本企业眼红，纷纷投资入股台湾企业，分享优惠政策。

日台企业联手进入大陆的原因主要有三。一是利益驱使和规避风险。一方面，日台都想利用 ECFA 的对台大输血惠及自己，利用日企的技术和台资的人脉，联手进军大陆市场，赚取更大的经济利益；另一方面，自日本政府宣布钓鱼岛所谓"国有化"以来，大陆民众自发抵制日货，日本产品在华销售不佳。在此背景下，为了规避风险，日本企业更需要台湾企业的包装。

二是日台互信较强。无论从历史还是文化，台湾都受日本影响较大。这导致台日民众之间对彼此抱有亲近感，为双方交流打下良好的民众基础。2011 年日本大地震后，台湾民众自发捐款超 200 亿日元，为各国及相关地区对日捐款之首，令日本对台湾的信任度进一步加强。日本企业认为，台湾对大陆的文化认知、商业习惯更加了解，通过台湾可以更好地进入大陆市场。

三是日台经济具有互补性。一般而言，日本方面的龙头企业较多，而台湾方面的中小企业较多，处于不同的发展阶段，可以各取所需进行合作。而日韩企业则多是竞争关系，没有合作的余地。

三 经贸发展的深层原因与分析

日本积极加强、深化与台湾经济合作关系，而台湾马英九当局（包括蔡英文）也在筹划借助 TPP 向外发展，降低对大陆的依存度。

（一）用"台湾牌"牵制中国

出于整体战略考虑，中日战略博弈进入深水区，日本瞄准台湾岛内岛外良机，加大力度利用"台湾牌"牵制中国。

安倍 2012 年底重掌政权后，台日关系的改善是安倍积极拉拢台湾地区、东南亚和俄罗斯的结果，以此作为牵制大陆的重要一环。而且，这一战略并未因 2014 年中日达成四点原则共识而有所改变。安倍政府通过改善对台关系，竭尽全力避免台湾与大陆过度接近。

由于地缘政治、历史等原因，日本是最不适应中国和平发展的国家之一。台湾地区对于美国来说的主要意义在于牵制和遏制中国的和平发展，而美国自身的重大战略利益并不依赖台湾地区。但在日本看来，无论是现实利益还是历史因素，台湾地区对其意义都非同小可。从现实利益看，如果两岸统一，那么其地缘政治及经济利益、海上运输线的安全都将面临很大压力。日本干预台海的动力与意愿都比美国强烈。过去日本在台湾问题上保持"低调""引而不发"，采取追随美国政策，并不是不想为，而是不敢为。从历史因素来看，日本曾对台湾地区施行长达 50 年的殖民统治，日本殖民文化在台湾的影响至今未消。当年台湾地区开放"党禁"之时，日本就是"台独"分子的避难所和庇护所。以"台独"为政治诉求的民进党能够在极为艰难的情况下发展起来，日本政界及经济财团的支持发挥了重要作用。如今民进党在两岸问题上的立场、在钓鱼岛主权归属等问题上的暧昧，更让日本对民进党上台执政充满期待和幻想，期待台湾在东海、钓鱼岛问题上牵制中国大陆。

（二）经贸方面的有利局面

大陆和平发展给台湾地区带来机遇与压力。海峡两岸经济合作框架协议在 2010 年 6 月的签署，对台湾地区吸引日资作用明显。日资通过与台资合作，在与大陆经贸活动中获取优惠，具有相当成效，已初步形成日本设计、台湾下单、大陆生产的三角经济模式。但是，在台湾地区充分享受大陆对台优惠政策的同时，部分台湾民众担心两岸经贸密切会影响到台湾自主性，也对台日关系起到一定影响。在此背景下，台湾当局意欲加强对日合作，以免经济过度依赖大陆。

反观日本，由于少子老龄化，长期内需不足，日本企图利用 ECFA 的对台大输血惠及自己，利用日企的技术和台资的人脉，联手进军大陆市场，获取更大的经济利益。日本企业认为，从文化认知和商业习惯看，通过台湾地区可以更好地进入大陆市场。

（三）瞄准"后马时代"，提前布局，安排内应

岛内民进党及独派具有天然的"亲日"情结，是日本插手台海事务的内应。日本政府与岛内独派政要，从李登辉到陈水扁，再到蔡英文，都保持着亲密关系。2015 年 10 月，作为 2016 年台湾地方领导人选举中的热门人物蔡英文，日本政府允许其访日并隆重接待，显然看中的是她的政治前景。2016 年岛内政治局势变动，将给日台关系带来若干变数。日本对马英九当局拉拢多有不得，而且近年来一直担心甚至反感马英九当局对大陆的亲近姿态，所以转而在绿营身上加大投资力度，寻求关系突破，对华加大"台湾牌"的利用力度。而台湾绿营的思路也是加强对美对日关系。蔡英文早在 2015 年 5 月即赴美开展工作，初步实现"稳美"之后，乃加强仍存在薄弱环节的对日关系，进一步营造"亲美友日"局面。

与马英九相比，蔡英文早年留学英国，是李登辉的得力爱将，意识形态与日本自民党接近，与日本比较容易沟通。蔡英文访日期间，民进党死抱"台独"党纲，与日本右翼势力一拍即合，蔡英文就任台湾地区领导人后的

"联日抗中"思维可能给两岸关系发展蒙上阴影。

安倍晋三在野期间的 2010 年和 2011 年，曾经连续两年访问台湾，与国民党主席马英九和民进党主席蔡英文均曾会谈。据日本一位政府高官透露，安倍首相从战略高度出发致力于与台湾建立密切联系，而且安倍认为这对于与中国大陆打交道也很重要。因为安倍对台湾有特殊情结，他曾对台湾人士透露，以前日台间不可能的事情现在可能了。台湾也希望在安倍执政期间使台日关系有所突破。

四 未来展望

2016 年台湾地区领导人选举的结果对日台关系产生深刻影响。1 月 16 日，民进党蔡英文当选，日台经贸合作或将进一步密切。

经济方面，台对日的要求多于日对台的要求，更重要的是战略问题。"太阳花运动"后，台湾社会对两岸过度接近抱有不同意见，思潮日趋多元，希望用日本代替中国大陆。而日本则希望以台湾牵制大陆，不让台湾过于倚重大陆，台日双方一拍即合。因此，未来日台经济联系有可能更紧密。

鉴于台湾对外向型经济发展需要，台湾当局对加入跨太平洋伙伴关系协定（TPP）、区域全面经济伙伴关系协定（RCEP）极为重视，近年来频频动作，采取各种措施积极谋求加入 TPP、RCEP 两个区域性经济组织。在谋求加入多边组织的过程中，台湾也在积极争取日本方面的支持。

日台正在酝酿经济自由贸易协定的签订。日台自贸协定的签署，不仅是出于经济方面的考量，而且更多的是出于政治方面的考量。随着日本企业在大陆的成本上升，日本企业纷纷转向东南亚投资。台湾方面，蔡英文当局为摆脱对大陆的经济依赖，急于推进"新南向"政策。在此背景下，台日企业或可再次联手，利用日本企业的技术和台湾企业的投资渠道共同进军东南亚。

（原载《东北亚学刊》2016 年第 5 期）

日本对"一带一路"倡议的政策：变化、特征与动因分析

卢 昊[*]

自中国领导人对外提出共建"一带一路"至今，随着中方倡议持续推进，作为中国邻国及地区大国的日本对其关注度不断提升，政策相应变化。现阶段，日本在同意与中国在"一带一路"框架内合作的同时，也试图维持并彰显在合作理念及政策方式上与中方的区别。日本对"一带一路"倡议仍有明显保留，并寻求在其框架外采取有针对性的竞争措施，以实现自身战略利益最大化，体现出"有限度对接"与"多角度对冲"的双重特征。日本的以上政策受到国际国内多方面因素的影响，反映出中日合作与竞争关系的复杂性。

一　日本对"一带一路"态度的变化

自 2013 年下半年中国领导人对外提出"一带一路"倡议至今，日本对其态度变化总体上经历了以下几个阶段。

（一）忽略与轻视期（2013年下半年到2014年上半年）

这一时期，中日关系处于严重对立。同时"一带一路"倡议刚刚提出，日本对于中方倡议的关注极为有限，随着时间推移，日方意识到中方"有所动作"。2014 年 5 月初的亚洲开发银行（简称"亚开行"）年会上，在日

---

* 卢昊，中国社会科学院日本研究所副研究员，研究方向为日美关系、日本外交与安全政策。

本主导下，会议搁置了将导致中国在亚开行表决权扩大的增资动议。亚开行行长中尾武彦对外声称，会上中国提出了设立"有别于亚开行的基础设施投资银行的设想"。但日方认为，中国计划建立的银行出资来源不足，新兴国家对亚投行存在质疑，"如果评级很低，筹措资金的成本会很高",[①] 并不看好"一带一路"的前景。

（二）关注与消极抗拒期（2014年下半年到2015年上半年）

这一时期，中日关系"触底反弹"。中国积极建设"一带一路"，特别是筹建亚投行，促使日本开始关注"一带一路"。2014年底到2015年初，日本政府开始通过一些渠道调查中方计划，包括接触预定出任亚投行行长的中方高官。但是，负责调查的外务省、财务省官员对亚投行持抵触态度，直接影响了首相官邸决策，导致日方未积极回应中方邀请。[②] 进入2015年，亚投行意向成员阵营扩大，特别是欧洲国家的加入，让误判形势的日本陷入"外交被动"。[③] 日本执政党及政府内部紧急商议，确定了暂不参与亚投行，同时"不否定将来合作可能"的立场。但是，受到形势"刺激"，日本国内议论迅速升温，媒体报道显著增多。

（三）局外观望与对策布局期（2015年下半年至2017年春）

在"是否加入亚投行"的争议暂时平息后，日本政府不再就"一带一路"频繁对外表态，而是以"局外观望"的姿态，一方面持续关注中方动向；另一方面有针对性地加强了竞争措施。这一阶段是日本重点观察"一带一路"运行并加速应对策略布局的时期。[④] 同时，基于"不否定将来合作

---

① 「アジア投資銀の衝撃『G7の参加、絶対ない』」、『日本経済新聞』2015 年 4 月 15 日。
② 「日本の対処後手に　英の参加誤算、6 月末までに再判断」、『日本経済新聞』2015 年 4 月 1 日；「アジア投資銀、幻の日本人副総裁」、『日本経済新聞』2015 年 4 月 15 日。
③ 「野党、政府のアジア投資銀対応を批判」、『日本経済新聞』2015 年 4 月 1 日；「アジア投資銀『交渉参加も選択肢』　民主代表」、『日本経済新聞』2015 年 4 月 20 日。
④ 浜田和幸「中国の進める現代版シルクロード『一帯一路』戦略の行方」、『産業新潮』2017 年 6 月号、24 頁。

可能"的立场，日本政府尝试与中方继续接触，并以支持亚投行与亚开行融资合作为日本保留"一带一路"参与余地的主要途径。2015 年 6 月中日财长对话共同文件称，中日在推进亚开行与亚投行融资合作的方针上达成一致。2016 年 5 月亚开行年会上，亚开行与亚投行签署备忘录，启动融资合作，约定定期举行成员之间的高级别磋商，联合调查并分享信息。① 不过，绝大多数日本企业此时对于参与"一带一路"建设仍持观望态度。②

（四）转向积极参与期（2017年春至2017年冬）

2017 年 4 月 25 日，日方宣布自民党干事长二阶俊博作为安倍特使访华，于 5 月中旬参加"一带一路"国际合作高峰论坛，并最终成行。③ 5 月 2 日，日本央行行长、亚开行前行长黑田东彦在亚开行研讨会上称亚投行有利于亚洲基建事业和经济增长。6 月 5 日，安倍演讲时高度评价"一带一路""具有把东洋、西洋以及在其中的多样的地区联系在一起的潜力"，表示"愿意（条件成熟时）进行合作"。7 月汉堡二十国集团（G20）峰会期间中日首脑会面，安倍首次当面向中国领导人表达合作意愿。④ 8 月初，中日执政党交流机制第六次会议上，日方表示将就"一带一路"积极讨论具体合作。经团联、商工会议所、经济同友会等团体公开支持日企参与"一带一路"。2017 年 6 月 21 日，由在华投资的日本企业组成的"日本中国商会"宣布设立"一带一路联络协议会"。⑤ 日立制造所、三菱、住友等日企对参与"一带一路"表达了积极态度，对中国在中亚地区支援当地基础设施建设给予高度评价，计划开展合作。⑥

---

① 「対 AIIB、戦略に変化　ADB は協調融資」、『朝日新聞』2016 年 5 月 7 日。
② 根据笔者 2015 年 10 月 7～9 日在日本调研时对外务省政策调查官冈田胜的采访。
③ 「中国の一带一路構想『積極的に協力する決意』　二階氏」、『朝日新聞』2017 年 5 月 15 日。
④ 「日中、関係改善手探り　首脳会談で一帯一路に協力表明」、『日本経済新聞』2017 年 7 月 8 日。
⑤ 「中国進出の日系企業、『一帯一路』で協議会アジア投資銀への対応を日米で協議せよ」、『日本経済新聞』2017 年 6 月 21 日。
⑥ 「日通、中央アジア横断で貨物輸送　カザフ鉄道と提携」、『日本経済新聞』2017 年 9 月 15 日。

（五）进一步探讨合作期（2017 年冬至今）

这一时期，日本政府继续释放合作信号。2017 年 11 月 14 日，中日首脑在越南岘港 APEC 峰会再次会面，安倍再次表示，将积极探讨在互联互通和"一带一路"框架内合作。① 12 月 4~5 日，中日企业家参加的"中日 CEO 峰会"在东京举行，安倍出席会议并发表演讲，会议提议日中在"一带一路"框架内就亚洲基础设施开发进行更紧密合作。② 日本内阁官房牵头外务省、财务省和经济产业省制定了日本参与"一带一路"具体方案，包括重点合作领域与可能合作项目。③ 12 月底，中日执政党交流机制第七次会议汇总了中日双方的合作设想。④ 2017 年 11 月下旬，"史上最大规模"的日中经济协会访华团访华，就在"一带一路"框架内开展产业、金融与科技合作进行了具体研讨。⑤

二 日本现阶段"一带一路"政策的特征

日本政府与中方"一带一路"倡议进行合作对接时，刻意留有余地，强调在合作理念及方式上与中方的差异性；同时调动各种战略资源，采取多方面针对措施，与中方形成了直接竞争。基于此，可以将日本对"一带一路"的当前政策概括为"有限度对接"和"多角度对冲"。

（一）日本对"一带一路"的"有限度对接"

在与"一带一路"倡议"有限度对接"方面，日本政府的主要对策体

---

① 「（社説）日中首脳会談　接点見いだす努力こそ」、『朝日新聞』2017 年 12 月 14 日。

② 「第三国進出、中国企業が協力　『一帯一路』で連携　日中 CEO サミット」、『朝日新聞』2017 年 12 月 6 日。

③ 「日中企業協力促進、『一帯一路』で指針　政府、省エネなど 3 分野」、『朝日新聞』2017 年 12 月 5 日。

④ 「日中与党協議　経済連携で一致　『一帯一路』具体策探る」、『日本経済新聞』2017 年 12 月 26 日。

⑤ 「『日本企業、中国に投資を』　李首相、財界訪中団に要請」、『朝日新聞』2017 年 11 月 22 日、12 月 6 日。

现如下。

第一，为参与"一带一路"合作设置所谓"前提条件"，并试图以此"约束"中方的行动。此前日本对"一带一路"持消极态度时，反复在组织原则公正性、决策透明性以及贷款项目的专业性等方面"发难"，质疑中国的合作倡议。在对"一带一路"态度转向积极后，日本政府将这些质疑的要点和逻辑转为中日合作的前提。如安倍在 2017 年 6 月 5 日演讲中，就"一带一路"基建合作提出了四个前提：对所有人开放、透明且公平的采购程序、确保项目具有经济效益、不损害借款国家的财政安全。日方不断重申这些"前提条件"，向中方"提要求"，要求中方"守规则"。

第二，将"一带一路"与日本的地区战略构想进行"融合"。安倍多次在公开场合表示，"一带一路"应与"跨太平洋伙伴关系协定"（TPP）所代表的"自由且公平的经济圈"进行融合，形成"覆盖更广、标准更高"的经济合作体制。2017 年 12 月 4 日，安倍在"日中 CEO 峰会"上表示："我国（日本）认为，在'自由开放的印太战略'下，也可以与倡导'一带一路'构想的中国大力合作。"[1] 2018 年 1 月安倍在国会施政演讲中表示，在与"共享价值观的国家"合作稳定、印太地区和平稳定的大前提下，"我们也将与中国合作，回应亚洲不断增长的基础设施建设需求"。[2] 围绕"一带一路"，从日本地区战略框架出发，"以我为主"地推进中日合作乃至寻求"战略融合"，成为日本对外政策设计及表述的一条主轴。

第三，不设官方合作框架，以民间为主进行个案推进。日方坚持不以政府主导的形式，而是采取支持日中民间企业在第三国投资活动即"第三方市场合作"的方式，与共建"一带一路"国家开展合作。包括向日中共同投资项目提供融资支持，协调企业联合市场调查、联合竞标及研发合作等。日本政府拒绝"一揽子合作"，主张对每个民间合作项目乃至案例进行详细

---

① 「安倍首相、一帯一路と連携へ　対中けん制から転換」、『共同通信』2017 年 12 月 16 日。

② 安倍晋三「第百九十六回国会における安倍内閣総理大臣施政方針演説」、http://www. kantei. go. jp/jp/98_ abe/statement2/20180122siseihousin. html。

研究，表现出谨慎、渐进合作的姿态。① 日方认为，不以"官方对官方"的方式，而以民间组织出面，通过"个案推进"来与中方协调合作，更具有弹性，可以规避风险，也更符合日本的利益诉求。②

第四，严格限制与中方的合作领域。在将节能环保合作、产业升级和提高物流网便利性设定为重点合作领域的同时，日本政府对一些"特殊领域"保持敏感，强烈建议经济界"筛选"合作项目，将"一带一路"相关基建项目划分为安保领域和非安保领域。特别是关于港口、铁路和机场等"可作为军事目的"的基建项目，劝告日企不要涉足这些领域，"警惕（与中方合作的）特定风险"。另外，日本政府又大力支持本国企业与中国以外的第三国合作，投资具有战略意义的铁路和港口设施。③

（二）日本对"一带一路"的"多角度对冲"

在对"一带一路"实施"多角度对冲"、与中国展开战略竞争方面，日本政府建立、采用了有针对性的政策框架及工具，开展"多角度对冲"，其中重点政策如下。

第一，积极实施"高质量基础设施出口战略"。考虑到基建项目出口在"一带一路"倡议当中的重要位置，通过该战略与中方争夺海外基建投资权益，成为日本对冲"一带一路"的核心政策框架。表现如下。首先，加强自身战略设计。2017 年 11 月，日本政府公布了电力、铁路和通信三大领域基建项目出口的"海外拓展战略"，加强"打包型系统输出"，扩大新兴市场份额。其次，扩大融资来源。2017 年亚开行年会期间，日本宣布与亚开行新设基建

---

① 如 2018 年 1 月初，安倍在听取二阶、井上两位执政党干事长汇报后表示"日本要对（'一带一路'）每个项目具体研究"，逐项确认合作可能性，参见「首相、一带一路を案件ごと判断」、『日本経済新聞』2018 年 1 月 11 日。

② 真家陽一「中国視窓 一带一路で進む海外進出」、『エコノミスト』2017 年 5 月 16 日号、59 頁。

③ Veysel Tekdal, "China's Belt and Road Initiative: At the Crossroads of Challenges and Ambitions," *The Pacific Review*, October 2017, p. 223.

基金，未来两年为亚洲交通基建和清洁资源项目提供 4000 万美元贷款。① 再次，紧跟中方动向，加大公关力度，组建更具实力的竞标团队争抢重点项目。②

第二，加速推进"高标准自由贸易体制"。首先，单独主导推进 TPP，最大限度保持并利用该体制的体系、规则和影响力。其次，大力推进日欧经济伙伴关系协定（EPA），将其作为"高标准自由贸易体制"的另一支点。③ 除与西欧各国协调外，日本还谋求借日欧 EPA 强化与中东欧国家的经贸关系。再次，日本积极参与"区域经济伙伴关系协定"（RCEP）谈判，试图主导其规则制定过程。日本经济产业大臣世耕弘成在 2017 年 9 月 RCEP 部长级会谈中，公开呼吁"应当达成高质量的协定"。④

第三，有针对性地参与、推进地区开发项目。日本通过参与地区开发项目对冲"一带一路"体现出"以点带面"的特点。日本支持印度建设"德里—孟买产业大动脉"和"金奈—班加罗尔产业走廊"，主导孟加拉湾地区开发计划、缅甸土瓦地区开发，参与东非的蒙巴萨北部走廊、纳卡拉走廊开发等。以建设"海洋经济走廊"为名，加大了对印度洋港口的投资力度，协助印度、印尼开发离岛。意在"打入楔子"，避免中国独占相关地区经济命脉。⑤

第四，在"印太战略"下强化"海权同盟"与海洋安全合作。首先，以日美印澳四国战略为基础，重点拓展与印、澳两国的政治与安全合作。其次，继续以"能力建设支援"的系统性方式推进与东盟各国的军事合作。再次，持续做出深度介入南海局势的姿态。支持美国在南海的"自由航行行动"并派舰船为美航母舰队"护航"，尤其值得关注的是，日本计划加强在南海、印度洋国家港口的"战略性停靠"。⑥ 最后，日本进一步加大针对

---

① 「ADB50 年、探る存在感　中国主導 AIIB に勢い」、『朝日新聞』2017 年 5 月 10 日。

② 「政府、インフラ輸出強化計画を発表」、『日本経済新聞』2017 年 12 月 8 日。

③ 参见「揺れる世界と日本　危険な保護貿易主義の拡大を防げ」、『日本経済新聞』2018 年 1 月 6 日。

④ 「RCEP 年内妥結、各国歩み寄り焦点　あす、比で閣僚会合」、『朝日新聞』2017 年 9 月 9 日。

⑤ 新治毅「中国の一帯一路と日本の安全保障」、『治安フォーラム』2017 年 12 月号、51 頁。

⑥ 「海自、インド太平洋の中国が開発主導の港湾施設への『戦略的寄港』強化」、『産経新聞』2018 年 2 月 12 日。

中国的舆论战力度，利用各种场合炒作"中国威胁论"，歪曲中国正当的海洋维权活动。

三　日本当前"一带一路"政策的动因

如上所述，日本对"一带一路"的态度已由消极转向积极，并以"有限度对接"和"多角度对冲"的方式进行政策应对。日本的政策不仅明显具有合作与竞争的两面性，而且合作和竞争均不断强化，不仅"两面下注"，而且"两面加注"。把握当前日本的"一带一路"政策，既要关注其"为什么（转向）合作"，也要关注其"为什么（加强）竞争"。

（一）日本对"一带一路"态度转向的基本动力

日本对"一带一路"态度转向的基本动力，来自改善中日关系的"短期需要"，以及应对美国对外政策变化以"预留行动空间"的需求。日本当前的"一带一路"政策，与中日关系的总体态势以及中日美三边互动直接相关。日本与中方合作，固然不排除通过合作分享红利的长期考虑，但还是以满足眼下的政治乃至战略目标为优先。[①] 为实现政治需求，以"一带一路"为"杠杆"推动中日关系改善（至少取得某些"短期成果"），并借此应对美国地区战略的不确定性，为自己"预留行动空间"，成为日本对"一带一路"转向合作的基本动力。

中日关系方面，日本认为，相比"高政治"议题，"低政治"领域的经济合作更容易"短期见效"，而且有利于强化日中领导人之间的信任关系。[②] 安倍亦欲借改善中日关系拉升国内支持率，同时伺机与中方进行"利益交

---

① Wade Shepard, "Did Japan Just Jump on China's Belt and Road Bandwagon?" *Forbes*, https://www.forbes.com/sites/wadeshepard/2017/07/11/has-japan-just-jumped-on-chinas-belt-and-road-bandwagon/.

② 川島真「トランプ政権下の米中関係の行方と日本の対中戦略」、https://www.nippon.com/ja/in-depth/a05302/。

易"。美国因素方面，日本认为，特朗普执政下的美国"国内政治主导外交"倾向加剧，意识形态情绪和党派团体利益随时左右外交决策，所产生的不确定性难以避免。① 考虑到中美在亚太（印太）地区的地缘政治竞争势必强化，"（日本）为了确保行动自由，在中美之间保持平衡是必要的"。②

（二）日本对"一带一路"采取"有限度对接"的原因

日本在"一带一路"合作中设置各种条件和限度，是外交博弈中自身利益最大化的自主选择，也反映出中日合作欠缺必要互信情境的现实。日本不仅将参与"一带一路"合作看作一项经济合作议程，而且看作一项推动日本外交的"政治交涉"。这种"理性选择"与中日关系当前所处的"情境环境"有直接的关系。目前，中日关系正处于从冲突性情境到合作性情境之间的过渡阶段，日本在合作倾向上相对保守，更主张规避风险和确保"出口"，高度关注日本单方面相对收益，尤其担忧在合作中丧失主动性的问题。③

基于以上背景，日本坚持在"一带一路"框架内与中国"有限度合作"。首先，日本有意保持对"一带一路"合作的暧昧态度，确保"行动自由"，随时根据形势推进或退出合作。④ 其次，日本采取"步步为营"的策略，谨慎地设定合作限度，采取"切香肠的方式"，将每一个合作举措都作为筹码加以应用。⑤ 再次，日本试图通过在合作中主张自己原则，包括以自己的地区战略主张"融合"中方政策，打算"以谨慎而警觉的方式逐步影响中国的行为方式，甚至改变其策略"，使其尽可能有利于日本的国家利益。⑥

---

① 参见「久保文明・東大教授：国際主義への反逆で揺らぐ世界秩序」、『週刊東洋経済』2017 年 7 月 14 日号、25 頁。

② 亀西寛「戦後秩序の動揺と日本外交の課題」、『国際問題』2018 年 1～2 月号、12 頁。

③ Sebastian Maslow, Ra Mason, *Risk State：Japan's Foreign Policy in an Age of Uncertainty*（Routledge）, 2016, p. 4.

④ Charlotte Gao, "'Aimai'：Japan's Ambiguous Approach to China's 'Belt and Road'," *Diplomat*, November 22, 2017.

⑤ 「中国の一帯一路に是々非々で対応せよ」、『日本経済新聞』2018 年 2 月 22 日。

⑥ Titili Basu, "Japan's Belt and Road Puzzle, Decoded," *Diplomat*, February 28, 2018.

（三）日本强化对"一带一路"的"多角度对冲"的主要动力

日本针对"一带一路"的竞争措施的主要动力来自对华战略竞争的"长期目标"，以及在国际秩序变动期争取主导权的强烈意识。日本在转向参与"一带一路"合作的同时，也加强了针对"一带一路"的竞争措施。显然，这一趋势受到与中国战略竞争的中长期目标的牵引。特别是在中日权力转移趋势固定、流向加速的情况下，日本抢抓"机会窗口"的紧迫感增强，而2017年以来国际形势的变化，特别是国际秩序重组变革加快的趋势，进一步强化了日本的紧迫感。

与争夺秩序、规则主导权相关，日本认为，尽管在权力转移过程中，日本相对中国处于"总体劣势"，但在特定方面，通过运用特定策略仍然可以与中国抗衡甚至占据优势，特别是在利用软实力稳定和引领现有秩序和规则方面。① 一方面，针对"一带一路"，日本在"不能打败它"（can't beat it）的前提下选择了"加入它"（join it），试图发挥日本参与国际体制的经验优势，在影响"一带一路"方向的同时，利用该倡议的关系网络参与国际秩序建构。② 另一方面，在"一带一路"之外，日本更主动地参与各种多边机制，通过多种形式，在制度、法律以及舆论方面对中国实施"软制衡"和"消耗战"，增加中国战略实施的成本。③

（四）日本国内对"一带一路"的复杂态度及其对合作前景的影响

日本国内支持与反对"一带一路"的力量与观念并存，其复杂态势将影响日本今后对"一带一路"的应对。在日本，经济界被认为是推动日本参与"一带一路"合作的重要力量，但无论日本经济界内部还是经济界之

---

① 遠藤乾等「国際秩序は揺らいでいるのか」、『国際問題』2018年1~2月号、3頁。
② 梁海明、冯达旋：《日本"地缘经济"布局对"一带一路"的警示》，FT中文网，http：//www. ftchinese. com/story/001076052？page＝2＊。
③ "Japan Takes the Lead in Countering China's Belt and Road Initiative," *Chicago Tribune*, February 2，2018.

外，质疑乃至反对"一带一路"的声音都依然不少。

目前，一方面，日本民间对于日本参与"一带一路"可能获得的直接经济收益（联合投资、共享商业情报等）及间接经济收益（改善对象国贸易环境、推动内需增长等）有了更清晰的认识；另一方面，日本民间进一步加深了对"一带一路"的"战略性印象"，从日中战略竞争的出发点理解，认为这是中方有意识的国家战略行动，且有扩展成"全球性战略"的趋势。在提供国际公共产品和满足自身战略利益两个目标上，中国会倾向于后者，所推动的规则、标准在价值观和利益上不利于日本。[①] 这也反映出，日本国内对"一带一路"认识的发展，有着自身认知的"主观图式"，并非都支持日中合作。

四　结语

由于支持合作与反对合作（防范和竞争）的动因同时存在，日本的"一带一路"政策体现出合作与竞争交错复合的特征。不过，目前日本官方总体积极的态度为中日合作创造了前提，在中日关系趋向复苏、相对稳定的情况下，双方有望围绕"一带一路"逐步开展具体合作。中方应关注"一带一路"建设过程中的"日本因素"，尽可能最大化其正面价值，引导日本参加合作，充分调动日本国内特别是经济界的积极性，通过推进中日合作实践，向日方展示互利前景，增信释疑。同时，中方对日本现行"一带一路"政策中的两面性应有足够的认识，对日本政府的"策略布局"，特别是在国际、地区多边机制中针对中国的竞争性措施加以有效应对。

（原载《日本学刊》2018 年第 3 期，有删减）

---

① Rumi Aoyama, "One Belt, One Road: China's New Global Strategy," *Journal of Contemporary East Asia Studies*, Vol. 5, 2016.

"印太战略"与"全球英国"
战略交汇下日英安全合作

孟晓旭*

日本"印太战略"是安倍政府在"积极和平主义"理念下提出的旨在印太地区谋求构建秩序的新战略,对外安全合作是该战略重要的构建路径,欧洲强国特别是英国是该战略积极谋求加强的侧翼。"全球英国"是英国在"脱欧"背景下提出的旨在全球增强影响力的战略构想,强调在印太地区发挥安全作用并重视与日本展开安全合作。"印太战略"和"全球英国"战略交汇下,日英安全合作日益密切。2020 年 2 月 8 日,日英第 8 次外相战略对话再次确认,两国要在安全和防卫等所有领域进一步加强合作,并商定尽快举行新一轮外长防长"2 + 2"对话。① 大国竞争时代下,战略交汇下持续深化的日英安全合作无疑具有重要的安全影响,需要我们加以研判。

一 战略交汇下日英安全合作的深化

安倍在第六届非洲发展国际会议(TICAD)上正式提出"印太战略",强调通过以下路径实现"自由开放的印太",包括:(1)普及和落实航行自由、法的支配以及自由贸易;(2)通过基于国际标准的高质量基础设施建设来强化连接性,追求经济的繁荣;(3)推进支援海上执法能力提升等。作为一个

---

* 孟晓旭,中国社会科学院日本研究所研究员,研究方向为日本问题、中日关系。

① 「第 8 回日英外相戦略対話(結果)」、2020 年 2 月 8 日、https://www.mofa.go.jp/mofaj/press/release/press4_008323.html。

国际性的对外战略，日本自提出"印太战略"后就强调基于"共有价值观"展开国际安全合作，以与美澳印间的"安保钻石联盟"为轴，以与印太"二级强国"和"摇摆国家"间的合作为支撑，试图构建复合型安全合作架构。随着"印太战略"的演进和深化，共享价值观的欧洲强国在日本"战略性外交"中地位上升。在"美国优先"和世界"不确定"的全球变局下，日本不断"提醒"英国：印太地区的形势关系着英国的利益，强烈希望将英国拉入印太"战略场"来"制衡"他国以及强化秩序"指导性联盟"。

2016 年 10 月 2 日，时任英国首相的特雷莎·梅（Theresa May）在保守党会议上的讲话中首次提出"全球英国"的战略构想，强调伴随着"脱欧"英国应重新定义自己，主张英国要"超越欧洲"并在更广阔的全球层面担任新角色，目标是让英国重新获得全球身份及影响力。"全球英国"的关键词包括国际视野、老朋友和新盟友、支持"基于规则的国际秩序"以及自由贸易等。从本质上看，"全球英国"立足的是国际政治权力，目的是在地缘政治竞争激烈的时代通过"结构"和"工具"来保护和投射利益，劝阻、威慑甚至是破除威胁，其尤为重视对外安全输出。在"全球英国"战略构想下，2017 年新《英国国际防卫参与战略》就突出强调"国防设计的国际化"理念，提出强大的联盟和伙伴关系比以往任何时候都更为重要。2019 年 2 月，英国国防部部长加文·威廉姆森表示，强化防卫是英国作为一个外向型国家发挥作用的关键，在大国竞争的时代不能仅仅是保护自己的后院，强调"脱欧"的英国必须抓住机遇，建立新联盟、重燃旧联盟，明确成为一个在需要时能够采取行动的国家。① 在建立在共享价值观之上的联盟总比建立在交易便利性上的联盟更持久的安全判断下，英国主张利用自身世界级的外交网络和遍布全球的联盟等独特优势，使自己成为"一条连接世界民主国家的'隐形链条'"。② "全球英国"主张作为一个外向的全球伙伴，要

---

① Gavin Williamson, "Defence in Global Britain," February 11, 2019, https：//www. gov. uk/ government/speeches/defence – in – global – britain.

② Jeremy Hunt, "An Invisible Chain," October 31, 2018, https：//www. gov. uk/government/ speeches/an – invisible – chain – speech – by – the – foreign – secretary.

加强英国在全球的外交存在及安全贡献。

"印太战略"和"全球英国"都主张在国际层面发挥安全领导作用，都注重盟友和伙伴的支持性作用，都珍视"民主价值观"。由此，日英两国战略迅速交汇互动，安全合作深入发展。由于印太地区是两国战略关注的交汇区，因此日英安全合作又呈现出浓重的印太指向。安倍就宣称，日英关系在维护国际秩序、推动全球及地区安全等方面的合作已推进至新阶段，为"结盟以来最密切"的阶段①。

一是高层安全互动紧密，安全磋商级别高，安全合作机制多。2017 年 8 月，梅首相访日并举行首脑安全会谈，出席日本国家安全保障会议，这是日本第二次邀请外国首脑列席该会议，其间还造访日本海上自卫队横须贺基地并登上"出云号"准航母，日英还形成正式的《日英安全合作联合宣言》文件，强调通过全面加强日英安全合作把日英关系提升至新水平。2019 年 1 月 10 日，两国首脑会谈宣称要"锻造同盟"关系。在安全对话和安全合作机制上，日英间有最高级别的外长防长"2 + 2"磋商机制，并已连续召开 3 次，英国是日本继美澳俄法之后的第五个与之建立同级别机制的国家。日英第三次外长防长"2 + 2"会议还就制订"一项关于安全与防务合作的联合行动计划"达成一致，这是日本首次与欧洲国家制订该计划，且内容不对外公开。此外，两国间还有年度外相战略对话、国防部长会议，有国家安全顾问、国家安全秘书处间的季度对话机制等，还有专门议题型安全对话机制，如核安全对话机制、反恐对话机制以及网络安全双边磋商机制等。

二是部队间防卫合作与防卫交流密切化，寻求共同开发防卫设备。2017 年 1 月，日英签署自卫队与英军互通物资的《相互提供物资与劳务协定》（ACSA）。英国是继美澳之后第三个与日本签署此类协定的国家，也是首个欧洲国家。日英正积极推动缔结"访问部队地位协定"（VFA）谈判，如果成行就将成为继日澳后的第二例。在防卫人员交流上，2019 年 2 月，英国

①「日英共同記者会見」、2019 年 1 月 10 日、http：//www. kantei. go. jp/jp/98_ abe/statement/2019/0110uk. html。

陆军参谋总长访问日本陆上幕僚监部并与陆上幕僚长会谈。2019年5月，日本陆上自卫队官员参加英国"特伦顿行动"演习。在防卫设备共同开发上，2018年3月，日本防卫省和英国国防部间就下一代电波传感器系统签订共同研究协议。2019年8月，英国航空航天公司还向日本政府提议将英国第六代战斗机"暴风"作为日本F－2战斗机后续机型实施共同开发。日英两国当局正在就其可能性交换意见。日英还在无人机领域探索开展合作。

三是两国将印太安全作为合作的战略重点，强调塑造印太安全秩序。《日英安全合作联合宣言》强调："日英要加强全球合作，特别是在印太地区。"2017年，日英外长防长"2＋2"会议同意为实现"自由开放的印太"加强两国在海洋安全保障、海上安全以及支援发展中国家能力构筑方面开展合作。2019年1月10日，日英首脑会谈，就进一步加强印太海洋安全达成共识。会谈后发表《日英联合声明》强调通过联合军演、参加"航行自由行动"、支援地区的安全能力建设以提升海上法的执行能力和辅助全球公域规则制定等来维持"基于规则的国际秩序"。关于东海和南海局势，该声明表示反对任何旨在改变现状、加剧紧张局势的"单方面行动"，包括将有争议的海域军事化。此外，两国在印太地区的联合军演内容丰富、针对性强。"全球英国"提出后，英国军舰连年开赴印太海域开展所谓"航行自由行动"，并在其后基本都参加了与日联合军演。

四是共同应对朝核问题是当前日英安全合作的重要内容。日英宣称要齐心协力反对朝鲜危险的政策和挑衅，与伙伴和盟国一道为实现朝鲜半岛无核化和严格全面执行联合国安理会决议而努力。2019年《日英联合声明》强调，彻底、可核查和不可逆转地拆除所有朝鲜的大规模杀伤性武器、弹道导弹及相关项目和设施。日英的联合行动主要是对朝鲜可疑的海事活动进行监视，如涉及朝鲜船只的非法船对船的"海上过驳"行为。英国在印太部署的军舰大多对朝鲜船只进行监视。2019年3月，在日本海上自卫队的帮助下，英国海军"蒙特罗斯号"在东海发现朝鲜船只进行联合国制裁禁止的"海上过驳"行为。2018年5月，"萨瑟兰号"也发现并报告了悬挂巴拿马国旗与悬挂朝鲜国旗的船只间的"海上过驳"行为。

二　日英深化安全合作的主要动因

当前日英安全合作强化的背后有各种动因，包括历史动因、军工发展、经济收益和共同外向型体质和心理等。历史上，1902～1921年，日英有过三次同盟关系。与英美保持一致还是战后日本主张的立国路线，安倍也表示日英是"先验"的合作伙伴关系。[①] 军工发展上，日本能够与除美国之外的欧洲军事强国合作既可以降低武器研发的成本，还可以获得更多的尖端军事技术，摆脱单纯"对美依赖"。英国更关注两国安全合作的经济收益，在"脱欧"形势下，通过安全合作促进经济合作也是英国的策略。从体质和心理上看，日英都是面向全球的"外向型国家"，有全球性的"开放国家利益"。两国共享价值观并与所处地区格格不入，英国有"脱欧入球"的海洋国家视野，与欧洲大陆国家保持着距离；日本有"脱亚入欧"的历史和心理。

特别是，日本看重英国在印太地区具有的特殊性安全作用和影响力。英国是曾经拥有海洋霸权的国家，目前在巴林和阿曼有军事基地，在印度洋领有迪戈加西亚岛，与东南亚有传统的安全合作关系，与澳大利亚、新西兰、马来西亚和新加坡同是"五国联防协议"（FPDA）的成员，彼此之间几乎每年都进行军事演习。根据"五国联防协议"，英国可以利用新加坡和马来西亚提供的军事设施。自文莱独立以来，英军一直留在文莱，并定期与东盟国家进行安全接触。近年来，英国不断强化在印太地区的安全存在，增加与美国印太司令部总部联络的人手，增加在吉隆坡反恐中心的人员，并在新加坡成立了亚太地区的国防参谋部办公室（BDS）。同样，英国也重视日本在亚太地区的影响力，认为其可以作为"全球英国"在亚太地区的有力伙伴。日本是美国在亚洲最重要的安全盟友，还是"印太战略"的较早提倡者和

①　「日本国総理大臣基調講演」、2013年9月30日、http：//www.kantei.go.jp/jp/96_abe/statement/2013/0930uk.html。

主张构建"基于规则"的印太秩序的"主导性国家"，在地区长期经营并具有独特的地缘优势。英国《2015 年国家安全保障战略》中有 12 次提到日本，并称其为"同盟国"。英国《2018 年国家能力报告》也用了近 1 页叙述日英安全关系。

"印太战略"和"全球英国"交汇下，日英安全合作的密切主要还是体现在印太安全上。这背后除以上诸动因外，主要还是源于战略因素，包括应对美国战略的调整及日英各自主动的战略追求、印太地区战略地位的提升，以及通过合作从战略上对印太地区进行秩序塑造等。

首先，在应对美国战略消极的同时实现日英各自战略追求的互需。受制于"战后和平体制"的日本把能与更多的国家进行安全合作作为路径，或是通过"安全引入"把域外国家带入地区之中来"借力打力"，或是通过"安全输出"对地区安全能力相对薄弱的国家进行安全能力建设与支援，以包围和威慑安全对手。同时，也是为了回应特朗普的"日本责任分担论"，并进而反推国内"修宪"等安全议程，实现战后安全战略转型，日本在"印太战略"的框架下积极推进与他国包括与英国的安全合作。日本"抬捧"英国在印太安全上做得更多，以便日本能够在与英国的安全合作中"借船出海"，实现军事力量在印太地区和全球的扩大化影响。在美国相对衰弱的时代，作为与美国有"特殊关系"的盟国，英国也想在战略上配合和支持美国，甚至在美国倒退时帮助和引导美国重拾"全球视野"，以更好地维护彼此共同的全球利益。英国外交部门认为，随着美国对中国关注的不断增强，美国全球政策中的印太地区无疑将比大西洋地区或欧洲更重要，并提出暂不论特朗普政府本身的政策如何，英国都需要加倍努力研究如何在"印太"上影响未来的美国。既是为应对美国相对缺失的全球安全，还是在"脱欧"的时代减缓自身地位的下降，在全球层面实现英国的利益，富于战略思维的英国必须做出自己的选择，那就是在印太地区找寻到新的可靠安全伙伴，英国主张加强与亚洲最亲密的安全伙伴日本的防务、政治和外交合作。

其次，世界战略重心东移背景下，印太在全球经济和地缘权力格局中地位上升，战略地位随之提升。随着新兴国家的群体性崛起，印太已然是未来世界经济的中心和引擎，并成为战略重地。印太发生的权力结构变化正在改变地缘政治格局的现实促使日英重新评估自己的"世界角色"，均对印太投入战略关注。日本率先提出"印太战略"并将之演进成"印太构想"。"全球英国"也逐渐加大对印太的安全承诺力度。事实上，自2016年以来，英国首相一直使用"印太"话语，外交部部长鲍里斯·约翰逊和杰里米·亨特、国防部部长加文·威廉姆森、贸易部部长利亚姆·福克斯等都紧随其后。"印太"的使用就是英国决策者适应地区地缘政治现实变化的反应。而对日英而言，印太海洋通道在安全战略上又有特殊意义。全球贸易总量的90%的货物是通过海上运输完成的。关涉日本繁荣的最基本的活动是在印度洋和太平洋上展开的。而仅通过南海进行运输的贸易就占英国与世界各国贸易总量的12%。

再次，通过安全合作从战略上对印太地区进行秩序塑造。在认识到印太的重要性的同时，日本还提出随着财富与力量分布的急剧变化，应当按照怎样的原则及建立怎样的秩序是日本需要应对的重要课题。曾任日本防卫问题恳谈会委员的细谷雄一就提出，"基于规则的国际秩序"是更广泛、更有价值的自由国际主义秩序的基础，鉴于当前秩序面临的重大问题是主导性大国基本上不愿意遵守自由价值观但同意维护有利于本国利益的国际规则，为获得广泛的支持，维持"基于规则的国际秩序"应成为建立更稳定、更可预测的国际秩序的重点。① 2019年12月15日，在第十四次亚欧联合外相会议上，日本外相茂木敏充发言强调，希望与其他国家合作来维持"基于规则的国际秩序"的战略思考。强调维护"基于规则的国际秩序"也是"全球英国"的战略路径，并基于此主张与日本进行安全合作。2017年9月，特雷莎·梅在日英商务论坛上就强调，在一个更加不确定的世界中，英国等可

---

① Yuichi Hosoya, "Defending the Liberal International Order: The UK-Japan Partnership in an Uncertain World," "The UK and Japan : Forging a Global and Proactive Partnership," May 2019, https://www.chathamhouse.org/sites/default/files/2019 - 05 - 29% 20UK% 20Japan% 20Global% 20Partnership. pdf.

靠且志同道合的伙伴将与日本一起，捍卫基于规则的国际秩序。英国《战略防务和安全审查 2015》指出英国的区域安全的主要目标包括确保航行自由以及"基于规则的国际秩序"等，这也是英国外交安保精英的共识。英国首相国家安全顾问马克·塞德威尔爵士强调英国应加强对"基于规则的国际秩序"的支持，因为"随着地缘政治竞争越来越激烈，这一体系在 21世纪变得更加重要"①。英国第一海务大臣、海军参谋长菲利普·琼斯上将指出，对于当前英国而言，至关重要的是重视海洋领域以及维护国际法和自由进入全球海洋公地的承诺。②

三 日英安全合作面临的挑战及发展趋向

日英安全合作的深入也面临着挑战。一是对英国在印太地区能否发挥出日本期待的安全作用存有疑问。不少主张认为，英国海军应关注俄罗斯的威胁，批评英国对印太做出承诺不明智，担忧如果英国在印太持久性地部署航母及舰队等打击小组，那么英国就没有足够的海上军事力量以在欧洲应对强大的俄罗斯海军。类似观点还指出，英国海军对马尔维纳斯群岛和波斯湾的承诺已然负荷，完成所有任务是困难的。另外，在印太地区，英国更倾向于保持适度但常规性的存在来维持"基于规则的国际秩序"，不像日本那么充斥着对抗性。此外，英国国防部财政上持续存在的黑洞以及历届政府不愿缩小承诺与资源之间的差距都给"全球英国"在包括对印太的安全输出带去不乐观的前景。二是由于日本仍处于和平宪法之下，尽管其通过修改宪法解释的方式解禁了集体自卫权，但还没完成修宪，因此，在军事上具有"硬实力缺陷"的日本在地区安全上能够发挥的作用大打折扣，日本

---

① "The Idea of 'Global Britain'," March 12, 2018, https://publications.parliament.uk/pa/cm201719/cmselect/cmfaff/780/78005.htm#_idTextAnchor005.

② "First Sea Lord Speech at the International Institute for Strategic Studies Conference," June 28, 2018, https://www.gov.uk/government/speeches/first-sea-lord-speech-at-the-international-institute-for-strategic-studies-conference.

对他国和地区的安全贡献实质有限，并不能为"全球英国"提供实质的军事支援。三是两国主要针对的安全对象和主要安全关注点存在差别，影响彼此安全合作的深入。在安全上，日本主要关注的对象是中国，而英国主要关注的是俄罗斯。"脱欧"后的英国仍然认为中国是重要的贸易伙伴，认为俄罗斯是严重的安全威胁。与之相反，日本将俄罗斯视作外交机会，而将中国视为紧迫的安全挑战，日本在地区的安全行为更多的是应对"中国崛起"的一部分。

尽管如此，日英深化安全合作的趋向较强。从双方既有的官方表述来看，两国继续深化安全合作的意愿比较强烈。2019 年 8 月 26 日，在比亚里茨 G7 会议期间，日英首脑会谈进一步确认了两国继续发展安全关系的方针。英国鲍里斯政府也仍支持"全球英国"在印太的安全支出，2020 年，英国派出新型航母在印太地区展开活动。安倍也表示要"重建安保政策"和"完成地球仪外交"，开创"自由开放的印太地区"。大致来看，未来一段时间日英安全合作有以下趋向。

一是大国竞争时代下，日英有可能在太空、网络等新领域深化拓展安全合作。《2018 年美国国防战略报告》认为，与中俄等大国的长期战略竞争而不是恐怖主义成为美国国家安全的首要关切，未来冲突将横跨区域和陆海空、太空、网络空间等所有领域。日本追随美国的判断，2018 年底，日本新版《防卫计划大纲》提出构建包括海陆空传统领域和太空、网络、电磁波新领域在内的"多次元统合防卫力"，主张积极应对作为国家间的竞争的一环的"灰色地带事态"。英国也强调当前是大国相互竞争的世界，主张通过联合作战来应对"灰色地带事态"的战斗。日英都认识到新领域在竞争时代的重要性，而且，日英将大国的战略竞争认作基于价值观的规则和秩序的竞争。日英安全认知殊途同归，那就是加强新领域内的安全合作来应对大国竞争和维持"基于规则的国际秩序"。新领域很有可能成为目前在传统安全领域内合作略显乏力的日英两国下一步安全合作的新方向。日英之前的安全合作已为这个趋势奠定了前期基础。2017 年《日英安全合作联合宣言》表明，两国将促进网络空间的国际稳定框架的构建，强调两国合作提升太空活动的透明度等。2019 年《日英联合声明》则进一步重申两国在网络空间上的合作及目标。2019 年 2 月，日本召开由首相辅佐官薗浦健太郎等成员构成的"为实现自由开放的印太与欧洲合作的有关省厅会议"，讨论日英在 5G 网络安全等领域加强合作。①

二是日英有可能在"印太战略"上提升安全合作层次。日本"印太战略"框架有涵盖英国的可能。尽管英国不是"钻石安保联盟"的成员国，但其在印太地区不断增强的安全作用符合日本的战略期待。目前，日本有观点提出，考虑将英法并入日本"印太战略"的框架中，构建所谓"4＋2"（即"美日印澳"＋"英法"）的印太安全主导架构。其实，早在萌发"印太战略"的早期专栏文章中，安倍就有在"印太"安全上与英国加强紧密合作的想法。安倍表示，要邀请"英国和法国卷土重来参与加强亚洲安全"，"如果它们重新出现的话，境况会好得多"。② 提升英国在"印太战略"中安全地位的想法在日本外交安保界也有一定支持性声音。在陆上自卫队和防卫厅任职过的山下辉男就提出："在（四国）'安保钻石'同盟中加上英国具有重要的意义"，主张构建"日美澳印英"的"五国海洋同盟"。③ 时任日本外相的河野太郎在接受《日经亚洲评论》采访中也表示，日本将为英法两国与美日印澳四边形成合作提供扮演相关角色的机会。④

三是日美英间在印太地区的安全合作会进一步加强。首先日本有可能借助英国的亚太集体安全机制来谋求自身存在感和发挥影响力，驻日英国大使馆原海军副武官西蒙·切尔顿曾指出日本有可能获得"五国联防协议"观察员地位。安倍多年前也表露希望加入"五国联防协议"，提议每年与成员

---

① 「『自由で開かれたインド太平洋の実現に向けた欧州との協力のための関係省庁会議』の開催」、2019 年 2 月 20 日、https：//www. mofa. go. jp/mofaj/erp/we/gb/page4_ 004761. html。

② Shinzo Abe, "Asia's Democratic Security Diamond," Dec. 27, 2012, https：//www. project － syndicate. org/commentary/a － strategic － alliance － for － japan － and － india － by － shinzo － abe.

③ 山下辉男「我が国の同盟戦略と次期 NSS 等への提言」、2017 年 12 月 28 日、http：//j － strategy. com/wp － content/uploads/2017/12/yamashita20171228. pdf.

④ David Hutt, "The 'Indo-Pacific' Vision：Room for Britain and France?" Nov. 14, 2017, https：//www. forbes. com/sites/davidhutt/2017/11/14/the － indo － pacific － vision － room － for － britain － and － france/#6c013a243827.

国举行会谈以及参加小型军事演习。其次，随着英国海军在印太的频繁进出，日英因都是美国的盟国而可能会有进一步密切的安全合作。日美英在印太安全合作上具有互助性，有进一步深入的可能。2019年6月，美国发布《未雨绸缪、伙伴关系深化、网络化区域建设》的印太战略报告，强调加强与盟友和伙伴国的合作、加快盟军与美军的能力集成及深化互操作性等来应对竞争对手。当然，欲言日美英三国会发展成同盟则为之过早。从历史上看，美国破坏了日英同盟。当前相对衰弱的美国对日英的绝对优势仍然存在，日英安全合作是在符合美国印太安全战略议程安排下才得以发展的。

四 结语

"印太战略"和"全球英国"战略交汇下的日英安全合作深化了两国间全球战略伙伴关系的内涵，安倍明言"安全和经济是支持日英全球战略伙伴关系的两轮"。[1] 总的来看，日英间相关安全合作具有一定的消极影响。首先，不利于地区安全形势的稳定。一是日英通过共同研发并出售防卫设备，正在使东亚形成新的"军工复合体"。二是频繁的联合军事演习和防卫合作有助于美国的盟国和伙伴间强化军事一体化，包括武器的标准化、物资的融通性及作战的互操作性，从而使美国的军事联盟体系更加紧密和具有战斗力，对地区的战略威慑提升，诱发出新的安全紧张。三是在改善战后日本防卫产业"闭门造车"落后世界的状况、提升日本防卫实力的同时，又使"特殊国家"日本产生令地区国家担心的那种"安全转型"。其次，安全变量的增加加剧了南海问题的复杂化。日英安全合作还可为美国在南海问题上提供重要支持，无疑增强美国和地区相关国家在与中国对抗上的底气，也提高了中国在南海问题处理上的复杂度。再次，存在于中国周边的"软遏制"环境因日英安全合作进一步严峻。为自己重视的海洋安全，日英通过强调维

---

[1] "Prime Minister's Speech to UK Japan Business Forum," September 5, 2017, https: //www. gov. uk/government/speeches/transcript – of – speech – given – by – the – prime – minister.

持"基于规则的国际秩序"将中国置于国际秩序的道德对立面进行的新制衡，而无视国际秩序变革的规律和进步前景，有强化所谓中国是"秩序破坏者"这样的新"中国威胁论"的一面，并进而有可能进一步恶化中国维护国家主权和积极发挥国际影响力的外部环境。为此，中国应做到以下几方面：一是认清大国竞争时代的本质，全面增强自身实力，以不变应万变应对各种外部安全挑战，提升保护国家主权和维护地区安全的硬实力；二是缓慢推进国际秩序和地区秩序向更合理的方向发展，提升"软实力"，在包括新领域在内的各领域增强和扩大话语权，主导规则制定权；三是积极与日英两国和美国展开多层次、多领域、多功能的安全对话，加强"二轨外交"及防卫交流与合作，促进彼此间安全互信，尽量分解外部国家通过有针对性的安全合作而给中国带来的"复合型"安全压力；四是与印太地区的域内国家建立更加良好的安全关系，缓释恶意"中国威胁论"的负面影响，毕竟印太的核心力量是处于印太地区的国家自己，而不是外部的他者。

（原载《现代国际关系》2020年第3期，有删减）

试析近年来不断深化的日印关系

——兼从日印能源合作的视角

庞中鹏[*]

日本与印度两国分别处于东亚与南亚的不同地理位置,从地缘属性上看,两国并不毗邻且相距很远,从二战后直到冷战结束前,日印双边关系发展缓慢,印度没有被纳入日本对外交往的重点国家视野,日本也不是印度外交战略上的重点。但冷战后,尤其是进入 21 世纪以来,日印两国关系不断升温,双方高层互访频繁,确立了构建日印全球战略伙伴关系的架构。日印不断深化的双边关系引发了国际社会的高度关注和思考。

一 日印关系不断发展的缘由

日印关系之所以能得到不断发展与深化,主要在于双方有相同或相近的战略目标与利益追求。

第一,着眼于海上能源通道的安全。印度是南亚次大陆面积最大的国家,而南亚次大陆又与拥有丰富石油储量的中东波斯湾地区相连,印度的西海岸正好对着波斯湾的出口阿曼湾。从世界地图上看,印度位扼波斯湾与马六甲海峡这两大海上战略要冲,而且印度国土的最南端好像一把利剑直插茫茫印度洋深处,如果发生战事,印度就会具有天然的地理优势。"9·11"事件后,美国发动的两场直接牵涉南亚与中东的地区战争——阿富汗战争与

---

* 庞中鹏,中国社会科学院日本研究所副研究员,研究方向为日本与中东关系、日本能源问题。

伊拉克战争，使波斯湾—阿曼湾—阿拉伯海—孟加拉湾—安达曼海—马六甲海峡这一环印度的海上线路的战略地位愈发重要。

法国地缘政治学者菲利普·赛比耶-洛佩兹认为："石油天然气与生俱来的地缘政治特性会对国与国之间的关系产生重大影响，地缘政治就是各种力量为争夺对某个国家或地区的直接或间接控制权而展开较量。"[①] 中国学者徐小杰认为："从北非的马格里布到波斯湾、从波斯湾到里海蕴藏着非常丰富的石油和天然气储量，是世界油气的主要供应源，这是一个生命攸关的地带，是世界石油心脏地带，环绕着心脏地带则是包括东北亚、东南亚、南亚和欧洲地区等的油气需求地区；亚洲的油气能源主要在西部和北部，而需求主要在东部和南部，亚太市场对石油心脏地带具有巨大的需求和潜在的地区间连接关系。"[②] 美国学者罗伯特·卡普兰指出：印度洋地区，是全球能源运输的中心地区之一，同时也是恐怖主义、海盗活动和毒品走私的重点地区；印度洋集中了世界半数的集装箱运输，全球石油贸易的70%都要借道印度洋，即从中东输往太平洋地区，印度洋地区在全球贸易和能源运输方面具有不可替代的地位。[③] 从上述中外学者分析不难看出，波斯湾地区是世界石油储量心脏地带，而印度洋海上航线是包括日本和印度在内的东亚与南亚国家的石油输送要道，从波斯湾到环印度海上航线这一重要地区，属于世界石油地缘战略要地，控制与争夺这一地带或对这一地带扩展影响力具有攸关一国发展前途的深远战略意义。

印度洋沿岸是世界能源资源的一条重要海上航线，沿岸各国出口的石油、矿砂、橡胶、棉花、粮食和进口的水泥、机械产品和化工产品等大宗货物都需要依靠廉价的海洋运输，再加上大量的过境运输，使印度洋有较大的运输量，拥有世界1/6的货物吞吐量和近1/10的货物周转量。印度洋的航

---

① 〔法〕菲利普·赛比耶-洛佩兹：《石油地缘政治》，潘革平译，社会科学文献出版社，2008，第5页。

② 徐小杰：《新世纪的油气地缘政治——中国面临的机遇与挑战》，社会科学文献出版社，1998，第34~35页。

③ 〔美〕罗伯特·卡普兰：《印度洋成21世纪全球竞争中心舞台》，《参考消息》2009年3月19日第3版。

运业虽不如大西洋和太平洋发达，但由于中东地区盛产的石油通过印度洋航线源源不断向外输出，因而印度洋航线在世界上占有重要的地位。印度洋上运输石油的航线有两条：一条是出波斯湾向西，绕过南非的好望角或者通过红海、苏伊士运河，到欧洲和美国；另一条是出波斯湾向东，穿过马六甲海峡或龙目海峡到日本和东亚其他国家。而在这两条航线的起点上，又有一条各国来往船只必经的海运咽喉要道——霍尔木兹海峡，该海峡在印度洋航线上占有特殊重要地位，波斯湾地区出口石油总量的90%从该海峡运出，因而霍尔木兹海峡又被称为"石油海峡"。① 苏伊士运河经马六甲海峡的航线，是印度洋东西间一条最重要的航道，运输量巨大，它将西欧、地中海沿岸各国的经济与远东和北美洲西海岸各国的经济紧密地联系起来。②

鉴于日本经济社会发展所必需的大多数石油要从中东地区进口，对日本来说，环印度海上航线是日本从中东进口石油必经的海上能源运输大动脉，这条海上航线，攸关日本的经济战略发展前途。在从中东海湾地区进口石油的海上航行路线上，日印两国基本相同或重合，而且日印都面临印度洋上不断加剧的海盗等恐怖主义威胁，近年来，日本与印度都向印度洋关键航线派出了护航舰队，以保护自己的油轮与货船免受海盗的袭击，日印舰队在印度洋海域的护航行动，一方面保护了至关重要的石油进口安全；另一方面也不排除日本与印度两国想要增大在印度洋的话语权，彰显在印度洋的影响力。

再从印度方面来看，由于印度近年来在俄罗斯远东的萨哈林岛上投资开发石油天然气，开采出的石油天然气经日本周边海域运抵印度港口，对于印度而言，与日本在确保海上能源通道安全方面进行合作显然有利于印度的长

---

① 霍尔木兹海峡是波斯湾通往印度洋的唯一出口，是盛产石油的波斯湾的门户，位于阿拉伯半岛和伊朗南部之间，每天有400万吨石油通过该海峡运往世界各地，约占世界石油出口量的1/3，平均每8~10分钟就有1艘轮船驶过海峡，是波斯湾石油被运往西欧、美国、日本和世界其他地方的唯一海上通道。海峡东西长约150千米，最宽处达97千米，最狭处只有48.3千米；南北宽56~125千米。如果爆发战争，封闭海峡，则将对世界能源供应造成巨大冲击。

② 相关内容参考 http：//baike. baidu. com/view/29284. htm？fr = ala0_ 1_ 1。

远发展。① 对此，印度石油和天然气部部长穆利·德奥拉认为，萨哈林通往印度西海岸全长 5700 多海里的石油运输线对印度来说是新的"丝绸之路"。②

第二，牵制中国的发展。日印关系的深化，源于两国没有明显的矛盾冲突以及两国看问题角度的相近，其中两国在"中国因素"上有较多的战略利益交汇。③ 日本前首相安倍晋三于 2010 年 10 月在印度总理辛格以来宾身份出席的日印友好议员联盟会议上表示，日印关系"近乎共同拥有民主与法制的同盟关系"，安倍此言是在担忧中国的基础上，意在强调日本有必要在安全、确保能源资源等领域加强与印度的合作；与此同时，民主党干事长冈田克也认为："日中间的贸易规模约为 21 万亿日元（约合人民币 1.7 万亿元），日印间还不到 1 万亿日元。希望尽快将日印贸易规模扩大到目前的10 倍以上。"④

虽说印度总理辛格在访日前接受日本媒体采访时表示，印日中三国之间都能相互展开合作，不用担忧印日合作对印日中三国之间相互合作的影响，⑤ 但在中国与日本在东海问题、中国与其他国家在中国南海问题上不断发生争执，再加上中印互信不足的微妙时机，日印互相借重、互有所需，不断加强两国的关系，不能不说是在暗中平衡中国，也就不可避免地会使日印中三国间的关系变得错综复杂。

近年来，随着中国的快速发展和国际地位的不断上升，作为同是中国邻国的日本与印度，以带有焦虑和不安的心情看待中国的发展，尤其是日本，对中国的快速发展抱有很深的疑虑，不情愿看到中国的发展超过日本，更不情愿看到日本在地区的主导权旁落，所以，作为中国西南地区的最大邻国、

---

① 胡仕胜：《从日相访印看日印关系升温》，《现代国际关系》2005 年第 5 期，第 39 页。
② 岳连国：《俄萨哈林原油首次出口印度 印能源胃口越来越大》，《国际先驱导报》2006 年12 月 11 日。
③ 张薇薇：《日本与印度：构筑"全球战略伙伴关系"》，《国际问题研究》2007 年第 6 期，第 37 页。
④ 《日本前首相称日印关系"近乎同盟"》，日本共同社 2010 年 10 月 26 日电，http：//china. kyodo. co. jp/modules/fsStory/index. php？sel_ lang = schinese&storyid = 86715。
⑤ 《印度总理期待日印核能合作协定谈判取得进展》，日本共同社 2010 年 10 月 24 日电，http：//china. kyodo. co. jp/modules/fsStory/index. php？sel_ lang = schinese&storyid = 86637。

作为与中国有很长边界线的国家，而且与中国在边界划分上有深刻分歧的印度，就自然成为日本制约中国发展的一个潜在拉拢对象国。在日本看来，日本与印度可以找到一些战略共同点：印度发展急需外来的投资与技术，印度与日本在价值观与社会制度上基本相似，两国基本没有战略冲突点，拥有共同的政治大国情结（这从近年来日本与印度携手极力谋求成为联合国安理会常任理事国上就可见一斑），等等。而从印度方面来看，加强与东亚重要国家日本的合作，本身也是其推进的"东进政策"的一环，与日本加深关系，可以为印度扩展在东亚的影响提供一臂之力，从战略角度考虑，印度加深与日本的合作，也可为印度找到平衡中国不断增强的影响力的筹码。

第三，日印两国在能源领域有相互合作的需求。在目前以及未来一段时间里，世界各国为了减少由于过度依赖石油天然气等化石能源所带来的风险（诸如石油价格不断上涨、石油产地政治局势不稳、石油运输成本增大、化石能源对环境大气的污染等），不断加大在节约能源和提高能源效率以及开拓与传统化石能源不同的新能源等方面研发技术的力度。众所周知，由于日本非常缺乏石油、天然气等能源资源，因此日本所需的大部分石油、天然气等能源不得不依赖进口，为了避免再次出现石油危机时给日本带来的冲击，日本下大力气研发节能技术，在提高能源效率、开发替代能源和环境保护上积累了丰富的经验，并在节能、新能源、核能、电力和环保等能源领域掌握了先进的技术。

从印度方面来看，印度面对国内不断增长的石油、天然气等化石能源需求，除了加大国内勘探与开采力度以及继续拓展能源进口渠道外，也渴望引进先进的节能、提高能效、发展新能源与环保等技术。尽管从现实与理论层面分析，日本与印度都是从波斯湾地区大量进口石油的国家，两国在石油进口来源方面面临竞争局面，但如前文所述的，印度天然具有的独特地缘战略地位，迫使日本可以暂时忽略印度的石油竞争对手因素，而且，印度目前又有着改善国内能源消费结构和发展其他替代能源的需要，但提高能源效率与开发新能源还需要大量的资金以及成熟的技术，显然印度目前并不具备这些要素，日本不仅是经济大国，而且已掌握了节能、新能源、核能发电以及环保等领域先进的技术，如果日本能与印度在节能、新能源、核能发电与清洁能源技术以及减少温室气体排放上能够进行有效的合作，那将不仅能推动印度经济与社会得到更好的发展，而且也能为处于徘徊发展中的日本经济找到助推力，同时也能在无形中化解印度这个日本潜在的石油进口竞争对象的压力。

二 日印不断在能源领域加深合作

近年来，尤其是 2005 年以来，通过首脑会晤以及其他相关部门人员的商谈，日本与印度两国不断加强在能源领域的合作。主要表现为：两国能源部门通过举办能源对话进行具体讨论；首脑频繁会晤，讨论能源合作项目；能源领域合作有重点、分步骤进行。

第一，日印两国通过在能源部门举办"能源对话"以讨论具体的能源合作项目，到 2010 年，"日印能源对话"已举行了四次，该"能源对话"由两国负责能源的政府官员主持，轮流在对方国家举行，通过两国能源官员面对面的交流，推动了日印能源合作向深层发展。

2007 年 4 月，日本经济产业大臣甘利明与印度负责能源问题的国家计划委员会副主席阿卢瓦利亚在东京举行了首次部长级"日印能源对话"，并签署了以日本进一步向印度提供节能技术为核心的共同声明：今后将强化日印在能源领域的双边合作，其中包括日本向印度派遣专家等；今后日印两国将就节能、发电等五个具体领域的合作方式进行讨论。[①]

2007 年 7 月，日本时任经济产业大臣甘利明访问印度，双方举行了第二次"日印能源对话"，印度计划委员会副主席阿卢瓦利亚和甘利明发表了共同声明，同意制订提高能源效率、加强可再生能源合作的自愿行动计划，以加强除核能领域外的新能源和可再生能源合作。[②] 2008 年 2 月，举行了第

---

① 《日印召开首次部长级能源对话》，新浪网，http：//news. sina. com. cn/w/2007 - 04 - 23/212311698580s. shtml。

② 《印度国家概况》，中华人民共和国驻印度共和国大使馆网站，http：//www. chinaembassy. org. in/chn/ssygd/yd/ydgk/t197170. htm。

二次"日印能源论坛",双方就推进节能(钢铁产业和水泥产业等)、新能源以及电力领域等的合作交换了意见。①

2008 年 9 月,日本和印度举行了第三次"日印能源对话",双方就节能、煤炭、电力、可再生能源、石油天然气等领域的合作进行了讨论,并签署了共同声明。② 2009 年 3 月,在印度新德里,日本与印度举行了日印能源对话能源运营委员会和工作组会议,就煤炭、电力与发电、节能和可再生能源四个领域的合作状况进行了会谈,并讨论了今后合作的发展方向。③

2010 年 4 月,日本时任经济产业大臣直岛正行访问印度,与印度负责能源问题的国家计划委员会副主席阿卢瓦利亚举行了第四次"日印能源对话"。在对话中,双方讨论了节能、可再生能源、煤炭、电力等领域的合作,而且,从设立核能工作小组以及能源与经济产业的观点出发,同意交换各项信息和意见,最后双方签署了有关这些合作的共同声明。④

第二,从 2007 年开始,日印两国通过首脑年度会晤这一交流平台,就能源领域如何具体合作进行深入探讨。

2007 年 8 月,日本时任首相安倍晋三访问印度,与印度总理辛格签署了《日本和印度在环境保护与能源安全保障方面加强合作的共同声明》,这是日印两国在能源领域合作的一份标志性文件。在这份共同声明中,日印双方表明要在节能、提高能源效率、清洁能源技术、新能源、电力等领域加深合作。

2008 年 10 月,印度总理辛格访日,与日本时任首相麻生太郎举行会谈,双方强调了两国将继续推进在能源领域的合作,日本表示通过合作与印

---

① 日本経済産業省資源エネルギー庁『平成 19 年度エネルギーに関する年次報告(エネルギー白書 2008)』、http://www. enecho. meti. go. jp/topics/hakusho/2008energyhtml/3 - 5. htm。
② 日本経済産業省資源エネルギー庁『平成 21 年度エネルギーに関する年次報告(エネルギー白書 2010)』、http://www. enecho. meti. go. jp/topics/hakusho/2010energyhtml/3 - 5 - 2. html。
③ 『平成 21 年度エネルギーに関する年次報告—(エネルギー白書 2010—)』、http://www. enecho. meti. go. jp/topics/hakusho/2010energyhtml/3 - 5 - 2. html。
④ 『エネルギー白書 2010—』、http://www. enecho. meti. go. jp/topics/hakusho/2010energyhtml/3 - 5 - 2. html。

度设立地方节能中心等项目，加强日印两国在节能领域的合作，两国确认继续推进包括煤炭、电力等在内的合作；另外，两国还认识到扩大商业能源合作的重要性，以促进两国经济产业界的合作。①

2009 年 12 月，日本时任首相鸠山由纪夫访问印度，与印度总理辛格举行了会谈，在会谈后发表的共同声明中表示：两国欢迎在日印能源对话中增加煤炭与电力领域提高能效与节能合作的内容；两国认识到，核能作为安全、可持续和无污染的能源，对应对世界不断增加的能源需求发挥着重要作用，日印能源对话可就核能政策互相交换各自的见解与信息；两国认识到，商业能源合作对加强两国产业界的合作发挥重要作用。②

第三，随着日印能源合作的深入，核能技术对外合作这个在日本非常敏感的课题，也开始逐渐进入日印能源合作的议事日程，尽管日印核能合作面临的障碍不少，但两国就此课题展开谈判，本身也能推动日印能源经济合作关系的发展。

2010 年 10 月印度总理辛格访日期间，日印两国首脑发表了《面向未来十年日印全球战略伙伴关系的构想》，在该构想中，两国表明计划在能源领域拓宽合作空间，具体包括：两国首脑欢迎在新能源与可再生能源、清洁煤炭技术开发和提高印度电力部门能源效率等领域进行合作，在能源安全保障领域加强双方互惠互利合作；两国首脑对 2010 年 4 月启动的"核能工作小组"表示欢迎，这个工作小组是从能源、经济产业的视角出发，双方相互交换核能政策的看法与信息。③

不过，尽管核能开发属于民用，但核能合作问题在日本是非常敏感的问题，鉴于日本是唯一经历原子弹轰炸的国家，反核与拒核的呼声在日本国内很强烈，所以在日本与印度就核能协定的谈判中，一个不可回避的问题就是

---

① 日本外務省「日印戦略的グローバル・パートナーシップの前進に関する共同声明」、2008 年 10 月、http：//www. mofa. go. jp/mofaj/area/india/visit/0810_ gpks. html。
② 日本外務省「鳩山由紀夫総理大臣とマンモハン・シン・インド首相による共同声明」、http：//www. mofa. go. jp/mofaj/area/india/visit/0912_ 02. html。
③ 日本外務省「次なる10 年に向けた日印戦略的グローバル・パートナーシップのビジョン」、http：//www. mofa. go. jp/mofaj/area/india/visit/1010_ sk_ gpb. html。

要求印度在是否继续核试验上明确表明态度，而印度至今都没有签署《不扩散核武器条约》，日本与印度今后的核能合作谈判是否能够成功，关键要看印度方面保证今后不得把核能技术和设备用于军事目的，更不得转移至第三国。目前日本与印度有关核能合作的谈判已进行了两轮，在第二轮谈判中，日本提议印度至少加入《全面禁止核试验条约》框架下的国际监测系统。国际监测系统是一个正在建设的核监测体系。全世界现已建立起321座监测站和16座放射性核试验室，用来监测核爆炸的迹象。《印度教徒报》援引一名日本外交官的话报道："如果印度同意加入国际监测系统，将对印日民用核协定产生影响，日本不愿意推进协定谈判是因为印度不是《不扩散核武器条约》签约国。"①

三　影响日印关系走向的因素

尽管日印关系在近年来得到了不断发展，但也有不少影响两国关系进一步深化的因素。

首先，中国的国力继续增强，且中国不断致力于和平发展，中国与周边国家的关系包括中国与印度的关系可以得到持续发展。在中国经济快速发展和国际影响力日益增大的情况下，包括印度在内的世界各国会更加认识到与中国加深关系、加强合作的必要性，即使日印发展关系有牵制中国的客观效果或主观意图，但其作用有限。② 目前中印双边经贸关系得到不断发展，双边贸易额在10年内增长了近20倍，中国成为印度第一大贸易伙伴，印度是中国在南亚最大的贸易伙伴，中印确立2015年双边贸易额达到1000亿美元的目标。③ 中印关系的蓬勃发展，会有力制约与抵消日印关系加深对中国的不利影响。

---

① 刘锴：《印度总理访问日拟开放稀土，日本欲提供核技术》，新华网，http：//news. xinhuanet. com/world/2010－10/25/c_ 12695763_ 2. htm。
② 卫灵：《大国战略下的日印关系》，《当代世界》2007年第5期，第29页。
③ 《温家宝在印度世界事务委员会的演讲（全文）》，新华网，http：//news. xinhuanet. com/world/2010－12/17/c_ 12889202. htm。

其次，日本对外关系正面临一系列棘手或亟待解决的问题：日本外交的基轴——日美同盟，因为驻冲绳美军基地迁移问题而使日美关系出现分歧与矛盾，日本与其北方的邻国俄罗斯因岛屿（日方称之为北方四岛，俄方称之为南千岛群岛）争端而龃龉不断，再加上近年来日本内阁的频繁变化，会使日本难以把大部分精力投放到与印度发展关系中。

再次，印度推行的是全方位务实外交路线，在与其所有南亚邻国发展友好关系的基础上，印度还积极与美国、俄罗斯、欧盟以及非洲和拉美地区发展关系，和日本发展关系只是印度全方位外交的一部分，印日关系未必就是印度对外关系的重心。印度奉行的外交路线，是印度在总结独立以来外交史上正反两方面经验基础上的选择，印度一方面积极推进与世界大国的战略伙伴关系；另一方面又不和某一大国过分接近，也即在周旋于各个大国之间并让每个大国视自己为战略伙伴的同时，又保持自身的外交独立性，以使自己在国际社会获得最大的战略回旋空间。①

印度追求的国家战略目标与日本不同，这在一定程度上也影响日印关系的继续发展。印度的大国意识和民族主义精神非常强烈，印度认为，自己是一个历史悠久和文化底蕴深厚的文明古国，理应获得比它通常享有的更高声誉，这种文化自信催生了印度强烈的民族主义情绪，并逐步演化为一种大国意识，这种大国意识遇到时机一旦膨胀，就会与日本的战略意图相冲突。②

另外，美印关系的发展程度也会对日印关系的发展有一定影响，日印关系的发展离不开美国的推动，近年来，日印关系能够不断深化，与美印关系的不断升温也有很大关联，但美印关系的发展尚存在较多不确定因素，如美国和巴基斯坦的关系、印度和俄罗斯的关系等都会影响美印关系的进一步发展，在美印关系存在变数的前提下，日印关系很难说就会顺利发展。

（原载《日本学刊》2011 年第 1 期）

---

① 任彦：《印度"平衡外交"迈向大国梦想》，《人民日报》2005 年 12 月 22 日第 3 版。
② 陈继东主编《当代印度对外关系研究》，巴蜀书社，2005，第 237 页。

日本的南太平洋外交战略
演变与太平洋岛国峰会

——从环境外交到海洋外交

陈　祥[*]

近年来，随着海洋安全的非传统安全问题的联动性增强，谁在南太平洋地区能够掌握主动权，谁就将在 21 世纪的海洋战略格局中占据主导地位。日本将其对南太平洋地区的外交视作实现大国化战略的重要外交组成部分，经历了从环境外交到海洋外交的转变，逐步强化双边与多边的安全、海洋和防务等。

一　日本对南太平洋岛国外交的特点和重要性

日本与南太平洋岛国的关系颇为耐人寻味。日本国家和社会对南太平洋岛国一直抱有十分微妙的情怀，日本早在一战后就获得了德属马绍尔群岛的托管，二战中又打着"民族解放"的旗帜派出数十万的军队侵占了南太平洋地区不少岛屿，并与美国、英国、澳大利亚等盟国军队进行过激烈的战斗。在日本文学圈甚至存在一个相对独立的"南洋文学"流派，以南太平洋、南亚各岛屿颇具特色的风土人情为故事背景，其中又以美化二战期间日本人在南洋各岛上的故事尤为突出。[①] 二战后，随着日本经济实现高速增长，日本将南太平洋岛国视为"资源宝库"，成为日本天然气等能源和矿物

---

[*]　陈祥，中国社会科学院日本研究所助理研究员，研究方向为环境史、日本政治与外交。

[①]　土屋忍編『南洋文学の生成—訪れることと想うこと—』、新典社、2013。

的重要来源地，是金枪鱼等鱼类的优良渔场。① 从 20 世纪 80 年代起，日本开始加强对该地区的外交攻势，"我国同样是太平洋地区的一员，近年来对这些国家的安定与繁荣，进一步加以关注。这些国家在经济、技术合作等方面对我国报以极大的期望……我国应该在加深人员交流友好的同时，通过经济、技术合作积极支援他们的国家建设"。② 日本积极向南太平洋岛国提供援助、开展合作，逐步扩大了其在南太平洋地区的影响力。

日本的外交战略动向，不仅与传统意义上围堵亚洲东岸的岛链战略密切相关，它将南太平洋岛国视为封锁中国海域的"第三岛链"的重要组成部分，还与近年来中国提出将南太平洋地区作为海上丝绸之路的自然延伸的战略规划密切相关，中国的"一带一路"倡议明确提出了"21 世纪海上丝绸之路重点方向是从中国沿海港口过南海到印度洋，延伸至欧洲，从中国沿海港口过南海到南太平洋"。③ 因此，对作为传统海洋国家的日本在该区实施的外交战略值得我们进行深入分析。

笔者以八届"日本—太平洋岛国首脑峰会"（Japan-SPF Summit Meeting，简称"太平洋岛国峰会"）为例对日本从环境外交向海洋外交的战略转变进行案例分析，再分析日本的这一外交政策的影响，从而为我国在南太平洋地区的外交提供一些学术思考。

二 日本强化对南太平洋岛国的外交定位

就实力而言，学界普遍认为日本目前不是一个"正常国家"的状况；现实而言，零星散布在南太平洋上的岛国是扼守着经太平洋到印度洋的重要海洋通道，在各大国纷纷"走向海洋"的进程中，岛国的战略地位日益凸

---

① 张建墅：《日本笼络太平洋岛国别有用心》，《中国青年报》2015 年 5 月 27 日第 7 版。
② 外務省戦後外交史研究会編『日本外交 30 年—戦後の軌跡と展望—』、世界の動き社、1982、213 頁。
③ 《推动共建丝绸之路经济带和 21 世纪海上丝绸之路的愿景与行动》，中华人民共和国商务部网站，http：//zhs. mofcom. gov. cn/article/xxfb/201503/20150300926644. shtml。

显，日本捕捞的鲣鱼、金枪鱼中有80%来自南太，岛国之一的巴布亚新几内亚更是日本重要的天然气来源地。因此，需要从历史惯性与现实外交回应来探讨日本对南太平洋岛国的外交定位。

（一）历史惯性促使日本"补课"海洋外交

近代日本在成功实现明治维新之后，积极推行对外扩张战略，到20世纪30年代，日本开始通过武力侵略积极推行"大东亚共荣圈"战略，并将魔爪伸向了辽阔的太平洋地域。二战后，日本对南太平洋岛国外交出现了较长的真空期。随着二战后日本经济的迅速发展，南太平洋岛国在20世纪70年代之后纷纷实现政治独立，曾经的历史记忆又被唤醒，南太平洋地区又重新被纳入日本的战略视野。1979年3月，时任日本首相大平正芳组建了一个以曾在日本政府内深刻介入经济计划制定、执行的大来佐武郎为首的智囊团——"环太平洋连带研究团队"，该机构强调环太平洋地带应在经济、社会、文化方面加强合作，翌年完成了国际交流、区域研究、技术合作、扩大贸易、资源开发、资金流动、交通基础设施等七大部分构成的《环太平洋连带构想》报告。该报告认为，"由于交通、通信手段的显著进步，太平洋已变为'内海'，太平洋各国具备形成一个区域社会的条件了。现在太平洋各国之间，已经开展了许多双边、多边的合作关系，从而出现了一些建设区域社会的构想"。① 这是战后日本外交首次将南太平洋岛国纳入国家外交战略之中，此后从20世纪80年代至21世纪初，日本与南太平洋岛国基本上遵循这一构想，以环境外交为抓手，从经济、社会、文化等方面展开外交关系。

20世纪90年代后，日本逐步确立了走向"政治大国"战略目标，日本对外的"经济外交、环境外交"开始转而更多地为国际社会"做贡献"，积极介入军事、政治领域的外交。但日本对南太平洋岛国的外交转型一直

---

① 田凯「環太平洋連帯構想の誕生（2）：アジア太平洋地域形成をめぐる日豪中の外交イニシアティブ」，『北大法学論集』2013、50～51頁。

忌惮于澳大利亚、美国在该区域的传统外交关系，直到 2011 年时任美国总统奥巴马（Barack Hussein Obama）在夏威夷主办亚太经合组织（APEC）峰会之际，高调抛出了"转向亚洲"战略之后，日本才吃下"定心丸"，翌年邀请美国首次出席了第六届太平洋岛国峰会。在奥巴马政府期间，美国积极推行将其军事同盟国和战略伙伴与自身战略利益绑定的"亚太再平衡战略"，围堵中国拓展海上空间。日本正是看到了南太平洋地区处于"第三岛链"关键性区域地位，进一步提升了海洋、安保在南太平洋岛国外交中的比重。

特朗普（Donald Trump）上台后，南太平洋地区成为美国推行"印太战略"的重要覆盖地区，美国在中东地区的军事行动，仰仗太平洋的冲绳和关岛两大军事基地的战略支撑，中国南海成为美国军事战略上的必经之路，南太平洋岛国则是这条通道的重要屏障，其战略地位愈发重要。日本看清了这一点，配合美国的战略需求积极解禁集体自卫权。2017 年 11 月，美军太平洋司令哈里斯（Harry Harris）就要求日本首相安倍晋三配合美国的战略，"希望进一步巩固日美同盟的应对能力和威慑力"[①]；2018 年 4 月，哈里斯进一步表达"建设实现自由开放的印度太平洋，必须强化日美之间的合作"[②]。5 月 15 日，日本政府在内阁会议上敲定了第三期《海洋基本计划》，随后在 18 日举行的第八届峰会上，日本直接将《海洋基本计划》中的海洋安全、海洋秩序作为日本对南太平洋岛国外交政策的优先问题，表明日本希望通过推行海洋外交完成"大国"的蜕变。

从长时段看，日本对南太平洋岛国的外交实践更重视"海洋"因素，这种重视不仅有慑于美日安保体制的考虑，还有日本发挥积极能动作用的一面，试图通过"补课"海洋外交，增强日本对周边海洋区域外交战略的主动性与纵深。

[①] 外務省「ハリス米太平洋軍司令官による安倍総理大臣表敬」、2017、https：//www. mofa. go. jp/mofaj/na/na1/us/page3_ 002296. html。

[②] 外務省「ハリス米太平洋軍司令官による安倍総理大臣表敬」、2018、https：//www. mofa. go. jp/mofaj/na/st/page4_ 003958. html。

（二）现实主义的"循序渐进"暗合海洋外交的"大国战略"

尹晓亮分析了日本在东亚地缘政治变动的外交逻辑，认为日本在国际政治中具有"先赋角色"和"自致角色"的角色定位。日本的"先赋角色"是"岛国角色"、"资源匮乏角色"以及"追求成为大国角色"，其中"追求成为大国"是其"先赋角色"中对日本外交战略影响最深刻、最本质的因素。日本的同盟角色、依附角色、侵华角色都属于日本的"自致角色"，是日本对国际环境的认知与认识自我和他者的过程。[①] 日本在开展对南太平洋岛国外交之时，需要对该地区存在的国际形势进行角色的判断。二战后，澳大利亚明确将邻近自身的南太平洋地区视为自己的"后院"，并基于地理条件、历史因素、人员往来等，在南太平洋岛国进行了长期的经营，在该地区扮演着"超级大国"的角色，并一直保持该地区最大的援助来源国地位。[②] 而且澳大利亚也明确指出："澳大利亚非常珍视其与南太平洋岛国在领土、历史、政治、经济、发展、安全和人民之间的密切联系，通过与岛国展开密切合作，支持其经济增长、稳定和可持续发展。澳大利亚与许多南太平洋岛国的防务合作有助于保护其巨大的海洋资源，并加强区域安全。"[③] 日本与南太平洋岛国最初进行峰会外交之时，为避免过度刺激澳方，从资源、环境外交入手，渐进式地介入南太平洋岛国事务的外交路径。

日本持续强化与南太平洋岛国的外交关系，是基于历史惯性的"补课"行为、现实国际局势发展相互交织、相互影响的产物。日本对南太平洋岛国的外交从环境外交转向海洋外交的长期政策调整与摸索是日本推行海洋战略

---

① 尹晓亮：《日本在东亚地缘政治变动的外交逻辑——从认知结构、角色构建到外交行为》，《日本学刊》2018 年第 2 期，第 47、49 页。

② 张亮：《澳大利亚对中国加强与太平洋岛国关系的认知与反应》，《国际论坛》2018 年第 5 期，第 69 页。

③ "Pacific Islands Regional Organisations," *Australian Government Department of Foreign Affairs and Trade*，https：//dfat. gov. au/international – relations/regional – architecture/pacific – islands/Pages/pacific – islands – regional – organisation. aspx.

的体现，将视太平洋岛国为该战略"东翼"，寄希望能够实现与"西翼"（中东地区、非洲）共同构筑海洋外交的两翼平衡。

三　从八届太平洋岛国峰会看日本南太外交战略调整

鉴于日本在历史上与南太平洋地区曾有过的宗主关系与域内大国制衡等因素的考量，下文将以八届太平洋岛国峰会为具体案例，深入探讨日本对南太平洋地区外交战略的演变及未来外交转型。

（一）日本在前五届太平洋岛国峰会上推行"环境外交"

日本向南太平洋岛国积极推行环境外交，契机是于 1996 年联合国进行的安理会非常任理事国选举。在这次选举中，南太平洋岛国一致投票支持日本出任非常任理事国，日本如愿以偿地当选 1997 年度和 1998 年度的安理会非常任理事国，并深刻意识到岛国外交支持对日本在国际舞台上的重要性。此后，日本政府为强化与岛国的外交关系，从 1997 年开始每三年邀请太平洋岛国论坛的各国首脑召开"太平洋岛国峰会"。笔者认为从 1997 年第一届峰会到 2009 年第五届峰会为止，日本对南太平洋岛国采取了环境外交策略，主要基于以下几个因素考虑。

（1）南太平洋地区的环境外交在日本的整体外交中凸显了重要的战略价值。南太平洋地区成为日本推行环境外交战略的重要组成部分，日本认为南太平洋地区与日本隔海相望，太平洋岛国的发展能够确保亚洲太平洋地区整体实现稳定的可持续发展。[①] 此外，日本泡沫经济破灭后，陷入了长期的经济萧条，在南太平洋地区推行环境外交也体现了服从并服务于经济优先的传统国家战略，南太平洋地区的自然资源、渔业资源和气候变暖问题对日本经济具有重要的影响。

---

① 外務省「日・南太平洋フォーラム（第 1 回太平洋・島サミット）—首脳会議宣言—」、1997、https：//www. mofa. go. jp/mofaj/area/ps_ summit/palm_ 01/s_ sengen. html。

（2）着眼于"未来"及协助各国解决普遍存在的问题，对南太平洋地区的环境外交不仅能为日本今后在该地区赢得"未来"，还能稳步提升日本的国际声誉。鉴于岛国人口结构十分年轻，区域位置也是到近年才日益凸显出重要性，日本在面向南太平洋地区推行环境外交中并不完全只从日本国家利益出发，在很大程度上也关照了南太平洋岛国的利益。在 2000 年第二届峰会上，森喜朗首相全程出席会议，围绕环境、全球化等问题，提出了"太平洋前沿外交"的理念，提炼出"年轻人""海""未来"并将其作为今后对南太平洋岛国外交的关键词。①

（3）环境外交是日本介入国际事务的重要抓手，更是日本寻求国际政治大国道路上不可或缺的新外交思路。二战后，日本被严格限制了军事力量的发展，在国际舞台上难以通过军事实力实现其梦寐以求的"领导力"。国际环境合作可以让日本凭借其经济实力在国际事务中展示"软性"的领导力，并能缓和由此带来的与区域大国之间的紧张氛围。对日本而言，过去与澳大利亚、新西兰两国的合作主要是在经贸领域，通过太平洋岛国峰会让日本深刻意识到拓展太平洋外交不可能绕开澳新两国。

（4）环境外交体现了日本对新国际秩序建立和意图遏制中国环境外交的考量。随着中国在南太平洋地区实力不断增强，日本在 2009 年第五次峰会上提出的"太平洋环境共同体"构想，不仅体现了日本在向南太平洋地区推行环境外交过程中，极力将环境治理作为日本重塑国家形象和展示国际事务领导力的重要推手，还试图寻找更加有效的合作方式稳固在该地区的外交政策，以抵消中国所造成的外交扩张。

可见，日本希望在其擅长的"环境"领域大展身手，可以理解为，日本将可持续发展作为与南太平洋岛国开展国家外交的切入口，扩展国家外交空间、提高国际地位，并期待在冷战后国际格局变动中形成日本的话语权。

---

① 森喜朗「太平洋・島サミットにおける森総理基調演説—私たちのフロンティアへの旅立ち—」、https：//www.mofa.go.jp/mofaj/press/enzetsu/04/palm01.html。

（二）日本在最近三届太平洋岛国峰会上转向"海洋外交"

进入 21 世纪后，日本的国家战略定位开始发生明显的转变，渲染海洋国家定位、走"海洋强国"的外交战略逐渐呈现，在这种转向背后伴随着浓厚的军事色彩。由此，日本的海洋外交由隐性渐进扩张向显性激进扩张方向转变，[①] 进而影响到日本与南太平洋岛国的外交转为推行"海洋外交"。从 2012 年第六届峰会到 2018 年第八届峰会，日本对南太平洋岛国转而推行海洋外交，其具体表现为以下几个指向。

（1）海洋外交能够更好地拉拢美国，并在南太平洋地区形成牵制中国的效果。中国在南太平洋地区的活跃，引起美国的敏感反应。原本美国为确保自身安全，将关注的重点放在密克罗尼西亚为中心的北太平洋地区，而对南太平洋地区关注较少。但这种情况在 2010 年美国前国务卿希拉里·克林顿（Hillary Clinton）在夏威夷的讲话中首次提到"印太"概念之后，发生了重大转变，奥巴马政府开始重视太平洋外交。日本对美国的态度表现出欣喜若狂并盛情邀请美国加入太平洋岛国峰会，美国受邀并派代表出席使过去在日本国内不太受人重视的太平洋岛国峰会被日本媒体热炒。日本媒体更将这种变化看作为了"牵制在海洋上活跃的中国"[②] 的重要措施。

（2）将海洋外交作为稳固日本与南太平洋岛国关系的纽带，是日本推行"积极和平主义"外交的重要环节。对日本而言，此前的环境外交（环境治理、ODA 援助等）已无法满足日本对该区域的战略重视。虽然安倍晋三在第七届峰会上还继续强调"气候、灾害"等，但更明确地提出了日本的海洋战略意图，他宣称，"确认了作为共享太平洋的海洋国家维持基于国际法原则的海洋秩序的重要性……战后 70 年的历程，我将坚守国际协调主

---

① 巴殿君、沈和：《日本海洋安全战略模式的历史演变与内在逻辑》，《东北亚论坛》2017 年第 6 期，第 15 页。

② 蒋丰：《辣评日本：安倍外交"炒剩饭"构筑"对华包围圈"》，人民网，http：//world. people. com. cn/n/2012/1231/c1002－20064618. html。

义，为世界和平带来积极的作用"，并呼吁各方支持自己提出的"积极和平主义"理念。[①] 显然，与南太平洋地区的海洋战略合作已经成为日本整体外交的一个重要支点。

（3）海洋外交能够配合第三期《海洋基本计划》的顺利推行与实施。该计划出台时间与第八届峰会都在 2018 年 5 月，而制定第三期《海洋基本计划》的准备工作早在 2017 年就已经启动了。[②] 安倍晋三将制定《海洋基本计划》的思路适用于本届峰会，并一改以往在与南太平洋地区开展外交中优先提出环境问题的做法，将"海洋安全、海洋秩序"作为大会的主要议题。在第八届太平洋岛国峰会上，日本完成了对南太平洋岛国从环境外交到海洋战略外交的转变，峰会重点不再是环境问题，而主要强调强化日本与南太平洋岛国伙伴关系、国际法原则的海洋秩序、提高岛国的海上安保能力。

日本以太平洋环境问题为切入点，召集了五届太平洋岛国峰会，并通过向各岛国提供援助、改善环境、促进贸易、实现可持续发展等环境外交手段，在南太平洋地区扩大了外交影响力。自安倍晋三第二次上台执政以来，日本开始脱掉环境外交的"外衣"，从第六届峰会起邀请美国与会，并将"海洋安全"问题列入会议议题，转而拉拢岛国在海洋安全问题上"执行日本标准"。

（三）促使日本对南太平洋岛国外交转型的因素

外部因素和日本政策本身是探讨日本对南太平洋岛国外交转型的重要对象，这两个对象或已经深刻影响或将要影响南太平洋地区的格局，学界应予以关注并提前准备相应对策。

1. 影响日本海洋外交的外部因素

日本对南太平洋岛国从环境外交走向海洋外交，这种外交转型顺利推进

[①] 外务省「安倍総理による PALM7 開会式基調演説」、https：//www. mofa. go. jp/mofaj/files/000081723. pdf。

[②] 张晓磊：《日本〈第三期海洋基本计划〉评析》，《日本问题研究》2018 年第 6 期，第 1 ~ 10 页。

与具有可持续性，不仅受双方关系发展的影响，还受到外部因素的影响，依然存在诸多变数。

第一，澳大利亚对日本介入南太平洋岛国地区存在诸多"微妙"之处。总体上看，澳大利亚在南太平洋地区一直保持着广泛的利益与影响力，加之各岛国普遍人口少、国力弱、发展落后，财政上严重依赖世界大国的援助和从事资源性贸易，这就使澳大利亚俨然成为该地区的"超级大国"。

第二，美国在日本与南太平洋岛国关系发展中并不真心地给予更多推力。日本积极寻求"出海"，在日本国家海洋战略的"西翼"，日本已经以维和的名义向中东、非洲地区派遣了维和部队，包括南苏丹、吉布提等地区都能看到日本自卫队的身影，美国也乐见日本在这些地区为美国的军事行动提供助力。在"东翼"，美国对日本的松绑是有底线的，最希望的是利用日本最大限度地遏制中国，鉴于该地区邻近美国自身在太平洋的战略基地，对日本强化与南太平洋岛国的安保关系保持谨慎态度，自出席第六次峰会以来，一直没有在太平洋岛国峰会上对双方的军事与安保合作施以推力。

第三，南太平洋岛国的"向北看"战略更看重与中国"一带一路"倡议的对接。日本对"印太战略"反应积极，在很大程度上是希望"应对中国地区影响力的拓展尤其是在南太平洋地区搞'一带一路'建设所带来的挑战"①。南太平洋岛国恰好处于这种战略的重叠地区，岛国的战略选择意愿将起到重要的作用。

2. 日本海洋外交政策的深化

近年来，南太平洋地区逐渐摆脱了国际关系边缘地带的地位，地区的国际战略环境与地区格局发生了较大变化，澳大利亚在南太平洋地区保持传统大国地位、日本谋求海洋大国地位、美国推行"印太战略"、中国实施"一带一路"倡议将在该地区形成相互交错局面，日本面对战略的竞争与合作，在该地区推行海洋外交或存在一些政策深化的可能。

---

① 宋伟：《从印太地区到印太体系：演进中的战略格局》，《太平洋学报》2018 年第 11 期，第 29 页。

第一，日本为实现对南太平洋地区的外交战略，不仅会进一步加大对南太平洋岛国的援助力度，还会致力于提升在该地区的影响力。日本对南太平洋岛国进行了长期的 ODA 援助，日本曾是南太平洋岛国的第二大 ODA 援助国，21 世纪初日本一度减少对该地区的援助，自安倍晋三第二次上台后，日本对该地区的 ODA 援助额度又再度提升，2016 年达 162.96 百万美元，可以预见日本将进一步加大对该地区的援助力度。

第二，作为重要的外交手段，日本还将继续对南太平洋岛国的环境保护和气候问题进行援助，以确保日本的外交优势。日本将 ODA 援助作为重要的外交战略工具，不仅为真正实现地区的脱困与发展做出切实努力，同时也攫取了更多的权力资源以及政治经济的话语权，扩大了日本对援助地区的影响力和号召力。[1] 如表 1 所示，日本对南太平洋岛国的中期援助领域中，环境问题将是日本实施 ODA 援助的重点领域；就远期目标而言，除环境情况较好的巴布亚新几内亚和经济条件较好的所罗门群岛、斐济之外，日本还将长期通过 ODA 援助形式实施环境外交。

表 1　日本对南太平洋岛国援助的基本方针和重点领域

援助对象国	援助基本方针（远期目标）	重点领域（中期目标）
巴布亚新几内亚	通过强化社会、经济基础，实现经济可持续发展和国民生活的改善	强化经济的发展基础、提高社会服务水平、关注环境与气候的变动
所罗门群岛、斐济		
瓦努阿图、库克群岛、萨摩亚、汤加、基里巴斯、帕劳、马绍尔群岛、密克罗尼西亚	保护环境并实现可持续性发展和改善国民生活	关注环境与气候变动、克服脆弱性
图瓦卢、瑙鲁	以保护环境、可持续性经济发展为目标，助其实现自立	

资料来源：株式会社日本经济研究所『太平洋島嶼国の ODA 案件に関わる日本の取組の評価报告书』、2016、第 3 章、2 页、https://www.mofa.go.jp/mofaj/gaiko/oda/files/000157385.pdf。

第三，日本试图强化南太平洋地区作为海洋外交的"东翼"作用，将重点落在海洋与安全上面，或将在该地区与美国达成某种程度的分工与合

---

[1]　张磊、崔岩：《日本 ODA—ADB 框架下的开发援助及其启示——以南亚地区为例》，《日本问题研究》2018 年第 1 期，第 21 页。

作，并持续增强。随着美国整体实力的下降，以及世界多极化发展的区域增强，在美日同盟在该地区的分工与合作中，日本能够获得发展红利越来越少了，尤其是特朗普上台之后，日本需要承担的安保任务和防卫费用都在增加。日本还将长期被牢牢绑定在围堵中国崛起的战车之上，鉴于美日同盟日益要求日本在中东和南太平洋地区背负更多政治、安全上的责任，因此从安全保障角度看，日本积极推行海洋外交是填补同盟机制的需求。

太平洋岛国峰会最初只是为了强化日本与南太平洋岛国在环境问题上合作的平台，《海洋基本计划》原本只是日本政府关于如何管理本国岛屿周围水域的声明，二者原本都不涉及防务和安全问题，现如今二者都被用于日本对南太平洋岛国的外交且打上了深深的军事烙印。

四　结语

日本将其对南太平洋岛国的外交，已经在纸面上提升到与中东地区、非洲的"西翼"并重，成为其海洋战略的"东翼"。面对日本对南太平洋岛国的外交转型，以及在该地区已经进行的谋篇布局。中国今后在南太平洋地区的经营将不得不直面日本的海洋战略并与之展开博弈，这种博弈的焦点将集中于对资源和影响力的争夺上。

环境外交是日本作为实现大国化战略的掩护手段，通过大力开展环境外交所要达到的战略目标是，在环境外交的掩护之下积极推进以安全、海洋和防务等为特点的海洋外交。日本在南太平洋地区构建符合自身利益与偏好的外交模式显然是受到历史惯性和现实主义外交的双重作用影响，这两种力量表面上存在一些形式、目标的差异，但究其根本都受到"利己主义"外交的驱使。

（原载《太平洋学报》2019 年第 5 期，有删减）

日本的印太战略理念与政策实践

张耀之[*]

随着中国、印度等新兴国家的群体性崛起以及奥巴马执政时期美国"亚太再平衡战略"的实施，国际格局以及大国对外战略都发生了重大的转变。从西太平洋到东印度洋，包括昔日"边缘地带"[①]、"不稳定弧"以及马六甲海峡、中国南海和台湾海峡等重要海上通道在内的跨两洋区域，开始被一些国家官方人士和学者称为"印太"（Indo-Pacific）地区，并作为一个包括政治、经济和安全因素在内的新地缘战略概念而迅速引起关注，日渐成为国际格局变动及大国力量关注的重点区域。"印太"概念强调的是在欧美等老牌国家的经济相对衰落的背景下，印太地区新兴经济体迅速发展，并已担当了世界经济增长的"主引擎"，极有可能赶超欧美成为新的世界经济和权力中心。"印太"首先是一个地缘政治概念，即与传统地缘政治中的"亚太"概念结合起来，实现太平洋与印度洋"两洋交汇"，并将两洋地区纳入一个统一的地区战略框架内。其次，"印太"概念的提出和兴盛并不是简单的区域联合与扩大化，它反映的是地区和全球政治的某种新趋势和新动向。近些年来，美国、日本、印度、澳大利亚等相关国家的战略学者开始关注"印太"概念，且迅速将其转化为本国的战略理念以及政策实践。[②] 各种角逐力量试图利用这一概念，在新的地缘政治区域下争取更多新的国际话语权

---

[*]　张耀之，中国社会科学院日本研究所编辑，研究方向为日本外交、日非关系。

①　参见〔英〕斯皮克曼《和平地理学》，刘愈之译，商务印书馆，1965。

②　赵青海：《"印太"概念及其对中国的影响》，《现代国际关系》2013 年第 7 期。

和规则制定权。基于实现"政治大国"的战略目标，日本成为"印太战略"理念的积极推动者，且在政策和实践层面有所表现，其动向值得分析、关注。

一 日本外交中"印太战略"理念的形成与实质

冷战结束后，特别是最近几年，随着国际与地区形势的变动，日本"重视亚太"的传统地缘政治经济战略也发生了一定变化，其重要体现就是日益重视"印太"这一战略意义日益重大的区域，并将其与日本国家战略的走向相联系。在某种意义上，日本"重视印太"与过去"重视亚太"有着历史承接性，只是相比过去，日本在地理意义上的战略视野拓宽了，关注重点也有所变化，从地缘政治的角度将印度洋—太平洋的广大区域规整在统一的外交框架之下，逐渐成为日本对外战略的重要特征。

（一）日本"重视印太"政策的形成与目的

基于自身战略利益考虑，日本较早对"印太"概念予以重视并将其引入官方政策宣言中。2006 年安倍第一次担任首相时，就曾在论述"自由与繁荣之弧"这一"外交新理念"背景下，提及"印太"概念，即构建"日美澳印"战略合作架构。① 2007 年安倍发表题为"两洋交汇"的演讲，通过日本与印度的联合，再将美国和澳大利亚包括进来，这一"扩大的亚洲"可以形成一个覆盖太平洋的庞大网络。② 由此日本的印太地缘概念及战略指向初步浮现。此后，日本的印太地缘意识逐步强化。

2012 年安倍第二次上台执政后，更试图将"印太"概念与日美同盟基轴外交、"俯瞰地球仪外交"、价值观外交、国家海洋战略、对华包围制衡等一系列日本外交政策相结合，形成具有系统思路与鲜明特征的日本的

---

① 『安倍首相の訪印拡大アジア構想』、しんぶん赤旗、2007。
② Shinzo Abe, "Confluence of The Two Seas," http：//www. outlookindia. com/website/story/confluence－of－the－two－seas/235382.

"印太"战略理念，意在打造和实施其完整的"政治大国"战略。安倍还将"亚洲民主安全菱形"战略范围界定为：由日本、澳大利亚、印度和美国的夏威夷连接而成的菱形，这个菱形结构彼此之间的互动合作可有效保障从印度洋到西太平洋的公海安全，① 为形成新的战略同盟网创造条件。2013 ~ 2014 年，安倍先后提出"新日本外交五原则"② 和"外交三原则"③，并明确使用"印太"（Indo-Pacific）一词。④ 2017 年 11 月，美国总统特朗普访问日本，提及"自由开放的印太战略"，得到日本的积极响应。

日本外交政策对"印太"概念日益重视和强化，其背景动因主要来自国际格局变动的外部压力和日本对政治大国地位的诉求。首先，从国际格局的角度看，一是以美国为首的西方国家开始相对衰落，权力的转移和国际格局的多极化趋势开始显现，国际格局进入大调整和大变革的新的历史时期。二是对日本来说，美国霸权的衰落已不可避免。日本意识到，国家的安全和利益不能完全依赖美国的保障，很多问题已经很难单独依靠美国来解决。⑤ 三是中国不断增长的经济实力和对国际事务的影响力，使一向对中国居高临下的日本感到极度不适，再加上与中国的历史和领土争议等因素。日本执意想要通过探寻新的外交战略达到制约中国的目的。其次，从推动日本大国地位的角度看，自近代明治维新以来，日本便孕生出强烈的民族独立意识和明确的大国志向。进入 21 世纪以来，日本对外政策或整个国家战略方向面临

---

① Shinzo Abe，"Asia's Democratic Security Diamond，" http：//www. project – syndicate. org/commentary/a – strategic – alliance – for – japan – and – india – by – shinzo – abe？barrier = true.

② "新日本外交五原则"强调在"两洋交汇"地带充分实现人的思想、言论自由，确保海洋秩序以法制为基础，以及依托一体化网络促进经济开放和贸易资本的自由流动。参见安倍晋三「開かれた，海の恵み—日本外交の新たな5 原則—」、http：//www. mofa. go. jp/mofaj/press/enzetsu/25/abe_ 0118j. html。

③ "外交三原则"核心内容是：战略性外交、价值观外交和积极主动的外交。这些外交原则的主轴是紧密的日美同盟。参见首相官邸「第 183 回国会における安倍内閣総理大臣施政方針演説」、http：//www. kantei. go. jp/jp/96_ ab/statement2/20130228siseuhousin. html。

④ Shinzo Abe， "Japan Is back，" http：//www. mofa. go. jp/announce/pm/abe/us_ 20130222en. html.

⑤ 外務省「我が国を取り巻く外交・安全保障環境」、http：//www. kantei. go. jp/jp/singi/anzen_ bouei/dai1/siryou4. pdf。

抉择，陷入"战略贫困"①境地，是继续追求和确保"经济大国""民生大国"的身份，还是转向成为政治军事大国？是选择亚洲还是选择美国？从近年来日本的外交政策和战略实践看，其显然都是选择了后者，即日本要借助美国成为具有相应政治和军事能力的"正常国家"。"印太"地缘概念为日本的政治大国战略诉求提供了机遇。在日本看来，相比传统的同盟关系，新形式的"友好伙伴"关系更具有灵活性，而印太地区国家正是日本构建全球"友好伙伴"关系的重点对象。除政治大国目标外，日本"重视印太"地缘外交的战略目标还包括经济利益，旨在拉动长期低迷的日本经济发展。

（二）日本"印太战略"理念的地缘政治内涵

1. 与美国地区战略及应对中国战略目标"对接"

无论是奥巴马执政时期"亚太再平衡战略"的实施，还是特朗普上台后强调的美国"印太战略"，美国均执意鼓励其盟友日本发展自己的军事力量，以补充美国遏制中国力量的不足。美国的意图正中日本下怀，应对中国的崛起，成为日美两国对外战略目标的重要交汇点之一。美国维护霸权的地区战略与日本大国化的目标产生"共鸣"。日本认为，美国在印太地区保持领导地位，有利于日本成为印太"一极"，将使日本在地区事务中掌握更大话语权，发挥更大作用。为扩大政策收益，日美更是在两国同盟基础上，将第三国纳入协调机制，创立"日美＋1"关系模式，在印太地区重点打造日美澳、日美印以及日美联合东盟部分成员国（越南、菲律宾等）等多组"三边关系"，将美国的亚太同盟体系由"轴辐模式"转变为"网状模式"，形成纵横交织、覆盖面广而又富有弹性的合作网络。

2. 与区域重点国家的战略合作

日本外交政策中的"印太战略"理念，已广泛渗透于日本对外战略体系的各个环节。日本在对外阐述"印太一体"概念时，明确地排斥中国，渲染"中国威胁论"，塑造中国"海洋霸权"的国际形象。通过拉拢在地理

---

① 参见冯昭奎《21世纪的日本：战略的贫困》，中国城市出版社，2002。

位置上处于中国周边的印太国家，特别是加强与印度、澳大利亚和东南亚地区相关国家的军事安全合作，借助美国的同盟框架，加强日美印、日美澳三边协调，日本试图以此来孤立中国，对华实施"环绕外交"。

3. 经贸与安保双轨推进，安保比重日益提升

当前日本在对外经贸领域所下的本钱和力度，可谓其二战后外交之最。以经济合作和经济援助为主的日本官方发展援助（ODA）正是日本拉拢各国，加速政治渗透、扩大政治影响力的重要手段之一。在注重经贸领域合作的同时，日本积极推进与印太国家的军事安保合作。2015 年 2 月，日本政府出台新的《ODA 大纲》，打开了日本对外军事援助的大门，从而使日本的 ODA 发生了质的变化。一方面，日本通过经济援助和经济合作的方式，扩大在印度和东盟等国家和地区的影响力和渗透力；另一方面，将经济援助和以"价值观外交"为主的日本战略外交挂钩，以自由民主、普世价值为提供援助的基本条件。可以认为，解禁 ODA 是安倍内阁转换安保政策、推行战略性外交以及实施积极和平主义的重要政策举措。日本可以在多个方面向与中国有纷争的国家提供援助，在提高日本地区影响力的同时，起到制衡中国的重要作用。

4. 对规则制定权与体制构建主导权的争夺

利用日美同盟，日本将其战略性外交和美国亚太平衡战略、"印太战略"理念相结合，力图和印太国家构建多重安全网络机制，加强与印太国家的合作特别是在海洋方面的防务合作，从而更深入地介入印太地区安全事务。日本试图通过拉拢印太国家来"封锁"所谓太平洋"第一岛链"和南海—印度洋航线，以增强对中国的战略威慑力，限制中国海权力量的发展。再如 TPP，特别是在中国政府提出"一带一路"倡议和成立亚洲基础设施投资银行（亚投行，AIIB）后，日本加入 TPP 的政治思维明显大于经济考量。在美国退出 TPP 后，日本更加强调加强"印太"合作的重要性，与印度联手推出"亚非发展走廊"计划①，意图通过在非洲、中东和东南亚等国

---

① "亚非发展走廊"是由印度总理莫迪在 2016 年 11 月访日时在两国共同发表的《日印联合声明》中提出建立的。参见 "Ministry of Foreign Affairs of Japan. Japan-India Joint Statement," http：//www. mofa. go. jp/files/000202950. pdf。

建设多个基础设施项目，从而构筑起从亚太到非洲的经济走廊，以此增加与中国"一带一路"倡议相抗衡的筹码，争夺地区话语权和主导权。

二　日本外交中"印太战略"理念的政策实践

当今日本国家大战略，可以形象地被概括为"安倍路线"，即由"安倍经济学"、"安倍外交学"和"安倍国防学"[①] 构成的综合治国方针，是一种试图在全方位、多领域、从全要素出发改革和振兴日本的方略。从这个国家战略的实施动向看，日本外交中的印太理念及其政策行为也就不是孤立的存在，而是广泛渗透到日本对外战略体系的各领域，与各项政策密切结合，在日美同盟基本框架的基础上通过对印度、澳大利亚、东南亚等国家的外交行动中体现的一种综合的地缘政治集成系统。日本外交的印太理念及其实践分为以下三个大项。一是安全保障方面，以日美同盟为基轴，联合准盟国和伙伴国，以价值观为纽带，以海洋问题为抓手，以防范"中国威胁"为目标，兼顾应对多种威胁和多样化事态，来保障日本的安全。二是经济方面，通过维护由西方主导的规则和秩序，进行官方发展援助，利用东南亚及南亚的巨大发展机遇（即"三件套"），拓展市场并转移产业，为拉动日本经济积极寻求动力和良方。三是通过文化及外宣、人文社会交流，提升日本的国家形象和软实力。

（一）印太因素在日本"安全保障"政策实践中的体现

1. 日本与印度军事安全战略合作的实践

印度是日本潜在的"海洋盟国"，是日本"价值观外交"的主要对象。进入 21 世纪以来，日印在政治安全领域的合作迅速升级。2016 年 9 月安倍与莫迪举行峰会时，称印度处于亚洲和非洲大陆间"最重要的位置"，希望能实现其"印太战略"与印度"东向战略"的无缝对接。这正是日本的整

---

① 卢昊、吴怀中：《"安倍国防学"的二次政策跃进评析》，《日本研究》2014 年第 4 期。

个战略布局。2017 年 9 月日印签署了题为"面向自由开放且繁荣的印度太平洋"的联合声明，强调要强化防卫与安全保障合作，安倍表示，"要携手实现'日印新时代'的巨大飞跃，主导亚洲太平洋地区及世界的和平与繁荣"。①

可以看出，日印两国政治与军事安全互信程度较高，在一定程度上日印关系体现出"准同盟"的特征与发展趋势。

2. 日本与澳大利亚军事安全战略合作的实践

在亚太格局变动及美国"重返亚太战略"之下，澳大利亚也在延伸其战略安全空间，将传统视域中的"亚太"向西延伸至印度洋区域，试图构建印太"战略弧"。日澳之间较早建立起类似日美间的"准同盟"军事合作关系。2007 年日澳签署《日澳安全保障联合宣言》，这是日本首次与美国之外的国家建立安全保障体制。特朗普政府对外政策的不可预测性引发亚太盟国的不安。在日澳牵头下，包括日本、澳大利亚、印度和越南等在内的国家正"悄悄地"加大相关对话及合作力度，以抵消或缓冲美国在该地区安保力量的"弱化"。②

3. 日本与东南亚国家军事安全战略合作的实践

在"亚洲民主安全国家菱形"外交战略理念主导下，日本重视与亚太国家发展军事合作，以在地区安全事务中保持、扩大影响，并带动国内安全政策变革。近年来，以海洋安全为切入点，日本重点加强与越南、菲律宾、新加坡、马来西亚和印尼的军事合作，构建与以上国家的安全与战略伙伴关系，把与中国存在南海主权争端的菲律宾和越南作为重点对象，大力开展军事安全外交。同时在国内武器出口政策"打破限制"的背景下，日本正努力推进与东盟国家在武器装备及技术方面的深度合作。

---

① 《日印首脑会谈就海洋安保达成协议牵制中国扩张》，《朝日新闻》2017 年 9 月 15 日。
② 《对美国没把握！英媒猜澳日印越建"新反华联盟"》，环球网，http://mil.huanqiu.com/observation/2017-06/10784577.html。

（二）印太因素在安倍"经济外交"中的体现

安倍政府高度重视经济外交推动外交战略的作用。通过提供经济援助、帮助基础设施建设、增加投资和合作建设工业园等手段，日本刻意拉近与印度、缅甸以及其他东南亚国家的关系，在掌握制定规则权、主导地区经济秩序、谋取实际经贸利益的同时，其重要目的还在于从战略态势上围堵中国，与中国展开维系国力基础的经济实力竞争。

1. 对区域双边及多边经济体制的参与和引导

为了有效参与和引导区域及多边经济体制的建立和发展，日本在三个方面进行努力。一是将东南亚作为发展双边和区域多边经济伙伴关系的优先对象。二是从"东亚全面经济伙伴关系协定"（CEPEA）发展到"区域全面经济伙伴关系"（RCEP），扩大经济合作范围。通过构建东亚 EPA，形成高质量的区域经济协作模式。三是通过参与超级自由贸易协定（Mega-FTA）争夺区域经济主导权。但随着美国退出 TPP，日本试图将中国排除在亚太经济圈之外的计划落空，安倍转而再提"自由开放的印度洋—太平洋"概念，欲在更大范围内牵制中国。

2. 通过提供官方发展援助达到经济及其他目的

面向发展中国家的官方发展援助（ODA）是日本政府对发展中国家实施战略影响的重要手段。2003 年小泉纯一郎内阁修改《ODA 大纲》，明确规定了日本的 ODA 不能用于军事用途和可能助长国际争端的领域。2015 年12 月，日本正式出台新版《发展合作大纲》，与此前的《ODA 大纲》相比，日本的官方发展援助正在发生质的变化，"军援"色彩开始凸显。

在印太地缘理念的主导下，在对东南亚等实施 ODA 的过程中，日本逐渐形成了贸易、投资、援助"三位一体"的对外经济合作方式，将 ODA 与贸易投资结合起来。一方面，利用 ODA，促进贸易和投资的增长，开拓东南亚市场，确保能源和资源的供给；另一方面，积极争取东南亚各国在政治、安全保障和国际事务中对日本的支持。近年来，日本对东南亚的官方发展援助还显现出参与地区和国际事务的特点，特别是向南海声索国提供各种名目的军事、安全援助。日本政府新建立的防卫装备厅也将东南亚、南亚和澳大利亚作为对外武器装备合作的重点，针对这些国家和地区展开积极的公关活动。其现实背后，是复杂的外部环境和强烈的内部诉求。日本实施新的"防卫装备转移三原则"，并允许其对外援助用于军事相关用途，是其强化"正常化国家"、在安全政策上积极"自我蜕变"的重要举措。日本认为，印太区域国家在武器装备乃至整体防卫力量建设方面，与日本有着广泛的利益交集与"合作潜力"，传统援助手段有望发挥新的作用，在增强日本在印太地区影响力的同时，还起到制衡中国的作用。此外，日本已在事实上将作为印度洋西岸重要地区的非洲（至少是东非国家）纳入其"印太战略"对接范围。进入 21 世纪以来，日本加大了对非洲国家的政治、经济影响和援助力度，为其谋取联合国安理会常任理事国席位争取支持。日本正在有意识地将非洲与其印太地缘战略对接，也在试图将日本关注的中日矛盾和亚洲热点引向非洲。

3. 在印太地区增加投资、开拓市场，助推日本经济增长

在印太地缘理念及整体外交战略布局下，安倍政府正在加大在印太地区的投资和市场开发力度，以促进日本经济增长。具体行动如下。（1）围绕高铁、公路、核电、桥梁、开发区建设等基础设施建设，在共建"一带一路"国家展开对华竞争，意图扩大市场份额、反哺日本经济。（2）整顿、统筹国内的支持机制，诸如宣布提供 1100 亿美元援助亚洲基建项目，设立官方和半官方的投融资集团。（3）推动日本大举增加对东南亚和南亚的投资，在规避所谓"中国风险"的同时，积极寻找替代市场和利益产出地。

面对近年来经济低迷的局面，安倍对通过加强与东盟国家、印度和南亚经济合作，刺激或助力国内经济发展抱有较大期待。为了推进"安倍经济学"的增长战略，安倍外交的经济着眼点即安倍"经济外交"的重心，除了兼有少部分吸引外国投资的意图外，基本被置于争夺能源资源和市场这两大部分上。

（三）在印太地区开展"文化水平与软实力外交"

为了扩大国际影响力和提高竞争力，日本进一步加强构建文化软实力。

同时，安倍"战略性外交"强调重视人与人之间的"跨界交流"。日本试图以此提升和增强日本的国际影响力和战略竞争力。

1. 积极推动人文交流项目

2007 年安倍宣布实施"日本与亚太各国青少年交流项目"（JENESYS），2013 年启动"JENESYS－2.0"。该项目以推动日本经济复兴、增加访日人数、输出日本价值观、提升日本对外影响力为目的。同时，向亚太地区青少年宣传日本的历史、文化、外交、科技等理念，展现日本的强大与魅力，成为日本魅力的积极宣传者。① 此外，日本于 2013 年与澳大利亚推出新的资助留学项目"新科伦坡计划"，增加彼此人员的交流与合作。近年来，日澳人员交流频繁，以留学生与技术人才为主的交流项目在很大程度上拉近了两国的关系。

2. 提升公共外交水平与软实力

进入 21 世纪后，为了扩大国际影响力和提高竞争力，日本进一步加强构建文化软实力，将日本形象、日本魅力与日本经济产业的发展结合起来，提出"日本品牌"战略。安倍再次执政后，大力推行"酷日本"战略，旨在通过输出流行文化、饮食文化以及地方品牌产品来"打造日本形象，推销日本梦想"，提升和增强日本的国际形象和文化软实力。利用日本技术、数字产业和高品质资源优势，发挥日本产业的潜在力量，发展新文化产业，增加文化产业输出，给产品附加文化价值，以此扩大日本的整体影响力，并效应反过来会推动日本经济的发展。近些年来，日本不仅大量输出在质量上有口皆碑的物质产品和影视作品，而且已经开始进行制度文化层面的推介，并已收获颇丰。例如，缅甸中央银行已于 2016 年 1 月开始启用央行实时电子清算和结算系统，即央行网络服务（CBM Net）系统。日本政府力争将日本的金融基建推向东南亚及其他地区。② 这还意味着日本将通过"系统"掌

---

① "JENESYS 2015（Japan-East Asia Network of Exchange for Students and Youths）," Ministry of Foreign Affairs of Japan，http：//www. mofa. go. jp/p_ pd/ep/page22e_ 000701. html.

② 《缅甸银行业迈向现代化重要一步 央行电子实时结算系统正式启用》，《缅甸金凤凰中文报》2016 年 1 月 21 日。

握缅甸的经济大数据，影响和干涉缅甸今后的经济走向。缅甸是中国"一带一路"倡议在东南亚地区的重要节点国家之一，日本通过文化软实力资源建设影响掌控缅甸的经验，值得我们认真总结。

三　日本实施"印太战略"理念的条件与前景

尽管尚未以明确的政策形式提出印太区域战略，但日本已在事实上自觉或不自觉地践行了"印太战略"理念。在可见的将来，日本将通过利用或扩大"印太战略"继续制衡中国，其谋求政治大国地位的战略目标也不会改变。

从有利因素看，较为强大的综合国力，特别是资本和技术条件，仍是日本持续实施印太外交的基本条件。可以认为，至少在未来20年，除经济总量有可能被印度赶超外，日本的国际地位不会发生质的变化。除硬实力尚存之外，日本的软实力及文化感染力在印太地区乃至全球其他地区都有着较深的影响，国家形象和好感度在历年的国际调查中都居世界前列。[①] 尽管历史问题、领土及海洋权益争端问题影响中、韩、俄等东亚国家对日本的正面评价，但在印太其他地区，日本的声誉和软实力尚未受到明显损伤或制约。

除了自身因素外，外部环境也有有利的方面。其一，日本与美国是结盟关系。特朗普执政后，其对外政策虽有摇摆，但美国同样不会放弃日本对于遏制中国的重要作用，日美同盟还会在制约中国的轨道上延续下去。日美同盟关系的维系有利于日本进一步实施印太战略。其二，作为发达国家的一员，日本在现存国际社会及体系中仍居有利地位，其对国际治理和国际规则的制定仍有重要影响。

从不利因素看，日本的劣势同样明显，且内外相互对应、互为条件。从内部条件看，首先，经济与财政的力不从心使日本难以为其"印太战略"大幅增加和投入预算经费。其次，虽然日本的"大政治"和大战略总体稳

---

① 在过去40年间，日本向世界其他地方派遣了4万多名志愿者，其中相当一部分在印太地区。

定，安倍长期执政的目标几近实现，但"人亡政息"的问题仍未从根本上解决，外交政策局部调整和战略性投入朝令夕改的实质难以改变。① 再次，从现实主义角度看，尽管安倍政府正在按部就班地推进修改和平宪法等，但反对修宪的民意基础仍然存在，制约安倍外交政策的潜在负面因素仍然存在。

从外部环境看，不利因素主要表现在五个方面。一是在美主日从的同盟框架下，日本在大的战略上仍然严重受制于美国，在地区合作政策以及对华政策上，日本不可能越过日美同盟的框架和底线去独立作为。事实上，日本的"印太战略"理念也在很大程度上寄生于美国的亚太及全球战略，来自美国战略的不确定性也是日本外交的不确定因素。二是日本与周边邻国始终存在历史或现实的矛盾和摩擦。这使日本迈向"印太战略"的脚步或多或少会受到牵制，日本的公信力和国际形象亦将因此受损。三是虽然特朗普政府在对亚太地区的政策中选择"印太"的提法，但其初衷可能更多在于和奥巴马政府的亚太政策区别开来，口头成分多于实际意向。四是印太地区国家在与大国的战略互动中有自身的利益考量。地区国家与中国的经济联系和政治互动难以轻易动摇，不会轻易选择日美"印太战略"与中国对抗。五是中国的发展是制约"印太战略"最重要的因素。中国已是经济总量远超日本的世界第二大经济体，且对日本的优势在不断加大，并快速接近美国；中国的"一带一路"国际合作正在扎实推进，中国新型国际关系和建立人类命运共同体的外交理念得到国际社会广泛认同。按照中国共产党的十九大报告规划，到21世纪中期中国将建成现代化强国。中国迈向世界强国的趋势不可逆转。日美"印太战略"终将难以达到围堵中国的目的。

尽管可预见未来日本的"印太战略"不会对中国构成实质性威胁，但基于战略考虑，中国仍须对日本国家安全战略的调整做出及时评估并切实做好应对准备。中国的当务之急仍然是解决好发展问题，接着是坚持和平发展、合作共赢的外交政策大方向。在此战略支点上，积极发展与地区内外各国的政治经济关系；加强与东南亚等周边国家的关系；继续以积极、建设性

---

① 田中明彦「激動期の政治試される指導力」、『日本経済新聞』2012 年 9 月 13 日。

的姿态发展与澳大利亚、印度等域内中等强国的关系，增信释疑，使其成为可争取的积极因素；继续深化发展与非洲国家的友好合作关系，继续推动南南合作与南北对话，继续稳步推进"一带一路"建设，着力打造利益共享和责任分担的命运共同体关系。只要上述战略实施得当，日美"印太战略"及其对中国的围堵自然会失去锋芒。

（原载《日本问题研究》2018 年第 2 期，有删减）

安倍"战后外交总决算"理念的
提出、动因及挑战

陈梦莉[*]

一 "战后外交总决算"的提出

2018 年 9 月，在自民党总裁选举中安倍提出了"战后外交总决算"理念。同年 10 月，安倍在国会发表施政演说，表达了开展"战后外交总决算"的决心，表示要将与俄解决"北方领土"问题，开创"日俄新时代"；与中国强调要积极首脑互访，将中日关系推向新阶段。2019 年 1 月 1 日，安倍发表新年感言，列举美朝首脑会谈、日俄和平条约谈判和中日关系新时代的到来，称"在迎来巨大转机的情况下将果断推进日本外交总决算，2019 年日本将闪耀全球"[①]。

2019 年 1 月 28 日，安倍发表内阁总理大臣施政演说，计划在 2019 年完成"俯瞰地球仪外交"，进行"战后外交总决算"和开展"新时期近邻外交"，大篇幅涉及包括中日关系、朝核问题和日俄关系等周边外交。安倍重新审视近年来国际和国内形势的变化，尝试升级和转变外交思路，将调整周边关系纳入战略视野，积极融入东北亚双边和多边外交。安倍表示，中日关系已经重回正常轨道，两国已经"化竞争为协调""成为合作伙伴而非威

---

[*] 陈梦莉，中国社会科学院日本研究所助理研究员，研究方向为日俄关系、日欧关系。

[①] 「安倍内閣総理大臣平成 31 年年頭所感」、首相官邸ホームページ、http://www.kantei.go.jp/jp/98_abe/statement/2019/0101nentou.html。

胁""共同推进自由公平的贸易"①。安倍表示，今后要在上述三原则的基础上，通过不同领域不同层次的民间交流，把中日关系提升到新阶段。对于日俄关系，安倍表示，要加强日俄民间的信任和友谊，争取解决领土问题和缔结和平条约；领土问题已经在战后存在了 70 多年，与普京已经达成共识，并不希望推迟到下一代去解决；今后将加强首脑间互信，以 1956 年联合宣言为基础加快交涉谈判进度。对于日朝关系，安倍表示要打破两国间相互不信任的外壳，自己将直接面对朝鲜最高领导人金正恩，不放弃任何改善日朝关系的机会果断采取实际行动，力图实现两国的外交正常化。②

从几次安倍关于"战后外交总决算"的讲话中可以看出，"战后外交总决算"的实质是摆脱战后体制，重新调整和改善与东北亚邻国的关系，因中日关系已重回轨道，其核心内容是日俄和日朝关系，安倍试图通过加强中日、日俄、日朝等首脑外交解决相互间存在的领土及历史问题。"战后外交总决算"与 20 世纪 80 年代中曾根康弘首相提出的"战后政治总决算"一脉相承，都是要清算战后以来的政治、外交，追求政治大国目标，提高国际地位。摆脱战后体制一直是日本保守政治家的诉求和目标，中曾根康弘首相提出的"战后政治总决算"开启了"战后总决算"的历史进程，安倍再次执政后加快摆脱战后体制的步伐，力求在"摆脱战后体制"这一最大历史性难题上取得实质性突破，彻底告别战后体制。

二 安倍提出"战后外交总决算"的动因

安倍第二次上台后，提出"俯瞰地球仪外交"，开展全方位多边外交布局，但实际效果不彰。安倍提出的"俯瞰地球仪外交"寄希望于发达国家，

---

① 「平成 31 年 1 月 28 日　第百九十八回国会における安倍内閣総理大臣施政方針演説」、首相官邸ホームページ、http：//www. kantei. go. jp/cn/98＿abe/statement/201901/＿00011. html。

② 「平成 31 年 1 月 28 日　第百九十八回国会における安倍内閣総理大臣施政方針演説」、首相官邸ホームページ、http：//www. kantei. go. jp/cn/98＿abe/statement/201901/＿00011. html。

舍本逐末，忽视了对日本最重要的邻国，与周边国家僵持不下，"以邻为壑"的外交布局难以获取国内民意支持。为了摆脱在东北亚的孤立境地，改善与东北亚邻国的关系，安倍提出力图摆脱战后体制的"战后外交总决算"理念。但实际上是，安倍基于国际环境和地区形势的变化做出现实和实用主义策略调整，以增加自身外交回旋余地。

（一）力图摆脱战后体制

安倍提出"战后外交总决算"实际上是通过渐进方式摆脱战后体制。战后体制是第二次世界大战结束后日本在美占领期间，在美国主导下建立起的"宪法体制"、"日美安全体制"和"旧金山体制"。但随着战后经济的增长，日本国内统治阶级开始谋求独立和追求政治大国地位。自民党成立之初就把修改宪法作为"党是"并写入党纲之中。摆脱战后体制不仅是自民党的战略目标，也是安倍对外战略设计的前提和目标。二战后，日本国内保守势力三次挑战战后秩序：第一次发起挑战是在 20 世纪 50 年代围绕和平宪法和《日美安全条约》展开的，结果遭到了国内民众和护宪派的强烈抵制；第二次发起挑战是中曾根康弘时期提出的"战后政治总决算"，其否定战后政治，追求与经济相适应的政治大国目标；[①] 第三次发起挑战是安倍时期的"战后外交总决算"，这次挑战达到了摆脱战后体制的顶峰，其修改宪法、歪曲侵略历史、全面否定战后发展道路，试图彻底清算战后体制。

安倍第二次执政后积极推行"战略性外交"，在政治、外交、安全等方面采取积极措施。安倍把摆脱战后体制为己任，不管是提出所谓"积极和平主义""价值观外交""俯瞰地球仪外交"，还是提出"战后外交总决算"，其一切外交行为都立足于战后体制切割，妄图挑战战后秩序。在处理与邻国关系上，安倍力图解决包括与东北亚邻国领土争端、战后赔偿等战后尚未彻底解决的问题，彻底结束"战后时代"，结束对二战历史的外交争

---

① 初瀬龍平「戦後総決算の考察—中曾根時代とその後—」、『京女法学』2011 年 001 卷、27～29 頁。

论。长期以来，日本坚持以《旧金山和约》为战后东亚国际秩序的基础，但该和约仅仅是日本与所谓"民主阵营"国家间签订的片面媾和条约，并没有结束日本和亚洲邻国的战争状态和领土划分问题，战后问题的处理还未完结。在日韩关系上，"慰安妇"纠纷悬而未决，强征韩国劳工问题也并未得到妥善处理。同时，在与朝鲜关系上，朝鲜绑架人质问题一直影响日朝关系正常化进程。这些历史遗留问题阻碍了日本与东北亚邻国之间的和解进程。因此，改善中日关系、解决日俄领土问题、实现日朝关系正常化成为安倍外交的重中之重。

"战后外交总决算"是安倍在外交层面试图摆脱战后体制的途径，但是抛开日美同盟和历史问题谈清算战后历史本身就是悖论。安倍试图在"战后外交总决算"理念下开启"新时期近邻外交"，这一外交路线取得突破的可能性微乎其微，中日关系虽然已重回正常轨道，但仍存在结构性矛盾；日俄、日朝关系因领土和历史问题也难以推进。

（二）避险"平衡外交"

首先，安倍执政后寄希望于发达国家，高调推行"俯瞰地球仪外交"，对包括中国在内的近邻视而不见，舍本逐末，从而使日本在东北亚地区陷入孤立境地。日本地处东北亚，该地区是日本争取成为"正常化国家"的地缘政治基础。但在对朝政策上，安倍外交政策固化、缺乏弹性，此前一直向朝鲜施加最大限度的压力；在朝鲜绑架人质问题上，安倍的态度强硬，导致日本外交陷入被动状态。近几年来，朝鲜半岛局势出现一系列积极变化。在朝鲜的主动努力下，朝鲜半岛南北关系开始改善，朝韩和朝美会晤顺利进行，韩朝、中朝、美朝、俄朝双边关系相继出现缓和，日本貌似被置于东北亚"大变局"之外，陷入被动与尴尬的境地。同时，日本还担心美朝对话会削弱日美同盟，使日本在朝鲜半岛问题上被忽略。为避免日本被排除在朝鲜政策博弈之外，安倍曾多次表示希望与朝鲜最高领导人会面，但一直无缘参与朝鲜半岛事务。而"战后外交总决算"的重点在于改善其与东北亚邻国的关系，解决朝鲜绑架人质和朝核问题。

其次，为应对"特朗普冲击"，安倍试图以强化周边为立足点搞"避免风险平衡外交"，以增大回旋空间。特朗普上台后国际贸易环境发生巨变，本国优先主义、贸易保护主义的抬头，对日本经济造成严重冲击，日美在贸易和安全问题上的分歧凸显。美国持续向日本施加，要求其削减对美贸易顺差，进一步开放日本国内市场，大幅度削减对美出口盈余，2018 年日本对美贸易顺差比上年减少 8.1%。① 受特朗普敌对贸易政策打击，日本民众对日美关系的看法也发生大幅恶化。2018 年 11 月 26 日至 12 月 3 日进行的全国民意调查结果显示，只有 39% 的民众认为日美关系良好，这是自 2000 年以来的最大跌幅。此外，安倍再次执政后推行"安倍经济学"，虽然经济有所增长，但国内通货膨胀率一直居高不下，内需难以刺激经济增长，财政长期赤字。

面对国内外压力，安倍欲在大国间寻求平衡外交，为自己的经济和安全空间创造机会。安倍自 2012 年上台以来全方位开展首脑外交，至 2018 年末出访次数 73 次，创造了二战后日本首相出访之最，但并未取得实质性效果。日美关系有很大的不确定性，未来通过强化日美同盟获得的国内政治上的红利空间不大，与美交好也并未使日本免受美国的经济打压。安倍提出"外交总决算"，改善与邻国的关系，本质上是"避险平衡外交"，在美国和周边邻国之间寻求平衡。安倍如果能够改善与中国、俄罗斯、朝鲜等邻国的关系，那么不仅将有助于改变日本在东北亚地区"麻烦制造者"的形象，还可以扭转其在地区合作中的被动局面。

（三）基于实用主义外交战略的调整

安倍在东北亚地区的外交新趋向展现出现实主义和实用主义策略，是针对国际环境的变化做机会主义的调整。冷战后，日本一直将中国、俄罗斯和朝鲜视为威胁。进入 21 世纪后，东亚地区一方面成为全球经济增长的引擎

---

① 「2018 年度日本企业の海外事业展开に関するアンケート调查」、JETRO 日本贸易振兴机构、https：//www. jetro. go. jp/world/reports/2019/01/a27d83f6e1cd38e6. html。

和新的权力中心；另一方面也成为大国博弈的权力"博弈场"。尤其在 2010 年中日实力地位发生逆转后，日本"不适应感"不断上升，国内"中国威胁论"盛行。安倍试图以日美同盟为基轴，以价值观理念为支撑，打造一个与日本具有同样价值观的多边灵活外交格局，从而达成遏制、孤立中国的战略目标。安倍提出"战后外交总决算"，并不意味着对地缘战略的转向，一方面仍然与美澳印等海洋国家结成联盟，另一方面对与中俄等大陆国家采取对话与遏制"两面下注"的战略。安倍提出的"战后外交总决算"，更多的是为避免在东北亚陷入孤立的有限度策略性调整，并不会带来外交政策的实质性改变。在历史问题上，安倍政权本质是现实主义保守派，本质上与包括中国、韩国、俄罗斯在内的邻国存在价值冲突，但基于国家利益的现实主义考量而做出策略性调整。

此外，安倍外交乏善可陈，需要在剩余任期内留下政绩，迫切需要在外交方面做出成绩。安倍力争在其任期内能在政治、外交、经济等多领域实现突破。2017 年 12 月 19 日日媒发布的全国民调显示，对安倍晋三再次执政后的政绩进行评价，最后结果为 5.2 分（总分 10 分），"修宪"和"核电"拉低了得分。[①]"安倍经济学"虽然使日本经济有了明显改观，但经济改革留下的债务危机和人口老龄化问题仍未得到妥善解决，国内对其评价毁誉参半。因此，在外交上安倍如果能实现日俄和日朝关系的突破，无疑是重大的外交遗产。安倍首相表示力争 2019 年 6 月与俄谈妥移交两岛，试图把与俄领土谈判和签订和平条约作为战后总决算的政治遗产。

三 "战后外交总决算"面临的挑战和困境

在安倍看来，中日关系已回正常化轨道，这也是"战后外交总决算"取得的重要成果，其重点内容主要在于解决日俄领土问题和实现日朝关系正常化。在 2019 年《日本外交蓝皮书》中，日本政府去掉了"北方四岛归属

---

① 「過去 5 年間の安倍のパフォーマンスの調査」、『朝日新聞』2017 年 12 月 19 日。

于日本"的表述，也删除了针对朝核问题的"将给予其最大限度的压力"
"前所未有的重大且迫切的威胁"等措辞，对俄、朝政策出现明显缓和。但
能否在"战后外交总决算"口号下推动包括日俄和日朝关系取得进展，未
来充满挑战和困境。安倍的"战后外交总决算"能否取得成效，关键在于
其能否从世界大格局的高度处理与邻国的关系，实现外交决算绝非易事。

（一）面临国内外压力

安倍推行"战后外交总决算"面临国内政治和民众压力。"战后外交总
决算"是在首相积极主导下由官邸主导决定的，并非外务省官僚。"战后外
交总决算"是安倍在自民党总裁选举时提出的口号，更多的是基于选战目
标而提出的口号，流于表面缺乏理念。"战后外交总决算"意味着日本要结
束对二战历史的外交争论，摆脱战后体制，但其不包含日美同盟和历史认识
问题，并不会摒弃对美追随路线，从居于美国"附庸国"地位中摆脱出来。
外务省很多官僚认为"战后外交总决算"理念模糊不清，政府内部出现了
很多不同声音，在国内面临很大的政治压力。

冷战后，新保守主义成为主导日本外交的主要力量，也激发了国内社会
的狭隘民主主义，民族主义情绪高涨，影响日本内外政策取向。[1] 日本政府
在制定与东北亚邻国领土政策时，受国内政治保守主义和民族主义情绪的影
响，在领土问题不会轻易妥协。在日俄领土问题上，在阁僚和自民党内部激
进派政客占主导地位，反对在领土问题上轻易妥协，坚持返还四岛；多数国
内民众也出于民族尊严主张强硬的领土政策，不允许"先行返还两岛"。[2]
日本民众对亚洲邻国的负面认知比例极高，安倍要想彻底进行"外交总决
算"，改善与邻国关系，缺乏民众基础。日本在 2018 年进行的对全球其他国
家好感度调查的结果显示：日本民众对俄罗斯有好感的仅为 2.3%，无好感
的为 31.4%；对韩国有好感的为 10.2%，无好感的达到 27%。同时，日本

---

① 山口二郎『危機の日本政治』、岩波書店、1999。
② 陈梦莉、张强：《日本国内关于"北方领土"问题的争论、原因及影响》，《俄罗斯研究》
2017 年第 5 期，第 34 页。

国内右翼势力过分强调自身利益,主张"实力决定论",用简单粗暴的方式解决领土争端。在历史问题上否认日本的侵略罪行,歪曲历史事实。安倍虽然提出意在摆脱战后外交体制的"战后外交总决算"理念,彻底清算与东北亚邻国的战后外交遗留问题,但是其保守主义战略并未发生改变,只是根据自身国家利益而见风使舵。

日本与东北亚邻国的战后外交遗留问题本身具有长期性和复杂性,同时还受美国因素的影响。二战后,日本的外交以日美同盟为基轴,只能在不影响日美关系的前提下有限度地调整其东北亚外交政策。冷战时期,美苏两极对峙,日本成为美国在东亚地区的反共堡垒,唯美国马首是瞻,日本与俄罗斯、朝鲜的关系一直处于僵局,缺乏真正的自主性。冷战后,美国仍不乐见日本与俄罗斯、中国关系有实质性改善。乌克兰危机后的日俄关系正说明了这点,美国控制和影响日本对俄政策,并对日本施加压力,而日本最终采取追随美国的对俄制裁政策,日俄关系无法取得太大的改善空间,双边关系陷入僵局。

(二)与东北亚邻国存在结构性问题

日本在东北亚外交与邻国存在结构性问题,要想摆脱历史包袱还面临诸多难题。首先,日本与东北亚邻国存在的领土争端难以解决。东北亚领土争端是历史遗留问题,与日本二战期间侵略扩张与战后远东秩序安排有关。二战时期签订的《雅尔塔协定》是战后"北方领土"问题形成的直接原因之一,长期以来,日俄对其存在不同的解释。[①] 长期以来,日俄两国围绕领土问题争执不下,双边关系因领土问题陷入僵局。安倍要想进行"战后外交总决算",彻底清算与邻国的战后历史遗留问题,领土争端是其必须首先解决的问题。安倍再次上台执政后将改善日俄关系作为日本外交的重点,提出"以经济合作撬动领土争端"的"新思维",积极开展对俄外交。但日俄在领土问题上的立场和利益诉求各不相同,普京并未同意与安倍进行领土谈

---

① 矢野義昭「日本の領土があぶない」、『ぎょうせい』2013 年第 146 号。

判，两国在领土问题上的分歧难以弥合。日本与中韩两国分别存在的钓鱼岛和竹岛领土问题至今悬而未决，解决这些领土争端面临诸多难题。

其次，安倍对待历史的修正主义态度使其难以与邻国清算历史问题。二战时期，日本对东北亚邻国发动了一系列的侵略战争，带来了严重的灾难。但战后美国出于反苏反共的需要，对日占领方针从"打击"改为"扶植"，对日本战犯实施了一定的包庇政策，在未彻底清算日本侵略历史的情况下便与之实现了关系正常化，使日本国民对侵略战争的历史缺乏彻底认识。长期以来，日本为侵略历史狡辩，引起中韩等东北亚邻国的强烈抵制。因一直不能直面侵略历史，日本与东北亚邻国实现历史和解遥遥无期。安倍上台后继承了其外祖父前首相岸信介的历史观和战争观①，公开否认侵略历史，不断以各种形式参拜靖国神社。安倍缺乏对战争罪行的反思，并未用实际行动赎罪。

长期以来，领土争端和历史问题成为影响东北亚国际关系走向的重要因素，日本也因此陷入孤立地位。领土问题涉及国家主权和领土完整，极易触发民族情绪，因此很难在短时间内达成解决方案。在历史问题上，日本一直否认侵略历史，缺少真诚的道歉和反思。安倍在无法推动领土和历史问题取得进展的情况下，就很难实现与东北亚邻国的战后外交总决算。

（三）缺乏具体实施路径

自2018年9月安倍提出"战后外交总决算"理念以来，每次公开讲话谈及该理念时，安倍都表现出贯彻和实施该理念的目标和决心，但一直未表明实现该理念的路径和方式。在日本国内，处于引领和实施"战后外交总决算"立场的不少外务省官僚对此理念表示困惑，都难以界定外交总决算的具体概念。"战后外交总决算"更多的是作为安倍基于迎战自民党总裁选举"政策招牌"而缺乏现实性。

从2019年安倍发表的施政演说中可以看出，安倍试图以首脑外交促进与东北亚国家关系的改善，但仅仅依靠首脑外交实现双边和多边关系的改善

---

① 安倍晋三「美しい国へ」、『文藝春秋』1986年第28号。

是不可能的。例如，安倍第二次执政后，把改善日俄关系作为外交重点，试图利用外交和经济手段促进领土问题的解决，至 2019 年 1 月与普京会面多达 25 次，是日本战后历任首相中与俄总统会面次数最多、解决"北方领土"问题意愿最强烈的首相。虽然 2018 年 11 月安倍与普京达成以 1956 年《日苏共同宣言》为基础加速和平条约缔结谈判的意愿，但双方在领土问题上的利益诉求各不相同，分歧难以弥合，双边关系难以取得实质进展。事实证明，安倍利用首脑和经济手段解决领土问题的政策只是为了解决领土问题创造条件的权宜之计，不可能带来实质性改变。安倍想实现与东北亚邻国关系的实质性改善，进行"战后外交总决算"需要采取具体可实施的路径。

目前，除了与中国关系重回轨道外，日本与俄罗斯、朝鲜、韩国的关系都未取得实质性进展，对朝政策迟迟未展开，成效难言显著。安倍提出的"战后外交总决算"表面上看似乎理念新颖，实际上是前首相中曾根提出的"政治总决算"在外交方面的延续，都是为了摆脱战后体制，走向政治大国。安倍想实现"战后外交总决算"，不能只流于表面，必须要拿出具体可实施的措施和路径，否则改善与东北亚关系只是空谈。

四　结语

安倍第二次执政后积极推行"远交近攻"的"俯瞰地球仪外交"政策使日本在东北亚地区陷入孤立困境，自 2018 年起安倍加强运筹周边外交，积极改善与中国、俄罗斯等邻国关系，提出"战后外交总决算"理念，力争解决阻碍双边关系发展的"外交悬案"。中日关系已经重回轨道，但实现双边关系行稳致远，需要双方管控分歧，妥善管理敏感问题，加强战略对话与合作。日俄关系虽然达成以 1956 年《日苏共同宣言》为基础加速和平条约谈判的意愿，日方态度积极，但俄方顾虑重重并强调对争议领土的主权，双方分歧严重，双边关系难以取得实质性进展。在朝鲜半岛问题上，随着朝美、朝韩关系出现缓和，日本也在朝鲜半岛上积极采取行动，但是不仅日朝双方没有任何正式的对话渠道，朝鲜绑架人质问题也成为双边关系发展的障碍。安倍想在任期内彻底与东北亚邻国清算历史，改善关系，但面临一系列国内外与结构性问题。虽然安倍在涉及"战后外交总决算"的历次讲话中都表明贯彻该理念的决心，但缺少具体可行性措施和路径，难以获得国内民众支持。

安倍"战后外交总决算"是对前首相中曾根提出的"政治总决算"的继承和发展，都是为了摆脱战后体制，实现政治大国目标。但安倍的实际能力与实现"战后外交总决算"的目标之间存在很大差距，与东北亚邻国存在的领土和历史问题使其很难彻底清算历史。可以预见，在日俄关系上，若日方一味在所谓"北方领土"上制造话题，恐怕就连为在南千岛群岛上开展共同经济活动而进行的日俄磋商也难以持续下去。而日俄在和平条约谈判与处理领土问题的矛盾难以化解的情况下，缔结和平条约仍需时日。在日朝关系上，虽然安倍有意改善双边关系，积极寻求改善双边关系的"切入口"，但面临朝核问题和朝鲜绑架人质问题的巨大障碍，双边关系难以实现正常化。在日中关系上，安倍也需要探索"令和时代"新的发展方向和路径，推动两国务实合作，实现双边关系持续发展。

（原载《日本研究》2019 年第 2 期）

中国社会科学院
日本研究所
INSTITUTE OF JAPANESE
STUDIES,CASS

"登峰战略"系列研究成果

SELECTED PAPERS ON
JAPANESE STUDIES,1981-2020

日本研究文选
（1981~2020） 下 册

杨伯江　主　编

王晓峰　吕耀东　张季风　副主编

社会科学文献出版社
SOCIAL SCIENCES ACADEMIC PRESS (CHINA)

目 录

上 册

政治安全篇

外交关系篇

下 册

经济科技篇

社会文化篇

历史研究篇

经济科技篇

用马克思主义经济理论解析
战后日本经济周期波动

张季风[*]

经济波动既有规律性的波动，也有非规律性的波动，规律性的波动即经济周期。非规律性的波动在很大程度上带有偶然性，而经济周期却带有必然性。经济周期波动是一个既古老又现实的问题，也是研究日本宏观经济绕不开的问题。在日本，经济周期被称为"景气循环"，截至 2018 年 3 月，战后日本经历了完整的 15 次经济周期，处于第 16 次经济周期的扩张期，被称为"安倍经济学景气"。本次扩张期已经超过 60 个月，成为战后日本第二长的经济景气期，但其"无实感"的特征较之战后最长的"小泉景气"更为明显，因此引起经济学界的密切关注，日本经济周期问题也重回人们的视野。可以说，时至今日，经济周期波动仍然是日本经济运行的重要特征。

关于日本经济周期波动问题，中外学者进行过深入的研究，主要是日本学者，代表人物有大川一司、筱原三代平、藤野正三郎、南亮进、星野富一、妹尾芳彦以及狄原伸次郎等。大川一司通过对日本长期统计数据的研究，根据经济增长率的变化规律论证了日本经济周期的存在；南亮进归纳和总结了前人的研究成果和数据，对 1975 年以前的日本经济周期进行了更为详细的划分和分析。[①] 筱原三代平等阐述了日本历次经济周期的发展变化，

---

[*] 张季风，中国社会科学院日本研究所研究员，研究方向为日本宏观经济分析、中日经济关系、日本国土综合开发。

[①] 南亮进『日本の経済発展』、東洋経済新報社、1981。

进而归纳出日本经济发展的特点。① 星野富一基于传统的经济周期波动理论，对 20 世纪 80 年代以来的日本经济周期波动进行了全面分析，并将日本经济发展的新特征融入经济周期波动研究之中。② 妹尾芳彦从经济周期学说史和国际比较的视角，对日本经济周期进行了深入分析。③ 狄原伸次郎运用马克思主义经济危机理论，对日本当代经济危机进行了分析。④

中国也有许多学者对日本经济周期波动问题进行了深入研究，代表性学者有车维汉、江瑞平、张兵、崔岩等。车维汉从日本经济发展史的角度切入，对日本经济周期波动的历史前提、战前日本经济周期和战后日本经济周期进行了综合研究。⑤ 江瑞平以马克思的资本主义社会再生产周期理论为基础，从设备投资的角度分析了日本经济周期变化的原因，还从国内层面的经济体制、经济结构以及国际层面的经济摩擦、美国压制、自然灾害等非周期因素等视角对经济周期的影响做了综合分析。⑥ 张兵利用交叉谱分析方法，对导致日本经济周期波动的因素进行了实证分析。⑦ 崔岩利用大量的经济数据，对平成时期日本经济周期波动的特点进行了综合分析。⑧

从上述学者的研究可以看出，目前国内外有关日本经济周期的研究取得了丰硕成果，但大多利用西方经济学的理论进行研究，而利用马克思主义经济理论对日本经济周期进行研究的成果较少，且多出现在 20 世纪 90 年代。有鉴于此，在新时代运用马克思主义关于经济危机周期的理论对战后日本经济周期波动进行深入分析研究，更具重要的理论价值和现实意义。本文在对马克思主义经济危机周期理论进行梳理的基础上，尝试以之分析日本经济周

---

① 篠原三代平『戦後 50 年の景気循環』、日本経済新聞社、1994。
② 星野富一『現代日本の景気循環と経済危機』、お茶の水書房、2014。
③ 妹尾芳彦『景気変動論』、新評論、2016。
④ 萩原伸次郎「現代経済危機を解き明かす『資本論』」、『経済』2017 年 5 号、新日本出版社。
⑤ 参见车维汉《日本经济周期研究》，辽宁大学出版社，1998。
⑥ 参见江瑞平《论 70 年代中期以后日本经济周期波动弱化的物质基础》，《日本学刊》1991 年第 2 期；《90 年代日本经济周期演进的新态势》，《现代日本经济》1998 年第 4 期。
⑦ 参见张兵《日本经济周期波动影响因素的交叉谱分析》，《现代日本经济》2012 年第 6 期。
⑧ 参见崔岩《日本平成时期经济增长与周期波动研究》，社会科学文献出版社，2016。

期的演进及其特点、影响因素，并对所谓的"安倍经济学景气"做一简略
讨论，以期为判断日本经济长期走势以及为中国制定经济周期调控政策提供
参考和借鉴。

一 马克思的资本主义经济危机周期理论概述

马克思认为，资本主义经济危机是资本主义制度与生俱来的一种现象，
是资本主义无法治愈的痼疾，这是"政治经济学"中极为常见的表述。然
而，近年来，针对"到底存不存在马克思经济危机理论"的问题，学术界
却出现了很大争论。一些学者认为，马克思并没有提出一个系统的危机理
论，马克思所完成的只是一般层次上的危机理论表述，并没有来得及按他设
想的那样完成完整的危机理论。① 但是，更多的学者认为，马克思关于经济
危机的论述，虽然散见于不同的著作中，但将这些论述片段组合起来，可以
构成马克思科学的完善的经济危机理论。日本的一些学者也认为，马克思关
于经济危机的观点论述并没有体系化、理论化，特别是关于经济周期波动的
系统理论并没有留下来，但是在马克思的著作中清晰地反映出关于资本主义
危机的理论。②

马克思的经济危机理论不仅包括对资本主义经济危机形成的原因、表
现、结果及趋势的阐述，而且包括对经济危机形成的可能性、现实条件、周
期性的实质和意义的分析，还包括对当时流行的各种错误的经济危机理论进
行的批判。③ 这些论述散见于《共产党宣言》《资本论》《剩余价值理论》
以及有关信件中，只要对各个重要的论点和思想加以综合，马克思主义经济
危机理论的系统性和完整性就能表现出来。④ 其实，早在 19 世纪 40 年代，

---

① 参见刘明远《"六册结构"视野中的马克思经济危机理论》，《政治经济学评论》2015 年第
2 期。
② 大野忠男『経済学史』、岩波书店、1988、160 頁。
③ 参见王志伟《马克思经济危机理论的有效性》，《贵州社会科学》2013 年第 2 期。
④ 参见田曦《马克思经济危机理论研究综述》，《理论界》2017 年第 8 期。

马克思便开始考察资本主义周期性生产过剩导致经济危机的现象。《资本论》的问世，标志着马克思主义经济危机理论的完成，其成为研究经济危机问题的理论基石，也为我们研究日本经济周期波动提供了最好的理论武器。

（一）经济危机的根源和实质

马克思和恩格斯早在 1848 年发表的《共产党宣言》中就曾对资本主义危机理论做过深刻的阐述："资产阶级的生产关系和交换关系，资产阶级的所有制关系，这个曾经仿佛用法术创造了如此庞大的生产资料和交换手段的现代资产阶级社会，现在象一个巫师那样不能再支配自己用符咒呼唤出来的魔鬼了。几十年来的工业和商业的历史，只不过是现代生产力反抗现代生产关系、反抗作为资产阶级及其统治的存在条件的所有制关系的历史。要证明这一点，只要指出在周期性的循环中愈来愈危及整个资产阶级社会生存的商业危机就够了。在商业危机期间，总是不仅有很大一部分制成的产品被毁灭掉，而且有很大一部分已经造成的生产力被毁灭掉。在危机期间，发生一种在过去一切时代看来都好像是荒唐现象的社会瘟疫，即生产过剩的瘟疫。社会突然发现自己回到了一时的野蛮状态；仿佛是一次饥荒、一场普遍的毁灭性战争，吞噬了社会的全部生活资料；仿佛是工业和商业全被毁灭了，——这是什么缘故呢？因为社会上文明过度，生活资料太多，工业和商业太发达。社会所拥有的生产力已经不能再促进资产阶级文明和资产阶级所有制关系的发展；相反，生产力已经强大到这种关系所不能适应的地步，它已经受到这种关系的阻碍；而它一着手克服这种障碍，就使整个资产阶级社会陷入混乱，就使资产阶级所有制的存在受到威胁。资产阶级的关系已经太狭窄了，再容纳不了它本身所造成的财富了。——资产阶级用什么办法来克服这种危机呢？一方面不得不消灭大量生产力，另一方面夺取新的市场，更加彻底地利用旧的市场。这究竟是怎样的一种办法呢？这不过是资产阶级准备更全面更猛烈的危机的办法，不过是使防止危机的手段愈来愈少的办法。"①

---

① 《共产党宣言》，人民出版社，1964，第 27～28 页。

由此可见，马克思不仅发现了资本主义经济危机现象的存在，而且深刻分析了其根源所在。马克思认为，资本主义经济危机的根源在于资本主义生产方式的基本矛盾，即生产社会化和资本主义私人占有之间的矛盾。资本主义基本矛盾，是导致危机的最深刻却又最隐秘的原因。生产的社会化要求生产资料归社会占有，使整个社会的生产服从于整个社会的需要，而资本主义的私有制使社会生产服从于资本家追求剩余价值的狭隘利益。① 在此基础上，马克思认为，导致这种经济危机呈现周期性特征的一个重要因素就是"产业后备军"的存在。所谓产业后备军，是指失业者乃至隐蔽失业者的蓄水池，资本积累的进展使资本有机构成高度化，带来了与不变资本（机械资本）相比可变资本（工资资本）相对减少这一后果，而机械代替劳动造成劳动力需求减少，由此使失业者即产业后备军增加。马克思认为，产业后备军的扩大化是资本积累的"绝对的一般性的规律"。由于永久性的产业后备军存在，工资上涨受阻，工人难免陷入"贫穷、劳苦、被奴役、无知、野生化以及精神上的堕落"状态。从马克思的著述中可以清晰地反映出经济危机周期的全过程："经济繁荣→资本投入增加→劳动需求增加→产业后备军减少、枯竭→工资上涨→因劳动力枯竭，景气反转，或因工资上涨、利润减少，资本积累停滞→总需求减少，发生危机→萧条→产业后备军增加、工资降低→为下一次景气上升做准备。"②

简言之，在资本积累过程中，资本有机构成不断提高，工人不断受到机器的排挤，造成大量的相对过剩人口，使无产阶级的贫困加剧，支付能力进一步受限。这样，资本主义基本矛盾使资本主义生产无限扩大同广大劳动群众有支付能力的消费需求水平有限之间的矛盾更加尖锐，生产过剩危机就是这种矛盾的猛烈破坏性的表现。马克思重点指出："一切真正的危机的最根本的原因，总不外乎群众的贫困和他们的有限的消费，资本主义生产却不顾这种情况而力图发展生产力，好象只有社会的绝对的消费能力才是生产力发

---

① 周敏：《马克思经济危机理论简述》，《经济师》2011年第4期，http://bbs.jjxj.org/thread-1080676-1-1.html。

② 妹尾芳彦『景気変動論』、新評論、2016、55~56頁。

展的界限。"①

可见，资本主义的基本矛盾还表现为资本主义生产无限扩大的趋势和市场相对狭小之间的矛盾。"资本主义生产竭力追求的只是攫取尽可能多的剩余劳动，就是靠一定的资本物化尽可能多的直接劳动时间，其方法或是延长劳动时间，或是缩短必要劳动时间，发展劳动生产力，采用协作、分工、机器等，总之进行大规模生产即大量生产。因此，在资本主义生产的本质中就包含着不顾市场的限制而生产。"不断扩大的生产需要一个不断扩大的市场，生产比市场扩大得快，必然会出现产品相对过剩，进而导致危机。"市场比生产扩大得慢；换句话说，在资本进行再生产时所经历的周期中，——在这个周期中，资本不是简单地以原来的规模把自己再生产出来，而是以扩大了的规模把自己再生产出来，不是画一个圆圈，而是画一个螺旋形，——会出现市场对于生产显得过于狭窄的时刻。"商品充斥市场，生产过剩变得明显。市场和生产是两个彼此独立的因素，市场扩大的速度跟不上生产扩张的速度，"新的市场——市场的不断扩大——可能很快被生产超过，因而扩大了的市场现在表现为一个界限，正如原来比较狭窄的市场曾经表现为一个界限一样"。② 一个扩大同另一个扩大就可能不适应，市场的狭小束缚和制约了资本主义生产能力的增长，两者的矛盾不断积累，直到爆发危机。

概言之，资本主义生产力发展的社会化，受到生产资料私有制的限制，导致资本主义生产能力过剩，而这又与社会民众由可支配收入不足导致的有限消费形成矛盾，两组矛盾不断积累并日益激化，最终导致经济危机的爆发。这就是资本主义经济危机的根源。

（二）经济危机的周期性

资本主义并不是每时每刻都处在经济危机之中，而是每隔若干年爆发一次危机，具有一定的周期性。经济危机是在生产迅速扩大和有支付能力的消

---

① 《马克思恩格斯全集》（第 25 卷），人民出版社，1974，第 548 页。
② 《马克思恩格斯全集》（第 26 卷）（第 2 册），人民出版社，1973，第 596、599 页。

费需求相对狭小的矛盾发展到极其尖锐的程度，使社会资本再生产的实现条件遭到严重破坏的情况下爆发的。危机毁掉了已经生产出来的大量商品，破坏了生产力，强迫生产力倒退，去适应相对狭小的支付能力，从而使社会资本再生产的实现条件暂时得到恢复。日本在 20 世纪 30 年代初发生的"昭和大萧条"就是典型例证。然而，危机的爆发只是使资本主义基本矛盾得到了暂时的、强制性的解决，资本主义的基本矛盾并没有被消除。随着危机过后资本主义经济的恢复和发展，新的冲突又会产生，进而使资本主义经济陷入新的危机之中。这样就使资本主义生产具有了周期性。一个经济周期中包括经济扩张期和经济衰退期两个阶段，从衰退期的危机阶段开始①，经过萧条期，再进入经济复苏、高涨，直至爆发危机，进入新的周期（见图 1）。

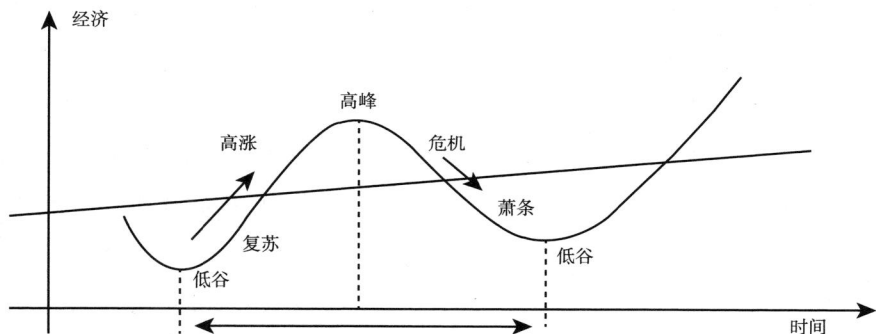

图 1　经济周期示意

其中，危机是周期的决定性阶段。危机爆发后，经过一段时间的停滞，由于资本家销毁存货、关闭企业、缩减生产，市场上的剩余商品大量减少，商品供应超过消费需求的状况渐渐有所改善。马克思指出，"从 1873 年（九月恐慌）到 1878 年这一时期，即持续危机的时期"，"在英国的危机发生以前，在美国、南美洲、德国和奥地利等地就出现这样严重的、几乎持续

---

① 战后日本经济周期的起点与早期的经济周期有所不同，按照日本内阁府的规定，应从衰退期的谷底算起。

五年之久的危机，还是从来没有过的事。"① 这样，危机阶段就过渡到萧条阶段。

在萧条阶段，虽然生产不再继续下降，企业不再大批倒闭，失业人数也不再增加，商品价格暂停下跌，但商品销售仍然困难，对货币资本的需求减少，融资关系停滞，整个经济处于萧条停滞状态。为了摆脱困境，资本家继续销毁或者廉价拍卖积存的商品。持续一段时间后，过剩商品的库存减少，市场销售有所好转。资本家为了提高自身的竞争能力，千方百计降低成本，削减工人工资，并开始更新机械设备，以促进企业劳动生产率提高。固定资本的更新，将增加对生产资料的需求，并推动生产资料部门和消费资料部门的生产陆续恢复和发展。随着整个社会生产的逐步扩大，就业工人数量不断增加，商业市场和资本市场也逐渐活跃。这样，经济就从萧条阶段逐渐转入复苏阶段。

在复苏阶段，由于市场的扩大，物价开始上涨，利润逐渐增加，这进一步刺激资本家增加投资、扩大生产。当社会生产和流通复苏赶上并超过危机前的最高点时，经济便从复苏阶段进入高涨阶段。经济高涨阶段，市场繁荣，生产急剧上升，工人就业充分，工资水平有所提高；市场兴旺，商品价格上涨，利润丰厚，商人大批买进商品，银行贷款十分活跃，整个资本主义社会的经济发展呈现一片繁荣景象。

但是，资本主义经济的繁荣是暂时的。生产的迅速发展，很快又超过缓慢发展起来的劳动群众有支付能力的消费需求。于是，又引起新的危机爆发，资本主义经济进入下一个周期。对此，恩格斯曾这样形容："运动逐渐加快，慢步转成快步，工业快步转成跑步，跑步又转成工业、商业、信用和投机事业的真正障碍赛马中的狂奔，最后，经过几次拼命的跳跃重新陷入崩溃的深渊。如此反复而已。"②

事实上，经济危机是在 18 世纪周期循环的后半期开始出现的。早期的

---

① 《马克思恩格斯全集》（第 34 卷），人民出版社，1972，第 333、345 页。
② 《马克思恩格斯全集》（第 19 卷），人民出版社，1963，第 237 页。

经济危机，只是局部性的。到了19世纪初，1825年在英国爆发了资本主义历史上第一次普遍性的生产过剩危机。就如马克思所言："资本主义大工业只是从1825年的危机才开始它的现代生活的周期循环。"① 而且，危机的间隔时间并不是固定不变的。自1815年至1847年，大约每五年一个周期。1847年危机是一个转折点。恩格斯指出："十年一个周期，大致只是从1847年才明显地表现出来（由于加利福尼亚和澳大利亚的黄金开采，世界市场终于形成）。"② 从1847年到1867年，每十年一个周期。1867年危机爆发后，自由资本主义向垄断资本主义过渡，危机变得更加深刻和旷日持久，由危机和萧条向复苏和繁荣的过渡更加困难。马克思和恩格斯提出资本主义经济危机大体十年发生一次的周期性论断，其根据为：一是源自对1847年以后资本主义经济发展史的经验总结；二是从马克思十分重视资本积累的角度可以推断，当时马克思很可能已经发现了设备投资循环周期，因为马克思与朱格拉（C. Juglar）是同时代人，不能排除马克思先于朱格拉发现以十年左右时间为一个周期的"设备投资周期"的可能性。③

马克思指出，固定资本更新是危机具有周期性的物质基础。固定资本的大规模更新，首先为企业暂时摆脱危机、促进复苏和高涨阶段的到来准备了物质条件。危机是大规模新投资的起点，在危机过后的复苏阶段，资本家为了摆脱困境会大规模注资，进行固定资本的更新。这首先引起对机器设备等生产资料的新的需求，促使生产资料的生产部门逐步得到恢复和发展。生产资料生产部门的恢复和发展，带动大批失业工人的就业，也带动对消费资料的需求，从而推动消费资料生产部门的恢复和发展。这样，固定资本更新带动整个资本主义经济的恢复和发展，资本主义经济由萧条过渡到复苏甚至高涨。但是，固定资本的大规模更新又为下次危机的到来创造了物质前提。因为固定资本的大规模更新，将推动资本主义生产的快速增长，社会生产的快速增长远远超过广大劳动人民的购买力，这一矛盾激化到一定程度，新的经

---

① 《马克思恩格斯全集》（第23卷），人民出版社，1972，第16页。
② 《马克思恩格斯全集》（第36卷），人民出版社，1975，第26页。
③ 妹尾芳彦『景気変動論』、新評論、2016、55～56頁。

济危机就会爆发。"这种由若干互相联系的周转组成的包括若干年的周期……为周期性的危机造成了物质基础。……危机总是大规模新投资的起点。因此，就整个社会考察，危机又或多或少地是下一个周转周期的新的物质基础。"[①]

综上，马克思通过对资本主义生产、流通、消费、分配过程的分析，揭示了资本主义周期性经济危机的根源在于资本主义基本矛盾。这一理论对于分析战后日本出现的 16 次经济周期波动特别是泡沫经济崩溃后陷入 20 多年的长期慢性衰退也具有指导意义。

二　战后日本经济周期的测度与演进轨迹

与欧美等发达资本主义国家一样，日本也存在经济周期波动。二战前日本曾出现过多次经济危机，战后也屡屡出现经济周期波动。既然存在经济周期波动，那么测度经济周期就显得十分重要。二战前，对日本经济周期的检测，仅限于个别学者的计算和研究，由于统计数据不全以及计算工具等的局限性，其研究结论或成果自然会存在这样或那样的不足甚至缺陷。战后日本通过借鉴美国的经验并进行长期的摸索与研究，形成了自身的经济周期测度体系，并用以随时监测宏观经济运行状况和周期波动情况。

（一）日本经济周期的测度体系

一般来说，对经济周期波动的判断，以宏观经济形势的变化为依据，因此自然要使用能够体现宏观经济状况的经济指标来分析经济周期的阶段或状况。但是，经济周期作为宏观经济状况综合变化的代表，又有别于宏观经济单一侧面状况的变化，是对宏观经济的综合分析。在日本，对经济周期的测度，一是使用国民生产总值（GNP）增长率或者国内生产总值（GDP）增长率这样的宏观经济指标；二是选择一系列经济指标加以综合，

---

① 《马克思恩格斯全集》（第 24 卷），人民出版社，1972，第 207 页。

制成各种类型的反映经济周期波动的动向指数，用于分析经济周期及经济形势。[①]

大致在 1970 年之前日本使用 GNP 增长率来测度经济周期的变化，此后开始使用国际通行的 GDP 增长率这一宏观经济指标。使用 GDP 增长率来测度经济周期的波动，最为直观，也非常简便。从日本 GDP 增长率变化的曲线图可以看出，战后日本经历了高速增长、稳定增长以及超低速增长等三个大的阶段，战后日本经济增长具有一定周期性的事实一目了然。

除了 GDP 外，日本内阁府还长期使用可定性测度经济周期的 DI 指数（Diffusion Index），2008 年以后主要采用可定量测度经济周期的 CI 指数（Composite Index）。DI 指数和 CI 指数都有先行系列、一致系列和滞后系列，其中一致系列反映的是景气现状。

DI 指数是最为传统的经济周期分析指数，其原理是根据经济周期的扩散性，利用经济指标变化的比率对经济景气变化进行概率性分析，并对经济走势进行综合判断。该指数体系是日本经济企划厅于 1960 年 8 月利用美国的研究成果开发出来的，当时共采用了 20 种景气指标。此后，分别于 1965 年 2 月、1966 年 3 月、1968 年 6 月、1979 年 5 月、1983 年 8 月、1987 年 7 月进行了六次修改。也就是说，在高速增长、日元升值、两次石油危机等不同时期，经济周期的测度指标均有若干不同。第七次修改后，指标总数达到 30 种。2004 年进行了第九次修改，2011 年 12 月进行第十次修改，总指标数减为 28 种（见表 1）。

在实际操作中，选择具有代表性的经济指标系列，"改善"（或上升）的经济指标数量与指标总数之比就构成了 DI 指数。具体计算公式为：

$$DI = 改善的（或上升的）经济指标数量指数总数 \times 100\%$$

当 DI 指数超过 50% 时，被称为景气"扩张局面"，低于 50% 时则被称为"衰退局面"，50% 是景气与否的"拐点"。

[①] 参见白晞《日本经济周期的测度体系与周期波动的历史特征——兼对星野富一、崔岩有关研究成果的比较分析》，《日本研究》2017 年第 3 期。

表 1　景气动向指数的采用系列

	系列名	经济分类	制作机构
先行系列	1.最终需求品库存率指数	库存	经济产业省
	2.工矿业产品库存率指数	库存	经济产业省
	3.新增招聘人数（不包括毕业生）	就业	厚生劳动省
	4.实际机械订货（除船舶、电力外的民需）	设备投资	内阁府
	5.新建住宅开工面积	住宅投资	国土交通省
	6.消费者态度指数	消费	内阁府
	7.日经商品指数（42 种综合）	物价	日本经济新闻社
	8.长短期利率差	金融	全国银行协会
	9.东证股价指数	金融	东京证券交易所
	10.投资环境指数（制造业）	设备投资	财务省等
	11.中小企业销售额预测（全产业）	中小企业	日本政策金融公库
一致系列	1.生产指数（工矿业）	生产	经济产业省
	2.工矿业产品出厂指数	生产	经济产业省
	3.大用户电力使用量	生产	电力事业联合会
	4.耐用消费品出厂指数	生产	经济产业省
	5.规定外劳动时间指数（被调查产业合计）	生产	厚生劳动省
	6.投资品出厂指数（运输机械除外）	生产	经济产业省
	7.商业销售额（零售）	消费	经济产业省
	8.商业销售额（批发）	消费	经济产业省
	9.经营收益（全产业）	企业经营	财务省
	10.中小企业出厂指数（制造业）	中小企业	中企业厅
	11.有效求人倍率（毕业生除外）	就业	厚生劳动省
滞后系列	1.第三次产业活动指数（生产服务业）	生产	经济产业省
	2.常用雇佣指数（被调查产业合计）	就业	厚生劳动省
	3.实际法人企业设备投资（全产业）	设备投资	财务省
	4.家庭消费支出（全国职工家庭，名义值）	消费	内阁府
	5.企业所得税收入	企业经营	财务省
	6.完全失业率	就业	厚生劳动省

资料来源：三橋規宏·内田茂男·池田吉紀『新·日本経済入門』、日本経済新聞社、2015、98 ~ 99 页。

CI 指数与 DI 指数有所不同，是一个量化指标。DI 指数是与三个月前的数据进行比较得到的，而 CI 指数反映的是与一个月前的数据进行比较的变化率，在先行、一致和滞后等各系列的构成指标中求出前一个月的平均变化率，因而具有量化的功能。CI 指数是依据统计学原理合成的统计值，勾画出曲线时可看出景气的强弱和速度，所以 CI 指数自身的高值和低值就代表了经济周期的基本变化，与平板的 DI 指数相比更能反映出"景气的数量感"。CI 指数由于具有这种良好的特性，早已经成为国际通用的经济景气动向指标，日本也从 2008 年 4 月开始使用 CI 指数作为景气动向指数。

关于日本经济周期的起始时间、谷底与高峰时点、扩张局面与衰退局面的持续时间等，由日本内阁府（原来由经济企划厅）专家组，根据周期测度体系中各种指标的变化进行周密计算，并做出综合判断。当然，仅仅依靠 DI 指数或 CI 指数的动向来判断经济周期的高峰和谷底是十分困难的，常常会出现这样的情况，即眼看就要接近景气的拐点，但第二个月又出现反向变化。因此，在这一过程中还需要密切关注 GDP 等其他景气关联指数，进行综合分析并做出最后判断。而且，经过一段时间后，根据数据的变化，还有可能对已经做出的关于谷底与高峰时点的判断进行修正或调整。战后经济周期的起止点，由日本内阁府（经济企划厅）负责认定并命名。根据日本官方的测定，战后日本共出现 16 个经济周期，每个周期长短不一，演进轨迹也各具特色。

（二）战后日本经济周期的演进轨迹

1. 第一次经济周期（？~1951年10月）

二战后初期，日本出现了严重的通货膨胀，从 1949 年开始实施超紧缩的"道奇路线"，使通胀得到遏制，但经济迅速变冷，战后日本的第一次经济周期大体就从这时开始出现。由于当时的统计制度不完善，数据不全，这次经济周期的具体起始时间不详。1950 年 6 月朝鲜战争爆发，成为日本摆脱紧缩危机的"天赐良机"，因此这次周期出现的经济景气被命名为"朝鲜战争景气"。

2. 第二次经济周期（1951年10月至1954年11月）

"朝鲜战争景气"结束后，日本出现了战后第一次投资和消费热潮。特别是纸浆消费空前增长，百货店销售额急剧上升，游戏厅座无虚席，因此这次景气被称为"投资和消费景气"。民间设备投资十分旺盛，1952 年设备投资实际增长率达 14%，1953 年更高达 21%，投资的重点是电力、海运、钢铁和煤炭等产业，即所谓的"四大天王"产业。1954 年景气开始收缩，衰退持续十个月，这次周期被称为"昭和 29 年萧条"。

3. 第三次经济周期（1954年11月至1958年6月）

1955 年是日本经济进入高速增长的第一年，推动经济增长的引擎是出口规模的扩大，起初表现为"出口繁荣"，之后逐渐演变为"投资繁荣"，1956 年度民间设备投资的名义增长率竟高达 60%。这段繁荣期在日本经济发展史上被称为"神武景气"，意为自神武天皇开国以来出现的最好经济形势。这次景气在 1957 年 6 月达到高峰后不久转入衰退，设备投资过剩问题突出，经济旋即陷入"锅底萧条"局面。

4. 第四次经济周期（1958年6月至1962年10月）

1958 年，日本政府出台一系列刺激政策，使经济很快摆脱萧条，走向新的高涨期，出现了所谓的"岩户景气"，意为开天辟地的繁荣。1960 年发布的《国民收入倍增计划》是这一时期的重大事件，该计划提出了十年后国民收入增加一倍的目标。由于收入的增加，居民消费支出迅速增加。为了满足市场需求，企业只能进一步增加设备投资，扩大生产，使就业迅速增加，日本经济开始进入劳动力不足的时代。这次周期从 1961 年 12 月进入衰退，持续 10 个月，被称为"昭和 37 年萧条"。

5. 第五次经济周期（1962年10月至1965年10月）

1962 年，国际收支状况得到改善后，日本政府再次实施宽松货币政策，扩大财政支出。这一时期正值 1964 年东京奥运会前夕，由于奥运场馆建设、社会基础设施建设等需求大增，全国大兴土木，为此，政府不断扩大公共事业投资以满足需要，出现了"奥运景气"。但从 1963 年下半年开始，再次出现国际收支恶化的局面，尤其是东京奥运会结束后，大型土木建设项目骤减，国内需求急剧降温，日本经济表现出明显的"后奥运萧条"，到 1965 年终于出现了战后较为严重的危机，这次周期被称为"昭和 40 年萧条"。

6. 第六次经济周期（1965年10月至1971年12月）

摆脱"昭和 40 年萧条"之后，日本很快就迎来战后最长的经济繁荣期，从 1965 年 11 月至 1970 年 7 月，年均经济增长率达 11.8%，日本将这一阶段的经济繁荣称为"伊弉诺景气"。① 这一时期可谓日本经济的黄金时代，1967 年 GNP 超过英国、法国，1968 年超过联邦德国，日本成为仅次于美国的资本主义世界第二大经济体。此后日本在实行扩张型经济政策时，再未受到国际收支的约束，这种变化对日本经济来说具有划时代意义。但是，这次周期在 1970 年 7 月进入衰退局面，一直持续到 1971 年底，史称"尼克松衰退"。

7. 第七次经济周期（1971年12月至1975年3月）

1972 年 7 月田中角荣组阁，他上台伊始便提出"列岛改造计划"，刺激经济回暖。因此，本次景气被称为"列岛改造景气"。但是，1973 年第一次石油危机爆发，国际原油价格急剧上升，日本国内出现物价暴涨和物资不足的严重问题。在"狂乱物价"的冲击下，"列岛改造热"骤然降温，1973 年 11 月日本经济进入衰退期，持续 16 个月之久，这次周期被称为"第一次石油危机衰退"。

8. 第八次经济周期（1975年3月至1977年10月）

由于政府不断推出刺激经济回升政策，1975 年 3 月以后日本经济开始回升，但总体增长乏力，因此被称为"稳定增长景气"。之后从 1977 年 1 月至 10 月日本经济处于衰退阶段，因时间比较短而且冲击力较小，这次周期被称为"微小萧条"。

9. 第九次经济周期（1977年10月至1983年2月）

在本次周期中，扩张期的公共投资效果比较明显，因而被称为"公共投资景气"。但是，在 1980 年 2 月景气达到高峰后，库存过剩问题越来越严重，而政府又不断削减财政支出，致使衰退期拖长至 36 个月，超过了扩张

---

① 这次景气的时间之长、规模之大，均超过此前的"神武景气"和"岩户景气"，故以天照大神的父神伊弉诺尊之名命名。

期，这次周期被称为"第二次石油危机衰退"。

10. 第十次经济周期（1983年2月至1986年11月）

"第二次石油危机衰退"以后，日本经济在 1984 年终于迎来了繁荣期，高技术对经济的刺激作用明显，因此被称为"高技术景气"。在这期间，由于"倾盆暴雨式"地对美出口，日美之间的贸易摩擦日益激烈，为了缓和对美关系，日本只能主动削减出口，"高技术景气"也随之消失，1985 年 6月日本经济步入衰退阶段。此时正值"广场协议"签订，日元急剧升值，因此被称为"日元升值萧条"。

11. 第11次经济周期（1986年11月至1993年10月）

本次经济周期正值泡沫经济时期，在股票和房地产等资产价格异常升值的拉动下，宏观经济进入严重过热状态，日本经济出现了战后空前的"泡沫景气"。由于本次景气出现在昭和时代与平成时代交替之际，因此又被称为"平成景气"。1991 年 2 月泡沫被刺破，"平成景气"宣告结束，日本经济迅速转冷，这次萧条被称为"第一次平成萧条"。在本次周期内，经济发展大起大落，成为日本经济由盛而衰的转折点，自此日本经济陷入长期慢性衰退的泥沼。

12. 第12次经济周期（1993年10月至1999年1月）

1995 年和 1996 年，在阪神大地震后的抗震救灾刺激下，日本经济有所回升，扩张期的持续时长与前几次景气不相上下，但是经济增长率明显下降，景气峰值不高，因此被称为"微小景气"。之后，由于桥本内阁误判形势，采取了提高消费税税率和财政紧缩政策，1997～1998 年山一证券、北海道拓殖银行、长期信用银行等大型金融机构相继倒闭，日本出现了战后最严重的金融危机和经济下滑，这次周期被称为"第二次平成萧条"。

13. 第13次经济周期（1999年1月至2002年1月）

为了摆脱金融危机，日本政府出台了两次较大规模的景气对策。加之进入 2000 年，计算机的制式转换产生了很大的信息技术需求，刺激了经济复苏，因此这次景气被称为"IT 景气"。但是随着 2000 年秋季转换工程的完成，本轮景气也告结束，经济再次跌入衰退，这次周期被称为"第三次平成萧条"。

14. 第14次经济周期（2002年1月至2009年3月）

小泉纯一郎首相上台后，将处理金融机构的不良债权放在首位，并且大力推进经济结构改革，最典型的事例就是邮政民营化改革。改革初显成效，日本经济很快出现景气，扩张期长达73个月，远远超过"伊弉诺景气"（57个月），成为战后持续时间最长的景气。由于这一时期正值小泉内阁执政，因此被称为"小泉景气"。不过，由于这次景气扩张期的年均经济增长率仅为2%，根本无法与"伊弉诺景气"时期相比，因此尽管持续时间长，但也仅仅是一次"无实感"的景气。[①] 2008年3月，在国际金融危机的影响下，日本经济迅速衰退，这次周期被称为"国际金融危机衰退"。

15. 第15次经济周期（2009年3月至2012年11月）

在本次经济周期中，由于国际金融危机、东日本大地震和欧债危机的叠加影响，日本经济波动很大。2009年6月日本政府宣布"经济触底"。2011年3月发生东日本大地震，为了抗震救灾，政府投入大量救灾资金和社会基础设施建设资金刺激经济复苏，因此这次景气被称为"东日本大地震复兴景气"。2012年4月开始进入衰退期，因为受欧债危机的影响较大，故这次周期被称为"欧债危机萧条"。

16. 第16次经济周期（2012年11月至今）

本次经济周期始于民主党和自民党政权交替的2012年11月，到2018年3月扩张期已超过60多个月，目前增长之势依然持续。由于这次景气与"安倍经济学"的出台和实施时间相重合，因此被称为"安倍经济学景气"。本次景气虽然持续时间长，但年均经济增长率比"小泉景气"时期还低，"无实感"的特征更为突出。

从上述演进轨迹可以看出，战后日本经济的确存在周期性波动，符合马克思主义经济理论中的相关论断。下文将利用马克思主义经济理论，进一步分析战后日本经济周期波动的基本特点及原因。

---

① 参见车维汉《当前日本景气恢复的特点及其成因——与"伊弉诺"景气的比较分析》，《现代日本经济》2008年第1期。

三　战后日本经济周期波动的基本特点

与战前相比，战后日本经济周期波动出现了一些新的特点，而且每个周期中的扩张和衰退都表现出各自不同的特征。因篇幅有限，本文只讨论战后日本经历的 16 次经济周期的基本特点。

（一）与战前相比，战后经济周期明显缩短，扩张期长于衰退期

诸多经济理论和经济实践都已表明，无论是何种类型的经济周期都是大略的概数，战后日本的经济周期也是如此。关于战前日本经济周期的研究有很多成果，周期划分方式也多种多样，但以十年一个周期的划分为主流。现有的研究成果表明，战前日本共发生了五次经济危机，分别在 1890 年、1900 年、1907 年、1920 年和 1930 年，平均相隔九年左右发生一次。[①] 另外，因为二战前机械设备的平均寿命约为十年，每一次新的设备投资都会带来新一轮的经济繁荣。日本学者田原昭四利用长期数据，通过对投资率（设备投资占 GDP 的比例）数据变化规律的研究，也证明了战前日本经济存在十年一个周期的现象。[②]

但是，如图 2 所示，战后以来，日本的经济周期出现了明显缩短的现象。在战后日本出现的 16 次经济周期中，第 1 次周期起始时间不详，第 16 次周期处于进行时，因此只能计算第 2 次至第 15 次的 14 个完整周期。

在这 14 个完整周期中，扩张期最长的是第 14 次周期中的"小泉景气"，持续时间长达 73 个月，即六年零一个月；扩张期最短的是第 8 次周期的"稳定增长景气"和第 13 次周期的"IT 景气"，均为 22 个月，不足两年。14 个周期的平均扩张期时长为 36.3 个月，即约三年时间。另外，衰退

---

① 参见车维汉《战后日本经济周期变形的原因》，《世界经济》1999 年第 3 期。
② 田原昭四『景気変動と日本経済』、東洋経済新報社、1983、40 頁。

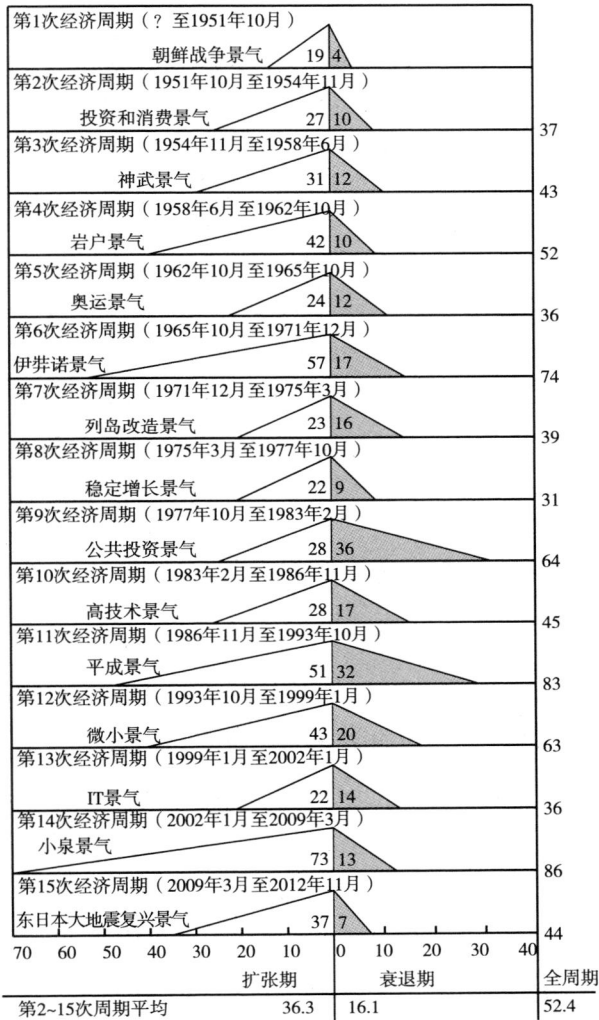

图2　第1～15次经济周期的扩张期、衰退期及全周期情况

注：图中数据单位为个月。

资料来源：三橋規宏・内田茂男・池田吉紀『新・日本経済入門』、日本経済新聞社、2015、74頁。

期最长的是第9次周期的"第二次石油危机衰退"，时长为36个月，即三年；衰退期最短的是第15次周期的"欧债危机衰退"，仅为7个月。14个周期的平均衰退期时长为16.1个月，即一年零四个月。除第9次经济周期

377

的衰退期长于扩张期外，其余周期的扩张期都长于衰退期。

在这 14 个周期中，全周期持续时间最长的是第 14 次周期，总时长为 86 个月，即七年零两个月。全周期最短的为第 8 次周期，持续 31 个月，即两年零七个月。全周期的平均时长为 52.3 个月，即四年零四个月，还不足战前的一半。

战后资本主义经济周期缩短，不仅出现在日本，而且欧美多数国家出现了不同程度的经济周期缩短的现象。事实上，早在 100 多年前马克思就指出：“直到现在，这种周期的延续时间是十年或十一年，但绝不应该把这个数字看作是固定不变的。相反，根据我们以上阐述的资本主义生产的各个规律，必须得出这样的结论：这个数字是可变的，而且周期的时间将逐渐缩短。”① 战后日本经济周期的缩短，进一步证实了马克思的这一科学论断。

（二）经济周期波幅变小，经济危机对社会再生产的冲击及其产生的震荡明显减轻

众所周知，战前日本出现的经济危机都曾经给日本经济发展造成沉重打击，特别是发生在 20 世纪 30 年代初的“昭和大萧条”对日本经济破坏极大，对此后日本的经济、政治及社会都产生了重大影响，日本甚至因此而发动了对外侵略战争。反观战后日本，虽然也曾出现过十几次经济萧条，但均未达到经济危机的程度。

具体来看，在 20 世纪 70 年代中期以前的七次周期，周期波动性比较强烈。如图 3 所示，1956～1973 年度的经济高速增长时期，年均经济增长率达到 9.1%，最高年份高达 12.4%，最低年份时也达到 5%。由于经济增长率较高，这一时期的景气波动幅度也比较大，高峰和谷底悬殊。但是，即便在谷底也基本未出现过负增长，只有 1974 年出现过一次负增长，而且主要是由于第一次石油危机这一外部因素造成的。这些周期波动中的衰退，如比较著名的“锅底萧条”以及“昭和 40 年萧条”，虽然对经济产生了一定

---

① 《马克思恩格斯全集》（第 49 卷），人民出版社，1982，第 680 页。

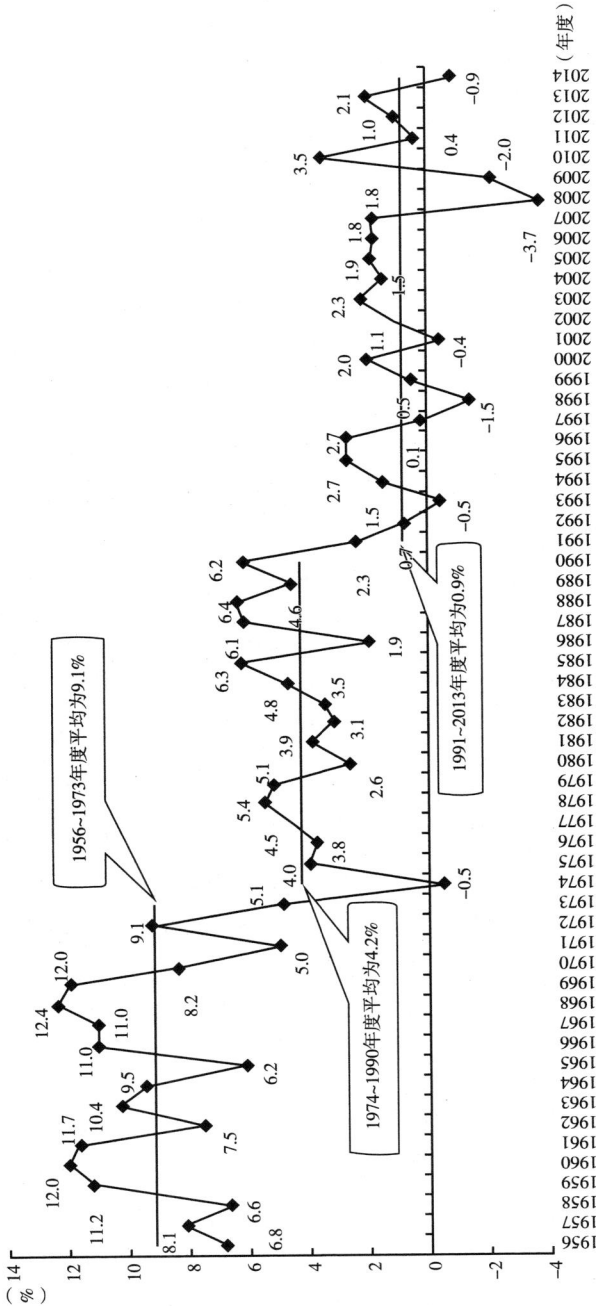

图 3 1956～2014 年度经济增长率

1956-1973年度平均为9.1%

1974-1990年度平均为4.2%

1991-2013年度平均为0.9%

注：数据为年度值，按照93SNA 连锁方式推算，"平均值"为各年度数值的简单平均数，其中1980 年度以前的数据参照《2000 年版国民经济计算年报》[『平成12 年版国民经济计算年报』（63SNA ベース）]，1981～1994 年度的数值参照《2009 年版国民经济计算年报》，1994 年度以后的数值参照《2009 年版国民经济计算年报》的数值。

资料来源：内阁府『国民経済計算』，http：//www. esri. cao. go. jp/jp/sna/menu. html。

的震动，但影响并不十分严重。

第一次石油危机后，日本进入经济稳定增长阶段，经济周期的波动幅度变小，再也没有出现20世纪五六十年代那样的高速增长。战后日本的前七次经济周期，都由经济企划厅正式命名，如"神武景气""岩户景气""伊弉诺景气"。但是在第一次石油危机以后，日本经济就没有出现过像样的繁荣期，所以此后的经济周期便没有政府的正式命名，而只有民间的非正式命名。1974～1990年度日本的平均经济增长率为4.2%，最高年份时达6.4%，最低年份时为-0.5%，高峰和谷底的差距还比较大。20世纪90年代初泡沫经济崩溃以后，日本经济陷入长期低迷，1990～2013年度的平均经济增长仅为0.9%，2014年度的实际GDP增长率为-0.9%，2015年度和2016年度均为1.2%，2014～2016年度的平均增长率仅为0.6%。如此低的平均增长率，导致经济周期的波动幅度越来越小（见图3）。

从以上分析不难看出经济增长率对日本经济周期波动的影响：在高速增长时期，周期波动幅度较大；进入低速增长时期，周期波动幅度较小。石油危机以后特别是泡沫经济崩溃以后，日本经济陷入长期慢性衰退，导致其经济周期波动幅度进一步缩小。而且，即便在高速增长期的经济周期波动幅度较大，也因为都处于正增长范围之内，所以对经济的冲击不大，所产生的震荡亦不明显。泡沫经济崩溃后，日本经济进入慢性衰退，经济周期波动幅度越来越小。这一时期日本经历了五次周期波动，但给国民经济带来的损失和震荡都不大。因此，虽然这一时期常常被称为"失去的20年"，但日本国民的生活水平并未出现明显下降。

（三）多种周期形式复合交织，慢性衰退突出

除了马克思主义经济危机周期理论外，19世纪中叶以来，还有许多经济学家提出了不同时间跨度和类型的经济周期理论，其中影响比较大的如下。（1）朱格拉周期（Juglar Cycle），认为市场经济存在9～10年的周期波动，也被称为中周期和"主循环"。由于这一周期定义源于设备投资周期，因此又被称为"设备投资周期"。（2）基钦周期（Kitchin Cycle），认为市场

经济存在 40 个月即 2~4 年的短周期，又称短期理论。由于这一周期定义源于库存的短期调整，因此也被称为"库存周期"。（3）康德拉季耶夫周期（Kondratieff Cycle），认为资本主义经济中存在 50~60 年一次的周期，也称长周期。熊彼特等人继承和发展了长周期理论，并从创新周期的角度重新做了诠释。（4）库兹涅茨周期（Kuznets Cycle），认为资本主义经济存在平均长度为 20 年的周期。由于该周期主要是以建筑业的周期性波动现象为标志加以划分的，因此也被称为"建筑周期"。以上四种主要周期的时间也基本是概数，一般来说，3 个基钦周期构成一个朱格拉周期，6 个基钦周期构成一个库兹涅茨周期，18 个基钦周期构成一个康德拉季耶夫周期。

综观战后日本的经济周期波动，单用上述某一种周期循环形式已很难予以阐释，因此日本学者提出了所谓"复合循环"概念，即多种周期形式已经复合交织在一起，甚至界限都难以区分。[1] 田原昭四等学者通过投资率数据证明了日本战后的前 20 年也存在 10 年一个周期的现象，即二战后，随着技术革新的展开，设备投资的频率发生了很大变化，但设备投资对经济循环周期的作用规律仍然存在。日本经济研究中心也做过类似的研究，认为在石油危机以后日本仍存在设备投资循环周期现象。日本内阁府现行划分的战后16 次经济周期的全周期平均时长为四年多，很接近基钦周期。大川一司的研究表明，1880~1960 年的 80 年中，日本大约出现了 3.5 个长循环周期，一个周期约为 22 年，基本符合库兹涅茨周期规律。[2] 关于日本经济发展史上是否存在长周期，目前还没有明确的研究成果出现，但是笔者认为，战后前 30 年的日本经济发展大体相当于长周期中的扩张期，20 世纪 70 年代中期以后进入下行通道，慢性衰退已持续 20 多年，目前日本经济仍处于这一长周期内。

概言之，战后（1945~2011 年）日本经济，经历了 1 个康德拉季耶夫（创新）长周期、2 个库兹涅茨（建筑）周期、7 个朱格拉（设备投资）周

---

①　嶋中雄二「複合循環から見る日本経済」、日本経済評論社『経済フォーラム』1996 年第8 号。

②　南亮進『日本の経済発展』、東洋経済新報社、1981。

期和 16 个基钦（库存调整）周期（见图 4），这些长短不一的周期相互交织在一起，相互作用，相互影响，共同推进了日本经济的发展。

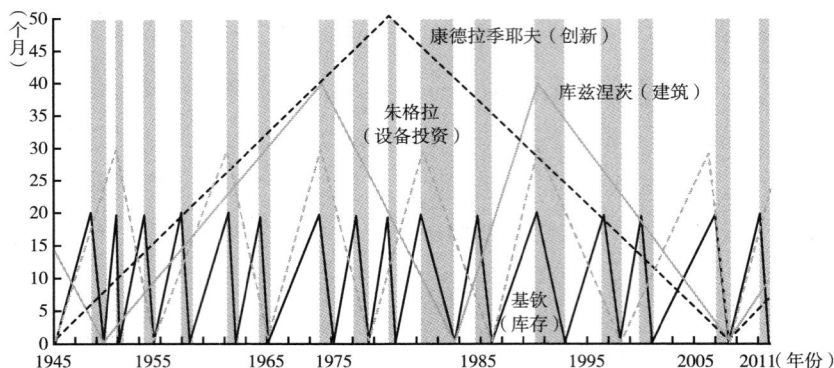

图 4 1945～2011 年日本经济的周期情况

资料来源：三橋規宏・内田茂男・池田吉紀『新・日本経済入門』、日本経済新聞社、2015、63 頁。

如果从 GDP 增长率来考察，如图 3 所示，则战后日本经济发展很明显可以分为三个周期：（1）从 20 世纪 50 年代中期到 1973 年，大约 20 年，属于高速增长时期，年均增长率接近两位数；（2）1974～1991 年，大约 20 年，属于中速增长时期，年均增长率大约为 4%；（3）1991 年泡沫经济崩溃后，日本经济一蹶不振，即使在经济周期的扩张期也没有明显的高增长，慢性衰退成为主基调。

日本经济之所以陷入长期慢性衰退，其原因是多方面的。仅从需求与供给的关系来看，总需求在日本经济陷入衰退后持续下降，人口老龄化与市场饱和又导致总需求进一步下降；而追赶任务完成后，后发优势完全消失，创新能力不足，导致总供给能力下降。再加上规制改革滞后、政府经济政策失误以及外部环境恶化等多种原因的共同作用，结果使日本经济至今尚未摆脱长期慢性衰退。[①] 在诸多原因当中，市场饱和与供给能力过剩之间的矛盾恐

---

① 参见张季风《日本经济长期低迷原因新探》，《日本学刊》2015 年第 4 期。

怕是最重要的矛盾。

马克思认为，市场的狭小束缚和制约了资本主义生产能力的增长，两者的矛盾不断积累；同时资本主义生产力发展的社会化受到生产资料私有制的限制，矛盾日益激化，最终导致经济危机的爆发。战后日本特别是进入后工业化阶段的日本，市场的狭小、饱和与旺盛的生产能力之间的矛盾造成了规律性的经济周期波动，并使经济陷入慢性衰退，这与马克思在100多年前的科学论断完全相符。

四 战后日本经济周期波动发生新变化的基本原因

二战后日本经济周期波动发生了一系列新变化，如周期时长缩短、周期波动幅度缩小、多种周期形式相重叠、在中周期视角下的扩张期延长与长周期视角下的慢性衰退期延长等等。导致这些新变化的原因主要如下。

（一）固定资产频繁更新与设备投资频度加快

马克思主义认为，固定资本更新是危机具有周期性的物质基础。早在1858年3月2日马克思给恩格斯的信中就指出："机器设备更新的平均时间，是说明大工业巩固以来工业发展所经过的多年周期的重要因素之一。"[①]战后日本经济周期缩短的物质基础，同样也是频繁的固定资产更新和大规模的设备投资。

从20世纪50年代起，特别是1956年进入经济高速增长时期以后，日本的固定资产频繁更新，规模迅速扩大。据日本经济企划厅统计，战后初期至1973年日本共经历了六次设备投资周期：第一次周期为1950年度至1953年度，累计投资为2.67万亿日元；第二次周期为1954年度至1957年度，累计投资为5.2万亿日元；第三次周期为1958年度至1961年度，累计投资为11.3万亿日元；第四次周期为1962年度至1964年度，累计投资为14.4

---

① 《马克思恩格斯全集》（第29卷），人民出版社，1972，第280页。

万亿日元；第五次周期为 1965 年度至 1970 年度，这一周期比较长，而且投资猛增，累计投资高达 56.7 万亿日元；第六次周期为 1971 年度至 1973 年度，累计投资为 54.0 万亿日元。[①] 从以上六个设备投资周期不难看出，平均每个周期约为四年，与战前的平均十年一个周期相比大大缩短，与战后日本经济周期的平均时长大体相当。

不仅设备投资的频率决定经济周期的长度，而且设备投资额的增幅还决定了经济周期的波动幅度。如前所述，在日本经济高速增长时期，第二次设备投资周期比第一次周期的投资增长了约 1 倍，而第三次周期又比第二次周期增长了 1 倍，第五次周期比第四次周期增加了约 3 倍，第六次周期受第一次石油危机的影响投资强度有所减弱，但在三年时间里投资总额却接近持续了五年的第五次周期。总体来看，1956～1973 年度，日本的设备投资总额很高，平均年增长率高达 17.3%。高速度增长的设备投资拉动了经济高速增长，也扩大了这一时期的经济周期波动幅度，高峰与谷底之间形成了很大的振幅。

第一次石油危机以后，日本经济进入稳定增长期，1974～1990 年度的设备投资平均年增长率降至 6.0%。[②] 泡沫经济崩溃后，日本经济陷入慢性衰退，1991～2015 年度的设备投资平均年增长率进一步骤降至 0.55%。[③] 设备投资的减速，导致日本经济周期波动的幅度大大降低，甚至变得微乎其微。

（二）技术革命与技术创新迅猛发展

马克思认为，生产工具的进步是人类历史前进的主要动力和标志，从旧石器、新石器到钢铁工具的进步，推动人类历史从原始社会走向奴隶社会、封建社会，再到近代的资本主义社会。而到了现代和当代，生产工具的进步

[①] 参见张贤淳《战后日本经济危机周期缩短的原因》，《社会科学战线》1979 年第 4 期。

[②] 薛敬孝：《1990 年以来的日本经济增长分析》，《南开学报》（哲学社会科学版）2005 年第 1 期。

[③] 根据内阁府公布的数据计算得出，参见内阁府『平成 29 年度　年次経済財政報告—技術革新と働き方改革がもたらす新たな成長—』、2017。

则主要体现于技术革命和技术创新的迅猛发展。技术革命和技术创新不仅推动人类社会继续进步，也成为推动经济周期运行的动力，自然也成为战后日本经济周期缩短和波动幅度缩小的原因之一。

战后发生的技术革命，其规模之大、影响力之深，是前所未有的。在技术革命的推动下，新产品、新工艺、新管理模式和新产业部门不断涌现，这对日本经济周期产生了双重作用：一方面，引起固定资产更新的扩大与加速，从而波及国民经济的各个方面，引起"投资召唤投资"，导致经济周期中景气阶段的频繁出现和时间延长；另一方面，新的技术革命和技术创新使资本积累与生产规模迅速扩大，但节能技术的发展和经营管理水平的提高，又使单位 GDP 所消耗的资源迅速减少。[①]

战后日本的技术革命推动信息化和微电子技术得到广泛应用，使耐用消费品更新的周期加快，同时也使产品的生命周期缩短，在经济社会各个领域不断创造出新的需求，持续刺激经济景气。另外，高新技术引起了新的设备投资需求，使固定资产更新周期缩短，出现更高的设备投资率，从而缩短了经济周期的长度。以微电子特别是信息通信技术为中心的技术革命，导致产业结构轻量化、产品模块化、知识服务化以及企业规模小型化，结果造成了生产受周期各阶段波动的影响也相应变小。同时，由于互联网技术的进步，对经济发展的预期、预测更加准确，资本主义所固有的生产无政府状态的盲目性也有所减弱，经济受生产过剩危机冲击的程度大大降低。日本也得益于此。

战后技术革命和技术创新还推动了日本产业结构的升级。20 世纪 70 年代中期以后，第二产业持续萎缩，第三产业不断扩大。近年来日本的第三产业，无论是产值还是就业，占比都已经超过了 70%，而制造业占比降至 30% 以下。[②] 经济周期的本质是生产领域的工业生产周期，当危机来临时，制造业将首先遭受打击，但不会立刻波及非生产领域，因此第三产业或者说

---

① 参见孙执中《高技术对日本经济周期的影响》，《世界经济》1991 年第 5 期。

② 关雪凌、丁振辉：《日本产业结构变迁与经济增长》，《世界经济研究》2012 年第 7 期。

服务业在一国经济结构中比重越大，这种传导就会越迟缓，其结果是，经济周期波动的幅度自然也会缩小。[①]

（三）政府对经济运行的深度干预

在经济周期缩短的背景下，应对不断发生的周期性危机或者衰退成为战后日本历届政府的主要职能。从长期视野来看，战后日本政府的各种经济政策和方针，在某种程度上直接或间接地同反危机或反衰退有关。日本政府主要通过经济计划、产业政策、货币政策和财政政策等渠道，对宏观经济进行干预。

1. 经济计划

在发达国家中，日本可能是最重视制定综合经济计划的国家，也是经济计划体系最完善的国家。正因如此，日本经济也被称为市场与计划相结合的"混合经济"。

日本的经济计划大体可分为中长期经济计划和年度计划。中长期经济计划由经济企划厅制定，计划时间多为 5 年，有些为 7～10 年，几乎每更换一届内阁，就要制订一个中长期计划。2000 年 11 月小渊惠三内阁推出的《谋求新生的政策方针》是经济企划厅制定的最后一个综合经济计划，至此日本共制定了 14 个综合经济计划。[②] 进入 21 世纪，日本虽然没有制定综合经济计划，但取而代之的是内阁府制定"经济财政运营与改革基本方针"和"长期增长战略"等类似综合经济计划的文件。这些经济计划虽然不是指令性计划，但对民间企业经营具有指导意义，而且具有协调社会各利益集团和阶层关系的功能，发挥着减少企业盲目生产，进而降低周期性经济危机冲击强度的作用。

2. 产业政策

日本的产业政策颇有特色，日本学界对日本产业政策的功过有各种议

---

① 参见车维汉《战后日本经济周期变形的原因》，《世界经济》1999 年第 3 期。日本也不例外。

② 参见张季风主编《日本经济概论》，中国社会科学出版社，2009，第 61～67 页。

论，褒贬不一，中国学界也就产业政策问题发生过激烈的争论。笔者认为，对产业政策的讨论不能离开经济发展阶段，不能离开时代背景。从经济实践来看，日本的产业政策在经济高速增长初期或者说在经济追赶阶段是卓有成效的，至少对缓解结构性比例失调、结构性危机和周期性危机震荡发挥了重要作用。

战后初期日本政府就曾采纳马克思主义经济学家有泽广已提出的"倾斜生产方式"，解决了煤炭和钢铁短缺这个瓶颈问题，使战后复兴得以顺利实现。20 世纪 50 年代中期到 70 年代初，日本政府通过产业政策重点扶持能带动经济全面发展的以钢铁、石油化工、造船和汽车为主要内容的重化工业，同时使传统工业中的纺织、制丝和采煤等产业有序、缓慢退出。20 世纪 70 年代中期到 80 年代初，日本政府又重点扶持电子计算机、微电子、光学机械和新材料等产业部门。进入 21 世纪，虽然没有特别明确的产业政策出台，但日本政府积极推动 IT 产业、机器人、互联网、物联网、健康产业、人工智能等新兴产业发展的态势也是显而易见的。

日本政府通过产业政策，在一定时期内重点刺激和扶持某些对国民经济发展能起到牵引作用的"幼稚产业"的发展，同时对另一些产业部门进行抑制和调整，使不断出现的结构性比例失调或结构性危机在某种程度上被克服。战后日本经济周期波动幅度的减小及其产生震荡的减弱也与此有一定关系。①

3. 货币政策与财政政策

二战后，货币政策和财政政策一直是日本重要的反危机工具。从货币政策来看，日本银行依靠利率政策对货币发行量和总需求水平进行调节。20 世纪 70 年代中期之前，日本长期采取人为的低利率政策，使企业能够低成本地获得所需的大量资金，从而创造了高速增长的奇迹。20 世纪 80 年代中后期的泡沫经济时期，日本经济异常过热，日本政府提高利率水平，终止了经济过热，避免了更大危机的出现。但是，也正是由于这种经济政策上的

---

① 参见车维汉《战后日本经济周期变形的原因》，《世界经济》1999 年第 3 期。

"急刹车"，泡沫经济崩溃，日本经济陷入长期低迷状态。

从财政政策来看，日本主要是通过财政预算和补充预算来调节供需状况。一般来说，当经济衰退时，政府就会采取扩张型财政政策，投入大量的公共投资，进行社会基础设施建设，以增加有效需求，延缓危机的到来或缩短危机的时间；当经济景气时，政府则采取紧缩型财政政策，对总需求进行抑制。从战后日本的经济发展情况来看，后者极为少见，基本是前者。特别是泡沫经济崩溃以后，为了刺激经济、促进复苏，日本政府不断采取扩张型财政政策，1992～2015 年共实施了 20 多次紧急经济对策，财政支出累计 300 多万亿日元。① 大量的财政投资虽然降低了经济危机的强度，但也导致日本财政状况不断恶化。目前，日本的国家与地方长期债务余额占 GDP 的比重已经超过 250%，这在发达国家中是最糟的，可谓代价也极为沉重。

五　"安倍经济学景气"分析

始自 2012 年底的战后第 16 次经济周期的扩张期，截至 2018 年 3 月已经持续了 60 多个月②，成为战后日本第二长的经济景气（见图 5）。这轮长期景气恰好与"安倍经济学"出台和实施的时间相重合，因此被称为"安倍经济学景气"。在这一经济扩张期，日本各项主要经济指标都有所上升，例如股市持续上升，2018 年 1 月，日经平均股指在 23000 点以上，恢复到 20 世纪 90 年代初期的水平；日元对美元汇率结束上升局面，日元开始迅速贬值，长期维持在 1 美元兑 110 日元左右；就业人数增加，失业率明显下降，降至 2.9%，恢复到 90 年代中期的水平；税收明显增加，也恢复到 90 年代初期的水平，职工工资有所增加，企业收益空前增加，设备投资也有所增加。

---

① 参见张季风《日本平成经济通论》，社会科学文献出版社，2017，第 81 页。
② 2017 年 6 月 15 日，日本内阁府召开"景气动向指数研究会"，正式确认始于 2012 年 12 月的扩张期达到 53 个月，超过"平成景气"，成为战后第三长的经济扩张期。

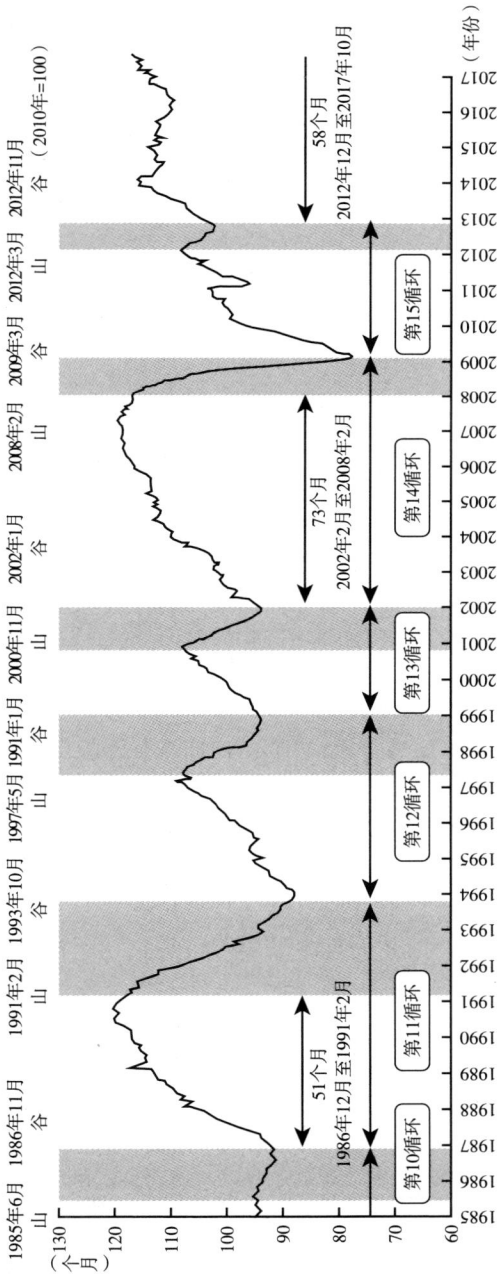

图5　1985年6月至2017年10月的日本经济周期变化

注：阴影部分为衰退期。

资料来源：内閣府『景気動向指数』，http: //www. esri. cao. gp. jp/jp/stat/di/20180207osirase. pdf。

从上述指标来看，日本经济似乎十分繁荣。马克思主义认为，事物的现象是外在的表现形式，可能是正确的，也可能是歪曲的，对现象的认识是感性认识；而本质是事物的内在属性，对本质的认识是理性的；透过现象看本质，就要求我们认识事物要从感性认识上升到理性认识，这样才能得出正确的结论。对当前日本经济的认识也不例外，需要透过现象看本质。事实上，日本民众对指数上的"繁荣"并不买账。日本广播协会（NHK）的舆论调查（2017 年 7 月 11 日）结果显示，感受到经济复苏的受访者只占 9%，而没感受到经济复苏的受访者占比高达 56%。"无实感"成为这次景气的最大特征。其实，这并不奇怪，此次景气虽然历时五年多，但年平均 GDP 增长率过低，2013 ~ 2016 年度的实际 GDP 增长率分别为 2.6%、- 0.5%、1.2%、1.2%。如果 2017 年度达到 1.6%，则五年平均为 1.2%，不仅与"伊弉诺景气"的 11.5%、"平成景气"的 5.4% 无法相比，即使与"小泉景气"的 2% 相比，也只有其一半左右。

除了经济增长率偏低外，消费一直低迷也是日本民众对所谓长期景气没有"实感"的重要原因之一。据日本总务省的统计，2014 ~ 2017 年二人以上家庭的消费支出增长率分别为 - 2.9%、- 2.3%、- 1.7% 和 - 0.3%，连续四年为负增长。[①] 消费低迷的直接原因在于工资上涨幅度低，而且增加的部分多为临时性工资，基础工资几乎没有变动，收入增加有限，加之对工资上涨的预期低迷，老百姓自然不敢大胆消费。从更深层次的原因来看，政府长期债务负担巨大，迟早有一天会通过增税转嫁给国民，加上社会保障岌岌可危，日本民众对未来养老以及老后生活等都十分担忧。这些结构性问题得不到解决、后顾之忧不去，消费者就只能捂紧钱袋，不敢消费。

与消费相关联的另一个重要指标"恩格尔系数"[②]，2016 年比上年上涨了 0.8 个百分点，达到 25.8%，连续 4 年正增长，也是自 1987 年以来 30 年

[①] 総務省統計局『家計調査報告（家庭収支編）—平成 29 年（2017 年）平均速報結果の概要—』，http://www.stat.go.jp/data/kakei/sokuhou/nen/。

[②] 所谓恩格尔系数，是指食品支出总额占个人消费支出总额的比重，恩格尔系数越高说明生活水平越低。

间的最高水平。[①] 这意味着工资的 1/4 以上被用于食品消费，国民可自由支配的资金越来越少。用于食品以外的生活费减少，将导致节约心理增强，消费会进一步减少。战后日本的恩格尔系数一直处于持续下降状态，从开始此项统计的 1970 年的 34% 降至 2005 年的 22.9%，但是安倍重新上台后这个指标连续四年上升，可见"安倍经济学"并没有让日本民众得到实惠。

另外，对于安倍一再标榜的失业率降低和就业扩大等"成就"也应当做全面分析。先看失业率下降问题。其实，失业率的下降，更多是得益于日本劳动力人口的减少。据内阁府统计，日本 15 ~ 59 岁的劳动力人口从 2010 年的 7100 万人减少至 2014 年的 6834 万人，减少了 3.7%。在每年所创造的社会财富即 GDP 一定的条件下，劳动力人口减少，失业率自然也会下降。况且，目前日本经济的主要难题，与其说是解决就业问题，倒不如说是解决劳动力不足的问题。事实上，人手不足已开始成为日本经济发展的制约因素，今后这一问题会越来越严峻。据内阁府的预测，到 2030 年日本的劳动力人口将减少至 5950 万人，到 2060 年会进一步减少至 3848 万人。[②]

再看扩大就业问题。从总体上看，就业人数的确有所增加，但增加的主要是非正式就业人员。非正式就业人员数量占就业总人数的比例从 1990 年的 20% 增至 2017 年的近 40%，目前，非正式就业人员总数已超过 2000 万人，创下了日本就业史上的最高纪录。[③] 非就业人员的工资仅为正式就业人员的 70% 左右，女性临时工的工资还会更低。结果导致，虽然就业人数有所增加，但社会总收入并没有增加，这就不难理解为什么百姓没有获得"实感"了。非正式就业的扩大使企业特别是大企业可以更低的成本雇用所需要的工人，这样资本家就可以攫取更多的剩余价值，而广大一线工人却减少了应得的收入。雇用大量的非正式就业人员实际上是采取工作分摊

---

① 総務省統計局『家計調査報告（家庭収支編）—平成 29 年（2017 年）平均速報結果の概要—』、http：//www. stat. go. jp/data/kakei/sokuhou/nen/。

② 内閣府『高齢社会白書』2015。

③ 総務省統計局『家計調査報告（家庭収支編）—平成 29 年（2017 年）平均速報結果の概要—』、http：//www. stat. go. jp/data/kakei/sokuhou/nen/。

制，让一个人的工作量由多人来做，事实上日本出现了一种"虽然劳动力总体减少但隐蔽失业却大幅增加"的奇特现象，亦即马克思所说的"产业后备军"扩大，这足以证明"安倍经济学"成绩单当中的"就业扩大"的水分还很大。

而且，本次长期景气虽然被称为"安倍经济学景气"，但并不全是"安倍经济学"带来的，其中世界经济的回暖、中国经济的拉动①以及经济周期的作用恐怕更大。当然"安倍经济学"的实施也起了一定作用。

需要注意的是，为了实现这一"无实感"的长期景气，日本政府付出了极高代价。如前所述，货币政策和财政政策一直是日本重要的反危机工具，而"安倍经济学"的旧"三支箭"已经将货币政策和财政政策几乎用至穷尽。从货币政策看，量化质化宽松（QQE）、负利率、长短利率控制等非传统货币政策已延续五年之久，至今也看不到何时才能实施退出机制。截至 2017 年 6 月，日本银行购入的国债已达国债总额的 40%，同年 9 月基础货币发行额已达 474.7 万亿日元，占 GDP 的比例超过 86%，而发达国家的这一数据平均为 20% 左右，日本的财政危机金融化的潜在风险越来越大。从财政政策来看，2013 年以来，新增国债每年照发，补充预算即追加财政投入从来没有间断过，累计高达 30 万亿日元。政府长期债务有增无减，"安倍经济学"的重要目标即在 2020 年实现基础财政平衡盈余根本无望，据内阁府最新的测算，即便是在改革成功的条件下，到 2020 年，日本的基础财政收支仍存在 10.8 万亿日元的缺口，占 GDP 的比例为 −1.8%。② "安倍经济学"的另一个重要目标，即三年内实现通胀率 2% 至今也未实现。2017 年日本核心消费者物价指数（CPI）仅为 0.5%，距离 2% 的目标还很远，日本要摆脱通缩困境遥遥无期。综上可以认为，与巨大的政策代价与风

---

① 如 2017 年中国赴日游客高达 750 万人次，在日消费 1.7 万亿日元，同年日本对中国的出口额为 14.89 万亿日元（同比增长 20.5%），保守估计两项叠加至少会拉动日本经济增长 0.4%。

② 内阁府「中長期の経済財政に関する試算」、2018 年 1 月 23 日、http://www5.cao.go.jp/keizai3/econome/h30chuuchouki1.pdf。

险相比，"安倍经济学"所取得的成绩实在乏善可陈。

"安倍经济学景气"还能持续多久，也是人们十分关注的问题。在世界经济持续复苏、中国经济稳中有进的大背景下，再加上东京奥运会对日本经济将发挥的刺激作用，"安倍经济学景气"估计还会持续一段时间。据《每日新闻》对 121 家日本主要企业的问卷调查，有 75% 的受访企业认为"安倍经济学景气"可能持续到再次提高消费税税率的 2019 年 10 月前后，这样就有可能超过"小泉景气"（73 个月）成为战后最长的景气扩张期。[①] 但是，由于经济增长率偏低、工资上涨难行，"无实感"的特征不会消失。而且，结构性问题得不到解决，国内需求难以扩大，经济运行受国际经济形势的影响还比较大，许多主要指标虽有好转但并不稳定，特别是日本股市受美国股市的影响比较大，2 月中旬以后，日经平均股指回落至 21098 点，而日元对美元汇率升值至 1 美元兑 105 日元，这意味着日本经济并未进入自律性复苏的轨道，其主要基调是仍然处于长期低迷和慢性衰退周期之中。财政的高杠杆、通缩、人口老龄化问题严重，年轻人不求上进，"无欲社会"现象突出，"日本病综合征"亦即资本主义的腐朽性和寄生性越来越明显。

综上所述，二战后，就全世界而言，资本主义经济周期变短，萧条与危机越来越频繁，但周期波动幅度缩小，日本也基本符合这一规律。但 20 世纪 90 年代以后情况发生了很大变化，主要特征是长周期视角下的衰退长期化、衰退程度更加深刻。综观战后日本的经济周期，基钦周期和朱格拉周期的特征比较明显，同时也能观测到库兹涅茨周期和康德拉季耶夫周期的痕迹，但其本质更符合马克思所揭示的资本主义经济危机的规律，即"资本主义经济危机的根源在于资本主义生产方式的基本矛盾"。

（原载《日本学刊》2018 年第 2 期）

---

① 「〈主要企業調査〉『19 年秋までは景気拡大 75％』」、『毎日新聞』2018 年 1 月 3 日調査。

从日本的实践看财政调节
景气的局限性与副作用

张淑英[*]

目前，日本政府长期债务余额相当于国内生产总值的120%，财政对债务的依赖程度高居主要发达国家之首。在泡沫经济崩溃后的近10年时间里，尽管日本政府频频施用刺激景气政策，但效果并不明显。日本政府深陷两难境地：若继续实施刺激政策，财政危机便更加深重；若停止刺激措施，经济便可能大幅度下滑。出现两难境地的原因又与日本长期奉行的景气调节政策有关。

不能否认，财政在调节景气方面有其积极作用，但同时也存在明显的局限性与副作用。20世纪70年代主要发达资本主义国家普遍出现的经济滞胀，便是这种副作用的表现此后，它们纷纷放弃凯恩斯干预经济的财政政策，日本却至今仍在沿用这套政策，因此，从日本的实践中可以更清楚地观察到财政在调节景气方面的局限性与副作用。

一 日本财政调节景气的实践

战后日本运用财政政策调节景气大致可分为两个时期。一是财政平衡时期（1949~1964年度），二是负债财政时期。第二个时期又可分为三个阶段：一是突破平衡财政原则、国债迅速增长阶段（1965~1979年度）；二是

---

* 张淑英，中国社会科学院日本研究所研究员，研究方向为日本产业政策、日本金融体制改革。

控制国债增长、重建财政阶段（1980~1991年度）；三是泡沫经济崩溃后国债恶性膨胀阶段（1992年度以后）。

日本学者的分析表明，在平衡财政时期，政府在坚持财政平衡的同时，也在努力缓和景气波动。就财政政策的效果而言，在多数情况下是朝着平抑景气波动的方向起作用的。①

在坚持平衡财政原则下，日本主要的调节景气方式有三种：减税，增加民间需求；提前或推迟预算项目的实施；提前或推迟政策性贷款的实施。这三项景气调节措施之所以能够发挥作用，离不开如下客观条件：第一，日本经济尚处在追赶阶段，有很强的后发效应；第二，在资本形成中，公共资本占有较大比重；第三，政策金融系统的存在。

日本发行长期国债始于1965年度，直接目的是刺激经济景气。从此，以国债筹资调节景气的做法便在日本扎下了根。不少学者据此认为，日本是凯恩斯主义财政政策的忠实执行者。笔者认为，日本的财政政策方式固然深受凯氏经济思想的影响，但是也有自己的情况和道理。第一，"适度财政规模说"为突破财政平衡提供了理论支持"适度财政规模说"主张，确定财政在国民经济中的规模，不应局限于"租税负担率"，而应着眼于保障财政发挥其应有的机能持这种观点的论者通过国际比较分析指出，同民间部门相比，日本的公共部门所占比重过小，尚未达到适度规模，不足以保证财政发挥其应有机能，主张改变过上年年减税的做法，在确保税收的同时，发行一定量的国债，扩大财政规模，充实社会基础设施建设。② 第二，"国债不会引致通货膨胀说"解除了政策当局的顾虑。第三，国债规模急剧膨胀的内外要因：从国际方面看，1971年的"尼克松冲击"和1973年的"石油危机"，对日本的出口造成了严重打击。为此政府采取了增加公共投资、扩大国内需求的政策。从国内方面看，日本虽然GNP跃居发达资本主义国家的第二位，但在公共基础设施，特别是社会福利等方面，与发达国家还有很大

---

① 小宫隆太郎编『戦後の日本の経済成長』、岩波書店、1963。
② 小宫隆太郎『現代日本経済研究』、東京大学出版会、1975。

差距，于是，"向高福利经济迈进"成为日本政府追求的新目标，并为此制定了一系列法律和政策措施。同时，因生产能力过剩，有效需求不足，需要政府扩大需求，为过剩的生产能力提供出路。"日本列岛改造计划"便是落实上述政策课题的具体体现。

1980～1991年度是重建财政时期，日本搞的重建财政，着眼点主要是降低财政对债务的依赖程度，并未触及财政政策的指导思想和政策方式。从此之后，在财政政策取向上，日本开始与其他主要发达国家呈现明显的不同：欧美等发达国家先后放弃了凯恩斯式的财政政策，日本则将凯氏政策一直延续下来。形成这种差异主要与如下两点密切相关：日本自身的经验、"建设国债无害论"。20世纪70年代后半期，日本的国债发行量急剧扩大，财政对债务的依赖程度陡然上升，引起了政策当局的不安，80年代的重建财政便是在这种背景下提出的。但是对重建财政持异议的观点也同时存在，认为日本发行的国债全部是内债，对于政府而言是负债，对于购买国债的国民和企业而言却是资产，资产与负债的规模恰好相抵，不必将财政负债视为了不得的问题。况且，单纯看政府债务规模大小并不具实质意义。如果政府发行的都是建设国债，就不会导致财政危机，因为建设国债可以形成相应的公共资产，资产可与债务相抵这种"建设国债无害论"为政府继续靠发行国债实施景气调节政策提供了理论支持，同时也留下了财政危机的隐患。1985年秋季广场协议后，日元大幅度升值。日本在1987～1988年度的财政运营中，将扩大需求、克服"日元升值萧条"列为重要政策课题。这对泡沫经济的膨胀恰恰起了先导作用。

泡沫经济崩溃后，日本政府多次运用刺激景气政策，但是收效甚微。于是，日本开始对其财政政策进行反思，并试图参照西方发达国家，特别是美国的做法，进行财政结构改革。桥本内阁的财政改革方案便是在这种背景下出台的。1997年11月28日，日本颁布了《关于推进财政结构改革的特别措施法》（以下简称"财政结构改革法"），其中规定，将1998～2000年度定为集中改革期间，对主要财政经费均规定量化削减目标：在2003年度前，将单年度财政赤字控制在GDP的3%以内；在2003年度前停止发行赤字国债。

日本政界、学术界以及经济界在财政改革问题上意见分歧很大究竟应以财政改革优先还是应以恢复景气优先，政策观点截然相反。一种观点认为，追求财政自身的平衡并不具实际意义，财政应将调节经济整体发展的需要放在首位，即使已经存在不小的赤字，当经济陷入不景气时，也应毫不犹豫地扩大财政支出。持这种主张的人认为，20 世纪 90 年代日本的经济萧条拖得这么久，问题就在于政府实施财政政策的力度不够。相反的观点则认为，日本政府债务规模之大，已使财政接近崩溃的边缘，给经济社会的长期发展留下隐患。近年来日本经济出现的长期萧条，不是简单地增加财政支出就能解决的，萧条的原因不单纯是需求不足，而且存在经济结构的问题。持这种观点的人主张学习美国，将政策重点由管理总需求转向改变供给结构，即使在经济不景气期间，也应有大刀阔斧改革财政结构的魄力。

1997 年 11 月以后，日本接连倒闭了几家大型金融机构，经济出现负增长。在这种情况下，政策主张的分歧便与政治压力结合在一起，使刚颁布不久的"财政结构改革法"被冻结，重新回到了刺激景气的财政政策轨道。

二　财政调节景气的作用及其局限性

关于财政调节景气的作用，在理论上似乎是一个早已解决的问题。凯恩斯的《就业利息和货币通论》便是因在这方面的贡献而被载入经济学史册。但是，有关财政调节景气的理论，不断受到现实的挑战。20 世纪 80 年代后，在主要发达国家中，仍然运用积极财政政策调节景气的只剩下日本一个国家。如今，日本也遇到了前所未有的挑战。

（一）20世纪90年代的景气调节政策及其效果

1992 年度以来，日本政府以追加预算方式实施的财政政策如表 1 所示。需要说明的是，表 1 中不包括最初预算时采取的刺激措施，也不包括为稳定金融秩序而投入的公共资金，就是说，此表反映的只是财政刺激措施的一部分，而非全部。

　　1992～1999 年度，日本发行的普通国债约为 1422800 亿日元，8 年间发行的国债相当于过去 27 年发行总额（1842000 亿日元）的 77.24%。用于刺激景气的财政投资约为 1256000 亿日元，如果加上 1997 年以来为稳定金融秩序而投入的公共资金，总额将近 1900000 亿日元的刺激力度不可谓不大。但从刺激政策效果看，1992～1995 年度，日本的实际 GDP 年均增长率仅为 0.85%；1996 年度，在"提前消费"① 等因素作用下，实际 GDP 增长率一度达 3% 以上。但"提前消费"后，接踵而至的是更加严重的需求不足。1997 年度和 1998 年度，日本经济连续两年负增长。1999 年，尽管在大规模财政预算的基础上又先后两次追加预算，GDP 实际增长率也不过 0.6%。

表 1　政策 20 世纪 90 年代以来日本的景气调节

单位：亿日元

	决策时间	主要内容	资金规模
第一次	1992 年 8 月	增加公共投资,帮助中小企业解决面临的问题,促进民间设备投资	107000
第二次	1993 年 4 月	增加公共投资,帮助中小企业解决面临的问题,促进民间设备投资	132000
第三次	1993 年 9 月	完善社会基础设施,帮助中小企业解决面临的问题	60000
第四次	1994 年 2 月	扩大公共投资,帮助中小企业解决面临的问题,减少所得税	153000
第五次	1995 年 4 月	阪神大地震的赈灾费、紧急防灾对策费,帮助中小企业解决面临的问题	70000
第六次	1995 年 9 月	扩大公共投资,帮助中小企业解决面临的问题	142000
第七次	1998 年 4 月	扩大公共投资,减轻租税负担	166500
第八次	1998 年 11 月	缓解借贷,扩大公共投资,增加就业	240000
第九次	1999 年 7 月	增加就业紧急对策	5400
第十次	1999 年 12 月	基础设施投资,支援中小企业、风险企业等	180000

　　资料来源：表中前六次景气调节的资料引自林宜嗣『財政危機の経済学』、日本評論社、1997；其余四次景气调节政策根据日本报刊发表的资料编成。

―――――――――

　　① 从 1997 年 4 月 1 日起，日本的消费税税率由原来的 3% 提高到 5%，人们为了减少纳税开支，纷纷将某些方面的消费，特别是翻修或购置住宅等大笔消费提前支出。这就是 1996 年度出现的提前消费现象。

（二）财政刺激为何变得收效甚微

同以前相比，20世纪90年代，日本在调节景气方面动用的财政资金规模是巨大的。将1998年度与1977年度的情况进行对比，更能清楚地说明这一点。1977年度，日本也曾出现景气后退。该年度的财政支出规模（包括追加预算在内）为291000亿日元。1998年度，仅追加的预算就有100多万亿日元，相当于1977年度财政支出总规模的3.44倍，其中，直接用于刺激景气的为406500亿日元，相当于1977年度财政支出总规模的约1.4倍；其余600000亿日元用于稳定金融秩序。就日经42种商品价格指数来看，若以1970年度为100，则1999年度为103.23。这个数据至少表明，即使是将物价上涨因素考虑在内，也不能否定上述基本判断。

采取刺激景气措施是政策当局的主观愿望，最终情况取决于诸多客观条件的支持情况。20世纪90年代日本的财政刺激政策之所以收效甚微，正是因为客观条件发生了许多变化。从国际大环境来看，随着经济国际化、全球化的发展，国际资本流动日趋活跃，浮动汇率制进一步深化。在这种环境下，日本刺激景气的财政投资并不能促进国内需求增加，而是支撑日元升值。尽管日本经济不景气，但日元在国际上一直是主要硬通货之一。因此，蒙代尔认为，20世纪90年代日本的财政政策是错误的，财政投资的乘数是零。[①]

同过去相比，日本国内情况也发生了许多变化。第一，市场需求潜力下降。经济尚处于较低水平时，居民的消费结构和消费水平也处在较低层次，消费具有巨大的增长潜力。在传统消费品市场趋于饱和，新的更高层次消费品又涌现出来时，市场就在消费结构不断升级中得到扩大，而萧条时期出现的需求不足情况只是暂时现象。只要财政政策稍一刺激，就可以化解需求不足的局面，使经济恢复增长。随着经济赶超阶段的结束，消费结构难以再像以前那样快速升级，市场趋于饱和，无论政府怎么刺激需求，居民都不会买

---

① 蒙代尔：《日本的财政政策错了》，《东洋经济》2000年4月1日。

多余的东西。

第二，产业结构升级空间缩小，民间设备投资难以启动。以往日本经济萧条期，曾多次出现设备投资下降的情况，但至多1年便可转为上升。在日本经济增长过程中，民间设备投资发挥着"引擎"的作用。以往当"引擎"遇到经济萧条而"熄火"时，财政政策的作用就是"打火"。因此，财政刺激政策能够收到四两拨千斤的功效。20世纪90年代的财政刺激措施，却很难将"熄火"的"引擎"发动起来。日本的公定利率已经连续4年多保持在接近零的水平，尽管财政一而再再而三地增大公共投资，民间设备投资一直在低位徘徊。若以1991年度的民间设备投资为100，则1992年度为95.2，1993年度为84.7，1994年度为78.3，1995年度为80.4，1996年度为84.9，1997年度为90.0，1998年度为79.0。民间设备投资持续低迷的主要原因在于设备已经严重过剩。日本政府尽管采取鼓励政策以处理过剩设备，但效果并不明显。一般而言，处理过剩设备必然会受到一定损失。只有当这种损失有望通过新投资获得更大收益得以弥补时，企业才会积极处理过剩设备。如今的问题是，日本产业结构升级的空间比过去大大缩小，有利可图的投资机会减少，投资回报的不确定性却在增加。在这种情况下，增大公共投资所起的作用不是激活民间投资，只是在量上部分地抵补民间投资的减少。

第三，公共投资的波及范围有限。公共投资增加的主要是对水泥、沙石、钢铁等建筑材料和建筑机械的需求。建筑机械的生产波及链虽然比建材长，但因更新周期较长，且需求增加面对的是特定产业，波及面也非常有限。在经济发展的初期阶段，钢铁、水泥等建材业等在整个经济中占的比重较大，公共投资对经济的刺激效果也相对大些。但是，随着产业结构的升级，第三产业所占比重上升，在第二产业中仍保持上升势头的是电器、电子、电脑精密化学等深加工工业，第三产业和深加工工业成为经济增长的主体。然而，传统的公共投资几乎波及不到作为增长主体的这些产业。

第四，"少子高龄化"加重了人们对未来的担心。进入20世纪90年代，低出生率（即"少子"）和老年人口所占比重上升（即"高龄化"）的趋势更加突出。越来越多的人怀疑公共保障体系能否持续下去，储蓄防老的意识更加强烈。因政府采取减税措施而增加的收入，有相当大一部分变成了居民的储蓄，难以收到刺激需求的效果。针对这一问题，日本政府在 1998 年度修改了刺激方式，即改为向居民发放商品券，并规定商品券只能用于购物，不得兑换现金。这固然可以使政府投入的资金最大限度地变为购买力，但是刺激作用并不理想。因为居民用商品券购买生活必需品后富余的钱依然可以储蓄。

日本财政政策也有问题，最突出的问题是支出结构僵化，公共投资的社会效益下降出现在经济赶超阶段，社会基础设施严重不足，并一度成为日本经济增长的瓶颈。而政府加大公共基础设施投资，可使民间蕴含的增长潜力充分释放出来。在那个阶段，公共投资不仅是景气调节的工具，而且建成的基础设施产生了巨大的社会效益。随着社会基础设施逐步趋于完善，公共投资的结构和投资方向也需相应进行调整。然而，日本在这方面的调整显然不够，例如，每年近 30000 亿日元的汽油税收入，只能用于修建道路，而不能用于其他方面。以至于有人为此开玩笑，若这项特定财源制度长此维持下去，日本早晚有一天会被道路埋起来。① 另外，公共投资的重复建设大而不当、华而不实的问题越来越突出。例如，在大栗川一处 100 多米的河段上建有两座公路桥。如果公共投资搞的都是这类项目，那么建设国债发行得再多，也不会有多大效果，只能加重财政危机。

（三）财政政策的局限性

日本政府每一次实施财政政策，都与当时面临的经济问题有关。例如，1957 年度实行的"减税一千亿，施策一千亿"，为的是加快经济发展步伐。1961 年度实施"国民收入倍增计划"，是为了促进经济增长，提高国民收入水平。实施"日本列岛改造计划"，是为了健全交通信息通信网络，促进资源在全国范围内合理配置。1986～1988 年度采取的"日元升值萧条"对策，为的是扩大内需，缓和日元升值对经济的冲击。然而，财政政策的效果并不总是尽如人意。究其原因，除一些客观因素外，失败的根源在于财政政策本身具有的局限性。

---

① 小此木潔『財政構造改革』、岩波書店、1998。

第一，公共投资难以真正逆对经济风向。在日本，财政刺激景气的一般方式是：在经济萧条时增加公共投资，以刺激需求。而增加公共投资又往往与地区开发、促进后进地区发展相联系。政治家为巩固"票田"，也往往体现在能给本地区拉来多少公共投资。因此，刺激景气的政策在政治上很容易获得通过。但是，在经济恢复景气之后，要实行具有伸缩性的财政政策和削减公共投资，则会受到顽强抵制，这种情况在土木建筑业表现得尤为突出。

随着技术的进步，土木建筑施工不再主要靠人力、铁锹和镐头，而大型的机械装备如果因为经济已恢复景气而压缩公共投资，那么一些大型建筑装备就会闲置，建筑企业的经营将面临极大困难。于是，建筑业企业便通过政治家进行活动，将经济景气时期增加的税收用于公共投资，由此使公共投资丧失了反经济周期的机能。

第二，财政支出刚性。使财政政策起到反经济周期的作用，需要财政支出具有伸缩性。然而，在实际的财政政策运作中，增加财政支出，各方面皆大欢喜，易于实行要求压缩财政规模，则不那么容易。不仅前述的公共投资难以压缩，其他财政开支的压缩也并非易事。第一，政府的行政开支具有较强的刚性。如果只是压缩行政经费中的易耗品开支，对于调节景气而言，就如同杯水车薪。如果大幅度压缩行政经费，势必牵涉精简行政机构、压缩定员编制等问题。这样做往往又得对付由此引起的其他麻烦而错过调节景气的最佳时机。第二，政府的事业性开支具有较强的刚性。例如，政府经办的义务教育、邮政事业、通信事业项开支，比较容易压缩的只是那些欲上马而未上马的调查、研究、试验一类的项目开支。而压缩这类预算对调节景气能够起多大作用，颇值得怀疑。第三，在福利性开支方面，能够较充分体现"自动调节"机能的仅仅限于失业救济金，其他支出项目都受到这样或那样的制约。例如，养老金的支付量受到规定年龄的老人数的制约，也受到支付标准的制约。如果为刺激景气而提高养老金的支付标准，即使经济恢复到正常增长，也难以再将支付标准降至原来的水平。显然，这将增加以后的财政负担。而享受养老金年龄的规定，也不是可以任意变更的。

第三，无法消除的"时滞"。财政调节景气的基本方式应是逆对经济风向，当经济出现过热征兆时，压缩财政支出和公共投资，当经济出现滑坡征兆时，扩大财政支出。但是，由于财政支出刚性等，在经济过热时，紧缩财政开支的机能根本不灵。那么，在经济萧条时，扩大财政支出的政策能否恰当发挥作用？下面仅是日本20世纪80年代以来的几个实例。1985年广场协议后，日元开始大幅度升值。[①] 当时的日本，"日元升值萧条说"甚盛，要求运用财政政策的呼声很高。但是，直到1986年11月才出台财政政策，晚了1年多。

1987年下半年，日本经济出现过热征兆。同年9月，建筑业因劳动力不足而拖延工期的情况很突出，建筑材料也因供应紧张，价格上涨。但是，日本政府编制的1988年度财政预算，仍将扩大需求和刺激景气作为重要课题。1988年度的财政支出比上年度增长了6.4%。其中公共事业规模比上年度当初预算增长了17.7%，是1979年度以来的最高水平。1988年度的财政政策非但不具有反周期作用，反而给过热的景气"火上浇油"，将泡沫经济推向膨胀的顶峰。

从1997年4月起，日本经济形势开始下滑，出现了战后少有的经济负增长。但是，景气对策的正式出台已经是1998年6月17日，同经济开始下滑的时间相比晚了1年多。

财政政策滞后于现实经济变化的问题，并不是哪届政府或哪个政党的过错，而是由财政政策的性质决定的。这是因为从景气变化到出台财政政策，至少存在两个阶段的时滞：一是认识阶段的时滞；二是决策阶段的时滞。在所谓民主政治制度下，财政政策的确定必须履行政治程序。如在履行政治程序中，遇到不同政见、不同主张或不同利益集团抵制与争论，这个阶段的时滞便会拖长。

日本学者的研究表明，在日本，从对经济现状的认识到财政政策的出台，通常需要1年以上的时间。[②] 由于存在上述时滞，财政很难对景气变动及时采取对策。到实施财政政策时，经济的萧条期有时已经过去。日本调节

---

① 1985年1~3月，平均为250.7日元兑1美元，到1987年12月升至122日元兑1美元。

② 〔日〕伊东光晴：《凯恩斯政策及其问题》，载《日本经济政策学会年报》，1989。

景气的实践表明，相对于上一个周期的经济萧条而言，出台过晚的财政政策也许正赶上给下一个周期的经济景气"火上浇油"。

（四）公共投资对民间设备投资的诱发作用

1992 年度以来，日本政府频频运用刺激景气政策。在金融政策方面，从 1995 年 9 月 8 日到现在，日本的公定利率一直维持在 0.5% 的历史最低点，商业贷款利率也降到了史无前例的低水平。国内银行平均贷款年利率 1996 年度为 2.658%，1997 年度为 2.449%，1998 年度 10 月为 2.278%。然而，日本的民间设备投资依然萎靡不振，1992 年度、1993 年度、1994 年度连续下降；1995 年度、1996 年度和 1997 年度虽略有回升，但绝对额仍大大低于 1991 年度的水平；1998 年度再次出现负增长。

财政金融双管齐下的刺激政策，为什么没能起到促使民间增加设备投资的作用？因为民间企业的设备已经过剩。对于政府扩大公共投资带来的需求增加，民间企业只需动用闲置设备或提高设备开工率就可以应付，而不必增加设备投资。只有当民间企业充分利用现有设备仍不能满足需要时，增加公共投资所增加的需求，才能较容易地起到诱发企业增加设备投资的作用。这种再简单不过的经济现象，却包含着耐人寻味的寓意。民间企业拥有大量过剩设备的时期，当然也就是经济处于萧条的时期。上述情况表明，在经济萧条时期增加公共投资对诱发民间设备投资没有效果，至少效果不明显；相反，在经济景气时期扩大公共投资，更容易收到诱发民间设备投资的效果。

三　以公共投资支撑经济增长的副作用

20 世纪 70 年代后，增加公共投资成了日本政府维持一定经济增长速度的惯用手段，日本的政府固定资本投资占国民收入的比重，在主要发达国家中是最高的。

大量增加公共投资，虽然暂时维持了经济增长速度，但从长期看，其带来了严重的后遗症。

（一）弱化民间经济的自律增长能力

战后，随着由统制经济向市场经济体制转换的完成，民间经济的自律增长能力本应是一个已经解决了的问题。但是，如同"日本股份公司说"形容的，日本的市场经济属政府强干预型的。这种政府强干预型的经济体制曾对经济的迅速赶超起过积极作用，但也导致民间对政府具有依赖性：一遇经济萧条，人们便将恢复景气的希望寄托在政府扩大公共投资上。这使日本的民间企业、民间金融机构不同程度地患上了"软骨病"，独自度过危机的能力不足，自律增长能力不足。

（二）过度增加财政负担

依赖公共投资的经济体制，实际上等于增加了财政负担。在日本，不管是主管经济的政府部门，还是经济学界或民间经济界，都清楚地知道凯恩斯的财政政策存在明显的缺陷，但已形成一种经济惯性，很难一下子扭转，结果财政负担越背越重。1999 年度，日本中央财政对债务的依赖程度高达43%，在主要发达国家中名列前茅；包括地方债务在内的政府债务余额相当于同年 GDP 的 1.2 倍，已经超过意大利，居主要发达国家之首。国债还本付息成为日本财政的第一大开支项目，占 1999 年度经常性预算支出的24.2%，数额达 198319 亿日元。如果按 1 年 365 天计算，那么日本政府平均每天用于国债还本付息的数额为 543.3 亿日元。这意味着，在 1 天内，每过 1 小时，政府就得支出 22.6 亿日元用于国债的还本付息。如果按 1 年 250个工作日、每个工作日 8 小时计算，日本政府平均每个工作日应支付的国债额为 793.3 亿日元，平均每小时的支付额为 99.2 亿日元。

（三）掩盖经济中的问题，特别是结构性问题

在经济萧条时期，并非所有产业都呈萧条状态，生产的下降幅度在不同产业各不相同；即使同处一个行业，各个企业受影响的程度也不一样；即使是同一个企业，不同产品的行销情况也不一样。恰恰是在经济萧条时期，最

能暴露在经济结构、企业经营以及产品结构中存在的问题。然而，用增加公共投资来维持经济增长的政策，使本该暴露的经济问题被掩盖起来，并以人为创造的需求，使一部分本该淘汰的产业、企业或产品继续生存，从而延缓了经济结构转换的进程。

（四）过度的财政刺激带来的负效应

一个值得注意的情况是近年来日本财政刺激政策带来的负效应。在日本政府确定第三次追加 1998 年度预算方案（240000 亿日元）的第二天（1998年 11 月 17 日），美国穆迪公司对日本国债评级由 3A 降为 2A。在大藏省向各部门公布 1999 年度预算草案的第二天，即 1998 年 12 月 22 日，东京金融市场的股票价格平均下跌了 373.5 日元，长期利率上升了 0.395 个百分点。东京金融市场的长期国债利率 1998 年 9 月平均为 0.822%，11 月平均为1.187%，12 月上升到 2.112%，1999 年 2 月初上升到 2.3%。这表明，日本政府的积极财政预算，未能提高市场对经济增长的信心，而是政策期待的反面。日本的财政年度从每年的 4 月 1 日开始。1999 年度预算尚未进入实施阶段，其负效应便先行显现出来。金融市场利率水平的上升使民间投资的筹资成本提高，不利于日本经济的恢复。本来是为了刺激经济恢复而采取的积极财政政策，首先出现的却是抑制经济增长的效果。

庞大的政府债务也给居民的消费心理投下了阴影。日本国民懂得，政府本身并不创造价值，财政资金最终来自国民和企业上缴的税收，政府借的债最终要从国民和企业缴纳的税收中偿还。因此，政府债务规模越大，居民对未来的社会负担和生活前景越是感到不安，越是不敢放开消费。1992 年度以来，政府接连不断扩大财政支出，然而居民实际消费支出自 1993 年度以来连续 7 年下降，其中，财政支出规模大幅度增加的 1998 年度和 1999 年度，全国家庭实际消费支出分别比上年下降 2.2% 和 1.2%。

（原载《世界经济》2000 年第 9 期）

油价高启与中小企业对策

丁　敏[*]

2008 年是世界经济发生激烈动荡的一年。

在这一年里，以石油、股票为首的全球金融投资，演绎了过山车式的跌宕起伏。随着狂热的金融投资的退烧，世界经济景气也迅速降温，特别是 2008 年入夏以后，在美国次贷危机影响下，不仅美国金融界频频爆出金融机构巨额亏损，而且美股开始暴跌，世界主要金融市场在美国发金融风暴中顷刻颠覆，除黄金以外的各种金融投资市场均一路狂跌。金融危机迅速向实体经济蔓延，全球经济进入了严重的衰退期。

在经济环境急剧变化中，政府、企业和国民都在不同程度上经历了烈日烘烤和风暴洗礼。面对经济形势的风云突变，政府、企业和国民，都不得不迅速调整各自的策略，以应对危机。2008 年的油价高启，考验了日本的方方面面，也考验了政府的中小企业对策。

一　油价高启，经济滑坡

回首 2008 年日本经济动态，不能不提及油价高启给经济整体带来的冲击。尽管国际油价在 2002 年就出现了上涨的苗头，但没有人确切地知道此番油价上涨到底涨到何时何地。2007 年秋，当油价涨破每桶 90 美元，人们对 2008 年油价走势的预测已经开始茫然。

---

* 丁敏，中国社会科学院日本研究所副研究员，研究方向为日本产业发展史、中日韩产业比较。

（一）国际油价疯狂上涨

2008 年世界油价高开高走，从年初的每桶 90 美元的高价，继续一路上涨，之后好像失控一样，3 月涨破每桶 100 美元的心理大关。

尽管在油价上涨中，那些卖油的企业可以渔利，但更多的企业抱怨高油价已经超出了曾经的经验，企业经营的各种成本随之上升，愈发让企业不堪重负。尽管国际能源机构频频发出呼声，呼吁石油出口国应该增产，以降低油价，呼吁石油进口国控制能源消费，以减少对石油的需求，批评大肆投机石油的国际炒家，指责是那些投机热钱搅乱了油价。各种呼声的目的都在于稳住油价，使其回归理性，但是，国际油价仍然像失控一样飙升。2008 年 5 月，石油的月均价格已经涨到每桶 120 美元以上，6 月突破每桶 130 美元，7 月价格冲高至每桶 133.20 美元。进入 8 月，国际油价像越过顶端的过山车，迅速下冲，价格连连暴跌，让还没有从石油投资热醒过来的世界炒家们头晕目眩（见表 1、图 1）。

表 1　2008 年国际市场主要原油现货平均价格

单位：美元/桶

月份	欧佩克	WTI	布伦特	迪拜	米纳斯	塔皮斯	辛塔	大庆	胜利
1 月	88.50	92.98	92.0	87.37	95.35	97.45	88.98	91.72	77.19
2 月	90.81	95.39	95.04	90.02	96.16	100.93	92.66	93.96	79.35
3 月	99.03	105.45	103.66	96.76	104.73	109.11	100.68	102.24	88.77
4 月	105.16	112.63	108.97	103.41	109.02	116.55	106.16	107.14	99.5
5 月	119.39	125.38	122.72	119.50	127.23	131.15	121.42	123.88	114.84
6 月	128.34	133.93	132.44	127.82	136.49	140.71	127.30	131.44	118.34
7 月	131.22	133.20	133.18	131.27	139.76	144.66	129.01	133.94	118.24
8 月	112.41	116.58	113.03	112.86	119.07	124.40	110.18	114.17	104.07
9 月	96.85	103.61	98.13	95.90	101.63	106.54	92.83	96.78	88.55
10 月	69.17	76.62	71.87	67.42	76.42	77.56	62.87	69.18	58.09
11 月	49.29	57.44	53.10	49.84	—	—	—	51.67	—
12 月	39.51	42.04	41.40	40.53	—	—	—	41.00	—

资料来源：11 月以前的价格参考《中国石油石化》2008 年第 23 期，第 85 页，11 月以后的价格参考 http://www.kakimi.co.jp/4kaku/0spot.htm。

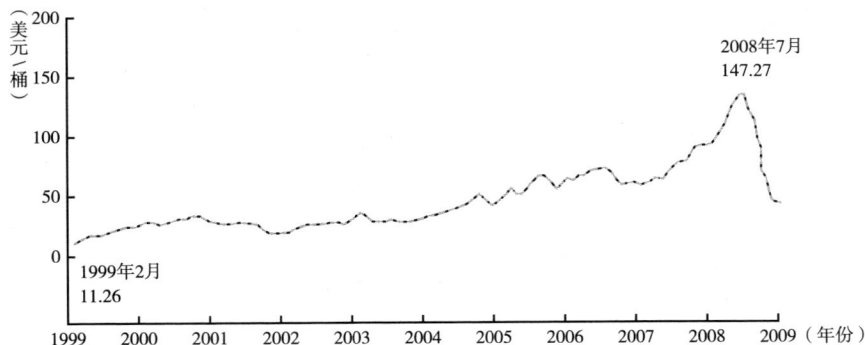

图1 纽约市场 WTI 石油价格长期走势（月线）

资料来源：http://www.fuji-ft.co.jp/selection/genyu/index.htm。

（二）日本物价明显上浮

在这次国际油价暴涨暴跌中，石油消费大国或地区均受到不同程度的影响，美国、日本、中国，亚洲和欧洲一些比较倚赖进口石油的国家和地区，其进口石油价格上涨带动了国内或地区内各种成品油价格上涨，特别是汽油价格上涨更为明显，对经济整体的波及范围也更大一些。

日本作为石油进口大国，在世界石油进口国排名中长期位居第二，其石油进口依赖度高达99%。尽管在20世纪70年代第一次石油危机后，日本已经竭力调整了自己的能源结构和产业结构，将经济对石油的依赖度从80%降到50%，但石油目前仍然是日本经济最重要的能源支柱，近年来每年从外部进口石油在2亿吨左右，石油大幅度涨价仍然对日本产生多方面影响。当油价涨到50美元乃至60美元/桶以上，很多企业面临能源成本管理困境，企业盈利遭到重挫。

2008年的国际油价飙升无疑导致日本国内各种油价跟随上涨。期货市场石油价格走势最能反映市场对油价涨落的预期，从近几年东京期货市场石油价格走势看，与国际市场同样走出一条节节攀升的上扬曲线，特别是在2008年，更是跌宕起伏。如图2所示，从2004年开始，东京期货市场油价上涨幅度加大，在买单大大超过卖单的市场行情里，2007年入秋以后到

2008 年夏，东京期货市场油价飙升的势头更猛，2008 年 7 月 4 日油价冲高回落后，出现罕见的油价暴跌（见图 2）。

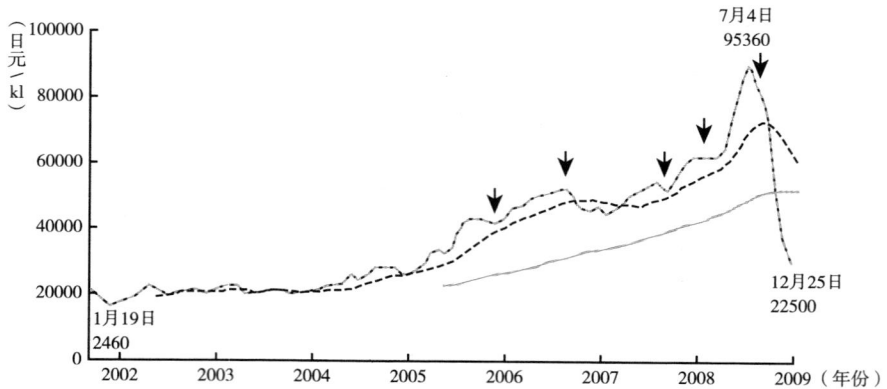

图 2 东京期货市场石油价格走势（月线）

资料来源：http://www.comtex.co.jp/www/？module＝Default&action＝meigara&page＝sheet2&article＝T－genyu&kind1＝m&kind2＝d&kind3＝d#ch01。

包括油价在内的日本物价，在 20 世纪 90 年代泡沫经济崩溃后的长期萧条中，处于难以抑制的下降趋势，而在这一轮国际油价暴涨中，日本物价总体出现了一定程度的上涨，其中汽油涨价最为突出。2008 年，日本几家大的汽油供应商，先后亮出涨价牌，东京汽油零售价格 2002 年大约为每升 105 日元，2004 年价格上涨到每升 120 日元，2007 年涨到每升 150 日元以上，2008 年夏涨到每升 180 日元左右，2008 年 10 月以后才大幅回落（见表 2）。

表 2 2002 年与 2008 年东京都汽油零售价格

单位：日元/升

年份	1 月	2 月	3 月	4 月	5 月	6 月	7 月	8 月	9 月	10 月	11 月	12 月
2002	105	104	104	104	106	106	106	105	105	105	105	105
2008	154	152	153	132	160	172	181	182	173	158	132	117

资料来源：日本总务省统计局。

石油、汽油价格的上涨对整体物价产生上涨压力，日本的综合物价指数在 2002 年和 2003 年处于下降态势，2004 年以后开始出现上涨，2008 年 6～9 月的综合物价指数出现了连续 4 个月的上涨，涨幅均在 2.0% 以上，这是自 20 世纪 90 年代以来十多年没有出现过的上涨幅度。在日本十大消费品指数中，涨幅较为明显的有食品、光电水热、交通、服装等生活日用品。[①]

（三）经济再遇滑坡

2002 年以来日本经济开始走出萧条，恢复了正增长，但 2008 年的高油价和随之而来的世界金融风暴，给这一轮日本经济增长又画上了休止符。2008 年，矿工业生产滑坡逐季度显现，曾经支撑这一轮增长的运输机械、电气机械、通信机械、电子零件、钢铁、非铁金属、金属制品、化工等产业先后出现负增长，导致 2008 年日本经济可能出现 6 年来不曾有过的负增长。在这一次经济滑坡中，制造业的滑坡对整个经济景气的打压今后将更加深刻。设备投资、机械订单、住宅开工等主要经济指标，在 2008 年第四季度都出现大幅度下降（见图 3）。

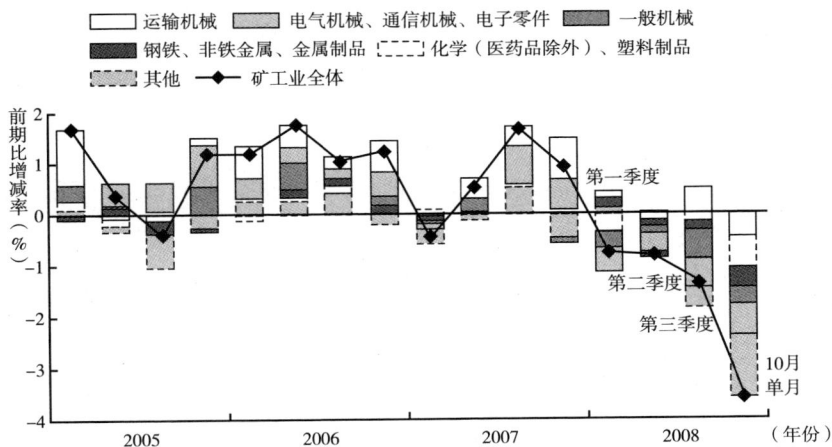

图 3　矿工业生产、出库、库存景气指数波动

注：图中柱形图为季度的前期比增减。

资料来源：日本政策金融公库综合研究所中小企业研究组报告《中小企业的经济、金融环境》。

---

① 十大消费品指数是以 2005 年物价为 100 进行统计的，更能反映 2005 年以来日本的物价变动情况。资料来源：日本总务省统计局。

二　企业面临经营困难，中小企业更难

高启的油价让众多企业深感能源成本压力增大，相当一部分企业苦于承受，特别是中小企业，其消化高能源成本的能力比较差，在成本价格上涨中总是处于弱势地位，往往是大企业成本负担转嫁的对象，而中小企业占日本企业的99%以上，是日本经济最重要的基础。高油价陷众多企业于困境，让中小企业更是难上加难。

（一）中小企业的经济分量

中小企业在日本这个企业王国中是最大的企业群体，在日本经济中所占分量极重。

20世纪60年代末，当日本完成了经济追赶目标后，其第二产业和第三产业就成为国民经济中比例最大的产业了。在第二、第三产业中，中小企业的数量远超过大企业。

在日本第二产业中有不到95万家企业，其中大企业有2300多家，仅占0.2%，中小企业有94.7万家，占企业总数的99.7%。第三产业中有约326万家企业，大企业有10043家，仅占0.3%；中小企业数量有325万多家，占企业总数的99.7%，中小企业在日本经济中的基础地位和支撑作用是不言而喻的。如此众多的中小企业，不仅为大企业提供了上下游产业链的广泛基础，也形成了日本社会最广泛的就业基盘和生产生活消费基盘。从某种意义上说，中小企业决定着日本经济和社会的基础。

鉴于中小企业在日本社会的地位和作用，日本政府一向重视中小企业政策，每当经济环境发生大的变化，政府都要出台扶持中小企业的对策。日本有相当一部分中小企业具有在市场经济中通过竞争而胜出的能力，而当今一些日本知名大企业当初也是从中小企业发家的。中小企业的生存与发展需要借助市场"看不见的手"，也需要借助政府"看得见的手"。在中小企业陷入困境时，得到政府政策更多的关怀，这体现了社会应该把更多关怀送给弱势群体的公平与公正。

（二）中小企业的特殊困境

一般来说，企业通常都要面对不断变化的经济环境调整自己的经营，以求生存和发展。所谓不断变化的经济环境包括各种经营成本环境、经济和产业结构环境、国内外贸易环境、政策环境等，经营成本环境是直接影响企业经营的最重要的经济环境因素，其中劳动力成本、能源成本及其他经济要素成本对不同行业的企业，影响程度大不相同，对不同规模的企业，影响程度也大不相同。

以丰田汽车为例，其主要收益来源于在世界范围内销售汽车，由于丰田较早开始了节能减材型经营战略，其先于欧美开发的节能小汽车，在高油价时代凸显优势，畅销欧美，高油价带来的能源成本上涨，对丰田这样的企业并没有造成多大损失，相反，丰田利用高油价大赚了一把。还有一些能源供应业企业，获利于能源价格上涨。而有更多的企业，如能耗比较高的制造业、建材业、建筑业、运输业等行业的企业，能源成本上涨无疑会导致这些行业的企业收益减少。大规模企业体力强，分散风险的能力强，许多中小企业体力弱，或者本来就处于勉强生存的境地，所以会面对更多难以独自承受的压力。

在2008年的超高油价中，日本多数中小企业的能源成本压力加大，接近甚至超过其承受能力极限。

根据日本中小企业厅的调查，不断上涨的油价削弱了中小企业的收益力，在接受调查的中小企业中，90%的企业反映受到高油价的负面影响，其中60%的企业已经无力分散高油价风险。在2006年公布的调查结果中，有26.9%的企业反映油价上涨对经营收益有很大影响，有49.8%的企业反映油价上涨对企业经营收益有一定程度的影响；而在2008年公布的该项调查结果中，这两部分企业的比例分别上升到37.5%和55%。[①]

①　资料来源：日本中小企业厅。

与大企业转嫁能源成本上涨的能力相比，中小企业显得十分虚弱和无奈，完全不能转嫁能源成本负担的中小企业占到 61.1%，只能转嫁 1%～20% 负担的中小企业占 27.9%，能转嫁出去 60% 以上能源成本负担的中小企业仅占 6%。

2008 年大多数中小企业面对的是买入原材料价格不断上涨，卖出产品价格却在 0℃ 以下的寒冬期徘徊的困境。在这种困境中，一些实力差的企业，其经营困难逐渐显露。三菱（UFJ）对地方中小企业的一项调查显示，在近两年石油涨价、原材料涨价中，感觉在日本国内生存已经非常困难的企业，5 人以下规模的小企业中占 31.1%，6～20 人规模的中小企业中占 24.6%，21 人以上规模的中小企业中占 15.7%。感觉经营上有一定困难、勉强过得去的中小企业，5 人以下规模的小企业中占 49.7%，6～20 人规模的中小企业中占 50%，21 人以上规模的中小企业中占 45.8%。

中小企业主要面临的困境除以油价为首的各类原材料价格上涨导致成本压力增加外，还有无力获得周转资金，无力升级技术，无力开发新市场，无力实现产业转型，无力获取优秀人才等各种困难。

2008 年后半年，当中小企业还没有从高油价打压中喘过气来的时候，又遭遇世界金融风暴的袭击，随着日本内外整体经济形势的恶化，中小企业的经营进一步陷入困境。很多中小企业破产或濒于破产。据日本民间调查机构东京商工调查公布的资料，2008 年 10 月破产企业件数与上年同比增加了 13.4%，中小企业因资金周转困难而面临倒闭的问题尤其突出。

三 援助中小企业，政府提供政策关怀

高油价时代更多关注中小企业的困难，援助中小企业，构筑好危机对策，成为日本政府出动经济稳定政策的一个重点。

虽然日本政府在 2007 年已经试行了一些针对中小企业的援助对策，但是，2008 年随着油价的进一步高启，政府视高油价动向继续完善援助措施，加大资金扶持力度，扩大关怀范围。

（一）开设关怀窗口

在高油价时代，中小企业遇到能源、原材料成本上涨，资金周转不畅，收益下降等困难，特别是大企业很容易将能源、原材料涨价带来的成本风险向中小企业转嫁，这更加重了中小企业的负担。为及时了解中小企业的情况，政府协调相关部门和团体开设专门面向中小企业的服务窗口，听取相关陈述。这种服务窗口既有及时收集中小企业声音的功能，也有随时给予中小企业指导的功能。中央相关省厅、各地方政府、行业团体分别开设了服务窗口，窗口网络基本可以覆盖各个层面的中小企业群体（见表3）。日本47个都道府县还为中小企业开办了临时的"避难寺"，接纳因紧急困难需要救援的中小企业。

鉴于大企业将负担转嫁中小企业的案例，政府向有关部门和行业协会下发严查大企业向中小企业转嫁负担的公文，凡发生此种情况，中小企业可通过上述服务窗口或"避难寺"陈述情况，寻求快捷援助。

表3　政府服务窗口

中小企业厅窗口	
中小企业厅事业环境部交易课	
北海道经济产业局产业部中小企业课	中国经济产业局产业部中小企业课
东北经济产业局产业部中小企业课	四国经济产业局产业部中小企业课
关东经济产业局产业部中小企业课	九州经济产业局产业部中小企业课
中部经济产业局产业部中小企业课	冲绳经济产业局产业部中小企业课
近畿经济产业局产业部中小企业课	—
公正交易委员会窗口	
公正交易委员事务总局经济交易局交易部企业交易课	
北海道事务所　下请课（注）	近畿、中国、四国事务所中国分所　交易课
东北事务局　交易课	近畿、中国、四国事务所四国分所　交易课
中部事务局　下请课	九州事务所　下请课
近畿、中国、四国事务所　下请课	冲绳综合事务所　总务部公正交易室

注："下请"表示从他企业揽活的企业与他企业之间的业务关系；从大企业揽活的中小企业，在日本称为"下请中小企业"。

资料来源：日本中小企业厅。

（二）选准关怀对象

油价高启带来的能源成本、原材料成本上涨，影响到很多行业和企业，但其中又有轻重缓急，选定灾情最重的行业和企业就是锁定救援重点，只有选对灾情较重的企业群体，政府才能在援助上做到帮确实需要帮的，救真正需要救的。早在 2007 年，日本经产省、财务省就已经通过调查指定一些业种作为重点拉开救助安全网的对象，并明确了实行援助对策的期限。① 2008 年 10 月，纳入这种安全网对象的业种又有所增加，被列入考虑实施安全救助的业种有 700 多个，并延长了援助对策实施的期限。

2008 年开展救援的行业和对策主要如下。

运输业，由国土交通省牵头，落实削减高速公路收费以降低运输成本对策，严格监管卡车货运燃料费用负担对策，普及低公害车对策，环保型船运对策，筛选安全网监护业种工作，开发下一代低公害车对策等。由经济产业省和国土交通省牵头，落实促进使用节能设备和机器对策。

建筑业，由国土交通省牵头，落实监察建筑项目价格联动条款的实施，公共设施建设品质确保对策，促进发包、接包建筑商公正交易对策。

生活服务业，由厚生劳动省牵头，落实向居民宣传石油涨价导致生活消费品物价上涨的常识。由财务省、厚生劳动省、内阁府牵头，落实居民生活卫生安全网建立及资金支持对策，在国民生活金融公库开设特别洽谈窗口对策。

石油销售业，由经济产业省牵头，落实针对销量异常减少导致经营困难的企业发放救援贷款的对策，对资金周转难企业提供政府信用担保对策。

渔业，由农林水产省牵头，落实水产业燃料油涨价紧急对策基金事业，渔船渔业结构改革综合对策，引进节能技术事业，稳定国产水产品供给事

---

① 安全网是近些年日本从经济、社会综合因素考虑，逐步构建的一种基本安全网络。这种网络集硬设施和软设施于一体，覆盖面力求最大化。从金融、生产、就业、消费、生活、医疗等多个层面着手建设社会基本安全网络，已经成为日本政府近年来重要的工作。

业，水产品流通结构改革事业等。

农业，由农林水产省牵头，落实强农交付金对策，发展节油型设施园艺对策，援助牧业、奶农对策，降低肥料成本对策，改进施肥体系对策，稳固林业、木材产业对策，发展地产地销型生物燃料农业机械对策，农林渔业安全网基金对策等。

此外，在 2007 年就已经开始实施安全救助对策的业种如原材料、汽车、住宅设备等行业，也视 2008 年具体情况延长对策实施期限。

（三）重视金融关怀

俗话说"兵马未动，粮草先行"，金融既资金的支援好比援助中小企业的粮草，周转资金短缺是中小企业比较普遍的困难，为中小企业疏通金融渠道，成为构筑中小企业安全网对策中十分重要的一环。

日本在自己的经济发展中，已经形成了比较完善的、服务于中小企业的体系，其中包括面向中小企业的金融服务体系，比如政府的中小企业厅，长期主管中小企业的事务，服务于中小企业的还有全国大大小小的商工会议所。为解决中小企业融资难问题，日本有政府系金融机构向中小企业提供金融服务，主要有中小企业金融公库、国民生活金融公库，还有一个以政府信用为担保的金融支援体系，形成了凭借政府信用引民间金融之水为中小企业解渴的大金融网络。在 2008 年的石油危机中，政府启动这样的金融窗口和网络，为那些因能源危机陷入资金困境的中小企业提供应急金融服务。

政府还开设了直接联通中小企业的金融热线，使中小企业的呼声可以直达金融厅，以便主管金融的政府最高部门快速处理来自中小企业的诉求。

提高无担保融资额度，国民金融公库面向中小企业的无担保融资上限原定为 2000 万日元，对需要特殊急救的中小企业，无担保融资额度扩大为 4800 万日元。此项措施自 2008 年 2 月起启动。

为方便中小企业从民间金融机构融资，金融厅还发文给各个民间金融团体，请它们向自己麾下的金融机构晓以大义，向中小企业提供金融支援（见表4）。

表4　中小企业厅公布的金融服务窗口

中小企业金融公库 全国各分店	
东京洽谈中心	名古屋洽谈中心
大阪洽谈中心	福冈洽谈中心
国民生活金融公库 全国各分店	
东京洽谈中心	名古屋洽谈中心
大阪洽谈中心	
商工组合中央金库 全国各分店	
广告部	客服中心
冲绳振兴开发金融公库 本店、分店	
全国信用保证协会联合会 全国各信用保证协会	

资料来源：日本中小企业厅。

（四）圈定重点地区

在油价上涨中，日本各地区的中小企业灾情不同，有些地区灾情比较严重，特别是集中了高能耗产业的地区和中小企业密集地区，受油价及其连带产品价格上涨的影响比较大。

日本的关东、东海、中国、近畿等地区的产业集群结构有所不同，关东地区金融、电子、信息、精密机械、高科技产业密集，商业服务业、建筑业、运输业发达，生产用能耗的比例相对较小，公务、交通、生活用能耗较大，油价上涨主要影响到关东地区建筑业、运输业、成品油销售等行业的中小企业。这些行业的中小企业成为这个地区需要重点关注的对象。

在东海、中国、近畿等地区，化工、原材料、造纸、汽车、机械等工业密集，能耗产业比例相对较大，如原材料产业在中国地区经济中占比46.5%，高出日本全国平均占比（35.3%），中国地区的这一类行业受油价上涨的压力可能大于其他地区。与日本有些地区相比，中国地区从事制造业的中小企业也比较密集，与中国地区情况有些相似，东海和近畿两个地区从事制造业的大企业比较多，在这些大企业周围还有更多的中小企业，它们主要仰仗来自大企业的订单而维持生存。在以石油为主的能源及原材料成本急剧上涨时，大企业为了压缩成本，可能减少面向中小企业的订单，或者对新订单进一步压价，这是日本大企业向中小企业转移风险常用的手段，这会导致中小企业的经营难上加难。2008 年的油价高启，对东海、中国、近畿地区的中小企业造成的影响较大，这些地区从事制造业的中小企业成为政府部门重点关注的对象。

政府针对油价高启出动政策关怀时，向不同地区和行业的中小企业提供有针对性的指导和援助。经产省中小企业厅针对关东地区中小企业的对策更加侧重金融援助和信息沟通，针对生产型中小企业密集的地区如东海、中国、近畿，除资金支援外，更着眼于引导和援助这些地区中小企业调整经营结构，引进节能技术，降低包括能耗在内的运营成本，为中小企业开发新产品，获取新市场，调整在地区经济中的定位，提供政府服务。

虽然在2008 年日本政府从多个角度构筑了支援中小企业的对策，但从对策实施到生效需要一个过程，在石油价格暴跌和随之而来的金融风暴中，日本中小企业还没有来得及应付好油价高启带来的"眼前急、日后忧"，又迅即跌入世界金融危机的旋涡，企业经营面临更加艰难的困境。迅猛而来的世界金融危机，会进一步延缓政府救援中小企业对策的生效。今后走出高油价和金融危机双重阴影，不仅要靠政府加大政策关怀力度，还要靠中小企业各自的卓绝努力和自救，才能渡过难关。从日本以往的经验看，大企业的恢复要先于中小企业，当危机来临时，大企业的应对危机调整，将形成对中小企业的二次、三次波及影响，日本中小企业将面临比大企业更严峻的考验。

（原载李薇主编《日本发展报告（2009）》，社会科学文献出版社，2009）

关于日本家电产业阻碍
竞争行为的历史考察

——20 世纪 50~60 年代的家电卡特尔

胡欣欣[*]

本文的考察对象主要是 20 世纪 50 年代中后期至 60 年代后期日本的家电产业，特别是电视产业。而当时在这一领域发生的阻碍竞争方面的主要问题，是企业间在决定价格或产量方面的共谋行为（即"卡特尔"）以及试图通过"系列化"的流通体系控制和维持再销价格（也译作"转售价格"）的行为。作为本课题的第一部分，首先对 20 世纪 50~60 年代日本家电产业发生的卡特尔案件进行考察。

一 事实经过

根据日本公平交易委员会公布的文献资料，20 世纪 50 年代中后期至 70 年代中期，日本家电产业被反垄断政策当局查处的阻碍竞争的主要案件共有六起（见表 1），其中四起是在 60 年代中后期发生的。

在这六起案件中，1957 年的"家庭电机具市场安定协议会及另一名的案件"和 1966 年的"三洋电机及另五家电视接收机制造销售企业的案件"属于全国性的卡特尔案件。下面就根据《公平交易委员会审决集》中的记载，重点对这两起案件的基本事实做一描述。

---

* 胡欣欣，中国社会科学院日本研究所研究员，研究方向为日本经济、中日流通业比较。

表1　战后日本家电产业阻碍竞争的主要案件（1980年以前）

案件名称	年份	被查处的主体	所适用的法律条款	审决文件编号	备注
家庭电机具市场安定协议会及另一名的案件	1957	家庭电机具市场安定协议会及全国收音机电机组合联合会	"指定"第1条	昭和32年劝字第5号	—
长野县收音机电视电机商业组合的案件	1966	视电机商业组合	第8条第1款第4、5项	昭和41年劝字第2号	—
三洋电机及另五家电视接收机制造销售企业的案件	1966	三洋电机、东芝（东京芝浦电器）、夏普（早川电机）、日立制作所、松下电器、三菱电机等六家公司	第2条第6款，第3条后段	昭和41年劝字第6号	因被告上诉本判决于1976年被撤销
宫城县电视收音机电机商业组合的案件	1966	宫城县电视收音机电机商业组合	第8条第一款第4、5项，"旧一般指定"第1条	昭和41年劝字第10号	—
松下电器产业株式会社的案件	1967	松下电器产业株式会社	第19条（旧"一般指定"第8条）	昭和42年判字第4号	—
东京都电机零售商业组合玉川支部的案件	1975	东京都电机零售商业组合玉川支部	第8条第1款第4、5项，旧"一般指定"第1条	昭和50年劝字第34号	—

注：所谓"旧一般指定"指1952年"公平交易委员会第11号公告"中所规定的"不公正交易方法"。

资料来源：《公平交易委员会审决集》各有关年度，公平交易委员会编《公平交易》。

（一）1957年的"家庭电机具市场安定协议会及另一名的案件"

20世纪50年代中后期，由于家用电器销售商之间的竞争日趋激烈，不少电器销售商试图以低于"厂家指示价"的售价推销商品。尤其是从1956年初开始，这种销售竞争在电视机和洗衣机销售领域更为激烈。1957年7月，在名古屋的三家百货商场中，出现了以低于厂家指示价的价格销售电视机、洗衣机和电风扇的现象。"东海地区电机收音机电视组合联合会"（"全国收音机电机组合联合会"的地方成员）作为地区性家用电器批发零售商行业团体，认定这是扰乱市场秩序的"乱卖"行为，将此事报告给电器制造企业的行业组织"日本无线通讯机械工业会"（简称"无线工业会"）及"日本电机工业会"（简称"电机工业会"），要求其对此事进行处理。有关的制造企业协同这些行业团体与三家百货商场就降价幅度问题进行谈判，达成最多允许将电视机按照低于厂家指示价8%、洗衣机低于厂家指示价8%、电风扇低于厂家指示价5%的价格进行出售的所谓"八、八、五协议"。

　　几乎与此同时，在东京也发生了七家百货商场以低于厂家指示价5%的价格出售电风扇的现象。为此，制造企业协同"全国收音机电机组合联合会"与百货店的行业团体"百货店联合会"进行交涉，希望它们要求这些商场"约束自己的行为"。

　　在销售领域展开激烈竞争的情况下，制造企业为维持"正价销售"付出了巨大努力。为消除引发降价销售的原因和条件，"无线工业会"及"电机工业会"所属各家制造企业制定了包括发布有关"正价"的告示、"在各个支部建立监督机构"、"不允许批发商从事零售业务"以及"所有厂家共同推行维持正价宣传活动"等在内的"九项实施纲领"。根据这一"纲领"，这些制造企业与以全国各地大部分家用电器批发零售商联合会为成员的"全国收音机电机组合联合会"进行多次交流沟通，就维持正价问题达成了共识，决心共同推行"维持正价运动"，并于1956年7月21日发表了《关于维持正价的联合声明》。

　　为推进"维持正价运动"，松下电器、富士电机、早川电机（后来的"夏普"）、日立制作所等16家当时的主要家用电器企业于1956年7月31日设立了"家庭电机具市场安定协议会"（简称"市安协"），此协会设置在"无线工业会"内，其事务工作由"无线工业会"及"电机工业会"负责。此后又在各地区陆续设立了八个支部。在该协议会的执委会内部，还分别设置了"电视机小委员会"以及"洗衣机分科会"等。作为执委会直属机构，设立了"市场监督委员会"。

　　根据"联合声明"的精神，"市安协"制定了新的"八项实施纲领"草案，并提请"全国收音机电机组合联合会"给予支持。后者于8月20日和 21 日召集全国各地电器销售商代表参加"全国临时大会",就此议题展开讨论,"市安协"派代表出席了大会。会上,松下电器公司总经理松下幸之助就此"纲领草案"进行了详细说明,要求各地经销商协助执行这一纲领。在经销商的"全国大会"决定支持"纲领"之后,"市安协"立即着手制定正式的《家庭电机具市场安定协议会规则及实施纲要》,并于同年9月开始实施。

此后"市安协"经常召开执委会及各相关企业总经理会议,并与"全国收音机电机组合联合会"一起监督各个生产厂家和零售、批发商对"市场安定八项纲领"的贯彻执行情况。根据该"纲领"的第四条规定,"市安协"与"全国收音机电机组合联合会"协商制定了电视机、洗衣机这两类商品在零售、批发环节的利润率及厂家提供"服务费"的标准。根据"纲领"第六条规定,还设置了负责收购所谓"乱卖商品"(降价出售的电视机和洗衣机)的专门机构。对于不执行"正价"的经销商,不仅要由"市场监督委员会"或生产厂家回收其商品,还要查明其进货来源,通知供货单位停止向该经销商供货。

为执行"维持正价"的决定,"市安协"所采取的行动主要包括以下几个方面。(1)1956年11月资生堂为对其产品进行促销,用洗衣机作为有奖销售的奖品。"市安协"得知这一情况后,立即通知各成员停止向资生堂出售这类洗衣机,并与资生堂进行交涉。(2)先后对广岛地区和东京神田、秋叶原地区"违规"降价事件进行处理。(3)应"全国收音机电机组合联合会"的请求,"市安协"所属各生产厂家就限制产量事宜进行了协商,并达成以1956年5~7月的产量为基准,从同年9月起将电视机、洗衣机和收音机这三类产品分别减产30%的决定。(4)对于在产品更新换代时如何处理老型号产品的问题,决定不允许将已经停产的老产品降价出售。(5)1956年9月前后松下电器公司的新型洗衣机上市之后,"市安协"洗衣机分科会第三次会议立即做出决议,不允许制造企业将新产品价格制定在有可能"导致洗衣机产品现行厂家指示价下降"的水平上。

与此同时,"全国收音机电机组合联合会"也采取相应措施对不协助维持正价的经销商给予处罚。其主要做法是：如发现有不协助维持正价的经销商，立即要求厂家停止对其供货，为了给厂家施加压力，同时要求联合会其他成员也向厂家退货或延期支付货款。

当时对于上述维持正价政策的"八项纲领"的执行情况，"市安协"曾应"全国收音机电机组合联合会"的要求于1956年11月1日和1957年3月13日两次提交报告。

1957年10月17日，公平交易委员会做出裁决，认定"家庭电机具市场安定协议会"和作为家电经销商行业组织的"全国收音机电机组合联合会"违反了《反垄断法》有关条款，并根据相关法规向这两个行业团体发出劝告，要求其停止上述违法行为。

（二）1966年的"三洋电机及另五家电视机制造销售企业的案件"

参与这次事件的生产厂家包括三洋电机、东芝（东京芝浦电器）、夏普（早川电机）、日立制作所、松下电器、三菱电机等六家企业，均从事电视机的生产。1965年，这六家企业生产的彩电电视机数量合计、黑白电视机数量合计分别约占全国彩电生产量的93%、黑白电视机生产量的73%。

公平交易委员会认定，这六家公司是在就彩色、黑白电视机的零售价格及价格体系进行了协商后，共同规定制造商的最低限价并加以实施的。该委员会于1966年12月27日发布了"开始审判决定书"，指出它们如下违法事实。

自1964年秋前后以来，这六家企业每月在东京皇宫饭馆召开一次由各公司专务董事出席的会议（被称为"皇宫会"），就家用电器的行情等问题进行协商。此外，为商议研究电视机市场行情的具体对策，从1964年9月起，这六家企业通常每月召开一次由各公司主管电视机的营业部长参加的会议。会议轮流在各公司事务所召开，被称为"十日会"。假如在"十日会"上六家公司无法就有关电视机价格的问题达成协议，则把问题拿到"皇宫会"上进行商讨。

上述公司过去一直协商将落地式彩色电视机的零售价格固定为每英寸

（1 英寸相当于 2.54 厘米）1 万日元以上的水平，确定了零售差价在 18% 以内、批发差价在 8% 以内、回扣率平均为 2%、最高不超过 4% 的价格体系，并加以实施。1966 年 4 月 5 日，又在东京芝浦公司事务所召开的"十日会"上，就同年 6 月 2 日以后彩电价格的问题进行商议，准备将 19 英寸台式彩电的零售价格固定在 18 万日元以上的水平；在价格体系方面，准备将零售差价由 18% 提高到 20% 以内的水平，但最终未能达成协议。在此情况下，这六家公司又将上述两项议题拿到同年 4 月 8 日在东京新大谷饭店召开的专务董事会上继续商讨，并最终达成协议，在 19 英寸彩电的零售价格方面，决定将同年 6 月 21 日以后落地式彩电的价格继续保持在过去的 19 万日元以上的水平，而将台式彩电价格保持在 18 万日元以上的水平；在价格体系方面，则决定至同年 9 月 20 日为止维持原状。

此后，上述公司又于 1966 年 8 月 4 日在三菱电机公司的事务所召开"十日会"临时会议，就彩电价格体系进行商议，做出同年 9 月 21 日以后将零售差价定为 20% 以内，批发差价及回扣率维持原状的决定，并予以实施。

1966 年 9 月 30 日在松下电器东京分公司召开的十日会上，商议继续执行前述决议（即 19 英寸落地式彩电的零售价格继续保持在过去的 19 万日元以上，将台式彩电价格固定为 18 万日元以上的水平），将其延长至 1967 年 1 月 20 日。

上述公司过去还就黑白电视机的零售价格及价格体系进行协商并加以实施。1966 年 7 月 28 日，在日立电机公司事务所召开的十日会上，六家公司又对各尺寸黑白电视机的定价进行了协商，并决定将其价格体系维持原状（即零售差价为 22% 以内，批发差价为 8% 以内，回扣率为 8% 以内的标准）。

公平交易委员会认定，这六家电视机生产企业以共同协商方式决定并实施彩电和黑白电视机最低内销价格的行为违背了公共利益，对彩电或黑白电视机制造企业在国内市场的竞争形成了实质性限制，从而决定对此进行调查审判。

此后，负责此案的审判官对此案件先后进行了 39 次审判，并于 1970 年 6 月 9 日制定、提出了审决草案，与审案记录一起提交到公平交易委员会。对于公平交易委员会方面的审决书，六家电视机制造企业先后于 1970 年 6 月 24 日和 7 月 24 日两次提交异议书，指出虽然六家企业开会商讨过有关彩色、黑白电视机的"目标价格"等问题，但并未对参与协议的各企业进行约束，因此公平交易委员会提出的证据不够充分。公平交易委员会根据上述异议书重新进行调查。1978 年 7 月，该委员会最终决定停止本案的审理工作，其理由是虽然被审查企业存在共同商议彩色与黑白电视机售价及批零差价的事实，但本案审理过程中存在一些有关事实确认方面的争议和法律程序上的问题，况且审判开始以后已经过了十余年时间，很多事实已很难确认，从而终止了这项审判工作，使整个事件的处理最终不了了之。

前述两起发生在家电产业的"反垄断法"事件，"家庭电机具市场安定协议会案件"是以行业组织的形式实施的行业卡特尔，"三洋案件"是通过企业间共谋的形式实施的卡特尔。虽然时间和形式不同，但在企图阻碍企业间竞争特别是价格竞争这一点上是共同的。下文将讨论日本"反垄断法"对卡特尔的处理问题。

二 日本"反垄断法"对卡特尔问题的处理

现在先给我们所讨论的卡特尔下一个完整的定义。"所谓'卡特尔'是指以限制竞争为目的的企业间协议。"换言之，卡特尔是复数企业为限制企业间竞争、追求利润最大化（或利润率的稳定）而采取的共同行为。企业间协议有各种内容，比如以限制价格为协议对象的价格卡特尔，以生产数量为对象的数量卡特尔，以技术、产品、设备、投资等为对象的卡特尔，等等。在外国经济学中，一般称为"共谋"（collusion，有时也被译作"合谋"或"串谋""串通"等）。

历史上早就有卡特尔式行为的存在，但其作为一种重要的经济现象，无疑是在现代资本主义发展到一定阶段以后才频繁出现的。在第二次世界大战以后，各国的经济秩序得到了整顿，"反垄断法"的规制得到了加强。

战后初期，美国占领当局在日本推行一系列"经济民主化"措施。作为其重要环节，是在综合了以美国的"反垄断三法"体系的基础上所制定的《关于禁止私人垄断及确保公正交易的法律草案》，该法律草案于1947年3月在日本国会通过，同年7月开始实施。

在这个"原始反垄断法"中，对卡特尔的主要限制条款，是第三条"禁止私人垄断以及不正当交易"中后段的有关"禁止不正当交易"的规定。作为其补充，有第四条中的"除影响轻微者外，一律禁止共同行为"的条款，第五条中的"禁止私人统制团体"的条款，第六条中的"禁止以不正当限制交易为内容的国际协议"，等等。作为"反垄断法"的补充立法，又于1948年制定了《事业者团体法》。根据此法律，一切事业者团体的成立都需要申报，并禁止采购、销售、生产、保管、运输等营业活动，以及融资、持股、证券和价格卡特尔等18类行为。

此后，日本政府认为过分严格的《反垄断法》阻碍了为恢复经济所需的外资引进和证券吸收，因此提出了修改《反垄断法》的建议。《反垄断法》于1949年第一次被修改。朝鲜战争结束后日本经济陷入萧条之时，不少行业出现了卡特尔或类似行为，而产业主管部门通产省也以"行政指导"的名义对企业提出减产等"劝告"。

1952年，日本政府的咨询机构"政令咨询委员会"提出了放宽《反垄断法》限制的建议，虽然这一建议因美国占领当局的反对而未能实施，但在1952年8月对其做了大幅度松动性修改。同年8月，以议员立法形式制定了《关于稳定特定中小企业的临时措施法》，允许以中小企业为主的产业部门在法律指定的行业设立"调整组合"，实施以数量及设备限制为内容的卡特尔。1952年制定的《出口交易法》也规定：如在出口方面出现过分竞争的现象，则允许企业间就在出口产品价格及质量方面进行协议。这些法律在一定程度上缓和了《反垄断法》中对卡特尔的限制性规定。

1952年《旧金山和约》生效之后，日本政府再次将修改《反垄断法》的问题提上议事日程。1953年9月，日本对《反垄断法》进行了第二次修改，修改了禁止共同行为的条款，允许企业在必要时组织萧条卡特尔和合理化卡特尔；删除了关于排除不正当事业能力差距的条款，放松了对持股、干部兼任以及合并的限制；将禁止"不公平竞争手段"的条款改为禁止"不公平交易手段"的规定；取消了《事业者团体法》，并将其中对事业者团体的有关规定纳入《反垄断法》中；等等。可以说，有关限制卡特尔的规定已经有了很大的松动。以往《反垄断法》中第四条"除影响轻微者外，一律禁止共同行为"以及第五条中"禁止私人统制团体"这两个条款被删除。

此后，日本《反垄断法》的运用进入了一个相对停滞的阶段，不少《反垄断法》的"适用除外法"陆续出台。直到 20 世纪 60 年代后期日本接连出现大型企业合并，特别是 1970 年新日铁的成立引起了社会上的广泛警觉和不满，《反垄断法》才终于在 1977 年首次做了强化方向的修改，执法工作也由此进入一个新阶段。1977 年"反垄断法"的修改，在第七条第二款及第八条第三款中分别加入有关对卡特尔事业者或事业者团体征收罚款的规定，并在第 18 条中增加了对同步性提价的规定。此后，根据新的情况变化，继续对《反垄断法》进行频繁修改。在此不再赘述。

日本的《反垄断法》由"禁止私人垄断"、"禁止卡特尔"（称为"不正当的交易限制"）和"禁止不公平的交易方法"三部分构成。本文所考察的家电卡特尔案件，都与有关禁止卡特尔的条款或禁止不公平交易方法的条款有关。下面就来具体查看一下前述两起反垄断法案件所涉及的法律的具体内容。

"家庭电机具市场安定协议会及另一名的案件"所触犯的是《反垄断法》第八条第一款第四、五款以及"旧一般指定"第一条。《反垄断法》第八条是对事业者团体"不得从事的行为"做出的规定，按照当时的法律，其第一款第四款为，"不正当地限制事业者（指作为事业者团体成员的事业者）的机能或活动"，其第一款第五款为，"不得让事业者从事相当于不公平交易方法的行为"。而按照 1952 年"公平交易委员会第 11 号公告"中所规定的"不公平交易方法"（即"旧一般指定"）第一条，则是指"不正当地不接受某一事业人提供的物资、资金及其他经济上的利益或对这种提供接受加以限制，或者对某一事业人不正当地不予提供物资、资金及其他经济上的利益或对这种提供加以限制的行为"。

"三洋电机及另五家电视机制造销售企业及其他制造销售企业的案件"所触犯的是《反垄断法》第三条后段和第二条第六款。如前所述，第三条后段是日本《反垄断法》中最主要的卡特尔限制条款，其内容只有一句话，即"禁止私人垄断以及不正当交易"。而对于何种行为构成"不正当交易"，则由该法律的第二条做了定义。其第六款的内容为："本法所称'不正当交易限制'，是指行为人以合同、协议或其他名义，与其他行为人共同决定、维持或者提高交易价格，对数量、技术、产品、设备或者交易对象等等加以限制，相互间限制或进行其经营活动，而违反公共利益，对交易构成实质性限制。"

实际上，在战后很长一段时间里，日本政府对以卡特尔为首的阻碍竞争的行为采取了相当宽容的态度，公平交易委员会即使对其查处，一般也仅是对实施卡特尔的企业给予"劝告"，而并没有实施罚款等严厉的处罚措施。而其他政策部门，如通商产业省等，甚至还曾有过鼓励或实质上推行卡特尔的行为。从执法方面来看，植草益①等认为，1953 年《反垄断法》的修改以及此后该法运用的停滞，对日本的产业组织产生了重大影响。而此后日本的产业组织出现的种种问题，应该说与该法有很大关系。

尽管存在"执法不严"的问题，但在 1947 年至 1976 年的 30 年时间里，仍查处了非法卡特尔事件 467 起。在这一期间，卡特尔案件以每年平均 15.6 起的频率发生。从行业分布来看，石油制品、造纸、烧制业（水泥、陶瓷等）、化学工业及橡胶等行业较为频繁。家电产业虽然是社会关注的焦点之一，但仅就卡特尔发生频率来看，是属于较少公开发生卡特尔行为的产业。②

三 若干理论思考

本文的研究重点，是在竞争性领域中企业自身企图对企业间竞争加以

---

① 植草益『産業組織論』、筑摩書房、1982。
② 小宫隆太郎・竹内宏『家用電器産業』、中央公論社、1973。

限制或阻碍的行为，属于"产业组织"研究（indus-trial organization）的范畴。

传统的产业组织论以"市场结构"、"市场行为"及"市场绩效"为基本分析框架。在此框架内，基本上将阻碍竞争行为作为"市场行为"的特定形态来认识。贝恩在其传统产业组织论的经典著作中将"市场行为"归纳为四大类：（1）卖方的销售价格及产量决定；（2）卖方的销售费用及产品决定；（3）卖方的排他性行为；（4）买方企业的市场行为等。从阻碍竞争的意义来讲，在价格或产量决定方面，企业间以契约或非契约方式形成的共谋或"价格先导"（price leadership）等，被视为阻碍企业间竞争的卡特尔行为。

就卡特尔形成的原因和背景来看，虽然哈佛一派的传统产业组织论强调市场结构、市场行为和市场绩效之间的因果关系，但在传统的产业组织研究中，围绕市场结构与市场绩效之间因果关系所做的实证分析较多，而有关市场结构与市场行为之间关系的议论及论证则较少。对于市场结构与市场行为的关系，贝恩曾提出过一些要点，作为寡头垄断性行为的一般理论基础，他指出，在卖方的若干成员或全部成员之间存在某种相互依存关系的产业中，每个卖方成员都抱有两种矛盾的欲望：一是与竞争对手协议决定产量或价格以期谋求"共同利益最大化"的愿望；二是谋求"单独利益最大化"的愿望，为使自己能够从产业的共同利益中获取更大的部分，不惜牺牲产业的共同利益。寡头垄断产业的结构，特别是卖方集中的程度与类型，将对决定市场行为和市场绩效的这两种动机的相互力量对比产生重大影响。在通常的寡头垄断状态下，共同利益最大化的动机与单独利益最大化的动机以一种相互对立的引力发生作用，其结果是产业的市场行为与市场绩效就会出现各种不同的类型。然而，贝恩认为，虽然可以"经验性"地指出市场结构与市场行为之间的关系，但由于市场行为的形态往往难以测定，因此，更适当的办法是直接对市场结构与市场绩效之间的相关关系进行验证。

芝加哥一派与哈佛一派的分歧，主要体现在市场结构与市场绩效的关系及对与此相关的公共政策的看法方面。乔治·斯蒂格勒在后来发表的数篇论文中，亦对卡特尔问题给予了关注。他认为，企业间共谋也是要付出成本的。而由于参与竞争的企业的成本条件不同，竞争环境也不相同，因此即使组成卡特尔，一般来讲也会出现某些企业违背协议私自削价的现象。此外，对加入卡特尔的企业是否遵守协议而进行监督的难度也较大。另外，即使能够维持卡特尔，从而维持一定的高利润，这种状态也容易诱发新的进入。因而，从长期来看，卡特尔也难以维持。虽然斯蒂格勒提出了与哈佛一派不同的看法，但总的看来，与对企业合并及集中度等问题的分歧相比，对于"反垄断法"体系中有关卡特尔的条款，芝加哥一派并未采取与哈佛一派完全对立的强硬反对态度。

20世纪70年代以后兴起的所谓"新产业组织论"，利用博弈论等新的理论工具对企业行为本身展开更精辟的分析，在一定程度上推动了经济学界在产业组织理论方面的研究进展。这类研究着重分析在给定的市场条件下寡头或多头垄断企业如何根据对方所采取的战略来决定其自身的战略，即是选择与对方合作，在产量或价格方面与对方达成可以实现共同利益最大化的协议，还是选择不合作（即追求其自身利益最大化而非复数企业的共同利益最大化）。除促使或阻碍企业间达成协议（或默契）的因素外，还讨论协议的持久性及参与协议的企业出现"背叛"行为的可能性，即达成协议以后，企业会选择遵守协议还是背叛协议，在何种情况下会产生"背叛"动机，等等。这类研究还包括：参加协议的各方对合作所带来的租金（rent）的分享方式及其可能对各企业决策产生的影响，对卡特尔协议的执行情况进行检查和"监督"的方式，对"背叛者"的处罚方式，以及其他企业可能采取的"报复"手段，等等。从博弈论角度对企业间共谋进行的理论分析，并不是将表示市场本身的结构或企业间竞争的实际状态的各种指标作为主要变量，而是根据所设企业数量及其他假定条件（如成本条件的差异、产品的差异性、信息的公开性即价格或产量变化的可观察性等）设计不同的理论模型。这类讨论的理论性展开可经过多种途径，在学术上具有很强的启发性，但有时也因过于抽象而难以利用实际数据加以验证。

与阻碍竞争行为的研究密切相关的一个重要课题，是对产业内竞争状态、性质及其所导致的市场绩效的研究。具体从家电产业来讲，目前中国国内出现的大量有关"价格战"的研究成果应属此类。但应承认，中国很多研究还停留在简单议论或理论性讨论的层次，而并没有对这类行为的产生原因及其所带来的实际效果进行实证分析，换言之，并没有依靠大量数据进行验证和分析。应该说，由于存在数据收集方面的困难，无论是对这类行为的产生原因，还是其对企业效益和效率以及对消费者剩余的影响的分析，都具有极大的难度。然而，从产业研究的角度来讲，只有将研究深化到这一层次，才能更好地把握这一问题。同时，也有可能对国际上相关研究的发展做出一定贡献。从这一角度来讲，中国经济学者的任务是十分艰巨的。

从 20 世纪 60 年代中期至 70 年代前期日本产业的情况可以看出，在发生一系列阻碍竞争事件的同时，当时的日本学术界和企业界也展开了一系列讨论，可以说，某些讨论与目前中国的某些"焦点问题"十分相近。随着目前国际化的进展，反垄断政策的作用和做法正在被人们重新审视和认识。总的来讲，企业间竞争是维持市场经济活力的基本条件，而反垄断政策作为维持竞争政策的根本意义从来不应被忽视。今后应在理论研究与实证分析方面进行进一步的探讨。

关于日美贸易摩擦中汇率问题的思考

徐 梅*

第二次世界大战以后，伴随经济高速增长，日本产业及出口产品的国际竞争力不断提高，与其最大贸易伙伴美国之间的贸易摩擦日益增多。尤其是进入 20 世纪 80 年代，日本对美贸易收支顺差显著扩大，日美贸易摩擦愈演愈烈。在这种情况下，汇率成为美国应对日美贸易摩擦的重要手段之一。当前，中国对美贸易存在大量顺差，人民币汇率成为中美经贸关系中的一大焦点。本文试图通过回顾和考察日美贸易摩擦中的汇率问题，探讨日元升值的实际效果及其原因等，进而对由贸易摩擦引发的汇率问题进行深入思考。

一 日美贸易摩擦中的汇率问题

在货币经济条件下，国际贸易会受到汇率变动的影响。当本国货币升值时，有利于扩大进口而不利于出口，从而减少本国对外贸易顺差。反之，本国货币贬值会有助于扩大出口而不利于进口，从而缩小本国对外贸易逆差，规避和缓解对外贸易摩擦。因此，在双边贸易中，当一方的贸易收支持续出现逆差时，时常会触及汇率问题。

二战后，随着日本经济逐步恢复，日本对美纺织品出口不断增加，1955年日美之间首次出现贸易纠纷，从此拉开了日美贸易摩擦的序幕。20 世纪50 年代中期以后至 60 年代，日本经济高速增长，日本对美出口快速增加，

* 徐梅，中国社会科学院日本研究所研究员，研究方向为日本对外经济关系、日本规制改革。

而对美进口依存度趋于下降，贸易摩擦随之增多。这一时期，日元汇率十分稳定，自 1949 年至 1971 年始终固定在 360 日元兑 1 美元的水平上。

20 世纪 70 年代以后，日本第二经济大国的地位不断巩固，产品国际竞争力进一步增强，其对美贸易除个别年份外基本保持顺差，日美贸易摩擦频发并不断升级。摩擦的领域从纺织品逐渐扩大到钢铁、家电、船舶、汽车、半导体等。在应对摩擦方面，美国主要实行进口限制，要求日本对美出口自律，并开始重视本国产品的对日市场准入问题，呼吁日本开放农产品等美国较具优势的领域。

在这期间，世界经济发生重大变化，西方发达国家的汇率政策开始从固定汇率制向浮动汇率制转变，这为日元汇率的变动提供了条件。以 1971 年 12 月主要发达国家达成的"史密森协定"为契机，日元汇率被重新固定在 308 日元兑 1 美元，升幅达 16.9%，这是战后日元对美元首次大幅度升值，但这一汇率并没有持续多久。1973 年布雷顿森林体系瓦解后，日元兑美元汇率走向浮动，一直到 20 世纪 90 年代中期在波动震荡中呈升值基调。

20 世纪 70 年代末，日元出现第二次升值高潮。1978 年度，日元平均汇率升至 201.4 日元兑 1 美元，与 1976 年度相比上升了 45.2%。此轮日元大幅升值，主要是由于日本经济率先走出"石油危机"、产业竞争力进一步增强以及此前日元汇率被低估等，同时也与日本对美贸易收支顺差扩大、日美贸易摩擦频发以及美国要求对日扩大出口等因素有关，但这一时期美国没有将贸易摩擦的重心转向汇率问题。

进入 20 世纪 80 年代，在经历了两次"石油危机"之后，节能省油的日本汽车大量进入美国市场，加之里根政府实行高利率政策，日本对美贸易顺差急剧扩大。1980～1984 年，日本对美出口在日本总出口中所占比重从 24.2% 上升到 35.2%，四年间提高了 11 个百分点，同期日本对美贸易顺差达到 330.8 亿美元。[①] 在这种情况下，日美贸易摩擦全面升级，摩擦领域不仅涉及农产品、建筑、金融服务等，也扩展到投资、生产、消费、制度政策及商业惯例等方面。

---

① 佐藤定幸編『日米経済摩擦の構図』、有斐閣、1988、6 頁。

为减少对日贸易收支逆差，1985 年 9 月，美国召集西方五国财长和央行行长会议，达成著名的"广场协议"，西方主要货币对美元升值，日本则成为美国施压的主要对象，日元急剧升值。与 1984 年度相比，1986 年度日元兑美元平均汇率上升 52.8%，到 1988 年度升幅高达 90.4%（见图 1）。此轮日元升值幅度之大、对日本经济影响之深，至今仍为各界所议论。

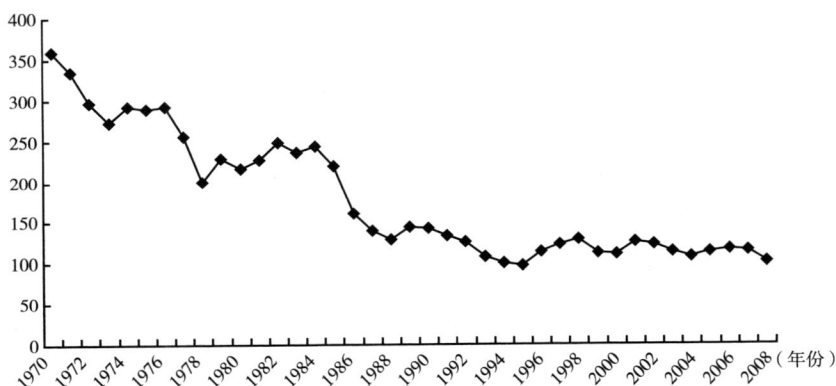

图 1　1970～2008 年日元兑美元汇率的变化

注：数据为各年度银行间美元现货中心的平均汇率。

资料来源：経済企画庁編『経済白書』、大蔵省印刷局、1993 年 8 月、参考资料 57 頁（1970～1992 年度のデータ）；財務省財務総合政策研究所編『財政金融統計月報』2009 年 10 月号、207 頁（1993～2008 年度のデータ）。

二　日元大幅升值的实际效果

综上可见，20 世纪 80 年代中期日元大幅升值的直接原因是日本对美贸易顺差持续扩大、日美贸易摩擦加剧。那么，日元升值是否有效地缓解了日美贸易收支失衡和贸易摩擦问题？

从实际情况来看，日元升值后，美国对日贸易逆差一度有所减少，但所占比重依然较高。1988～1994 年，美国对日贸易逆差在其对外贸易逆差中仍占 40% 以上，最高年份（1991 年）达到 65.0%。1994 年，美国对日贸易逆差增至 656.7 亿美元，比 1988 年上升了 26.8%（见表 1）。另据日方统计，1988～1990 年，日本对美贸易顺差从 476.0 亿美元减少到 379.5 亿美元，之后转为增加，1994 年为 549.0 亿美元。[1] 可见，日元升值对缓解日美贸易收支失衡问题暂时起到一定作用，但不具有持续性，其对进出口贸易差额的影响比较有限，日美贸易收支严重失衡的状况并没有改变。

表 1   20 世纪 80 年代中期以后美国贸易收支的变化

单位：百万美元，%

年份	美国贸易收支	对日本贸易收支		对中国贸易收支	
		金额	占美国贸易收支的比重	金额	占美国贸易收支的比重
1987	－152119.1	－56326.3	37.0	－2796.3	1.8
1988	－118525.9	－51793.6	43.7	－3489.3	2.9
1989	－109399.4	－49058.8	44.8	－6234.3	5.7
1990	－101738.4	－41104.5	40.4	－10431.0	10.3
1991	－66723.1	－43385.3	65.0	－12691.0	19.0
1992	－84497.2	－49601.0	58.7	－18309.0	21.7
1993	－115566.3	－59354.9	51.4	－22777.0	19.7
1994	－150626.7	－65668.2	43.6	－29505.1	19.6
1995	－158804.6	－59136.6	37.2	－33789.5	21.3
1996	－170213.3	－47580.5	28.0	－39520.2	23.2
1997	－180523.0	－56114.7	31.1	－49695.5	27.5
1998	－229758.2	－64014.1	27.9	－56927.4	24.8
1999	－328818.8	－73397.8	22.3	－68677.1	20.9
2000	－436104.6	－81555.0	18.7	－83833.0	19.2
2001	－411897.5	－69021.6	16.8	－83096.1	20.2
2002	－468265.0	－69979.4	14.9	－103064.9	22.0
2003	－532350.3	－66032.4	12.4	－124068.0	23.3
2004	－654830.3	－76236.5	11.6	－162254.1	24.8
2005	－772372.2	－83323.1	10.8	－202278.1	26.2
2006	－827970.5	－89721.8	10.8	－234101.3	28.3
2007	－808762.3	－84303.8	10.4	－258506.0	32.0
2008	－816198.7	－74120.4	9.1	－268039.8	32.8
2009	－501263.0	－44769.4	8.9	－226826.1	45.3

资料来源：笔者根据 U. S. Census Bureau，http：//www. census. gov/foreign－trade/balance 编制。

---

[1] 经济企画厅编『経済白書』、大蔵省印刷局、1993、参考资料 247 页；日本贸易振兴机构，http：//www. jetro. gojp/world/japan/stats/trade。

另外，值得注意的是，为了应对 20 世纪 80 年代中期以后的日美贸易摩擦，美国不仅使用汇率手段促使日元升值，而且强化 1974 年通商法中的"301 条款"，即启用所谓的"超级 301"条款。根据该条款，美国有关部门可以对其认定的贸易对象国的不公正交易惯例等进行调查，并就取消对方的不公正交易惯例等进行谈判，如果谈判失败，则可对该国采取报复性措施。日本则成为美国实施"超级 301"条款的主要对象。1989 年布什执政后，美国一边高举"自由贸易主义"大旗，一边积极运用新的通商法，在对日钢铁、汽车、半导体等贸易摩擦中都曾动用过"超级 301"条款。

可以说，在战后不断升级的日美贸易摩擦中，美国想尽了各种办法，动用了各种手段。然而，无论是"广场协议"促使日元升值，还是动用"超级 301"条款，都未能有效缓解日美贸易收支失衡和贸易摩擦问题。

三　日美贸易摩擦中汇率问题的溯源

事实证明，日元升值对缓解日美贸易收支失衡和贸易摩擦的效果有限，但汇率问题在日美贸易摩擦中一再被强调，其原因不仅限于经济因素，也带有政治色彩。

（一）日元升值难改日美贸易收支失衡状况

日美贸易收支失衡和贸易摩擦的产生，是多种因素共同作用的结果。首先，日美间产业竞争性提高。随着日本经济实力和产业竞争力不断增强，日美间的产业结构互补性下降。20 世纪 60 年代中期以前，日美贸易总体具有垂直关系，日本对美出口以轻工业品为主，对美贸易收支基本处于逆差状态，与美国尚未形成竞争关系。20 世纪 70 年代以后，美国经济和产业竞争力下滑，1980 年其在全球经济中所占比重从 1955 年的 40.3% 下降到 23.3% ,[1] 而日本产业特别是制造业日益强大，在很多领域对美处于竞争优势。

---

① 佐藤英夫『日米経済摩擦』、平凡社、1991、11～12 頁。

其次，日本企业抗御汇率变动风险的能力较强。日元大幅升值导致企业出口成本上升，出口额下降。日本企业"重视市场份额"及对"提高市场占有率"① 的追求，促使其加快结构调整，提高生产效率，进而提升产品附加值，进一步扩大出口，这也是战后东亚一些出口导向型国家在本币升值中依然能够保持出口竞争力、实现工业化的一个重要原因。同时，日元大幅升值后，日本出口企业的收入减少，导致失业人员增加，而国内劳动力市场流动性不足使产业间的人员移动缓慢，劳动力市场竞争加剧，从而降低企业雇用、生产等成本，有利于促进出口。

另外，日本市场交易中的一些制度和惯例阻碍了外国企业及其产品进入日本市场。在日本对欧美的贸易摩擦中，被批评和指责较多的问题有复杂的流通体系、独特的交易惯例、企业系列制等。譬如，在 1989 年进行的日美结构问题谈判中，日本《大店法》、流通系统封闭性等问题成为美国指责和施压的焦点。

可见，汇率问题并不是造成日美贸易收支失衡、引发贸易摩擦的主要因素，通过汇率手段修正贸易收支失衡的效果有限。日本经济学家吉川元忠的一项调查和研究显示，20 世纪 80 年代日元大幅升值以后，美国七个不同行业中只有 40% 的进出口商品对日元升值、美元贬值做出了反应，② 说明日元升值难以真正解决日美贸易收支失衡和贸易摩擦问题，只能暂时起到缓解作用。

（二）美国促使日元升值背后的政治因素

从经济学上讲，贸易保护理论是国际贸易摩擦产生的理论根源。挑起摩擦的一方往往意在保护本国市场、缓解对外贸易收支逆差，并可获得大于对方的利益。而美国在对日贸易摩擦中促使日元升值并没有取得理想的经济效果，那么为何 20 世纪 80 年代将摩擦的重心转向汇率问题，对此人们越来越

---

① 香西泰·高橋克秀「貿易構造と国際収支—日本の場合—」、大蔵省財政金融研究所『ファイナンシャル レビュー』、1989。
② 《上海证券报》2010 年 4 月 15 日。

多地从经济因素之外进行探讨。

美国著名学者戈莫里（Gomory）和鲍莫尔（Baumol）对有关国际贸易和国家利益冲突进行过深入分析，[①] 其结论是：一国生产力的提高，通常会损害他国的整体福利，国际贸易有可能导致各贸易伙伴之间的重大利益冲突。不发达的贸易伙伴的进步对贸易双方都有利，发达的一方在不发达的贸易伙伴发展新兴产业、普遍提高生产率的过程中会受益，但是，一旦该贸易伙伴的进步超越某一发展状态，就会引发国家间的利益冲突，从而出现贸易摩擦。由此可见，贸易摩擦的产生归根到底是缘于国家利益的冲突。

国家利益不仅包括经济利益，也包括政治利益等。由于政治与经济的关系密不可分，当贸易摩擦所引发的经济利益冲突发展到一定程度时，必然会引起政治利益的变动，各方调整自身发展战略。在经济全球化和竞争日益加剧的当今时代，国家利益越来越跨越国界。对世界政治、经济、军事大国的美国而言，为维持和巩固其在全球的优势地位，一直将其国家利益延伸至世界各个地区、各个领域。

战后日美经济实力对比关系的变化，首先引发两国在贸易领域的摩擦。20世纪70年代以前，日美之间在纺织品、钢铁等领域也出现贸易摩擦，但这一时期美国在对日经济上仍处于明显优势，加之考虑到维护日美关系稳定的必要性，美国主要采取了限制进口、要求日本实施出口自律等措施，没有将局部的经济纠纷上升为政治问题。

进入20世纪70年代，美国对日贸易逆差继续扩大，日美贸易摩擦不断增多，东西方关系逐步缓和，美国开始将日本作为竞争对手，日美贸易摩擦逐渐被政治化。在日美进行的纺织品贸易摩擦谈判中，美国采取了从未有过的强硬态度，甚至动用"对敌通商法"来威胁日本。

到20世纪80年代特别是中期以后，日本不仅是世界经济大国和贸易大国，也成为世界援助大国和投资大国，日美经济实力对比发生明显变化，正

---

① 〔美〕拉尔夫·戈莫里、威廉·鲍莫尔：《全球贸易和国家利益冲突》，文爽、乔羽译，中信出版社，2003。

是在这种背景下，美国不断向日本施压，促使日元大幅升值。表面上看，美国对日施压意在缓解日美贸易收支失衡和贸易摩擦，而实质上是意欲打压崛起的日本，维护美国在世界政治经济方面的主导地位，推行其全球发展战略。

（三）美国在贸易摩擦中运用汇率手段的根源

战后以来，国与国之间的贸易摩擦从未休止，其中也不乏贸易逆差方向顺差方施加压力，要求其货币升值的案例。但是，没有一个国家在贸易摩擦中像美国那样将摩擦的重心转向汇率问题，并且态度强硬。探其根源，主要在于战后以来确立的以美元为基础的国际货币体系。

1944年布雷顿森林体系的建立奠定了美元的特殊地位，即美元与黄金挂钩，其他国家的货币直接或间接地通过美元与黄金挂钩，这意味着美国实际上掌控了国际货币发行权。在随后成立的国际货币基金组织（IMF）中，美国拥有最高份额和否决权，美国在调节国际收支问题上也具有特殊的地位和作用。20世纪70年代初布雷顿森林体系走向瓦解后，国际货币体系从固定汇率制向浮动汇率制转变，而美元事实上仍承担着基础货币的功能，有所改变的只是美元的发行不再受到黄金产量和黄金储量的限制。

至今，在国际储备资产中，美元所占比重超过60%，在国际贸易结算、资本交易中美元也占据绝对优势，还没有一种货币能够与美元相提并论。由于美元地位的特殊性，包括日本在内的许多亚洲国家的货币盯住美元，以美元为基础确定本币汇率。在此情况下，美国可以利用自己独享的经济特权，从本国政治经济利益的现实需要出发，根据美国的经济形势、货币政策变化等来影响和操纵他国汇率。美元无论升值还是贬值，对美国而言都会有利可图。

四　关于日美贸易摩擦中汇率问题的思考

进入21世纪，日美贸易摩擦已淡出人们的视线。但是，美国对外贸易逆差依然居高不下。据美国的统计，2000年，在美国4361.1亿美元的对外贸易逆差中，对中国的贸易逆差占 19.2%，首次超过日本并持续上升。到 2009 年，美国对中国的贸易逆差额占其贸易逆差额的 45.3%，中国取代日本成为美国最大的贸易逆差来源地。随之，中美之间的贸易摩擦日渐增多，美国不断向中国施压，要求人民币升值，与当年美国在日美贸易摩擦中要求日元升值的做法如出一辙。可以预料，随着经济实力的进一步上升，今后中国对外经贸发展将会面临更多来自美国的挑战。回顾和思考日美贸易摩擦中出现的汇率问题，或可给中国带来有益的启示。

（一）保持贸易对象多元化和贸易收支平衡，避免引发汇率问题

无论从经济学原理还是从世界经济的发展历程来看，贸易收支顺差和外汇储备规模并非越多越好，而是以相对平衡为宜。通常情况下，一国对外贸易顺差越大、贸易对象特别是出口对象越集中，就越容易引发贸易摩擦。由于汇率是各国之间进行货币交换和经济贸易的尺度，当贸易伙伴之间的贸易长期处于不平衡时，必然会导致贸易摩擦，随着摩擦加剧，逆差方政府往往会要求顺差方的货币升值。日美贸易摩擦的导火索是美国对日贸易逆差持续增加，贸易收支不平衡加剧，美国对日施压促使日元升值。

长期以来，日本对外贸易严重依赖于美国。在 20 世纪 60 年代中期以前，由于日本对美进口依存度大于出口，对美贸易总体不存在顺差，日美之间虽然出现贸易摩擦，但限于局部领域且影响有限。20 世纪 70 年代以后，日本对美出口依赖增大，对美贸易收支除了 1975 年之外均为顺差，日美贸易摩擦进入频发阶段。到 20 世纪 80 年代，日本对美出口大量增加，1986 年日本对美出口在其总出口中所占比重达到 38.5%，对美贸易收支出现 514.0 亿美元的顺差。贸易收支顺差持续增加，虽然使日本保有充足的外汇储备，提高了对外支付能力，但也导致 20 世纪 80 年代中后期日元大幅升值，对日本泡沫经济的形成起到推波助澜的作用。

在规避贸易摩擦方面，德国是一个典范。二战后，德国实现了经济快速增长，对外贸易长期保持顺差，但没有出现像日本那样激烈的对外贸易摩擦及汇率问题，其主要原因在于德国没有对某一国家或地区的贸易形成严重依

赖，而是采取贸易商品结构和地区结构的多元化策略，从而有效规避和分散了风险。因此，中国需要努力实现贸易尤其出口地区多元化，减少对他国贸易的过度依赖，促进对外贸易收支平衡，保持内需与外需均衡协调发展，以防止和减少贸易摩擦，避免引发汇率问题。

（二）汇率变化需依据市场经济规律，不宜人为设定和大幅调整

汇率的基本走势是一国经济实力的反映，因而各国和地区应遵循经济发展规律。在日本经济高速增长时期，日元汇率本应发生相应的变化和调整，但在 1949～1971 年长达 22 年的时间里，始终被固定在 360 日元兑 1 美元的水平上。日元汇率长期被低估，助推了日本贸易顺差扩大、贸易摩擦不断升级，为后来的日元大幅升值埋下隐患。

关于 20 世纪 80 年代中期以后的日元大幅升值，许多人认为是日本泡沫经济形成的罪魁祸首，这里暂且不论这一观点是否正确，但不可否认的一个事实是，此次日元升值导致日本企业出口下降，日本政府担心经济下滑，自 1986～1987 年初屡次降低公定利率，并采取增加公共投资等措施。宽松货币政策和积极财政政策未能促进日本经济健康发展，反而造成日本国内流动性增强，大量资金流向股市和房地产市场，吹大了资产泡沫，随着泡沫破灭，日本经济陷入长期低迷。

日本的经历表明，人为大幅调整汇率有悖于市场发展规律，不仅容易错失汇率调整的时机，而且容易导致政府宏观调控的难度加大及出现政策失误，给经济运行带来不稳定，日本为此付出了惨重代价。因而，在汇率问题上，需要坚持"可控性"、"自主性"和"渐进性"的原则，不能屈从于他国压力，而需根据本国经济的发展变化主动、适度地进行调整，使汇率保持在与自身经济基础条件相适应的水平上。

（三）汇率手段难以解决贸易收支失衡和摩擦问题，逆差方亦需转变经济发展方式

如前所述，汇率并不是形成美国对日贸易逆差和日美贸易摩擦的主要原

因。中国自 2005 年 7 月起实施汇改到 2010 年 6 月底，人民币兑美元汇率已累计升值 21. 88%，[①] 但美国对中国的贸易逆差状况丝毫没有改善。实践进一步证明，汇率手段无法解决贸易收支失衡和摩擦问题，特别是在经济全球化快速发展的今天，汇率的调节作用日趋弱化，而汇率问题的出现只是美国贸易逆差和对外贸易摩擦扩大的结果。

事实上，美国对外贸易持续处于逆差状态，主要是由于长期以来美国的总需求大于总供给，个人消费旺盛，储蓄率较低，这种经济增长方式使美国吸纳进口产品的能力强，进口大于出口。正如美国著名经济学家罗奇所指出，美国贸易逆差从根本上说，是由美国国内储蓄率过低以及消费引起过度进口所导致。

所以，想彻底解决美国的巨额贸易逆差问题，不仅需要顺差方的配合和努力，而且更关键的是需要美国自身的努力，即改变过度消费的经济发展方式，提高制造业竞争力。总之，在当前全球经济失衡的情况下，为抵御贸易保护主义升温，避免和减少贸易摩擦，各国和地区都有必要从自身寻找原因，调整产业结构和经济发展方式，促进本国经济以及地区、世界经济的健康协调发展。

（四）只有改变以美元为基础的国际货币体系，才能消除美国利用汇率手段转嫁国内矛盾的做法

尽管美国的贸易收支长期处于逆差状态但其经济依然保持增长，这主要是因为在以美元为基础的国际货币体系下，美国可以通过发行美元来弥补其逆差，通过调整汇率等手段将国内矛盾转嫁给他国。20 世纪 70 年代以后日元汇率的每一次大幅波动，可以说都在一定程度上受到美国国内形势以及对日贸易政策等因素的影响。譬如，在越南战争后期，为缓解国内失业和通货膨胀问题，减少国际收支逆差，阻止美元大幅贬值，尼克松政府宣布美元与黄金脱钩，并对进口商品征收 10% 的附加税，这一政策加剧了世界经济和

---

① 《2010 年第二季度中国货币政策执行报告》，中国人民银行，2010。

国际金融市场的动荡，对日本经济的影响尤为严重，日元汇率开始升值，之后向浮动汇率制过渡。在汇率问题上，日本政府不仅要承受来自美国的压力，对日元汇率难以施行有效管控，为防止美国增发美元而导致美元贬值，还要把出口换来的一部分外汇储备以资本形式流入美国，替美国背负债务负担，帮助美国维持经济正常运行。

2008 年 9 月国际金融危机爆发后，美国经济陷入萧条，国内失业率上升。在这种形势下，拥有外汇储备和美国国债最多的中国，便成为美国转嫁危机的主要施压对象，美国先后对中国挑起"轮胎特保案"、钢管反倾销案等贸易纠纷，将"汇率大棒"指向正在快速发展的中国，其真正目的不言自明。想使美国的故技不再重演、世界经济和谐稳定发展，就需要建立一个公正合理的国际货币体系和国际政治经济新秩序。

（原载《日本学刊》2010 年第 5 期，有删减）

日本的海外金融资产：
现状、特点、影响及启示

刘　瑞[*]

前　言

海外金融资产，也称海外资产、对外资产、对外金融资产，是指一国居民对非居民拥有的金融资产，包括对外直接投资、证券投资、金融衍生商品投资、其他投资（如发放借款、存款、各类应收款等）、外汇储备等。与之相对应，对外负债指一国居民对非居民承担的负债，包括引进直接投资、发行有价证券、吸收金融衍生商品投资、其他负债（如吸收存款、借款、各类应付款等）。对外资产与对外负债之间的差额即为对外净资产。[①]

理论上，流量视角下的经常收支顺差对应转化为一国海外净资产的累计存量，因此学术界和政策制定部门对日本海外金融资产的分析起点集中在经常收支结构演变上。植田健一等从国内外储蓄与投资的关系分析经常收支变化，并将对外净资产作为说明经济基础的其中一个变量，与反映周期循环、结构和政策等变量共同作用于对外经济平衡的解析。[②] 松林洋一将日本 130 余年的经常收支变化分为三个阶段。一是 1885 年至第二次世界大战结束，除大规模战争、天灾导致经常收支赤字外，其余时期对外不均衡状态仅在正

＊　刘瑞，中国社会科学院日本研究所研究员，研究方向为日本金融理论与政策、中日金融制度比较。

① 财务省「用語の解説」。

② 植田健一、服部孝洋「グローバル・インバランスとIMFによる対外バランス評価（EBA）モデルについて」、『PRI Discussion Paper Series』19A‐06、2019。

负 1% 左右。二是 20 世纪 50 年代至 70 年代，经常收支顺差与逆差交替发生，短期变动显著。三是 20 世纪 80 年代至今 30 余年，日本经常收支持续顺差，顺差规模占 GDP 比重从 1980 年的 0.7% 上升到 2007 年 4.8% 的峰值，之后呈减少趋势。因此，长期时序下日本经常收支特征表现为"20 世纪 80 年代之前基本保持均衡，之后的 30 年间，顺差成为恒定的常态"。[①]

长期以来，日本贸易顺差是经常收支顺差的最重要来源，但 2005 年发生"历史性转折"，[②] 所得收支顺差首次超过贸易顺差。2011 年东日本大地震后，贸易收支出现 1980 年以来首次逆差，经常收支顺差随之大幅收窄。日本经济产业省指出，2011 年以来的经常收支，反映了国内需求及产业结构存在的短期及长期变化。[③] 在第一次所得收支中，直接投资收益逐渐超过证券投资收益，其背景在于日本企业加速海外投资与布局，通过比较优势，立足具有技术和服务优势的产品，提升国际竞争力。

日本对外投资相关成果众多，如樱健一和岩崎雄斗分析了日本海外生产的动机、背景、效果等。[④] 在对外投资对日本国内经济影响方面，主要有两种观点。一是积极效应。如深尾京司和天野伦文等通过测算，认为对亚洲直接投资激发出口诱发效应有利于日本国内生产；[⑤] 马文秀和王立军系统论证日本对外直接投资带动国内产业升级的传导机制及策略体系。[⑥] 二是消极影响，特别是海外生产可能导致日本国内产业空心化。如伊丹敬之指出海外生产对国内生产存在替代效应；[⑦] 洞口治夫认为对外投资将导致国

① 松林洋一「我が国経常収支の長期的変動と短期的変動：1980～2014」、『国際経済』第 66 巻、2015。

② 刘昌黎：《日本国际收支的历史性转折与投资立国》，《日本学刊》2007 年第 2 期。

③ 日本経済産業省「通商白書 2014」。

④ 桜健一、岩崎雄斗「海外生産シフトを巡る論点と事実」、日本銀行『BOJ Reports & Research Papers』2012 年 1 月。

⑤ 深尾京司・天野倫文「対外直接投資と製造業の『空洞化』」、『経済研究』第 49 巻第 3 号、1998。

⑥ 马文秀、王立军：《日本对外直接投资与国内产业升级研究》，人民出版社，2018，第 29～150 页。

⑦ 伊丹敬之「空洞化はまだ起きていない——日本企業の選択と行動」、NTT 出版社、2004、2～3 頁。

内就业减少;[1] 松浦寿幸认为海外直接投资伴随逆进口增加，导致日本国内技术水平停滞甚至下降。[2]

日本经常收支顺差累积海外净资产，而投资收益扩大带动日本经常收支顺差进一步扩张，在这个循环过程中，日本对外投资的成果在很大程度上体现在海外金融资产变化中。大野正智认为，伴随所得收支增加，国民总收入（GNI）与 GDP 之间存在缺口。如果缺口增大，那么二者的相关系数降低。[3] 樊勇明以 2011 年日本国际收支的重大结构性转变为视角，分析了日本海外资产的增长情况及经济战略转型面临的问题。[4] 岩村英之指出国际收支发展阶段中日本所处的位置，即日本具备成熟债权国特征。

本文拟在评估日本海外金融资产基本状况的基础上，分析其结构特点，梳理其变化动因，总结海外资产变化对日本的积极效果及其面临的课题，以期为中国企业"走出去"提供借鉴。

一　日本海外金融资产概况：流量及存量视角

厘清一国海外资产的规模及结构，一般以国际收支统计为依据，从流量和存量两个角度分析国际收支交易和国际投资头寸。流量方面，日本主要参考财务省和日本银行公布的国际收支统计数据。[5] 国际货币基金组织（IMF）第六版《国际收支和国际投资头寸手册》（简称"IMF 手册"）规定，日本国际收支统计包括经常收支、金融收支和资本转移收支

---

[1] 洞口治夫「日本の産業空洞化と知識集約型クラスターの創造」、『イノベーション・マネジメント』、2004。

[2] 松浦寿幸「空洞化—海外直接投資で「空洞化」は進んだか?」、『日本労働研究雑誌』第609号、2011。

[3] 大野正智「日本のGDPとGNI及び対外資産負債について」、『商学論集』第79巻第4号、2011。

[4] 樊勇明：《海外资产和日本经济的转型》，《世界经济研究》2012 年第 8 期。

[5] 福間則貴、森下健太郎、中村武史「わが国における最近の国際収支動向とその特徴—国際収支統計の改訂・拡充を踏まえて—」、『日銀レビュー』第 J6 号、2016。

三大项目，① 其中居民与非居民之间的债权债务交易变化通过经常收支和金融收支表现，如经常收支项目反映一定期间海外资产的来源及途径，金融收支则显示一定时期海外资产交易及配置结构变化。而存量方面，日本银行每季度会公布对外金融资产负债余额数据，记录日本海外资产和负债的累积形式及规模，反映在特定时点日本对海外金融交易的存量。

据此，本文选取经常收支、金融收支和对外资产负债余额等三项国际收支数据，以梳理和分析日本海外金融资产的结构、规模及变化特点。其中前两项指标从流量角度展现一定时期日本海外资产变化情况，对外资产负债余额则体现出金融收支的存量特征。

（一）流量视角之一：经常收支

经常收支主要包括贸易及服务收支、第一次所得收支、第二次所得收支等②，其变化具体反映出日本与海外的货物贸易、服务贸易和投资收益等情况。国际收支统计得出的经常收支顺差，在存量上表现为海外资产的增加，因此经常收支顺差反映出日本对外盈利能力。

二战后，日本在美国扶持下走向经济复兴。由于国土狭小、资源匮乏，20 世纪 50 年代初，日本确立"贸易立国"战略，以出口导向型模式促进经济发展。③ 作为日本经常收支的重要组成部分，日本的贸易收支持续保持大规模顺差，将经常收支盈余推升至 2007 年 24.95 万亿日元的峰值（见图 1）。

受国际金融危机影响，2008 年及 2009 年日本经常收支顺差规模缩小。2011 年东日本大地震导致日本的原油进口大幅增加，日本贸易收支时隔 31 年转为逆差，经常收支顺差规模也随之连续四年减少，2014 年降至 3.92 万

---

① 2014 年 1 月，日本银行根据《IMF 手册》（第六版）对国际收支统计项目进行调整，此前，其由经常收支、资本收支和外汇储备增减三大项目构成。具体参见财务省、日本银行「国際収支関連統計の見直しについて」、2013 年 10 月 8 日。

② 日本银行国際局「国際収支統計（IMF 国際収支マニュアル第 6 版ペース）の解説」、2019 年 1 月。

③ 1949 年日本设置通商产业省，作为振兴出口的政府部门，其主要目标是将经济发展模式从以国内为中心转为贸易立国。参见桑原智隆「経済産業政策の変遷」、2015 年 7 月 31 日。

亿日元，达到有历史记录以来的最低值。① 伴随国际原油价格走低及服务收支出现盈余等因素，2015 年起日本的经常收支顺差大幅提升，虽然 2018 年时隔三年再次出现减少态势，但仍处于 19.22 万亿日元的较高水准。

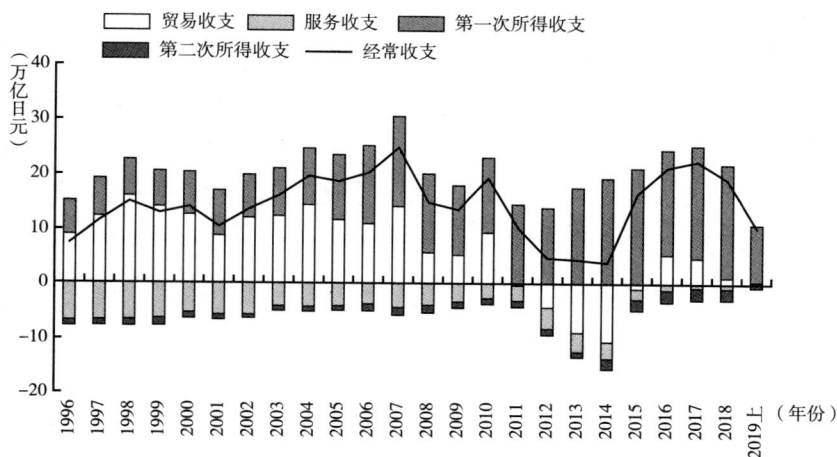

图1 日本经常收支变化情况

注：2019 年数据为 2019 年上半年数据。
资料来源：财务省「国際収支の推移」、2019。

（二）流量视角之二：国际收支金融账户

观察金融收支，应从流量和存量两方面进行分析，以便于理解海外金融资产的变化、规模及结构特征。根据功能或类别，国际收支金融账户主要反映一定时期直接投资、证券投资、金融衍生商品、其他投资、外汇储备等变化情况。根据国际收支平衡原则，经常收支 + 资本转移收支 + 误差遗漏 = 金融收支。由于资本转移规模极其有限，误差的理想状态为零，因此一般来说一国在一定时期内的经常收支与金融收支变化基本匹配。

在日本与海外的实际资金往来中，由贸易及第一次所得顺差产生的经常账户盈余，以海外直接投资、证券投资及外汇储备等金融收支方式形成资本

---

① 日本経済産業省「通商白書 2015」。

循环，若金融收支变化为正值，即意味着对外资产净增长。与经常收支相对应，日本金融收支在 2012 年至 2014 年显著降低，其中 2013 年减少 4087 亿日元，成为 1996 年公布这一数据以来的首次负值，其余年份则保持了较高水平增长。从图 2 可以看出，2013 年，虽然日本对外直接投资有所增加，但在"安倍经济学"的刺激作用下，股票价格上涨，海外投资者通过证券投资尤其是股票投资进入日本金融市场，日本对内证券投资同比增加一倍，为 17.8 万亿日元，是对外证券投资的近三倍，金融收支大幅入超。2018 年日本金融收支为 20 万亿日元，其中直接投资净增长（对外直接投资增量－对内直接投资增量）为 14.72 万亿日元，虽然同比增长幅度减小，但仍保持历史第三位的高水平。[1] 另外，证券投资净增长 9.98 万亿日元，同比增长近三倍。

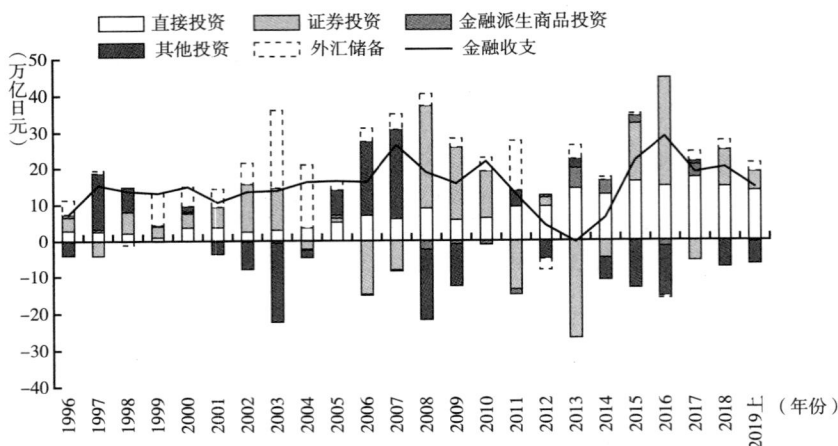

图 2　1996～2019 年日本金融收支变化情况

注：2019 年数据为 2019 年上半年数据。
资料来源：财务省「国際収支の推移」。

（三）存量视角：对外资产负债余额

对外资产负债余额统计从存量角度衡量日本在特定时点对外债权债务的

---

[1]　日本銀行国際局「2018 年の国際収支統計および本邦資産負債残高」、2019 年 7 月。

变化情况，其中对外资产即对外债权，反映日本政府、企业和个人在海外拥有的资产规模，包括对外直接投资、证券投资、对外借款和外汇储备存量。对外负债反映外国直接投资、证券投资、借款等外国政府、企业和个人在日本保有的资产存量，二者之间差额为对外净资产。

如图 3 所示，从 2008 年起，日本对外资产连续十年保持增长势头。截至 2018 年末，日本海外资产达 1018.04 万亿日元，连续七年更新历史最高纪录。① 与 1996 年相比，日本海外资产规模提升 2.36 倍，其中对外证券投资占比从 37% 升至 44%，对外直接投资占比从 10% 升至 18%，外汇储备占比从 8% 升至 14%，而其他投资（对外借款、贸易信贷等）占比从 45% 降至 21%。

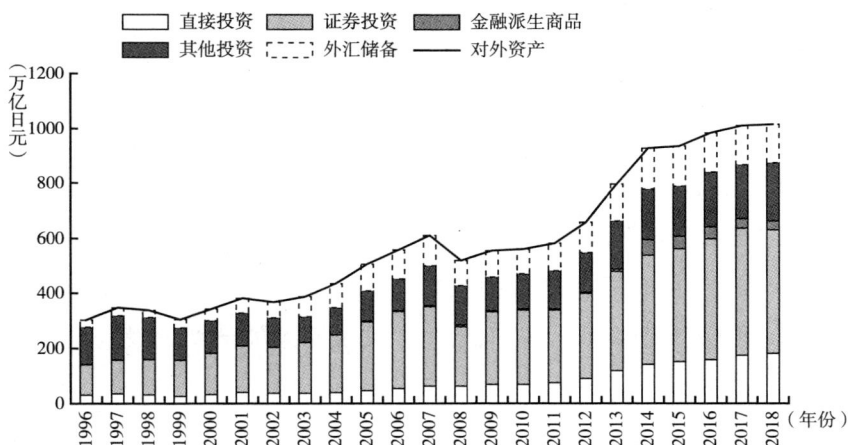

图 3　1996～2018 年日本对外资产规模变化情况

资料来源：日本銀行「時系列統計データ検索サイト」。

对外负债方面，2009～2017 年，日本海外债务连续九年呈增长趋势，2018 年同比仅减少 1.1%，仍保持 676.48 万亿日元的高位（见图 4）。从其结构可以看出，相比对日直接投资，海外投资者持有日本证券投资占比最高，约为 52%，2018 年对外负债减少与海外投资者所持的日本企业股票价格下跌有关。

―――――――――

① 「対外純資産 2 年ぶり増」、『日本経済新聞』2019 年 5 月 24 日。

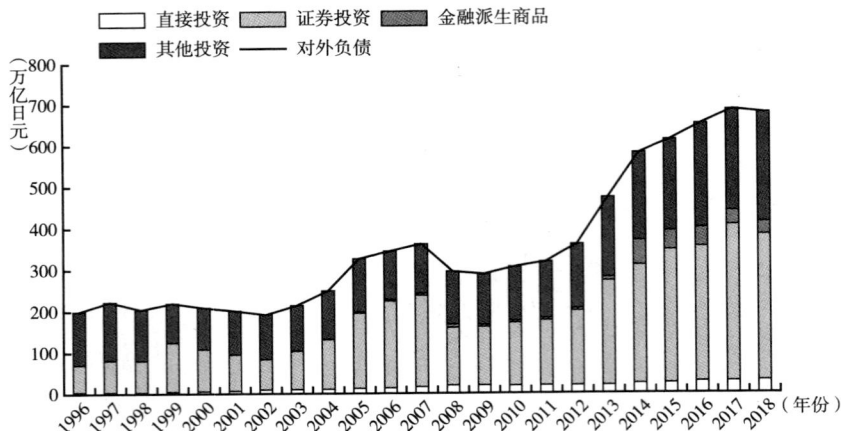

图4　1996～2018 年日本对外负债规模变化情况

资料来源：日本銀行「時系列統計データ検索サイト」、http：//www. stat－search. boj. or. jp/ssi/cgi－bin/famecgi2？cgi ＝＄nme＿ a000&lstSelection ＝FM08。

图5 显示出日本对外净资产变化情况，即日本政府、企业及个人所持海外资产与负债之间的差额。截至 2018 年末，日本对外净资产时隔两年转为增长，以 341. 56 万亿日元的规模位居历史第二高值（最高值出现在 2014 年，为 351. 11 万亿日元），居全球首位，其规模远高于第二、第三位的德国（260. 28 万亿日元）和中国（236. 78 万亿日元）。[1]

（四）日本海外资产变化的特点

通过对国际收支流量和存量统计的分析，可以看出日本海外资产的变化特征。

1. 海外资产和海外负债规模大，且均呈增长趋势

截至 2018 年，日本海外资产和海外负债余额分别为名义 GDP 的 1.85 倍和 1. 23 倍，而 1996 年这两项指标仅分别为名义 GDP 的 57. 59% 和 37. 93%。

---

[1]　财务省「平成 30 年末現在本邦対外資産負債残高の概要　主要国の対外純資産」、2019 年 5 月 24 日。

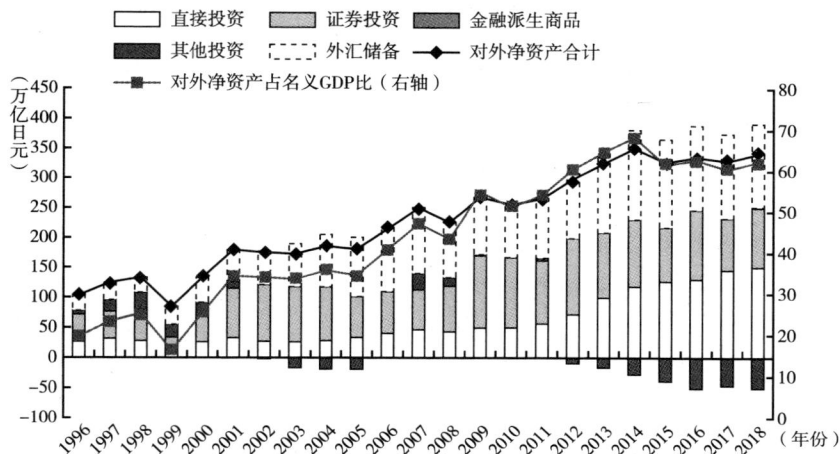

图5　1996～2018年日本对外净资产变化情况

资料来源：财务省「本邦対外資産負債残高」、https：//www. mof. go. jp/international_ policy/reference/iip/data. htm；内閣府「国民経済計算（GDP 統計）」、https：//www. esri. cao. go. jp/jp/sna/menu. html。

2. 海外净资产规模长期保持全球首位

2018 年，日本海外净资产是 1996 年的 3.3 倍，海外净资产占名义 GDP 比重从 1996 年的 19.66% 上升至 62.22%。从 1991 年起，日本连续 28 年成为全球最大净债权国。

3. 海外资产来源从证券投资收益转为直接投资收益

从国际收支变化中可以看出，日本经常项目顺差主体已由贸易转为第一次所得收支。与反映无偿资金援助、赠予等第二次所得收支相比，第一次所得收支直接体现对外金融债权债务发生的收益和利息收支情况，包括直接投资收益、证券投资收益、其他投资收益等。[①] 2005 年日本第一次所得收支顺差首次微弱超过贸易顺差后，二者之间差距呈扩大态势，2018 年日本第一次所得顺差为 20.85 万亿日元，是贸易顺差的 17.38 倍，成为日本维持经常项目盈余的决定性因素。

---

① 财務省「用語の解説」。

如图 6 所示，长期以来，日本第一次所得收支顺差主要源于证券投资收益，如 1996 年证券投资收益占比达 70.83%，而直接投资占比不到 1/4。近年来，在全球低利率环境下，债券收益缩小，2018 年日本对外直接投资收益以 10.06 万亿日元创年度历史最高水平，并超过证券投资收益，二者占第一次所得收支的比重分别为 48.26% 和 47.24%。

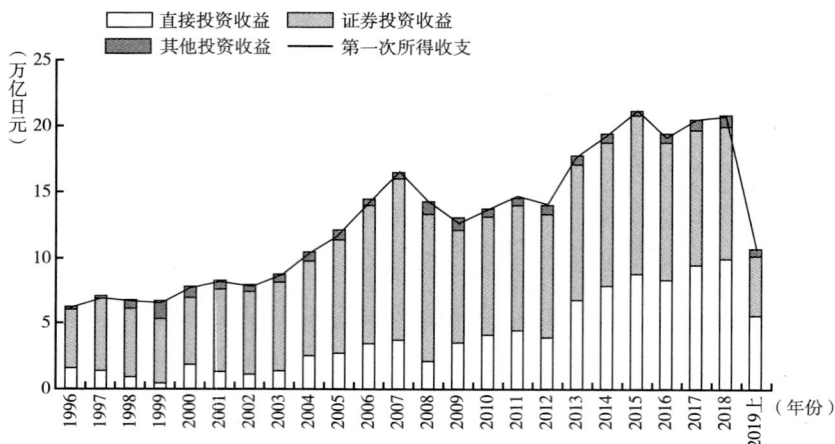

图 6　日本第一次所得收支结构变化

注：2019 年数据为 2019 年上半年数据。

资料来源：日本銀行「時系列統計データ検索サイト」。

4. 外汇储备规模大，持有美国国债的占比高

外汇储备是政府从民间机构购买其所持海外金融资产，用于本国对外币值稳定、外汇干预等目的，可以理解为政府部门持有的海外金融资产。[1] 2018 年日本外汇储备为 140.28 万亿日元，是 1996 年的 5.6 倍，占海外资产比重从 24.4% 升至 41.1%，其外汇储备规模仅次于中国。

从结构上看，美国国债占日本外汇储备比重高。美国财政部数据显示，截至 2019 年 6 月末，日本持有美国国债规模达 1.12 万亿美元，[2] 占同期日

---

① 三橋貴明『経済ニュースが10倍よくわかる「新」日本経済入門』、2010、135 頁。

② 「6月、2年ぶり、中国抜く」、『日本経済新聞』（夕刊）2019 年 8 月 16 日。

本外汇储备（1.32 万亿美元）的85%。日本时隔两年超越中国成为美国国债最大持有国。

二　近年来日本海外资产变化及其动因

国际收支统计展现出日本海外金融资产在规模和结构上的双重变化，反映了其"量质齐变"的特点，即日本海外资产规模巨大，其主要来源从贸易顺差转为第一次所得顺差，其中海外直接投资收益成为主要牵引要素。近年来日本海外资产变化的主要动因，可以从国家发展战略、全球化浪潮、企业海外生产模式、对外投资形式等变化中找寻和探究。

（一）外压下日本对外经济结构调整，国家发展战略从"贸易立国"向"投资立国"转变

战后日本确立"贸易立国"发展战略，在"道奇路线"确定的1美元兑换360日元的固定汇率下，日本出口竞争力增强，为实现战后经济复苏、保持长达30余年的经济增长打下坚实基础。20世纪60年代起，日本出口额占GDP比重不断提升，从5%升至70年代的8.3%，80年代中期达到10.4%。[①] 20世纪80年代至90年代，日本贸易顺差规模基本保持在10万亿日元水平，是经常收支顺差的主要来源。

与此同时，20世纪80年代初期，美国陷入财政、贸易双赤字困境，里根政府大幅减税导致财政赤字扩张，不得不推行紧缩货币政策，引发利率高企、资本流入和强势美元局面，美国的国际收支出现大幅逆差。早在1965年，美日间即首次出现贸易逆差，1985年逆差规模增至435亿美元，占美国贸易逆差总额的35.6%,[②] 日本逐渐成为美国最大贸易伙伴和最大贸易逆

---

① 小峰隆夫編集『日本経済の記録—第2次石油危機への対応からバブル崩壊まで—』、佐伯印刷株式会社、2011、27頁。

② 小峰隆夫編集『日本経済の記録—第2次石油危機への対応からバブル崩壊まで—』、佐伯印刷株式会社、2011、35頁。

差来源国。

伴随日元急速升值，日本对外经济结构发生变化。2005年，日本第一次所得顺差规模首次超过贸易顺差，之后差距不断拉大；2011年贸易收支转为逆差后，连续五年持续逆差状态，2016年虽然转为顺差，但规模不断缩小，2018年为1.20万亿日元，仅为2004年峰值的8.3%。2005年，小泉纯一郎政府出台"日本21世纪构想"，在描绘2030年经济蓝图时，指出日本应利用卓越的经营资源和技术进行跨国投资，从"贸易立国""出口立国"向"投资立国"发展。①

（二）国内外形势变化促使日本企业"走出去"

近年来，人口老龄化、少子化进程加剧，更加凸显日本国内市场狭小、内需弱化的局限，加之国内投资成本高、自然灾害影响巨大等因素，特别是东日本大地震后日本产业链、供应链断裂，企业面临"六重苦"，迫使日本加快推进产业结构调整和海外生产布局。另外，在经济全球化过程中，国际分工进一步细化，跨国投资规模不断扩大，资源在全球范围内配置优化成为可能。因此，综合来看，日本企业加大海外投资力度是伴随国内外形势变化的选择。

具体背景如下。（1）伴随人口不断减少，日本国内市场收缩，内需弱化，海外市场成为日本企业生存与发展的新空间。（2）为了减少成本，提质增效。与日本的土地价格和工资水平相比，新兴国家劳动力充足且低廉，既能保证生产，又可以有效扩大消费市场。（3）市场特性差异成为日本企业进行海外并购的主要目的，即日本国内成熟的商品与服务，在新兴市场成为领先产品。（4）分享新兴国家经济增长红利。（5）在日本银行超宽松利率政策下，资金筹措环境宽松，为企业并购提供资金支持。

（三）日本企业通过"当地生产＋当地销售"模式拓展海外资产

从20世纪80年代中后期起，日本企业在海外拥有当地生产基地的比重

---

① 「日本21世紀ビジョン『に関する専門調査会』新しい躍動の時代—深まるつながり・広がる機会—」、2005年4月。

迅速上升。日本内阁府调查结果显示，1986 年度，日本制造业上市企业中，约三成企业在海外设有生产基地，2013 年度这一比例达到峰值为 71.6%，之后虽略有降低，但 2017 年度仍为 68.3%，其中加工型企业超过 80.8%。预计 2018 年度拥有海外生产基地的企业会有所下降，为 67.7%，2023 年度为 65.2%。

在全球化过程中，日本形成了"当地生产＋当地销售"的经营模式。从 20 世纪 70 年代起，日本加速海外投资布局，其目的如下：一是降低因工资、地价持续上涨而导致的经营成本高企；二是规避与美国等发达国家的贸易摩擦冲突，通过对外投资进行海外生产的方式替代产品出口；三是石油危机爆发后，由于能源严重依赖进口，以确保能源和资源长期稳定供给为目标拓展海外投资；四是通过对外投资分散日元升值对日本经济的负面影响。[①]

（四）海外投资形式从绿地投资转为收益性更高的并购

按照 IMF 和经济合作与发展组织（OECD）的定义，根据投资目的，可将直接投资分为五类，即绿地投资、并购（Mergers and Acquisitions，M&A）型投资、业务扩张型增资、财务体质改善型投资和其他投资，[②] 其中以前两种形式居多。绿地投资也称为创建投资、新建投资，指跨国公司在东道国新设企业的投资形式；并购则指跨国公司通过兼并或收购，获取东道国目标企业股份。

进入 21 世纪以来，在日本对外直接投资中，受生产要素和人文社会因素影响较大的绿地投资、并购型投资与业务扩张型增资的比重提升，自 2016 年起，日本并购金额超过绿地投资，成为对外直接投资主力。

---

① 具体论述参见张季风主编《日本经济与中日经贸关系研究报告（2019）》（社会科学文献出版社，2019）中的相关论文，如堂之上武夫、藤原智生的《日本视角下日中经贸关系动态分析》、田正的《改革开放 40 年来日本对华直接投资对中日经济的影响分析》、赵旭梅的《日本企业的海外投资及其启示》等。

② 参见 IMF，"Sixth Edition of IMF's Balance of Payments and International Investment Position Manual（BPM6），" 2008；OECD，"Benchmark Definition of Foreign Direct Investment – 4th Edition，" 2008。

从20世纪90年代后期，日本的并购型投资就开始增加，进入21世纪后，增长势头加速，2012年以来连续七年保持增长，2018年达到3850件的历史最高纪录。从规模看，2018年为29.9万亿日元，突破1999年的18.1万亿日元，时隔19年再创历史新高。

三 借鉴与启示

近年来，中国的海外金融资产增长迅速，截至2018年末，对外资产和对外负债分别为7.32万亿美元、5.19万亿美元，分别是2004年的7.8倍、7.5倍，海外净资产从2004年的0.23万亿美元提升至2018年的2.13万亿美元。[①] 在欧美国家贸易保护主义势力抬头以及美国挑起的中美贸易摩擦长期化背景下，中国海外资产增长面临更为复杂的局势。日本累积海外金融资产的历程及其经验教训或可为中国提供借鉴和启示。

（一）保持经常收支平衡，促进海外金融资产稳定增长

理论上说，在对外资产负债头寸中体现的海外净资产变化，与国际收支中的经常项目变化一致。在"尼克松冲击"和两次石油危机双重打击下，1973~1975年以及1978年、1979年，日本出现经常收支逆差。自20世纪80年代起，日本经常收支连续近40年保持顺差，平均约占名义GDP的3%；与此同时，日本海外金融资产稳定增长。

其间，日本的经常收支结构发生了重大变化。东日本大地震后，2011年日本贸易收支转为逆差，经常收支却未陷入赤字，其原因在于维持顺差的基本力量从贸易顺差转向以对外投资收益为主的第一次所得顺差。与此同时，服务收支赤字规模缩小，内涵也发生变化，其中访日游客大幅增加，旅行收支顺差突破历史峰值，专利使用费收入等其他服务收支也连创新高。可以看出，在全球化进程中，面对激烈的形势变化，日本企业注重调整经营战

---

① 《国家外汇管理局年报（2018）》，国家外汇管理局，2019年7月28日。

略，从商品出口到资本输出，从货物贸易到服务贸易，从模仿跟随到技术独创，实现产业转型升级。

我国从 1994 年起经常账户持续顺差，但 2018 年顺差占 GDP 的比重仍仅为 0.4%，而且 2018 年第一季度经常账户出现 17 年来的首次季度逆差。其主要原因在于货物贸易顺差下降、服务贸易逆差持续扩大等。[①] 随着中国经济向高质量发展，对消费升级及产业结构提升的需求更加强烈。因此，要通过扩大开放，改变以往以要素资源推动经济增长的模式，通过注重科技创新、提高全要素生产率，增加有效供给，提升产业价值链。

（二）提升对外直接投资收益，是海外金融资产健康持续的重要保证

从 1992 年起，日本连续 28 年为全球最大债权国，但其海外资产结构发生了变化，即从证券投资转为直接投资。长期以来，日本对外净资产以对外证券投资为主，从 2009 年起，对外直接投资占比持续增加，2014 年超过对外证券投资，2018 年二者占比分别为 44.21% 和 29.15%。其背景源于国际金融危机后主要经济体实施低利率政策，以并购为主的对外投资成为日本企业追求更高收益率的选择。事实上，直接投资收益成为日本海外金融资产的重要来源。过去十年间日本对外证券投资平均收益率为 4.2%，而直接投资的平均收益率达 6.7%，其中亚洲地区收益率高于平均值。

2018 年，中国的海外净资产为 2.13 万亿美元，[②] 仅次于日本、德国，居全球第三位。但观察其结构，中国的海外净资产主要来源于外汇储备，对外投资收益长期为负值，即对外资产收益水平无法冲抵对外负债（利用外资）的高成本。随着中国海外资产规模的扩张，提升对外投资收益、优化海外资产配置，既是中国企业提高国际竞争力的需要，也是中国从不成熟债权国向成熟债权国转型的重要标志。

---

① 《国家外汇管理局年报（2018）》，国家外汇管理局，2019 年 7 月 28 日。
② 《中国国际投资头寸表》，国家外汇管理局网站，http：//m. safe. gov. cn/safe/2019/0627/13520. html。

（三）国家战略与企业海外布局协调发展，有利于海外资产有效配置

在少子老龄化加速深化的过程中，国内市场规模有限，向海外发展成为日本微观经济主体的必然选择，日本政府也将"投资立国"作为国家战略，出台政策扶持企业参与国际竞争。

中国实行改革开放政策以来，很多企业在国家战略指引下"走出去"，积极参与国际分工与合作。为减少经营风险、提升品牌竞争力，中国政府与相关部门可借鉴日本经验，加强与企业的密切协作，在政策出台、融资模式、项目运作及风险管理等方面形成顶层设计及服务保障，为企业优化海外资产结构，为中国品牌讲好中国故事创造良好的政策支持和市场条件。

（四）防范对外投资风险，减少海外资产损失

对日本企业而言，全球布局一方面有利于优化其产业链布局、提升经营收益，但另一方面也意味着需要承担投资和经营风险。20 世纪 80 年代至今，从泡沫经济鼎盛时期三菱地所以 13.4 亿美元收购美国洛克菲勒中心，到近年来东芝收购美国西屋电气、日本邮政收购澳大利亚物流巨头"拓领控股"（Toll Holding）造成巨额损失，日本企业在不断试错中加快海外投资步伐。此外，20 世纪 80～90 年代，以美国为中心，日本在海外的不动产投资占对外直接投资的比重高达 20%，在房地产价格暴跌后日本企业资产严重受损。

在保护主义势力抬头、国际投资环境日趋复杂的形势下，中国企业"走出去"所面临的投资风险更为严峻，如全球政治格局变化、经济减速、国家或地区安全不稳定、贸易保护主义等。近年来，发达经济体以国家安全保障为由强化海外企业并购壁垒，项目审批更加严格，加之中国国际地位提升，针对中国企业的跨国投资限制更加严苛。对此，中国海外投资企业应强化风险意识，运用合适的风险管控工具，选择与实体经济相关的投资项目，做好风险收益评估工作，最大限度降低海外投资风险，提高投资回报率。

（原载《日本学刊》2019 年第 5 期，有删减）

21世纪初日本企业经营的
制度环境变革分析

叶 琳[*]

二战后，日本企业经营形成了一系列独特的制度和惯例，包括企业内部的终身雇佣、年功序列和企业内工会，企业之间的法人相互持股、长期稳定交易和系列承包，以及企业与银行之间的主银行制度等。这些制度安排相互作用，保证了企业的稳定经营，对促进企业发展和实现经济高速增长做出了突出贡献。但是，随着社会经济基本条件的变化，其弊端开始显露，集中体现为在一定程度上扭曲了产品市场、资本市场和劳动力市场，使生产要素无法自由流动，优胜劣汰的市场竞争机制难以正常发挥作用。从20世纪90年代开始特别是进入21世纪以来，在新自由主义思想的指导下，日本政府进行了金融改革、规制改革、财政税制改革和社会保障改革等经济社会机制的大调整，"旨在放宽政府对经济的规制、在广度和深度上强化市场机制的作用"[①]。

西方企业管理理论认为，企业经营面临的外部环境可以用"PESTLE"六大因素来概括，即政治环境、经济环境、社会文化环境、技术环境、法律环境和道德环境。[②] 这六大因素相互影响、相互制约，为企业经营构建了一个具有一定持续性和特殊性的运行空间，即制度环境。所谓企业经营的制度

---

[*] 叶琳，中国社会科学院日本研究所副编审，研究方向为日本经济。

① 张舒英：《新时代的日本经济》，昆仑出版社，2006，第129页。

② 参见〔英〕伊恩·沃辛顿、〔英〕克里斯·布里顿《企业环境》，徐磊、洪晓丽译，经济管理出版社，2005，第4页。

环境，就是一系列用来支撑企业进行生产运营的政治、经济、社会和法律的基础规则，其一旦形成，将持续地影响企业经营。同时，制度环境本身也处于不断演进中，当旧有的制度环境难以容纳更高效率的企业经营时，就需要根据新需求对原有的制度环境进行变革。[①] 所以，本文拟从制度变迁的角度，对21世纪初体制改革以来日本企业经营的资金筹措、经营治理以及人力开发等三个方面的制度环境变革进行初步分析。

一　日本企业筹措资金的制度环境变革

资金是企业发展的血脉，资金环境对企业经营具有一定的决定作用。"优良而发达的资金环境是指金融机构健全、功能完善、影响波及社会的各个角落，金融政策稳定灵活，有效地宏观调控社会经济发展，金融市场发达，为企业发展提供资金融通。"[②] 战后，日本企业置身推崇间接金融模式的制度环境中，主要利用贷款来支持其设备投资和企业发展，间接金融在日本企业的融资方式中占据绝对优势。21世纪90年代以来，随着日本政府放松对分业经营、公司债券、股权融资以及外国投资等的相关规制，日本企业筹措资金的制度环境发生较大变化，21世纪初的日本体制改革进一步推动了这一变化趋势的发展。

（一）限制银行等金融机构持有股票

为了解决愈演愈烈的不良债权问题，21世纪初日本体制改革明确提出要实现"金融再生"，其中的一个重要手段就是引进"限制银行持有股票"制度。[③] 2001年11月28日，《关于限制银行等持有股票的法律》正式出台。之

---

① 参见〔日〕青木昌彦、奥野正宽编《经济体制的比较制度分析》，魏加宁等译，中国发展出版社，1999。

② 李玉潭主编《环境变化与企业对策——日本企业活力研究》，吉林大学出版社，1995，第7页。

③ 経済対策閣僚会議「緊急経済対策」、2001、http：//www.kantei.go.jp/jp/kakugikettei/2001/0406kinnkyukeizai.html。

后，日本政府又相继颁布了执行令和内阁府令，"限制银行持有股票"制度开始付诸实施。以此为指导，日本的银行开始减少对企业股票的持有量，将所持股票的价格变动风险控制在自己的风险管理能力范围内，以确保银行能够稳健经营。到2007年，不论是从金额上看还是从数量上看，银行等金融机构持有的实业公司股票的规模都大幅缩小，传统的以主银行为中心的融资方式失去了可依赖的资金来源，日本企业不得不对自己的融资渠道进行调整（见表1）。

表1　银行等金融机构所持股票规模的变化

单位：%

年度	金融机构持有股票规模	金融机构所持实业公司股票规模	
		股份数	金额
2001	39.4	6.15	6.28
2002	39.1	3.73	4.09
2003	34.5	3.08	3.27
2004	32.7	2.28	3.08
2005	31.6	2.06	2.81
2006	31.1	2.21	3.02
2007	30.9	2.09	3.21

资料来源：伊藤正晴「依然として続く、事業会社の株式持ち合い強化―株式持ち合い構造の推計：2008 年版」、http：//www. dir. co. jp/souken/research/report/capital－mkt/cross－share/08111801cross－share. pdf；「平成20年度株式分布状況調査の調査結果について」、http：//ww. nse. or. jp/market/data/examination/distribute/h2－/distribute_ h20a. pdf。

（二）金融体制改革

2004年12月，日本政府发表了《金融改革计划——向金融服务立国挑战》，明确表示金融改革的重点将从"维护金融系统稳定"向"激发金融系统活力"转变，其主要任务包括建立健全金融市场、调整金融行政机构、监管金融风险、创造良好的金融环境。为此，日本政府开始对金融业相关法律规章进行修改，包括《银行法》《保险业法》《商品交易所法》《不动产特定共同事业法》《金融期货交易法》等，而集大成者则是2006年6月颁布的《金融商品交易法》。《金融商品交易法》（又称《JSOX法》）是日本政府面对金融资本市场环境的变化，在《证券交易法》的基础上，结合部分法律的修改并沿用其他法律的相关规定而制定的一部综合性法律。其目的在于贯彻保护客户利益原则，提高金融产品使用便利度，确保有利于"储蓄转投资"的市场机能建设，促进金融资本市场国际化等。

除了对相关法律进行调整外，日本政府还通过其他一些措施增强金融体制的活力，如调整银行代理店制度、积极推进不过度依赖担保的企业融资等。[①] 通过这一系列制度改革，日本政府希望建立起更加自由、公正，能够灵活应对金融风险、面向国际的金融机制，以促使储蓄转变为投资，充分发挥直接金融和市场型间接金融的作用。于是，大量资金进入证券市场，更多的投资方式可供企业进行融资选择。

（三）税制改革

为了应对经济社会的结构性变化、公平地分担社会公共费用，此次体制改革一直致力于构筑能够保证经济社会活力可持续发展的税收制度。其中一些措施也引起了日本企业筹措资金的制度环境的变化。

一方面，日本政府屡次对与金融、证券等相关的税制进行调整，力图简化税目、降低税率，以促进"储蓄转投资"。比如，日本政府于 2003 年提出，把股票分红收入、上市股票买卖收入和公募股票投资信托收入的征税比例由 26% 下调至 20%；2004 年又提出，对公募股票投资信托的买卖收入征税的税率再大幅降至 10% 等。[②] 通过连续的税率下调，证券交易成本降低，更多的投资者将资金投入资本市场，为企业进行直接融资积累了资金。同时，通过证券交易在资本市场上筹措资金的成本也有所降低，吸引更多企业通过直接金融进行融资。

另一方面，2004 年的税制改革提出实施"天使税制"。"天使税制"也称"促进企业投资税制"，其主要手段是对投资于风险企业的个人投资者在

---

① 内阁府『ここまで進んだ小泉改革—経済構造改革の成果と進歩状況—』、2006、29 頁。

② 財務省「税制改正の内容」、http：//www. mof. go. jp/jouhou/syuzei/syuzei04. htm。

进行投资和卖出股票的两个环节实施双重优惠税收政策。这种鼓励个人投资者向风险企业提供创业和发展资金的税收优惠制度，客观上为日本企业尤其是风险企业提供了更加宽阔的融资渠道。

二 日本企业经营治理的制度环境变革

传统的日本企业经营治理，体现为因相互持股而形成的稳定股东治理、因间接融资而形成的主银行治理以及因劳资关系而形成的员工治理等。利益的相关性使这些行为者形成了相互制衡、妥协甚至是相互包庇的治理结构，滋生了治理不力、监管缺失等弊端。21世纪初的日本体制改革对相关法律制度进行了一系列调整，旨在强化企业的财务体质，改善资源配置的合理性，提高经营决策的有效性，提高监督管理的透明性，推动企业经营治理与国际规则并轨。

（一）调整产权制度，重视股东治理

20世纪90年代泡沫经济崩溃以后，日本的银行和企业均陷入了背负巨额负资产的困境中，抛出股票成为银行解决不良债权和企业解决负债经营的现实选择。日本社会中的相互持股产权结构开始发生变化，到2002年，全部上市企业的相互持股率从1991年的23.6%降至7.9%。[①] 21世纪初的体制改革又提出"限制银行持有股票"等措施，进一步弱化了银行与企业的相互持股关系。与此同时，个人股东和外国投资者所持股票的比重不断增大，其中，外国投资者的持股比重由2002年的17.7%增至2007年的27.6%。[②] 纯市场投资者大量涌入，"资本"的权力开始上升，无论是投资者还是经营者都更加重视资本收益，重视股东利益的倾向在日本企业经营治理中越来越明晰。

[①]　大和総研「持ち合いの終焉と株式市場の新時代」、http：//www. dir. co. jp/souken/research/report/capital – mkt/cross – share/040629viewpoint – 1. pdf。

[②]　「平成20年度株式分布状況調査の調査結果について」、http：//ww. nse. or. jp/market/data/examination/distribute/h2 – /distribute_ h20a. pdf。

（二）实行《JSOX 法》，强化内部控制

日本政府不断地对企业内部控制的制度法规进行调整。比如，日本政府于 2003 年对《商法》进行修改，赋予企业设置相关委员会、构筑内部控制体制的义务；2005 年公布《与财务报告相关内部控制的评价与审计标准》；2006 年施行《新公司法》，要求企业制定构筑企业内部控制体制的基本方针；等等。特别是 2006 年 6 月制定的《金融商品交易法》，对与企业财务报告相关的内部控制做了比较明确的规定，如第 24 条第 1 项规定上市公司有提交内部控制报告的义务，第 193 条第 2 项规定由经营者对内部控制实施状况进行评价并制作内部控制报告、由相关审计人员进行核查证明等。这些条款从法律制度层面明确界定了日本企业的内部控制，要求由企业的董事会、经营者以及所有的成员来共同完成，"旨在为实现经营业务的效率性、确保财务报告的可信赖度以及严格遵守相关法律法规提供合理的保障"[①]，以避免企业内部经营治理发生不正当行为。

（三）修改《商法》和《公司法》，完善内部监管

在日本，对《商法》的修改频频发生。2001 年以来，日本政府又多次对《商法》进行修改。主要内容包括引入公司分割制度，允许企业通过股份交换和股份转移制度建立控股公司；废除额面股、创设单元股，增加股份种类、放宽发行限制，扩大行使股东大会决议否决权的股东范围；建议大公司董事会下设监管委员会、提名委员会和报酬委员会，要求外部董事须占半数以上；引入有限责任事业组合制度，贯彻内部自治原则；等等。2005 年 3 月，日本政府在对诸多公司法律相关规定进行调整的基础上，颁布了《新公司法》，系统地梳理了股份制度，提出了新的公司类型即合同公司，取消了最低资本金限制，引入了税理士和注册会计师与经营者同时进行决算的会

---

① 海上和幸「日本版企業改革法と内部統制プロジェクトの進め方」、http：//www－06. ibm. com/jp/provision/no49/pdf/49_ article1. pdf。

计参与制度等。该法在掀起创业新高潮的同时，进一步完善了公司治理的监管制度。日本企业开始重新调整原本以银行为主要监督者、以法人股东为主体的企业治理体制，更加重视作为经营监督机构的董事会和监事会的机能，进一步强化企业内部监督机制，逐步提高企业经营治理的透明度。

（四）修改《注册会计师法》，充实外部监管机制

2003 年 6 月，日本政府公布了修改后的《注册会计师法》，并规定从 2004 年 4 月 1 日开始施行。这是自 1948 年制定《注册会计师法》、1966 年日本注册会计师协会从社团法人改为特殊法人以来最大规模的一次修改。其修改的主要内容：（1）包括作为审计和会计事务的专门人才，注册会计师要基于独立的立场，确保财务报告等相关信息的可信赖度，促进公司的事业活动公正、保护投资者和债权人的利益；（2）禁止注册会计师同时为大企业提供非审计证明业务、限制为大企业提供持续性审计活动、禁止单人进行审计活动等，确保其作为独立的第三方从事审计证明业务；（3）设立注册会计师审计审议会，定期对注册会计师的审计证明业务进行品质管理和监督。日益完善的注册会计师制度，要求注册会计师作为独立的审计行为者真实、公正地反映企业行为，这对企业的经营治理提出了更高的要求。[①]

经过一系列法律制度修正和政策实施，日本的企业经营治理开始向内外监管机制共同发挥作用的方向发展。

三　日本企业人力开发的制度环境变革

少子老龄化的社会结构变化，使日本政府不得不关注就业问题。2002 年 12 月，由时任厚生劳动大臣坂口力、日本劳动组合联合会会长笹森清和

---

① 参见李彬、杨惠玲《从公司治理视角审视日本会计制度改革》，《现代日本经济》2009 年第 2 期。

日本经济团体联合会会长奥田硕牵头的"政劳使就业对策会议"，向小泉首相提交了《关于就业问题的政劳使三方共识》，其中确立了确保就业、促进就业和劳动市场改革等三大支柱，并明确规划了政府的改革方向。[①] 2006年，经济财政咨询会议又提出了"劳动大爆炸"的改革口号，认为"有必要进行改革，使市场机制发挥效用，以实现劳动力市场效率化"[②]。据此，日本政府相继提出了一系列与劳动就业相关的法案，并对劳动法律制度进行了调整和修订。

（一）《劳务派遣法》

为了应对劳动方式多元化发展趋势，2004年和2006年日本政府对《劳务派遣法》进行修改，以实现发展劳务派遣事业和满足劳动力供给之间的有机结合。其内容如下。（1）关于劳务派遣本身。放宽对劳务派遣时间的限制，最长可达三年；扩大劳务派遣业务的种类至制造业务、医疗相关业务等领域；简化劳务派遣事业的从业手续；从法律层面重新界定介绍预约型劳务派遣。（2）保障派遣劳动者的权益。企业有义务对超过时间期限的派遣劳动者提出直接雇用的申请；保障派遣劳动者稳定就业；保障劳动者的从业安全和卫生劳务；派遣事业主应采取措施促进派遣劳动者适用劳动保险和社会保险，均衡考虑派遣劳动者的福利保障，在派遣劳动者的再教育、培养以及能力开发上提供帮助等。

（二）《老年人就业稳定法》

2004年4月，日本政府对《老年人就业稳定法》进行了修改，并于同年12月开始施行。其主要措施是要求企业通过延长退休年龄、引入继续雇用制度、废除退休制度等不同手段，确保老年人就业能够持续到65岁。其

---

① 政劳使雇用对策会议「雇用問題に関する政労使合意」、2002年12月、http：//www. kantei. go. jp/jp/houkoku/2002/1204goui. html。

② 鶴光太郎「非正規雇用と格差—処遇の均衡へ制度改革—」、http：//www. rieti. go. jp/jp/papers/contirbution/tsuru/13. html。

他措施还包括：为了促进中老年人的再就业，要求企业对录用年龄上限注明理由，必须辞退老年劳动者时需要为其提供就职经历和能力水平的证明材料；对银发一族人才中心开展的临时的、短期的、简单的劳动派遣业务采取特例审批措施；等等。

（三）《就业保险法》

日本政府于 2003 年、2005 年以及 2007 年多次对《就业保险法》进行修改，其主要内容包括扩大失业保险的适用范围，放宽短期劳动者和派遣劳动者等非正式劳动者获取基本补贴的资格条件，延长再就业困难劳动者的保险支付时限，下调失业保险费率，等等。日本政府对失业保险制度进行的改革，旨在使其成为就业安全网，帮助失业者再就业。

同时，日本政府还对《计时工劳动法》《劳动标准法》《最低工资法》等劳动法律进行了修改，并致力于制定《劳动合同法》。除了这些对法律制度的调整外，日本政府还采取其他保证就业的手段，比如设立就业能力开发机构，实现招聘扩展、职业规划以及职业介绍的一体化，充分发挥民间职业介绍机构的作用，构筑多层次的促进再就业机制；采取最低资本金限制的例外措施直至最终取消最低资本金限制，鼓励个人创业；进一步强化技术开发、人才培养和创业监管等支持措施；等等。

这些法律制度的调整，旨在加强劳动就业的多元化和流动性，淡化原有的终身雇佣色彩，转而重视效率和能力，提倡由市场机制来调节劳动供求关系。

四 日本企业经营制度环境变革的制度学分析

如上所述，21 世纪初的日本体制改革，对日本经济体制的诸多制度安排进行了调整，引起了企业经营制度环境的改变。但是，这种制度环境的变革并不是一蹴而就的，而是与日本社会中诸多非正式规则的渐进式演变密切相关，同时也受到路径依赖的重重制约。

（一）制度与经营效能

日本长期以来依靠政府干预为企业发展提供资金、人员、物资、管理等各方面的便利条件，以减少企业运营成本，实现复兴和快速发展。这种方式在特殊的历史时期具有立竿见影的效果，却使日本社会背负着越来越沉重的负担，最终反而成为企业和经济发展的"绊脚石"。比如主银行制度，通过主银行向企业持续地提供低成本的资金供应和监督管理，日本企业节约了融资成本和管理成本，实现了快速发展，但对银行和日本政府甚至是企业自身等各方面而言增加了诸多隐性成本。此次体制改革，力图通过制定或修订相关法律法规，使企业经营所遵循的各种规则进一步规范化，从而具有可行性、合理性和可操作性。这种以合理的法律制度来进行管理的方式，能够使企业按照某一特定的行为准则运行，从而发挥规范的激励和约束作用，保障资源的有效配置、节约交易成本、提高经营效能。

（二）正式制度与非正式制度

1997年，日本经济同友会发布了《市场主义宣言》，明确提出：面向21世纪，经济体制改革将在全球范围内全面铺开，日本必须加快改革步伐，其目标就是建立以市场为中心的经济体制，通过强化竞争政策、信息披露、监督管理等制度建设，支持市场机制有效发挥作用。[①] 由此可见，市场化的发展方向已经在日本企业界形成了一定共识。21世纪初，重视市场机能的新自由主义改革，正好与日本社会的制度需求相吻合，引起日本社会和企业界的共鸣。不仅如此，经济同友会还多次就各种国内外经济社会问题向日本政府建言献策，其中很多意见在体制改革中有所体现，比如彻底进行税制改革、重建金融体制的可信赖度、改革公司治理以强化企业竞争力等。[②] 可以

[①] 経済同友会「市場主義宣言―21世紀へのアクション・プログラム―」、http://www.doyukai.or.jp/database/teigen/970109_2.htm。

[②] 経済同友会「提言・意見書・報告書」、http://www.doyukai.or.jp/policyproposals/list2009.html。

说，一方面，日本社会将政府制定的正式制度不断扩展和细化并消化吸收，形成社会公认的行为规则；另一方面，政府又吸收日本社会中产生的非正式制度并通过法规政令的形式予以确认实施，而正式制度和非正式制度的相互融合，促进了日本企业经营的制度变革。

（三）制度安排与制度结构

产权制度在企业经营制度结构中起着决定性作用，直接制约和影响其他制度安排的运作。在传统的日本企业经营中，法人股东通过相互持股等手段对股份资本实施高度集中占有，进而通过产权关系、人事关系、债权债务关系、内部交易关系等途径对企业经营实行高度控制。而在此次体制改革中，日本政府首先通过调整股票持有制度和削弱相互持股等措施，使传统的维持法人相互持股和稳定股东的制度安排发生动摇，紧接着又对间接融资、主银行治理以及终身雇佣制等企业经营相关制度安排进行调整，最终形成企业经营制度结构的整体演进。

（四）强制性制度变迁与渐进式制度变迁

此次日本企业经营的制度变迁，可以看作强制性制度变迁和渐进式制度变迁的有机结合。在整个体制改革过程中，日本政府始终是通过颁布、修改并实施一系列的法律和政令来推动各种制度安排的调整，其改革和调整又是分步骤、有计划地进行。自改革开始，小泉政府每年都会出台《今后的经济财政运营及经济社会体制改革基本方针》、《经济体制改革与经济财政的中期展望》、《经济体制改革评价报告》和《进展中的小泉改革——经济体制改革的成果和进展状况》等文件，对体制改革进行事前规划和事后评价，并不断调整改革路线，以便形成循序渐进的系统工程，将改革不断深化扩展下去。

（五）制度变迁与路径依赖

有人认为，21世纪初的日本体制改革是将美国式的经济制度完全引入日本的一种经济全球化尝试。但是，事实上任何制度的移植都需要与新环境相匹配，在日本建立新自由主义的市场经济体制也是如此，需要与日本经济社会基本条件的独特性相适应。以日本的劳动就业制度为例，此次体制改革在劳动就业的多元化和流动性上下了很大功夫，试图建立起由市场机制发挥作用、更具效率的劳动力供求关系。这种追求效率性的制度改革挑战"终身雇佣制度"，刺激了日本传统的"共同体"意识，路径依赖的存在决定了其必然遭到既得利益集团的阻挠。要实现真正高效稳定的劳动就业，相关制度变革需要与日本传统的劳动就业制度相结合，以减少路径依赖的影响。

（原载《日本学刊》2010 年第 1 期，有删减）

中日对共建"一带一路"国家贸易隐含碳的测算及影响因素分析[*]

李清如[**]

商品在生产过程中，由于消耗能源和中间投入品而产生直接和间接的碳排放。随着国际贸易的深化发展，商品生产环节和消费环节在地理上相分离的现象变得更加普遍。商品消费国可以通过对外贸易调整国内生产结构和海外生产分布，在满足本国消费需求和减排目标的同时，将温室气体排放造成的环境污染转移至商品生产国和出口国。这种国际贸易中的隐含碳排放问题近年来受到广泛关注。

中国已经成为世界第一大贸易国和温室气体排放国。据 2015 年气候变化巴黎大会公布的统计数据，中国温室气体排放量占世界排放总量的约20%。[①] 其中，有相当一部分碳排放是源于生产出口商品。在过去几十年中，中国参与全球生产网络的程度不断加深，对外贸易额迅速扩大，成为全球制造业的主要供应者之一。但是，中国对外贸易的发展对资源和能源的依存度较高，在国际分工中仍处于在价值链的中低端，出口产品主要依赖劳动和资源密集且附加值不高的加工组装环节，进口产品和出口产品的隐含碳排放水平严重不匹配，承接了大量国际贸易中的隐含碳转移。

共建"一带一路"国家在中日两国对外贸易中均占据重要地位。日本

---

* 原文题为《中日对"一带一路"沿线国家贸易隐含碳的测算及影响因素分析》。

** 李清如，中国社会科学院日本研究所副研究员，研究方向为日本对外经济、日本财政。

① "Report of the Conference of the Parties on its Twenty-first Session, Held in Paris from 30 November to 13 December 2015," UNFCCC, http://unfccc.int/resource/docs/2015/cop21/eng/10a03.pdf.

作为传统发达国家和世界第三大经济体，在共建地区有着长期而深远的政治和经济布局，是推进"一带一路"倡议重要的干预变量。特别是近年来，日本在经济层面全面加大对沿线地区的战略投入：一方面，利用开发援助和文化输出，积极拉近与沿线国家的关系，营造舆论攻势；另一方面，增加对沿线地区的贸易和投资，推进海外生产基地和出口基地的建设，在控制核心技术和高附加值生产环节的同时，实现高能耗和低附加值产业的转移。基于此，本文拟对中国和日本与共建"一带一路"国家商品和服务贸易中的隐含碳排放进行测算，并在此基础上，分析两国贸易隐含碳的流向及影响因素，以期对中国"一带一路"倡议的推进提供借鉴。

一 贸易隐含碳的相关文献回顾

商品生产过程中各个环节产生的直接和间接碳排放"隐含"在商品流转中，一国或地区出口商品和进口商品之间的隐含碳差异构成了该国或地区对外贸易中的隐含碳平衡。贸易隐含碳及相应的责任划分是国际贸易与环境机制研究中的一个重要方面。随着研究方法的扩展，一些学者基于全球贸易分析（GTAP）数据库，构建多区域投入—产出（Multi-Regional Input-Output, MRIO）分析框架，对贸易隐含碳进行综合研究。在已有文献的基础上，本文将研究扩展至共建"一带一路"60余个国家，基于GTAP 9数据库和多区域投入—产出分析方法，对中国和日本与共建"一带一路"国家进出口贸易中的隐含碳排放进行测算与分析。

二 研究方法及数据来源与研究范围

（一）研究方法及数据来源

本文所使用的数据来自GTAP 9数据库。限于篇幅，研究方法及数据详情不再赘述。为了表述更加清晰，在以下的研究中，我们将GTAP 9数据库包含的 57 个行业归集为 20 个行业进行列报,分别为:农林牧渔,能源,其他资源,食品加工及饮料烟草制品(以下简称"食品加工"),纺织服装,皮革制品,木制品,造纸印刷,煤炭和石油制品,化学、橡胶和塑料制品(以下简称"化学工业"),非金属矿物制品,钢铁和有色金属,金属制品,运输设备,电子设备及其他机械设备(以下简称"机械设备"),其他制造业,水电燃气生产及供应(以下简称"水电燃气"),建筑业,交通运输业,其他服务业。[①]

(二)研究范围

"一带一路"为开放型区域合作倡议,因此,在界定共建"一带一路"国家时,并没有具体的空间局限。基于 GTAP 9 数据库的数据结构以及共建"一带一路"国家与中国和日本的经济联系,本文将研究重点集中在东南亚地区、南亚地区、东北亚地区、东欧中亚地区以及西亚北非地区。

三 中日对共建"一带一路"国家贸易隐含碳的测算及结构分析

(一)中日对共建"一带一路"国家贸易隐含碳的总体规模

基于上述模型和数据,首先对中国和日本与共建"一带一路"国家进出口贸易中的隐含碳排放总体规模进行衡量。如表 1 所示,中日两国的贸易隐含碳存在很大差异。2004～2011 年,中国对共建"一带一路"国家出口贸易和进口贸易中的隐含碳排放均大幅上升。2011 年,中国生产并向共建"一带一路"国家出口的商品中隐含碳排放达到 621.95MT(百万吨),是 2004 年的近两倍;而由共建"一带一路"国家生产并由中国进口的商品中

---

① 其中,能源主要涉及煤炭、石油和天然气的开采和提取,其他资源主要涉及金属矿、铀矿以及其他资源的开采和提取,煤炭和石油制品主要包括煤炭制品、石油制品以及核燃料加工制品。

隐含碳排放达到 321.66MT，是 2004 年的约 1.6 倍。[①] 其间，出口隐含碳在 2004～2007 年迅速增长，2007 年后增长速度放缓，但依然保持较大的增长幅度；进口隐含碳则在 2007～2011 年增长幅度扩大。

与此不同，日本出口隐含碳在 2004～2007 年有所上升，幅度并不大，且这之后便不再出现上升趋势，进口隐含碳则一直维持在 150MT 左右的程度。2011 年，中国向共建"一带一路"国家出口中的隐含碳排放达到日本的 6.5 倍。这一部分贸易隐含碳排放由中国国内承担，商品和服务则由共建"一带一路"国家消费。

在隐含碳平衡方面，中国对共建"一带一路"国家是隐含碳净出口国。2004～2011 年，中国隐含碳净出口规模不断扩大，这说明出口隐含碳的增长速度超过了进口。由于出口的商品由中国本国国内生产并承担相应的碳排放，进口商品则由来源国国内生产并承担相应的碳排放，这意味着，在与共建"一带一路"国家进行贸易时，中国国内生产碳排放大于消费碳排放，属于隐含碳的"国内承担，国外消费"模式。与此相反，日本则一直是隐含碳净进口国，意味着日本在与共建"一带一路"国家进行贸易时，国内生产碳排放小于消费碳排放，属于隐含碳的"国内消费，国外承担"模式。

表 1　中日对共建"一带一路"国家贸易隐含碳的总体规模

单位：MT CO_2

年份	中国			日本		
	出口隐含碳	进口隐含碳	隐含碳净出口	出口隐含碳	进口隐含碳	隐含碳净出口
2004	316.32	195.85	120.47	77.87	150.90	−73.03
2007	526.87	230.95	295.92	98.91	145.43	−46.52
2011	621.95	321.66	300.29	95.68	152.71	−57.02

注：由于保留两位小数点，隐含碳净出口可能与出口隐含碳和进口隐含碳之差存在细微差别，以下各表相同。

---

① 这里的"商品"为泛指，实际上包括商品贸易和服务贸易，下同。

（二）中日对共建"一带一路"国家贸易隐含碳的区域结构

接下来，对两国贸易隐含碳的区域和行业流向进行具体分析。表 2 列示了中国和日本对共建"一带一路"国家贸易隐含碳的区域结构，如前所述，本文将研究重点集中在东南亚地区、南亚地区、东北亚地区、东欧中亚地区以及西亚北非地区。GTAP 9 数据库以 2004 年、2007 年和 2011 年为基准年，为了使分析更加清晰和准确，在行业和区域结构研究时，采用距离现在最近的基准年 2011 年的数据。

如表 3 所示，中国在上述五大区域均为隐含碳净出口国。东南亚在中国出口隐含碳和进口隐含碳中均占据较高比重，同时也是中国在共建"一带一路"地区最大的隐含碳净出口对象，其中，越南、印度尼西亚、新加坡和泰国吸收了中国大量的隐含碳净出口。[①] 西亚北非是中国共建"一带一路"地区中仅次于东南亚的隐含碳净出口对象，阿联酋、土耳其和沙特阿拉伯是其中主要的吸收国。南亚的整体规模虽然不高，但中国对印度出口商品中的隐含碳规模可观，印度更是中国在共建"一带一路"国家中隐含碳净出口排名第一的国家。此外，东北亚是中国重要的贸易对象，中国对韩国和俄罗斯出口和进口商品中的隐含碳含量均保持在较高的水平。

表 2 中日对共建"一带一路"国家贸易隐含碳的区域结构

单位：MT CO_2

地区	中国			日本		
	出口隐含碳	进口隐含碳	隐含碳净出口	出口隐含碳	进口隐含碳	隐含碳净出口
东南亚	181.21 (29.14%)	80.65 (25.07%)	100.56	42.80 (44.73%)	61.21 (40.09%)	−18.41
南亚	92.40 (14.86%)	36.15 (11.24%)	56.24	5.94 (6.21%)	7.83 (5.13%)	−1.89
东北亚	148.94 (23.95%)	113.51 (35.29%)	35.43	31.78 (33.22%)	36.39 (23.83%)	−4.61

---

① 考虑到篇幅有限，表 2 中仅列出了区域层面的数据。

续表

地区	中国			日本		
	出口隐含碳	进口隐含碳	隐含碳净出口	出口隐含碳	进口隐含碳	隐含碳净出口
东欧中亚	74.00 (11.90%)	42.42 (13.19%)	31.58	3.66 (3.82%)	8.03 (5.26%)	-4.37
西亚北非	125.41 (20.16%)	48.93 (15.21%)	76.48	11.50 (12.02%)	39.24 (25.70%)	-27.74

注：括号中为各区域贸易隐含碳的比重。由于保留两位小数点，各区域加总的数值可能与表1中的总体规模存在细微差别。

与此相对应，如表2所示，日本在五大区域均为隐含碳净进口国。日本出口隐含碳的区域结构相比中国更加集中，主要流向东南亚和东北亚，这两大区域占比在3/4以上，而南亚和东欧中亚占比非常小。进口隐含碳则主要集中在东南亚、东北亚和西亚北非地区。西亚北非是日本净进口隐含碳主要的来源地，其次是东南亚地区。

从国别来看，西亚北非地区的卡塔尔、阿联酋和沙特阿拉伯，东南亚的印度尼西亚、越南、马来西亚和泰国，以及东北亚地区的俄罗斯，是日本隐含碳净进口的主要来源国。值得注意的是，上述国家除了卡塔尔外，其他均为中国隐含碳净出口对象。这一现象存在于大多数共建"一带一路"国家中，这说明，大部分共建"一带一路"国家，进口中国商品中的碳含量超过出口中国商品中的碳含量，是中国碳排放的实际消费国；而对日本则恰恰相反，出口日本商品中的碳含量超过进口商品中的碳含量，是日本国内消费的碳排放承担国。

（三）中日对共建"一带一路"国家贸易隐含碳的行业结构

表3列示了中国和日本对共建"一带一路"国家贸易隐含碳的行业结构。如表3所示，在农业和能源资源领域，中国和日本均为隐含碳净进口国；中国在全部制造行业和大部分服务行业为隐含碳净出口国；日本在大部分制造行业和全部服务行业为隐含碳净进口国。

表3 中日对共建"一带一路"国家贸易隐含碳的行业结构

单位：MT CO_2

行业	中国			日本		
	出口隐含碳	进口隐含碳	隐含碳净出口	出口隐含碳	进口隐含碳	隐含碳净出口
农林牧渔	4.91	7.64	-2.73	0.14	1.78	-1.64
	(0.79%)	(2.37%)		(0.14%)	(1.17%)	
能源	1.09	36.50	-35.41	0.00	26.41	-26.41
	(0.17%)	(11.35%)		(0.00%)	(17.30%)	
其他资源	2.02	43.12	-41.09	0.17	3.10	-2.93
	(0.33%)	(13.40%)		(0.18%)	(2.03%)	
食品加工	8.51	7.23	1.28	0.36	7.79	-7.44
	(1.37%)	(2.25%)		(0.37%)	(5.10%)	
纺织服装	72.88	5.86	67.02	1.17	4.59	-3.42
	(11.72%)	(1.82%)		(1.23%)	(3.01%)	
皮革制品	11.92	0.87	11.05	0.02	0.66	-0.64
	(1.92%)	(0.27%)		(0.02%)	(0.43%)	
木制品	9.68	2.84	6.84	0.11	2.79	-2.68
	(1.56%)	(0.88%)		(0.11%)	(1.82%)	
造纸印刷	6.45	3.22	3.23	0.75	1.09	-0.34
	(1.04%)	(1.00%)		(0.78%)	(0.71%)	
煤炭和石油制品	23.45	14.83	8.62	1.27	19.82	-18.55
	(3.77%)	(4.61%)		(1.33%)	(12.98%)	
化学工业	83.86	75.62	8.24	16.94	14.46	2.48
	(13.48%)	(23.51%)		(17.70%)	(9.47%)	
非金属矿物制品	30.82	2.09	28.73	3.12	3.00	0.12
	(4.95%)	(0.65%)		(3.26%)	(1.96%)	
钢铁和有色金属	73.89	33.61	40.29	21.45	18.91	2.53
	(11.88%)	(10.45%)		(22.41%)	(12.38%)	
金属制品	34.49	1.87	32.62	2.37	2.95	-0.58
	(5.55%)	(0.58%)		(2.48%)	(1.94%)	
运输设备	25.07	5.34	19.73	12.22	2.36	9.85
	(4.03%)	(1.66%)		(12.77%)	(1.55%)	
机械设备	200.18	61.59	138.59	28.57	22.25	6.32
	(32.19%)	(19.15%)		(29.86%)	(14.57%)	
其他制造业	8.57	1.24	7.33	0.57	1.47	-0.90
	(1.38%)	(0.38%)		(0.60%)	(0.96%)	

续表

行业	中国			日本		
	出口隐含碳	进口隐含碳	隐含碳净出口	出口隐含碳	进口隐含碳	隐含碳净出口
水电燃气	4.95	1.05	3.90	0.00	0.26	-0.26
	(0.80%)	(0.33%)		(0.00%)	(0.17%)	
建筑业	2.85	0.75	2.11	0.92	2.10	-1.18
	(0.46%)	(0.23%)		(0.97%)	(1.38%)	
交通运输业	7.35	10.12	-2.77	3.46	11.86	-8.40
	(1.18%)	(3.15%)		(3.61%)	(7.77%)	
其他服务业	9.00	6.29	2.72	2.09	5.03	-2.94
	(1.45%)	(1.95%)		(2.18%)	(3.29%)	

注：括号中为各行业贸易隐含碳的比重。由于保留两位小数点，各行业加总的数值可能与表2中的总体规模存在细微差别。

如表3所示，中国出口隐含碳主要流向纺织服装、化学工业、钢铁和有色金属、机械设备制造等行业，其中，机械设备制造业占中国全部出口隐含碳的约1/3；进口隐含碳主要源自能源资源、化学工业、机械设备制造等行业，其中，能源资源和化学工业各占进口隐含碳总量的约1/4；隐含碳净出口则集中在纺织服装和机械设备制造等行业。与中国的情况有所不同，日本出口隐含碳主要流向化学工业、钢铁和有色金属、机械设备制造、运输设备制造等行业，其中，钢铁和有色金属、机械设备制造业占比较高；进口隐含碳分布相对分散，主要源自能源、煤炭和石油制品、钢铁和有色金属、机械设备制造等行业；隐含碳净进口则集中在能源、煤炭和石油制品等行业。

如果对制造业各行业进一步归类，将食品加工、纺织服装、皮革制品、木制品和造纸印刷归类为劳动密集型产业，那么化学工业、非金属矿物制品、钢铁和有色金属、金属制品、运输设备、机械设备可被归类为资本密集型产业，可以更加清晰地看出中日两国贸易隐含碳的不同特点。相对于日本来说，劳动密集型制造业在中国出口隐含碳中占比较高，特别是纺织服装业，成为中国隐含碳净出口的主要行业之一。而劳动密集型制造业在日本出口隐含碳中占比非常低，日本在劳动密集型制造业各行业均为隐含碳的净进口国。整体来看，中国和日本在资本密集型制造业均为隐含碳净出口国，但是中国的隐含碳净出口规模要比日本大得多。其中，机械设备制造业在中日两国出口和进口隐含碳总量中均占据很大比重，反映了这一行业国际生产网络的扩展；运输设备制造业是日本出口隐含碳的主要行业之一，但在中国并不显著。此外，煤炭和石油制品业是日本隐含碳净进口的主要来源之一，中国则与日本的情况相反，为隐含碳的净出口国。

四 中日对共建"一带一路"国家贸易隐含碳的影响因素

在上一部分中，我们对中国和日本与共建"一带一路"国家进出口贸易中的隐含碳排放进行了测算，可以发现，中日两国在贸易隐含碳的规模、平衡状态以及区域和行业流向等各方面均存在很大差异。那么，是什么因素造成了这些差异，在接下来的这一部分中，我们将对中日与共建"一带一路"国家贸易隐含碳的影响因素进行分解和量化研究。

（一）贸易规模

首先，贸易规模是其中的一个重要因素。这是因为，出口和进口规模大的国家，其贸易商品中的碳含量可能会高，而贸易顺差的国家在贸易隐含碳平衡中可能也会是顺差，反之亦然，这是非常直观的考虑。根据这一考虑，我们将中国和日本在观测期间内对共建"一带一路"地区商品和服务贸易的变化情况列示在图1中。

如图1所示，中国和日本对共建"一带一路"地区的出口贸易和进口贸易在2004~2011年均呈现出上升趋势，但是，相对来说，中国的增长速度更为显著。2004年，中国对共建"一带一路"地区出口总额为1389.78亿美元，低于日本的1623.26亿美元；进口总额为1876.42亿美元，略高于日本的1745.28亿美元。[①] 至2011年，中国出口额大幅增长至5549.32亿美

---

① 贸易数据来自GTAP 9数据库，下同。

元，是 2004 年的约 4 倍，是同年日本出口额（2666.55 亿美元）的 2 倍；进口额增长至 5250.86 亿美元，是同年日本进口额（3435.41 亿美元）的约 1.5 倍。2011 年，中国对共建"一带一路"地区的贸易顺差为 298.46 亿美元，日本的贸易逆差则为 768.87 亿美元。与此相对应，中国出口贸易和进口贸易中的隐含碳排放也在迅速增长，而在隐含碳平衡方面，中国是隐含碳净出口国，日本则是隐含碳净进口国。因此，从这一角度来说，进出口规模的确是影响贸易隐含碳的因素。

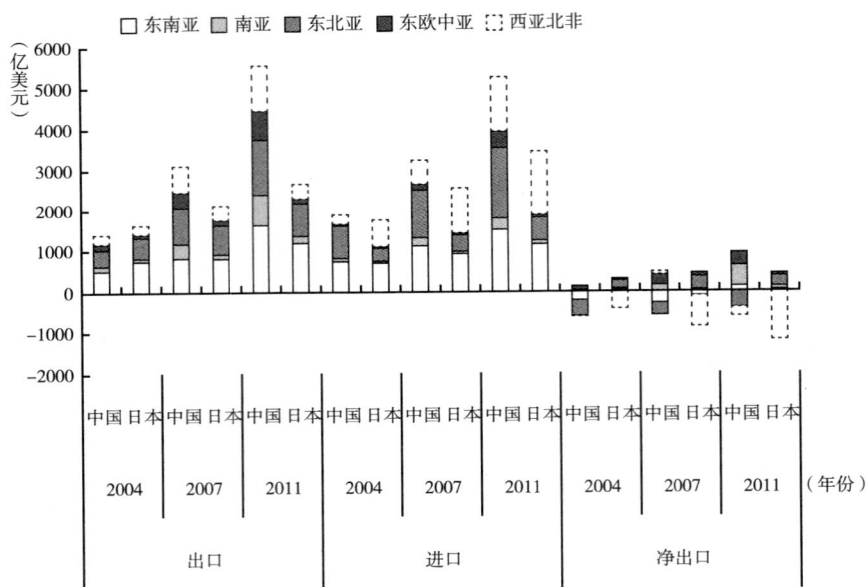

图 1　中国和日本对共建"一带一路"地区的贸易规模

资料来源：GTAP9 Data Base，https://www.gtap.agecon.purdue.edu/databases/v9/default.asp。

但是，也应注意到，贸易规模并不能全部解释中国和日本对外贸易隐含碳的差异。第一，从总体来看，中日两国对共建"一带一路"地区的出口和进口贸易规模均呈上升趋势，但是，中国的贸易隐含碳随之大幅增加，日本却并没有显现出明显的增加状态，甚至，出口隐含碳还有所下降。第二，从区域细分来看，日本对共建"一带一路"地区的贸易逆差主要来自西亚北非地区,在其他四个区域,基本都是贸易顺差;而中国除了在西亚北非地区也是贸易逆差以外,在其他区域有顺差也有逆差。但是,从前文对贸易隐含碳的区域结构分析中可以看出,中国在五大区域均为隐含碳净出口国,日本则均为隐含碳净进口国,隐含碳平衡状态与贸易顺差或逆差状态并不相符。因此,很显然,贸易规模并不是唯一的影响因素。

(二)隐含碳密集度

隐含碳密集度,即单位贸易中的碳含量则是另一个重要因素。如果单位出口中的碳含量高,那么在相同的出口规模下,隐含碳总量就有可能高;如果单位出口中的碳含量超过单位进口中的碳含量,那么在出口和进口规模相同的条件下,就可能表现出隐含碳的净出口状态,反之亦然。根据以上考虑,表4列示了中国和日本对共建"一带一路"国家单位出口中的隐含碳(以下简称为出口隐含碳系数),以及单位出口和单位进口中的隐含碳之比(以下简称为隐含碳相对系数)。如前所述,为了使分析更加清晰和准确,采用GTAP 9数据库中距离现在最近的基准年2011年的数据进行测算,以下部分同此。

表4 出口隐含碳系数与隐含碳相对系数

单位:KG/USD(千克/美元)

行业	出口隐含碳系数(t)		隐含碳相对系数(r)	
	中国	日本	中国	日本
农林牧渔	0.57	0.46	0.75	0.89
能源	2.15	—	8.12	—
其他资源	1.27	0.63	1.05	0.53
食品加工	0.76	0.30	1.53	0.51
纺织服装	1.04	0.38	1.38	0.55
皮革制品	0.72	0.24	1.46	0.47
木制品	0.94	0.25	1.29	0.44
造纸印刷	1.34	0.42	1.29	0.53
煤炭和石油制品	1.16	0.33	2.14	0.57
化学工业	1.45	0.44	1.60	0.63

续表

行业	出口隐含碳系数(t)		隐含碳相对系数(r)	
	中国	日本	中国	日本
非金属矿物制品	2.32	0.71	1.12	0.30
钢铁和有色金属	2.08	0.68	1.38	0.54
金属制品	1.55	0.38	2.11	0.48
运输设备	1.00	0.26	2.27	0.51
机械设备	0.93	0.29	1.95	0.55
其他制造业	0.70	0.27	1.17	0.37
水电燃气	13.27	0.14	3.03	0.13
建筑业	1.09	0.20	2.04	0.42
交通运输业	1.06	0.53	0.88	0.41
其他服务业	0.45	0.12	1.44	0.42
全行业	1.12	0.36	1.83	0.81

注：由于日本不存在能源出口，因此无法计算出口隐含碳系数，相应地，隐含碳相对系数也无法计算。

（三）贸易结构

除了贸易规模和隐含碳密集度以外，贸易结构也是影响隐含碳平衡的重要因素。这是由于，即使贸易总额和行业的碳排放密集度相同，各行业在进出口贸易中所占的比重不同，也可能导致贸易隐含碳出现不同的状态。

（四）贸易隐含碳的因素分解

根据以上的分析，贸易规模、结构和隐含碳密集度是影响贸易隐含碳的重要因素，那么，这些因素在多大程度上造成了中国和日本对共建"一带一路"国家贸易隐含碳的差异？在定性分析的基础上，我们将进行定量研究。对此，我们采取对数平均迪氏指数（LMDI）分析方法。LMDI分析法常用于能源和环境等相关问题的动因分解，此处，我们将其应用在贸易隐含碳的因素分析中。由于出口隐含碳表示一国为生产出口产品所产生的碳排放，反映了在对外贸易中由出口国国内承担的隐含碳，因此在这一部分中，我们重点关注中日对共建"一带一路"国家出口贸易中的隐含碳差异。限于篇幅，研究方法不再赘述。

以下将中国和日本对共建"一带一路"国家在行业 i 的出口隐含碳差异 Δc_i 分解为贸易规模因素 Δc_{iV}、隐含碳密集度因素 Δc_{it} 和贸易结构因素 Δc_{is}，分解结果列示在表 5 中。[①] 如果 Δc_i 为正，则说明中国出口隐含碳高于日本，反之则意味着中日出口隐含碳差距为负。相应地，如果 Δc_{iV}、Δc_{it} 和 Δc_{is} 大于 0，则说明这些因素对中日出口隐含碳的差距起到正向扩大作用，反之则意味着这些因素为负向影响。

表 5　中国和日本对共建"一带一路"国家出口隐含碳的因素分解

单位：MT CO_2

行业	Δc_i	Δc_{iV}	Δc_{it}	Δc_{is}
农林牧渔	4.77	0.98	0.29	3.50
能源	1.09	0.00	0.00	1.08
其他资源	1.85	0.55	0.53	0.77
食品加工	8.15	1.88	2.38	3.88
纺织服装	71.71	12.73	17.69	41.29
皮革制品	11.90	1.37	2.04	8.49
木制品	9.57	1.55	2.79	5.23
造纸印刷	5.70	1.94	3.10	0.65
煤炭和石油制品	22.18	5.57	9.60	7.01
化学工业	66.92	30.66	49.55	-13.30
非金属矿物制品	27.70	8.86	14.26	4.58
钢铁和有色金属	52.45	31.07	47.09	-25.71
金属制品	32.12	8.79	16.72	6.61
运输设备	12.85	13.11	23.96	-24.21
机械设备	171.61	64.60	103.00	4.01
其他制造业	8.00	2.16	2.77	3.06
水电燃气	4.95	0.46	2.84	1.66
建筑业	1.93	1.25	2.91	-2.24

[①]　由于日本不存在能源出口，能源行业的出口额和出口比重为 0，对于零值的处理，我们采取 LMDI 分析法中的极小值（Small Value, SV）处理方法。

续表

行业	Δc_i	Δc_{iV}	Δc_{it}	Δc_{is}
交通运输业	3.90	3.78	3.54	-3.43
其他服务业	6.92	3.47	6.21	-2.77
全行业	526.27	194.79	311.29	20.19
		（37.01%）	（59.15%）	（3.84%）

注：括号中为在全行业的条件下各影响因素所占的比重。

如表5所示，在全行业范围内，中国对共建"一带一路"国家出口商品中的隐含碳排放大大超过了日本，表现为一个正向的差额（526.27MT），并且，贸易规模、隐含碳密集度和贸易结构的影响均为正。这说明，由于中国对共建"一带一路"国家出口规模大于日本，单位出口中的碳含量高于日本，出口结构异于日本，在这些因素的综合作用下，中国出口贸易中的隐含碳排放超过了日本出口贸易中的隐含碳排放。其中，隐含碳密集度是造成中国和日本对共建"一带一路"国家出口隐含碳差异的首要因素，占比约为六成，接着是出口规模，此外出口结构也起到一定作用。

在各行业中，纺织服装、化学工业、钢铁和有色金属、机械设备等行业出口隐含碳的差异最为明显。中国纺织服装业出口隐含碳超过日本的主要原因在于贸易结构因素，这是因为这一行业在中国出口总额中的占比较高，而在日本出口总额中的占比并不显著。化学工业、钢铁和有色金属在日本出口总额中的比重高于中国，因此对中日出口隐含碳的差距起到缩小作用，但是由于中国在这些行业单位出口中的碳含量较高，加之贸易额较大，最终出口隐含碳大幅高于日本。机械设备制造业在中国和日本出口总额中的比重大致相当，但是这一行业仍然成为两国出口隐含碳差距最大的行业，而这主要归因于中国出口隐含碳密集度过高。

（原载《现代日本经济》2017年第4期，有删减）

日本服务业的发展与困境

——基于生产性服务业的实证检验

田　正[*]

在完成工业化进程后，日本的经济结构表现出服务化特征，服务业在其中所占比重逐渐上升。经济结构服务化是经济发展的必然结果。配第－克拉克定理指出，随着经济的发展以及人均国民收入水平的提高，农业在国民经济中的相对比重逐渐下降，制造业的比重日趋上升，随后服务业的相对比重也开始上升。综观二战后日本经济发展过程可知，日本的产业结构发生了同样的转变过程。农业占国民生产总值（GDP）的比重从 1960 年的 14.9% 下降至 2014 年的 1.2%，制造业所占比重从 1960 年的 36.3% 提升至 1980 年的 37.8%，而后下降至 2014 年的 18.7%。与此同时，服务业在日本国民经济中的比重逐年增加，地位愈发重要。服务业占 GDP 的比重从 1960 年的 48.8% 提升至 2003 年的 64.3%，截至 2014 年，该比重已经接近 70%，服务业在日本经济中占据了不容忽视的地位。[①]

一　日本服务业的发展

日本的服务业根据服务内容可以分为狭义的服务业和广义的服务业。狭义的服务业，是指对个人服务业、企业服务业以及公共服务业。对个人服务

　　* 田正，中国社会科学院日本研究所副研究员，研究方向为日本经济、日本产业政策。
　　① 内閣府「2014 年度国民経済計算」、http：//www.esri.cao.go.jp/jp/sna/data/data_list/kakuhou/files/h26/h26_kaku_top.html。

业的主要服务对象是广大消费者，主要包括餐饮业、零售业、旅游业、美容业、照相业等与生活相关联的产业，同时也包括类似游乐场、电影院、剧场等与休闲相关的产业。企业服务业主要是为工商业企业提供服务，包括租赁业、广告业、废弃物处理业等。公共服务业是指为社会整体提供服务的服务产业，主要包括教育产业、医疗产业以及政府的研究机构等。而广义的服务业除了包含狭义服务业所涵盖的内容外，还包括其他不属于制造业的产业，例如电气煤气水道业、批发和零售业、金融保险业、不动产业、信息通信业以及运输业等。广义服务业通常又被称为经济结构中的"第三产业"。

（一）服务业在日本经济中的地位变迁

自日本结束经济高速增长，进入稳定增长尤其是长期低迷时期后，不论是从广义层面还是狭义层面而言，日本的服务业始终处于不断扩大的过程之中。

第一，日本的服务业产值占 GDP 的比重始终保持稳定的增加趋势。近20 年以来，制造业的产值占 GDP 的比重不断下降，下降了 3 个百分点。而广义服务业在日本经济中所占比重不断上升，2014 年日本的电气煤气水道业、信息通信业、运输业的产值占 GDP 比重增幅分别为 15.8%、4.8% 和1.1%。[①]

第二，从劳动力层面看，从事服务业的劳动力人口在不断增加。根据配第-克拉克定理，随着经济的发展，劳动力会逐渐从第一产业农业中转移出来，进入第二产业制造业，然后进一步进入第三产业即服务业之中。在日本，农业的就业人口比例从 1965 年的 24.5% 下降到 2010 年的 8.3%，制造业的就业人口比例则表现出了先上升再下降的趋势，在 1975 年达到最高点33%，此后逐渐下降到 2010 年的 23.7%；而服务业的就业人口比例，从1965 年的 43% 提高到 2010 年的 68%。[②] 这也符合费希尔提出的产业间劳动力变迁理论。

---

① 内閣府「2014 年度国民経済計算」、http：//www. esri. cao. go. jp/jp/sna/data/data_ list/kakuhou/files/h26/h26_ kaku_ top. html。

② 総務省統計局「国勢調査平成 22 年」、http：//www. stat. go. jp/data/kokusei/2010/。

第三，随着日本经济结构服务化倾向的日益加深，日本的服务业销售额也处于不断增加的上升通道。1989 年日本服务业销售额为 119.3 万亿日元，1999 年增至 201.7 万亿日元，增长了 69%。① 根据日本总务省《服务业动向调查》中的统计数据，2013 年日本服务业月均销售额达到 28781 亿日元，同比增长 0.5%，其中信息通信业增长 5.5%，不动产业和租赁业增长 1.5%，医疗产业增长 1.6%，教育与研究业增长 5.6%。② 由此可见，即使是日本经济处于长期低迷时期，日本的服务业销售额仍然在不断扩大，不论是企业还是个人的服务需求都在不断增加。

第四，日本的服务业外包化倾向明显。随着经济的发展，企业和家庭对于服务业的需求逐渐增加，这不仅表现为服务业销售额的增长，还体现在对服务业提供服务质量要求的提升上。为满足服务需求以及服务质量的提升要求，企业和家庭的服务外包化趋势明显。通过将服务外包，不仅能够满足客户的需求，还能够促进企业自身比较优势的发挥，而且有助于促进服务业内部的产业部门细化以及生产水平提高。

（二）服务业发展对日本经济的促进作用

日本进入后工业化时期之后，服务业在日本经济中所占比重不断上升，现已接近 70%，从事服务业的劳动力人口占劳动力总人口的八成以上，是吸收日本劳动力、解决就业最重要的部门。日本经济结构服务化符合产业结构变化的客观规律，即配第－克拉克法则。这是因为经济的持续发展带来了各产业的收入差距，即制造业的收入高于农业，而服务业的收入又高于制造业，因而发生了劳动力的产业间转移，出现了经济结构服务化的现象。

服务业的发展有利于经济发展方式的转型，会促进产业的升级与转型，带动经济发展。（1）促进社会分工，提高经济资源的利用效率。（2）推动消费增长，创造有效需求。随着服务业的发展深化，其所生产与提供的消费品种类也

---

① 総務省統計局「日本の長期統計系列」、http：//www.stat.go.jp/data/chouki/mokuji.htm。
② 総務省統計局「平成 25 年サービス産業動向調査」、http：//www.stat.go.jp/data/mssi/2012/index.htm。

不断增加，服务质量持续改善。消费性服务业的发展满足消费者日益提升的消费需求，带动了消费增长。（3）有利于产业的升级转型。随着信息技术发展以及日本人口老龄化的加剧，对于信息服务业、医疗福祉等服务部门的需求会进一步增加。因此，随着日本经济的发展，服务业在经济结构中所占的比重不断上升，服务业在日本经济中的地位也日趋重要，有助于促进日本的经济发展。但是，随着服务业规模的扩大，服务业所固有的生产率问题也逐渐显现出来。

二 日本服务业的"成本病"与提高全要素生产率的必要性

实现工业化后，日本的服务业部门不断扩张，在整个经济中的地位也日趋提升。但是在日本经济结构服务化的同时，服务业所固有的生产率问题凸显，从而影响了日本经济整体的全要素生产率的提高。

（一）服务业的"成本病"问题

与传统制造业不同，服务业所生产的产品具有特殊性。一方面，服务业的产品具有生产与消费的同时性，难以通过储存应对需求的变化，而且其产量极易受到外界经济环境影响，即使缩短了提供服务的时间，经济波动导致的产量减少仍然不可避免。另一方面，服务业通常是劳动密集型的，难以通过减少劳动力投入来提高生产效率，同时也决定了其很难像制造业一样通过引入新的生产技术来提高生产水平与产量。服务业所固有的这些基本特征，造成了日本服务业提高生产率水平的困难，成为日本服务业发展所面临的困境。

全要素生产率可以体现一个产业对于劳动力和资本等生产要素的综合使用效率，通过对比制造业和服务业间的全要素生产率差异，可以进一步了解日本服务业在生产率方面存在的问题。表1对比了日本的制造业与服务业在1980～2012年TFP增长率的变化情况。

表 1　日本各产业的 TFP 增长率变化

时间 产业	1980 ~ 1984 年	1985 ~ 1989 年	1990 ~ 1994 年	1995 ~ 1999 年	2000 ~ 2004 年	2005 ~ 2012 年
制造业	4.08	2.48	0.57	1.47	2.85	0.5
电子机械	12.8	2.2	3.8	0.8	13.3	3.6
服务业	- 0.29	1.73	- 0.76	0.05	0.62	- 0.2
金融业	1.9	7.7	0.1	0.7	1.2	- 2.8
批发业	0.0	5.8	4.4	0.9	1.6	- 1.5
电信业	4.8	2.9	5.1	3.6	1.8	3.0

资料来源：経済産業研究所「JIPdatabase2015」、http：//www. rieti. go. jp/jp/database/jip. html。

此外，除了在中观层面外，日本的服务业与制造业之间表现出生产率差异，在微观层面服务企业之间也存在明显的生产率差异。森川正之使用日本经济产业省提供的"企业活动基本调查数据"分析了日本服务业的生产率，指出：日本的服务企业的生产率存在极大的差异，一些企业拥有较高的生产率，一些企业的生产率则极低，生产率差异的主要来源是"产业内差异"而非"产业间差异"，生产率越高的企业占有的市场份额也越大。[1]

（二）破解"成本病"的关键在于提高服务业的生产率

鲍莫尔（Baumol）最先指出服务业的生产率问题，认为服务业的生产效率会低于制造业的生产效率，规模不断扩大的服务业，由于生产率难以得到提高，其将对整个经济体的生产率提高造成负面影响，并将之总结为服务业的"成本病"问题。[2] 鲍莫尔指出，由于服务业部门提供的产品本身就是最终产品，没有使用资本和新技术的空间，因此服务业出现生产成本

---

[1]　森川正之『サービス産業の生産性分析—ミクロデータによる実証分析—』、日本評論社、159 頁。

[2]　Baumol William J. , "Macroeconomics of Unbalanced Growth: The Anatomy of Urban Crisis," *The American Economic Review*, Vol. 56, No. 3, 1967, pp. 415 –426.

高、效率低的现象。经济是自由竞争的，制造业部门不断增长的资本和技术导致其实际的工资水平不断上升，同样导致服务业部门的工资增长。但是服务业部门所增加的生产成本并不能被生产率的提高所抵消，因此服务业部门的成本变得越来越高，服务业的"成本病"问题出现。此后，随着生产率差距的增大以及工资差距的缩小，效率低的服务业部门在经济中所占的比重会进一步提高，生产效率高的制造业在经济中所占的比重反而不断减小，资本和劳动力等生产要素会不断从制造业中流出，并流向生产率低的服务业之中，从而使经济整体的生产率水平下降，经济增长率也会下降。破解服务业"成本病"问题的关键在于提高服务业部门的全要素生产率。

以下使用鲍莫尔所提出的经济理论模型，来阐明日本提高服务业生产率的必要性。假设经济存在两个部门，即制造业部门 m 和非制造业部门 s。假设两个部门都仅以劳动为唯一的要素投入，则二者的产量可以表示为：

$$Q_m = t_m L_m, t_m = \exp(r_m t) \tag{1}$$

$$Q_s = t_s L_s, t_s = \exp(r_s t) \tag{2}$$

其中，Q_i 表示两部门产量，L_i 表示两部门的劳动力投入，t_i 表示两部门的全要素生产率，且各部门的全要素生产率以 r_i 的速度增长。并且假设两个部门的劳动力之和为 1。基本的假设是，制造业部门的 TFP 增长率要高于服务业部门，则：

$$L_m + L_s = 1 \tag{3}$$

由于市场是完全竞争的，因此在两个部门所获得工资相同。在完全竞争市场的环境中，厂商的利润为 0，厂商所面临的最大化条件为：

$$\max_{L_i} p_i Q_i - \omega L_i \tag{4}$$

通过最大化式（4），可以得到制造业商品和非制造业商品价格：

$$p_m = \frac{\omega}{t_m} \tag{5}$$

$$p_s = \frac{\omega}{t_s} \tag{6}$$

因此，非制造业商品与制造业商品的价格之比为：

$$\frac{p_s}{p_m} = \exp[(r_m - r_s)t] \tag{7}$$

假设制造业与服务业产量之比为 K，由此可知制造业部门和服务业部门的劳动力需求为：

$$L_m = \frac{K}{K + \exp[(r_m - r_s)]t} \tag{8}$$

$$L_s = \frac{1}{1 + K \cdot \exp[-(r_m - r_s)]t} \tag{9}$$

由式（9）可知，如果制造业的 TFP 增长率维持不变，而服务业的 TFP 增长率得到了提高，那么对于制造业的劳动力需求会增加，对于服务业部门的劳动力需求会减少，使劳动力向具有更高生产率的部门移动，使劳动力资源得到更合理的配置，从而带动整体经济的 TFP 增长率提高。

以下考虑服务业的 TFP 增长率提高对经济增长所起到的作用。经济增长可以用如下形式表示：

$$g = \frac{p_m Q_m}{p_m Q_m + p_s Q_s}\left(r_m + \frac{L_m}{L_m}\right) + \frac{p_s Q_s}{p_m Q_m + p_s Q_s}\left(r_s + \frac{L_s}{L_s}\right) = r_s - (r_m - r_s)L_s \tag{10}$$

由式（10）可知，当制造业 TFP 增长率维持不变，服务业的 TFP 增长率有所提高时，会导致服务业部门的劳动需求下降，加之生产率的差距减小，受这两项因素的影响，整个经济的增长率获得提高。因此，要破解服务业的"成本病"问题，关键就在于提高服务业的全要素生产率，如果服务业部门的全要素生产率获得提高，则将改善资源的错配，使更多的劳动力资源配置到生产率更高的制造业部门中，受此影响，经济整体的增长率也会得到提升。

三 制造业与服务业的融合发展新趋势与 生产性服务业的发展历程

提高服务业的生产率，需要从提高服务业内部各产业的生产率入手，而生产性服务业是提高服务业生产率的关键，发展与促进生产性服务业的全要素生产率增长，有助于服务业整体生产效率的提高。生产性服务业，主要是指狭义服务业中的对企业服务业，其主要服务对象是在市场中从事生产与经营活动的制造业与服务业企业，而非私人消费者与政府、公共服务部门。

（一）制造业与服务业的融合发展新趋势

近年来，制造业与服务业的融合趋势日益明显，一方面，制造业对于服务的需求不断增加，制造业的生产与经营活动越来越依赖金融、租赁、信息服务等服务产业的支持，服务产品作为中间产品的比重不断增大；另一方面，服务业的经营范围也在扩大，对制造业的渗透不断增强，服务业企业凭借自身的技术优势，将其生产链扩展到产品的设计与生产环节，实现了向制造业的跨界。

（二）日本生产性服务业的发展历程

生产性服务业作为衔接第二产业和第三产业的桥梁，不仅对日本的制造业有着重要影响，在日本经济中也占有相当重要的地位。首先，日本完成工业化以来，生产性服务业在日本 GDP 中所占的比重就处于不断上升的通道。如图 1 所示，日本生产性服务业的产值占 GDP 的比重从 1973 年的 19.5% 逐步提升到 2005 年的 29.4%，此后受国际金融危机的影响而有所下降，自 2009 年再次回升，截至 2012 年，日本生产性服务业的产值占 GDP 的比重为 27.8%。①

---

① 根据"JIPdatabase2015"的数据，将交通运输业、批发业、电信业等 12 个产业的附加值加总，除以当年日本国民生产总值的实际值后，计算得出日本生产性服务业在日本国民经济中所占的比重。

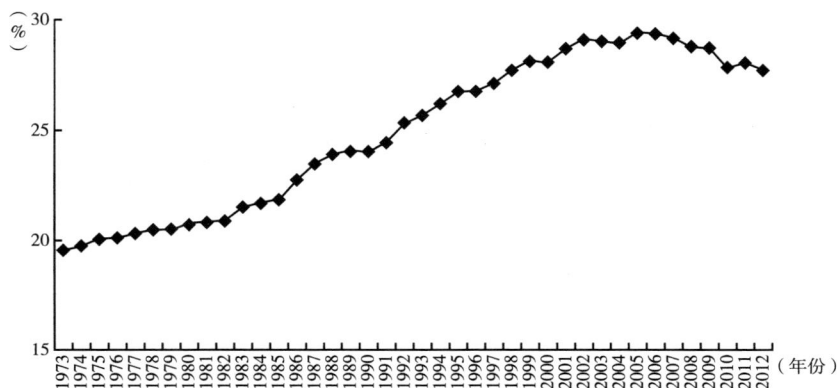

图 1　日本生产性服务业产值占 GDP 的比重

资料来源：経済産業研究所「JIPdatabase2015」、http：//www. rieti. go. jp/jp/database/
jip. html。

其次，生产性服务业在日本的服务业中也占有重要的地位。图 2 反映了
日本生产性服务业产值在日本服务业总产值中所占比重的变化情况。2006
年后，尤其是受国际金融危机的影响，日本的制造业特别是出口产业的生产
萎缩，并波及与其关系密切的生产性服务业，造成日本的生产性服务业产值
下降，截止到 2012 年为 51. 8%，但仍然维持在 50% 以上。① 从总体上看，
日本的生产性服务业产值与日本服务业总产值之比始终维持在 50% 左右，
其产值的波动对日本服务业的发展与变化有着重要的影响作用。

再次，从生产性服务业的劳动力人口数量变化层面，考察日本生产性服
务业的发展情况。图 3 表示了日本生产性服务业就业人口的变化。1965 ~
2000 年，生产性服务业对于劳动力人口的吸纳量一直多于消费性服务业，
此后呈持平趋势。在此期间，日本的生产性服务业的从业人口一直维持增
长，从 1965 年的 1098 万人增加到 2015 年的 2164 万人，尤其在日本人口老
龄化背景下，可谓增长势头显著。

---

① 根据 "JIPdatabase2015" 数据，将交通运输业、批发业、电信业等 12 个产业的附加值加
总，除以当年日本服务业附加值总额，计算得出日本生产性服务业在日本服务业中所占
比重。

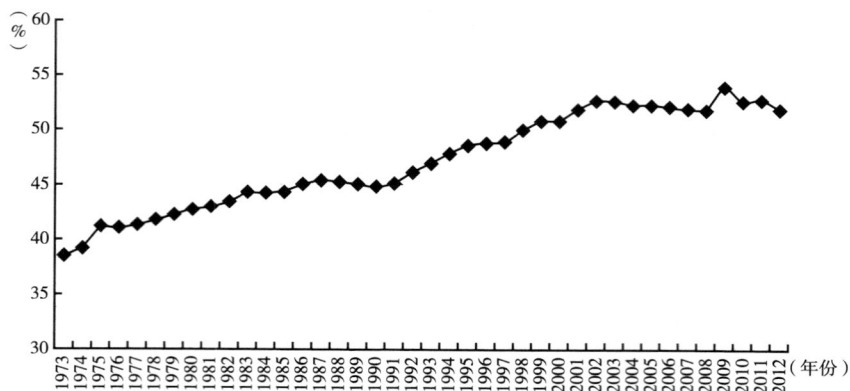

图 2　日本的生产性服务业产值占服务业总产值的比重

资料来源：経済産業研究所「JIPdatabase2015」、http：∥www. rieti. go. jp∕jp∕database∕
jip. html。

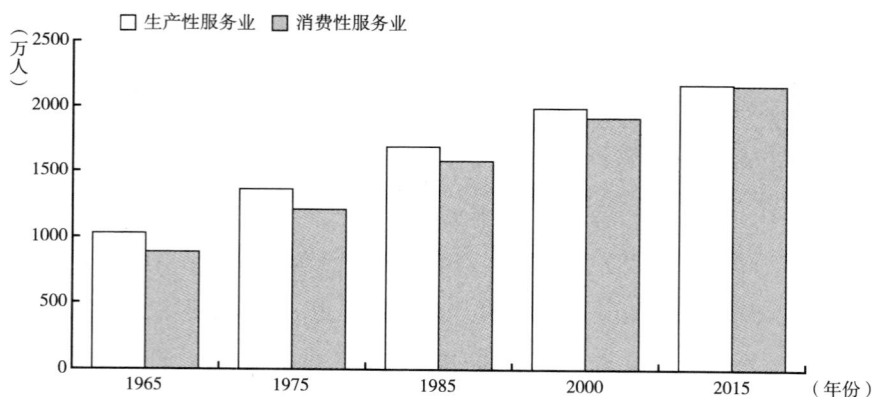

图 3　日本生产性服务业就业人口的变迁

资料来源：総務省統計局「国勢調査平成 22 年」、http：∥www. stat. go. jp∕data∕
kokusei∕2010∕；総務省統計局「日本の統計 2015」、http：∥www. stat. go. jp∕data∕nihon∕
index2. htm。

最后，生产性服务业内部各产业的变化情况。1973～2012 年，交通
运输、批发、电信、金融、设备租赁、修理、信息服务、科学研究、设备

维护等行业产值与生产性服务业产值的平均比重分别为 18.2%、21.5%、3.9%、15.8%、2.6%、6.1%、3.6%、2.9%、10%。具体的情况如图4所示。

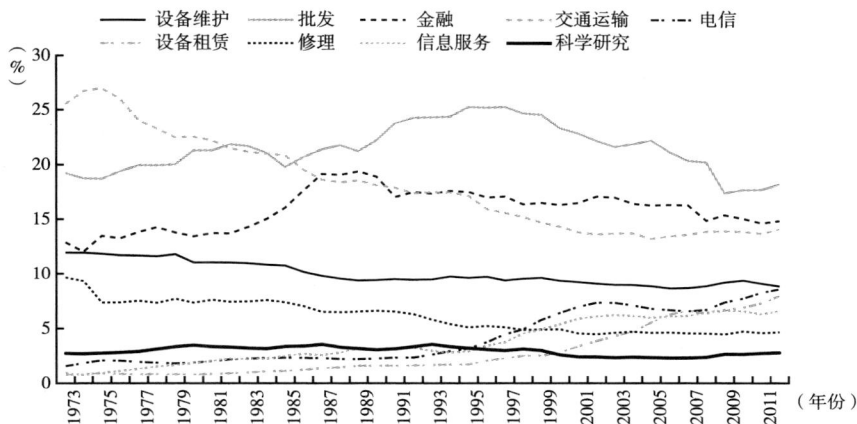

图4　日本生产性服务业各行业产值的占比情况

注：为了展示的简洁性，图中未展示所占比重较小的邮电业、广告业和其他生产性服务业。

资料来源：经济産業研究所「JIPdatabase2015」、http：//www. rieti. go. jp/jp/database/jip. html。

四　生产性服务业影响因素的实证分析

生产性服务业在日本的服务业乃至日本经济中占有重要地位，其发展不仅能够促进制造业的进一步发展，内部的产业升级还能够推动新产业的诞生，拉动创新，改善经济结构。因此，有必要分析影响日本生产性服务业发展的主要经济因素。

（一）生产性服务业影响因素的理论分析

佩蒂（Petit）认为，促进服务业增长的三个关键机制在于信息技术扩散、经济国际化与教育的稳定发展。当这三种结构性因素跨过一定门槛之后，会表现出相互依存性，信息技术的发展以及教育的普及将有助于提高经济体的人力资本，而国际化将会推动国与国之间的竞争，有利于服务业的发展。[①] 对此观点进行细化，并结合生产性服务业的特征，可以从分工合作细化、专业外包服务发展、交易成本降低三个方面提高生产性服务业的全要素生产率。

（二）实证分析

以下结合上述理论部分的分析，运用时间序列分析等计量经济手段，对影响日本生产性服务业的因素进行实证分析。

1. 变量的选择

首先，作为被解释变量，本文使用生产性服务业产值占 GDP 的比重表示生产性服务业的发展情况。其次，本文认为专业化程度、工业化程度、生产性服务业的效率以及信息技术投入是影响日本生产性服务业的主要原因。第一，专业化程度。分工的细化能够促进生产性服务业的发展。第二，工业化程度。由于生产性服务业与制造业存在密不可分的关系，制造业的发展推动生产性服务业发展，工业化程度越高，生产性服务业发展越快。第三，生产性服务业效率。效率的提高有助于降低生产性服务业和制造业之间的交易成本，推动生产性服务业发展。第四，信息技术投入。信息技术的投资有助于制造业与生产性服务业之间的融合，带动生产性服务业发展。

2. 模型形式的设定

根据上述分析，日本的生产性服务业的影响因素的分析可以依据下式进行：

$$Y_t = \alpha + \beta_1 IND_t + \beta_2 INC_t + \beta_3 EFF_t + \beta_4 IT_t + \varepsilon_t \tag{11}$$

其中，Y_t 表示生产性服务业增加值占 GDP 的比例；IND_t 表示专业化程度；INC_t 表示工业化程度；EFF_t 表示生产性服务业的效率；IT_t 表示信息技

术的投入。本文对日本生产性服务业的总体情况，以及交通运输、金融、信息服务、电信和设备租赁这五个行业分别进行影响因素分析，以揭示出不同产业自身的决定因素特点。

3. 数据的选取与预处理

本文选取的分析时间段为 1973 年至 2011 年，共包含 38 年的数据。将交通运输、金融、信息服务、电信和设备租赁等五大类产业作为主要的分析对象，其中既包括传统的生产性服务业，例如交通运输业与金融业，同时也包括新兴的生产性服务业，比如信息服务业、电信业及设备租赁业等科技型生产性服务业。本文的数据来源为 JIPdatabase2014。[①]

在进行长期时间序列分析之前，为避免由经济变量非平稳导致的"伪回归"问题，减少对于回归系数估计的偏差，需要对各经济变量的平稳性进行检验。通过 ADF 检验，分析各经济变量的平稳性，所获得的检验结果如表 2 所示。由 ADF 检验可知，所有需要分析的经济变量都是平稳变量，可以直接用于回归分析。

表 2　经济变量的平稳性检验结果

经济变量	ADF 检验式	ADF 值	相应 P 值	结论
SER	(c,0,9)	−3.43	0.01	I(0)
ELE	(c,t,3)	−3.31	0.08	I(0)
FIN	(c,0,9)	−3.72	0.01	I(0)
INFO	(c,0,9)	−3.45	0.02	I(0)
RENT	(c,t,5)	−4.73	0.00	I(0)
TRAN	(c,0,9)	6.32	0.00	I(0)
IND	(c,0,9)	−6.52	0.00	I(0)
INC	(c,0,9)	−8.34	0.00	I(0)
EFF	(c,0,9)	−3.36	0.02	I(0)
IT	(c,0,9)	−4.04	0.00	I(0)

注：SER 代表生产性服务业，ELE 代表电信业，FIN 代表金融业，INFO 代表信息服务业，RENT 代表设备租赁业，TRAN 代表交通运输业。

[①] 経済産業研究所「JIPdatabase2014」、http://www.rieti.go.jp/jp/database/jip.html。

4. 实证结果与分析

本文对式（11）的实证分析结果如表 3 所示。

表 3　实证分析结果

解释变量	*SER*	*ELE*	*RENT*	*INFO*	*FIN*	*TRAN*
c	− 0.0001 （0.4279）	0.0006 ** （0.0164）	0.0006 *** （0.0066）	6.76e − 05 （0.6467）	− 0.0005 （0.2789）	− 2.11e − 05 （0.9420）
IND	− 0.0197 *** （0.0017）	− 0.0182 * （0.0759）	− 0.0206 * （0.0845）	0.0033 （0.6687）	0.0124 （0.6287）	− 0.0058 （0.7480）
INC	0.0315 *** （0.0005）	0.0225 * （0.0935）	0.0291 * （0.0824）	− 0.0051 （0.6467）	− 0.0506 （0.1525）	0.0161 （0.5144）
EFF	0.3231 *** （0.0000）	0.0205 ** （0.0283）	0.0227 ** （0.0376）	0.0057 （0.4089）	0.0758 ** （0.0027）	0.0325 * （0.0536）
IT	− 0.0002 （0.6121）	− 0.0001 （0.8408）	− 0.0007 （0.1261）	0.0004 *** （0.0000）	− 0.0033 （0.1497）	0.0003 （0.7892）
AR(1)				0.8332 *** （0.0000）		
AR(2)	0.3950 ** （0.0260）					
MA(1)	0.9994 *** （0.0000）	1.0600 *** （0.0000）	0.4486 ** （0.0276）	− 0.4065 ** （0.0548）	0.2845 （0.1497）	0.3118 * （0.0800）
MA(2)		0.2190 （0.2570）				
R^2	0.99	0.61	0.49	0.62	0.66	0.49
D. W.	1.84	1.89	1.71	1.83	2.03	1.99

注：（1）括号内为 p 值；（2） *** 、 ** 和 * 分别表示在 1%、5% 和 10% 的显著性水平下显著；（3） *SER* 代表生产性服务业， *ELE* 代表电信业， *FIN* 代表金融业， *INFO* 代表信息服务业， *RENT* 代表设备租赁业， *TRAN* 代表交通运输业。

首先，从日本的生产性服务业总体回归结果看，专业化程度、工业化程度、生产性服务业效率三个解释变量都是在 1% 的显著性水平下显著，并且其符号也符合理论预期，说明这三个解释变量的提高对于促进日本生产性服务业的发展水平有着重要的作用。但是，信息技术的投入水平与生产性服务业的发展的关系并不显著。

其次，分行业的回归结果呈现出不同的结果。新兴生产性服务业中的电信业和设备租赁业与日本生产性服务业的总体情况相同，专业化程度以及工业化程度这两个解释变量在 10% 的显著性水平下显著，且符号符合预期。生产性服务业效率在 5% 的显著性水平下显著，说明服务业效率的提高有助于这两个产业的发展。但是，信息技术的投入水平这一解释变量并不显著。

因此，从总体上看，专业化程度、工业化程度以及服务效率的提高有效地推动了日本生产性服务业的发展。其中，电信业和设备租赁业的主要影响因素为工业化程度、专业化程度以及生产性服务业的效率，信息服务业的发展与信息技术投入水平具有直接相关关系，说明信息技术的投入有助于信息服务业的发展。此外，金融业以及交通运输业的主要影响因素为生产性服务业的效率，效率的提高将有助于这两个产业的发展。

（原载《日本学刊》2017 年第 3 期，有删减）

中日两国经济政策不确定性
对企业研发影响的比较分析

邓美薇[*]

2008 年世界金融危机以来，各国政府为应对经济波动的负面影响，对经济干预力度加大，其干预手段主要通过政策工具完成，由于宏观环境的巨大波动导致政策执行与导向不明朗，经济政策不确定性上升。当前，世界处于百年未有之大变局，全球不确定性因素增多，新一轮产业革命与科技变革拉开序幕，科技创新成为各国经济发展的核心竞争力，关于不确定性对科技创新的影响备受关注。企业作为国民经济的细胞，其研发行为直接关乎创新发展。斯坦福大学经济学教授尼古拉斯·布鲁姆（Nicholas Bloom）指出，研究不确定性对企业研发投资活动的影响是一个非常重要的复杂课题，有待进行更深入的讨论。[①] 因此，本文将宏观经济政策与微观企业行为相联系，基于 2011～2018 年中日两国非金融类上市企业面板数据，探讨经济政策不确定性对企业研发的影响。之所以将中国与日本相比较，主要是因为：首先，国内学者研究经济政策不确定性对企业行为的影响更多聚焦于中国单个国家，缺乏从中国与他国比较视角下的分析；其次，日本企业重视研发投资，自 1980 年以来，日本研发经费总额仅次于美国，常年保持在世界第二的位置，但是，2009 年被中国反超，之后居于第三位；最后，近年来中日两国均频繁调整政策刺激经济增长活力，经济政策不确定性指数具有密集波动区间，具有比较研究的价值。

＊　邓美薇，中国社会科学院日本研究所助理研究员，研究方向为日本经济、日本货币政策。
①　参见 "Uncertainty and the Dynamics of R&D," https：//www. nber. org/papers/w12841. pdf。

一 中日经济政策不确定性的比较分析

经济政策不确定性的含义包括政策预期的不确定性、政策执行层面的不确定性与政策立场变更所引致的不确定性。近年来，诸多学者选用经济政策不确定性指数衡量经济政策的不确定性，该指数体系相对成熟且具有良好的时间连续性。其主要通过整理大型报社中相关文章数目并进行统计处理得出指数，进而衡量经济政策不确定性，搜索的主要关键词如"经济""商业""政策""政府""不确定性""未知"等。其中，日本经济政策不确定性指数构造的主要来源资料为《朝日新闻》、《日本经济新闻》、《每日新闻》与《读卖新闻》；中国经济政策不确定性指数构造的主要来源资料为《人民日报》与《光明日报》。下文主要基于该指数体系进行中日经济政策不确定性的比较分析。

（一）中日经济政策不确定性的比较

由图 1 可知，中日经济政策不确定性指数的波动规律与差异主要有以下四点。

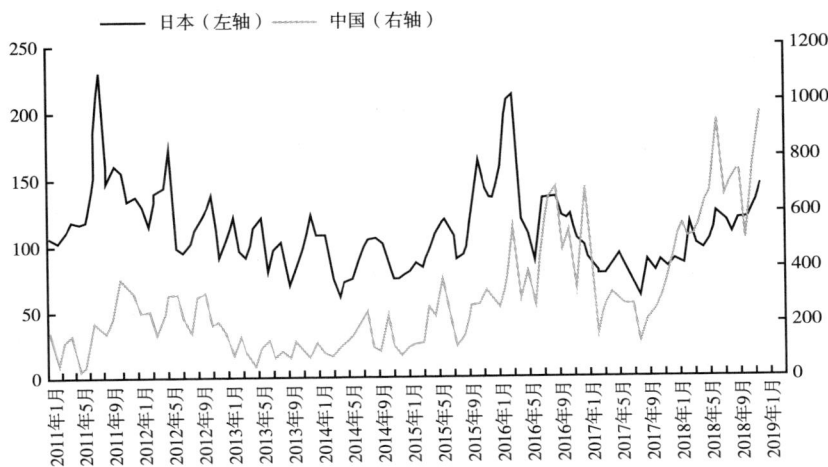

图 1 2011 年至 2019 年 1 月中日经济政策不确定性指数的波动

503

第一，中日两国经济政策不确定性波动与其国内政治环境紧密相关。对于日本来说，不确定性指数出现阶段性峰值与日本国内首相更替、选举改革、国会解散与大选的时间段相吻合。2011 年 8 月，野田佳彦当选日本首相，2012 年 12 月安倍晋三二次上台担任日本首相，2014 年 11 月其解散众议院，12 月连任日本第 97 任首相，2017 年 11 月第三次连任日本首相，各时间段日本经济政策不确定性均明显增大。对于中国来说，全国"两会"召开周期、中央领导层换届期间，经济政策不确定性也会上升，如 2012 年 11 月的中共十八届一中全会，2016 年、2017 年、2018 年两会召开期间，经济政策不确定性指数基本上均有增加。

第二，随着经济政策的出台与调整，经济政策不确定性也相应震荡。对于日本来说，安倍晋三二次上台之后便加速施行一系列刺激经济政策，但是由于积极释放政策宽松信号，市场对政策变更的预期相对明确，经济政策不确定性指数增加有限。不过，2016 年 6 月安倍晋三宣布推迟上调消费税计划，7 月日本银行宣布将交易所交易基金（ETF）购买量从每年 3.3 万亿日元提升至 6 万亿日元，进一步加重量化宽松货币政策砝码，经济政策不确定性指数值陡升至 200 以上。对于中国来说，自 2013 年之后，经济政策不确定性指数波动频繁且幅度较大，如 2015 年 10 月"十三五"规划提出，2016 年 7 月《"十三五"国家科技创新规划》提出，经济政策不确定性指数均大幅增加，2017 年 1 月国务院印发一系列旨在促进对外投资、完善产业工人队伍建设及营造企业家健康成长环境等的政策文件，同期经济政策不确定性陡增至 694.8。

第三，中日两国经济政策不确定性指数的波动与国际环境、重要事件发生有紧密关联。例如，在 2011 年欧洲债务危机、美国主权信用评级下调期间，中日经济政策不确定性指数出现明显增加；2013 年 9 月、10 月美国政府关门危机，2017 年 1～3 月特朗普就职美国总统，英国启动"脱欧"程序，欧洲迎来大选之潮，中日经济政策不确定性指数也均出现一定的震荡；2018 年之后，中美贸易摩擦愈演愈烈，西方世界民粹主义崛起，欧美主权信用风险增大，中日经济政策不确定性指数均趋于增加。

第四，相对于日本，中国经济政策不确定性指数更高。除 2011 年 8 月、2016 年 6 月与 7 月之外，日本经济政策不确定性指数均未超过 200。在观察时间范围内，中国经济政策不确定性指数值基本高于日本，特别是 2016 年之后，不确定性指数陡升，2017 年 1 月高达 694.8，远超日本同期水平，虽然之后指数值有所回落，但是自 2018 年起再次明显增加，2019 年 6 月高达 959.9。与此同时，中国相较于日本来说，经济政策不确定性指数的波动更频繁、幅度更大。特别是，2018 年之后，在中美贸易摩擦频繁背景下，中国经济政策不确定性指数增幅更为明显。

（二）经济政策不确定性对企业研发投资的影响

诸多文献探讨了经济政策不确定性对企业微观行为特别是投资行为的影响。美国西北大学教授贝克（Baker）等研究认为，不确定性与企业投资具有明显的负相关关系。一是，当经济政策不确定性上升时，企业融资成本增加，导致管理层投资决策行为更为谨慎。二是，不确定性影响企业现金流，进而影响企业投资。三是，在政策不确定性增加时，由于投资不可逆性带来的预防性延误以及外部借贷成本增加，企业将倾向于减少投资。尽管经济政策不确定性提升可能负向冲击企业投资，但是由于研发的资本回报、调整成本特征的差异，其对企业研发投资的影响更为复杂。首先，研发投资通常特定于某个项目，并且很大一部分是用于支付科研人员的报酬，如果项目失败则很难得到补偿，则相较于其他类型的投资，研发投资更可能受到不确定性的负面影响。但是，如果在经济政策不确定性提升情况下，企业通过研发投资获取专利成果，一方面，专利技术有助于在经济波动背景下保持企业产品的市场竞争力，扩大市场销售份额；另一方面，企业也可以通过出售知识产权在一定程度上抵消研发投资的不可逆性，那么，不确定性的提升可能倒逼企业加强创新。另外，有些研究表明，政策不确定性刺激企业研发投资的增加，而且这种正向作用在竞争激烈的选举年份，以及政治敏感度高、创新难度大的行业和高成长价值的企业中更为显著。

二 实证研究设计

通过构建实证模型进一步讨论中日经济政策不确定性对企业研发投入的影响差异。

（一）样本选择与数据来源

鉴于数据可得性及完整性，选取 2011～2018 年中日上市企业为研究样本，筛选条件如下：（1）剔除金融保险类以及非正常运营状态的企业；（2）剔除存在数据缺失的企业；（3）剔除资不抵债即资产负债率超过 100% 的企业。最后，获得 4746 个中国上市企业样本观测值与 7728 个日本上市企业样本观测值，企业财务数据均来自 BvD-Osiris 数据库。为排除异常值的影响，对企业连续性变量在 1% 和 99% 分位数上进行 winsorize 处理。

（二）变量定义与说明

首先，被解释变量为研发投入（Rd），用研发强度即研发投入额与营业收入比值表示。

其次，经济政策不确定性（Epu）为核心解释变量，选用上文提到的经济政策不确定性指数衡量。由于采用的变量均为年度数据，而该指数为月度数据，因此，选取一年内 12 个月月度数据的几何平均值作为年度变量，为保持数量级的一致性，将其指数值除以 100。

再次，为验证经济政策不确定性对不同企业研发活动的影响差异，引入企业特征变量。一是企业创新实力变量（Hightech）。通常认为高科技企业具有天然的技术创新基因，创新实力雄厚。因此，参照经济合作与发展组织（OECD）定义与中国国家统计局高技术产业分类标准，将样本企业划分为高科技行业企业与非高科技行业企业，将高科技行业企业记作 1，非高科技行业企业记为 0。二是企业成长性（Growth）。用企业营业收入增长率表示，该比值越大，说明企业阶段性经营状况越好，具有较好的前景预期。

最后，为了控制其他因素对企业研发的影响，借鉴以往研究经验，在模型中引入以下控制变量：企业总资产收益率、企业规模、企业年龄、资产负债率、有形资产比率、资本密集度、行业集中度与市场经济环境变量。其中，企业总资产收益率（Roa）为净利润与总资产的比值；企业规模（Size）用公司总资产的自然对数表示；企业年龄（Age）即自企业成立开始计算；企业资产负债率（Lev）用总负债与总资产比值表示；企业有形资产比例（Tang）与无形资产结构有关，用有形资产占总资产的比率表示；资本密集度（Capi）为人均固定资产的自然对数；行业集中度（Xhi）采用赫芬达尔－赫希曼（Hhi）指数表征行业集中度①，根据 GICS 行业分类标准，计算各行业集中度及均值，将 Hhi 指数低于中位数的行业划分为竞争激烈的行业，记为 1，反之为竞争程度较弱的行业，记为 0，通常行业集中度越高，垄断程度越大，企业间越会趋于"串谋勾结"，养成创新"惰性"；市场经济环境（Eco）用经济自由度指数（Index of Economic Freedom，IEF）表示，数值越大说明经济制度环境越好。② 另外，设定年度与行业虚拟变量以控制时间效应与行业效应。

（三）回归模型设定

参考以往研究文献，设定基准回归计量方程为：

$$Rd_{i,t} = \delta_0 + \delta_1 Epu_{i,t-1} + \delta_2 Roa_{i,t-1} + \delta_3 Lev_{i,t-1} + \delta_4 Size_{i,t} + \delta_5 Tang_{i,t-1} + \delta_6 Capi_{i,t-1}$$
$$+ \delta_7 Eco_{i,t-1} + \delta_8 Xhi_{i,t} + \delta_9 Age_{i,t} + \delta_{10} \sum Year + \delta_{11} \sum Ind + \varepsilon_{i,t} \tag{1}$$

其中，$Rd_{i,t}$ 为 i 企业第 t 期研发投入强度，考虑到滞后效应与消除内生性产生的潜在偏误，除企业年龄、规模与行业集中度外，其他解释变量与控制变量均滞后一期。为分析经济政策不确定性对不同企业研发活动的影响差

---

① 赫芬达尔－赫希曼指数计算公式为 $Hhi = \Sigma_k \left(\dfrac{X_i}{\Sigma X_i} \right)^2$，即企业营业收入与行业总营业收入比值的平方和。

② 为保持数量级一致，将该数值除以 100。

异，引入企业特征变量及交互项，计量方程为：

$$Rd_{i,t} = \delta_0 + \delta_1 Epu_{i,t-1} + \delta_2(Epu + \delta_3 H_{i,t-1} + \delta_4 Roa_{i,t-1} + \delta_5 Lev_{i,t-1} + \delta_6 Size_{i,t} + \delta_7 Tang_{i,t-1}$$
$$+ \delta_8 Capi_{i,t-1} + \delta_9 Eco_{i,t-1} + \delta_{10} Xhi_{i,t} + \delta_{11} Age_{i,t} + \delta_{12}\sum Year + \delta_{13}\sum Ind + \varepsilon_{i,t} \quad (2)$$

其中，H 为特征变量，分别代入企业创新实力与成长性变量，$Epu \times H$ 为经济政策不确定性与特征变量的交互项，是重点解释变量。对各模型中涉及变量进行 Pearson 相关性分析，相关系数均低于 0.6，而且方差膨胀因子 vif 远小于 10，认为不存在严重的多重共线性问题。为提高回归系数估计可信度，借鉴陈胜蓝、刘晓玲①的做法，在具体回归模型中，对所有回归系数的标准误都使用异方差调整和在公司层面上进行"聚类"（Cluster）处理，以控制潜在的异方差及序列相关性问题，并引入年度（Year）与行业（Ind）虚拟变量以控制时间与行业效应。

三　实证检验与结果分析

（一）描述性分析

表1为全样本下各变量的描述性统计结果。观察中日研发投入变量，各统计值相差不大，说明近年来中国企业重视创新投资，在研发投入强度上赶超日本企业；从两国经济政策不确定性变量来看，中国的最大值为 4.6047，最小值为 1.1390，标准差为 1.2039，而日本分别为 1.4494、0.9315 及 0.2035，在考察时间段内，两国均存在政策密集调整区间。

（二）实证结果分析

1. 基准模型回归

基准模型回归结果主要用于分析在全样本中及分行业样本中，中日经济

---

① 陈胜蓝、刘晓玲：《经济政策不确定性与公司商业信用供给》，《金融研究》2018 年第 5 期。

政策不确定性对企业研发活动的影响差异。表2为根据计量方程（1）得出的基准模型回归结果。

表1　主要变量的描述性统计

变量名	中国				日本			
	均值	标准差	最小值	最大值	均值	标准差	最小值	最大值
Rd	0.0387	0.0454	0.0001	0.8205	0.0257	0.0316	0.0003	0.1792
Epu	2.5288	1.2039	1.1390	4.6047	1.1084	0.2035	0.9315	1.4494
Roa	0.0352	0.0671	−0.7559	0.4833	0.0355	0.0365	−0.1097	0.1420
Lev	0.4231	0.2051	0.0149	0.9952	0.4496	0.1844	0.0878	0.8577
$Size$	11.1636	1.2983	6.7865	17.4870	11.2307	1.5974	8.1407	15.3407
$Tang$	0.2585	0.1586	0.0007	0.9417	0.2706	0.1440	0.0095	0.7383
$Capi$	2.1619	0.8399	−1.3037	5.9293	2.7188	0.8089	0.7912	4.9900
Eco	0.5344	0.0244	0.5120	0.5780	0.7211	0.0110	0.6960	0.7330
Xhi	0.7611	0.4265	0	1	0.9202	0.2709	0	1
Age	16.7463	5.6976	2	62	63.0145	27.0862	2	340
$Hightech$	0.2802	0.4492	0	1	0.1748	0.3798	0	1
$Growth$	0.1893	0.7407	−0.9827	32.5702	0.0095	0.1308	−0.3067	0.4631

在全样本回归下，中日经济政策不确定性对企业研发活动的影响方向确实不同，中国企业研发投入系数为正，并在1%水平上显著，即随着中国经济政策不确定性的增加，企业倾向于增加研发投资，经济政策不确定性对企业研发具有激励效应；日本企业研发投入系数为负，在1%水平上显著，即日本经济政策不确定性负面冲击企业研发活动。

将样本企业划分为周期性、消费性与信息行业企业[①]，中国经济政策不确定性增加对信息行业企业的影响未通过显著性检验，对周期性行业企业的激励作用最明显，其次为消费性行业企业；日本经济政策不确定性对信息行业企业的负面冲击也未通过显著性检验，但是对周期性行业企业的负面冲击大于对消费性行业企业的负面冲击。故而，中日经济政策不确定性对不同行

---

① 根据GICS行业分类标准（2016）进行划分，周期性行业包括原材料、能源、工业及公用事业行业；消费性行业包括日常及非日常生活消费品、医疗保健行业；信息行业包括信息技术、电信业务行业。

业企业的影响存在差异。另外，日本企业的总资产收益率、资产负债率、资产有形性、行业集中度与研发投入负相关，企业规模、年龄、经济制度与研发投入正相关，均通过显著性检验；中国企业的资产负债率、企业规模、年龄、资产有形性、行业集中度与研发投入负相关，经济制度环境与研发投入正相关，均通过显著性检验，资产收益率及资本密集度系数未通过显著性检验。限于篇幅，表2中未具体汇报控制变量系数与显著性（可备索）。

表2　经济政策不确定性与企业研发投入：全样本及分行业实证结果

| | 被解释变量：Rd | | | | | | | |
| | 中国 | | | | 日本 | | | |
	全样本	周期性行业	消费性行业	信息行业	全样本	周期性行业	消费性行业	信息行业
L. Epu	0.0045 ***	0.0050 ***	0.0036 ***	0.0041	−0.1066 ***	−0.0948 ***	−0.0640 *	−0.0819
	(5.64)	(5.93)	(3.30)	(1.21)	(−5.09)	(−6.25)	(−1.71)	(−1.16)
其他变量	控制	控制	控制	控制	控制	控制	控制	控制
常数项	0.0780 ***	0.0435 ***	0.0471 **	0.0583	−0.8530 ***	−0.8037 ***	−0.5791 *	−0.6713
	(6.02)	(4.10)	(2.39)	(1.29)	(−4.81)	(−6.31)	(−1.82)	(−1.14)
时间效应	控制	控制	控制	控制	控制	控制	控制	控制
行业效应	控制				控制			
R^2	0.2842	0.2341	0.1481	0.1316	0.1887	0.1224	0.2261	0.0658
样本量	4746	2422	1309	1015	7728	3787	2261	1680

注：***、**、* 分别表示在1%、5%、10%水平上统计显著，（）内为异方差调整及聚类稳健标准误下对应的 t 值。

2. 引入特征变量的模型回归结果

进一步分析，表3为根据计量方程（2）得出的实证结果。

首先，在基础回归模型中加入企业创新实力特征变量，以及其与经济政策不确定性相乘后的交互项，实证结果见表3。对于中国企业来说，创新实力对企业研发活动的正向促进作用明显，但是创新实力与经济政策不确定性的交互项系数未通过显著性检验。同样，无论是否加入企业创新实力特征变量或其与经济政策不确定性的交互项，日本经济政策不确定性增加均对企业研发产生负面影响，且通过显著性检验，但是交互项系数为负，未通过显著性检验。结合上面分行业样本回归结构来看，这在一定程度上表明，相对于传统行业，研发投资是高科技企业的"刚需"，故而，具有"天然创新基因"的高科技行业企业的研发行为决策更具独立性，受经济政策不确定性的影响相对不明显。其次，在基础回归模型中引入企业成长性特征变量及其与经济政策不确定性的交互项。对于中国企业来说，低成长性企业研发投资受经济政策不确定性增加带来的激励效应更明显。对于日本来说，企业成长性系数及交互项系数通过显著性检验，而高成长性企业研发投资受到的经济政策不确定性增加带来的负面影响更大，即经济政策不确定性的影响在成长性不同的企业中具有选择效应。

表3　引入企业特征变量后的实证结果

	被解释变量:Rd　H:Hightech				被解释变量:Rd　H:Growth			
	中国		日本		中国		日本	
L. Epu	0.0045 ***	0.0044 ***	− 0.0823 ***	− 0.0824 ***	0.0043 ***	0.0048 ***	− 0.1141 ***	− 0.1341 ***
	(5.53)	(5.45)	(− 4.17)	(− 4.16)	(5.24)	(5.51)	(− 5.36)	(− 6.03)
H	0.0065 **	0.0064 *	0.0345 ***	0.0344 ***	− 0.0036 **	0.0036	− 0.0072 **	0.0848 ***
	(2.04)	(1.70)	(11.88)	(9.92)	(− 2.01)	(0.92)	(− 2.17)	(4.34)
L. (Epu × H)		0.0001		0.0001		− 0.0030 **		− 0.0814 ***
		(0.07)		(0.08)		(− 1.99)		(− 4.54)
其他变量	控制	控制	控制	控制	控制	控制	控制	控制
时间效应	控制	控制	控制	控制	控制	控制	控制	控制
行业效应	控制	控制	控制	控制	控制	控制	控制	控制
R^2	0.2889	0.2889	0.3318	0.3318	0.2851	0.2858	0.1894	0.1930
样本量	4746	4746	7728	7728	4746	4746	7728	7728

注：***、**、*分别表示在1%、5%、10%水平上统计显著，（）内为异方差调整及聚类稳健标准误下对应的t值。

（三）稳健性检验

首先，企业个体微观行为很难影响国家宏观经济政策，因此经济政策不确定性和企业之间基本不存在反向因果关系。另外，实证研究中对解释变量及主要控制变量采取滞后一期做法，并通过引入虚拟变量控制了时间及行业效应，有效避免了内生性偏误问题。

其次，对被解释变量重新定义与衡量，用企业研发经费的自然对数作为研发投入的替代变量，重复上述实证过程，所得结果基本与上文一致。

最后，重新测算经济政策不确定性指标，参考 Gulen 和 Ion[①] 的做法，对每季度各月的指数值赋予不同权重，采用加权平均法计算当季度政策不确定性，并将四个季度的算数平均值作为经济政策不确定性的替代变量，当季度经济政策不确定性指数为 $Epu_t = \dfrac{3\,Epu_m + 2\,Epu_{m-1} + Epu_{m-2}}{6}$，无论何种测算方式，最终实证结果保持一致。[②]

四　主要结论与政策启示

（一）主要结论与分析

基于 2011 年至 2018 年中日两国非金融类上市企业面板数据，探讨了经济政策不确定性对企业研发投入的影响，主要结论如下。

第一，中日经济政策不确定性对企业研发的影响方向相反。可能是因为企业研发投入与企业重视长期收益程度、对经济发展的预期与经济波动等紧密关联。中国经济增长步入新常态，但仍具有较大的增长空间。近年来，中国政府持续释放政策红利，重视营造良好的市场经营环境，鼓励企业创新，市场开放程度不断提高，企业对未来经济发展的预期良好。尽管在全球不确定性增加以及中美贸易摩擦加剧的背景下，中国经济政策不确定性攀升，但是看重长期收益的理性企业善于借助市场环境波动倒逼自身加强创新研发，提升竞争优势，因此中国经济政策不确定性反而对企业研发具有激励作用。日本不同于中国，一方面，自泡沫经济以来，日本经济长期低迷，日本政府

---

① Huseyin Gulen, Mihai Ion, "Policy Uncertainty and Corporate Investment," *The Review of Financial Studies*, Vol. 29, No. 3, 2016, pp. 523–564.

② 因篇幅有限，由于构建的实证模型较多，本文不提供具体的检验结果。

对企业经营的干预力度有限，企业研发投资受经营条件的影响明显，日本国内长期的市场需求不振导致企业决策趋于谨慎，经济政策不确定性增加难免负向冲击企业研发活动；另一方面，日本经济制度、市场竞争机制相对完善，随着时间的推移，经济环境质量进一步提升的速度减慢，改革成本增加，原有的高质量经济环境所带来的收益呈现边际报酬递减的技术特征，对企业研发的激励作用也将趋弱。

第二，经济政策不确定性对企业研发的影响具有行业差异性，对信息行业企业的影响均未通过显著性检验，对周期性行业企业的影响最大，其次为消费性行业，即信息行业企业的研发投资更具有决策自主性，而消费性行业企业研发投资受政策波动的影响相对较小。进一步引入企业创新实力与成长性的特征变量，经济政策不确定性对企业研发活动的影响更为复杂，具有选择效应。具体原因如下。一是对于中日两国来说，相对于传统行业，高科技企业产品更新换代更快，技术需求与创新要求更高，故而创新研发作为立足之本，受外在环境的影响较有限。二是在中国，低成长性企业研发投资受经济政策不确定性增加带来的激励效应更明显；在日本，高成长性企业研发投资受到的经济政策不确定性增加带来的负面影响更大。这在一定程度上表明，在中国，与高成长性企业相比，低成长性企业更迫切需要通过创新研发改善资源配置，提高生产效率，提升市场竞争地位；而日本经济政策不确定性对高成长性企业研发的负面效应更明显，即说明政策不确定性增加确实有可能冷却前景良好的企业的发展势头，这将带来恶性循环，即企业创新活力下降，市场需求减少，企业的市场预期恶化，更加重视短期收益，政策不确定性的负面效果将进一步扩大。

（二）启示

研究结论具有一定的政策含义，启示如下。

首先，实证结果验证了经济政策不确定性确实对企业研发具有复杂性影响，影响方向难以确定。对于中国来说，目前中国处于经济转型升级的关口期，以一系列经济政策措施保障产业顺利升级，是中国经济赖以持续发展的重要动力，尽管研究结果表明中国经济政策不确定性正向激励企业研发投资，但是，不可否认，其仍会冲击企业的短期经营活动，因此，政府部门在运用政策手段调控经济发展、平滑经济波动影响的同时，应避免政策的大起大落，权衡其对不同经济活动的影响。其次，实证表明，日本经济政策不确定性增加会负向冲击企业研发投资，在一定程度上反映了当经济发展达到一定高度，经济增长速度相对减缓，原有的高制度质量、完善的市场竞争机制所带来的收益也将呈现边际报酬递减的技术特征，此时企业创新活动更易受到政策波动的负向影响。相对于日本，中国企业研发历程较短，技术实力欠缺，目前中国经济增长相对减速，更应注意积极改善市场经营环境，提升制度质量，增加企业经营信心，稳住市场预期。最后，在全球不确定性增加、中美贸易摩擦背景下，中国经济政策不确定性确实有上升趋势。鉴于其对不同企业具有选择效应，相关政府部门应重视采取外部措施影响企业的生产经营条件，帮助企业充分发挥创新活力，增强自身生存与发展实力。当经济政策不确定性上升时，在外部措施配合下，不仅促使高效率企业增加研发投入，而且倒逼低成长性企业加快创新避免被市场"洗牌"淘汰，从而在整体上使行业创新能力得到提升。

（原载《东北亚学刊》2020年第2期）

社会文化篇

作用巨大　任重道远

——论战后中日民间交流的特征与作用

张进山[*]

被誉为"民间外交""友好运动"的战后中日民间交流，从无到有，从小到大，植根民众经久不衰，始终保持着旺盛的活力和发展势头，在战后两国关系发展史上占有重要的地位。回顾过去长达半个世纪的岁月，中日关系从不正常状态转为正常发展，从民间往来转为国家间交往，从单一贸易、友好交流转为经贸合作、全面发展，并逐步走向务实、成熟，经历了漫长而又曲折的道路。对此，民间交流发挥了巨大而又特殊的作用，可以说，良好的中日关系来之不易，而民间交流功不可没。

一　贸易入手，以经促政

经济是基础，始终是连接两国关系的纽带；贸易是催化剂，推动着中日政治关系的改善和发展。然而，20世纪五六十年代的日本历届政府在对华政策上都试图以"政经分离"的方式发展同中国的关系，甚至推行随美反华和制造"两个中国"的政策，严重阻碍了中日两国基于平等和相互尊重主权的原则精神早日缔结和约，恢复正常国家关系的进程，致使双方一度处于没有任何往来的完全隔绝状态。

正是20世纪50年代初的民间记账式易货贸易开启了中日交流的大门，

---

* 张进山，中国社会科学院日本研究所研究员，研究方向为日本外交、中日关系。

使包括政界在内的日本各界人士敢于克服重重困难同中国交往。早在 1949 年 10 月中华人民共和国成立前夕，基于中日两国人民 2000 余年的传统友谊和历史的经验教训，一些渴望和平、反对战争的日本有识之士看到中国革命成功的大局已定，便于同年 5～6 月率先发起并成立了中日贸易促进会、促进中日贸易议员联盟和中日贸易协会等民间贸易团体，以期从贸易入手，同新中国先行建立起联系，再逐步开展人员往来和文化交流，进而增进相互了解，推动两国早日复交。同年末，他们设法与中国的外贸部取得联系，并于 1950 年 1 月同中方以记账式易货贸易方式签订了战后中日间第一笔委托贸易合同。虽然合同数额不大，且后因种种缘故而未完全得到执行，但它毕竟是战后中日双方的首次接触，政治意义远远大于实际意义。受其鼓舞，1952 年 5 月，作为新中国成立后的第一批日本客人，帆足计、高良富、宫腰喜助三名国会议员不顾吉田政府的阻挠，取道欧洲访华，并同中国国际贸易促进委员会签订了第一次中日民间贸易协议，成为开拓中日人员往来的先行者，在日本国内引起了巨大反响。三名政治家的壮举，不仅打破了日本当局的对华贸易"禁运"，还为两国包括政治家在内的人员往来打开了渠道。

正是 20 世纪 50 年代中日间四次民间贸易协议（协定）的签订，带动了日本国内要求发展日中友好、力主两国复交政治运动的勃兴。这四次民间贸易文件，前两次被冠以"协议"，自第三次起则被改称官方形式的"协定"，虽只有一字之差，但蕴含着深刻的政治含义。将民间的"协议"改称"协定"，既是中日民间双方出于政治上的考虑，欲使之同政府的行为挂钩，也是为了适应当时日本国内日中友好运动迅速发展的形势之需。1954 年 9 月、10 月，两个日本大型超党派议员团 40 余人同时云集北京参加中国的国庆典礼，和由日本各界人士及友好团体发起的"恢复日中邦交国民会议"在东京的正式成立，就充分反映了短短几年的民间贸易已把日中友好运动引向深入，要求并推动日中复交的政治运动已迎来第一次高潮。

正是"友好贸易""友好商社"才未使"长崎国旗事件"后的两国交往完全中断，催生出中日关系的"政治三原则"、"贸易三原则"和"政经不可分"原则。1958 年 5 月，岸信介政府破坏中日民间贸易，包庇纵容日本右翼暴徒制造"长崎国旗事件",致使中方被迫单方面宣布"停止一切对日贸易活动和其他交流",使来之不易的中日往来的大好局面面临严峻考验。但为了进一步反击岸信介的反华逆流,也考虑到两国交往中断给日本经济尤其是日本中小企业造成的实际困难,中方在适时提出发展中日关系的"政治三原则"、"贸易三原则"和"经政不可分"原则的同时,把中日民间的贸易方式由"协议贸易"变为只同"友好商社"进行往来的"友好贸易"。这种以退为进的策略,既坚持了政治原则,也充分照顾到了日本中小企业;既避免了两国贸易的中断,也团结了日本国民的大多数,进而调动日本民众把日中友好运动推向了更新、更高的阶段。1959 年,日本社会党委员长浅沼稻次郎和前首相石桥湛山等政治家的相继访华,以及日本国内声势浩大的要求恢复日中邦交国民运动的开展,无不体现了"以经促政"产生的良好效果。

正是"LT 贸易"促使 20 世纪 60 年代两国间政治交往不断增多。进入 20 世纪 70 年代,包括执政的自民党在内的日本各政党要员和代表团的访华更是达到高潮,最终推动 1972 年中日邦交正常化的实现。中日复交后,日本各主要政党相继与中国共产党建立正式党际交流关系,并推动两国关系全面顺利的发展,中日经贸合作的巨大潜能和磁石般的魅力是其重要因素之一。当然,良好的双边政治关系也会推动两国经贸关系的发展,频繁的政治交往在很大程度上也往往服务于经济。1989 年,日本率先冲破西方的对华制裁,很快同中国恢复了包括经济在内的全面关系,即政治与经济互为促动、互为因果关系的有力佐证。

二 民间先行,以民促官

中日民间交流亦称中日"民间外交"。这是在 20 世纪 50 年代两国尚未复交、按照国际法仍处于战争状态的情况下而进行的一种非官方交往方式。中日民间交流总是站在中日友好运动的前列,开中日交往之先河,为打开两国关系铺路架桥,运用中日两国人民传统友谊的伟大力量,先从经贸、文化交流做起，经过不断积累和创造条件，逐步迫使日本政府同中国政府进行接触，以推动中日官方关系的前进。

冷战背景下的 20 世纪 50 年代初，东西方严重对立，日本政府以种种限制不许本国公民访华。1952 年 10 月，继同年 5 月帆足计等三名国会议员首次打破日本政府的"禁令"访华之后，在日本政府拒发访华护照和层层设障的情况下，为出席在北京召开的亚洲及太平洋地区和平会议，部分日本代表仍以"条条大路通北京"的决心和毅力，冲破阻挠，甘冒政治和生命危险，或绕道第三国或驾舟偷渡，漂洋过海，历尽艰辛，颠簸辗转，到达北京，在中日友好交流的史册上写下了感人肺腑、可歌可泣的一页。

二战结束后，大量滞留在华日本侨民的回国问题亟待解决。在中日尚无邦交的情况下，基于日本侨民的强烈愿望和人道主义考虑，中国政府责成红十字会总会出面予以协助。1953 年 2 月，由日本赤十字社、日中友好协会和日本和平联络会等民间三团体组成的代表团，应邀首次持日本政府被迫签发的明确写有前往"中华人民共和国"字样的护照访华，同中国红十字会总会就协助在华日侨回国等问题达成协议。这不仅迫使日本政府首次向日本公民签发了访华护照，也解决了当时两国间迫切需要解决而官方又无法解决的问题。这项顺乎民意的人道主义活动，一直持续到 20 世纪 50 年代末才告结束。据不完全统计，其间，共约 35000 名在华日侨和约 3600 名旅日华侨陆续得以返回各自的国家，约 3000 具二战期间被抓到日本折磨致死的中国劳工的遗骨被分批送回中国。中日双方通过上述初期接触和交往，增进了两国人民之间的相互了解和友谊，为迎接中日交往新时期的到来起到了探路的先锋作用。

20 世纪 50 年代的中日民间交流，经历了由点到面、由浅入深、由单向交往到双向互访，由纯民间到带官方色彩并逐步同官方挂钩的发展过程。自 20 世纪 50 年代中期起，首先是中日间签订的民间交流文件开始由"协议"改为官方形式的"协定"。如第三、四次中日民间贸易协定和第一次中日民间渔业协定等。而到了民间双方签订中日文化交流协定时，则索性把"民间"二字也予以取消了。其次是双方在对方国家举办展出活动时，不仅在会展名称前冠以国名，而且在会场上正式悬挂国旗，如 1955 年在东京、大阪举办的中国商品展览会和 1956 年在北京、上海举办的日本商品展览会等。最后是在中方访日代表团名单的个人名字前有意冠以政府职衔，如 1954 年 10 月率中国红十字会代表团访日的卫生部部长李德全、1955 年 3 月率中国国际贸易促进委员会代表团访日的对外贸易部副部长雷任民、1955 年 12 月率中国访日科学代表团访日的中国科学院院长郭沫若和 1957 年 10 月率中国农业代表团访日的农垦部部长王震等。以上这些，不仅表明日方单向访华历史的结束和中日双向互访的开始，也表明互访的规格提高，官方色彩趋浓，突破了日本政府不与中方进行官方接触的"禁区"。尤其是两国民间交流的扩大和要求日本政府改变对华政策的日中友好运动的蓬勃开展，迫使 20 世纪五六十年代的日本历届政府在制定和执行对外政策时，都不得不考虑到中国的因素及其存在。其中，从 20 世纪 50 年代中期起即参与中日民间贸易的、具有官方背景的日本日中输出入组合，就是在这种"民间外交"以民促官的作用下而产生的。

三　半民半官，以民代官

20 世纪 50 年代的"民间外交"推行以民促官的结果，促成了 50 年代末被周恩来总理盛赞为"民间大使"的西园寺公一先生的常驻北京，以及 60 年代初中日间"LT 贸易"机构的设立及其常驻代表处的相互派遣。1962 年 9 月，日本执政党自民党的顾问松村谦三受池田首相的"全权"委托访华，同周总理就以"渐进积累"的方式发展两国的政治和经济关系达成"君子协议"；同年 11 月，廖承志和日本前通产大臣高碕达之助代表中日双方签署《中日长期综合贸易备忘录》，即"LT 贸易"，开辟了新的半官方性质的贸易途径；1964 年 8 月和 1965 年 1 月，"LT 贸易"双方分别在对方的首都互设联络代表机构，使中日关系迈向了半民半官、以民代官的交往阶段。

中日"LT 贸易"双方背后都得到各自政府的支持，实际是半官方的常设机构。中方的廖承志办事处直接受国务院的领导，工作班子由外交部、外贸部等政府部门的成员组成，外贸部的地区政策第四局负责对日联络事务。日方的高碕达之助事务所的正式名称为"日中贸易协议会"，其主要由曾任内阁大臣的政治家和通产省、大藏省的官员及财界人士组成，与日本政府联系密切，实际是具有浓厚官方色彩的通产省外围团体。

自20世纪60年代初至1972年中日复交，"LT贸易"与"友好贸易"双管齐下，犹如一车之两轮，不仅直接参与和拓展中日综合贸易，而且为中日双方政界人士的互访、政府间的相互沟通，起到了斡旋、中介和解决难题的"小使馆"的职能，如1963年双方经政府批准的利用日本输出入银行贷款的成套设备进口合同的首次签订，1964年两国开始互换记者的实现等，都是只有在业已建立正式外交关系的两个政府间才可完成的政治举动。

中日间半民半官交流窗口和渠道的开辟，进一步推动了20世纪60年代两国政治、经济、文化等领域交流的迅速发展。据统计，双方的贸易额1963年即达1.29亿美元，恢复到50年代的最高水平；1966年则猛增至6.03亿美元，三年内增加了近4倍。受佐藤政府的干扰，1967~1969年的增长幅度虽有下降，但仍保持稳中有升的较高水平。在人员往来方面，两国的交流范围不断扩大，互访团队的官方色彩更浓，往来人数不断增加。尤其是1965年500名访华日本青年同中国15个城市的数万名青年进行的为期一个月的友好大联欢，充分展现了两国青年致力于中日友好的热情，预示着中日复交的曙光已露。

20世纪70年代初，中华人民共和国在联合国的合法席位的恢复、美国总统尼克松的访华、日本国内强烈呼吁日中复交国民运动的风起云涌，迫使日本执政的自民党把恢复日中邦交提上议事日程。为早日目睹这一天的到来，中日各界的民间力量乐此不疲，奔走呼号，通过两国民间的各种渠道穿针引线，以民代官，为中国"双王旋风""孙平化旋风"的登陆日本，日本"友好旋风""政党旋风"的造访北京，以及田中首相的正式访华最终实现中日邦交正常化，立下汗马功劳，发挥了官方机构才具有的职能和作用。诚如高达之助先生所言，在促进中日关系发展方面，正是"LT贸易"等两国民间或半官方交流组织和机构像掘进机挖渠一样，双方同时从两端向中间挖起，矢志不渝，常挖不止，才使中日两国的复交水到渠成。

四　与官并举，官民并茂

20世纪70年代中日邦交正常化的实现和中日和平友好条约的签订，从客观上为中日民间交流改善了外部环境，创造了有利条件，使其队伍迅速扩大，渠道不断拓宽，机构逐渐增多，形式日益多样，内容更加丰富，作用愈加明显。而20世纪80年代以来几乎每隔半年一次的两国政要和首脑的互访，从侧面反映出中日友好已成为双方政府的既定国策，给两国民间交流的全面发展奠定了良好的政治基础，使之更趋于友好务实，互利互惠，有力地推动着两国关系日益走向成熟。概括地讲，其主要特点如下。

第一，民间交流机制化。20世纪80年代初，在双方民间友好人士的倡议和两国领导人的支持下，中日民间相继设立了"中日友好交流会议"、"中日民间人士会议"和"中日友好21世纪委员会"三个固定的交流渠道，以利于彼此沟通，消除误解，促进中日友好事业不断发展。

第二，友好往来务实化。两国间的人员往来已由复交时的几千人上升到每年数百万人，仅2001年日本的来华人数就达到238万人次，远高于其他外国来华人数。其交流活动已不再仅限于形式，而且已付诸行动，如参加中国的改造沙漠、植树造林、修复古迹、扶贫助学等，内容更加丰富、具体、扎实。

第三，团队交往大型化。继20世纪60年代的中日青年友好大联欢和始于70年代的"友好之船""友好之翼"之后，中日间的民间交流活动更加趋于大型化，如1984年秋3000名日本各界青年应邀访华和2000年5月5000名日本民间友好使节团的来访等，均在两国间产生了良好的反响。

第四，政治交流党际化。进入20世纪80年代后，日本的各主要政党都相继与中国共产党正式建立了党际交流关系，有利推动了中日双边政治关系的改善和发展。

第五，人员往来低龄化。中日之间人员往来的年龄结构趋于低龄化，青少年所占比重日益增大，为培养中日友好事业的后继人才做出了应有的贡献。

第六，行业交流对口化。自20世纪70年代开始缔结"友好城市""友好省、县"以来，两国地区间交流的发展势头不减，到2000年已有200余对。与此同时，"友好学校""友好港口""友好报社"等也相继涌现，科研、体育、教育、文化、医疗等机构之间的行业对口交流蔚然成风。

第七，国民交流"草根"化。随着两国民间交流的迅速发展，两国间平民化的"草根"交流活动与日俱增，"关西日中朋友会""向中国赠送日语教材之会""日中技术留学交流协会"等自发性的群众交流团体层出不穷。至于个人或家庭式的友好交往，则更是不计其数，不胜枚举。

第八，文化交流多彩化。中日间的文化交流历史悠久，源远流长。两国复交后，则更是异彩纷呈。尤其是20世纪70年代末首次实现互派留学生以来，两国间留学生、研修生、考察互访的专家学者不断增加，掀起了新一轮的留学热潮。据日本文部省统计，1998年在日本大学就读的中国留学生共22323人，占留日外国学生总数（51047人）的44%，居世界各国留日学生之首。

第九，经贸往来复合化。1978年中日长期贸易协议和1982年中日科技合作协定的签订，使中日经贸关系由单一进出口交易转向经贸、科技全方位的合作。而20世纪90年代中日投资促进机构的设立，使两国的民间经贸合作无论在质量还是数量方面都出现了突飞猛进的发展。据中方统计，两国的双边贸易额已从1972年的约11亿美元增加到2001年的877亿多美元，日本已连续九年成为中国的第一大贸易伙伴，中国也已连续八年成为日本的第二大贸易伙伴。在经济合作方面，到2001年，日本累计对华直接投资项目2.4万多个，实际利用金额360多亿美元，在中国引进外资方面名列前茅。而且，从进出口产品结构看，两国正由垂直分工走向水平分工；从经济合作的水平看，两国正由优势互补关系进入更加密切的相互依存阶段。

综上所述，中日复交以来，两国民间对话机制的相继设立，中日长期贸易协定的签订，各地区及行业间对口交流关系的纷纷确立，同官方的对话机制、政府间双边协定及政府交流机构等比肩而立，并驾齐驱，彼此促进，相互补充，形成了与官并举、官民并茂、相辅相成、相得益彰的新局面。实践证明，即使是在两国保持正常关系的情况下，中日间的民间交流不仅不可或缺，而且像润滑剂和平衡器一样，时常调节着官方双边关系的平稳运行，越发显示出雄厚的群众基础和强大的生命力，为推动两国政治、经济、文化等各个领域全面、长期、健康的发展，起着官方或其他渠道都无法代替的十分重要的作用。

五　百尺竿头更进一步

中日两国比邻而居，鸡犬相闻，有着 2000 余年友好往来的悠久历史和长期的民间交流传统。战后，由于种种原因，两国之间交往竟有 27 年处于极不正常的状态，是民间交流在非常困难的环境下开启了中日交往的大门，并通过"渐进积累"推动了两国邦交正常化的实现；中日复交后，民间交流的阵营迅速扩大，与政府间的交流相辅相成，互为补充，促进了两国友好合作关系的全面发展；冷战后，随着形势的变化，中日民间交流顺应时代潮流，互惠互利，脚踏实地，始终不渝地致力于中日友好和两国的繁荣与发展，为两国关系逐步走向成熟做出了不懈的努力和应有的贡献。

"中日友好，归根结底是两国人民的友好。"展望未来，中日民间交流前景广阔，前途无量。而欲锦上添花，则任重道远，尚需双方"百尺竿头，更进一步"。其一，双方要把民间交流置于事关中日世代友好、携手共进、互利发展、共同繁荣的重要位置，给予高度重视，并继续为之奋斗不息，攀登不止。其二，民间双方要树立更高、更远、更新的目标，以新的姿态、新的举措、新的内容、新的形式，把中日友好广泛、深入、持久地推向新的发展阶段。其三，要进一步加强文化交流，加强人员往来，缩小彼此间的文化差异，增进相互间"心与心"的了解，以期增信释疑，真正实现感情上的"正常化"。其四，随着两国关系的日趋成熟，必然会带来新的问题、矛盾和摩擦，民间双方应从大局出发，遵照《中日联合声明》《中日和平友好条约》《中日联合宣言》的基本原则，以坦荡的胸襟、冷静的思维、平和的态度、理性的举措、不懈的精神，努力协助双方政府妥善处理两国间存在的问题，把有碍于友好的苗头消灭在萌芽状态，确保中日关系长期、顺畅、健康的发展。其五，中日友好寄希望于两国人民，更寄希望于两国青年。民间双方应进一步加强两国青少年之间的交流，加紧培养后继人才，使中日友好的大业蓬勃兴旺，世代相传。

（原载《日本学刊》2002 年第 4 期）

文化中国的生活美学

——兼谈中日文化比较

刘玉宏[*]

中华民族是一个古老的民族，中国的文化、文明源远流长。要认识和读懂中国就必须了解中国的历史文化。我想，这一观点对日本民族、日本历史与文化同样适用。

中国自古以来是一个喜欢文化，并喜欢谈论文化的国度。遥远的祖先就有神话思维，敬神拜祖，认为天地混沌之时，盘古开辟了天地，女娲用泥土仿造自己的身体创造了人类，火是燧人氏发现的，八卦是伏羲画的，舟车是黄帝造的，文字是仓颉造的……当然这些神话传说也不是凭空想象出来的，而是受到天地万物和自我身体的启示。中国古老的《易经》里就有古代圣人造物的方法："仰则观象于天，俯则观法于地，观鸟兽之文与地之宜，近取诸身，远取诸物。"值得一提的是，中国文化对日本神话影响极大，日本神话从天地开辟的阴阳五行思想、宇宙卵神话到人与神及世界万物的诞生神话，甚至黄泉国思想等，都留下了很多中国文化影响的烙印。[①]

《易经》最早给出了"文化"和"文明"的定义："刚柔交错，天文也。文明以止，人文也。观乎天文，以察时变；观乎人文，以化成天下。"这里的"文"指文采、纹理，引申为纹饰与秩序。因为有刚、柔两种力量的交汇作用，宇宙摆脱了混沌无序，于是有了天文。天文焕发出的光明被人

* 刘玉宏，中国社会科学院日本研究所党委书记、副所长、副研究馆员（文物博物馆系列）。

① 〔日〕谷口雅博：《比较视野下的日本神话与中国文化：谷口雅博教授访谈录》，占才成译，《外国语文研究》2019年第5期，第39页。

类效法取用，于是人类摆脱了野蛮，有了人文。[①]

中国的文化，是以农业生产和农村聚落为基础的文明系统。从新石器时代开始，中国就出现了定居的耕种农业，春秋战国以后，陆续出现了精耕细作的小农制度，在这种建立在差序格局基础之上的社会，人与人之间有一定的义务和权力关系。[②] 因为农业生产、生活的缘故，人与自然建立了不可分割的关系，不管是定居的生活，还是游牧的生活，都与四周的环境、气候变化有着相互的关联。在这种情况下，人与自然朝夕相伴，人与自然同声相应，使我们的生产、生活丰富多彩。人们在大自然中的发明创造、经验总结，在历史长河的延续中，汇聚成了涓涓不断的文化溪流，随着时空的转换变成了一个又一个的生活之美学。

中国人制定的历法，就是一个智慧的结晶。它与大自然季节变化的周期惊人地一致，这是农耕文化的特有现象。在中国古代史料的记载中，有"月令"一项，历法中有每个月天象和物候的安排，其中，《礼记·月令》提及一种农历，如："孟春之月，日在营室，昏参中，旦尾中。"再如："仲春之月，日在奎，昏弧中，旦建星中。"《诗经·豳风·七月》以春秋时期一个庄园女工的生活为例，记录了当时农庄的季节和活动：七月流火，八月萑苇。蚕月条桑，取彼斧斨，以伐远扬，猗彼女桑……这段诗文虽然是文学作品内容，但是按照季节的次序，错落有致，反映了当时人们对天象气候、物候关系的理解，让我们知道了古代一年四季时序的流转，及人与事之间的密切关系。[③]

中国的"二十四节气"，就是按照太阳年的长度，分成十二个节和十二个气。这种农民历的安排至今还在使用。在季节变化方面有：立春、春分，立夏、夏至，立秋、秋分，立冬、冬至。在气温变化方面有：小暑、大暑、处暑、小寒、大寒。在降水量变化方面有：雨水、谷雨、白露、寒露、霜降、小雪、大雪。在物候和农事更替方面有：惊蛰、清明、小满、芒种。这

---

① 王子今：《王霸之道》，江苏人民出版社，2017，第3页。
② 许倬云：《中国文化的精神》，九州出版社，2018，第19页。
③ 许倬云：《中国文化的精神》，九州出版社，2018，第20～22页。

些节气是中国古代生活中的重要内容，先祖们按照季节、时序、物候和气候的变化，动植物的活动周期，有规律地生活、耕作，过着渔歌互答、放牧南山、日出而作、日落而息的人与自然和谐相处的生活，那个时候可以说处处皆是今天我们心中的世外桃源。

中国人对大自然的变化很敏感，对于哪个季节花草树木的变化以及鸟兽的迁移行为也格外注意。于是，中国人对大自然的感受，也成为生活之中不可分割的一部分。在文学和艺术领域，对自然界的感受和反应更是如此，比如宋代范成大写的《四时田园杂兴·其三十一》：昼出耘田夜绩麻，村庄儿女各当家。童孙未解供耕织，也傍桑阴学种瓜。[1] 我们可以看出，该诗作者没有用散文的叙述和解释，而是以声韵的和谐，表情达意，编织了生活的画卷，构成了声音回环的美。

再看日本生活之美学，其审美概念中"物哀"与"知物哀"等比较具有代表性。"物哀"与"知物哀"是感物而哀，亦即对万事万物的包容、理解、同情与共鸣，尤其是对思恋、哀怨、寂寞、忧愁、悲伤等使人挥之不去、刻骨铭心的心理情绪有充分的共感力。[2]

如果追溯日本人审美意识之起源，那么可以说是对自然美的感悟，具体地说就是对森林植物的生命姿态和日月星辰、风花雪雾等自然物的同情和欣赏。这些自然物生命形态、色彩的变化使人们对季节变化有深切的感受，对生命本质进行理解。这种由自然生命感和季节感所生发出来的上述美学范畴被日本美学家称为"植物的美学"或"风的美学"，由此而形成的美学范畴不同于西方美学那种逻辑范畴的形态，它们是"诗性的范畴"。[3]

在中国文学生活中，利用诗词的韵文体，几乎都可以把自然界环境里的变化呈现给人们，想要表达的意境和感受惟妙惟肖。甚至很多时候，很多地

---

① 王力：《诗词格律》，中华书局，1977，第4页。
② 相关内容参见王向远《感物而哀——从比较诗学的视角看本居宣长的"物哀"论》，《文化与诗学》2011年第2期。
③ 邱紫华、王文戈：《日本美学范畴的文化阐释》，《华中师范大学学报》（人文社会科学版）2001年第1期，第58页。

方到了用其他语言无法表达的只可意会、不能言传的妙境。

天人合一，时间、空间、人三者息息相关。王维的《使至塞上》中有："大漠孤烟直，长河落日圆。"前面五个字，是一横一直，后面五个字是在地平线上有一个大圆圈。大漠是一片广阔的空间，长河是无穷无尽的时间上的流动。草原上烟火直上云霄，可以想象那是风干气躁的季节，隐含了一种季节性的描述；落日出现在黄昏时候，是对流动不拘的时间的描述。这两句描绘了一个太阳起落的景象，虽然只有10个字，但精简有力，内涵无尽。[1]苏东坡曾这样评价王维的作品："味摩诘之诗，诗中有画，观摩诘之画，画中有诗。"诗画之间相依相扶。

提起苏东坡这位旷世奇才，就会想到他的《赤壁赋》和《念奴娇·赤壁怀古》，一赋一词，抒写了身在赤壁之下的长江，明月徘徊，江声呜咽。面对此情此景，诗人不禁想起在这里曾经有过的一场大战，进而联想到历史的兴亡盛衰、历史人物的胜负成败，它们都已逐波而去。他的人生的坎坷，也与万古流动的江水，凝结为人间如梦的感慨。他的诗句"一尊还酹江月"，也许是无奈，也许是潇洒。他的一生，官职越来越小，最后，他想在有生之年能见亲生弟弟一面都未能如愿，他只好写下"人有悲欢离合，月有阴晴圆缺，此事古难全。但愿人长久，千里共婵娟"来聊表慰藉。值得赞誉的是，这位智者没有怨恨命运。他超越变化，了解"变化"即不变的永恒："盖将自其变者而观之，则天地曾不能以一瞬；自其不变者而观之，则物与我皆无尽也。"这一认识，正是中国文化的精髓。[2]

元代词人虞集在《风入松·寄柯敬仲》中这样写道："骏马秋风塞北，杏花春雨江南。"大家看，这里一个动词未用，几个名词累加起来却准确地描述了我国南北的风景，如此语言，如此意境，如此之妙，如此之美。

我们再看唐代诗人鱼玄机的《江陵愁望寄子安》："枫叶千枝复万枝，江桥掩映暮帆迟。忆君心似西江水，日夜东流无歇时。"

---

① 许倬云：《中国文化的精神》，九州出版社，2018，第29页。
② 许倬云：《中国文化的精神》，九州出版社，2018，第31页。

我们再看元代杨维桢的《雨后云林图》:"浮云载山山欲行,桥头雨余春水生。便须借榻云林馆,卧听仙家鸡犬声。"

这些诗文仿佛把我们带到了从前,带到了大江南北,带到了思君忆君的记忆里,带到了与世隔绝、鸡鸣犬吠、炊烟袅袅的人间仙境……生活如此之美。

我们还常说境由心造,触景生情。我们不妨将上述诗词的美学思维,引申到绘画之中。中国的山水画,数唐宋最盛。尤其是宋代的山水,达到了中国绘画史上的极高境界。对于黄公望的《富春山居图》,大家都不陌生。这幅名作曾经被割裂成两部分,一部分存于浙江省博物馆,另一部分现存于台北"故宫博物院"。前几年,这幅画卷终于千里合璧,完整地展现给世人。在这幅画卷里,从右至左,顺着富春江,将沿江的山水风景完整地呈现出来,人们仿佛身在扁舟,一路观赏水光山色。舟行山水间,人在画中游。

另外,北宋张择端的《清明上河图》可谓世界闻名,家喻户晓,这幅画将宋代汴梁城的风景描绘得栩栩如生:从郊外田野、岸边溪柳开始,一路随汴水进入城市,沿途有汴水之桥、码头船运、皇家宫殿,沿岸有街市、商家店铺,人声鼎沸、熙熙攘攘,好一派帝都之繁华景象。①

根据加藤周一的研究,日本的文学创作一般基于具体的、个别的日常性行为。比如,敕撰集《古今和歌集》是由贵族编撰的和歌选集。采集全国诗歌编撰成集的理念源自中国,受中国影响,日本人编撰了自己的和歌选集。《怀风藻》同样受中国诗歌的影响,这些日本人用汉语写作的诗文近似于一种模仿。②

笔者平时有个爱好,喜欢中国书法。从中日文化交流的角度看,中国书法自汉代传入日本后,一直影响日本书坛,如圣德太子于615年书写的《法华义疏》运笔畅达,扁平而略带圆形的结构,很明显受到六朝时期北魏写经体的影响,被日本书法界称为日本书道史上的第一个里程碑,从此也就

---

① 许倬云:《中国文化的精神》,九州出版社,2018,第33页。
② 〔日〕加藤周一:《中国文学与日本文学:差异与共赏(一)》,孙士超译,《国际中国文学研究丛刊》2013年第2期,第33页。

开启了中日书法文化交流的先河。① 再如，《东大寺献物帐》② 载，有书法二十卷，其中王羲之草书十卷、书卷七卷，有真草千字文，还有行书两卷，扇书一卷，这样多的东西一次性纳入，可以想象当时船舶贸易的情形。在鉴真带去的物品中，有王羲之的行书一帖，王献之的行书三帖。这可以作为王羲之被推崇的旁证。在奈良时代，王羲之书风也广为流行，抄经人随手模仿的有"羲之顿首"字样等纸片，现在仍有留存。《万叶集》中的"羲之"二字被训为"てし"，这些都可以证明，当时文书之类的抄写都是模仿王羲之的。③

总体来看，历史上中国书法对日本是作为母体与"根"而存在的。但近代以来"逆向回输"的现象亦并非鲜见。清末，中国书法界出现了一个被称为"日本书道近代化之父"的杨守敬。他赴日本四年，在为日本近代书坛带去北碑篆隶风的同时，也做向中国书法界介绍日本书法的工作。比如其所写的《学书迩言》提到日本书家"自以空海为第一，殊有晋人风"。杨守敬在《邻苏园帖》第八卷着重收集了日本《光明皇后乐毅论》《空海风信帖》《藤原平事奉纳香灯读经料文》等四种法帖。④

最后，笔者还想强调一点，在中日文化比较研究相关成果中，作为文化传承载体之一的村志研究亟须拓展与深化。在这里，笔者向大家介绍两本书：一本中国志书《下姜村志》⑤，另一本是日本志书《御薗村誌》⑥。对于分别位于淳安县西南部、三重县中部的下姜村与御薗村，在悠悠历史长河中，世世代代的下姜人与御薗人积淀了深厚的乡村文化。

《论语·为政》有云："温故而知新。"以史为鉴，启迪后人。每一个村

---

① 朱卫新：《日本书道与中日书法的文化交流》，《东北亚论坛》1998 年第 2 期，第 85 页。
② 其中详细记述了以圣武天皇遗物为首的宝物向东大寺大佛献纳时的目录。
③ 〔日〕尾上柴舟：《日本书道与日本精神》，王向远译，《名作欣赏》2017 年第 2 期，第 17 页。
④ 陈振濂：《当代中国对日本书法之引进、融汇与扬弃》，《浙江社会科学》2002 年第 6 期，第 1～2 页。
⑤ 杭州市人民政府地方志办公室编《下姜村志》，浙江人民出版社，2016。
⑥ 御薗村誌編纂室『御薗村誌』、第一法規出版株式会社、1989。

庄的历史，都蕴含着独特的文化和品格；每一个村庄的变迁，都印证了时代和社会的发展。在中日两国国内建设日新月异的今天，编修村志，全方位记录包括乡村生活美学在内的自然、文化、社会等方面的历史与现状，已成为保护传统村落和传承文明的重要方式。有鉴于此，今后中日两国学术界应加大对村志这一特定文化载体的相关研究力度。

总而言之，中国文化中，无时无处无不充满了生活之美学，人、时间、空间三者合一。人随时间流动，人在空间中融为一体，人与自然息息相关，人是自然的一部分，人不能离开自然，人也不能自我异化于自然之外。在如此美学原则之下，中国出现了儒释道思想，有了灿烂的文化、悠久的文明。在多文明共存的今天，中日互鉴、共生是人心所向，期待能取得更大的发展。

中日传统义利观比较研究

——以近代日本通俗伦理价值观与中国维新派伦理价值观为中心

范作申[*]

义利问题历来是伦理价值观的核心问题，也是古往今来学术界一直讨论的重大理论问题和文化课题。义利问题之所以在社会生活中受到关注，是因为它与社会的根本价值导向联系在一起，与一个社会的政治理想、经济目标与道德标准相辅相成，义利问题作为一种价值观，几乎渗透到每个人的所有行为之中，并且在每个人的所有行为选择和价值取舍中，起重要的导向作用。

本文试图以日本通俗伦理价值观与中国维新派伦理价值观为切入点，通过分析中日传统义利观的内涵，寻找两国传统伦理价值观的不同特点。经过横向比较，得出日本的传统伦理价值观具有"阶层"属性，中国的传统伦理价值观具有"派阀"属性的结论。通过纵向比较，得出日本传统道德伦理被庶民化，中国传统道德伦理被精英化的结论。需要特别说明的是，本文集中阐述笔者近年来对中日义利观问题的一些思考，论文中的部分问题涉及新的伦理价值观命题，希望能够抛砖引玉，引发学界同人的讨论。

一 日本传统义利观的内涵

首先需要说明的是：本文之所以在日本传统义利观中加入"通俗"二字，是因为考虑到日本伦理学的特点，即伦理价值观的多元倾向。而其中最

---

* 范作申，中国社会科学院日本研究所研究员，研究方向为日本传统文化、日本社会政策。

有日本特色的则是"通俗伦理"的存在。所谓的通俗伦理以及通俗伦理价值观,是指有别于正统的、学究式的伦理学,产生于民间,应用于民间的"草根伦理"以及"草根伦理价值观"。同样基于"通俗伦理"的通俗义利观,也因其所具有的日本特色以及特殊的社会价值,受到笔者特别关注。

众所周知,日本通俗伦理的代表思想很多,自近代以来,就有代表商人阶层的"石门心学""町人伦理"。代表农民阶层的"自然真营道""报德思想"。以及反映宗教信众价值观的"丸山教""大本教"等。而著名的"《论语》与算盘"(涩泽荣一)和"松下哲学"(松下幸之助)等众多优秀日本式经营伦理思想,也是日本通俗伦理的不可忽视的重要组成部分。由于考虑篇幅问题,本文将围绕二宫尊德和涩泽荣一的通俗义利观展开论述。

(一)二宫尊德的义利观

二宫尊德(1787~1856年),日本著名的农民思想家,被喻为"日本妇幼皆晓的传统道德楷模"。

二宫尊德的义利观体现在他创造的"报德思想"中。二宫尊德的报德思想,就是要消除实际生活中人与人之间的借贷关系,是伦理上的义利等价理论。其内容包括:"1. 报答父母养育之恩为孝。2. 报答主君赐予俸禄,以抚养父母、妻儿之恩为忠。3. 报答因逢国泰民安之世,得以置田产山林,养育家族之恩为交纳年贡。4. 有身份之人远行,乘车辕免劳顿之苦,为报此恩,须付车辕费。"① 在这里,二宫尊德将付出与获得理解为"报恩和回报",例如,种地与缴纳年贡的关系、乘车与付车费的关系。从义利观的角度看,二宫尊德主张的"利"(年贡和车费)是受恩者对施恩者的回报。而知恩图报则是"义"的表现。义利等价就意味着对"义则无利""利则无义"价值观的否定。

二宫尊德"报德思想"的两大支柱是"分度"和"推让"。他认为人从事"报德活动"之前,必须具备高层次的"人道"素养。具体指的是众

---

① 『二宫翁の夜話』、日本経営合理化協会出版局、1995、17 頁。

生的"渡济"；①"博施济众"②。具体包括："1. 至诚。承认万物皆有德，并且以德接物。2. 勤劳。以德行为介体，使无财变有财，使潜在的价值转化为有形的价值。3. 分度。设定消费基准，留出节余，方能保证自己的生活安定，并且有余利渡济他人。4. 推让。"推一粟 而播之，则百倍之利生。一家仁，一国兴仁。一家让，则一国兴让"。③ 同时指出，"推让"有自让（让自家人以及后世子孙）和他让（让亲戚、朋友、乡邻、国家、海外万国）之分。二宫尊德认为，人若能做到以上几点，就能够言行一致，自利他利两全。因此可以说，二宫尊德成功地解决了经济、道德不能兼顾的一元相中的对立、矛盾问题。

二宫尊德通过"报德仕法"，也就是"推让"的实践活动，实现自己的报德理想。"报德仕法"注重报德意义上的"报德金"的灵活运用。报德金亦称"报德善种金""报德元恕金""报德冥加金"，属于无利息年物赋贷款。本金靠二宫尊德宣传报德思想，动员日本皇室、藩主及生活富有且愿意拿出一些钱报德的人捐献的。二宫本人也积极捐献了钱财。报德金不收利息，贷给投票选出的贫困者，直到贫困者生活状况好转，已经能够偿还贷款，则本着感恩的心情，返还借款。然后以同样的方式，将这笔资金再贷给下一个选出的贫困者，如此无限循环，使许多穷人得到帮助。"报德金"原则上"施惠而不耗损"。本金的扩大在很大程度上依赖受惠者生活好转后自愿捐献的"报德种金"。需要特别指出的是，二宫尊德规定，"报德金"只贷给那些被群众评选出的"好人"，即"真正拥有厚德，行事规矩，忠于职守，并且行为利己利人"④的人。"报德仕法"的推行，充分体现了义与利相互间的协调关系。获得利益，过上好日子的人，让出一部分利益，帮助他人，使他人获利，过上好日子。同样获利后过上好日子的"他人"，也让出一部分利益，帮助另外的人获利，使更多的人过上好日子。

---

① 『三才報徳金毛録』、岩波書店、1973、37 頁。
② 『三才報徳金毛録』、岩波書店、1973、37 頁。
③ 『三才報徳金毛録』、岩波書店、1973、93 頁。
④ 『二宮尊徳全集』第 17 巻、二宮尊徳偉業宣揚会、1937、626 頁。

值得一提的是，"报德仕法"把"开拓心田"与扶贫济困放在同等重要的位置。所谓的"开拓心田"就是使用"报德金"，开展多种多样的活动，净化人的灵魂和优化社会环境。包括"针对道德颓废，如巧取豪夺、乱用贡租、贪图安逸、懒惰、骄奢、自私自利、私欲横流、盗窃、谗言、诬告、赌博、放荡不羁而采取的必要措施，以及对可预见的道德沦丧行为进行必要的防范"①，可以说"开拓心田"实现了真正意义上的道德与经济互补。

报德思想所追求的理想社会是，依据"报德仕法"，人人安分守己，相互推让。"用自家的田地为自己生产粮食，通过自己的买卖、事业，为自己赚取利益……富者以财产推让，贤者以智慧推让，强者以力气推让，整个社会共存共荣，贫愚弱者根绝痛苦。"② 在这个社会，道德精神即"义"与经济即"利"融会贯通，道德素养与经济活动均处于良性互动的状态。

（二）涩泽荣一的义利观

涩泽荣一（1840～1931年），日本著名企业家、社会活动家。涩泽荣一提出了"一手拿《论语》，一手那拿算盘"的日本式经营思想，为日本的经济发展确立了"义利合一"的指导原则，被喻为"日本近代经济的最高指导者"和"日本现代文明的创始人"。

涩泽荣一的《"论语"与算盘》全面阐述了他的义利观。涩泽荣一指出："不必多言，世上的商业、工业都是为了图利。如果工商业没有增加利润的效能，那么工商业就毫无意义，更无什么公益可言。"③ 但是他同时认为："仁义道德与生产牟利绝不矛盾。故如何坚持仁义之原则，又不失营利之根本，以'诚'相交，使仁义道德与谋利一致。"④ 涩泽首先肯定了工商业获取利益的合理性，同时指出道德与牟利并不矛盾。这是对"无商不奸"传统观念的否定，为"义利合一"理论的确立打下基础。

---

① 『二宮尊徳全集』第 17 卷、二宮尊徳偉業宣揚会、1937、631 頁。
② 『二宮翁の夜話』、日本経営合理化協会出版局、1995、46 頁。
③ 〔日〕涩泽荣一：《"论语"与算盘》，宋文、永庆译，九州图书出版社，1995，第 77 页。
④ 〔日〕涩泽荣一：《"论语"与算盘》，宋文、永庆译，九州图书出版社，1995，第 27 页。

涩泽荣一通过解释《论语·里仁篇》中的"放于利而行，多怨"，系统地阐述了他的"义利合一"的义利观。涩泽认为："如果只考虑他人的利益，而不考虑自己的利益，则是宋襄之仁。① 宋襄之仁不适用于工商业领域，因为工商业必须以追求自己的利润为前提，但工商业在追求自己的利润时，不能只考虑自己的利益，而损害他人或者社会的利益，否则会招致世间的怨恨，企业也不可能长久获利。因此为避免工商业损害社会利益而遭怨，就必须用道德来规范其牟利行为，在确信其行为合乎道德的情况下，才放手追求利益。"② 在这里，涩泽阐述了追求利益与讲社会公德的辩证关系，在肯定工商必牟利的前提下，强调对他人与社会的关照。

涩泽荣一对"财富"做出自己的解释："所谓富豪的财富，并不是凭他一面之力就可以赚来的。从某种意义上说，是从社会赚来的。例如：拥有许多土地却闲置着，于是将土地出租收取地租，就要仰仗社会上的人。而社会上的人工作赚钱，事业蒸蒸日上，空地均占满了，于是地租节节攀高，地主因而赚更多的钱。所以要意识到，之所以成为财主，社会的恩泽也是重要的因素。故凡社会救济、公共事业等，应经常率先参加尽力，社会才能日趋健全，自己的资产运用也能渐次稳健塌实……因此谋取财富的另一面，应常常思及社会的恩泽，无忘对社会尽道义上的义务。"③ 涩泽明确提出任何人获得的财富，都受恩于他人，因此回馈社会、回馈他人是尽义务的表现。

涩泽荣一还提出了"士魂商才"的儒商义利观。涩泽荣一指出："士魂商才的真正意义，就是具有卓立人世间所必备的武士精神，但是仅有武士精神而无商才的话，经济上会招来灭亡之运。故有士魂尚须有商才……有人以为道德之书与商才并无关系。其实所谓商才，原应以道德为本，舍道德之无德、欺瞒、诈骗、浮华之商才，实为卖弄聪明、把戏者，根本算不得真正的商才。商才不能背离道德而存在。"④ 不妨说涩泽荣一倡导的"士魂"是用

---

① 宋襄之仁强调毫不利己，属于最高之仁，孔子在《春秋》中曾大加赞赏。——笔者注
② 〔日〕涩泽荣一：《"论语"与算盘》，宋文、永庆译，九州图书出版社，1995，第7页。
③ 〔日〕涩泽荣一：《"论语"与算盘》，宋文、永庆译，九州图书出版社，1995，第93~94页。
④ 〔日〕涩泽荣一：《"论语"与算盘》，宋文、永庆译，九州图书出版社，1995，第5页。

儒家道德观熏陶出来的道德精神。而"商才"则是为实现道德精神，所具备的商业才能。所要实现的是，为儒必须追求道德理想，具备君子素养。为商则必须追求工商经营的最佳效果，具备从事工商财贸的才干。

涩泽荣一认为可以按照《论语》的教谕经商牟利，极力倡导"义利合一"的价值观。他指出："我认为自古以来，厚生与道德的结合就不够紧密。因而有所谓'仁则不富，富则不仁'的说法。以为近利则远仁，依义则失利。将仁与富解释为两种不同事情，这是非常不妥的。将这种解释极端化的结果，就是投身工商营利，就可以不顾道德……随着社会的进步，实业界的生存竞争日益激烈，这是自然的结果。如果实业家只汲汲算计个人的私欲私利，唯恐后于人，则社会当如何？又如只要自己有利可图，其他一概不顾，则社会日益不轨。其罪过应由企业家承担。因此为了社会，就需本着我们的职分，尽力恪守仁义道德，进而利用厚生之道做行为的方针，并且努力确立义利合一的信念，富且能行仁义。"① 涩泽荣一强调致富的根本在于：依据伦理道德的道理获取财富，牟利与道德只有并行不悖，才是真正的义利合一。要实施博施济众的事功，就不能不讲货殖之道。讲货殖之道就不能不讲功利和肯定人欲，讲功利和人欲就与追逐利润的工商经济价值相符合。正因如此，唯有"义利合一"才能使道德与经济发展获得道德价值合理性。

不论二宫尊德，还是涩泽荣一，其义利观的核心首先都是强调"义利合一"的真正意义在于实践。在他们看来，义利观是一种可能的生活方式，创造代表本阶层利益的义利观，目的是指向幸福的生活方式。于是行为主体不再是静观的凝视者，而必须是行动的实践者。其次，义利观的核心还强调"行义"可以为本人带来直接的好处。也就是说，讲道德的结果，不仅有利于社会，也有利于个人。每个人既是"义"（道德）的实践者，同时也是"义"（道德）的受益者。正是因为有了这个"交换公式"，各阶层的人才更加主动、自觉地"行义"（实践道德），应在民间普及通俗道德，营造良好精神环境和社会环境。

---

① 〔日〕涩泽荣一：《"论语"与算盘》，宋文、永庆译，九州图书出版社，1995，第92页。

二　日本通俗义利观的特点

以往我们关注日本传统文化以及日本传统伦理思想时，往往陷入一种误区，即我们几乎从来没有认真关注过，日本人是怎样批判中国传统文化和伦理思想，以及如何活学活用中国传统文化和伦理思想。或许这正是中国传统伦理思想，缺乏实用之学的主要缘故。日本传统义利观特别是通俗义利观，也对中国的传统文化，如对孔孟程朱思想进行过批判，正是有了这种批判，才使日本通俗义利观更贴近庶民的价值观和生活实际，成为解决道德与利益冲突问题的有效资源。这正是日本通俗义利观的主要特点。

为了说明这个问题，本文仍以二宫尊德与涩泽荣一为案例，对日本通俗义利观的特点进行剖析。

我们知道二宫尊德曾经将他的思想归结为"神儒佛正味一粒丸"。其意义在于充分汲取神道、儒学、佛教思想精髓，将其化为自家药箱之物。他在吸收神、儒、佛思想精华时，已经用实用的"尺子"，仔细衡量诸学说的"长短"，并且明确指出"各自均有短处"。"取三道之精华，即对人与社会之重要部分。而舍其无关紧要之处，创立人类社会最高之道。"①

二宫尊德对孔孟之道的理解与实践，完全是二宫式的。例如针对《大学》中关于"仁"与"不仁"、"善人"与"恶人"的定义，他是这样解释的："'仁者以财立身'，这是正确的。但是又曰'不仁者以身聚财'，不知何故？有志向却没有得到父母财产之人，通过自身努力，得到财富，难道不符合道理吗？汝认为虽有大志而无财富，也无济于事……以身聚财乃贫者之道，以财立身乃富者之道。贫者以身聚财致富后，若再以财聚财则为不仁。不行善不能称善人。不作恶不能称恶人。"② 在这里，二宫尊明确反对孔子"不仁者以身聚财"的说教，强调在仁者的前提条件下，其聚财行为应该得

---

① 『二宮翁の夜話』、日本経営合理化協会出版局、1995、74 頁。
② 『三才報徳金毛録』、岩波書店、1973、34 頁。

到肯定。此外，二宫尊德认为，善人仅凭说教，没有行动，不能成为善人。恶人没有行恶，不能断定他就是恶人。这种唯行为论的价值观，是对二宫尊德式儒学的最好诠释。

此外，在二宫尊德的著述中，随处可以发现他对孟子的批判。他将孟子视为理论脱离实际的典型代表加以针砭。二宫尊德在《二宫翁夜话》中指出："夫孟子当世之时，天道不顺，各异端之说流行于世。故其勤于明辨以开道，虽曰仁义却远离圣人之道。"① 二宫认为大兴异端邪说时代的孟子，靠滔滔之雄辩折服对手。在传授圣人之道时，却远离了圣人之道，其说教难以实践。在二宫尊德实施"报德仕法"，推行樱町改革时，也没有依靠孟子学说。二宫指出："《孟子》是于复兴农村，建设国家毫无用处之学说。"② 二宫深刻批判孟子高谈阔论，而无道德实践，充分显示了其实用主义的价值观。

涩泽荣一极力推崇孔子学说，如上所述，他把《论语》与算盘结合起来，创造了日本式企业经营理念。然而涩泽荣一对《论语》的理解也完全是涩泽式的。

在评价中国式孔孟之道时，涩泽认为："中国的学问，特别是千年之前的宋代，由于高唱仁义道德，反而把本来可以经由仁义道德之路，求取进步的想法摈弃不顾，完全偏向于空论空谈，以为去利欲才好，结果使国家陷入微弱的地步……空洞的仁义道德，会损伤国家的元气，降低社会的生产力。所以仁义道德也许能导致亡国。"③ 涩泽通晓中国历史，对宋代儒学盛世是这样评价的："朱子之时，中国的国运如何？时值宋朝晚期，政治腐败，军事衰微，根本没有实学的效用。也就是说，学问虽然非常发达，但是政治却十分混乱，学问与实际完全隔绝。总之，学术本源之经学虽至宋朝被大力振兴，但是并没有用之于实际事物之上。然而，日本却因为利用了宋朝儒学的空言空论，发挥了实学的效用。"④ 涩泽通过总结中国的教训，指出避讳言

① 『二宫翁の夜話』、日本経営合理化協会出版局、1995、78 頁。
② 佐佐井信太郎『二宫尊徳の体験と思想』、1963、70 頁。
③ 〔日〕涩泽荣一：《"论语"与算盘》，宋文、永庆译，九州图书出版社，1995，第 78 页。
④ 〔日〕涩泽荣一：《"论语"与算盘》，宋文、永庆译，九州图书出版社，1995，第 133 页。

利，且要去人欲的道德空谈，无论对国家，还是对社会、对个人都有百害而无一利。涩泽的这段论述，也从一个侧面反映了他本人对孔孟之道的态度，即吸取中国的教训，利用空言空论，发挥实学的效用。

涩泽荣一认为，空谈道德的后果十分严重。他指出："我认为工商与仁义道德的结合，自古以来就不太紧密。因而有'仁则不富，富则不仁'之说。以为近利则远仁，依义则失利。将仁与富解释为完全不同的事。换言之，仁义道德是神仙般人的行为，献身工商者摒弃仁义道德亦无关紧要。将此解释极端化的结果，就是投身工商者，可以不顾仁义道德。其实这绝不是孔孟之教的真髓，而是闽洛派儒者捏造的妄说罢了……误传孔孟之教本质的结果，便造成实业家之精神几以利己主义为本，在此观念之下，既无仁义，也无道德，甚至于钻法律漏洞也在所不惜，一心以赚钱为皈依，甚至沦于强取豪夺之残酷状态，社会逐步陷入卑鄙无耻的地步。"① 涩泽荣一不仅对空谈道德的行为深恶痛绝，而且将空谈道德的严重后果揭示得淋漓尽致。他所提出的，空谈道德从道义上为"为富不仁"提供了存在的依据的理论，无疑是对传统道德论的一种颠覆。

涩泽荣一谈论道德时，指出："人们把道德两字想得太难了。以东洋道德而言，如果将道德看成茶道仪式或者歌唱文字，那么谈论道德的人与实践道德的人就成了两回事。这实在不妙。其实道德应是平常之事，如信守约定时间，不迟到就是道德。或者当让人时，肯让度于人。再或者早做准备，与他人方便，都是道德的表现。而临事能抱侠义之心，也是道德。乃至于贩卖，都有道德蕴涵其中。道德是无时无地不存在的。然而人们却将道德看得很难，以至将其搁置一旁。或者让人遵守道德时便说，从今天起履行道德。抑或说这个时间是道德时间，未免不自然了。"② 在涩泽荣一看来，道德很简单，日常的一举一动，言谈举止都是道德。经商（贩卖）也包含道德。他把道德从"圣殿"搬到庶民日常生活当中，使人人讲道德，人人实践道

---

① 〔日〕涩泽荣一：《"论语"与算盘》，宋文、永庆译，九州图书出版社，1995，第91～92页。
② 〔日〕涩泽荣一：《"论语"与算盘》，宋文、永庆译，九州图书出版社，1995，第159页。

德成为可能。正因如此，道德才真正成为普世意义上道德，成为维护国家、社会、企业、家庭、国人和谐关系，创造良好秩序的有效资源。

三　中国传统义利观的内涵

中国传统伦理学可以分为道义派与功利派两大派别。"道义派以孔子、孟子、董仲舒、宋明理学为代表。功利派以墨子、李和陈亮、叶适为代表……功利主义的思想源远流长，但始终未在中国传统文化中占主导地位。朱熹所倡导的贵义贱利的理论，则是中国传统价值观念的主流。"① 虽然时至今日，朱熹所代表的传统道德观，仍然是中国传统义利观的主流，但值得一提的是，几乎与日本近代同期，受外来文化的影响，中国也出现过新的伦理思想，反映了近代思想家的道德要求和经济要求。体现在义利观方面，包括传统义利观、地主阶级改革派义利观、洋务派义利观、早期维新派义利观、维新派义利观以及革命派义利观。

为了便于与日本通俗义利观进行比较，本文主要选择中国近代功利派中较有重利轻义倾向的著名思想家康有为、严复，谭嗣同、梁启超，围绕四人的义利思想展开论述。

（一）康有为的义利观

康有为，中国思想家、政治家、资产阶级改良派领袖。② 康有为对义与利的关系进行了比较深入的研究，他认为："义者，天理之所宜。利者，人情之所欲。义者，利之和。"③ 康有为解释"利"为"利者，从刀刈禾，假借为以力有所取益之谓。易曰：'义者，利之和也。'人不能无取，取利而和，则谓之利，取利不和，则谓之利，不谓之义。盖人己之间有一定之界，取不侵人之界，则谓之和，和则无怨。取而侵人之界，则谓之利，利自多

① 张岱年：《中国伦理思想史》，上海人民出版社，1989，第26页。
② 朱贻庭主编《伦理学小词典》，上海辞书出版社，2004，第452页。
③ 康有为：《论语注》，中华书局，1984，第104页。

怨。盖己益则人损矣，损则必怨。故人人皆取于己之界，而不侵人之界，则天下平"。① 在这里，康有为强调，利的获取必须合乎义，合乎一定的道德规范。此外，康有为还认为，道德行为是达到利益均衡，人人平等的重要途径。他因此发出了"利为义和，美利天下"② 的道德呼唤。

（二）严复的义利观

严复，中国启蒙思想家。严复的义利观表现为，既反对传统义利观忽视物质利益，只讲空洞道德，也反对西方极端自私的利己主义道德观。严复指出："治化之所难进者，分义利为二者害之也。孟子曰：'亦有仁义而以矣，何必曰利。'董生曰：'正谊不谋利，明道不计功。'泰东西之旧教，莫不分义利为二涂。此其用意至美，然而于化于道皆浅，几率天下祸仁义矣。"③ 在批判传统义利观的基础上，严复也指出义与利的关系不是相互排斥的，而是相互统一的，如"民智既开之后，则知非明道则无以计功，非正谊则无以谋利。功利何足病，问所以致之之道何如耳"。④ 严复同时指出："大抵东西古人之说，皆以功利为与道义相反，若薰莸之必不可同器。"⑤ 在这里针对中西古代都将义利分裂并且对立起来，严复大胆质疑既然义利不可相提并论，那么该如何解决义利的矛盾呢？严复最终提出了"开明自营"的义利观，他鲜明地指出："明两利为利，独利必不利"。⑥ 因为严复认为，由于社会中"未有不自损而能损人者，亦未有徒益人而无益于己者"，⑦ 因此"开明自营，于道义必不背也"。⑧ 他期望通过开明的手段，达到自营、自利的目的，从而建立一种人我两利、义利统一的新道德。

---

① 康有为：《论语注》，中华书局，1984，第 50 页。
② 康有为：《论语注》，中华书局，1984，第 123 页。
③ 王栻主编《严复集》（第 4 册），中华书局，1986，第 859 页。
④ 王栻主编《严复集》（第 4 册），中华书局，1986，第 859 页。
⑤ 王栻主编《严复集》（第 4 册），中华书局，1986，第 860 页。
⑥ 王栻主编《严复集》（第 5 册），中华书局，1986，第 1395 页。
⑦ 王栻主编《严复集》（第 4 册），中华书局，1986，第 892 页。
⑧ 王栻主编《严复集》（第 5 册），中华书局，1986，第 1395 页。

（三）谭嗣同的义利观

谭嗣同，中国哲学家、思想家。谭嗣同的义利观颇具功利主义倾向。他曾经批判传统道学家"正人心"的空洞说教和主张"夺民之利"的做法，指出："衰世言利之臣，大率以民为圈篱中之牛豚，日夺其食，朘其脂，绝其生命。"[①] 其含义是不求广开利路，只知敲诈百姓，将会导致严重后果。特别值得一提的是，谭嗣同对通商求利行为做出新的解释，他指出："故通商者，相仁之道也，两利之道也，客固利，主尤利也。"[②] 他强调通商这种求利行为符合"仁"，属于"义"范畴之内，即属于利己又利他的行为。

（四）梁启超的义利观

梁启超，中国思想家、学者。梁启超主张利决定义，经济决定道德。他曾经指出："生计之关系于民德，如是其切密也。"[③] 对于如何理解义利间相互关系的问题，梁启超则认为："道德所由起乎？道德之立，所以利群也……道德之精神，未有不自一群之利益而生者。"[④] 也就是说，道德（义）是适应社会生活的需要而形成的。一定的道德原则和道德规范是由一定的社会经济利益决定的。梁启超的最大贡献莫过于从更加深刻的层次论述了义与利的关系。他独创了"生利"与"分利"的概念，指出："申而言之，则国之兴衰，一视其总资本总劳力之有所复无所而已，有所从者，资母孳子，大学谓之生之者，生计学家名之曰生利。无所复者，蚀母亡子，大学谓之食者。生计学家，名之曰分利。"[⑤] 梁启超认为："生利之人有两种。一曰直接以生利者，若农若工之类是也。二曰以间接生利者，若商人若军人若政治家若教育家之类是也。而其生利之力亦有两种，一曰体力，二曰心力。心力复细别为二，

---

① 蔡尚思、方行编《谭嗣同全集》，中华书局，1981，第442页。
② 蔡尚思、方行编《谭嗣同全集》，中华书局，1981，第296页。
③ 《梁启超哲学思想论文选》，北京大学出版社，1984，第190页。
④ 张品兴编《梁启超全集》，北京出版社，1999，第662页。
⑤ 张品兴编《梁启超全集》，北京出版社，1999，第696页。

一曰智力，二曰德力。"① 按照传统道德的定义，道德是获利过程中的某种价值取向和善恶标准，而梁启超的理论创新在于将道德视为获取利益的重要手段和支撑力量，使离开"义"，"利"的取得将无规可循。

四　中国传统义利观的特点

可以说从中国思想史的角度看，近代思想家对义利关系的考察，在事实上，都承认和肯定了利益存在。但是在价值层次，有的强调的是利益，在利益基础上的义利统一，有的强调的是道德（义），在道德基础上的义利统一，从而导致重义与重利两种类型的义利观出现。可以说，不论强调重义轻利，重利轻义，还是义利并重，抑或是各派如何争论，在具体如何实践道德（义）的问题上，少有论争。例如，以代表近代中国前卫思想的维新派、改良派思想家为例，虽然他们也批判孔孟之道，对士大夫式的空论嗤之以鼻，但是仔细分析他们的义利观，可以发现他们同样将道德失范归咎于贫穷和经济落后。也就是说，在这个问题上，他们与孔孟道德观的认识竟然是完全一致的。因此可以说中国式义利观的特点之一，就是将贫穷与经济落后视为不讲道德的要件。这也许正是中国没有通俗伦理（草根哲学），并且道德极易游离庶民生活实际的主要原因。

为了更好地说明这个问题，仍以康有为、严复、梁启超的思想为例，展开论述。

康有为同意孟子"始有菽粟如水火，民无不仁"的看法，也认可管子提出的"仓廪实而后知礼节，衣食足而后知廉耻"，指出"此乃定理"，②认为，"礼始于饮食，故亦纬以饮食焉"，③ 而"吾国民众奇穷，饥寒切肤，不顾廉耻……"④ 明确表示贫穷是造成不道德的直接原因。

---

① 张品兴编《梁启超全集》，北京出版社，1999，第696页。
② 康有为：《孟子微》，中华书局，1987，第93页。
③ 谢遐龄编《变法以至升平——康有为文选》，上海远东出版社，1997，第190页。
④ 康有为：《孟子微》，中华书局，1987，第93页。

严复分析民德薄的重要原因，指出中国民众已经贫穷到无法讲道德的地步。严复指出："吾国之一切之弊，皆可自贫以求其因。其智之不瀹，以贫故。其力之不奋，以贫也。问何污秽而不蠲，贫也。问何作伪而售欺，贫也。"① 严复同时指出："惟能疗贫，而后有强之可议也，而后于民力、民智、民德可徐及矣。"② 在这里严复强调，人民尚在饥饿中挣扎，处于极度贫困之中，此时向他们做道德宣传，要求他们尽社会义务，有良好的社会风气，是完全不可能的。

梁启超也曾经引用管子和孟子的名言，对"管子曰'仓廪足而知礼节，衣食足而知荣辱。'孟子曰：'民无恒产，斯无恒心。既无恒心，放僻邪侈，救死不瞻，奚暇礼仪'"③ 表示同感。梁启超还根据国力的强弱、经济发展的程度，区分道德的高下。他认为，"英国、美国、日耳曼三个国家的经济发展最快，所以国民的人格最为完美，道德最为高尚。而泰东之朝鲜、安南，经济发展极其缓慢，所以其国民道德最低下"。虽然不排除少数人之道德，"既非专制魔力所能束缚，亦非恒产困乏所能消磨"。而"多数之人民，必其于仰视俯蓄之外而稍有所余裕，乃能自重而惜名誉，泛之而好慈善，其脑筋有余力以从事于学问，以养其高尚之理想，其日力有余暇以计及于身外，以发其顾团体之精神"。④ 可见梁启超也将道德（义）水平的高低与是否富足联系在一起。

五　中日传统义利观比较

（一）中日传统义利观横向比较

1. 日本——各阶层的伦理

通过浏览日本思想史，就可以发现日本是世界上唯一将正统哲学思想与

---

① 王栻主编《严复集》（第 1 册），中华书局，1986，第 148 页。
② 王栻主编《严复集》（第 1 册），中华书局，1986，第 149 页。
③ 张品兴编《梁启超全集》，北京出版社，1999，第 662 页。
④ 《梁启超哲学思想论文选》，北京大学出版社，1984，第 190 页。

草根哲学思想置于同等地位的国家。例如《日本思想大系》共 67 卷，收集了包括自古代圣德太子至桥本左内、从《古事记》至《近代民众宗教思想》在内的日本思想界代表人物的主要思想。以近代为例，包括由朱子学派、古学派、阳明学派、折中学派组成的近代儒学思想，由石门心学、町人伦理思想组成的商人思想，由安藤昌益"自然真营道"、二宫尊德"报德思想"、大原幽学的性理学组成的农民思想，由兰学、水户学组成的兰学与水户学思想，由理学神道、复古神道、国学组成的近代神道与国学思想，由近代佛学构成的近代佛学思想等。日本式哲学思想的多元化使日本式道德伦理思想的多元化体现在义利观方面，则表现为多元义利观并存。需要特别强调的是，与中国不同，这种多元化体现为阶层伦理的多元化，即农民阶层、商人阶层、武士阶层、职人阶层（手工业者）等都有本阶层的伦理价值观以及义利观。

通过前文介绍，我们可以清楚地看到，作为农民，二宫尊德十分了解日本农民的实际生活状况，他的义利观之所以首先被日本农民阶层广泛接受，是因为他所倡导的"报德"思想满足了日本广大贫苦农民的根本诉求，即消除实际生活中人与人之间的借贷关系，富人通过"分度"，留出节余，保证日后生活无忧，同时能有余利帮助穷人。特别可贵的是，二宫尊德通过"报德仕法"，利用"报德金"为农民阶层做好事，使许多贫苦农民摆脱了贫困，不仅如此，他还让脱贫后的农民，再为其他农民的脱困最贡献，使"报德善种金"像幸福的种子一样，为农民播种幸福，使更多的农民过上好日子。二宫尊德不仅带领农民摆脱生活贫困，还使用"报德金"开展"开拓心田"的工作，通过各种各样的活动，净化人的灵魂，改善社会环境，实现了真正意义上的道德经济互补。

同样，涩泽荣一作为一个日本商人、企业家，他所提出的"论语加算盘"的伦理思想和义利观，也深深地烙上了工商阶层的烙印。一手拿《论语》，一手拿算盘，被涩泽荣一视为合格商人、企业家的标志。他主张生产牟利与仁义道德并不矛盾，对"无商不奸"的说法发起挑战。他主张"任何人获得的财富，都受恩于他人，因此回馈社会、回馈他人是尽义务的表现",是对"财富"真正意义的诠释。最为重要的是,涩泽荣一不仅这样说,也这样做,他创立了日本第一家股份制银行第一劝业银行,并且组建或者直接领导了日本 500 多家大企业,包括王子制纸会社、日本邮船会社、大阪纺织会社、东京海上保险公司、东京石川岛造船会社、大日本人造肥料会社、日本铁道会社等,这些企业已时逾百年,在今天的日本乃至世界仍具有很大影响。他个人事业上的成功,用事实说服了日本的工商界人士,他的《"论语"与算盘》所倡导的"义利合一"的价值观、义利观,影响了几代日本企业家和商界人士。

总而言之,日本不同阶层的代表人物创造了通俗伦理以及义利观,同时又使本阶层的人能够很自然地生活在这种文化环境之中。通过二宫尊德的农民伦理及义利观、涩泽荣一的商人伦理及义利观可以发现,日本各个阶层的伦理及义利观都带有本阶层的深深烙印。由于这些伦理观念的出现就是为在本阶层内实践,因此其能够紧密结合实际,通过浅显易懂的形式表现出来,并且能够在社会实践当中不断完善。因此可以说,日本的通俗伦理以及义利观,从一开始就十分尊重各阶层的个性,作为本阶层人共同生活的规范要求,必然以阶层特性为基点,并由此体现它的群体性和社会性特征。在这里,阶层的人才能够成为通俗伦理以及义利观体系的出发点。通俗伦理以及义利观追求的是阶层伦理的普遍性,正所谓"人同此心,心同此理",日本各阶层通俗伦理以及义利观,追求实效以及追求实效的实践能力,是日本通俗伦理以及义利观的阶层特色得以存在的前提。这种阶层伦理以及义利观不仅具有一般性、特定性(针对本阶层内的所有人)双重性格,而且将特定性作为追求目标,只有凭借这些阶层伦理,本阶层的人才能组成精神小社会,形成"类"的存在。

2. 中国——各派的伦理

中国传统思想文化源远流长,从宏观学派角度看,有儒家伦理思想、墨家伦理思想、道家伦理思想、法家伦理思想等。从微观学派角度看,以儒家伦理思想中的宋明理学为例,又细分为程朱学派、陆王学派、阳明学派等。需要特别指出的是,与日本不同,中国伦理思想的多元化体现为学派伦理的多元化，即各个学派都有鸿篇巨制，主要热衷于学术诡辩或者派阀论证。

正如前文所述，康有为主张，道德行为是道德利益均衡，人人平等的重要途径，利的获取必须合乎义，合乎一定的道德规范，并且在这个基础上发出了"利为义合，美利天下"的道德呼唤；严复首创了"开明自营"的义利观，期望国人通过开明的手段，达到自营、自利的目的，从而建立一种人我两立，义利统一的新道德；谭嗣同对通商求利行为做出了新的解释，指出，所谓通商之求利行为，符合"仁"，并且属于"义"的范畴，是既利己又利他的行为；梁启超主张利决定义，经济决定道德，将道德视为获取利益的手段和支撑力量。但是他们理论创新或者全新诠释，都局限在就理论谈理论的范围内，其社会影响力仅仅限定在少数维新派人士和社会精英之内。可以说中国近代维新派人士对义利问题的重新探讨，在一定程度上缓解了义利观双重意蕴的矛盾和分离状态，但是他们没有解决，也不可能解决其义利观的有效社会资源化问题。

总而言之，在中国思想史上，思想家们围绕义利问题争论了几千年。不同学说、不同学派纷纷就义利问题展开争论和探讨。第一次大规模的义利之辩出现在春秋战国时期（以孔孟为代表的儒家认为，义与利为人之两用，但义为上，利为下，倡导以义克利，先义后利，即重义轻利。墨家则认为，义和利是统一的，认为应将义必须与人的实际利益结合起来）；第二次大规模的义利之争出现在两汉时期（董仲舒继承了儒家重义轻利的传统，倡导"正其谊而不谋其利，明其道而不不计其功"。司马迁等人则继承了先秦时期"利以生义观"，提出"人富而仁义附"，"让生于有余，争起于不足，谷足食多，礼仪之心生"的思想）；第三次大规模的义利之争出现在两宋时期（程朱理学坚持捍卫儒家的"重义轻利"观，并且把它发挥到极致，提出了"存天理，灭人欲"的主张。王安石等人则为了变法的需要，利用管仲"衣食足而知礼仪"的观点，反对"贵义而贱利"的俗儒之论，认为治理国家的根本，旨在如何生财兴利）；第四次大规模的义利之争出现在明清时期，主要批判程朱理学的义利观，强调吃饭穿衣是人伦物理，强调对勤劳所得之利的尊重，并且得出"义中之利，君子所贵"的义利价值观），特别值得一提的是，几乎与日本同时代，中国的维新派也创造出各种各样的新派义利观，尽管新说新论众多，但是他们的批判和创新，都秉承了中国几千年的传统，义利观之争没有脱离学术范围，也没有脱离对新理论概念的诠释和学派争论。因此没有出现，也不可能出现类似日本的、能够代表各个不同阶层的通俗伦理和义利观。可以说，维新派义利观是对理学义利观反思与批判的结果，在一定程度上纠正了理学义利观的偏失，并且使义与利有了平衡发展的趋向。但不得不指出的是，从表面上看，义利观的内在矛盾得到了缓解，但无法解决义利观的实践问题。"义"从永恒之道变为现实原则。"利"从事实层面移入价值层面，这些都是在几千年固有的理论范围内发生的。一旦社会价值观发生变化，新的反思与批判在几千年固有的理论模式内重新开始。这就是义利关系和义利价值观的怪圈。需要指出的是，这个问题就是在今天仍然没有得到很好的解决。

（二）中日传统义利观纵向比较

1. 日本——道德伦理庶民化

日本通俗伦理以及义利观，充分表现出道德伦理的庶民化倾向。可以说，日本自近代以来，由于各阶层伦理道德不断完善和发展，日本式传统义利观的庶民性显现。它完全不同于正统儒学意义上的义利思想，是包含各种"草根"义利观的伦理思想。如果说正统儒学意义上的义利思想是显道德观的话，那么"草根"义利观的伦理思想便是潜道德。潜道德作为日本民间通俗道德，对民众的影响，远远超过正统道德及义利观。作为公众常识道德的重要载体——"草根义利观"，因其具有很强的可操作性，更接近日本人的日常生活，所以能够渗透至国民意识、生活习俗、价值观、生活方式诸多方面，实现了真正意义上的道德伦理庶民化。

日本通俗伦理以及义利观不是少数几个思想家冥思苦想的产物。它的产生首先得益于对正统儒学的批判以及与庶民生活的紧密结合。如前所述，二宫尊德对孔孟之道的理解与实践完全是二宫式的。他将孟子视为理论脱离实际的代表，批评孟子仅靠雄辩折服对手，传授圣人之道，却违背了圣人之道。并且因此断言，其说难以实践。在二宫尊德看来，善人仅凭说教，没有行动，不能成为善人。此外，二宫将他的农民伦理以及义利观称为"神儒佛正味一粒丸"，取其精髓，化为自家药箱之物，以便医治广大贫苦农民的贫穷之疾。通过引导樱町农民实践"报德仕法"，将他的农民伦理价值观以及义利观传授给每个村民，实现了真正意义上的庶民化。在日本涩泽荣一因《"论语"与算盘》，成为妇孺皆知的日本现代文明的创始人。但是切不可因为涩泽提出"一手拿《论语》，一手拿算盘"的儒家式经营理论为日本的经济发展确立了"义利合一"的指导原则，就盲目地认为涩泽是地地道道的儒教卫道士。涩泽荣一认为，中国的学问，特别是千年以前的宋代，虽然高唱仁义道德，却完全偏于空论空谈，结果国家陷入衰弱的境地。然而日本却因为利用了宋朝儒学的空谈空论，发挥了实学的效用。需要特别指出的是，涩泽所谓的"实学效用"，在很大程度上，指的是道德伦理价值观与义利观的庶民化。在涩泽看来，人们把道德想得太难了。道德应该是平常之事。涩泽认为，所谓的道德实际上就是诸如守时、谦让、与人方便之类，日常生活中随处可以实践的东西。一言一行、一举一动都关系道德。在涩泽看来，每个人（庶民）都具有趋善的能力和条件，这是一个相对确定的量。然而其发挥的程度却可能不尽相同，两者之间的差异取决于个人的道德素质。涩泽因此将道德实践摆到个人素养的位置，使人人实践道德，成为提升个人社会价值和拥有非物质资本的机会，从而使道德实践（庶民化）具备了广泛的主动性。

总而言之，日本传统文化中的通俗伦理以及义利观，始终将"庶民性"和"广泛性"作为价值原则，渗透到各个社会层面和庶民中间。将"普世化"与"普适化"作为实践的终极目的，使之普遍存在于各个阶层，普遍适用于各自的阶层的人们，充分发挥了庶民在道德实践中的主体性作用。要实现伦理价值观和义利观的庶民化，日本的通俗伦理学家，首先解决了道德伦理与庶民生活的对接，可以说这是日本人的发明创造。要实现庶民化，得到大多数社会成员价值观的认同和行动上的支持，并且得以有效实施，就必须符合社会成员（庶民）的根本利益要求，合乎某种特定的道德伦理价值原则和价值观念，蕴含一定的道德目标和价值趋向。日本的通俗伦理价值观以及义利观之所以得到庶民的拥护，并且积极主动付诸行动，还在于它与各项社会制度的衔接，也就是说，美好的庶民道德必须通过制度化、内化到社会制度中，才能不断发展壮大。日本通俗伦理以及义利观与庶民个人的道德行为之间，存在"规范引导良性互动"的相互关系。可以说，日本庶民化的道德实践，实现了德行的付出远远小于德行收益。也许这正是日本通俗伦理价值观以及义利观能够庶民化的原因之所在。正是由于日本通俗伦理与义利观的庶民化，道德伦理的广泛性实现了最大化，它自下而上，最终实现了全覆盖，使每个日本人都拥有讲道德的社会环境和文化环境，具备实践道德的资格和义务。

2. 中国——道德伦理极端精英化

可以说与日本不同，中国的传统伦理价值观以及义利观，始终作为精英文化的重要组成部分，十分重视个体的心性觉解和人格提升。它与士大夫社会的精神结构、社会结构相吻合，很多精英将道德作为实现"立身出世""成名成家"的工具。于是道德成为社会精英的专利。有关这个问题，可以从几千年来儒学论争中窥得一斑。如前所述，作为中国主流意识形态的代表，儒学的统治地位一直没有改变。可以说儒家学说的共同特点之一，皆视"衣食足则后知廉耻"为定理。这样做的直接后果就是阻断了道德实践与民众的联系，使道德的"显在"（显道德）成分远远高于"潜在"（潜道德）成分。因此无法深入庶民的国民意识、生活习惯、价值观、生活方式诸多方面，无法实现真正意义上的道德庶民化。

如前所述，从义利观的角度看，即使是中国近代功利派中，最有重利轻义倾向的著名思想家也无法摆脱这种道德困境。康有为认可管子"仓廪实而后知廉耻"的说法，指出此乃定理。严复则更将国之所有弊病均归罪于"贫"。他指出："其智不渝，以贫故。其力之不奋，以贫也。问何污秽而不蠲，贫也。问何作伪而售欺，贫也。"与康有为相同，梁启超不仅赞同管子的论点，而且对孟子所谓"民无恒产，斯无恒心。既无恒心，放僻邪侈，救死不瞻，奚暇礼仪"也十分赞赏。他甚至用国力的强弱、经济发展程度的高低，区分道德的高下。由此可见，主流伦理价值观以及义利观的影响何其深远。

总而言之，中国传统文化中的道德伦理观念始终将"近利则远义"以及"衣食足则知荣辱"作为亘古不变的信条，即使改良派和维新派也概莫能外。于是按照"近义则远利，近利则远义"的原则，富人（追逐利益者）可以不讲道德。按照"衣食足则知荣辱"的原则，穷人（衣食不足者）可以不讲道德。那么剩下的只有极少数社会精英，这就意味着，讲道德是极少数社会精英的事。然而遗憾的是，受儒家"成名成家""立身出世"思想的影响，精英们又将道德与功利结合起来，使之成为名利的敲门砖。因此真正讲道德的人就成为凤毛麟角，被极端精英化。其结果是：即使大多数人（穷人与富人）不讲道德，他们也很难自省、自责。同时整个社会对不道德行为的容忍度相对较高，有时甚至对不道德行为采取默认的态度。此外，"谈论道德"（少数精英）与"实践道德"（极少数精英）成为两件不同的事。理论与实践的严重游离，反过来使人们对道德本身产生怀疑，甚至出现逆反心理。加之践行道德的人数少，所以在做出良好道德选择后，往往能够在人格上受到褒奖，间接或者直接地在名利上获得好处，在有的时候，人们很容易将实践道德的人，也误解为利用道德追求名利。于是在某些时候、某些场合，实践道德有可能成为一件很尴尬的事情。在这种前提条件下，即使有"义利合一""以义取利"之说，优秀的传统伦理价值观以及义利观也难以在社会、民众中广泛普及。可以说时至今日，这个问题仍未得到彻底解决。

（原载《日本学刊》2010 年第 2 期）

平成时期日本的社会变迁

——从瓦解走向重构

王 伟[*]

随着明仁天皇的退位，日本持续 30 年的"平成"时代落下帷幕，新年号为"令和"。二战后日本的天皇成为一种象征，天皇的退位或即位以及年号的更改都不会给日本内政外交及民众生活带来实质性的改变。从这个意义上说，年号不过是划分一个时期的符号，"平成"的落幕为我们回顾和总结 20 世纪 90 年代以来的日本提供了一个契机。在这 30 年时间里，世界发生了冷战结束、经济国际化及全球化、金融危机、反全球化等重大事件，日本国内也发生了泡沫经济崩溃、"1955 年体制"终结、阪神大地震、东日本大地震等大事件。这些发生在平成时期的标志性事件，给"平成"打上时代的烙印。在此大背景下，平成时期的日本社会在很多方面也发生了巨大变化，值得我们关注和研究。

研究分析平成时代的日本社会有多种角度，社会变迁视角不过是其中之一。所谓"社会变迁"，就是社会结构的变迁[①]，指社会结构诸要素的运动、变化和发展[②]。由于篇幅的关系，本文在社会结构诸要素中选取人口、家庭、劳动就业及阶层收入等几个有代表性的社会领域，分别用"少子老龄化""个体化和多样化""雇佣的流动化""贫富分化"等关键词，对平成时期的日本社会变迁进行分析探讨。"社会变迁是社会体系根据外部环境变

---

* 王伟，中国社会科学院日本研究所研究员，研究方向为日本社会、日本社会保障、中日社会比较。

① 富永健一『社会構造と社会変動—近代化の理論—』、岩波書店、1987、35 頁。
② 陆学艺等：《社会结构的变迁》，中国社会科学出版社，1997，第 1 页。

化或内部因素变化而进行结构重建，在新的社会结构下实现更高层次的功能。"① 副标题中的"瓦解"和"重构"正是指二战后日本在上述几个领域形成的社会体系已发生重大改变，正在向新的体系转换。

一　人口少子老龄化——重新定义"老年人"

人口是社会结构中的核心要素，人口及其变迁一直是被广泛关注的社会结构的基本问题。② 平成时期日本社会经历的最大变化就是人口变化，具体说就是少子化带来的少儿人口（0～14 岁）减少，老龄化带来的老年人口（65 岁及以上）剧增，总人口规模缩小。日本人口老龄化和少子化起始于 20 世纪 70 年代，进入平成时期以后进一步加剧，成为日本社会的重大课题。

（一）少子老龄化进展

1. 人口老龄化程度严重

1970 年日本的老龄化率达到 7.1%，日本开始进入老龄化社会；1994 年老龄化率达到 14.1%，日本正式进入老龄化社会；2007 年老龄化率达到 21.5%，日本进入超老龄社会。日本不仅是最早迈入老龄化社会的亚洲国家，也是世界范围内率先进入超老龄社会的国家。截至 2019 年 1 月，日本老龄化率达 28.2%，③ 是世界上老龄化程度最为严重的国家。另外，从 65 岁及以上的老年人口数量来看，1979 年超过 1000 万人，1998 年超过 2000 万人，2012 年超过 3000 万人，④ 截至 2019 年 1 月达 3562 万人⑤，日本进入

---

① 富永健一『行為と社会システムの理論』、東京大学出版会、1995、215 頁。
② 陆学艺等：《社会结构的变迁》，中国社会科学出版社，1997，第 1 页。
③ 総務省統計局『人口推計—2019 年（平成 31 年）1 月報—』、http：//120.52.51.18/www.stat.go.jp/data/jinsui/pdf/201901.pdf。
④ 国立社会保障・人口問題研究所『日本の将来推計人口（平成 29 年推計）』、http：//www.ipss.go.jp/pp‑zenkoku/j/zenkoku2017/db_zenkoku2017/s_tables/app1.htm。
⑤ 総務省統計局『人口推計—2019 年（平成 31 年）1 月報—』、http：//120.52.51.18/www.stat.go.jp/data/jinsui/pdf/201901.pdf。

未曾有的超老龄时代。

日本人口平均年龄①在二战后逐渐增长，进入平成时期后增长速度明显加快。在 1947～1989 年的 42 年里由 26.6 岁上升到 37.2 岁，平均每年上升 0.25 岁；而在 1989～2016 年的 27 年里由 37.2 岁上升到 46.7 岁，平均每年上升 0.35 岁。年龄中位数②在 1947～1989 年由 22.1 岁上升到 37.0 岁，年均上升 0.35 岁；在 1989～2016 年由 37.0 岁上升到 47.1 岁，年均上升 0.37 岁。老年抚养比在 1947～1989 年从 8.0% 上升到 16.7%，上升 8.7 个百分点；在 1989～2016 年从 16.7% 上升到 45.2%，上升 28.5 个百分点。老化指数（老少比）在 1947～1989 年由 13.6% 上升到 61.7%，在 1989～2016 年由 61.7% 骤升到 219.2%。③ 从这几个反映老龄化程度的指标来看，平成时期日本人口老龄化速度明显加快。

2. 出生率持续下降，人口减少

考察少子化情况有两项指标非常重要：一是总和生育率，二是少儿人口占比。总和生育率是衡量妇女生育水平的综合指标，着眼于一定时期内（一年）的生育状况，是一年内妇女（15～49 岁）生育率的总和。如果总和生育率长期且持续低于人口更替水平，那么该国家或地区就进入了少子化阶段。日本总和生育率在二战后初期高达 4.54，在 20 世纪 50 年代后大幅下跌，1960 年跌至 2.0，"丙午之年"的 1966 年下降到 1.58。此后 10 年左右的时间，总和生育率基本维持在人口更替水平附近，在石油危机之后的 1974 年则下降到更替水平之下。从此日本总和生育率一蹶不振，1995 年跌破 1.5 关口，落入"低生育率陷阱"；2003 年下降到 1.3 以下的极低生育率水平，陷入超少子化困境；2005 年降至 1.26，成为日本战后最低水平；

---

① 平均年龄是反映一定时间总人口年龄水平的指标。平均年龄逐渐提高，表明人口在逐渐老化；平均年龄逐渐降低，表明人口在逐渐年轻化。

② 年龄中位数是将全体人口按照年龄大小顺序排列时，居于中间位置的那个年龄。年龄中位数越高，人口老龄化程度越高。

③ 国立社会保障·人口問題研究所『人口統計資料集 1989』、1989；『人口統計資料集 2018』、2018。

2006年后有所回升，2017年为1.43，仍处于超少子化水平。[①] 生育率长期处于低位，导致另一少子化的指标，即少儿人口占总人口比例下降。二战后初期的1947年，该指标为35.3%，1997年降低至15.3%，与老年人口比例（15.7%）发生逆转，至2018年12月已降至12.2%。[②]

进入平成时期的少子老龄化的进展使日本人口发展由增加转为减少。明治维新以后，日本人口进入快速发展通道。从明治元年的1868年到二战结束的1945年，在近80年时间里，日本总人口从3400万人增长到7200余万人，[③] 增长了1倍多。战后日本人口持续增长，1967年突破1亿人大关。20世纪70年代中期后，日本人口进入缓慢增长阶段，在平成20年即2008年达到峰值12808.4万人。2009年后日本进入人口减少时代，到2018年末日本人口为12632万人。[④] 至此，日本总人口已连续10年减少，较人口高峰期减少了176万余人。在人口惯性的作用下，日本人口势头（population momentum）已由增加转为减少[⑤]，而且这种趋势在短期内难以扭转。根据日本国立社会保障与人口问题研究所推算，日本总人口今后将进入长期缩减过程，2053年将减少到1亿人以下，为9924万人，2065年将进一步减少到8800余万人。[⑥]

3. 人口结构失衡

在少儿人口减少和老年人口持续增长的同时，劳动年龄人口（15～64岁）开始减少，日本人口结构进入长期失衡状态。首先，根据日本国立社会保障与人口问题研究所在2015年人口结构基础上进行的推算，日本少儿

① 王伟：《日本少子化进程与政策应对评析》，《日本学刊》2019年第1期。
② 総務省統計局「人口推計—2019年（平成31年）1月報—」、http：//120.52.51.18/www.stat.go.jp/data/jinsui/pdf/201901.pdf。
③ 国立社会保障・人口問題研究所『人口統計資料集（2017改訂版）』、http：//www.ipss.go.jp/syoushika/tohkei/Popular/Popular2017RE.asp？chap=0。
④ 総務省統計局『人口推計—2019年（平成31年）1月報—』、http：//120.52.51.18/www.stat.go.jp/data/jinsui/pdf/201901.pdf。
⑤ 石井太「人口モメンタム」、人口学研究会編『現代人口辞典』、原書房、168～169頁。
⑥ 国立社会保障・人口問題研究所『日本の将来推計人口—平成29年推計—』、http：//www.ipss.go.jp/pp-zenkoku/j/zenkoku2017/pp29_ReportALL.pdf。

人口在50年后的2065年将减少到898万人左右，100年后的2115年将减少到520万人，其占总人口的比重将从2015年的12.5%下降到2065年的10.2%，2115年维持在10.3%的水平。[1] 其次，日本劳动年龄人口在二战后持续增长，1995年达到峰值的8726万人，此后转为减少，在2015年国势调查时为7728万人。根据日本国立社会保障与人口问题研究所的推算，日本劳动年龄人口将在2040年和2056年分别跌破6000万人和5000万人，2065年将减少到4529万人，2115年将减少到2592万人。相应地，劳动年龄人口占总人口的比重将从2015年的60.8%持续下跌，2065年降至51.4%，2115年后维持在51.3%。[2] 相比之下，老年人口将在2015年3387万人的基础上继续增加，2030年达3716万人，2042年达到高峰的3935万人，此后进入减少阶段，2065年降到3381万人，2115年进一步降到1943万人。但由于同期少儿人口和劳动年龄人口的减少，老年人口比例仍将持续上升。老年人口比例在2015年为26.6%，平均不到4个人中就有1位老年人，到2036年将上升到33.3%，即每3个人中就有1位老年人，2065年老年人口比例将进一步上升到38.4%，2115年仍然保持高比例。[3] 人口结构失衡问题将长期困扰日本。

（二）进入"第二次人口转变"阶段

日本面临的少子老龄化和人口减少问题，不仅是人口规模和年龄结构的变化，而且本质上是涉及人口发展模式和人口发展规律的长期人口变动问题。经典人口转变理论（classic demographic transition theory）是人口学领域最重要的理论，是对人口长期变动中死亡率、出生率由高水平向低水平转变的过程、特点、主要阶段和演变规律进行的概括与总结。人口转变理论基于

---

[1] 国立社会保障・人口問題研究所『日本の将来推計人口—平成29年推計—』、http：//www. ipss. go. jp/pp－zenkoku/j/zenkoku2017/pp29_ ReportALL. pdf。

[2] 国立社会保障・人口問題研究所『日本の将来推計人口—平成29年推計—』、http：//www. ipss. go. jp/pp－zenkoku/j/zenkoku2017/pp29_ ReportALL. pdf。

[3] 国立社会保障・人口問題研究所『日本の将来推計人口—平成29年推計—』、http：//www. ipss. go. jp/pp－zenkoku/j/zenkoku2017/pp29_ ReportALL. pdf。

法国学者兰德里（Landry）对欧洲人口转变过程的描述，经美国学者汤普森（Warren Thompson）、诺特斯坦（Frank Notestein）等人进一步完善和系统化。人口转变是指人口发展从前现代社会的高出生率、高死亡率、低自然增长率经过高出生率、低死亡率、高自然增长率向现代社会的低出生率、低死亡率和低自然增长率转变的过程，更替水平的生育率标志着人口转变过程的结束。①

从人口长期变动来看，日本在明治维新之前人口增长较为缓慢，江户时代后期出生率高，死亡率也高，人口曾一度停止增长。进入明治时代，出生率上升，死亡率平稳，平均寿命延长，人口发展进入增长通道。在大正时代中后期，出生率、死亡率进一步下降，人口自然增长率保持较快发展趋势。二战后，日本人口出生率和死亡率都经历了快速下降的过程，人口自然增长率在初期激增后，进入平稳增长期，总和生育率总体上维持在更替水平以上或更替水平附近。这种局面大致维持到 20 世纪 70 年代中期。至此，日本完成了人口转变。

人口转变理论的基本假设是人口长期的大致平衡。也就是说，在死亡率下降打破高死亡率和高生育率的平衡以后，生育率会下降到另一个平衡点。维持人口平衡的生育率底线就是总和生育率约为 2.1（人口更替水平）。但人口生育率在实现人口转变以后并没有停止在更替水平，而是继续下降。这种趋势继续保持下去，人口的数量和结构都会发生根本性变化，人口数量会由增长转为负增长，人口结构将进一步老化。欧美等工业化国家的生育率在 20 世纪 60 年代末以后的十几年内几乎都降到了更替水平以下而进入低生育率时代。莱瑟吉（Lesthaeghe）和凡德卡（Van de kaa）把这种状况称为"第二次人口转变"（second demographic transition）②。

进入 20 世纪 80 年代后，日本人口死亡率缓慢上升，2007 年后一直高于人口出生率。总和生育率从 1974 年开始低于人口更替水平，之后一路下

---

① 参见杨菊华《人口转变与老年贫困》，中国人民大学出版社，2011，第 16～17 页。
② 参见蔡泳《低生育率及其社会经济影响》，载梁在主编《人口学》，中国人民大学出版社，2012，第 103～107 页。

滑。人口自然增长率则从 20 世纪 70 年代中期开始持续下降，进入平成时期后下滑趋势进一步加剧，2007 年陷入负增长。日本总人口在 2008 年达到峰值，2009 年起转入长期性减少趋势。可见，日本已经进入第二次人口转变阶段，支撑日本二战后经济高速发展的人口结构已完全改变，人口红利消失殆尽，人口负债成为日本经济发展的沉重负担。

（三）重新定义"老年人"

第二次人口转变给日本社会经济各个方面带来影响，日本已是死亡率高于出生率的"生少死多"的人口减少社会。德国学者考夫曼（Kaufmann）认为，人口规模和人口结构的变化必将给社会各个领域带来影响，导致社会经济处于收缩状态。[①] 日本的社会保障等社会制度建立于 20 世纪 60 年代人口增长期，如今人口规模缩小，人口结构失衡，日本需要做出制度调整和进行重建，以应对人口变化及其带来的社会经济影响。其中之一就是重新探讨定义"老年人"的起算年龄。

由于少子化对策难以立竿见影，日本开始在相对增加劳动年龄人口上动脑筋。近年来，日本出现了对"老年人"进行重新定义的迹象。按照世界卫生组织的意见，65 岁及以上人口为老年人口，目前世界上包括日本在内的绝大多数国家和地区以及联合国、世界银行等国际组织的人口统计按此标准进行。最近日本学者提出，虽然大多数情况下 65 岁及以上人口被称为老年人口，但不过是方便划分年龄的一种说法，并不是统一的标准。[②] 日本老年学会、日本老年医学会于 2013 年成立了重新探讨老年人定义工作小组，从多个角度探讨如何定义"老年人"。最后依据老年人身心健康各种数据，认为现在的老年人与 10～20 年前的老年人相比，身体机能的老化要晚 5～10 年，"年轻化"显著，特别是被当作老年人的 65～74 岁的人群中大多数人身心健康，并积极参与社会活动。因此，日本老年学会、日本老年医学会

① フランツ・グザファー・カウフマン（Kaufmann and Franz-Xaver）『縮減する社会—人口減少とその帰結—』、原俊彦・魚住明代［訳］、原書房、2011、30 頁。
② 嵯峨座晴夫「高齢者」、人口学研究会編『現代人口辞典』、原書房、2010、57 頁。

于 2017 年 1 月提出重新对老年人进行划分，即 65～74 岁为准老年人（pre-old）、75～89 岁为老年人（old）、90 岁及以上为超老年人（oldest-old、super-old）。①

还有学者尝试用"平均余寿等价年龄"（age at which the life expectancy is equivalent）指标来衡量老龄化水平，建议用这种新的方法来定义老年人，以应对今后的人口变动。②"平均余寿等价年龄"指与某特定基准年的特定年龄平均预期剩余寿命相同的另一年份的年龄，并可以认为这两个年龄群体的健康程度相同。如果将与基准年老年期起始年龄平均剩余寿命相同的其他年份的年龄定义为老年期起始年龄，就可以捕捉与基准年老年人健康程度相同的其他年份的老年人口。根据这一概念，如果将 1960 年日本 65 岁人群的平均剩余寿命作为基准，那么 2010 年日本老年期的起始年龄在 75 岁左右，2060 年与 1960 年 65 岁人群平均剩余寿命相同的年龄在 80 岁左右。如果用这种新的定义方法计算的话，那么目前及今后日本的老龄化率、老人赡养指数等老龄化指标都会降低一半以上。

日本不仅在学术上加强对老龄化、老年人进行重新定义，在法律法规及相关政策上也采取相应措施。主要有两个方面：一是提高领取养老金的年龄，二是推迟退休的年龄。日本公共养老金主要有两种：一种是以自营业者、农民、学生等为对象的国民年金，另一种是以企业员工等为对象的厚生年金。提高领取养老金的年龄主要针对后者。厚生年金由定额部分和薪酬比例部分组成，1994 年日本改革养老金制度，并从 2001 年分阶段将领取定额部分养老金的年龄提高到 65 周岁，后根据 2000 年的改革方案，从 2013 年起分阶段提高领取薪酬比例部分养老金的年龄，计划到 2030 年将领取养老金年龄都提高到 65 周岁。在此基础上，日本还在酝酿进一步提高领取养老金的年龄。2018 年 4 月，日本财务省内设财政制度审议会财政制度分科会

① 日本老年学会·日本老年医学会「高齢者の定義と区分に関する提言」（概要）、https：//jpn－geriat－soc. or. jp/proposal/index. html#definition。

② 金子隆一「人口高齢化の諸相とケアを要する人々」、『社会保障研究』第 1 巻第 1 号、2016、76～97 頁。

举行会议，讨论社会保障相关问题，认为从促进老年人就业、保证养老金制度的可持续发展等角度出发，需要探讨进一步提高领取养老金的年龄，并在会议资料中展示了从 65 周岁提高到 68 周岁领取养老金的变化情况。[①] 2018 年 2 月，日本内阁通过了新的《老龄化社会对策大纲》，提出要研究提高养老金制度的灵活性，把延迟领取养老金年龄由目前的 66~70 周岁扩大到 70 岁以后，让老年人有更多的选择。[②] 厚生劳动省决定在 2019 年进行的养老金财政检验中测算 70 岁后领取养老金的支付水平。[③]

日本于 2006 年及 2013 年两度修改实施《老龄者就业安定法》，督促企业保证老年人就业。日本现行关于老年人就业的法律规定，禁止企业让不满 60 周岁的员工退休，同时要求企业采取把退休年龄提高到 65 周岁，或建立员工可以继续工作到 65 周岁的雇佣制度，或取消退休制等措施，保障员工可以工作到 65 周岁。截至 2017 年，日本 60~64 周岁男性就业率为 79%。[④] 在此基础上，日本政府有关部门又提出实现"终生工作"（日语为"生涯现役"）社会的口号。厚生劳动省先后于 2013 年 6 月和 2015 年 6 月发表研究报告，提出为在人口减少的社会条件下保持社会活力、实现可持续发展，为老年人的愿望能够实现、过上富足的生活，要完善劳动就业环境，让 65 岁及以上有工作意愿的老年人无论年龄多大都能继续活跃在工作岗位，永不退休。[⑤]

---

① 財務省「社会保障について」、2018 年 4 月 11 日、https：//www. mof. go. jp/about_ mof/councils/fiscal_ system_ council/sub－of_ fiscal_ system/proceedings/material/zaiseia300411/01. pdf。

② 内閣府『高齢社会対策大綱（平成 30 年 2 月 16 日閣議決定）』、https：//www8. cao. go. jp/kourei/measure/taikou/h29/hon－index. html。

③ 「公的年金 70 歳超から受給—厚生労働省　給付水準試算へ—」、『日本経済新聞』2019 年 3 月 14 日。

④ 内閣官房日本経済再生総合事務局『高齢者雇用促進及び中途採用拡大・新卒—括採用見直しに関する資料集—』、http：//120. 52. 51. 19/www. kantei. go. jp/jp/singi/keizaisaisei/miraitoshikaigi/dai20/siryou2. pdf。

⑤ 厚生労働省『生涯現役社会の実現に向けた就労のあり方に関する検討会報告書』、2013、https：//www. mhlw. go. jp/stf/houdou/2r98520000034ttj－att/2r98520000034ty2. pdf；『生涯現役社会の実現に向けた雇用・就業環境の整備に関する検討会報告書』、2015、https：//www. mhlw. go. jp/file/04－Houdouhappyou－11603000－Shokugyouanteikyoku－Koyoukaihatsuka/0000088129. pdf。

2018 年 10 月，经济产业省向以安倍晋三首相为议长的"面向未来投资会议"提交报告，建议进一步改革雇佣制度，完善老年人发挥作用的环境，建立 65～70 岁老年人可选择多种就业形式的机制，逐步完善法律法规，实现终生工作的"永不退休"社会。①

提高领取养老金年龄与延迟退休相辅相成，提高领取养老金年龄有助于促进老年人就业，这样，养老金保费也会增加，有利于保持和提高养老金支付水平，保证养老金制度的可持续发展。从这个角度讲，今后日本老年人标准很有可能由固定年龄转为动态年龄，不仅老龄化率等相关指标会随之发生改变，而且有利于有关老年人制度的制定和执行。

二 家庭的个体化和多样化——二战后家庭模式的改变

家庭变迁是家庭形态（构成、规模）、家庭结构（分工、权势、情绪）、家庭功能、家庭意识等各方面变化相互影响、相互制约的结果，可以从这些方面进行综合探讨，也可以从其中某个方面加以分析。② 本文从形态、结构等方面探讨日本家庭在平成时期发生的变化。

（一）二战后日本家庭模式变化

二战以后，日本制定了新宪法，1947 年又颁布了经过大幅度修改的民法（新民法），废除了专制的家长权和长子优先继承权，强调夫妻双方在婚姻、继承等问题上的权利平等。由此，日本传统"家"制度崩溃，日本家庭由直系家庭制走向夫妻家庭制。核心家庭（nuclear family）成为夫妻家庭制的主要家庭形态，典型的核心家庭指由一对夫妻及其未婚子女组成的家庭。③ 随着战

---

① 世耕弘成「生涯現役社会に向けた雇用制度改革と予防・健康インセンティブの強化（政策提言）」、2018、http://59.80.44.100/www.kantei.go.jp/jp/singi/keizaisaisei/miraitoshi kaigi/dai20/siryou9.pdf.
② 森岡清美『発展する家族社会学—継承・摂取・創造—』、有斐閣、2005、262 頁。
③ 在日本家庭户调查统计中，核心家庭包括三种类型：（1）由一对夫妻组成的家庭；（2）由一对夫妻及其未婚子女组成的家庭；（3）由父母中的一方与其未婚子女组成的家庭。

后日本经济的发展和社会保障制度的建立，日本核心家庭比例迅速上升。丈夫在外工作打拼、挣钱养家，妻子作为"专职主妇"操持家务、抚养子女，"男主外女主内"的家庭角色分工、父母与两个未婚子女构成的家庭成为战后日本的"标准家庭"和理想家庭。① 这种日本家庭被称为"家庭的战后体制"② 或"战后家庭模式"③。但在 20 世纪 70 年代后期，日本家庭情况发生变化，进入平成时期后，这种变化进一步加剧。

1. 夫妻双职工家庭增多，专职主妇家庭减少

1980 年，日本夫妻中丈夫一人工作是主流，专职主妇家庭（丈夫工作妻子无业）为 1114 万户，夫妻双职工家庭仅为 614 万户。但从 20 世纪 80 年代开始，夫妻双职工家庭日益增多，进入平成时期后这种趋势更加明显。20 世纪 90 年代前半期两种家庭的数量互有高低，可视为角力期。1997 年，夫妻双职工家庭数完全超过了专职主妇家庭数，此后更持续增加，两者差距进一步扩大。2017 年，夫妻一方工作的家庭为 641 万户，夫妻双方工作的家庭上升到 1188 万户（见图 1）。夫妻双职工家庭的增多源于以下几点。首先，日本女性的价值观发生变化，她们不再安于"男主外，女主内"的家庭角色分工，走出家门参加工作的女性越来越多。其次，进入平成时期后，日本少子老龄化加剧，劳动力人口减少，日本不断完善引导女性走向社会的法律法规和政策措施，女性的就业环境得到改善，促进了女性就业。再次，日本经济增长乏力，劳动就业体制发生改变，企业的终身雇佣制开始动摇，丈夫的工资收入上升幅度有限，妻子参加工作可以贴补家计。另外，人们的观念也发生了变化，根据日本国立社会保障与人口问题研究所的调查，赞成"丈夫工作、妻子持家"这一夫妻角色分工的男性所占比例从 1992 年的 61.7% 减少到 2015 年的 30.7%，表示赞成的女性所占比例从 49.7% 减少到 28.6%。④ 按照目

---

① 袖井孝子『変わる家族変わらない絆』、ミネルヴァ書房、2003、15～18 頁、24～25 頁。

② 〔日〕落合惠美子：《21 世纪的日本家庭，何去何从》（第三版），郑杨译，山东人民出版社，2010，第 79～80 页。

③ 山田昌弘『迷走する家族—戦後家族モデルの形成と解体—』、有斐閣、118 頁。

④ 国立社会保障・人口問題研究所『第 15 回出生動向基本調査』、http://www.ipss.go.jp/ps‑doukou/j/db_15/db_15reportAPPENDIX.html。

前的发展趋势和日本促进女性就业政策的推进，今后夫妻双职工家庭会进一步增多，战后形成的夫妻分工模式将进一步改变。

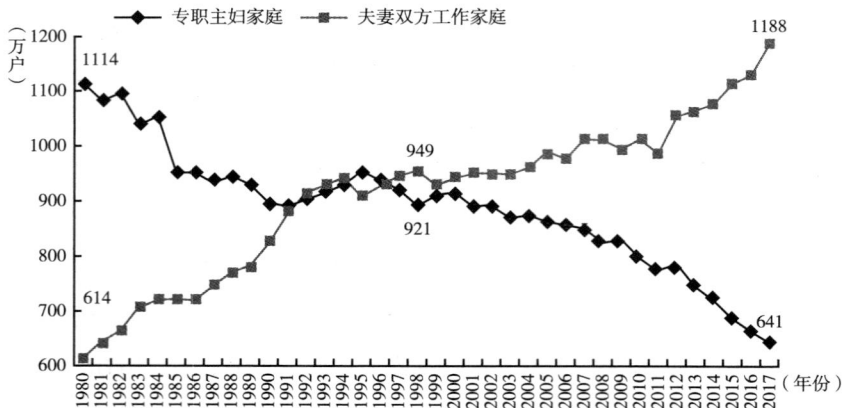

图1　日本夫妻双方参加工作情况变化

资料来源：内阁府『男女共同参画白書平成 30 年版』、http：//www. gender. go. jp/about_ danjo/whitepaper/h30/zentai/html/honpen/b1_ s03_ 01. html。

2. 家庭规模缩小，单身家庭增多

战后以来，随着夫妻家庭规范的确立和产业人口的流动，日本家庭规模缩小趋势明显。根据日本厚生劳动省发布的数据，20 世纪 50 年代初期，平均每个日本家庭的成员为 5 人，1960 年减少到 4.13 人，1970 年减少到 3.45 人，1980 年又减少为 3.32 人。进入平成时期后，随着生育率的持续下降，家庭规模进一步缩小，1992 年平均家庭成员下降到 3 人（2.99 人）以下，2017 年已减少到 2.47 人。①

随着家庭规模的缩小，家庭结构也发生了较大变化。进入平成时期以来，日本的三代同堂家庭数量呈持续下降趋势，占比近 30 年来降低了 8.4 个百分点，而单身家庭数量不断上升，占比由 20% 上升到 27%，增加了 7 个百分点。

---

① 厚生労働省『平成 29 年国民生活基礎調査』、https：//www. e－stat. go. jp/stat－search/files？ page＝1&toukei＝00450061&kikan＝00450&tstat＝000001114903&second＝1&second2＝。

将核心家庭户数与单身户数做比较可发现，两者在平成时期呈现不同的发展趋势，单身家庭数由以前的基本平稳转为上升，核心家庭数由上升转为基本平稳。但从构成核心家庭的类型看，由夫妻和未婚子女构成的典型核心家庭比例整体呈下降趋势，由1989年的39.3%下降到2017年的29.5%，减少约10个百分点；而夫妻家庭的比例上升，由16%上升到24%，上升8个百分点（见表1）。可见，战后形成的典型家庭模式发生了动摇。

表1 日本家庭结构变化

年份	单身家庭	核心家庭	夫妻家庭	夫妻与未婚子女家庭	单亲与未婚子女家庭	三代同堂家庭	其他家庭
1970	18.5	57.0	10.7	41.2	5.1	19.2	5.3
1975	18.2	58.7	11.8	42.7	4.2	16.9	6.2
1980	18.1	60.3	13.1	43.1	4.2	16.2	5.4
1986	18.2	60.8	14.4	41.4	5.1	15.3	5.7
1989	20.0	60.3	16.0	39.3	5.0	14.2	5.5
1992	21.8	59.0	17.2	37.0	4.8	13.1	6.1
1995	22.6	58.9	18.4	35.3	5.2	12.5	6.1
1998	23.9	58.6	19.7	33.6	5.3	11.5	6.0
2001	24.1	58.9	20.6	32.6	5.7	10.6	6.4
2004	23.4	60.6	21.9	32.7	6.0	9.7	6.3
2007	25.0	59.7	22.1	31.3	6.3	8.4	6.9
2010	25.5	59.8	22.6	30.7	6.5	7.9	6.8
2013	26.5	60.2	23.2	29.7	7.2	6.6	6.7
2014	27.1	59.2	23.3	28.8	7.1	6.9	6.8
2015	26.8	60.2	23.6	29.4	7.2	6.5	6.5
2016	26.9	60.5	23.7	29.5	7.3	5.9	6.7
2017	27.0	60.7	24.0	29.5	7.2	5.8	6.5

资料来源：厚生労働省『平成29年国民生活基礎調査』、https：//www.e－stat.go.jp/stat－search/files？page＝1&toukei＝00450061&kikan＝00450&tstat＝000001114903&second＝1&second2＝。

3. 结婚率下降，晚婚化、不婚化比例上升

平成时期，日本的结婚率进一步下降，由1989年的5.8‰下降到2017年的4.9‰；晚婚化进展，2017年与1989年比较，平均初婚年龄男性由

28.5 岁提高到 31.1 岁，女性由 25.8 岁提高到 29.4 岁。① 更为人们关注的是，不结婚的人增多，终身未婚比例即到 50 岁从未结婚的人口所占比例上升，这是根据 45～49 岁和 50～54 岁人的未婚率平均值计算得出的。根据日本"国势调查"结果，进入平成时期后，日本终身未婚率持续上升。1990年日本男性的终身未婚率为 5.6%，2000 年为 12.6%，2010 年上升到20.1%，2015 年又上升到 23.4%，25 年间上升了 17.8 个百分点；同时期日本女性的终身未婚率较男性而言，前期上升幅度缓慢，但 2005 年后上升较快，2010 年达 10.6%，2015 年上升到 14.1%。② 同时，根据日本国立社会保障与人口问题研究所的预测，日本终身未婚率今后还将进一步升高，到2040 年日本男女终身未婚率将分别达到 29.5% 和 18.7%。③ 届时每 3.4 个男性和 5.3 个女性中就分别有 1 人到 50 岁时还没有结婚，有可能度过终身不婚的人生。日本做出这一预测，是因为进入平成时期以来日本 30～39 岁人群的未婚率越来越高，成为终身不婚的"后备军"。根据"国势调查"数据，30～34 岁男性未婚率在 1990 年为 32.8%，2000 年上升到 42.9%，2015 年又上升到 47.1%；35～39 岁男性未婚率在 1990 年为 19.1%，2000年上升到 26.2%，2015 年又上升到 35.0%。30～34 岁女性未婚率在 1990年为 13.9%，2000 年上升到 26.6%，2015 年又上升到 34.6%；35～39 岁女性未婚率在 1990 年为 7.5%，2000 年上升到 13.9%，2015 年又上升到23.9%。④ 同时，人们的观念意识也在变化，终身不婚成为一些人的选择。根据日本国立社会保障与人口问题研究所的调查，有 32.8% 的单身男性和

---

① 国立社会保障・人口問題研究所『人口統計資料集（2019）』、http：//www. ipss. go. jp/syoushika/tohkei/Popular/Popular2019. asp？ chap＝0。

② 国立社会保障・人口問題研究所『人口統計資料集（2015）』、http：//www. ipss. go. jp/syoushika/tohkei/Popular/Popular2015. asp？ chap＝0；『人口統計資料集（2018）』、http：//www. ipss. go. jp/syoushika/tohkei/Popular/Popular2018. asp？ chap＝0。

③ 内閣府『平成 30 年版少子化社会対策白書（全体版）』、https：//www8. cao. go. jp/shoushi/shoushika/whitepaper/measures/w－2018/30pdfhonpen/30honpen. html。

④ 国立社会保障・人口問題研究所『人口統計資料集（2018）』、http：//www. ipss. go. jp/syoushika/tohkei/Popular/Popular2018. asp？ chap＝0。

40.1% 的单身女性反对"终身独身不是理想生活"的说法。[①] 非婚人群的增多不仅是日本少子化的主要原因之一，而且对日本战后人人要结婚的家庭观念和家庭模式带来很大冲击。

（二）家庭的个体化和多样化

平成时期以来，除日本家庭发生了上述显著变化外，日本还出现了晚婚晚育、离婚率上升、丁克族等社会现象。对于这些家庭变化，可用家庭研究中的个体化与多样化概念加以概括和总结。

所谓"个体化"，就是在谋划生活过程中倾向于实现个人价值，在家庭生活的各个方面突出个人。[②] 早在即将进入平成时期的 1987 年，就有日本学者在分析 20 世纪 70 年代后美国等西方发达国家家庭变动的基础上，谈到日本将出现"个体化家庭"。[③] 进入平成时期后，随着全球化、信息化的发展和个人主义、自我实现需求的增强等社会变化，日本家庭变化进一步加剧，"家庭的个体化"成为日本家庭研究的关键词，对于这一概念的解释更加全面和深入。家庭的个体化包括两个层次：一是在保持家庭关系前提下选择家庭形态、家庭规范及家庭行为的自由度提高；二是选择或解除家庭关系的自由度提高。两者虽然都是家庭的个体化，却有本质的不同。前者是在家庭关系既无法选择又难以解除的前提下的个体化，称为"家庭框架内的个体化"；后者则是根据个人的意志选择建立家庭或解除家庭，甚至"家庭范围由主观决定"，无论有没有血缘关系，无论法律是否认可，只要个人认为是自己主观选择的结果就是"家庭"，因此，这一层次的个体化是"家庭本质性个体化"。这两个层次的家庭个体化，欧美国家分别发生在 20 世纪 60 年代和 80 年代，而日本则是在 20 世纪 90

---

① 国立社会保障・人口問題研究所『第 15 回出生動向基本調査』、http：//www. ipss. go. jp/ ps - doukou/j/db_ 15/db_ 15reportAPPENDIX. html。

② 長津美代子「家族の多様化と個別化」、『日本家政学会誌』第 47 巻第 8 号、1996、769 ~ 775 頁。

③ 目黒依子『個人化する家族』、勁草書房、1987。

年代同时发生。①

　　所谓家庭"多样化"，泛指多样的家庭形态和多样的家庭观念。家庭的多样化与个体化密切相关，互为表里，人们按自己的意志进行选择必然形成多样化的"家庭"。家庭多样化是家庭规范相对化的结果，其背景是个人主义的进展及个人选择意识的增强，通过个人的不同选择形成了不同的家庭形态，也就是家庭生活方式的多样化。② 虽然在学术研究上有对家庭个体化、多样化观点的质疑，认为个体化、多样化的观点否定了家庭的本质，③ 但现实生活中日本婚姻家庭确实出现了多样性倾向。在婚姻方面，晚婚化、不婚化倾向明显，同时存在同性婚姻、奉子成婚、非婚生子等情况；在家庭结构方面，夫妻家庭、单身家庭、单亲家庭增多。这些都说明战后日本家庭规范、家庭理念发生了动摇，对日本战后家庭模式构成了挑战。

（三）加强维护还是进一步多样化？

　　综观战后日本家庭变化，大体上可以说走过了现代家庭的形成和动摇两个阶段。二战结束到20世纪70年代中期，日本家庭从传统家庭走向现代家庭，夫妻家庭制成为家庭规范和家庭理念，"男主外、女主内"、夫妻与两个未婚子女构成的家庭是人们向往的家庭。从20世纪70年代后期开始，这种战后家庭模式逐渐发生改变，出现家庭个体化、多样化征兆，进入平成时期后这种趋势更加显著，个体化、多样化的家庭形态及家庭生活方式被人们所接受，战后"标准家庭"不再是人们追求的目标。

　　从政府角度讲，鉴于少子老龄化的严峻局面，日本政府的政策取向总体上并不鼓励家庭的个体化和多样化。因此，一方面在社会保障、税

---

① 山田昌弘「家族の個人化」、『社会学評論』第54巻第4号、2004、344頁。
② 野々山久也「流れゆく日々―研究テーマをめぐって―」、『家族社会学研究』第17巻第2号、2006、5～6頁。
③ 望月嵩「『個人化』がかかえる問題」、『家族社会学研究』第12巻第2号、2001、165～166頁。

制等制度措施上依然以战后"标准家庭"为单位；另一方面还出台了鼓励三代同堂的政策措施。例如，日本政府在新颁布的《少子化对策大纲》中明确提出促进三代同堂及三代人邻近居住，以加强代际间的互助、完善育儿环境。[①] 目前，日本对面向三代同堂的新建住房及房屋改造给予补贴和税制方面的优惠。日本政府从 2007 年起将每年 11 月的第三个星期日定为"家庭日"，这一天前后各一个星期为"家庭周"，其间开展各种活动，以增强家庭的凝聚力及人们对家庭重要性的认识和理解，同时加强家庭与社区之间的联系。从社会角度讲，日本还存在制约家庭个体化、多样化的有形或无形的压力。一方面，日本民法明确规定"夫妻同姓"，结婚后，女性基本要随丈夫的姓，婚外生子、同性恋并不被大多数人接受，"女主外、男主内"的家庭也会被"另眼看待"。虽然女性参加工作的时间有所增加，但并没有从繁重的家庭育儿和家务中解脱出来，社会性别歧视依然存在。另一方面，虽然在家庭个体化、多样化的背景下人们想摆脱与家庭的关系，但由于缺少与家庭外部的紧密关系，其最终还是要依赖家庭。[②]

总之，日本家庭仍处在变化当中，还没有进入稳定阶段。今后随着日本经济社会的变化，是得到强有力的维护，还是进一步向多样化发展，尚有待观察。

三 劳动就业流动化——构建灵活多样的雇佣体制

（一）战后日本型雇佣体制

日本的雇佣体制是以大企业为中心，经历长期历史过程，在二战后逐渐

---

① 内閣府「少子化社会対策大綱（平成 27 年 3 月 20 日閣議決定）」、https：//www8. cao. go. jp/shoushi/shoushika/law/taikou2. html。

② 水落正明「宮本みち子/大江守之（編著）『人口減少社会の構想』」、『人口学研究』第 54 号、2018、65～68 頁；宮本みち子・大江守之編著『人口減少社会の構想』、放送大学教育振興会、2017。

形成的。早在第一次世界大战结束后，日本大企业就出现了雇佣体制的雏形，二战时期日本强制企业实行定期加薪和劳资恳谈制度，对后来日本的雇佣体制产生了很大影响。二战结束后，日本颁布新宪法并推行民主化政策，后又经过经济高速发展时期，在20世纪60年代末70年代初形成日本型雇佣体制。① 所谓日本型雇佣体制，由三大要素构成，即长期稳定雇佣制（终身雇佣制）、年功序列工资制、企业内工会。具体来说，长期稳定雇佣制是日本型雇佣体制的基本要素，从企业方面讲很少采取解雇员工的措施，从员工方面讲很少有辞职、跳槽的情况发生。年功序列工资制以长期稳定雇佣为基础条件，随着员工年龄的增长和就职时间的延长而提高薪金。企业内工会的内涵是劳资协商，协商的内容不仅限于工资、福利等直接涉及员工切身利益的问题，还包括企业经营等更为宽泛的领域。② 日本型雇佣体制通过劳动就业、家庭生活、社会保障、教育等方面的制度措施进一步得到强化，渗透于人们实际生活当中，同时要求员工及其家庭对企业忠诚，这成为一种规范或理念。③

日本型雇佣体制的重要特点是企业雇用员工没有特定工种的限制，可以根据需要进行技能培训，可以安排员工在企业内不同岗位工作，提高人力资源的利用效率，还可以在经营困难时期通过调整不同岗位的人员配置进行应对。企业所需人才在内部即可培养调剂，不必依靠外部劳动力市场。日本型雇佣体制培养了大量高质量的劳动力资源，为战后日本经济复兴和高速发展发挥了极大作用，使日本成为科技水平很高的工业化国家。④ 战后日本型雇佣体制得以建立和发展的条件在于持续的经济发展、赶超型发展模式、丰富

---

① 独立行政法人労働政策研究・研修機構『雇用システムの生成と変貌—政策との関連—』、https：//www. jil. go. jp/institute/siryo/2018/documents/199 – 2. pdf。
② 仁田道夫・久本憲夫編『日本的雇用システム』、ナカニシヤ出版、2008、13~18頁。
③ 嶋﨑尚子「『日本型システム』の形成過程とその特性」、『学術の動向』第23巻第9号、2018、10~15頁。
④ 独立行政法人労働政策研究・研修機構『雇用システムの生成と変貌—政策との関連—』、https：//www. jil. go. jp/institute/siryo/2018/documents/199 – 2. pdf。

的劳动力资源、企业劳资价值观的统一。[①] 日本型雇佣体制不仅支撑了战后日本经济的发展，对战后日本社会稳定也做出了贡献。日本型雇佣体制在国际上也受到较高评价，1972 年经济合作与发展组织（OECD）发布的《对日劳动报告》认为，日本的雇佣制度可增强员工对企业的归属意识，企业可以放心地进行提高员工技能的投资，以使员工适应不同工作岗位及掌握新的作业方法。同时，日本的年功序列工资制与人生生活相契合，随着年龄的增长和子女的增多，收入也会相应地增加。[②] 日本经过高速发展后成为世界经济大国，20 世纪 70 ~ 80 年代"日本人论"盛行，具有代表性的论著《日本第一》即认为，以雇佣体制为主要内容的日本式经营是战后日本经济成功的秘诀。[③]

（二）雇佣的流动化，日本型雇佣体制的转型

20 世纪 80 年代日本型雇佣体制发展到鼎盛时期，进入 90 年代后，随着全球化的进展和日本泡沫经济的崩溃，支撑日本型雇佣体制的背景条件发生了很大变化。在全球化的影响下，日本企业为降低成本、增强竞争力，大力进行"海外投资"，到其他国家和地区建造生产基地，关闭国内工厂，造成日本国内的产业"空心化"，进而影响到日本劳动力市场。1990 ~ 2000年，代表日本国际竞争力的电子产业和汽车产业从业人员减少了约 10%，其他产业也发生了同样的情况。在泡沫经济崩溃后经济长期不景气的情况下，日本企业进行了大规模的人员调整，社会就业压力加重。[④] 同时，少子老龄化进一步加剧，劳动力不足和国内市场缩小影响企业发展。另外，随着

---

① 経済産業省経済産業政策局「労働に関する参考資料・分析結果」、2006、http：//warp. da. ndl. go. jp/info： ndljp/pid/281883/www. meti. go. jp/committee/materials/downloadfiles/g61218c06j. pdf；日本的制度雇用研究会「日本的雇用制度の現状と展望」、労働省職業安定局編集『雇用レポート「'97」』、労務行政研究所、1997。

② 濱口桂一郎『日本の雇用と中高年』、ちくま新書、2014、80 ~ 81 頁。

③ エズラ・F・ヴォーゲル『ジャパンアズナンバーワン』、TBSブリタニカ、1979、160 ~ 188 頁。

④ 仁田道夫「労働法改革と雇用システム—解雇法制をめぐって—」、『社会政策学会誌』第 17 巻、2007、73 ~ 83 頁。

技术革新的发展，企业经营环境发生变化，需要员工有更多的知识和能力，相对僵化的战后日本型雇佣体制已不能很好地适应新的变化。在这种情况下，出现了"雇佣流动化"趋势。

所谓"雇佣流动化"，就是提高劳动力市场的流动性，企业员工等劳动者可以根据自己的意愿自由调换工作，不被某一家企业"终身雇用"，同时，企业有权力根据经营需要裁减人员。雇佣流动化是劳动力市场的一种现象，可以用非正式员工的增多、转职率[1]的上升、雇用期限的缩短等指标来判断。[2]

20世纪90年代以来，日本雇佣方面最大的变化就是非正式员工的增加。1990年非正式员工为881万人，占员工总数的20.2%，2018年人数达2120万人，占比上升到37.9%，近30年人数增加了1.4倍，占比上升近18个百分点，而正式员工所占比重持续下降（见图2）。从性别上看，正式员工中男性占多数，非正式员工中女性占多数，但男女正式员工比例都呈下降趋势。从年龄上看，正式员工中20～59岁年龄层比例相对高，非正式员工中15～19岁和60岁及以上年龄层比例相对高，但整体上几乎所有年龄层正式员工比例都呈下降趋势。从转职率情况看，1990年为4.2%，2005～2007年连续三年上升到最高点的5.4%，此后下降到2010年的4.5%，其后又缓慢上升，2018年为4.9%。女性转职率高于男性，在各年龄层中15～24岁人群的转职率最高。从转职的原因看，由于收入、上下班时间、工作条件、工作内容、职场人际关系等个人原因而转职的人增多[3]，人们的就业观念发生变化。

关于雇用时间问题，可以通过某一家企业的平均工作年数变化加以考察。根据日本厚生劳动省的调查，平成元年即1989年日本全国正式员工的

① 即某个时期内调换职业人员在就业人员总数中所占比重。
② 武川正吾「雇用の流動化と生活保障システムの危機」、『家族社会学研究』第17卷第2号、2006、41頁。
③ 総務省統計局『労働力調査　長期時系列データ』、http：//www.stat.go.jp/data/roudou/longtime/03roudou.html。

平均工作年数为 10.8 年，2017 年上升到 12.1 年，非正式员工的平均工作年数从 2001 年的 4.7 年上升到 2017 年的 5.8 年，整体上都在延长。但从年龄角度看，不同年龄层有很大区别。在男性各年龄层的平均工作年数变化方面，49 岁以下各年龄层持续缩短，1989～2017 年，45～49 岁、40～44 岁、35～39 岁、30～34 岁分别由 19.2 年、16.0 年、12.8 年和 8.8 年缩短到 17.4 年、13.8 年、10.3 年、7.4 年；50～54 岁变化不大，55～59 岁、60～64 岁、65 岁及以上分别由 18.4 年、11.2 年、12.1 年延长到 22.6 年、19.2 年和 15.3 年。女性各年龄层的平均工作年数大体上表现出与男性相同的趋势，只是变化幅度没有男性大。① 可见，总体平均工作年数的增多主要来自 60 岁及以上老年人的贡献。低年龄层工作年数的缩短虽然可能包括因个人情况辞职等情况，但可以从一个侧面说明雇用期限的缩短。

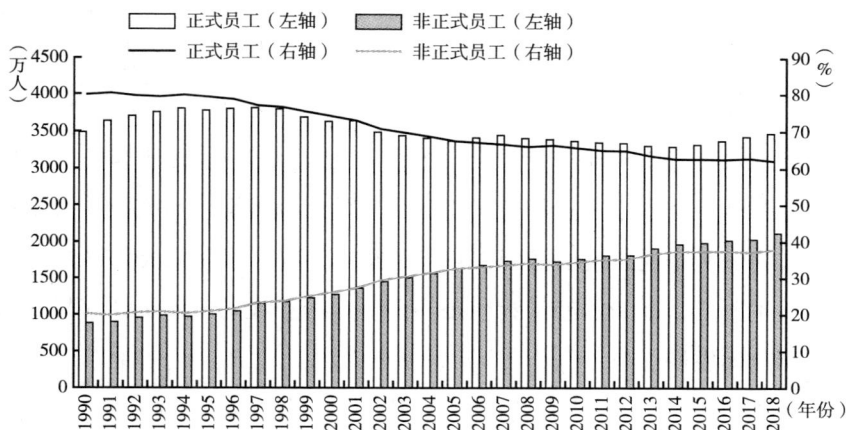

图 2　正式员工与非正式员工人员变化情况

资料来源：根据日本官方数据制图，参见总务省「労働力特別調査」、「労働力調査」。

在雇佣流动化的情况下，年功工资制发生变化，20 世纪 90 年代以后，在大企业，员工年龄与工资、工作年数与工资的关联减弱，工资评定已从偏

---

① 厚生労働省『賃金構造基本統計調査』、https：//www.jil.go.jp/kokunai/statistics/timeseries/index.html。

重年龄、工作年数转向偏重工作业绩，最后定位在偏重职责和工作角色上。企业培训的重点也从培训全体员工转移到选拔和培训经营管理人员方面。随着派遣员工、临时员工等非正式员工的增多，员工构成向多样性方面发展，新老员工之间的交流减少，企业集团内部的凝聚力减弱。①

（三）构建灵活多样的劳动就业体制

日本型雇佣体制发生变化，并不意味着它已经完全坍塌、失去所有功能。有研究表明，日本制造业等大型企业还坚持长期雇佣制度和劳资协调关系；② 大企业和中小企业的人员流动情况并不相同，流动较大的集中在中小企业，而大企业则较为稳定。③ 日本型雇佣体制虽然是在二战后最终形成，但此前经历了较长的历史发展过程，是适应日本社会环境和文化土壤的产物，具有一定的稳定性。同时，日本型雇佣体制奉行经济至上主义，在经济发展的情况下可以保障企业有稳定的劳动力供给，具有一定的合理性。因此，目前有些日本企业仍然保持以往雇佣体制的一些特点不足为奇。但是，在全球化背景下日本经济发展乏力，少子老龄化进展导致日本人口规模缩小，劳动力减少，日本企业经营环境和员工的就业观念发生变化，日本型雇佣体制作为一种企业制度要按经济规律来运作，必定会随着经济环境和市场条件而发生改变。在新的经济社会条件下，日本正在向构建灵活多样的劳动就业体制方向发展。

2018 年 6 月，日本国会通过"关于完善推动工作方式改革相关法律的法案"（简称"工作方式改革相关法案"），对有关劳动就业的八部法律进行修改④，

---

① 独立行政法人労働政策研究·研修機構『日本的雇用システムのゆくえ』（JILPT 2017）、https：//www.jil.go.jp/researcheye/bn/025_171222.html#honbun。
② 独立行政法人労働政策研究·研修機構『日本的雇用システムのゆくえ』（JILPT 2017）、https：//www.jil.go.jp/researcheye/bn/025_171222.html#honbun。
③ 独立行政法人労働政策研究·研修機構『雇用バッファの動向—長期雇用慣行の持続可能性—』2018 年 3 月、https：//www.jil.go.jp/institute/siryo/2018/documents/204.pdf。
④ 《雇佣对策法》《劳动标准法》《改善设定劳动时间法》《劳动安全法》《肺尘病法》《计时劳动法》《劳动合同法》《劳动者派遣法》。

并从 2019 年 4 月起陆续实行。该法案的目的就是推动工作方式改革，实现多样灵活的工作方式，保障各种就业形式的公正待遇，使劳动者可以根据自身情况选择各种就业形式。[①] 从雇佣体制角度讲，该法案有两点非常重要。第一，规定正式员工与非正式员工"同工同酬"，保证不管是何种就业形式员工都能受到公正待遇。这意味着企业需要对从事相同工作的员工给予相同的工资待遇，并且在公司福利、资历积累、能力培训等方面不能出现差距。2016 年 12 月，日本政府就曾发表"同工同酬指针"，用法律的形式进一步明确了企业的法律责任和义务。如前所述，20 世纪 90 年代以来，日本非正式员工持续增多，是日本雇佣流动化的主要表现形式之一，但同时也出现了非正式员工工资低、待遇差、企业经营发生困难时首先遭到裁减等不公正对待，并因此引发了收入差距扩大等社会问题。此次日本通过工作方式改革相关法案，将有助于改善非正式员工的工资、待遇等问题，减少人们在选择就业方式时的各种顾虑，促进就业方式朝多样化方向发展。第二，进一步完善弹性工作制[②]，实行多样灵活的工作方式。具体措施之一是将"清算期间"[③]由最长一个月延长到最长三个月，员工可在更长的期间根据个人情况安排每天的工作量和上下班时间，更加合理地安排时间，顾及家庭育儿、老人护理等问题，促进工作与生活的协调。

近年来，日本一直着力推动建立灵活多样的劳动就业体制。2013 年 6 月日本内阁通过《日本振兴战略》，提出进行雇佣制度改革，支持劳动力流动，实现多样化工作方式，并提出完善女性和老年人的就业再就业环境，发

---

① 厚生労働省『働き方改革を推進するための関係法律の整備に関する法律案の概要』、https：//www. mhlw. go. jp/topics/bukyoku/soumu/houritu/dl/196 – 31. pdf。

② 弹性工作制（flextime system）指预定一定期间（清算期间）内的总工作时间，员工在总工作时间的框架内自主决定每天上下班时间，结束时计算是否达到预定工作时间。日本实行的弹性工作制一般规定，每天的工作时间由核心时间（必须上班工作时间）与核心时间两头的弹性时间（员工可自主安排上下班时间）组成，但并非必须设定核心时间，也可以全天都为弹性时间。参见厚生労働省「効率的な働き方に向けてフレックスタイム制の導入」、https：//www. mhlw. go. jp/www2/topics/seido/kijunkyoku/flextime/index. htm。

③ 清算期间，即实行弹性工作制时，计算实际工作时间达到总预定工作时间的期间。

挥女性和老年人的工作潜力，还提出促进外国劳动力在日本就业。① 此后，日本在内阁之下设立"构建所有女性闪耀光辉的社会本部"，推动女性尽快发挥更大作用。日本还在 2013 年实行新的《老年人就业稳定法》，鼓励企业聘用老年人，扩大雇用老年人的企业范围，让有工作能力和工作意愿的老年人工作到 65 岁，还提出"人生 100 年"，要实现"终生工作"社会的口号。② 2018 年 11 月，日本修改《出入国管理及难民认定法》，决定扩大引进外国劳动力的规模。可以预计，今后日本女性、老年人及外国人将更多地进入日本劳动力市场和日本企业，这需要日本以更加灵活多样的雇佣体制进行应对。

四　贫富分化——社会阶层差距扩大

二战后日本在发展经济的过程中较好地处理了各阶层之间的利益协调，避免了"两极分化"，造就了大量中间阶层，实现了稳定的"橄榄形"社会阶层结构。战后日本曾被认为是均质平等社会，甚至"一亿人皆为中流"。但泡沫经济崩溃后，日本经济社会发生较大变化，人们开始关注收入差距和社会公平问题。20 世纪末 21 世纪初相关论著不断问世，具有代表性的两本书是《日本的贫富差距》③ 和《不平等的日本》④。前者从经济学收入分配的角度，通过数据分析，指出日本收入差距扩大趋势；后者从社会阶层论的观点指出当代日本社会已出现严重的阶层分化，社会不平等现象加剧。此后大众媒体相关报道连篇累牍，引起日本民众的关注，关于"格差社会"的讨论热度不减，延续至今。2014 年，法国经济学家托马斯·皮凯蒂出版的《21 世纪资本论》，进一步引发人们对日本收入差距的讨论，其中

---

① 『日本再興戦略』2013、http：//59.80.44.100/www.kantei.go.jp/jp/singi/keizaisaisei/pdf/saikou_jpn.pdf。

② 厚生労働省『生涯現役社会の実現に向けた就労のあり方に関する検討会報告書』、https：//www.mhlw.go.jp/stf/houdou/2r98520000034ttj-att/2r98520000034ty2.pdf。

③ 橘木俊詔『日本の経済格差—所得と資産から考える—』、岩波書店、1998。

④ 佐藤俊樹『不平等社会日本—さよなら総中流—』、中央公論社、2000。

也不乏对日本不平等的程度表示质疑的论述，但并没有否认日本出现不平等现象的基本事实。

（一）收入差距扩大呈现 M 形趋势

20 世纪 80 年代中期后日本收入差距逐渐扩大，进入 90 年代后进一步呈现贫富分化趋势，收入分配曲线呈 M 形趋势，贫困率上升。这里可以通过日本政府公布的几个指标进行考察分析。

1. 家庭年收入水平下降

家庭年收入平均值的变化反映家庭随时间推移收入增减的状况。进入平成时期后，日本家庭年均收入有较大幅度下降。1994 年的家庭年均收入为 664.2 万日元，达平成时期最高水平，此后一路下滑，2000 年为 616.9 万日元，2005 年为 563.8 万日元，2010 年为 538 万日元，2016 年回升到 560.2 万日元，20 多年的时间里减少 100 余万日元。同样是反映个人或家庭收入水平高低的一个指标，与收入平均值相比，它不受极端数值的影响，更能说明收入的实际状况。收入中间值上升，说明收入水平提高，收入中间值下降，说明收入水平降低。平成时期，日本家庭年收入中间值 1995 年为 550 万日元，2000 年为 500 万日元，2005 年为 458 万日元，2010 年为 427 万日元，2016 年回升至 442 万日元，20 多年间减少约 110 万日元。[1] 平均值之所以比中间值高出很多是因为高收入家庭抬高了整体平均水平。以 2016 年为例，有 61.5% 的家庭的年均收入处于平均值以下。[2] 20 世纪 90 年代中期后，日本收入平均值和中间值都呈下降趋势，家庭收入水平整体向下移动。

2. 中低收入人群增多

收入五等分是分析家庭收入变化常用的方法之一。其原理是把全部

---

① 中间值（median）的计算方法是，将数据从最小值到最大值按顺序排列，取正好位于中间的数值。如果中间数值是偶数，则取两个数的平均值。

② 厚生労働省『平成 29 年国民生活基礎調査』、https://www.e-stat.go.jp/stat-search/files? page=1&toukei=00450061&tstat=000001114903&second=1。

家庭按收入水平由低到高的顺序排列，然后依次按相同人数分为五个等分收入组，[①] 通过计算和比较各收入组收入的份额，可以得到不同收入组之间平均收入的差距。通过收入五等分对日本低收入组与高收入组进行比较发现，进入平成时期后两者的差距逐渐扩大。首先，低收入组的收入上升幅度不大，进入平成时期前的 1985 年为 134.3 万日元，平成元年的 1989 年上升到 143.4 万日元，1993 年达到高点的 165.9 万日元，2013 年下降到最低点的 122.2 万日元，2016 年虽回升到 133.4 万日元，但比 30 余年前还少 0.9 万日元。而高收入组的收入却从 1985 年的 1048.1 万日元上升到 2016 年的 1260 万日元，增加了约 212 万日元。其次，高收入组与低收入组的差距拉大。1985 年两者的差距为 913.8 万日元，进入平成时期后两者差距一直在 1000 万日元以上，最高点是 1997 年的 1322.9 万日元，最低点是 2012 年的 1067.5 万日元，2016 年的差距为 1126.6 万日元。[②]

收入差距的拉大，造成贫富两极分化。从家庭年收入分布看，1989 年以年收入为 400 万～550 万日元为中心的中间阶层家庭占比较高，而 2016 年占人口多数的中间阶层向收入较低方向偏移，年收入为 600 万～700 万日元家庭减少、年收入在 1200 万日元以上家庭增多。从收入曲线看，平成时期收入阶层向上下两级移动，中低收入家庭和高收入家庭增多，形成两边偏大，中间偏小的 M 形曲线（见图 3）。

3. 贫困人口比例上升

在贫富分化过程中，低收入家庭占比的增长更为显著。20 世纪 80 年代中后期至 90 年代初期，日本年收入 200 万日元以下的低收入家庭比例下降，由 1985 年的 17.6% 下降到 1993 年的 12.3%，但此后持续上升，2013 年升至 20.5%。这几年虽有所降低，但仍然处于较高水平，2016 年为 17.9%，

---

① 五等分收入组各为 20%，收入由低到高分为低收入组、中等偏下收入组、中等收入组、中等偏上收入组和高收入组。

② 厚生労働省「平成 29 年国民生活基礎調査の概況」、https：//www.mhlw.go.jp/toukei/saikin/hw/k－tyosa/k－tyosa17/dl/10.pdf。

即在平成时期的绝大部分时间日本低收入人口呈现扩大趋势。[①] 低收入人口的增多导致相对贫困人口占比的升高。

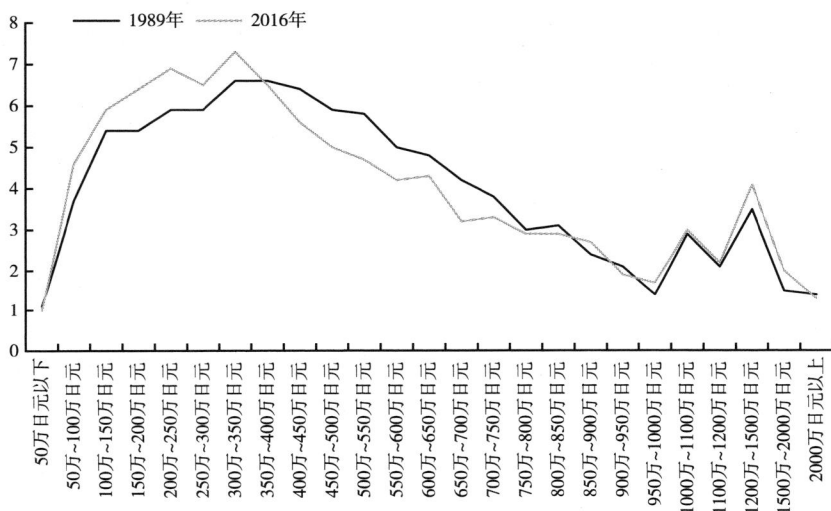

图 3　收入差距呈两边高中间低的 M 形曲线

资料来源：厚生労働省「平成 29 年国民生活基礎調査の概況」、https：// www. mhlw. go. jp/toukei/saikin/hw/k－tyosa/k－tyosa17/dl/10. pdf。

所谓贫困有绝对贫困和相对贫困之分，在早已成为世界发达国家的日本几乎不存在绝对贫困，成为问题的主要是相对贫困。相对贫困率指相对贫困线以下的人口比例，表示一个国家和地区的相对贫困程度，相对贫困线的划分标准不尽相同。根据 OECD 的划分标准，日本将可支配收入中间值的 50％作为贫困线，低于这一贫困线的即为贫困人口。日本厚生劳动省的调查表明，日本相对贫困率从 20 世纪 80 年代中期后开始走高，进入平成时期继续保持上升趋势，2012 年达到 16.1％，比 1985 年高 4.1 个百分点，2015 年

---

① 厚生労働省「平成 29 年国民生活基礎調査の概況」、https：//www. mhlw. go. jp/toukei/ saikin/hw/k－tyosa/k－tyosa17/dl/10. pdf。

略有下降，为 15.7%。① 在发达国家中，日本的相对贫困率也处于较高水平。OECD 发表的报告认为，在 2012 年 34 个成员国中，日本的相对贫困率排第六位。而且，自 20 世纪 80 年代后期以来，日本是唯一低收入阶层实际收入减少的国家，也是唯一税收和社会保障再分配之后贫困率升高的国家。②

在日本，还有一个反映贫困状况的指标是最低生活保障标准。③ 虽然最低生活保障标准因居住地不同而不同，不能简单与相对贫困线进行比较，但有研究表明两者涵盖的范围基本一致。④ 20 世纪 80 年代中期到 90 年代中期日本领取最低生活保障家庭的户数和占比均呈下降趋势，1995 年后情况发生了变化，领取最低生活保障的家庭由 1995 年的 60 万户上升到 2005 年的 104 万户，2015 年进一步上升到 163 万户，20 年里增加了 100 余万户；最低生活保障率由 14.8‰上升到 32.4‰（见图 4）。这也说明低收入人口和贫困人口在增加。

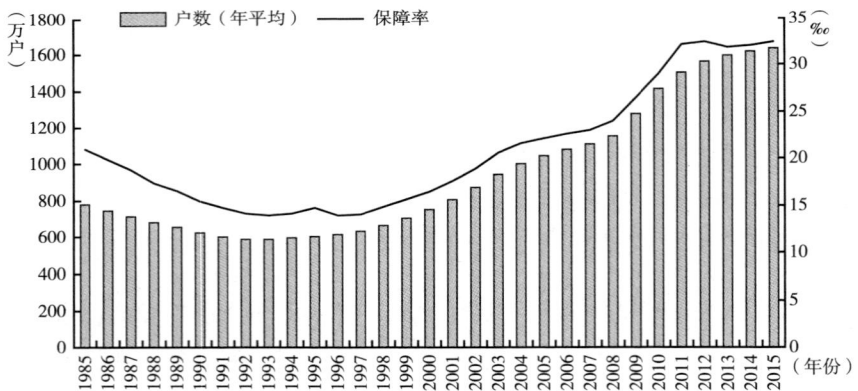

图 4 领取最低生活保障家庭户数及保障率

资料来源：国立社会保障·人口问题研究所『「生活保護」に関する公的統計データ一』、http：//www. ipss. go. jp/s－info/j/seiho/seiho. asp。

---

① 厚生労働省『平成 28 年国民生活基礎調査』、https：//www. e－stat. go. jp/stat－search/files? page = 1&toukei = 00450061&tstat = 000001114975&cycle = 7&cycle ＿ facet = cycle&second = 1&second2 = 1。

② OECD『对日审查报告书 2015 年版』、http：//www. oecd. org/eco/surveys/Japan－2015－overview－Japanese－version. pdf。

③ 日文为"生活保護基準"。

④ 橋本健二『新しい階級社会 新しい階級闘争―「格差」ですまされない現実―』、光文社、2007、78 頁。

（二）从量的差距到质的差距

当今日本社会的差距不仅是收入多少、资产多少这种量的差距，而且存在不可逾越的质的差距。[1] 比如，低收入阶层的非正式员工与正式员工之间的收入差距，不仅体现在年收入金额上，还隐含着社会身份地位的差距。正式员工在公司里有社会保险、进修培训等有形无形的福利，不用担心短期内合同到期，可以获得稳定的收入，对将来抱有希望。非正式员工很难成为正式员工，不仅收入不稳定，而且对未来的希望也很渺茫。这种差距成为非正式员工与正式员工之间对工作、人生是否充满热情的心理性差距，也就是说，一部分人对未来抱有希望，而另一部分人对未来不抱希望，即"希望格差"。[2]换言之，日本社会中的差距既有看得见的差距，也有看不见或难看见的差距。[3] 低收入人群往往在社会经济活动中处于不利地位，不仅自身在工作岗位、社会保障、家庭婚姻等方面处于劣势，而且其子女没有经济条件上好的学校，也就很难找到好的工作，将来可能继续停留在低收入阶层或者"传承"贫困，难以抵御生活中可能发生的风险。比较而言，高收入人群则相反。

有研究表明劳动就业的不稳定使低收入家庭增多，将助长贫富分化出现代际间固化的恶性循环。[4] 从结果公平和机会公平角度说，日本在两方面都出现了不公平现象，体现为"结果的差距"和"机会的差距"。"结果的差距"是人们最后得到财富的数量和种类的差距，所谓财富不仅是收入和资产，还包括社会地位、权力、名誉等其他社会资源；"机会的差距"是人们获得社会资源的差距。[5] "结果的差距"和"机会的差距"密切相连，父

① 橋本健二『新しい階級社会　新しい階級闘争—「格差」ですまされない現実—』、光文社、2007、40 頁。

② 山田昌弘『希望格差社会』、筑摩書房、2004、6 頁、51 ~ 52 頁。

③ 白波瀬佐和子「『みえる格差』と『みえない格差』」、『経済セミナー』2005 年第 8 号、32 ~ 35 頁。

④ 菅原佑香・内野逸勢「所得格差の拡大は高齢化が原因か—若年層における格差拡大・固定化が本質的な課題—」、『大和総研調査季報』第 26 巻、2017 年春季号。

⑤ 橋本健二『「格差」社会の戦後史—階級社会日本の履歴書—』、河出ブックス、2009、20 ~ 21 頁。

母的收入差距会影响到子女的未来，影响到子女接受怎样的教育，在怎样的环境下成长，继承多少财产，父母一代"结果的差距"会造成子女一代"机会的差距"。20 世纪 90 年代以后，日本的收入差距和机会差距都在扩大。①

　　日本的社会差距波及收入以外的更多领域，有更多人感受到社会差距的存在。根据日本"社会分层与社会流动调查"（SSM 调查，The National Survey of Social Stratification and Social Mobility），与 2005 年相比较，在 2015 年有更多人认同社会差距的存在。在 2005 年的调查中，中等收入阶层不认为日本社会存在差距；而 2015 年的调查显示，中等收入阶层和其他阶层一样认为社会存在不公平现象。② 数据表明，认为在性别、年龄和家世、学历、职业和就业、种族几个方面存在不公平的比例，分别由 2005 年的 59%、61%、75%、69%、64% 上升到 2015 年的 74%、69%、81%、89%、76%，2005～2015 年的 10 年间人们认为社会存在不公平现象的水平在上升。③

（三）"格差社会"前景展望

　　20 世纪 90 年代后日本社会差距扩大，既有国际原因也有国内原因。从国际环境看，随着面向海外投资等全球化的进展和信息技术（IT）产业的发展，一方面日本国内出现产业空心化；另一方面对具有专业知识的高学历劳动力的需求扩大，对低技能劳动力的需求缩小，因此产生失业和工资收入等方面的差距。从国内情况讲，泡沫经济崩溃导致的经济长期不景气对日本社会产生很大影响，直接原因是日本进行劳动力市场方面的规制改革，扩大劳务派遣范围，在增加就业机会的同时，也带来了正式员工和非正式员工之间收入差距的问题。但日本没有重视并及时采取措施纠正这一问题，甚至出现了扩

① 橋本健二『「格差」社会の戦後史—階級社会日本の履歴書—』、河出ブックス、2013、22 頁。
② 大槻茂実『不公平感と社会階層の再検討— SSM2005、SSM2015データを使用して—』、http：//www. l. u－tokyo. ac. jp/2015SSM－PJ/0910－2. pdf。
③ 金澤悠介『不公平感の構造変容—2005 年と2015 年の時点間比較—』、http：//www. l. u－tokyo. ac. jp/2015SSM－PJ/08＿03. pdf。

大收入差距的导向。1999 年日本政府经济战略会议在《日本经济振兴战略》中指出:"过于重视结果平等"使努力得不到回报,要构建"改变日本型社会体系,使每个人都能最大限度地发挥个人创意和挑战精神的'健全而有创造性的竞争社会'。"① 同年,接收派遣临时员工的行业基本放开,2003 年解禁向制造业派遣临时员工,非正式员工大量增多,其收入减少。② 但这种状态被长期搁置,收入差距进一步扩大,由量的差距发展到质的差距。

贫富差距的扩大会带来贫困、不公平等社会问题,进而削弱经济发展的活力。2018 年 6 月日本国会通过的工作方式改革相关法案表明日本开始在解决相关问题上采取措施。日本进行工作方式改革有两个目的:一是在少子老龄化条件下提高生产率,以维持日本经济发展;二是提高人们的收入水平,解决贫富差距问题。两者密切相关。工作方式改革的一个主要内容就是通过修改法律法规确定"同工同酬"。修改后的法律规定,在正式员工与非正式员工之间"禁止不合理的待遇差距",比单纯的"同工同酬"范围更为广泛。根据这一规定,企业要切实纠正正式员工与非正式员工之间的差距,包括在各种津贴和厚生福利方面实行同等待遇、向非正式员工发放相同水平的奖金和退职金,以及将非正式员工编入正式员工基本工资制度当中,发放同等水平的基本工资。③

工作方式改革是日本解决"格差社会"的一个契机。如果工作方式改革能够切实、顺利进行,就可能在很大程度上缓解甚至消除工资收入差距,提高各种人才的劳动参与率,增加个人和家庭收入,解除就业和生活上的不安全感,激发人们对工作和生活的热情,进而提高生产率,促进社会的创新发展,降低社会的不平等程度,逐渐消除"格差社会"。但是,如果由于企

---

① 樋口美雄「経済格差と日本人―再挑戦の機会拡大が急務―」、『日本経済新聞』(経済教室) 2005 年 9 月 13 日。

② 橋本健二『「格差」社会の戦後史―階級社会日本の履歴書―』、河出ブックス、2009、188～189 頁。

③ 水町勇一郎「日本型『同一労働同一賃金』改革とは何か? ―その特徴と課題―」、『RIETI Discussion Paper Series 19－J－011』、https：//www. rieti. go. jp/jp/publications/dp/19j011. pdf。

业原因及日本国内外经济发展和科学技术环境变化，工作方式改革不能切实而顺利进行的话，那么正式员工与非正式员工之间的各种差距就难以消除，与之相关的教育、社会保障等各领域的不公平问题也无法解决。

平成日本社会变迁涉及社会的方方面面，一篇文章难以全面描述和解析。以上选择人口、家庭、劳动就业、社会阶层等几个具有代表性的领域，对战后日本社会体系的变化及发展趋势做了探讨。此外，教育、城乡、区域等领域也同样在平成时期发生了很大改变。其中有些变化并非进入平成时期后才突然发生，而是在此之前变化的延长线上，在平成时期进一步加剧而已。战后日本在这些社会领域中形成的社会体系已开始瓦解，新的体系的构建还在摸索中。可以说，平成时期是日本社会由战后体系走向新的体系的过渡期或转型期。

（原载《日本文论》2019 年第 1 辑）

创价学会进入中国公众视野的历史考察

——以《人民日报》及书刊媒介为中心

林　昶*

历史是凝固的现实，现实是流动的历史。在纪念中日缔约和"池田倡言"发表的时间节点，中日学界形成了一波研讨热潮。[1] 目前国内对池田大作和创价学会的研究，集中于池田大作的教育观、人生观、世界观、宗教观以及创价学会的社会和政治功能的探讨。本文尝试从历史的角度，实证考察创价学会进入中国公众视野的路径和样态，有着知古鉴今的现实意义。

一　作为"中日邦交牵线人"的池田大作及创价学会

中日两国有着 2000 多年的交往历史。在《中日和平友好条约》缔结 40 余年的今天，中日关系的密切程度达到史上空前的广度和深度，各个领域的交流合作取得了巨大进展。特别重要的是，条约精神经过 40 余年的积淀，已在中日两国深入人心，持久和平友好成为两国政府和人民的共识。

中国古代文学家庾信尝曰："落其实者思其树，饮其流者怀其源。"周恩来总理曾感慨："饮水不忘掘井人。"当中日两国人民享用着双边关系深

---

* 林昶，中国社会科学院日本研究所编审，研究方向为日本媒体、日本创价学会。

[1] 为纪念《中日和平友好条约》缔结 40 周年和"池田倡言"发表 50 周年，中日学术界举办了"推动构筑新型国家关系与人类命运共同体"国际研讨会、"人类命运共同体的愿景与实践"国际研讨会、"日中新时代论坛"等研讨活动。

入发展带来的丰硕果实和清醇甘露的时候，当中日关系的航船栉风沐雨、破浪前行的时候，人们都不能不对发展中日关系的开拓者们充满深深的敬意。

"中日关系掘井人"的功绩彪炳中日关系史册而为后人所铭记——毛泽东、周恩来、邓小平、廖承志、田中角荣、大平正芳、松村谦三、高碕达之助、冈崎嘉平太……人们也不会忘记"中日邦交牵线人"池田大作和创价学会对推动邦交正常化和当代中日关系发展做出的贡献。

池田大作是日本著名宗教家、思想家、教育家和社会活动家，创价学会名誉会长。创价学会成立于 1930 年，前身是创价教育学会，属于日莲正宗，由教育家牧口常三郎和他的弟子户田城圣创立，曾因在战时反对日本的侵略战争、呼吁世界和平而受到打压。二战后，创价学会获得迅速发展。创价学会以基于佛法的人本主义教育理念和培养世界公民、开创世界和平为宗旨，强调生命尊严、慈悲与平等、和谐与共生的思想，旨在促进个人幸福，以推动和平、文化、教育运动为目标。① 经过 90 年的发展，创价学会如今已成为一个在日本拥有 827 万会员、在世界 192 个国家和地区拥有 220 万海外会员的具有国际影响力的宗教组织。②

多年来，在池田大作和平思想和日中友好理念倡导下，创价学会"秉承和平反战精神，为增进中日人民的理解和友谊做出了长期努力"③，给 21 世纪的纷繁世界增添了一抹亮色。

那么，创价学会最初是以怎样的形象进入中国公众视野的呢？首先，简略论述二战后至新中国成立初期中日关系所处环境及对日外交和方针政策。

二 创价学会进入中国公众视野的历史背景

1945 年，中国人民取得了抗日战争的伟大胜利，日本军国主义彻底覆

---

① 『創価学会三代会長年譜』中卷、明和印刷株式会社、2005。田原総一朗『創価学会』、毎日新聞出版、2018。
② 創価学会広報室『SOKA GAKKAI ANNUAL REPORT（2018）2018 年活动报告』、創価学会広報室発行、2019、22 頁、26 頁。
③ 参见《王岐山会见日本创价学会会长》，《人民日报》（海外版）2018 年 9 月 26 日。

灭，第二次世界大战结束。然而，自二战后至新中国成立初期，由于国共内战、冷战爆发以及美国一手操纵旧金山对日媾和会议，中日两国尚未宣告战争状态结束，两国关系也因日本被美国绑在冷战的"战车"上而陷于发展迟滞。

（一）"民间外交"与"政党外交"

新中国成立初期，国际环境异常险恶，美国等西方国家拒绝承认新生的人民共和国，不仅阻挠恢复中国在联合国的合法席位，而且对华实行政治孤立、经济封锁和军事包围的政策。特别是日本政府顽固执行追随美国、敌视中国的对华政策，拒不承认中华人民共和国政府为代表中国的唯一合法政府，导致中日双方多年没有建立正式的官方外交渠道。

在此情况下，中国共产党和新中国政府开创性地运用了新型的外交形式——"民间外交"。为打破中日交往的困难局面，"先从中日两国人民进行国民外交，再从国民外交发展到半官方外交"①，进而为恢复两国正常关系铺平道路。

与此同时，对日"政党外交"——中国共产党与日本友好政党和政界人士的党际交流也风生水起。从当时的世界局势看，中共对外党际交流日益活跃也是客观形势使然。由于中国取得了新民主主义革命的胜利，中国共产党的威望日益提高，影响迅速扩大，不少国家的共产党等进步政党要求同中共建立联系。为此，中共中央在1951年成立了对外联络部，作为发展中国共产党同其他国家共产党等进步政党相互联系与交流的新机构。②

得益于国际共产主义运动的发展，中国共产党与日本共产党从成立之初至抗日战争时期建立了密切联系。延安时期中共与日本的沟通渠道，在很大程度上是通过日共展开的。对于当时中共领导人和高层来说，野坂参三代表

---

① 参见中华人民共和国外交部、中共中央文献研究室编《周恩来外交文选》，中央文献出版社，1990，第228页。
② 参见张香山《张香山记史忆人》，世界知识出版社，2019，第313页。

的日共及其主持的研究机构的理论观点及资料①，成为中共早期对日认识和对日政策制定的主要参考之一。②

新中国诞生以后的一段时间，中国的对日外交既沿袭延安时期的传统，又根据形势变化制定了"民间先行，以民促官"的方针，形成了"瞻前顾后，日积月累，水到渠成"的"路线图"。③ 通过实践，作为行动纲领的对日方针政策也日趋清晰。

（二）新中国对日方针政策的核心

新中国对日外交方针的核心可以概括为"两分论"。1955 年通过的《中共中央关于对日政策和对日活动的方针和计划》，是以毛泽东为核心的第一代领导集体制定的第一个全面的对日工作总方针、总政策，与延安时期的中国共产党对日方针一脉相承——强调日本侵略战争的责任应由发动和指挥侵略战争的少数军国主义分子来负；应区分日本军国主义势力同广大日本人民，争取后者，孤立前者，发展中日两国人民的传统友谊。④

作为政府公文，在新中国第七个政府工作报告——第三届全国人大第一次会议上的《政府工作报告》中，周恩来总理首次专门谈到日本问题。他指出："近年来，我国同日本的经济和文化的往来有所增加，但是，现在由于日本佐藤政府对我国采取极不友好的态度，追随美国搞'两个中国'的阴谋，这就给两国关系制造了困难。佐藤政府这种做法，违反日本广大人民

---

① 野坂参三经常以"林哲""冈野进"之名，在《解放日报》上发表有关日本问题的社论。野坂主持的八路军总政治部敌工部"日本问题研究会"，还发行印数极少、限"中级干部参考"的《敌伪研究》《敌国汇报》等日本研究杂志。参见林昶《中国的日本研究杂志史》，世界知识出版社，2001，第 92 页。

② 据野坂回忆录《风雪岁月》，周恩来建议他的三项工作内容中的第一项就是"调查研究日本的军事、政治、经济及社会的实际情况，将其报告给中共中央"。毛泽东等领导人也经常就日本问题与野坂进行讨论。参见范婷《日共领导人野坂参三在延安》，《党史纵横》2008 年第 11 期；宗道一《日共野坂参三的延安恋情》，《同舟共进》2010 年第 2 期。

③ 周恩来提出，"瞻前"是希望日本成为真正的和平国家，"顾后"是要日本放弃干涉主义。参见中华人民共和国外交部外交史编辑室编《研究周恩来——外交思想与实践》，世界知识出版社，1989，第 23 页。

④ 参见张香山《通往中日邦交正常化之路》，《日本学刊》1997 年第 5 期，第 1、6 页。

的意志，对中日友好是有害的。"①

"只要认真做到马克思、列宁主义的普遍真理与日本革命的具体实践相结合，日本革命的胜利就是毫无疑义的。"② 毛泽东的这一题词，正是那一时期中国领导人对日本革命乃至世界革命的远大理想的写照。

基于"两分论"指导思想，新中国成立初期的"民间外交"与"政党外交"双管齐下，坚决反对日本政府，支持日本人民革命，发展中日传统友谊的对日方针政策，同时受到国际格局变化和日本国内政局及日共等外界环境影响，并鲜明地投射到作为党和政府宣传工具的新闻报章及书刊媒介上。

三 《人民日报》上的创价学会初始形象及其变化

新闻媒介在影响公众对事物的看法上扮演着重要的角色，尤其是在媒介数量和种类都有限的情况下，这种作用尤为明显。新中国成立后的相当一段时间里，由于资讯不发达，中国公众获取信息尤其是国际资讯的渠道狭窄，基本上依靠广播电台和少数报刊。其中，主要是中央人民广播电台的"新闻和报纸摘要"和党中央机关报《人民日报》。这些媒体作为中国共产党的喉舌和工具，反映了中国党和政府对包括国际事务在内的诸多问题的态度，也影响甚至决定了中国公众的世界观。

（一）《人民日报》的国际报道

1946 年创刊、办报时间最长的党报《人民日报》，时至今日仍是中国主流传媒中的最权威的报纸。鉴于《人民日报》的权威性，笔者将新中国成立以来的《人民日报》列为考察对象③，以此为研究创价学会进入中国公众

---

① 参见田桓主编《战后中日关系文献集：1945—1970》，中国社会科学出版社，1996，第773 页。
② 参见中共中央文献研究室编《毛泽东年谱（1949—1976）》（第5 卷），中央文献出版社，2013，第148 页。
③ 参见"人民日报图文数据库（1946～2020）"，人民数据，http：//data. people. com. cn/rmrb/20200404/1？code＝2。

视野的样本之一。

首先，笔者考察新中国成立后至 1964 年①期间的《人民日报》的国际报道：联合国安理会常任理事国美、苏占压倒优势，英、法不及日本；双边关系上，中日关系力压联合国"四常"，甚至超过"四常"之和。②仅从新中国成立到整个 20 世纪 50 年代，《人民日报》上的涉日报道即达437 万字之巨。③

从内容观察，不仅有关日本和中日关系的文字数量颇大，而且位置显著。以代表官方观点的《人民日报》"社论"为例，20 世纪 50 年代就发表了 59 篇，年均近 6 篇。④ 其中，不乏《粉碎美国重新武装日本的阴谋 争取全面的公正的对日和约》《论日本和中国恢复正常关系》《对日本战争犯罪分子的宽大处理》《欢迎日本商品展览会在北京开幕》《坚决反对日美军事同盟》等重要社论。可以说，在这一时期发生的中日关系重大事件上，都有《人民日报》发出的声音。

从版面来看，这一时期《人民日报》基于中国对世界格局和日本国情的判断，有关日本问题和中日关系的报道，大体分为"日本政情"以及支持日本人民反对日美同盟的斗争和有关日共及其对日本社会的观点等两大部分。前者关注日本政局特别是日美动向；后者则带有明显的时代痕迹，彰显出其时中国共产党以支持世界革命、支持各国共产党为己任的认知。⑤ 其

---

① 1964 年 9 月 29 日，中国向日本派出第一批常驻记者。因此，笔者选择 1964 年为时间节点。
② 美、苏、英、法、日分别为 2967 篇、2732 篇、1038 篇、811 篇、1215 篇。
③ 引自南开大学日本研究院教授乔林生在清华大学日本研究中心战后中日关系视频会议上的报告，时间为 2020 年 5 月 3 日。
④ 引自南开大学日本研究院教授乔林生在清华大学日本研究中心战后中日关系视频会议上的报告，时间为 2020 年 5 月 3 日。除"社论"外，还有"评论员"和"观察家"两类文章，其亦为一种准官方声音。
⑤ 1975 年 7 月 1 日毛泽东在会见泰国总理克立时，谈到中国同其他国家的共产党的关系时说：我们支持世界各国的共产党，但是不支持修正主义。转引自《毛主席的今天：我们支持世界各国共产党，但不支持修正主义》，乌有之乡网站，http://www.wyzxwk.com/Article/lishi/2014/07/322766.html。

中，有关日共的消息又以该党纲领和领导人报告为主。① 这种情况一直持续至中日两党关系恶化乃至分道扬镳。

可以说，此期中国的对日认知在一定程度上受到日共和中日两党的关系影响，直接或间接地反映在《人民日报》对日报道的态度上，进而影响中国公众的对日认识。

（二）《人民日报》上的创价学会初始形象

《人民日报》有关创价学会的文字②，最早出现在 1960 年 6 月 9 日第 6 版③。在这一版下方的近半个版面刊登了野间宏在首都各界欢迎日本文学家代表团大会上的讲话。

作为著名小说家、日本战后派代表作家和诗人，野间宏的文学创作以反战小说而闻名。1960 年 5 月，应中国人民对外文化协会和中国作协的邀请，野间宏任团长的日本文学家代表团来华访问。团员包括评论家龟井胜一郎、松冈洋子和竹内实，作家开高健和大江健三郎等人。代表团访华长达一个月，其间曾受到毛泽东、周恩来等领导人的接见。④

野间宏在这篇《日本人民胜利的日子不很远了》的讲话中说，中国人民对日本人民反对日美军事同盟条约的斗争表示了深厚的友情，"中国人民已经胜利地打倒帝国主义，正在飞速地建设社会主义。由于得到中国人民这

① 日共认为中共的对日认知水平进一步上升，被视为"日本革命人民的先锋队"，"是日本人民利益的最忠贞最可信赖的代表者，是日本独立、民主、和平的旗帜。日本共产党所指出的道路是唯一正确的道路，只有这样的道路才能引导日本人民走向光明，走向民族的真正复兴"。参见《日本人民斗争的形势》，《人民日报》1950 年 7 月 7 日；《现在是日本人民团结对敌的时候》，《人民日报》1950 年 9 月 3 日。

② 参见"人民日报图文数据库（1946～2020）"，笔者以选项"标题＋正文"检索关键词"创价学会"，共获得 190 条（篇）数据，参见 http：//data. people. com. cn/rmrb/ 20200512/1？ code＝2。

③ 《日本人民胜利的日子不很远了》，肩题是"野间宏团长在首都各界欢迎日本文学家代表团大会上说"，《人民日报》1960 年 6 月 9 日。

④ 参见简尘《日本文学家代表团在中国》，《世界文学》1960 年第 6 期，第 163 页；中共中央文献研究室编《毛泽东年谱（1949—1976）》（第 4 卷），中央文献出版社，2013，第 424 页。

种富于斗争经验的力量的一贯支持，我们坚信我们的斗争也一定会得到胜利"。而反对日美军事同盟条约的斗争"使我们感到整个日本是焕然一新了。这是整个日本发生根本变革的时代的开端，是一个新的出发点。日本民族找到了勇往直前的新的力量。这一次的胜利使日本人民能够看清他们民族发展的力量的源泉"。日本人民有力量反对日美军事同盟条约，"是出于日本人反省了在上一次大战中使中国遭到了不能弥补的极大痛苦的行为"。①

在上述背景下，野间宏提及"创价学会"。他在文章中说，在反对日美军事同盟条约的斗争，在日本掀起了声势浩大的群众签名运动；在他所居住的区域，不签名的人只是自由民主党的把头和"反动的'创价学会'"的信徒。② 这是新中国成立以来"创价学会"在中国党报上首次出现。在此，日本文学家的观点间接反映了其时日本共产党对创价学会的看法，因为野间宏的另一身份是日共党员。③

综观20世纪60年代初期《人民日报》有关创价学会的文字，基本以编译或转载为主，内容源自三个方面——日本文学家、新闻媒体和日共。在这些文学家、媒体和日共的报道中，尚无专门论述创价学会的文字，或往往十分简略，如在选举活动中作为参选组织提及。

值得注意的是，这些简略提及的文字，大抵是针对创价学会的定性文字，其基本是负面的宗教团体形象。甚至可以说，在早期《人民日报》的报道中，创价学会是一个灰暗的存在——"宣传军国主义思想的宗教团体""乘机扩大着自己的信徒""腐蚀青年的政治觉悟，鼓动他们走向反动"。④

在媒体欠发达的年代，决定了大众传播的单向性、无选择的特点。进一

---

① 参见《日本人民胜利的日子不很远了》，《人民日报》1960年6月9日。

② 参见《日本人民胜利的日子不很远了》，《人民日报》1960年6月9日。

③ 野间宏的观点，基于创价学会会员主要由"城市底层民众"构成，其主要支持群体与日共相仿。参见小堀真「宗教団体に属する人びとの社会参加—創価学会員の開放性と性差—」、『文京学院大学人間学部研究紀要』第14巻、2013、228頁、239頁。

④ 参见《维持美国殖民体制实现日本侵略野心日本正向东南亚进行全面扩张〈日本新闻周报〉揭露池田东南亚之行的反共性质》，《人民日报》1961年11月26日；冢田大愿《日本青年运动的现状》，《人民日报》1962年4月4日；野坂参三《同人们促膝谈心》，《人民日报》1962年4月16日。

步地，如美国学者麦库姆斯（McCombs）和肖（D. Shaw）认为的那样，大众传播具有一种为公众设置"议事日程"的功能，传媒的新闻报道和信息传达活动以赋予各种"议题"不同程度的显著性的方式，影响人们对周围世界的"大事"及其重要性的判断。[1] 不消说，当人们对一个陌生的外国宗教团体一无所知，只能通过自己所信赖的媒体定性、定义予以了解，尽管只言片语。当时中国的意识形态是唯物主义，创价学会作为一个宗教团体出现，在意识形态上给中国公众最初的负面形象是很自然的。

彼时，相信"宗教是鸦片"的中国社会，对于宗教是排斥的，甚至可以说几乎是全面否定的。因此，人们对创价学会的宗教团体性质颇为警戒和存在疑虑，包括对创价学会是否有布教倾向特别注意，也就毫不奇怪了。在对宗教保持警惕的中国领导人和外交、新闻部门中间，创价学会也被留下了负面印象，[2] 这种印象反过来又主导大众传媒，进而影响中国公众对创价学会的认知。

（三）《人民日报》创价学会报道的变化

如果把《人民日报》有关创价学会报道做成曲线图[3]，则可知：1960～1964 年曲线在负区间，即这一时段皆为负面形象；20 世纪 60 年代后半期到 70 年代初为零，即无创价学会的任何报道；之后，由于松村谦三、孙平化等人介绍、新华社自采新闻等情况出现，中方关于创价学会的看法逐渐发生转变，报道亦随之变化，并乘中日复交、1974 年池田大作两次访华形成第一个报道高潮。

这里，从观察《人民日报》的变化开始。在报道创价学会的时间轴上，1962 年 6 月是变化的一个节点。1962 年 6 月 8 日，《人民日报》第 3 版刊登

---

① 参见彭泰权《大众传播的议题属性设置效果——美国议程设置理论的研究进展》，《国际关系学院学报》2003 年第 5 期，第 50 页。

② 对此，孙平化曾指出："我们过去受日共观点和资料的影响，将创价学会列为'军事化可怕团体'。"参见孙平化《中日关系随想录》，辽宁人民出版社，2009，第 73 页。

③ 曲线图以年为单位，对每一条报道赋值，正面报道为 1，负面报道为 -1，无报道为 0。

有关日本参议院选举的消息中，在报道"日共号召争取党和民主力量的胜利"的同时，提及创价学会参选。这是创价学会第一次出现在"新华社消息"中。在这篇"新华社7日讯"的"东京消息"中，创价学会与民主社会党、同志党被并称参加日本参院选举的"党派组织"，与之前多加上负面前缀的做法相比，这里未加任何前缀。① 无疑这是个重要变化的信号。及至参议院选举结果揭晓，在《人民日报》的"新华社消息"中，创价学会首次被定义为"无党派政治性宗教团体"。②

从历史的角度来看，《人民日报》有关创价学会报道的这一变化，间接预示着中日两国间交流渠道的日渐疏通和扩大。池田内阁时期，中日关系向好发展；1962年10月，签署《中日民间贸易备忘录》；1964年4月，在东京和北京设立廖—高办事处；同年9月，战后第一批中国记者进驻日本，接触以往隔膜、异质的资本主义世界，对日本社会开始有了较为客观的感性认识，并逐步与国内高层取得共识。围绕创价学会的报道，新华社、《人民日报》发生了悄然变化——关于创价学会的性质，其前缀已统一使用"无党派政治性宗教团体"的中性称谓。

此外，通过《人民日报》，人们还可"读"出其他变化。如1963年6月12日《人民日报》消息称，大阪府议会通过决议，反对美国核潜艇停泊和反对F105D型喷气战斗轰炸机进驻日本基地，其议案是由日共、社会党和创价学会等议员联合提出的。③ 这是经《人民日报》报道的日本共产党和创价学会议员之间的首次联手。不过，两个组织最终达成和解则尚待时日。基于惯性，此期《人民日报》继续转载《赤旗报》上的有关日共消息和日共领导人的报告等，字里行间仍不乏对创价学会的负面评价。

---

① 参见《日本参议院选举竞选斗争开始　日共号召争取党和民主力量的胜利》，《人民日报》1962年6月8日。
② 参见《日本参议院选举结果揭晓　日共、社会党和无党派团体议席增加自由民主党攫取三分之二议席以修改宪法的企图失败》，《人民日报》1962年7月4日。
③ 参见《日本禁止原子弹氢弹协议会举行常务理事会　会议决定准备召开第九届世界大会　日共呼吁社会党和总评力促恢复协议会活动　各地人民继续反对美国变日本为核战略基地》，《人民日报》1963年6月12日。

总的来说，20 世纪 60 年代中期《人民日报》对创价学会的报道不多，出于早期对其形成的惯性认知，报道态度难言正面。不过，应该看到，虽然此期《人民日报》几无对创价学会的正面报道，但确已发生了从负面称谓到中性称谓的重要转变，对中国公众对于创价学会的看法当产生一定影响。

四　书刊媒介上的创价学会

在社会发展中，领袖人物具有十分重要的作用，这是历史已经反复证明和不容置疑的。创价学会进入中国公众视野的历史过程中，其形象悄然变化，与中国领导人的认识变化不无关联。我们在概述《人民日报》早期创价学会报道及其变化之后，再简论导致出现这一变化的领导人因素，分析一个相互联系的书刊出版的案例。

（一）创价学会进入中国领导人视野

随着中日交往的扩大，中国领导人多方接触到创价学会的信息，并开始形成对创价学会的较为客观的看法。在他们的重视之下，除《人民日报》外，书刊媒介也推动了创价学会在中国更加全面的形象的最初落地。

迄今中日学者的研究成果，一般认为，创价学会进入中国领导人视野的最初时间点，是在 20 世纪 60 年代初，这多出自当年的中国外交实务部门人士的回忆。据王效贤回忆，1960 年或 1962 年，周恩来总理在会见高碕达之助时，高碕曾谈到"创价学会是社会不可忽视的平民团体"。会见结束后，周恩来叫来外交部负责日本工作的人，指示"要研究创价学会"。[1] 据金苏城回忆，松村谦三和高碕达之助在 1962 年 9 月、10 月访华时，曾向周恩来介绍过创价学会。[2]

---

[1] 转引自林丽韫《托付日中友好的伟大事业——答〈圣教新闻〉记者问》，载卞立强编译《日中恢复邦交秘话：池田大作与日中友好》，经济日报出版社，1998，第 107 页。

[2] 参见 1999 年 11 月 23 日王永祥、纪亚光采访金苏城记录；中共中央文献研究室编《周恩来年谱（1949—1976）》（中卷），中央文献出版社，1997，第 495、506 页。

上述文字散见于各种回忆文章，而专门"反思"中国对创价学会认识变化过程的，是前中日友协会长、"日本通"孙平化。他曾在日本香山县的一次题为《我、中日友好协会和创价学会、池田名誉会长的 15 年》的演讲中讲道："坦率地说，在池田名誉会长来中国之前，我们对创价学会的认识是很不够的，甚至还有误解的地方……我们曾经以为创价学会是日本一个可怕的团体，一支非常有组织的部队，人数很多，具有相当大的实力，动员力也很了不起。当时正在讨论日本军国主义会不会复活，觉得这样的团体是很可怕的、很危险的。"之所以有这样的错误认识，是因"资料有偏向，有片面性"，"以后随着不断的接触，逐渐改正了认识"。[1]

孙平化在一次访日归来，随廖承志到中南海西花厅向周恩来汇报工作。周恩来对汇报中谈到的创价学会尤为关注，指示一定要尽快同创价学会接触。也就是说，作为负责中国对外关系的领导人，周恩来总理很早就注意到创价学会，将其视为"推进中日友好不能忽视的力量"，而且对日本舆论也能产生相当大的影响力。他曾做出指示，创价学会"从会员的人数来说，每十个日本人中几乎就有一个学会会员。这是一股非常大的力量。推进中日友好绝不能忽视这股力量"。[2]

（二）《创价学会》和《日本的"创价学会"》的关联性

事实上，在《人民日报》还在只言片语报道创价学会的时候，中国国内的有关部门和人士已开始较为全面地在公开或内部的书刊上介绍创价学会了。在这里，书刊媒介作为创价学会进入中国公众视野的认知载体的分支，可被视为中国公众开始较为客观认识创价学会的又一源头。

中国最早介绍创价学会的书是达高一编著的《创价学会——日本新兴的

---

[1] 参见奈良日日新闻社《日中恢复邦交秘话——纪念日中邦交正常化 25 周年》，载卞立强编译《日中恢复邦交秘话：池田大作与日中友好》，经济日报出版社，1998，第 26 页。

[2] 参见奈良日日新闻社《日中恢复邦交秘话——纪念日中邦交正常化 25 周年》，载卞立强编译《日中恢复邦交秘话：池田大作与日中友好》，经济日报出版社，1998，第 27 页；《具有历史性和预见性的"池田倡言"——访前中国文化部副部长、前新华社驻东京首席记者刘德有》，《人民日报》（海外版）（日本月刊）2012 年特别增刊号，2012，第 33 页。

宗教性政治团体》（以下简称《创作学会》)①。1963 年，在周恩来的指示下，中国人民外交学会工作人员参与编写了该书。据该书作者之一黄世明回忆，参与编写该书的是外交学会日本处的全部五名工作人员，署名用的是笔名。②

而在此之前，1962 年 9 月的《世界知识》已刊登了金苏城的《日本的"创价学会"》③。该文在"解答问题"栏刊出，像急就的"补白"，全文不足 4000 字，只占一页半篇幅。根据上文金苏城的回忆，从时间上可判断此文是为配合高层接待来访的松村谦三和高碕达之助所谈创价学会而发表的。

该文作者分别从学会简况、成立时期与发展经过、活动方式与思想理论以及政治主张几个部分，对创价学会进行了简要介绍。需要注意的是，该文作者谈到创价学会的性质时，也使用了"政治性宗教团体"的说法。其主要根据的是，10 年前创价学会还是一个微不足道的宗教团体。1955 年，其走上日本政治舞台，逐步发展成为号称拥有 800 万个会员的庞大组织。尤其是 1962 年 7 月创价学会参加国政选举取得了良好结果，"日本的参议院选举中，它提出的 9 名候选人全部当选（共得 508 万票)，比选举前增加了 6 个席位。它在参议院占有 15 席，一跃而取代了民主社会党，成为第三大党。创价学会在日本地方议会中也占着相当多的席位，在全国市、区以上的地方议会中拥有 350 名议员"。

传播学理论认为，媒体的倾向性是在表达传播意图的过程中最明显的态度的选择。④ 应该说，《日本的"创价学会"》的介绍相对客观，这种相对客观在很大程度上是通过倾向性、选择性的引述达成的，如介绍创价学会的主要思想理论，"学会宣称，共产主义、资本主义都不行，只有日莲正宗建立'第三文明'（社会)，人类才能摆脱贫穷"，其后并无该文作者的评论文字。而评论则基本为转引，如对创价学会的立场和政策，"日本公众舆论认

---

① 参见达高一编著《创价学会——日本新兴的宗教性政治团体》，世界知识出版社，1963。
② 参见王永祥主编《周恩来与池田大作》，中央文献出版社，2000，第 202 页。
③ 参见金苏城《日本的"创价学会"》，《世界知识》1962 年第 18 期。
④ 参见周知《新闻倾向性与媒体审判探析——以〈南京 6.30 醉驾案〉的媒体报道为例》，《新闻知识》2010 年第 4 期。

为，创价学会的立场是介于民主社会党和自由民主党之间而稍偏于后者"，"提出了与劳动人民有关的一些社会政策，对此表示赞成，但是就其整个政策来说，它不是首尾一贯……是赞成维持日本现状的"。①

鉴于《世界知识》是当时唯一面向中国公众的有关国际问题的普及型刊物，因此，这篇有关创价学会的最早的文章，虽然短促且不引人注目，但作用不可小觑。而其后距离该文最近的文章《日本的创价学会与公明党》②发表，则是将近 20 年以后了。

再谈稍后两个月出版的《创价学会——日本新兴的宗教性政治团体》一书。相较于报刊，该书充分发挥了书籍可以从容叙事的作用，对创价学会的成立发展、日莲理论、组织、人员和今后展望做了全面而系统的介绍，在很大程度上弥补了《人民日报》《世界知识》等媒体因篇幅不足造成的报道缺陷。

《创价学会》导读性质的"前言"，对书中宗教内容不无警惕，告诫读者要以"批判"的眼光阅读并加鉴别。在当时的政治氛围和社会语境中，这种说法自然不能说是正面的导向。据林丽韫回忆，其时中方对于创价学会使用的是"调查"一词。③ 显而易见，《创价学会》的编著者对创价学会抱有疑虑，并将这种疑虑体现在前言文字中的做法，和上述《世界知识》的文章写作方针颇为一致。

《创价学会》一书的结构，与《世界知识》的文章亦大体相仿。先介绍创价学会的发展历程，继之着重介绍池田大作担任第三任会长以后的飞跃发展。其后几章分别是日莲正宗创价学会的基本教义、日莲正宗创价学会的理论、创价学会的组织和活动、创价学会发展的背景和原因及展望。

《创价学会》还设专章介绍创价学会的围绕"公明政治联盟"（公明党

---

① 参见金苏城《日本的"创价学会"》，《世界知识》1962 年第 18 期，第 19 页。
② 参见罗元贞《日本的创价学会与公明党》，《山西大学学报》（哲学社会科学版）1980 年第 2 期。
③ 参见林丽韫《回忆周总理与池田大作先生的会见》，载卞立强编译《日中恢复邦交秘话：日中友好与池田大作》，经济日报出版社，1998，第 113 页。

前身）的选举参政等政治活动。该书论述了1964年池田大作以创价学会为母体，创建"公明政治联盟"，并很快发展成日本第二大在野党的历程。对于创价学会的评价，该书作者没有给出结论，但并不等于没有倾向性。一如前文做法，依据当时日本政界和舆论界，包括主要以《赤旗报》的资料，进行客观介绍作为其遵循的原则。

《创价学会》作为新中国最早出版的介绍创价学会的书籍，具有开拓性的始创之功。这本只有5.5万字的白皮小册子，由刚刚从人民出版社分出成立的专门出版国际问题书刊的世界知识出版社出版，且列入供相关人员参考的"内部读物"，并未面向公众公开出版和发售。但是，作为有正式书号的内部出版物，该书仍通过国营新华书店强大的发行系统，进入中国研究机构及学校图书馆和基层宣传部门人员手中，对早期人们认识创价学会起到了一定作用。① 而其后距离该书最近的一本《创价学会的理念与实践》出版，则是30年以后的事情了。②

值得注意的是，该书副标题"日本新兴的宗教性政治团体"与上述新华社的表述相仿。但"宗教性政治团体"也好，"政治性宗教团体"也罢，应该说，从媒体报道到书刊出版对创价学会的称谓变化，可以看出，这一时期的中国领导人及外交、宣传部门对创价学会认知的一种趋向客观的变化。这也说明，中国领导人从善如流以及外交、宣传部门实事求是的工作作风。

我们把《日本的"创价学会"》和《创价学会》一并加以考察，通过两者的内容和作者信息，可以清晰地看到某种关联性：《日本的"创价学会"》可视为《创价学会》的前期成果或拔萃，内容一简一详，考虑到图书的出版周期略长，两者具有共时性；前者的作者金苏城为中日友协理事，后者的编写者达高一是外交学会日本处工作人员；《世界知识》杂志的主管单

---

① 孔夫子旧书网上售卖的《创价学会》，封面上多盖图书馆收藏章，也有盖"开封专区行政干部学校教育科""第六工程局党委宣传部图书资料室"等印章的，参见 http://search.kongfz.com/product_result/? key=%E5%88%9B%E4%BB%B7%E5%AD%A6%E4%BC%9A&status=0&_stpmt=eyJzZWFyY2hfdHlwZSI6ImFjdGl2ZSJ9&pagenum=1&ajaxdata=1。

② 参见何劲松《创价学会的理念与实践》，中国社会科学出版社，1995。

位为外交部，主办单位和《创价学会》的出版单位同为世界知识出版社；世界知识出版社迄今仍为外交部所主管的机构，而中国人民对外友协（包括国别友协中的中日友协）和外交学会，作为全国性从事民间外交事业的人民团体（通称民间团体），实则外交部的代管机构。

笔者指出这种内在的、割不断的关联性，是想说明一个事实，即对创价学会的早期介绍和研究，都出自中国外交系统。而中国外交的早期领导人和实际指导者、最早提出要重视和研究创价学会的，正是国务院总理、前外长周恩来。①

对于创价学会的认识，从《人民日报》、新华社消息到书刊媒介的变化，在一个侧面反映了其时中国领导人和外交、宣传部门的认识转变，其中领导人的指导作用巨大。它为中国公众转变对创价学会的印象做了铺垫，也为后来创价学会在中日友好的发展中发挥更大作用打下良好基础。

五　《人民日报》的创价学会报道高潮

事实上，真正引起中国领导人、外交和新闻部门关注创价学会的，是"池田倡言"。

（一）"池田倡言"发表

1968 年 9 月 8 日，在创价学会第 11 届学生部大会上，池田大作面对一万数千名学生，发表了历时 1 小时 17 分钟的演讲"光荣属于战斗的学生部"。这一演讲后来以《日中邦交正常化倡言》为题刊登在日本《亚洲》杂志上，也即著名的"池田倡言"。

---

① 据当时的外交学会副秘书长肖向前证实，对于对日工作，"毛主席在大问题上经常关怀，重要议案都向他请示。周总理直接掌管对日工作，在他周围有关日本方面自然形成一个大日本组。这个传统是从延安时期接下来的"。参见王殊、肖向前等《不寻常的谈判》，江苏人民出版社，1994，第 161～162 页；刘世龙《新中国对日政策（1949—1972）》，世界知识出版社，2019，第 2 页。

在"倡言"中，池田大作明确提出了解决日中关系问题的三项建议：（1）正式承认中华人民共和国政府，实现日中邦交正常化；（2）恢复中国在联合国的合法席位；（3）发展日中两国的经济、文化交流。①"倡言"敦促佐藤政府立足世界视野，在对华政策上改弦更张。"池田倡言"的发表，在中日关系的至暗年代，有如石破天惊。翌日，《朝日新闻》《读卖新闻》《每日新闻》均在显著位置刊登了"倡言"，在日本社会引起很大反响。

但在中国国内却波澜不惊，尽管驻日记者刘德有发回"倡言"要点并寄回刊载全文的《圣教新闻》，但新华社总社未向全国发出通稿。② 因而，《人民日报》也未做出报道。

直到"倡言"发表三天后，也即1968年9月11日，《参考消息》——由新华社编印的"内部刊物"——在头版下方刊载了日本共同社、法新社东京8日电讯，文章题目是《池田大作主张日本停止反华并与我建交》，副题是"法新社认为这是公明党在对华政策上的转变"。在同一标题的一组文章中，还刊登了"本刊讯"日本《产经新闻》的报道。《参考消息》"本刊讯"一般出自新华社记者之手。

（二）《人民日报》对创价学会的正面报道

显而易见，在上述《人民日报》报道和新华社消息的变化、有关创价学会书刊的出版发行，直至"池田倡言"在中国内部媒体刊出，中国高层对于创价学会的看法发生了实质性变化。

辩证唯物主义认为，事物的发展往往经过量变到质变的过程；从量变开始，不断积累，最终导致根本的、整体的性质的变化。中国高层对创价学会的认知和评价，从量变开始向质变的转变，发生在公明党代表团访华之际。

---

① 参见池田大作《日中邦交正常化倡言》，香港国际创价学会，2013，第19页。
② 参见《具有历史性和预见性的"池田倡言"——访前中国文化部副部长、前新华社驻东京首席记者刘德有》，《人民日报》（海外版）（日本月刊）2012年特别增刊号，2012，第33~34页。

作为以创价学会为母体的政党，公明党创立时曾与创价学会表里一体，《人民日报》首次出现"公明党"，二者也是合二为一的［称"公明党（创价学会）等政治势力"①］。随着公明党与创价学会实行"政教分离"以及与日共关系的改善，公明党亦开始联合参与对自民党的斗争。1971 年 6 月，公明党代表团首次访华，中国政府极为重视，周恩来总理两次会见公明党委员长，高度评价公明党在中日关系上的原则立场。② 在中日友协与公明党访华代表团的联合声明中，公明党明确表示反对"两个中国"和"一中一台"，主张承认中华人民共和国政府是代表中国的唯一合法政府，主张恢复中华人民共和国在联合国的合法席位，美国必须从中国台湾撤走一切武装力量。③

公明党代表团访华并被中国领导人视为两国政府就邦交正常化进行谈判的"牵线人"角色后，公明党开始在《人民日报》上频繁出现。④ 不消说，由于公明党在对华关系上的鲜明立场，体现了其母体创价学会的对华认识，中国高层对创价学会的认知的进一步转变。

"创价学会"首次作为标题出现，是在 1974 年 6 月 1 日的《人民日报》上。第 2 版以《廖承志会长会见并宴请日本创价学会访华代表团》为标题，报道了同年 5 月 30 日池田大作率领创价学会访华代表团首次访华、中日友协会长廖承志宴请的消息。廖承志在讲话中，"对池田大作很早以前就提出发展日中友好关系的积极主张，表示赞赏和钦佩"。⑤ 这则中国民间外交部门领导人会见外宾的消息，是《人民日报》对创价学会的第一篇积极评价的报道。自此，《人民日报》对创价学会的报道已然正面。

---

① 参见《在日本共产党第九次代表大会上宫本显治同志所作的中央委员会报告》，《人民日报》1964 年 12 月 3 日。
② 时事通信出版局编、信太谦三监修编著『扉はふたたび開かれる——檢證日中友好と創価学会』、株式会社時事通信出版局、2015、50 頁；中共中央文献研究室编《周恩来年谱（1949—1976）》（下卷），中央文献出版社，1997，第 465~466 页。
③ 参见田桓主编《战后中日关系文献集：1971—1995》，中国社会科学出版社，1997，第 20、21 页。
④ 仅 1971 年 6 月首次访华至 1972 年 10 月中日复交后期间，公明党出现在《人民日报》标题上的文章有 25 篇，标题及正文中出现的文章则达到 93 篇。
⑤ 参见《廖承志会长会见并宴请日本创价学会访华代表团》，《人民日报》1974 年 6 月 1 日。

（三）《人民日报》对创价学会报道的两次高潮

20 世纪 70 年代伊始，国际格局进入大变化、大调整时期，诸多国际重大事件发生，"池田倡言"与之深相契合，更似中日关系发展的先验预言："倡言"发表三年后，1971 年中国恢复在联合国的合法席位；1972 年中日邦交正常化，"倡言"主张的前两项成为现实；1974 年池田大作身体力行"倡言"主张的第三项，迈开了他奔走中国大地的脚步。

中国古语有曰："言必信，行必果。"典出《论语·子路》，意为说话要恪守信用，言而有信，做事要果断、彻底。事实上，以"言信行果"用在池田大作践行"倡言"的 23 年间 10 次踏访的"中国足迹"上，十分恰切。由于国内外相关研究颇多，这里略谈池田大作的第二次中国之行。

笔者一直有个疑问，即在 1974 年一年内，时隔仅五个月，又是寒冬腊月，池田大作对中国进行了第二次访问，是什么原因促使他如此急切地访华？答案是此访中的一项在首访未能实现的重要安排——与周恩来总理的会见。

池田大作第二次访华，主要是在北京大学开展赠书仪式等教育与文化交流活动，《人民日报》第 4 版的报道中首次出现池田大作的名字。[1] 作为此行的重要目的，池田大作抵京当晚就在与孙平化会见时特别提出了：在国际交往中，中日关系是"基轴"。这次访问如果能够见到周总理，那么对于创价学会广大会员和以创价学会为母体的日本公明党广大党员来说，都将是一个很大的鼓舞。[2] 池田的这一心愿，直到访问结束前日才得以实现。在池田大作答谢晚宴后，身患重病的周恩来不顾医务人员的劝阻，坚持在医院会见了池田大作和代表团成员。[3]

---

[1] 参见《池田大作会长向北京大学赠书仪式隆重举行　廖承志会长等参加赠书仪式》，1974 年 12 月 4 日。

[2] 参见孔繁丰《周恩来总理和池田大作的历史性会见——兼论池田大作对建立和发展中日友好关系的贡献》，《南开学报》（哲学社会科学版）2005 年第 2 期。

[3] 池田大作回忆："总理接见我，是当天突然决定的。接到通知时，听说总理长期卧病住院，考虑他的健康，我一度谢绝过。可是，接见是总理自己的意见。"参见卞立强编译《日中恢复邦交秘话：池田大作与日中友好》，经济日报出版社，1998，第 77 页。

1974年12月6日，《人民日报》头版刊登《周总理会见池田大作会长等日本朋友　同池田大作会长和夫人进行了亲切友好的谈话》的报道和照片，第一次在公众面前把中国领导人周恩来和创价学会领导人池田大作连在了一起。周恩来会见池田大作，是中国高层对池田大作和创价学会顺应历史潮流而在推动中日关系上所做出的正确选择和发挥的独特作用的高度肯定。池田大作在多个场合情深意切地讲到与周恩来的会见，是"一生只有一次的会见"，是"创价学会发展史上一次最重要的政治会晤"。[①]

伴随池田大作两度访华，特别是与周恩来的会见，1974年《人民日报》对创价学会的报道形成了第一个高潮。1989年，池田大作毅然率领创价学会史上最大的由该会各地主要干部280多人组成的友好交流团第七次访华，中国领导人给予最高礼遇，1990年《人民日报》又形成了第二个报道高潮。1997年池田大作最后一次访华后，创价学会跟随其足迹，与中国各方面的交流进入了一个新阶段。

创价学会日益成为推进中日友好的中坚力量。20世纪90年代至21世纪以来，《人民日报》关于创价学会的报道，涵盖领导人会见、友好交往、捐助、展览、演出活动等方面。其中，有两个主题引人注目：第一，周恩来、邓颖超与池田大作的"樱花缘"；[②] 第二，创价学会是中日"民间外交"的典范。[③] 如果说前者是诸多中日友好故事中的一段佳话，那么后者是中国民间外交部门进行工作总览（《人民日报》"年终专稿"）时对创价学会的真实评价。多年来，创价学会一直保持与中国各界的友好交流。政党、政府层面，公明党与执政党中国共产党的交流，民间层面，中日青年、妇

[①] 参见池田大作《守护民众的大树——回忆周恩来总理夫妇》，载《池田大作与中国》，紫荆出版社，2013，第22页；池田大作在1999年4月8日对南开大学周恩来研究中心《周恩来与池田大作》编写组所提供问题的答复稿。

[②] 周恩来会见池田大作的翌年，日本创价大学迎来新中国第一批留日学生，两国学生共同种下樱花树苗，命名"周樱"。创价大学每年都举办"周樱"观樱会，缅怀周总理，祈愿中日世代友好。参见《樱花情》，《人民日报》1988年4月24日；《周恩来　邓颖超樱花树》，《人民日报》1992年2月9日；《樱花缘（第一现场）》，《人民日报》2006年4月10日。

[③] 参见韩叙《我国民间外交成绩喜人》，《人民日报》1990年12月26日；齐怀远《民间外交蓬勃发展》，《人民日报》1994年12月31日。

女、学生之间的交流和艺术以及社科界的交流等，为增进相互理解，凝聚和平友好正能量，进而促进"构建契合新时代要求的中日关系"①，发挥了积极的作用。

六 余论：未来中日关系的启迪

自20世纪60年代创价学会进入中国公众视野以来，其形象经历了从最初的负面宗教团体，到"推进中日友好不能忽视的力量"的演变过程。它从一个侧面反映了中国对日认知的发展变化，见证了新中国外交从遭遇围堵到广结善缘的成长经历，也对今天乃至未来中日关系有所启迪和裨益。

第一，处理两国关系需要审时度势。创价学会进入中国公众视野的形象，通过《人民日报》及书刊媒介，以"池田倡言"的发表和池田大作首次访华为节点得以改变。这是中日关系从不正常到正常化的过程中诸多综合因素使然，也是周恩来等中国领导人及外交、宣传部门审时度势推动中日关系发展的实践结果之一，公明党牵线搭桥和党际渠道亦发挥了独特作用。发展两国关系，只有高瞻远瞩、顺势而为，才能克服各种障碍，行稳致远。

第二，加深相互认知需要互动过程。中日关系从不正常到正常化，中日相互认知的加深，是一个曲折的、点滴积累的历史发展过程，既受到国内外形势的影响，又需要双方本着和平友好合作的宗旨，超越意识形态、制度体制和发展阶段等差异去推动，不仅是一方的改变，也是双方互动的结果。

第三，培育国民感情需要"民间外交"。发展"民间外交"等处理中日关系的基本方针，不仅为特殊历史时期推动两国政府关系的改善铺平了道路，而且作为一个具有远见卓识的路径和方法，对处理今天的中日关系依然具有重要的指导意义。构建新时代的中日关系，培育相互亲近的国民感情，要在

---

① 参见《习近平会见日本首相》，中国新闻网，http：//www.chinanews.com/gn/2019/06－28/8877873.shtml。

方式方法上有所创新，不能单靠"大水漫灌"，还要有入情入理地"滴灌"。①

第四，构建新型国家关系需要丰富时代内涵。中日关系经历曲折的发展过程，正站在一个新的起点上。当前，新冠肺炎疫情正在全球蔓延，给中日关系增添了共同应对公共卫生安全挑战的新纽带，丰富了"人类命运共同体"的科学内涵。在抗疫过程中，两国民众守望相助，既有"山川异域，风月同天"的诗句，也有"'周樱'成林，共克时艰"②的心语。中日只有携手应对全球性挑战，增进互信、深化合作、管控分歧，在"竞合"中"共赢"，才能推动未来两国关系实现更大发展。

我们看到，自创价学会进入中国公众视野以来，无论两国关系是上升趋热期，还是下行趋冷期，学界人士从研究国际关系理论和处理国家关系的角度出发，开始在"池田思想"中寻找答案。在池田大作首次访华 45 周年纪念日，《圣教新闻》推出述评和综合报道指出，"池田思想"受到世界许多国家的重视，正成为相关大学和研究机构争相研究的对象。③ 中国的池田思想研究渐次发展，到 21 世纪初年以后形成热潮，业已成为世界池田思想研究的重镇和最大群体，形成了一种"池田现象"。

从自然属性来划分，现象可分为自然现象和社会现象。"池田现象"是一种社会现象，将池田大作称为"现象级人物"并不为过。"池田现象"在当今的世界视域下，探寻人类共生、文明互鉴、多元发展的理念，与"人类命运共同体"思想相契合，具有广泛而厚实的认同基础。从外部形态到思想内涵，与其说人们关注日本的一位宗教领袖和他身后的团体——创价学会，不如说关注其之于人类命运、历史演变和时代发展，特别是友好关系的国家实践，因而意义更为深刻和久远。

（原载《日本研究》2020 年第 2 期）

---

① 参见《高洪委员：通过入情入理的滴灌，向日本传达入耳入心的中国声音》，人民画报网，http：//www. rmhb. com. cn/zt/zt2020/2020lh/2020lhgd/202005/t20200522_ 800206287. html。
② 《"周樱"成林 共克时艰（中外合作抗疫故事）——一封从日本发往周总理家乡的感谢信》，《人民日报》2020 年 5 月 11 日。
③ 「人間を結ぶ 『池田思想』への関心高まる」、『聖教新聞』2019 年 5 月 30 日 1 版。

日本非政府组织的对外援助
活动及对我国的启示

胡　澎[*]

　　当今世界，越来越多的国家非常重视对外援助在对外关系中的作用。由于受历史、政治等多种因素的影响，大多数发展中国家的经济较为落后，基础设施薄弱，人民生活水平较低，且相当多的民众生活在贫困线以下。同时，气候变化、粮食危机、地区冲突、流行性疾病等问题也让一些发展中国家凸显人道主义危机。另外，全球化也使发达国家与发展中国家、发展中国家之间的差距拉大。近几十年，一些发展中国家的经济虽取得了较快发展，但城乡差距拉大，民众的需求得不到满足。面对这一系列问题和挑战，国际社会越来越重视对发展中国家的援助，援助力度也在不断加大。值得一提的是，20世纪90年代以来，大量非政府组织（NGO）[①]显示出对国际事务和海外援助的关心，参与到对外援助的事业之中，成为国际援助队伍中的一支重要力量。

　　战后日本实现了经济大国的目标，成为经济合作与发展组织（OECD）的成员国。在1968年至2010年的42年间，日本一直保持着世界第二大经济体的地位。与此同时，日本一直在谋求与经济大国相匹配的政治大国的地位。作为经济发达国家，日本从1954年开始援助发展中国家，在帮助

---

　　*　胡澎，中国社会科学院日本研究所研究员，研究方向为日本女性、婚姻家庭、社会组织。

　　①　NGO是非政府组织Non-Governmental Organization的英文缩写，指的是政府以外的民间团体、非政府组织，后指针对经济可持续发展、反贫困、促进人类健康和平、环境保护等全球性问题，跨越国境自发地采取行动的非营利性民间组织。

当地民众摆脱人道主义危机、脱贫减贫、满足基本生活需求等方面做了大量工作。

日本的对外援助是从政府和民间两个层面展开的，政府层面主要是通过政府开发援助（ODA）① 来实现的，隶属于外务省的"国际协力机构"（JICA）② 是日本海外援助活动的重要实施机构。日本的政府开发援助曾在1991～2000 年连续十年保持对外援助经费的世界纪录。民间层面的援助则以 NGO 为代表，包括个人、企业、宗教团体等。日本 NGO 的活动范围遍布世界上主要发展中国家，对发展中国家的经济发展、城市化进程、社会体系的构建、医疗文化水平的提升起到了积极的推动作用。日本也通过开展对外援助，不断提升自己的国际地位，在国际社会树立了良好的国家形象，特别是在曾遭受日本侵略过的亚洲国家，对改善当地民众对日本的负面印象起到一定积极作用。

一　日本 NGO 开展对外援助活动概观

日本 NGO 的概念是涵括在非营利组织（NPO）③ 范畴之中的，指的是那些致力于解决人权、发展、环境、和平、自然灾害等全球问题的非营利组织。④ 日本的非营利组织具有以下特征：植根于市民社会，依靠市民自发参与和支持；独立于政府和企业之外，可独立自主运营；不以利润追求和分配为目的；以实现社会公正和社会正义为目标，具有人道主义的感情和立场。符合《特定非营利活动促进法》（即 NPO 促进法，1998 年 12 月实施）的规

---

① 日本政府给予发展中国家的援助，包括有偿资金合作（日元贷款）、有偿援助、无偿援助、技术合作、向国际机构出资等。
② 国际协力机构（JICA）成立于 1974 年，原名为日本国际协力事业团，2003 年改为国际协力机构。该机构承担着与他国进行技术合作、日元贷款及无偿资金援助等工作。活动范围涵盖全球 150 多个国家和地区，在海外设有约 100 家事务所。
③ 非营利组织（即 NPO）指的是独立于政府或民间，从事各种非营利活动的社会组织的总称。
④ 详见胡澎《日本 NGO 的发展及其在外交中的作用》，《日本学刊》2011 年第 4 期。

定并取得法人资格的民间团体被称为 NPO 法人。

日本的 NGO 一般有以下几种类型：针对发展中国家在保健医疗、环境，人权等领域进行资金、技术、物资、人力等支援的"开发援助型 NGO"；为解决某一社会问题以及国际、地区性课题，针对日本政府、地方自治体、联合国、国际机构进行政策提案、信息分享、学习教育的"提案型 NGO"；团体会员之间密切联系、资源共享的"网络型 NGO"；培养应对自然灾害、人道主义危机以及致力于农村发展、保健医疗等方面人才的"人才培养型 NGO"：对在日留学生进行支援、在日本国内开展国际交流的"国际交流推进型 NGO"等。开发援助型 NGO 大多数具有 NPO 法人资格①，也有一些不具备 NPO 法人资格，而是以市民团体的身份从事对外援助、对外交流活动。

日本 NGO 开展海外援助活动始于 20 世纪 60 年代。20 世纪 70 年代末到 20 世纪 80 年代初，NGO 数量开始增多，活动日益活跃。20 世纪 80 年代是 NGO 数量增长较快的年代，这与日本迈向国际化步伐加快有关。20 世纪八九十年代，随着日本经济的发展、国民收入水平的提高，日本民众对国际事务和国际问题的关注度有了较大幅度的提升。1992 年里约热内卢的联合国地球与发展会议（"地球峰会"）、1993 年维也纳的世界人权大会、1994 年开罗的国际人口与发展大会、1995 年哥本哈根的社会发展世界首脑会议以及北京世界妇女大会等一系列重要的国际性会议，拓宽了日本民众的视野，促使日本 NGO 走向国际化。1995 年阪神大地震之后，日本民间组织和志愿者的救援活动令世人瞩目。1998 年《特定非营利活动促进法》的出台为 NPO 的发展创造了良好的外部环境，NPO 数量大幅增加。截至 2019 年 3 月 31 日，经认证的日本 NPO 法人数量达 51592 家,② 其中不乏开展国际援助、国际交流的 NGO。

《NGO 统计手册 2016》显示，日本共有 400 多家 NGO，具备 NPO 法人

---

① 作为 NPO 法人的 NGO 如果发展到一定程度，满足国税厅规定的条件，即可以作为"认定特定非营利活动法人"，在税收上享受一定程度的优待。

② 内閣府「NPOホームページ」、https：//www. npo - homepage. go. jp/。

资格的约占 70%。活动遍布亚洲、中东、非洲、中南美洲、大洋洲、欧洲等全球 100 多个国家和地区。在菲律宾、柬埔寨、尼泊尔、泰国、印度尼西亚等亚洲国家活动的团体占 70%。[①] 日本 NGO 多集中在亚洲国家的原因主要有：20 世纪 80 年代日本人赴海外旅行升温，特别是去亚洲其他国家旅游的日本人增加。与此同时，到日本留学的亚洲留学生人数急剧增多。日本与亚洲其他国家的交往越来越频繁，交流程度也日益提高。另外，从 20 世纪 80 年代后半期开始，韩国、中国台湾和香港地区、新加坡、泰国、马来西亚等国家和地区的经济发展迅速，把日本人从对欧美的关注转向了亚洲。

当今时代，日本 NGO 在开发援助、紧急人道支援、教育、环境、人权、和平、缩减军备、减贫、农业和农村发展、保健、医疗卫生等领域开展的活动务实、有成效，加深了日本与发展中国家民众之间的相互了解，提升了日本的国际影响力，扩展了日本的外交空间。有日本学者这样评价："国际援助的意义是多方面的，政府部门的'援助'只是作为政治工具展开的，这种'援助'是'一刀切'的，而 NGO 开展的人道主义援助活动针对的是那些最需要帮助的人，规模小但成效大，从这一点来看，NGO 在市民活动方面具有意义。能正确地把握需求、保持中立来实施人道主义援助，非 NGO 莫属。"[②]

客观而言，日本国际援助 NGO 在资金、数量、人才等方面与欧美等国相比还有很大距离。特别是日本在泡沫经济崩溃后，经济陷入长期不景气，企业、民间财团乃至普通市民对 NGO 的捐助均相应减少，一些 NGO 出现了财务问题，还有一些 NGO 由于资金短缺不得不过分依赖政府的购买服务或企业捐助，导致 NGO 的独立性受损，其开展的活动与自己的目标和宗旨出现一定偏离。

---

① 「NGO データブック 2016」、https：//www.janic.org/wp － content/uploads/2017/07/ngodatabook2016.pdf。

② 高橋清貴「国際貢献は民間の手で」、『歴史地理教育』2005 年 2 月、13 頁。

二 日本 NGO 开展对外援助活动的经验

战后至今，日本 NGO 在开展对外援助过程中积累了不少经验，特别值得一提的是，日本 NGO 鼓励发展中国家依靠自己力量去改善生存现状，提升生活水平，注重激发受援助国、受援助民众的自强和自立精神，是一种"对受援助者自身努力进行的支援"，这也是日本 NGO 对外援助的特色之一，也是国际社会对日本 NGO 最为认可的地方。

（一）对外援助项目操作性强，注重人才培养

首先，日本的 NGO 有着自己明确的目标和宗旨，运行公开透明。

针对当今世界掠夺式的经济发展造成的环境破坏、自然灾害导致的生活困顿、战乱、贫困以及人权被剥夺的现状，日本 NGO 具有较强的使命感，它们有自己明确的目标和宗旨，在拥护人权、解决对立和纷争、保护地球环境、减贫等方面做了大量工作。例如，"日本国际志愿者中心"（JVC）① 的宗旨是创造一个人与自然和平共处、安心生活的社会。"亚洲社区中心 21"（ACC21）② 的理念是，为实现一个和平公正与可持续的世界而贡献自己的力量。"以适用的技术连接亚洲"（APEX）③ 的宗旨是为提高亚洲民众生活水平和保护环境而开展持续不断的活动，通过活动加深与亚洲民众的相互理解和交流，实现人与自然的和谐发展，最大限度地发挥人的潜能，并对既有生活方式进行重新审视。"让 NGO 力量最大化"（JANIC）④ 的宗旨是将人们从饥饿、贫困、人权被侵害的境遇中解救出来，为拥有一个和平公正的地球公民社会而贡献自己的力量。明确的目标和宗旨对于组织的发展起着核心

---

① 英文名为 "Japan International Volunteer Center"，1980 年为救助印尼难民而成立。目前在亚洲、非洲、中东等 11 个国家或地区进行支援活动。
② 英文名为 "Asian Community Center 21"。
③ 英文名为 "Asian People's Exchange"。1987 年成立，主要在印度尼西亚与当地的 NGO 相互配合，开展了排水处理、生物能源开发、职业培训等活动。
④ 成立于 1987 年。

引领的作用，同时，也容易让受援助国家或地区的民众产生共鸣和亲切感。

日本的 NGO 在组织建设上注重自身透明度。通过网络主页公开 NGO 的理念、目标、组织架构、活动内容、活动结果等。对善款以及公共资金的管理严格，使用透明、高效。日本的 NGO 也非常注重吸引人才、发现人才和培养人才。它们通过在国内开办讲座来培养 NGO 领袖，吸引对国际交流和国际奉献有兴趣的民众加入进来。为了向日本青少年普及和宣传对发展中国家援助的意义，从 2002 年度开始，在全日本中小学设置"综合学习时间"（高中从 2003 年度开始实施），邀请国际援助 NGO 的相关人员给孩子们讲述发展中国家的现状及存在的问题，阐述日本对外援助的必要性及 NGO 的作用等。让学生从小树立国际视野，认识到日本作为发达国家对发展中国家所负有的责任和义务。日本的 NGO 还注重在受援助国培养当地人才。例如，"亚洲社会企业家养成塾"① 在亚洲受援助国开设培训班，着重培养有志于民间组织或社会奉献的积极分子，并对他们创办的社会组织予以支持。2009～2017 年共有 64 名学员毕业，其中 11 人创办了 NGO 或社会企业。"环境修复保全机构"（ERECON）以泰国、柬埔寨为中心在亚洲多国开展"让农业、城市发展与自然环境相协调"的环境修复与保护活动，他们对当地民众进行环境保护方面的启蒙，培养热爱农业且致力于农业环境修复的专门人才。

其次，日本 NGO 实施的项目具体、细微、可操作，深受当地民众欢迎。

日本 NGO 的宗旨虽各不相同，活动内容也有所侧重，但在出现自然灾害、地区冲突、贫困等全球性或国际性问题时，均能迅速、灵活、有效地予以应对。它们将援助目标锁定在农民、女性、儿童等弱势群体，援助项目不大，但贴近社区和民众的日常生活，具体、细微、可操作。因此，日本的 NGO 在国际社会颇受好评，被称为"能看到日本人面庞的援助"。

当今世界面临气候变化、自然灾害等风险增大。据联合国统计资料，2016 年全世界有 4.45 亿人口遭受洪水、风暴、地震和干旱等自然灾害影响，其中 8000 人丧生。世界银行估计，每年因自然灾害而陷入贫困的人口

---

① 原名为亚洲 NGO 领导塾。

高达 2400 万人。① 大多数发展中国家经济落后，政府在应对强大自然灾害时往往行动迟缓、救灾能力较弱。因此，当自然灾害发生时，日本 NGO 能迅速赶往灾区，展开紧急人道主义救援。例如，2013 年 11 月菲律宾遭受强台风袭击，死亡和失踪人数超过 7000 人，100 万栋房屋倒塌或受损。"日本平台"（JPF）加盟的多家 NGO 迅速抵达现场对灾民进行救援。

在减贫领域，日本 NGO 与受援助国家 NGO 携手合作，因地制宜地开展了一系列有针对性的援助，取得了显著成效。例如，JVC 在斯里兰卡某县开展的女性赋权活动具体、可操作。当地农民以培育蔬菜、豆类、香辛料、水果为生，收入微薄、贫困化程度高。当地农村女性结婚早，遭受家庭暴力较普遍。女性在离婚时往往得不到任何经济补偿，又不懂得求助相关机构，不会用法律保护自己。针对这一状况，ACC21 与当地以"UWWO"为首的 18 家女性团体联手，面向 780 户贫困家庭的女性展开帮扶。它们举办了为期三个月的培训班，从法律、制度等方面对当地女性积极分子进行培训，这些女学员结业返回家乡后帮助村里的女性解决了许多现实问题。ACC21 还帮农户建立了"共同贩卖中心"，为农村女性联系农产品的销售渠道，提供农产品包装、加工方面的培训。通过这些扶贫措施，斯里兰卡农村女性的生存处境得到了一定程度的改善，经济收入也有所增长。

JVC 在世界 11 个发展中国家和地区开展的援助项目也十分具体，收到较好效果。它们在柬埔寨克鲁高棉州选择 6 个村子开展减贫活动，鼓励农户种植木瓜、茶等经济价值较高的农作物，举办培训班向农民讲授农作物的栽培方法、食品加工和烹调方法。JVC 还创办实验农场，在农场种植蔬菜、大米，教农民利用摩托车废旧轮胎种植蔬菜、香草，可自由搬动，不受雨季、洪水或气候干燥的侵害。它们还在小学校开设保护森林的环境教育课程，向学生们讲述乡村、森林的历史，组织学生走进大自然学习植物、森林保护等相关知识，开展植树造林活动。②

---

① 《去年全球受灾人数高达 4.45 亿》，《经济日报》2017 年 5 月 27 日。
② 「日本国際ボランティアセンター」、https：//www. ngo‐jvc. net/jp/projects/cambodia/environmental‐education. html。

日本的NGO注重用日本的科技优势解决现实问题。例如，"APEX"针对印度尼西亚令人担忧的水污染状况，研发出适合中小企业的排水处理系统，使当地极端不卫生的生活环境得到了有效改善。

（二）NGO与日本政府之间构建了对话协商机制

日本的NGO具有丰富的实践经验和较高的专业性，掌握的信息比较充分，开展的援助活动也十分有成效。因此，日本政府越来越认识到NGO在国际政治和全球性问题的解决上有着不可替代的作用。在过去的十多年间，日本政府与NGO的关系发生了较明显变化。外务省在2003年制定的ODA大纲以及之后的政策中强调了NGO的重要性，明确记载了要加强与NGO的合作和对话以及对NGO予以支持等内容。

1. 日本NGO与外务省之间的对话协商机制

随着政府开发援助的实施，日本NGO的作用越来越凸显。外务省与NGO之间构建了多种对话协商机制。1996年外务省设置了"NGO外务省定期协议会"，就有关ODA的政策、如何对NGO予以支援等进行讨论和协商。2002年设立了"NGO担当大使"，代表外务省与NGO交换信息、交流意见。外务省还经常委托相关NGO做调查研究，为制定外交政策做参考。那些有对外援助经验和成绩突出的NGO被聘为"NGO咨询员"，负责解答社会上关于对外援助的询问，同时也接受邀请做讲座。为提高NGO的自身能力和专业水平，外务省设立了"NGO研究会"制度，每年由外务省确定主题，采取竞标的方式选择实施团体。中标的团体围绕主题开展调查、研究，采取小组讨论或举办大型研讨会的方式进行充分的讨论和酝酿，最终提出对策和建议。2018年外务省设立的三个研究会主题分别是："面向2030年日本国际援助NGO的作用""多样化国际援助NGO与社会部门的实态调查""联合国可持续发展目标中消除对儿童的暴力与NGO"。NGO与政府建立对话协商机制的意义在于：政府无法实施的援助项目可由NGO来实施；扩大了NGO的活动范围；针对发展中国家的民众的需要，开展项目实施；促使

NGO 自身的发展。①

2. 日本政府在资金方面支持 NGO 开展国际援助

针对日本 NGO 在发展中国家实施 ODA 时经常会遇到困难，1989 年外务省创设了"NGO 事业补助金制度"②，对一些小型项目进行支持。1989 年，日本政府设立了"草根无偿资金援助制度"（2003 年改为"草根人类安全保障无偿资金合作"），针对发展中国家开展活动的 NGO 组织、国际 NGO、教育机构、医疗机构等进行支援，项目资助金额原则上不超过 1000 万日元，由日本驻海外大使馆、领事馆管辖。截至 2018 年 10 月，"草根人类安全保障无偿资金合作"在 141 个国家、1 个地区开展了援助活动，成效显著。1989 年该制度在 32 个国家实施了 95 项援助，援助金额约为 3 亿日元。2016 年活动扩大到 122 个国家、1 个地区，实施项目多达 822 项，援助金额升至 92 亿日元。③ 2002 年，日本设立了 NGO 联合无偿资金协力制度④；2017 年，日本有 58 家 NGO 申请到该资助，在亚洲、非洲、中东等 34 个国家开展了 113 个援助项目，援助内容涉及医疗保健、卫生、艾滋病防范、农业环境改善、农业技术提高、残障者支援、地雷和遗留炸弹处理等。⑤

（三）"多元协作"模式在对外援助中被广泛应用

日本的 NGO 与外务省、国际协力机构（JICA）、企业、社会企业、大学、志愿者、民众、国际社会相关机构和组织等相互配合的"多元协作"

---

① 福田綾子「日本の国際協力におけるNGO と政府開発援助機関の協働の現状と課題—パートナーシップからの考察—」、『21 世紀社会デザイン研究』2007 年第 6 期。
② 针对日本在经济社会发展领域所开展相关活动后进行评估，召开国内外研修会、演讲会等 NGO，给予活动经费的一半或 200 万元上限的补助。
③ 外務省、https：//www. mofa. go. jp/mofaj/gaiko/oda/shimin/oda_ ngo/kaigai/human_ ah/。
④ 申请团体可以作为特定非营利活动法人、公益社团/财团法人或一般社团/财团法人进行登记，团体总部必须在日本。作为法人要有两年以上的国际协力活动的经验，团体设立的目的是国际协力活动。
⑤ 外務省『外交青書』、https：//www. mofa. go. jp/mofaj/gaiko/bluebook/2018/html/chapter4_ 01_ 02. html。

模式在对外援助中广为应用。外务省、JICA、国际开发高等教育机构（FASID）经常召开讲座，以提高 NGO 的组织运营能力。1998 年成立的"NGO—JICA 协议会"就是 NGO 与 JICA 在建立伙伴关系的基础上，进行信息分享、对话、学习、建言献策的平台。2002 年设立的"草根技术协力"是日本的 NGO、大学、地方自治体、公益法人等与 JICA 共同实施的一项事业。实施期间最长为 3 年，总额不超过 5000 万日元。① 环境领域的"多元协作"可举办"亚洲协力对话"（ACD）（2004 年改为"环境教育推进对话"），会议每年召开，NGO、企业、地方自治体、教育相关方均被邀请出席，会议还特邀亚洲国家相关政府人员，大家从不同的立场对环境教育进行充分的讨论。

近年来，日本企业的社会责任 CSR②、创造共同的价值（CSV）的必要性被越来越多地提及，相当数量的日本企业在从事自身经济活动之外，注重与 NPO、NGO 等市民活动团体建立联系，积极开展对 NGO 的捐助，并对 NGO 的对外援助活动进行支持。

日本的 NGO 注重与受援助国政府、民众之间的合作。在项目的立项和实施期间与受援助国政府、项目落地方的地方政府进行沟通，在获得其首肯和支持下再推行项目。日本 NGO 关注民生，项目实施一般不带有政治色彩，也不太可能给当地政府施加压力。

（四）网络 NGO 在对外援助中发挥了积极作用

20 世纪 80 年代中后期以后，日本逐渐出现"网络国际援助 NGO"。网络国际援助 NGO 大致分全国活动型、地区据点型、对象国家型、课题型等，如 NPO 法人"废除地雷日本运动"（JCBL）③ 作为"课题型网络 NGO"在

---

① 外务省，http：//www. mofa. go. jp/mofaj/gaiko/oda/shimin/oda_ ngo/shien/kusanone. html。

② 企业社会责任的英文表达为 Corporate Social Responsibility（CSR），这是由英国学者欧利文·谢尔顿（Oliver Sheldon）在 1923 年提出的。

③ 日语为"地雷廃絶日本キャンペーン"，是从人道主义立场出发以扫除地雷、炸弹等伤人武器为目的而开展活动的特定非营利活动法人，成立于 2011 年。

国际社会具有一定的影响力；紧急支援领域的"日本平台"、保健领域的"关于 GII/IDI 的 NGO 联络会小组"、农村发展领域的"农业农村发展 NGO 协议会"（JANARD）以及教育领域的"教育协力 NGO 网络"（JNNE）是外务省支持的四个网络 NGO。

2000 年设立的"日本平台"是日本政府、经济界和 NGO 三个部门之间的相互合作的产物。截至 2017 年 12 月末，有 47 家 NGO 加盟。每当国际社会发生重大人道主义危机或大规模自然灾害时，JPF 联系加盟 NGO，迅速展开富有成效的紧急人道支援活动。受援助国家和地区包括南亚、塞拉利昂、缅甸、叙利亚、伊拉克、阿富汗、也门、巴勒斯坦、南苏丹等。2015 年 4 月 25 日，尼泊尔中部 7.8 级地震导致死亡人数超过 8850 人。JPF 在地震的第二天做出派遣救援队赶赴受灾地的决定，27 日，15 家加盟 NGO 到现场开展被困人员搜救、医疗支援、物资分发等工作，还对被地震破坏的公共水管设施进行了应急维修。2016 年 7 月以后，大量难民从巴基斯坦返回阿富汗，2017 年难民人数攀升至 62 万人，日常生活陷入困境。JPF 的四家 NGO 与当地组织相互配合，及时派发生活物资，为难民排忧解难，深受难民信赖和欢迎。

成立于 1987 年的"让 NGO 力量最大化"（JANIC）是日本屈指可数的一家网络国际援助 NGO，在推进 NGO 与 NGO、政府和企业、劳动组合、自治体等相互合作，解决贫困、地区冲突、环境破坏等世界性问题上，最大限度地发挥了 NGO 的作用。JANIC 通过提供信息、调查研究、政策提案、人才培养等为日本的对外援助服务。

网络国际援助 NGO 的作用有以下几点：通过召开学习会、研讨会提升了加盟团体自身的能力；提高了 NGO 的政策提案能力和水平；向市民广为宣传并吸收市民参与，有助于形成理想市民社会的"多元协作"模式；加深了各团体会员之间相互合作，提供和分享信息、经验；加强了与地方自治体、地区国际交流协会、JICA 等机构之间的联系，提高了日本 NGO 在国际上的知名度和贡献度。

三 日本 NGO 开展对外援助活动对我国的启示

中国作为发展中国家深刻了解发展中国家所面临的困境、压力和痛苦，因此，从 20 世纪 50 年代起便积极参与"南南合作"，在资金、技术、物资、人员等方面不遗余力地援助发展中国家。改革开放 40 多年来，中国经济取得了世界瞩目的成就，对外援助力度不断加大，中国企业也纷纷走出国门，在发展中国家实施各种援助项目。中国国务院新闻办公室 2016 年发表的《发展权：中国的理念、实践与贡献》白皮书表明，60 多年来，中国共向 166 个国家和国际组织提供了近 4000 亿元援助，为发展中国家培训各类人员 1200 多万人次，派遣 60 多万名援助人员，其中 700 多人为他国发展献出了宝贵生命。①

随着中国经济的不断发展，中国与其他国家和地区的经贸往来、文化科技交流和人员之间的联系日益加强，中国对外援助投入也不断加大。目前，"一带一路"倡议和"人类命运共同体"理念的提出，意味着中国要在国际社会中承担更大责任和更多义务。

当今中国已成为国际社会具有广泛影响的大国，对外援助已成为中国对外关系乃至国家生活中日益重要的部分。然而，中国的对外援助中还存在不少问题。例如，对外援助主要强调基础设施建设，多由政府主导或由中资企业开展。项目实施过程中，与受援助国民众联系不紧密，有些项目没有得到受援助国民众的广泛理解和支持，有些项目没能使当地民众直接受益。中国从事对外援助的社会组织数量少、规模小，在海外基本上处于无办事处、无专职员工、无经常性项目、无稳定资金的"四无"状态。② 个别走出国门的社会组织开展的活动影响也不大。中国在对外援助领域可借鉴日本 NGO 的经验，从以下几个方面展开工作。

---

① 《发展权：中国的理念、实践与贡献》，新华网，http：//www.xinhuanet.com//politics/2016-12/01/c_1120029207.htm。

② 邓国胜、王杨：《中国社会组织"走出去"的必要性与政策建议》，《教育与研究》2015 年第 9 期。

（一）对外援助项目要具体、可操作

发展中国家的政治体制不同，经济发展水平不同，宗教、价值观也不尽相同，民众的利益诉求较为多元。因此，社会组织在开展海外援助立项时，要综合考虑各种因素，尽可能得到受援助国家政府、项目落地方的地方政府、NGO以及普通民众的理解和支持。中国社会组织实施的援外项目应更多地关注民生，要了解受援助国家民众的需求，贴近他们的日常生活；援助项目要反映当地民众的需求和呼声，具体、可操作。在实施海外援助时，可运用中国自己的成功经验。例如，改革开放以来，中国减少了7亿多农村贫困人口。在减贫领域积累的这些独特经验可应用到对外援助中。社会组织还要有自己明确的宗旨，组织建构严谨，管理规范。特别是援助项目要全程公开透明，让中国的民众和当地民众了解项目的运作和实施的意义。

（二）以"多元协作"促进中国对外援助发展

目前，中国的对外援助是政府主导，对外援助在形式上有成套项目、一般物资、技术合作、人力资源开发合作、援外医疗队、紧急人道主义援助、援外志愿者和债务减免8种①。商务部是中国国务院授权的政府对外援助主管部门。从目前情况来看，中国社会组织的作用没有得到很好发挥，一些中资企业在当地开展经济活动时，往往比较重视与政府部门的联络，重视经济效益，忽视与当地民众的交流，也没有很好地体现企业的社会责任。在对外援助领域还没有建立起政府、企业、社会组织之间的伙伴关系。中国扶贫基金会执行副会长王行最认为，"中国国际新形象的树立，国际社会责任的履行，离不开政府、企业和社会组织、公民、学界、媒体的共同努力，并且需要这些主体重新定位自身扮演的角色，探索有

---

① 《中国的对外援助白皮书》，国家国际合作署网站，http：//www.cidca.gov.cn/2018 - 08/06/c_ 129925064.htm。

效的方式展开积极的行动。中国政府的外交模式，要从纯粹政府扮演的单一化的政府外交，向'政府主导'+'民间组织'共同扮演互补角色的立体外交转变。"①

今后，中国政府应重新定位社会组织在外交中的作用，鼓励社会组织走出国门，展现自己的风采，还要加强与社会组织的对话和交流，可考虑在外交部设立专门联络机构和联络人。中国的社会组织在开展海外援助时，应与中国政府、中国驻外使领馆、联合国及其框架下的非政府组织、国际 NGO、海外中资机构、中方援助企业、受援助国家的政府、项目落地方的地方政府、当地 NGO、当地民众等建立平等合作、相互支持的"多元协作"关系，并使之制度化。中国驻外使领馆也要积极支持中国社会组织，将支持社会组织的援助活动作为工作内容之一。中国驻外使领馆、海外中资企业、社会组织要建立联席会制度，定期召开，交流政策，分享经验和信息。如果援助地有联合国派驻机构或国际非政府组织，则也应与之建立联系，获取所需信息和经验。

政府还要对社会组织"走出去"在资金上予以支持。2015 年 9 月 26 日联合国发展峰会上，习近平在题为《谋共同永续发展，做合作共赢伙伴》的讲话中宣布中国将设立"南南合作援助基金"，首期提供 20 亿美元，支持发展中国家落实 2015 年后发展议程。中国可借鉴日本的做法，将对外援助基金部分用于社会组织，每年选择一些好的项目通过购买服务的方式让社会组织实施。另外，针对一些国家、地区出现的人道主义问题、自然灾害问题、农村发展问题等还可设立专项资金。

（三）在对外援助过程中要展现中国的"软实力"

随着中国经济的发展，人民生活水平的提高，民众对海外援助的关注度在不断提升，也有一定的参与愿望。从目前来看，海外援助、社会组织离中国民众还比较远。主要是宣传不到位，中国民众对对外援助比较陌生，也存

---

① 《全球治理时代，对外援助须有民间参与》，《南方都市报》2017 年 3 月 26 日。

在一些误解。因此，利用媒体对拟开展的援助项目进行说明，阐述其在外交和国际社会的意义。唤起民众对国际事务、对发展中国家的关心和理解。政府、企业、社会组织、媒体和学界要积极引导，广泛宣传，形成良好的舆论氛围。可在中小学、大学增加相关国际问题的课程，配合地理学习，让学生树立国际观和对海外援助的理解。可邀请社会组织的相关人士来学校做讲座。举办夏令营等加深青少年对海外援助的理解和对社会组织的了解。可依托社会组织在国内举办发展中国家的摄影展、文化展，加强异文化交流。同时，还要争取国内智库和学者的支持，为对外援助事业做好调查，进言献策。

社会组织具有利他性、中立性和志愿性等特点，容易赢得受援助国人民的信任。社会组织深入发展中国家，提供面对面的服务，满足民众的需求，对于加深两国民众之间的互相理解有着重要的作用。通过社会组织开展的对外援助活动，可推动我国公共外交发展，向国外传播中国的真实形象。应在援助项目实施之前，多了解当地的文化、历史、政治、经济等信息，减少"文化的冲突"。可配合社会组织的援助活动，在受援助国家开展一些文化交流活动，介绍和传播中国文化，展现中华文明的魅力和中国的"软实力"。还可在联合国和一些发达国家举办中国对外援助成就展，向世界传递中国声音，让世界认识和了解中国作为一个负责任大国的担当。

（四）培养致力于进行对外援助的国际化人才

社会组织开展对外援助需要大量国际化人才。中国在鼓励社会组织"走出去"时，也要注重不断提升对外援助队伍的水平，提高其待遇。可在高等院校设立国际援助、国际交流方面的选修课，培养有志于海外奉献的志愿者。可以通过举办培训班、夏令营使他们成长为对外援助的国际化人才和社会组织的精英人才。可以组织社会组织的工作人员或有志于国际援助的志愿者到发展中国家去访问，亲身感受中国的对外援助事业。对外援助的国际化人才不一定都是年轻人，从企业事业单位退休的中老年人、在海外工作过或生活过的技术人员、对海外援助感兴趣的人士，都可通过培训成为对外援助的有用人才。另外，还要注重在受援助国家培育人才，让他们加入中国的对外援助事业中。

目前，中国政府已经认识到了社会组织、民间组织在参与对外援助、国际合作中的重要作用。2017 年 11 月 21 日，习近平主席在给首届丝绸之路沿线社会组织合作网络论坛大会的贺信中明确指出"民间组织是推动经济社会发展、参与国际合作和全球治理的重要力量"。今后，中国在对外援助领域一定会有更多的社会组织加入对外援助事业中来。中国的社会组织也会不断加强自身建设，在援助项目的实施过程中，关注当地民众的需求，倾听当地民众的声音，在细微之处展现中国的"软实力"。同时，也会在与受援国民众的互动中拓展共识、加深友谊，为中国的外交开拓更大的舞台，为中国的形象塑造发挥更大的作用。

（原载《国外社会科学》2019 年第 5 期，有删减）

战后日美关系的心理文化学解读

张建立[*]

一 战后日美关系的特点

在当今世界各大国关系中，日本与美国或许是最奇特的一对。日美关系"美主日从"特点一直没有根本改变。当然，日美关系特点在各个时期有所不同，一些专门研究日美关系变化的学者甚至总结出了日美关系周期性规律。日本学者五十岚武士在 1991 年首次提出日美关系存在两个历史周期论点。美国学者威廉·R. 内斯特亦认为日美关系存在两个周期，最初的伙伴关系和最终的竞争对手两大周期。这两个周期构成迄今为止的美日关系：一是地缘政治的（1853~1945 年），二是地缘经济的（1945 年至今）。[①] 中国社会科学院日本研究所日美关系研究专家刘世龙对上述日美关系周期论又做了进一步解析，指出日美关系以 1911 年为界，可分为近代、现代两个周期。每一周期历时约为一个世纪，具体分为四个发展时期：平等时期、过渡时期、不平等时期和准平等时期。"在 2020 年以前，日本不大可能成为美国的挑战者。美国是个旧式霸权国，不愿放弃对日主导地位。"[②] 也就是说，日美关系周期论者也承认迄今为止日美关系依然是美主日从的相互依赖关系。

---

[*] 张建立，中国社会科学院日本研究所研究员，研究方向为日本文化、日本国民性。
[①] 刘世龙：《日美关系的两个周期》，《日本学刊》2002 年第 3 期。
[②] 刘世龙：《日美关系的两个周期》，《日本学刊》2002 年第 3 期。

对于战后日美关系，学界大多认为小泉纯一郎执政期间是日美最亲密时期，日美两国政府也都如此宣称，但澳大利亚学者加文·麦考马克指出："美国与'属国'的关系被双方说成是从未有过的亲密。但是，这种'亲密'只意味着日本单方面遵循美国的要求，逐步提高给美国的补贴金以坚挺美元和支持美国所发动的战争，而日本从不会对美国的政策发生影响"，"主权的自我放弃是附庸国心态的先兆。"①

除上述基于学术分析而得出的代表性论断外，对战后"美主日从"的日美关系特点还有诸多表述。据 2003 年 2 月 19 日《朝日新闻》记载，时任自民党政策调查会会长久间章生在被记者问及在伊拉克战争逼近时日本应该持何立场时回答说："我认为日本别无选择。毕竟，日本就像美国的一个州。"据 2004 年 9 月 21 日《朝日新闻》记载，保守政治家后藤田正晴曾痛心疾首地道："日本已沦为美国的仆从国或者说属国。"有学者继承此说，称"在日本宪法的前言与第 9 条被制定之时，日本将成为美国之属国的地位几乎就已被确定。只要这个宪法存在，日本就不会真正实现国家的独立"。② 2011 年，早在 20 世纪 80 年代就著书主张日本要对美国说"不"的石原慎太郎，③ 又在其新著中称，日本就是美国的"妾国"，"看看至今美国每年强加给日本的《年度改革要求书》的实际内容，就知道这个国家无疑是一直隶属于美国的，就像美国的'妾'一样的存在，此间，我们作为被圈养者，当然一直没有任何自主可言"。④ 也有中国学者认为，以前日本充当的是仰仗美国鼻息的"小妾"角色，如今已逐步升级为"情人"：其军事上的独立性与灵活性大大提升，在承担更多自我防卫责任的同时，日本军力的自由度大大提升。⑤ 美国传统基金会高级研究员克林格纳曾形容鸠山由纪

---

① 〔澳〕加文·麦考马克：《附庸国：美国怀抱中的日本》，于占杰、许春山译，社会科学文献出版社，2008，第 6～7 页。

② 藤原正彦『日本人の誇り』、文春新书、2011、64 頁。

③ 盛田昭夫、石原慎太郎『「NO」と言える日本—新日米関係の方策—』、光文社、1989。

④ 石原慎太郎『新・堕落論』、新潮選書、2011、49 頁。

⑤ 《日美关系：日本从"小妾"变成了"情人"》，《新华每日电讯》2005 年 11 月 15 日第 3 版。

夫内阁时代的日美关系是一种"家庭内分居的夫妻"关系。① 也有学者称，"正由于日本挑战美国失败，第二次世界大战后又得到美国扶植，日美才结成师生关系"。②

综上所述，战后日美关系本质特点可概括为"从属式依赖"。目前，主流国际关系理论趋于用权力（power）解释国家间形成的非对称性依赖关系，③ 具体到日本对美国的极度顺从，往往被理解成美国的权力使然，这也是目前已有数百篇日美关系研究论文和部分研究著作的大体共识。日美关系特点无法完全用权力解释，日本虽然在政治、经济等实力方面逊于美国，但远远没有到足以使日本如此顺从美国的程度。主流国际关系理论把解释重点放在了国家"组织体"层面，而国家还有"文明体"层面，解释国家行为体的行为和国家间关系模式还必须考虑文化和文明因素。当分析转向文化视角时，早年"文化与人格"学派学者对日本行为的解释或许仍不过时："想用命令方式创造一个自由民主的日本，美国做不到，任何外国也做不到。不论在哪一个被统治国家，这种办法从未成功。任何一个外国人，都不能强迫一个与其具有不同习惯和观念的国民按照其愿望去生活。"④ 实际上，日美60余年来"美主日从"的独特关系，不是美国的权力所能达到的。或许有人会说，造成日美关系这种特点的原因是日本的战败国地位，但同样是战败国的德国，也曾被美国占领和统治，与美国的关系不具有这样的特点。⑤ 因此，至少现实主义理论所强调的"权力"并非形成这种关系模式的唯一原因。

建构主义代表人物温特举出当代国际社会中的三种基本文化，即以战争、杀戮为特点的霍布斯文化，以规则、竞争为特点的洛克文化和以合作、

① 「『普天間』迷走　きしむ同盟　日米関係は『家庭内別居』」、『産経新聞』2009 年 11 月 7 日。

② 刘世龙：《日美关系的两个周期》，《日本学刊》2002 年第 3 期。

③ 参见〔美〕罗伯特·吉尔平《国际关系政治经济学》，杨宇光等译，经济科学出版社，1989。

④ ルース・ベネディクト『菊と刀―日本文化の型―』、社會思想社、1992、365 頁。

⑤ 〔美〕约翰·W. 道尔：《拥抱战败：第二次世界大战后的日本》，胡博译，生活·读书·新知三联书店，2008，第 5 页。

友谊为特点的康德文化。笔者认为，战后日美关系似乎无法用这几种文化中的任何一种来描述。战后日美关系的特征，表明其显然不属于霍布斯文化，因为日美关系已不是敌对关系；不属于洛克文化，因为美国总是规则的制定者，日本只是规则的执行者，日美间并不具有实质性的竞争关系；也不属于康德文化，因为康德文化中的体系成员关系是平等的，而日美关系完全是美国主导、日本处于从属地位的双边关系。

前述所谓"日本已沦为美国的仆从国""师生关系"等，都是在以人际关系比拟日美关系。国家间关系当然不能简单还原为人际关系，但二者并非完全没有联系。主流国际关系理论完全不考虑二者联系，把国家行为体简化为受权力驱动的自利"经济人"，忽视对国家行为体行为起重要作用的文化因素，从而无法解释像日美关系这样的两国关系的特殊性。心理文化学注重人际关系与国际关系的联系，或许能为解释这种特殊性提供启发。心理文化学理论把人理解为一个"社会文化场"、"心理社会均衡理论"和与之相联系的"基本人际状态"，是心理文化学的两个重要概念。该视角的一个基本预设是国际政治中的主要行为体"国家"，是建立在不同的基本人际状态之上的。在心理文化学视野里，所谓"国际关系"或"国际政治"就转变成了国家行为体对外部世界的反应和行为模式，这种模式归根到底是处理国内人与人之间关系的一种反映。具体到日美关系而言，日美关系"美主日从"特点在一定程度上与日本人"亲子"（oyako）关系类型一致。上述关于日美关系的说法，都是对日本人际关系中亲子模式下主从关系的不同表述。

二 日本人的基本人际状态与日美关系

心理文化学用"缘人"概念来表述日本人的基本人际状态，这种基本人际状态在日本社会占有优势地位。①

---

① 尚会鹏：《"缘人"：日本人的"基本人际状态"》，《日本学刊》2006 年第 3 期。

（一）日本人的基本人际状态特点

日本人的基本人际状态特点是，其最亲密人际圈子成员并非完全基于血缘资格，还包括基于其他某种机缘（地缘、业缘等）而共同生活在一起的非血缘关系者。而且，这些成员都是根据"缘约原则"① 按等级排列成一个拟血缘、序列区分明显的集团，人们把本来投注于亲属集团的感情扩展到亲族之外的人、事、物，通过对集团序列中上位者的忠顺来获取安全感。形象地说，日本人的人际关系宛如一长链条，每个人都是这链条上的一个环节，从一个环节出发，理论上只有两个点与其他环节相连接，一个是上面的一环，另一个是下面的一环。个人安全感主要靠加强这两头的连接取得。对上，要尊崇、服从，同时得到庇护；对下，要保护、支配，同时得到尊崇。日本社会强调这种纵向的人际关系，从而形成精细的序列区分，使日本人具有强烈的等级意识，对自己的位置十分敏感，日本人随着自己所属社会空间的变化，不仅其行为方式会相应地发生变化，就连其言谈举止的内容也都会相应地改变，日本人只有弄清了自己在集团中的位置，才能决定自己的言行。如果序列不明，那么日本人甚至不知该如何入席就座，也不知该怎样行礼该如何措辞谈话等。在日本人的人际关系中，这种明确的"地位差"无处不在，即便强调社会结构的日本学者中根千枝也称："在资格、身份相同者之间，经常会意识到序列带来的差别，而这种序列的实际存在，对该集团内部的个人来说，由于是人们直接关心的事情，它更容易具有超出职业、身份和职位不同的重要性。事实上，先辈后辈的序列在社会集团内部具有出乎人们预料的作用。"②

（二）"地位差"在人际关系中的典型表现是亲子关系

"缘人"基本人际状态下的日本社会集团比较重视其成员间的纵向关系，明确的"地位差"成为日本纵向社会集团的一个最主要特征，其典型

---

① 尚会鹏、游国龙：《心理文化学：许烺光学说的研究与应用》，南天书局，2010，第 108～109 页。

② 〔日〕中根千枝：《纵向社会的人际关系》，陈成译，商务印书馆，1994，第 40 页。

表现就是纵向亲子关系。

亲子关系本意是指父母与子女关系。父母与子女关系是所有亲属关系的核心组成部分，但在日本社会，"亲子"具有特殊含义和特别的重要性。缘人社会的基本人际状态特点使日本亲子关系并不限于血缘之亲，还可凭借各种机缘将这种关系扩展到非血缘人际层面。事实上，日语的"亲子"关系，也常被描述为"亲分子分"（oyabun·kobun）关系或者是"亲方子方"（oyakata·kokata）关系。"亲""亲分""亲方"不仅指家庭中的父母，也泛指各种集团的头人、统帅者等像父母一样的人或构成单位；而"子""子分""子方"不仅指子女，也泛指集团的一般成员、下位者等像子女一样的人或构成单位。① 人们在谈到亲子关系时，不仅包含基于血缘联系的父母与子女的人际关系，而且更多的是指一种基于拟血缘的社会性关系，其性质是庇护与效劳、主与从的关系，是一种明显带有地位差的保护与被保护关系，② 如父与子、兄与弟、师父与徒弟、公司老板与职员、黑社会组织中的头目与喽啰等。中根千枝亦指出，"亲子"这种关系广泛存在于日本人际关系之中，"以'亲子'为象征的人际关系，不仅在政治家和黑社会世界里，实际上在有进步思想的人士，被称为文化人的人士、在大学讲授西欧经济或西欧社会课程的教授，或是在最尖端技术的大企业里工作的人们中也能看到。这个根深蒂固的人际关系状况，绝不是像人们历来所说的那种'封建性'的简单关系，又不是用工业化或西欧文化影响便能简单纠正的东西"。③

维系这个根深蒂固的纵向亲子关系的情感纽带，就是"娇宠"（amae）和"被娇宠"（amaerare）。娇宠理论的提出者土居健郎指出，"娇宠"心理是一种"爱"，它根植于人的爱的本能，但它不是一般意义上所说的"相互爱"（symmetrical love），或称"对象爱"，而是一种"单方面爱"（asymmetrical love），又称"非对象爱"。娇宠心理以"地位差"和"权威"为前提，是

---

① 鳥越皓之『家と村の社会学　増補版』、世界思想社、1993、127～128 頁。
② 鳥越皓之『家と村の社会学　増補版』、世界思想社、1993、138 頁。
③ 〔日〕中根千枝：《纵向社会的人际关系》，陈成译，商务印书馆，1994，第86～87页。

下位者对上位者的依赖，含有"服从权威"的因素。① 不仅日本人的文化心理具有"娇宠"的特点，日本社会也是一种能够允许这种心理存在的结构，即日本人在自己所属的集团中相互依赖、相互"娇宠"。可以说，日本的人际关系就是一种相互"娇宠"关系，强调个人服从父母、上司及所有处于上位者，同时从他们那里得到娇宠、爱护和帮助。上位者对下位者拥有权威，同时也从下位者对自己的尊敬、孩子般的依赖中得到满足，并感到自己的责任。而且，上位者有时也像孩子般地依赖下位者。日本人的劳资关系、统治者与被统治者、个人与企业，以及同事之间的关系都具有这样的特点，日本社会各种活动都贯穿着"娇宠"这根线。因此，土居健郎说："'娇宠'不仅是理解日本人精神结构的关键概念，也是了解日本社会结构的关键概念。"② "娇宠"不仅是一种心理状态，同时也是日本人人际关系的模式，其行为表现是依赖、服从。

（三）缘人的心理社会均衡模式与日美关系

当将日本人际关系特点与日美关系的特点联系起来思考时，会发现二者有很强一致性，即日美之间的主从关系与"亲子关系"很相似，或者说日美关系就是一种特殊形式的亲子关系。尚不确切知道二者之间的机制，但有几点可以肯定：首先，这种一致性绝非偶然，它不大可能出现在美国与其他国家关系中；其次，这种一致性无法用"权力""战败国地位"等解释；最后，日本人的人际关系比日美关系更为根本，如果二者之间有联系，只能是前者影响了后者而不是相反。由此或可推测，日本人是按照亲子关系模式来处理与"外部世界"关系的，或至少受其影响。以下尝试从这种一致性上分析日美关系的亲子特点。

就亲属关系中的亲子关系而言，作为"亲"的一方，其功能至少包含三个层面，即生、养、教。对于拟血缘的亲子关系而言，所谓"生"，虽非

---

① 尚会鹏：《土居健郎的"娇宠"理论与日本人和日本社会》，《日本学刊》1997 年第 1 期。
② 土居健郎『「甘え」の構造』、弘文堂、1991、23 頁。

通过生殖赋予其生命，但"亲"对"子"所做的一切几乎不亚于再度赋予其新生；所谓"养"，即保护无力弱小之"子"，助其成长；所谓"教"，即对"子"进行社会化的功能，使其熟悉社会文化环境，遵守社会文化规则。① 战后60余年来，美国对日本可谓尽到了"亲"的责任和义务，日本算得上一个听话的"孩子"。这方面的研究很多，比较具有代表性著作，如杨栋梁《日本近现代经济史》，对美国如何对日本发挥作为"亲"的"养"之功能进行了探讨；② 道尔《拥抱战败：第二次世界大战后的日本》、加文·麦考马克《附庸国：美国怀抱中的日本》，探讨了美国是如何对日本发挥作为"亲"的"生"与"教化"之功能；③ 肖伟《战后日本国家安全战略》，对美国如何对日本发挥作为"亲"的"保护"之功能进行分析。④

另有学者通过对美国如何在日本人中培养美国文化精英的分析，指出战后美国对日本实施的软实力战略是形成日本几乎半永久性追随美国的根源。⑤ 对美国而言，战败后的日本的身份开始由敌人转变为需要美国控制、改造、保护和帮助的对象，美国对日本的改造不仅在硬件方面，在软件方面也下了很大功夫。1973~2008年，日本"NHK广播文化研究所"连续35年进行了"日本人的意识"调查。调查问卷总计包括50余项，涉及社会、文化、政治、经济、外交等诸多方面，其中，第45问是"你最喜欢的国家是哪个？请选出一个。"在日本人喜爱的外国排名中，35年来的调查数据显示，美国一直居日本人喜爱的外国之首位。⑥ 这些数据也恰好说明，正是因为美国的行为

① 井上健治「子どもにとって親とは何か」、加藤一郎『東京大学公開講座17 親と子』、東京大学出版会、1984、77~88頁。
② 杨栋梁：《日本近现代经济史》，世界知识出版社，2010。
③ 〔美〕约翰·W. 道尔：《拥抱战败——第二次世界大战后的日本》，胡博译，生活·读书·新知三联书店，2015；〔澳〕加文·麦考马克：《附庸国：美国怀抱中的日本》，于占杰、许春山译，社会科学文献出版社，2008。
④ 肖伟：《战后日本国家安全战略》，新华出版社，2000。
⑤ 松田武『戦後日本におけるアメリカのソフト・パワー——半永久的依存の起源—』、岩波書店、2008。
⑥ NHK放送文化研究所編『現代日本人の意識構造』第六版、日本放送出版協会、2005；NHK放送文化研究所編『現代日本人の意識構造』第七版、日本放送出版協会、2010。

发挥了作为"亲"的功能，符合作为亲子关系的"亲"方身份，也符合日本人对"亲"方的期待，所以才得到了作为"子"方的日本人的认同。

在心理文化学看来，日本社会人际关系中普遍存在的亲子关系特点或许与缘人的亲属体系特点——父子关系占优势地位、母子关系占亚优势地位——有关。"权威性是父子关系的主要属性，透过这项属性的培育，父亲与儿子双方都被调整以符合需要。上位者不必掩藏他的权力，因为他知道这是他应得的，下位者不需要掩饰他的敬意，因为不必因此感到羞愧。权威和顺从权威的行为因此可被公开地、竭力地施行，双方都不会感到不安。如果上位者变得太有压迫性，也许会产生困扰，但是对于压迫的疏解，在于指认出威胁的个人，而非挑战那产生压迫的整个社会结构。在父子关系优势体系中培养出来的个人，将不会对仁慈的权威感到厌恨，事实上，他们还会拥戴它。""在母子关系优势社会中，权威必须更加竭力地去履行，而深深依赖那有时是负面的限制，才能使这种形态变得可行。其中可能会出现对于权威的挑战，但是这种挑战将没有什么效果，而且对社会文化很少有真正的影响。"①

人际关系模式在无意识层面起作用，或许正因如此，日本人才会表现出令美国人及日本人自己都费解的顺从。这种例子很多，且不说战后初期日本对美国态度的180度大转变，② 仅以近些年日美之间每年交换《年度改革要求书》为例，亦可见一斑。日本为何会对美国如此俯首帖耳？许烺光指出："日本人害怕美国将会离开日本；在一个不确定的年代，美国的支持及权威使他们感到安心。"③ 日本的顺从与其说是出于利益考量，不如说是担心遭到美国的抛弃，因为对于"缘人"而言，日本作为亲子集团中的"子"，若被作为"亲"的美国所抛弃，那将是比任何经济制裁都可怕的事情，其内心的惶恐不难估量，或可以说这种恐惧心理已沉淀为日本民族文化心理的一部分。日本人不仅易于按照亲子模式处理人际关系，也倾向于依此处理国际关系。④

---

① 〔美〕许烺光：《彻底个人主义的省思》，许木柱译，南天书局，2002，第285～286页。
② ルース・ベネディクト『菊と刀—日本文化の型—』、社會思想社、1992、197～200頁。
③ 〔美〕许烺光：《彻底个人主义的省思》，许木柱译，南天书局，2002，第147页。
④ 游国龙：《序列意识与大东亚共荣圈》，《日本学刊》2013年第2期。

三　美国人的基本人际状态与日美关系

人际关系不能直接等同于国际关系。人际关系处理活生生的人在共同文化背景下形成的关系，更容易达成某种默契。国际关系处理非人的组织体之间的关系。在无政府状态下，国家间往往缺乏共同文化背景，彼此关系也更加错综复杂。因此，日美间能够形成一种特殊的"相互依赖、美主日从"关系并得以延续至今，显然并非日本单方面行为使然，亦必与美国人基本人际状态特点有契合之处。

心理文化学用"极致个人"概念来表述美国人基本人际状态。极致个人这种基本人际状态主要特点是对人的界定趋于与作为生物体基础的个体完全一致，趋于以个体性呈现的人的本真生存结构来掌握外部世界和自身命运，并把自身感受当作权衡一切事物标准，甚至把自己的本性移加到那些事物上。这种自我认知模式在对待外部世界的态度和行为上的表现就是强烈的民族使命感和自我中心倾向。强烈自我中心的自我认知模式，使个体需要采用种种方式来强调"我"与"他者"的区别以维持自己的优越地位，因而又极易产生种族优越感。极致个人最亲密的人际圈子成员缺乏亲属成员之间的恒定、密切联系，多是由一些资格相同者按照契约原则构筑的俱乐部式集团，成员们追求的东西相似或相同，所以彼此间存在激烈竞争，这给个体带来不安感，致使个体不得不通过各种办法，向内或向外投入极大心理能量以获得均衡。极致个人具有强烈竞争性的人际关系特点表现在美国外交方面就是，其在任何时候都需要以竞争者眼光对外部的他者世界进行清晰而明确的定位，确定谁是其"敌人"及"竞争对手"——未来可能对美国地位构成挑战的潜在"敌人"，同时，出于强烈的民族使命感和种族优越感，其还会在外部世界中找出那些其认为地位较低、较落后、需要帮助的人，由此来求得其心理社会均衡。[1]

---

[1]　尚会鹏、游国龙：《心理文化学：许烺光学说的研究与应用》，南天书局，2010，第422页。

关于极致个人谋求心理社会均衡的方式及其在对待外部世界的态度和行为上的表现，许烺光指出："极致个人主义者受限于自我中心的观念，被教导要以自己的想象去塑造世界。他要超越所有障碍来提升自己。如果需要的话他甚至会忍受从众以达到目的。但是，对于那些地位低的人来说，他则会要求大家符合他的期望。他也许会投入很多精力，非常照顾他们，并不怕麻烦地改造他们，直到他们俯首称臣并照他的吩咐去做。对他而言，最无法忍受的是他认为地位较低的那些人要求与他平等，更糟的是实际上要凌驾于他之上。由于极致个人主义者终极目标是要超越所有人，因此他无法忍受挫败或自己的领先地位被改变。他会拒绝承认这样的改变，并取消主动接触。如果需要，他当然也会为了保持领先而诉诸武力。接着他会企图建构一些令他满意的理由来解释为什么这样做，不论这些理由是否能够让他人信服。在白人社会人际关系中，极致个人主义者也许会暂时承认较低地位，以作为权宜之计，但是在国际关系中，极致个人主义者绝对无法忍受他的社会比别人落后。"① 美国著名经济学家、地缘政治学家威廉·恩道尔撰写的《霸权背后：美国全方位主导战略》恰好可以做许氏此说的最佳证明。②

这种情况也存在于美国对日本的关系上。从美国对日本的改造情况来看，不仅体现在政治方面，而且体现在经济等方面。及至今天，美国仍然在以各种方式对日本进行改造。当然，回顾战后以来的日美关系，美国对日本可谓既全心全力地扶助，又毫不留情地打压，美国对日本这种表面看起来很矛盾的行为，其实也正是美国人基本人际状态特点在其对待外部世界的态度和行为上的必然表现。由于篇幅所限，本文对具体事例不再赘述。总之，美国在处理对日关系时，带有个人社会处理人与人之间关系的特点。

---

① 〔美〕许烺光：《彻底个人主义的省思》，许木柱译，南天书局，2002，第10～11页。
② 参见〔美〕威廉·恩道尔《霸权背后：美国全方位主导战略》，吕德宏等译，知识产权出版社，2009，第3～4页。

四 结语

战后以来的日美关系是一种保护者与被保护者、控制者与被控制者、帮助者与被帮助者的关系，这既符合日本人"缘人"基本人际状态下亲子关系的特点，也是美国人基本人际状态下寻求社会心理平衡的结果，导致亲子模式下美主日从的特殊关系因而够延续至今。日本与美国不过是彼此社会心理均衡模式一个构成要素而已，若彼此能够继续保持基本功能正常发挥，则亲子模式下美主日从关系仍将会一如既往，反之，只要有一方功能弱化，这种关系就将难以为继。

（原载《国际政治研究》2013 年第 4 期，有删减）

中国的日本神道研究[*]

赵　刚[**]

一　关于神道

神道是日本独特的传统民族宗教，崇尚自然崇拜，视自然界多样物体为神祇，属于多神信仰宗教。

在日本古典书籍中首次使神道名称的是《日本书纪》。《日本书纪》的《用明天皇纪》章节中如是说："天皇信佛法，尊神道。"神道起初没有正式的名称，为了表示与"佛法"一词的区别，当时的日本知识阶层借用"神道"一词来区分日本固有的神道与由大陆传入的佛教。

而在中国古籍中涉及介绍日本的神道一词则最早出现于《后汉书·东夷列传》，书中云："桓、灵闲，倭国大乱，更相攻伐，历年无主。有一女子名曰卑弥呼，年长不嫁，事鬼神道，能以妖惑众。"但是日本的"神道"二字虽源自中国的古典，概念却大相径庭。

神道按其性质可分为神社神道、教派神道、国家神道、宫廷神道、学派神道、民俗神道等六大类别。其中民俗神道无严密组织，一般在农村由农民自行组织祭祀农神和路神。而其他各流派可又分为伊势神道、两部神道、吉田神道、垂加神道、吉川神道、复古神道六大部类。在历史发展的过程中，

---

[*]　原文题为《战后七十年日本神道的历史变迁》。
[**]　赵刚，中国社会科学院日本研究所副研究员，研究方向为日本文化、政治思想史、媒体与社会。

神道各流派又分别形成了神道大教、黑住教、神道修成派、出云大社教、扶桑教、实行教、神道大成教、神习教、御岳教、神理教、禊教、金光教、天理教教派等神道十三派别，每一流派均有自己的创始人。神道思想以多神论、主神于众多神并存、自然神与社会神结合、神格神与人格神相结合；神人一致、神与人和自然和谐一体、互相依存；"清明正直""真心诚意""勤务追进"等伦理色彩浓重；可以认为"现世中心主义"的观点是神道的理论特征，而在神道礼仪中所保留的原始宗教的痕迹则为神道的特质。

明治维新后，日本政府宣布政教合一，将神社神道定为国教，神社由政府出资资助。政府内务省中还特设一部局管辖全国神社，而神职皆成内务省的职员。在日本军国主义对外侵略的时期，以靖国神社为代表的国家神道成为日本对外扩张的精神支柱。

1945 年日本战败，在盟军要求下，日本政府宣布政教分离，法律明确政府不得资助神社，自此神社变身为宗教法人。当代神道宗教最大的团体组织为神社本厅（加盟神社约 8 万日元），其他还有一些小型团体宗教法人及独立宗教法人。

二　中国的日本神道研究——主要"板块"及其观点

宗教应该包括三个层面：其一为宗教的思想观念（表现为经典），其二为宗教的崇拜行为及礼仪规范（表现为仪式），其三为宗教的教职制度及社会组织。神道就严格的意义上而言并不具备前述一般宗教所需要的三要素，因此即便在日本国内对其宗教定义还存在分歧。

中国的神道研究主要有以下五个板块。

（一）靖国与神社神道

靖国神社在战前处于日本国家神道的中心位置。战后，国家神道被废止，靖国神社也成为独立的宗教法人。但是，从 20 世纪 50 年代中期开始，以靖国、护国神社宫司会、神社本厅、遗族会、乡友联盟等右翼团体为核心，掀起了旨在使靖国神社国有化的"国家护持运动"。1969 年自民党议员提出了将靖国神社作为置于内阁总理大臣管理下的"特别宗教法人"的"靖国神社法案"，该法案虽然最终由于民众的反对未能被国会通过，但是从 20 世纪 80 年代起，为数众多的内阁成员均以公职身份参拜了靖国神社。围绕靖国神社与神道，大多数的学者将传统神道与靖国神社相区别，强调靖国神社是现代军国主义宗教文化传统的产物，同时也强调日本政治家如何对待靖国神社问题直接反映日本政府对侵略战争的态度，关系到日本能否继续走和平发展的道路。为数众多的研究成果从靖国神社的历史开始着手，分析的重点在于说明靖国神社与一般神社的区别，进而分析一部分日本政要参拜靖国神社的原因以及它的危害性。希望通过对历史事实的解析使更多的读者认清靖国神社的实质。步平的《日本靖国神社问题的历史考察》① 以及陆萍的《试析日本军国主义的历史根源》② 都属于这种类型。

（二）神道与军国主义以及皇国史观

神道与军国主义以及皇国史观的关联研究是神道与靖国神社研究的延伸。日本的传统政治文化有两个特征：神道信仰及其实际体现的天皇制，尚武精神及其极端表现的军国主义。公元 7 世纪中叶以后，日本开始中央集权政治体制的建设。原始神道在向民族宗教的转化过程中结合了儒学和佛教思想的因素，以皇室为中心的神道祭祀制度归结于皇权神授，体现为中央集权的天皇制。而近代日本社会民族国家的建设是在"国体论"理论基础上形成的。在国体论的指导下，旧有藩国体制被打破。日本近代国家是在排除了独立人格的基础上，通过对氏族共同体的扩大而实现的。因此需要借助宗教的仪式才能实现个人对国家和民族共同体的认同，这也是国家神道在明治时代应运而生的原因。当传统的神社神道成为国家神道，作为日本氏族传统代表的天皇理所当然地成为近代日本政治制度的核心人物。从表面上看，明治

---

① 步平：《日本靖国神社问题的历史考察》，《抗日战争研究》2001 年第 4 期。
② 陆萍：《试析日本军国主义的历史根源》，《湖南广播电视大学学报》2002 年第 4 期。

维新使日本在经济上走上了西方工业化的道路，在政治上实现了三权分立的资产阶级民主制度模式。但是日本的近代化转型由于缺乏民众的参与而没有群众基础，因此从一开始就带有很大的缺陷性。对于神道与军国主义以及皇国史观的关联。中国学者从对明治维新以后所形成的国家神道对日后的军国主义产生所具备的影响之研究为切入口进行了详细的分析。其主要论点可归纳如下："军国主义根植于日本近代启蒙思想中，日本国教"国家神道"的深远影响成为军国主义的社会精神支柱"[①]；"经过日本军国主义分子改造后的神道，以其神圣不容置疑的外表，严密系统的论证，阐发了一整套完整的军国主义思想理论体系的实质，并且渗透了日本人精神灵魂世界的深处，成为日本军国主义思想理论的核心和精神支柱，对于日本军国主义思想理论的形成起到了决定性的作用"[②]；"从尚武精神发展到武士道，再由武士道演变成军国主义，有其内在的逻辑。尚武思想培养了武士阶级，武士阶级的统治需要产生了武士道和武家政治，用武家政治理念治国就不免要走向武国、军国，尤其是在受到外部军事压力、国家面临政治危机的时候，必定会更加强烈地追求军国主义"[③]。

（三）神道与外来思想

尽管诸多日本的学者一再强调神道的独特性和民族性，但是从奈良时代起，日本受到大陆文化的影响，已经形成了神佛融合的思想，至平安时代出现了"本地垂迹"之说。毫无疑问，中国古代的哲学思想和佛教道教的理念在神道发展的过程中起到了相当大的作用。国内学者在研究神道与外国宗教的关系的部分，侧重于以宗教学和历史学的方法展开研究，主要有以下观点："中国传来的儒佛思想的影响和渗透对神道学说的兴起、神道理论的发展所起的作用是不容低估的。日本神道的理论体系、理论学说的产生和发展

---

① 陆萍：《试析日本军国主义的历史根源》，《湖南广播电视大学学报》2002 年第 4 期。

② 刘战、赵朗：《神道与日本军国主义思想的形成》，《理论学刊》2006 年第 12 期。

③ 管一颖：《日本的传统政治文化》，《中国海洋大学学报》2007 年第 2 期。

在很大的程度上得助于儒佛二教的教义教理"①;"神道教以儒教的思想为基础开展自身的道德意识,开始追求'明、清、诚心'把统一的道德观念与各个神的意志和行动相结合,并且把各个氏族的神话统一在皇室的传说中,形成了具有系统性的民族神话"②;"神社一词源于中国,大陆移民参与了神社的建造,并且把祖神置于神社中进行祭祀,其信仰礼仪、建筑式样及祭祀的神灵与中国有渊源关系,神道教是在不断吸收、改造外来文化的过程中,充实、发展而成的杂种性宗教信仰"③。在论证上述神道与佛教道教儒教等东方宗教哲学等关联的同时,中国的学者还将视野涉及西方宗教对神道及日本社会的影响,比如,"基督教与神道之间的交锋主要表现在对上帝与神的观念上,彼此各有一说,论争也比较温和(略)基督教同神道的初次交锋在幕府剧烈地禁教中而搁置,但是基督教教徒在日本的活动,却埋下了日本再次向世界文明冲击的种子"④。

(四)神道的哲学内涵

神道的哲学内涵受到了中国古典思想哲学的影响,或者说正是由于中国文化的传入,日本人意识到自己固有信仰的存在,并使之理论系统化。作为自然宗教的神道虽然是自发形成的,但是在其发展的过程中其理论受到了外来思想的深刻影响。在神社神道的形成过程中,以天皇为代表的皇室氏族神祭祀礼仪的最终确立,也离不开外来文化的影响。直至国家神道形成为止,神道一直积极吸收外来文化,而程朱理学又是对神道影响最深的外来思想之一。13 世纪初期,入宋日本僧人和从宋朝东渡的中国和尚将大量有关程朱理学的书带到了日本,他们在宣传禅宗思想的同时也传播了程朱理学。日本儒学的先驱人物藤原惺窝和林罗山也都是在寺院里接触和学习到程朱理学的。日本的儒学者排佛、排西方宗教独尊儒术,但并不排除神道。以林罗山

---

① 韦立新:《中日文化关系史上不容忽视的一页》,《日本学刊》2002 年第 3 期。
② 刘金鑫:《浅析外来文化对日本神道教的影响》,《安徽文学》2008 年第 2 期。
③ 葛继勇:《试论日本古代的大陆移民系神社》,《湖南农业大学学报》2004 年第 1 期。
④ 朱靖恒:《基督教与神道的初次交锋》,《日本研究》2002 年第 2 期。

为首的日本儒学者以"理当心地"为核心思想，主张"神道即王道"，为近世以后日本的神道理论打下了基础。此后山崎暗斋在垂加神道中把"土金传"与朱子学的"敬义内外"思想相结合，把儒家"敬"的观念神化并提升到政治统治的高度，通过宣扬对神的敬来达到敬畏最高统治者的目的。中国学者在对神道学哲学内涵的解释中有很多独到的见解。比如牛建科《试论国家神道之思想理论渊源》①、王维先《试论神道"土金传"与朱子学的关系》②、韩东育《日本"京学派"神道叙事中的朱子学》③ 等。上述文章围绕朱子学思想对神道的影响，从思想哲学角度进行了阐述和论证。

最早从哲学的角度谈及日本神道的论文首推王守华的《神道哲学刍议》④。该文不同于以往国内学界仅把国家神道视为神道的全体进行批判，而是较为详细地介绍了神道思想的形成和发展的 2000 多年的历史、神道各派的思想，比较客观地总结归纳了神道哲学思想的内容和特点。此外，王守华在《日本哲学史教程》⑤ 第四章"神道哲学思想"中，论述了神道思想形成的历史过程，论述了神社神道的天台神道、两部神道、伊势神道、吉田神道、理学神道、垂加神道、复古神道各个派别，以及教派神道的各个派别的哲学思想。将神道哲学思想归纳为："功能论是神道哲学思想的理论基石"；"神人一致、祭政一致是神道的中心观念"；"明和善是神道哲学的重要内容"；"肯定现实是神道的根本目的"；"不断顺应时势的变异性是神道思想发展的规律"等。

（五）神道与日本文化

神道是日本文化中最重要的组成部分之一，与日本人的文化生活息息相关。从神道与日本文化的关系出发，对日本文化中的神道进行研究，是近年来中国日本神道研究界新的领域，可归类为以下几个方面。

---

① 牛建科：《试论国家神道之思想理论渊源》，《山东大学学报》（哲学社会科学版）2002 年第 6 期。
② 王维先：《试论神道"土金传"与朱子学的关系》，《齐鲁学刊》2003 年第 5 期。
③ 韩东育：《日本"京学派"神道叙事中的朱子学》，《求是学刊》2006 年第 4 期。
④ 王守华：《神道哲学刍议》，《日本问题》1988 年第 6 期。
⑤ 王守华：《日本哲学史教程》，山东大学出版社，1989。

1. 日常生活中的神道与文化

近年的代表作有柳肃的《日本的神社建筑及文化特征》[①]，该文围绕日本神社的基本构成建筑式样、神社的建筑环境选择以及环境营造的角度就神道的文化特征进行了探讨。王蓉的《神道神馔——日本食文化的原型》[②] 从对神馔——日本神道食文化的古老原型的研究，推至对日本饮食文化以及意识生活史的归纳。

2. 神道与自然

日本现存的原始森林大部分是神社林。其原因与神道的自然观有关。以"生"为媒介的神道的自然观认为，神与人和万物是和谐的亲子、同胞关系。常绿的树木是神灵依附之处，森林是神和祖灵居住的地方，是"千古不入斧"的神圣不可侵犯的"圣域"。王守华是该领域研究的先驱者，主要成果有《日本神道的现代意义——从中国人的视角》[③]《日本神道的现代意义——从中国人视角出发》[④]《日本神道的现代意义》[⑤]《东方传统环境思想的现代意义》[⑥]《环境与东亚文明》[⑦]《关于神道的自然观的现代意义》[⑧]《"人喜欢的，神也喜欢"——神道自然观和环境保护再诠释》[⑨]《关于神道的自然观和环境保护的再解释》[⑩]。上述论文和著作从神道生灵观的角度阐述了神道对自然环境保护的作用。

3. 比较文化研究

比较文化研究是目前日本神道研究的一个热点。诸如宋嘉扬的《日本

① 柳肃：《日本的神社建筑及文化特征》，《中外建筑》2002 年第 3 期。
② 王蓉：《神道神膳——日本食文化的原型》，《民俗研究》2007 年第 3 期。
③ 王守华：《日本神道的现代意义——从中国人的视角》，《中日关系史研究》1996 年第 1 期。
④ 王守华『日本神道の現代意義—中国人の視点から—』、東京農文協出版社、1996。
⑤ 王守华『日本神道の現代意義』、東京農文協出版社、1997。
⑥ 王守华：《东方传统环境思想的现代意义》，载《东方文化的现代承诺》，沈阳出版社，1997。
⑦ 王守华：《环境与东亚文明》，山西古籍出版社，1999。
⑧ 王守华「神道の自然観の現代意義」、『皇学館大学神道研究所の報告』第 58 号、2000。
⑨ 王守华：《"人喜欢的，神也喜欢"——神道自然观和环境保护再诠释》，《杭州师范学院学报》2006 年第 6 期。
⑩ 王守华「神道の自然観と環境保護についての再解釈」、『現代の哲学に挑戦する—アジアの視点に立つ—』、東京文学社、2007。

神道与郭沫若早期诗歌》，该文从郭沫若早期诗歌创作中多次出现与太阳相关的内容，以及郭沫若诗剧中有关祭祀祖先的描写中所发现的神道祭祖活动的影响的角度分析了构成郭沫若早期诗歌作品的主要框架。陈小法的《日本神道对茶道的影响》则从茶道的形式和内涵两个方面就明治维新前的神道对日本茶道的影响进行探讨。朱颖的《试论文化神佛习合的主客观因素》则从民间传说中的徐福东渡与神道的关联进行了研究。该文从传说中的徐福文化与神佛习合的客观现象入手，根据已经被证实了的日本贵族中多数为大陆移民的事实，分析导致人为的"真正日本精神"的徐福文化神佛习合的主观因素。同时，围绕神道中的"本地垂迹"与"反本地垂迹"的历史阶段中徐福文化的神佛习合结局的差异，论述了神道在日本历史发展各个阶段的作用。

三　中国的日本神道研究成果及主要观点

20世纪末以来，中国的神道研究除了前述研究成果以外，也形成了一系列研究著作，主要有如下著作。

《当代神道教》①。此书从整体上对神道教的发展历程做了概要介绍。其中涉及神道教的重要文献、教义、学派、祭祀等。在对战后神道教的研究中，围绕当时的社会环境、宗教政策，对神社神道和教派神道的教团和宗教活动，以及神道教系统的文教事业等进行了考察。

《宗教体制与日本的近现代化》②。作为《当代神道教》《新兴宗教与日本近现代社会》的续集，《宗教体制与日本的近现代化》以翔实的资料为基础，运用历史学的方法，对日本明治维新以后的神道的发展过程进行探讨。该书围绕宗教与政治的关系，论证了神道在明治维新后从长期依附佛教发展为主宰日本精神领域的国家神道的过程，以及国家神道对当时日本国民思想的侵蚀和危害。同时以历史文献为依据，揭露了国家神道的本质已经背离了

---

① 张大柘：《当代神道教》，东方出版社，1999。
② 张大柘：《宗教体制与日本的近现代化》，宗教文化出版社，2006。

日本古代文化传统的事实。

《日本天皇制及其精神》[①]。该书以探究维系天皇和天皇制的内在同一性和连续性的精神因素为重点，从古代天皇制的形成的结构范畴中的政治理念、思想意识、宗教信仰和传统习俗等方面进行了分析。针对神道与天皇制的关系，该书作者指出：①神道的存在及其理论的形成是天皇传统地位得以维持几千年的重要原因；②只有神道能唤起日本人的民族意识；③用宪法的名义对天皇现人神进行法律定义的根据。

《日本人的原始信仰》[②]。该书是关于古代日本神道的综述类专著。主要的研究范围是日本原始信仰向早期神道转变过程中的一系列问题。该书从古代日本人的生殖崇拜谈起，涉及日本人的宇宙观的形成、以太阳神为首的自然信仰的由来、日本巫术的发展以及巫术与祭祀的关系、礼仪制度的初步形成以及原始信仰发展至早期神道的历史演变过程等方面的问题。同时，该书作者指出日本古代律令制度的精神来源是神道。

《神道文化思想与思想研究》[③]。该书作者认为："神道是日本社会固有的生活习俗、特有的民族文化和自有的民族宗教。"其主要观点为：①神道是中国与日本、日本与西方文化交流的基础和桥梁；②神道在其历史演进过程中，受佛教、儒学的影响，发生了"吸取—变形"；③步入近代，神道发生了非理性式膨胀，成为军国主义的思想武器；④从神道产生和历史沿革来看，其特征为"原始神道—神社神道—国家神道—神社神道和独立神社并立"；⑤从神道系统化、理论化过程来看，神道可分为以平安时代为界的非学派神道和学派神道。

《日本垂加神道哲学思想研究》[④]。该书作者在对垂加神道的特征进行详尽考察的基础上，运用比较研究的方法对垂加神道与朱子学的主张进行了分析。该书的特点在于，通过对于山崎暗斋强调神道与圣人之道在本质上的统一性，但又反对把神道与圣人之学进行简单的有关附会习和等问题的实证，

[①]　王金林：《日本天皇制及其精神》，天津人民出版社，2001。
[②]　王金林：《日本人的原始信仰》，宁夏人民出版社，2005
[③]　范景武：《神道文化思想与思想研究》，内蒙古人民出版社，2001。
[④]　王维先：《日本垂加神道哲学思想研究》，山东人民出版社，2004。

指出垂加神道与朱子学的结合是日本文化吸纳改造中国文化的一个典型范例。

《复古神道哲学思想研究》①。在研读大量神道理论知识的基础之上，该书作者对复古神道进行了理论界定，论述了复古神道与国学的关系。围绕日本学界的"核心论""等同论""包含论"等理论观点从中国学者的角度进行了分析和论证。其理论贡献在于，在中国学界，该书作者首次提出了"神道的宗教实践性和彻底反本地垂迹说的倾向是复古神道的特征"的观点，并进行了理论分析。

《没有经卷的宗教——日本神道》②。围绕日本神道的历史渊源以及现实意义，该书作者指出："神道的特质就是宣扬神国观；国家神道是日本发动侵略战争的理论依据。"同时，该书作者认为现在的日本神道已经实现了向朴素的古神道回归，并使传统的民俗内涵得到了发展。针对神道理论更新的特征指出："神道会脱光当时身穿的一切沾有其他宗教和思想影响的服装，返回神道原质的'裸体'，然后再换上带有新时代新思想颜色的新衣裳。"

《日本江户时代庶民伊势信仰研究》③。该书围绕伊势神宫的建立和伊势信仰在古代中世的发展轨迹，证实了伊势信仰是由天皇独占演变为逐渐扩散到贵族、武士和庶民中间的过程。该书作者指出：伊势信仰的基本特点是整个庶民阶层重视天照大神而轻视丰受大神，否定了很多日本学者所主张的庶民重心是农业神丰受大神信仰的观点。该书在结论中把伊势信仰放在江户日本庶民的宗教信仰体系中进行定位，发现伊势信仰的特点主要有三：①伊势信仰所蕴含的民族意识及其与整个日本国家之间的关联是其他任何神佛都不具备的；②庶民伊势信仰具有自发性；③伊势信仰堪称最具广泛性的宗教信仰。

《神道与中日文化交流》④。作为《日本神道的现代意义》⑤ 的姊妹篇，该书作者的主要观点可归纳为以下四点：①由以"生"为媒介的神道的自

① 牛建科：《复古神道哲学思想研究》，齐鲁书社，2005。
② 刘立善：《没有经卷的宗教——日本神道》，宁夏人民出版社，2005。
③ 刘琳琳：《日本江户时代庶民伊势信仰研究》，世界知识出版社，2009。
④ 王守华：《神道与中日文化交流》，河北人民出版社，2011。
⑤ 王守华『日本神道の現代意義』、東京農文協出版社、1997。

然观所派生的"产灵"思想，至今仍被作为日本现代企业生产和技术发展、企业繁荣的精神基础，也是日本人独特的"突破现状的再出发哲学"；②神道的"神人一致"的理论有正反两方面的作用；③围绕靖国神社的暗流的实质是日本国内的右翼势力试图从宗教侧面复活国家神道，否定侵略战争的性质和战争责任，继续为军国主义招魂，而从思想上、宗教上彻底批判国家神道是神道研究的重要内容之一；④神道的自然观中人与自然和谐一体、协调发展的合理主义成分对今天维护地球生态环境具有现实意义。

四 中国的日本神道研究的主要特点 以及今后的发展趋势

中日邦交正常化以来，中国的日本研究在数代人的努力下取得了丰硕的成果。但是相比政治、经济、外交等领域的研究而言，中国对于日本文化的研究力度稍显薄弱，神道研究更是处于起步阶段。

（一）中国学界对于日本神道的研究始与翻译有关神道研究的书

代表译著有：村上重良著、聂长振译《国家神道》①；村上重良著、张大柘译《宗教与日本现代化》②，Helen Hardacre 著、李明峻译《神道与国家——日本政府与神道的关系》③，子安宣邦著、董炳月译《国家与祭祀——国家神道的现在》④，小泉八云著、曹晔译《神国日本》⑤。上述系列丛书的翻译使中国学者对日本的神道有了初步的理解，也培养了一批日本神道的研究人员。但是，中国的日本神道研究侧重于关注诸如以村上重良为代表的非

---

① 〔日〕村上重良：《国家神道》，聂长振译，商务印书馆，1990。
② 〔日〕村上重良：《宗教与日本现代化》，张大柘译，今日中国出版社，1990。
③ Helen Hardacre：《神道与国家——日本政府与神道的关系》，李明峻译，台湾金禾出版社有限公司，1994。
④ 〔日〕子安宣邦：《国家与祭祀——国家神道的现在》，董炳月译，生活·读书·新知三联书店，2007。
⑤ 〔日〕小泉八云：《神国日本》，曹晔译，吉林出版集团有限责任公司，2008。

宗教界学者的观点而忽略了出自神道宗教内部的见解，关注自明治维新以后的神道发展趋势而忽略了战前几千年日本神道发展的历史轨迹以及文化渊源。

（二）中国学界对神道的研究始于反对军国主义势力及其代言人参拜靖国神社

中国学者真正对神道引起关注并展开学术研究始于 21 世纪初。其主要目的是针对当时的日本政要参拜靖国神社、对日本国内"日本文化特殊"论相关联的论潮进行驳斥和披露。与当时亚洲各国就日本政要接二连三地参拜靖国神社纷纷提出抗议"针锋相对"的是，日本国内当时流行所谓"日本文化特殊论"，该论调的主要特征是片面强调日本文化与习俗的特殊性，鼓吹日本的生死观与其他国家有所不同。其目的无非想假借强调日本文化和神道的特殊性，掩盖日本对那场战争反省不足的事实，为日本的政治外交服务。针对这一现象，以张高翔的《靖国神社与日本军国主义》[①]、步平的《日本靖国神社问题的历史考察》[②] 等为代表的中国学者的研究成果，围绕靖国神社与日本军国主义关系，从宗教学、政治学、历史学等角度证明了上述论点的荒谬。上述学术成果引起国内学术界对神道宗教特殊性质的兴趣，也提高了中国学界对于日本神道进行学术探讨的积极性。

（三）现阶段、神道与哲学关联的研究是中国神道研究的重点，专题研究系列已经逐步形成

伴随靖国神社与军国主义关联的研究的深入，神道与战争关联的论文也不断出现在中国学者的笔下，诸如刘炳范的《论日本神道教的变迁及其对战争问题认识的影响》[③]、高洪的《战争期间日本军国主义法西斯的精神专制》[④]。这些论文从历史层面、精神层面剖析了国家神道与法西斯主义的内在

① 张高翔：《靖国神社与日本军国主义》，《云南师范大学学报》2000 年第 4 期。
② 步平：《日本靖国神社问题的历史考察》，《抗日战争研究》2001 年第 4 期。
③ 刘炳范：《论日本道教的变迁及其对战争问题认识的影响》，《日本研究》2003 年第 3 期。
④ 高洪：《战争期间日本军国主义法西斯的精神专制》，《日本学刊》2005 年第 4 期。

关联以及国家神道对战争所应负的责任。以此为延伸，中国学界对于神道的研究随之在哲学、政治、文化以及神道与其他宗教的关联等领域得到了发展。代表作品有王守华的《神道哲学刍议》①、牛建科的《试论国家神道之思想理论渊源》②、王维先《试论神道"土金传"与朱子学的关系》③ 等。

（四）把握与运用第一手资料是提高未来神道研究水平的关键

神道虽然没有特定的宗教原典，但是在 1000 多年以来的发展过程中受到了多种宗教因素的影响。神道思想的内容也在不断地发展，形成了诸如神道五部书、《中臣祓训解》之类的有关神道礼仪规定以及思想注释的书籍。可以说一部神道史同时也是一部日本社会文化史。从前期的伊势神道—佛家神道—吉田神道—后期的伊势神道—垂加神道—吉川神道—复古神道，各个时代的神道都有着鲜明的时代特征。对各个时代的神道史料进行梳理和考证对刚刚起步的中国神道研究学界来说，建立具有中国神道研究特色的神道研究体系，将是一个比较艰巨的任务。尤其是系统整理对近代日本神道宗教的形成起了决定性作用的江户时代的国学思想，将是直接影响对日本神道研究的关键。

（五）运用多方位角度切入的方法将是今后神道研究的发展趋势

总体而言，中国学界的神道研究还只是处于初始阶段。同时，学界对神道研究也缺乏足够的重视，主要存在研究课题过于集中、第一手资料欠缺、学科知识的局限、研究深度不够等问题。但是随着近年来中日间学术交流的深入，更多的年轻学者加入神道研究行列，近几年的神道研究已经脱离了以往侧重于日本军国主义与神道的关系等敏感话题的局面，以日本文化宗教为背景，面向学科基础层面的神道研究已经形成了一种新的趋向。代表作品有郑爱华《晚清中国人的神道观——以外交官和考察游历官为中心》④、朱颖

---

① 王守华：《神道哲学刍议》，《日本问题》1988 年第 6 期。
② 牛建科：《试论国家神道之思想理论渊源》，《山东大学学报》（哲学社会科学版）2002 年第 6 期。
③ 王维先：《试论神道"土金传"与朱子学的关系》，《齐鲁学刊》2003 年第 5 期。
④ 郑爱华：《晚清中国人的神道观——以外交官和考察游历官为中心》，《世界宗教研究》2004 年第 1 期。

《日本神话和神道中的徐福东渡之谜》[1]、陈小法和陈克林《日本神道对茶道的影响》[2]、王金林《皇室神道的形成与天皇的神化》[3]、范景武《论二宫尊德的神道观和价值观》[4]、王蓉《神道神膳——日本食文化的原型》[5]、柳肃《日本的神社建筑及文化特征》[6]、王宝平《神道与日本文化》[7]、牛建科《基督教与神道教的神灵观》[8] 等。上述文章及著作围绕日本神道与外来文化的关联、日本神道的哲学理念、神道宗教信仰和佛教的关系、神社建筑文化、神道文化对中国近代文学的影响，或从多方面比较的角度出发，或以社会、历史、哲学、宗教学、音乐学的研究方法对日本神道进行全面的探索，已经成为中国神道学界研究的一种新趋势。

（原载《日本研究》2015 年第 3 期）

---

① 朱颖：《日本神话和神道中的徐福东渡之谜》，《日本研究》2007 年第 1 期。

② 陈小法、陈克林：《日本神道对茶道的影响》，《中国茶叶加工》2002 年第 1 期。

③ 王金林：《皇室神道的形成与天皇的神化》，《日本研究》2007 年第 1 期。

④ 范景武：《论二宫尊德的神道观和价值观》，《内蒙古工业大学学报》（社会科学版）2008 年第 1 期。

⑤ 王蓉：《神道神膳——日本食文化的原型》，《民俗研究》2007 年第 3 期。

⑥ 刘肃：《日本的神社建筑及文化特征》，《中外建筑》2002 年第 3 期。

⑦ 王宝平：《神道与日本文化》，北京图书馆出版社，2003。

⑧ 牛建科：《基督教与神道教是神灵观》，《犹太研究》2008 年第 6 期。

日本政治舆论空间的变革与未来方向

——以《朝日新闻》的跌宕沉浮为视角

金　赢[*]

2018 年 6 月，英国牛津大学路透新闻研究所发表年度国际媒体调查报告最新版本——《2018 年数字新闻调查报告》。关于日本，该调查于 2018 年年初以网络问卷的形式，就报纸、电视台、周刊杂志等媒体的可信度，从 0（完全不可信）到 10（完全可信）共分为 11 个等级，请日本受众（样本数为 2023 人）进行分级评价。[①] 结果显示，《朝日新闻》在日本各大报中可信度排在最后一位。具体排名为：第一是《日本经济新闻》，第二是地方报纸，第三是《读卖新闻》，第四是《产经新闻》，第五是《每日新闻》，第六是《朝日新闻》。一家日本周刊杂志据此惊呼，"《朝日新闻》成为最不受信赖的日本大报"。[②]

《朝日新闻》的当前际遇是日本政治舆论空间及其新闻舆论生态的重要晴雨表。从日本近代报业发端之时，《朝日新闻》长期是高学历精英阶层的必选读物。在战后以来的日本新闻界，无论发行量还是舆论影响力，该报都是业界翘楚。关于《朝日新闻》地位跌落的原因，上述调查报告给出的分析是："近年来，该报一直饱受保守派的执政党和右倾媒体两方面的诟病，

---

* 金赢，中国社会科学院日本研究所研究员，研究方向为日本媒体、日本社会。

① 参见 http://media. digitalnewsreport. org/wp－content/uploads/2018/06/digital－news－report－2018. pdf? x89475。

② 「朝日新聞の信頼度は日本の有力紙の中で最下位　英調査」，『週刊ポスト』2018 年 7 月 13 日号。

右派势力严厉的、党派性的批判一定程度上造成了可信度的下降。"从最受信赖到"最不可信"，从舆论的引导者到执政党和同行媒体批判的众矢之的，《朝日新闻》的地位变迁折射出当今日本政治舆论空间正在发生巨大变化，背后的机理值得深入研究。

一 战后日本新闻媒体与政治舆论的关系

政治舆论是关于政治问题的社会普遍意见，涉及对国体、政体、党派、社会理想、政治方针、政策以及各种政治事件、人物等表示支持或反对或中立的公意。[①] 在现代社会，随着大众投票权的普及和大众传媒技术迅猛发展，新闻媒体在政治舆论空间中的地位和作用日益重要。一方面，它们扮演双向信息传递者的角色，既通过记者的报道向民众传递政治信息，也把民众的意见传达给政治领袖；另一方面，它们还以发表社论、评论员文章等方式，直截了当表达意见、亮明立场倾向，直接参与政治过程。

第二次世界大战后，日本新闻媒体在政治舆论空间中的地位格外突出，达到前所未有的高度。这主要有三个方面的原因。第一，基于战争时期"大本营发表"的军国主义钳制言论教训，在战后美国对日本的改造中，特别强调新闻媒体的报道活动受到宪法第二条的保护，即"言论、出版及其他一切表现的自由"作为基本人权，不受国家机关的追诉及审查，新闻媒体的新闻自由权利与言论表达自由得到强有力的法治保障。

第二，战后日本的新闻媒体，特别是几家全国性报纸，在经营体制上延续了战前的高度集中和垄断，这与遭到解体的其他领域财阀和企业的际遇大不相同，报纸得以保存广泛延伸覆盖的巨大"体量规模"。通过战后迅速恢复订阅和送报到户的流通体制，报纸在日本民众的日常生活中很快重新落地生根。电视普及后，日本五大全国报纸先后建立了自己的商业电视网络，通过覆盖千家万户的广播电视网络，在影响甚至主导政治舆论生态方面，如虎

---

① 刘建明、王泰玄等：《宣传舆论学大辞典》，经济日报出版社，1993。

添翼，成为不可或缺的重要力量。

第三，在驻日盟军总司令部（GHQ）的扶持下，战后《每日新闻》、《朝日新闻》、共同通讯社、时事通讯社等新闻机构迅速建立了自己的舆论调查体制，使新闻媒体在政治舆论空间中的能动性和话语权、议程设置权不断增强。

基于上述原因，以几家大报社为代表的新闻界在战后日本的政治生活、政治舆论空间中占据了举足轻重的地位。1980 年，东京大学教授蒲岛郁夫就"日本政治·社会集团影响力排名"进行过调查，结果显示，除去大众媒体自身外，其他所有精英集团，如自民党领袖、官僚、经济界领袖、农业团体领袖、学者文化人、在野党领袖、工会领袖、市民运动领袖等，全都认为大众新闻媒体对日本政治和社会最具影响力。[①] 对此，日本政治学者京极纯一曾做过深刻而准确的揭示："'公众'要服从于提供政治新闻报道的'政论'。一旦投票或议席有所变动，政治新闻报道自身就成为'公论'或'舆论'，是与政治及官僚制度并立的第三种政治力量。"[②]

而在新闻界内部，《朝日新闻》又是最具影响力的媒体之一。该报的前身是《大阪朝日新闻》。1918 年在遭遇了一场政治高压事件后，报社将"不偏不倚"明确写入编辑纲领，走上了一条"客观报道主义"与"报纸商品主义"相结合的道路，由此从面向大众的娱乐性"小报"转变为面向中间阶层的报道性"中报"。在转型过程中，该报使用的手段是呼应社会日益增长的知识信息需求，延揽著名学者或作家在报上发表作品，打造"知识分子报纸"的品牌。据日本学者竹内洋考证，1938 年文部省教学局的《大中学生生活调查》表明，一半以上的大、中学生平时阅读的报纸是《朝日新闻》。帝国大学学生阅读《朝日新闻》的人数是阅读《每日新闻》的 2.2 倍、《读卖新闻》的 3.2 倍。虽然 1938 年日本三大报的发行量是《每日新闻》285 万份、《朝日新闻》248 万份、《读卖新闻》102 万份，其中《朝日新闻》位居第二，但在接受高等教育的精英层中，《朝日新闻》是首选，遥

---

① 蒲岛郁夫「マスメデイアと政治：もう一つの多元主義」、『中央公論』1986 年 2 月号。
② 〔日〕京极纯一：《日本政治》，黄大慧、徐园译，商务印书馆，2013，第 355 页。

遥领先。这种态势一直延续到战后。1965 年 11 月关西大学学生"经常阅读的日刊报纸名称"的调查结果是，《朝日新闻》居首（占 50.7%），《每日新闻》位居第二（占 27.4%），《读卖新闻》位居第三（占 16.7%），《产经新闻》位居第四（占 15.5%）。竹内称："当时，对大学生来说，《读卖新闻》是大众报纸，《朝日新闻》是知识阶层的报纸，《每日新闻》是则介乎大众报与知识分子报之间的。"1957 年，《朝日新闻》在发行量上也超过《每日新闻》，其作为日本第一大报的地位更加不可动摇。①

二 战后日本新闻媒体的党派性

战后初期，在以美国为首的盟军改造下，日本出台了新宪法，以宪法规定的"国民主权""尊重基本人权""放弃战争"等基本理念为指引，开启了建设民主政体的新路。很显然，这条道路是以自由民主体制为理想范本的。自由民主政治理论的"元框架"是"赋予个人民主自由，扩展公民权利，使其不受国家侵犯"。此类政体的核心在于三点：立宪主义、民主参与和理性选择。立宪主义是指通过一套程序和规章来规范选举过程，并约束获胜者及反对者的活动在法制框架中进行。民主参与是指全体公民中参与民主进程的人数必须达到"足够"的比例，包括赋予妇女选举权。理性选择包括两个条件：第一是具有不同的选择可能，第二是公民具有做出理性选择的能力。这两点都需要信息和舆论环境的支持，即公民赖以做出政治选择的知识和信息必须能够自由流通，并可以被所有人获得。因此，信息公开、民众知情权和舆论监督等从法理上受到宪法和各种权利法案的保障。理性选择与新闻媒体关系密切，要求新闻媒体具备告知、教育、讨论平台、权力监督、政治观点劝服等五大功能。新闻媒体只有充分具备并履行这些功能，才可以创造一个真正的"公共领域"，进而实现"真正"的民主。②

---

① 竹内洋「進歩的の文化人、岩波、そして朝日の凋落」、『中央公論』2014 年 11 月号。
② 〔英〕布赖恩·麦克奈尔：《政治传播学引论》，殷祺译，新华出版社，1995。

上述自由民主政体的范式虽然具有理想主义色彩，在现实中难以充分实现，但对于战后之初的日本新闻界来说，既指明了方向也提供了动力。1945年11月，《朝日新闻》在一篇社论中宣示："自称天下公器的报纸，今后将激流勇进，为最终完成作为国民舆论之指导机构的作用。"① 为发挥这种作用，日本新闻界认为媒体作为民众的代表，对权力进行监督至关重要，因此，"以权力监督为使命"成为战后日本新闻界最重要的自我身份认知和普遍认同。首先，从日本新闻业的发展历程看，从明治时期自由民权运动中的政论性"大报"时代开始，主要报纸一直有在野党性质自我认知的传统，经常对政权进行批判。战后，新闻媒体在新宪法保护下很快恢复了这一"权力监督""权力批判"的传统。其次，战后在美苏对立的两极化冷战格局中，日本形成了自民党长期独揽政权的"五五体制"，为了保持政治舆论空间的制衡和政治舆论避免"一边倒"的平衡，新闻媒体与在野党形成了同盟关系。尤其是《朝日新闻》，由于其知识分子型报纸和自由民主理念信奉者的身份认同，在意识形态上与在野党有亲和性的同盟关系更加明显，因此，政党政治中的"保守与革新的对决"延伸到了政治舆论空间中，也随之形成两个鲜明的阵营：官僚和保守政治家等是保守派、反动派，在野党、新闻媒体等是革新派、进步派。双方在有关《日美安全条约》、和平宪法原则等问题上存在尖锐的分歧和对立，而且由于新闻媒体直接的"选边"参与，在话语权上作为革新派、反对派的后者往往拥有更大的舆论优势。

新闻媒体的这种"反政府"姿态，突出地表现在1960年安保运动时期。当时，面对岸信介内阁的强硬政治姿态和日益升级的学生游行，以《朝日新闻》为首的七家报社以《排除暴力，守护议会主义》为题发表联合声明，要求首相下台。1962年，入江通雅在爱德华·惠特莫尔（Edward P. Whittemore）所著《三大报纸批判》的译者后记中评论："日本的报纸抱有'不偏向政府'的强烈偏向态度，……全国发行的报纸都被置于一种异

---

① 《朝日新闻》1945年11月7日名为《报纸的新使命》的社论，转引自〔日〕佐藤卓己《舆论与世论》，汪平等译，南京大学出版社，2008，第71页。

常的立场上，从中完全看不到为拥护政府或者单纯为政府代言的内容。"①

当权的保守势力当然不想让这种局势长期持续，他们的办法就是自己经营以求掌控舆论。实际上，自 20 世纪 50 年代初签署《旧金山和约》后，日本的保守政党就已经开始经营自己的舆论阵地，如 1954 年鹿内信隆受命掌管日本广播；1956 年水野成夫受命掌管文化广播，1958 年在财界支持下，水野收购陷于赤字状态的《产经新闻》。但正如前文所述，对于这时的保守派媒体如《产经新闻》，影响力及读者的社会层次根本无法与《朝日新闻》《每日新闻》等革新派、进步派媒体抗衡。于是，这一时期，为增强话语权，保守阵营也开始借鉴战前《朝日新闻》延揽知识分子的方法，支持反共、反苏、反学生运动的保守知识分子结社，出版、发行刊物。当时在美苏冷战对抗加剧的大背景下，这样的结社和出版也得到了美国福特基金会等机构的支持。1956 年日本论坛成立，该论坛的参加者大致分为三类：一是以竹山道雄为代表的日本文化至上主义者，二是批判马克思主义和法西斯主义的自由主义者，三是以高坂正显为代表的传统主义者。② 1959 年，该论坛出版发行《自由》杂志。这些动作加上日本右翼的崛起推动了新闻舆论生态的转变。如安保运动前后，右翼分子的喧嚣与学生运动同时看涨，暴力政治也在一定程度上发挥了抑制进步派媒体的作用。1960 年 4 月，《每日新闻》因揭露政治家与右翼的关系受到骚扰；同年 6 月，《世界》《周刊现代》等杂志因支持民众的反安保斗争遭到右翼分子的抗议；1961 年 2 月，因《中央公论》此前连载了涉及天皇的小说，一名 17 岁的右翼青年潜入杂志社社长家中行刺，造成一死一伤。《中央公论》随即废弃了旗下另一本杂志准备刊发的《天皇制特集》，之后该刊由"进步路线"转向了"现实主义路线"。③

安保斗争后，日本进入"经济的季节"。自民党主导的"开发主义国

① 佐藤卓己：《思考"2015 年安保"与报纸报道的"两极化"》，https：//www. nippon. com/cn/in‐depth/a05002/? pnum＝6。
② 上丸洋一『 ‘諸君！' ‘正論' の研究』、岩波書店、2011、44 頁。
③ 上丸洋一『 ‘諸君！' ‘正論' の研究』、岩波書店、2011、45 頁。

家"模式在促进经济高速增长的同时，通过向农村等弱势地区和群体的再分配以及年金制度、社会保障制度的建立，实现了国民"平等的增长"，也维持了自民党的长期执政。自民党长期执政意味着在野党的长期在野，这种政治格局作用在政治舆论空间，就导致出现一种在野党为展示自己存在必要性和合理性的卖力的"表演"，论战中表现出的更多的是原则主义和理想主义的概念之争。而经济的高速增长及大众消费社会的出现，也为媒体带来了大发展、大繁荣的机遇。媒体产业作为企业，自然也有发展的冲动，媒体就需要与政权保持良好的关系，这种情况下的"权力批判""权力监督"在很多时候就不免带有"做样子""为批判而批判"的色彩。但是，新的问题随之而来：随着争夺订户的竞争加剧，各报在报道上越来越趋同，反过来要求它们必须在论调上有自己的特色，这就意味着媒体的党派性并不能减弱，相反，要在言论的党派性上更加旗帜鲜明。为确立自己与众不同的论调特色，战后初期曾团结一致"批判权力"的新闻界开始出现新的分化，由于长期执政的自民党推动经济发展，执政地位日益巩固，这个时期亲政府、亲自民党的保守媒体不断发展壮大。

保守媒体的发展壮大也有其社会民意基础。1968 年学生运动席卷世界主要国家，日本也爆发了"全共斗"运动，大学生游行队伍冲击地铁站、东京大学学生占据安田讲堂，骚乱在社会层面造成巨大负面影响，普通市民对激进左派感到反感。也是在 1968 年，日本 GDP 超过联邦德国，在西方阵营排到了第二，民众对现实发展感到满意的"生活保守主义"占据社会舆论的主流。这些因素都促使保守言论人的活动趋于活跃。1968 年 6 月日本文化会议成立；1969 年初文艺春秋杂志社发行杂志《诸君！》；同年，三云四郎出任《产经新闻》总编。在回忆录中，三云这样写道："当时我暗下决心要和'朝日'干到底。凡'朝日'主张的，我们都要反对，明确反'朝日'的路线。"为拉平与《朝日新闻》的差距，该报开始重视加强理论武装。1973 年《产经新闻》开设大型言论栏目"正论"，并在四个月后发行同名杂志。按时任社长鹿内信隆的话来说，这样做是要"公开向大新闻的'偏向'发起挑战"。1977 年《读卖新闻》的发行量超过《朝日新闻》，政治立场也开始渐渐向保守派靠拢。1984 年元旦，该报发表新年社论，阐述了全面拥护中曾根康弘首相保守主义路线、亲美反苏、否定反核·和平主义运动的立场。以此社论为标志，拥有 900 万份发行量的《读卖新闻》及读卖集团与《产经新闻》及其产经集团组成了保守右派媒体同盟。日本新闻界内部左右对立的党派性就此形成。

三　"反朝日"风潮与日本政治舆论生态的走向

20 世纪七八十年代，日本经济克服了石油危机，在西方世界一枝独秀，"一亿总中流"和民族自豪感成为日本国民的主流意识。但是，这种意识对于以持批判性立场为特色的新闻媒体来说并不是一件好事。大众消费社会的到来使民众对政治的关注度迅速下降，"仅仅用政治或'保守与革新的对决'就能鼓动人们（特别是青少年），使他们对此产生情绪或冲动的时代已经结束了"。[①] 尤其是以各种论坛为平台的自由派知识分子的权力批判对民众的吸引力越来越小。更为不利的是，随着大众社会的到来，日本舆论中的"反知性主义"越来越明显。日本学者竹内洋指出，1957～1977 年，《朝日新闻》成为日本发行量第一的大报，其社会基础是人们希望通过提升教养获得更好的发展机会。但是，教养的普及化与教养的收益率却往往是一种反相关关系，也就是说，有教养的群体和阶层越扩大，教养就越不值钱。大众社会、消费时代的到来反而导致人们对深刻理性思考厌倦，反知性主义、反权威主义盛行。因此，到了 20 世纪 70 年代"全共斗"运动的余绪之际，日本已经出现了对丸山真男等著名知识分子从冷嘲热讽到公然谩骂的反知性主义倾向。[②] 在这个过程中，《朝日新闻》也渐成明日黄花。

冷战结束后，日本的"反朝日"倾向进一步发展。除上述分析外，其深层次结构性原因还有三点。第一，《朝日新闻》"高处不胜寒"。在后冷战

---

① 〔日〕京极纯一:《日本政治》，黄大慧、徐园译，商务印书馆，2013，第 357 页。
② 竹内洋「進歩的文化人、岩波、そして朝日の凋落」，『中央公論』2014 年 11 月号。

时代，冷战时期东西阵营意识形态的对立不复存在，在政党体制中社会党和自民党鸽派快速衰落。失去了政党同盟伙伴的《朝日新闻》进一步成为保守派围攻的对象。1993年自民党下野，长达38年的"1955年体制"结束，日本政党格局进入动荡的调整期。此期间，自民党右派势力为求重新崛起，与社会上的宗教右翼、文化右翼势力密切合作，掀起了一股历史修正主义逆流。[①] 他们揪住分别由左派政党和自民党左派主导的"河野谈话""村山谈话"，以守护历史和传统为名，通过国会运动、媒体宣传与草根运动相结合的方式，扩大影响、造势抹黑，《朝日新闻》成为他们首要攻击的对象，大大恶化了该报的社会形象。

第二，《朝日新闻》成为民粹主义的牺牲品。在民众意识和社会心理层面，后冷战时代，民族身份认同成为新的意识形态。20世纪90年代初，"慰安妇"问题、历史教科书问题、参拜靖国神社问题很快成为日本与邻国之间的外交问题，由历史修正主义势力煽动的极端民族主义情绪在日本政治舆论空间中迅速蔓延，主张反省历史、面对战争责任的《朝日新闻》被扣上"反日""卖国贼"的帽子。20世纪90年代中期以后，泡沫经济崩溃宣告了日本经济增长时代的结束，阪神大地震和东京地铁毒气事件进一步使国民情绪陷入低落、困惑与不安。进入21世纪后，日本的新自由主义改革造成贫富分化加速，年轻人首当其冲，成为企业正式员工，像父辈那样获得终身保障的机会越来越少，对社会的不满、愤怒与转向国家、民族等"大集团"身份认同的情感复杂地交织在一起，这种心理矛盾很容易被引到反自由派媒体的方向上。在年轻人中，"反朝日"甚至成为一种时尚。

第三，网络时代的到来进一步加剧了日本政治舆论空间中民粹主义与极端民族主义的合流。今天日本社会中"反朝日"态势依然居高不下，如上所述，在网络时代到来之前，保守媒体就深知宣传要迎合人心、煽动情绪，并在技术手段上与时俱进。虽然直到20世纪七八十年代，《朝日新闻》等自由派媒体仍占据政治舆论空间的中心地位，但保守媒体也一直在深耕细

---

① 王希亮：《评日本当代历史修正主义》，《抗日战争研究》2001年第2期。

作、等待时机。从日本文化论坛、日本文化会议到《产经新闻》"正论"群体，保守媒体一方始终在打造言论的中坚力量，拥有一批"意见领袖"。在传播渠道上，它们重视走草根路线和通俗文化路线，较自由派媒体更加"亲民"。在日本的小书店、地铁报摊，随处可见刺激眼球的、充斥谩骂《朝日新闻》标题的出版物，反观《朝日新闻》这一边，知识分子型杂志如《世界》等则只有在大城市的大书店中才可见到。2004年，保守右派电视台"日本文化樱花频道"开始有组织地让 SKY Perfec 电视台、YouTube、niconico 动画等转发保守言论，实现了由报纸、广播电视等传统媒体向网络新媒体的融合转变。① 在这种转型中，保守言论的话语方式进一步向"无节操、无底线"的方向恶化，攻击性、煽动性、侮辱性言论比比皆是。据调查，日本网络舆论最经常出现的话题分为三类：一是对邻国的厌恶和愤怒，二是对弱者权益的批判，三是对主流媒体的批判。② 其中，《朝日新闻》无疑是受批判最多的主流媒体。

2012年安倍晋三重新执政后，日本政治舆论中的"反朝日"风潮愈刮愈烈，不仅报刊、书、网络上随处可见批判、侮辱乃至咒骂《朝日新闻》的言论，而且上至首相、副首相指名道姓的讥讽，下至民间右翼团体不断发起的诉讼，合力形成了对《朝日新闻》的围攻和清算。此外，第二次安倍内阁成立后，政府对新闻媒体的管制进一步加强，首相本人对待媒体"拉一帮打一派"，孤立《朝日新闻》的姿态非常明显。2014年8月初，在强大的政治舆论压力下，《朝日新闻》就早年"慰安妇"报道中的误报向社会道歉。其后，《产经新闻》《读卖新闻》等报纸、《新潮周刊》《文春周刊》等杂志开始对该报群起攻之，口诛笔伐。③ 本文开头引述的调查结果正是这种新闻舆论生态的产物。

---

① 古谷经衡：《"网络右翼"的抬头与日本"右倾化"的真相》，https://www.nippon.com/cn/currents/d00208/。
② 木村忠正「『ネット世論』で保守に叩かれる理由」、『中央公論』2018年1月号。
③ 金赢：《安倍政权的新闻管控与日本的舆论生态》，载李薇主编《日本研究报告（2015）》，社会科学文献出版社，2015。

当下，日本自由派新闻媒体确实面临诸多挑战。第一，在野党普遍陷入颓势，自由派媒体孤军奋战。自 2013 年以来，日本所有在野党的政党支持率始终在 10% 以下，2018 年 9 月立宪民主党的支持率仅为 4.8%。① 2018 年 9 月 20 日，安倍首相成功连任自民党党首，从相关情况看，自民党一党独大的局面短期内难以改变。2017 年以来，《朝日新闻》独家曝光并持续追踪森友·加计学园丑闻事件，虽然一段时间内拉低了安倍内阁的支持率，但没有能够像 20 世纪洛克希德丑闻、利库路特丑闻那样动摇政权。其最根本的原因在于，自民党内没有实力派派阀，自民党外没有强有力的在野党，因为缺少这些政治力量的呼应，新闻舆论对政局的作用力已大不如前。

第二，日本民众尤其是年轻人持续远离报纸、远离政治，转向网络、转向娱乐。在新媒体时代，对于如何在网络舆论中掌握话语主导权，《朝日新闻》等自由派媒体还没有找到有效办法。2017 年新闻通讯调查会调查结果显示，2017 年日本民众的网络新闻阅览率（71.4%）首次超过早报阅读率（68.5%）。② 此外，路透新闻研究所的调查显示，当被问及上周是否和同事朋友聊过关于新闻的话题时，日本受访者中只有 19% 的人回答"是"，这个数值远低于美国的 40% 和英国的 37%。在该研究所 2016 年的报告中，针对"比较关心政治经济类（硬）新闻还是娱乐（软）新闻"这个问题，选择"政经类新闻"的日本受访者占比为 49%，在当年的 26 个调查对象国中排名垫底。这显示出当今日本社会"新闻报道与社会之间的距离"，日本民众认为了解政经类新闻是国民义务的社会意识日益淡薄，实际上也不关心这类新闻。③ 这就是说，自由派媒体想以政治批判类报道吸引网民的努力并不具有良好的受众基础。

---

① 「NHK 政治意识月例调查」、http：//www. nhk. or. jp/bunken/research/yoron/political/2018. html。

② http：//www. chosakai. gr. jp/notification/pdf/report14. pdf。

③ 林香里：《"不关心"更甚于"不相信"：日本媒体面临考验》，https：//www. nippon. com/cn/currents/d00398/。

与此同时，网络保守右翼言论攻势凶猛，他们不仅构建了相对封闭、基于情感化煽动的舆论生态，使参与者得以强化自身固有的态度和信念，而且在政治态度上旗帜鲜明支持安倍内阁。《朝日新闻》调查显示，在媒体使用率与政治意识倾向的关系方面，使用"推特或脸书等社交媒体"群体的内阁支持率高于平均数值，使用"电视"群体的内阁支持率基本等同于平均数值，使用"报纸"群体的内阁支持率低于平均数值。① 这从侧面证实当前日本网络舆论空间与现实政治的正相关联系，也进一步证明了《朝日新闻》等自由派媒体"高大上"风格"言论自由""舆论监督"面临的尴尬局面。

第三，第二次安倍内阁成立后，日本加快了监视社会的体制建设，新闻舆论生态不断恶化。近年来，日本国会相继通过《特定秘密保护法》（2013年）、《监听法修正案》（2016年）、《组织犯罪处罚法修正案》（2017年）等一系列法案，对言论自由、公众知情权、新闻采访权产生了极为不利的影响。以《特定秘密保护法》为例，该法案主要涉及防卫、外交、防止间谍活动与反恐等四个方面，对触犯者的惩罚之严厉前所未有，如政府秘密的内部泄密者和做此类报道的记者最高可获刑十年。又如 2016 年 5 月修订的《监听法》，将监视手段大规模合法化，警察可以对盗窃、欺诈、恐吓、伤害等一般犯罪进行监听，而且废除了原来法律规定的必须有通信公司监视人在场的条款，监听权由警方自行决定和实施。再如，2017 年 6 月强行通过②的《组织犯罪③处罚法修正案》，最终将所有监视行为合法化。日本媒体分析，上述三法在三个层次上相互补充，构筑了一个强有力的监视系统，而这一系统的建立，表面上是为了配合日美之间的安全保障关系，但实际目的是为政权加强权力控制，打压异己。④

舆论是社会存在的反映，又对社会经济、政治、文化乃至国际关系具有

---

① 「SNS 参考にする層ほど内閣支持率高め　朝日世論調査」、https：//www.asahi.com/articles/ASL7H5Q0HL7HUZPS009.html。
② 通过时采用了未经参议院法务委员会表决的非常手段。
③ 日本媒体将其称为"共谋罪"。
④ 小笠原緑「不可視の監視と情報統制は始まっている」、http：//webronza.asahi.com/journalism/articles/2017101400006.html。

多方面、多向度的能动作用。审视《朝日新闻》的跌宕沉浮，具有见微知著的作用。它折射出日本新闻舆论生态深层次的结构性变化，进而反映日本政治一系列深刻变化，凡此种种，很多是日本国家发展特别是战后以来演进过程中特有的，如围绕和平宪法的长期纠结，但也有一些是当今世界主要国家所共同面对的，如自媒体、社交媒体的迅猛发展，如民粹主义乃至极端民族主义的崛起。这些问题既有区隔又相互联系，故应融会贯通，置于大历史、大格局中深长思之。正如日本政局和整体政治走向一样，日本政治舆论空间的这种博弈远未终结，甚至都很难说目前的状况就是定局。2018 年 9 月 20 日，安倍首相在成功连任自民党党首后表示，将在卸任前完成修宪。战后以来，宪法问题一直是日本政治舆论空间中最重要的议题，新闻媒体在这个重大原则问题上长期存在明显的阵营分立。目前，虽然安倍政权执政平稳，且执政党联盟在国会参众两院拥有多数，似乎发动修宪的议席数不成问题，但正如有日本评论指出的那样，修宪依然面临较大阻力，充满政治风险。① 可以预期，未来围绕修宪、围绕国家发展方向等问题，日本政治舆论乃至各种政治势力整体还将进行深刻的对冲，新闻舆论生态、政治舆论空间的结构也将不断处于深度调整中。《朝日新闻》的走向作为这些深层次变化的晴雨表，值得持续关注。

（原载《东北亚学刊》2018 年第 6 期）

---

① 《安倍连任党首　宣布将在卸任前修改和平宪法》，央视网，http://news.cctv.com/2018/09/21/ARTICXF29Q4IwngmhWhpIl4L180921.shtml。

日本人口结构变化与养老金制度改革

丁英顺[*]

日本的养老金制度[①]也被称为年金制度，是日本社会保障制度的重要组成部分，它是经过第二次世界大战后几十年的发展和完善中逐步成熟起来的。20 世纪 90 年代初，日本泡沫经济崩溃，经济发展陷入长期低迷，加上人口少子老龄化的趋势加剧，养老金财政面临收支不平衡的问题。为了适应不断变化的社会经济发展状况，日本的养老金制度经历了多次改革。日本通过增加保费额度、延迟领取养老金年龄、缩短缴纳保费年限、增加缴纳保费人群等方式不断对养老金制度进行改革，以保障养老金制度的可持续性。

一 日本养老金制度的确立与发展

二战后，日本建立和完善了养老金保险制度，形成了"国民皆年金、国民皆保险"的保险体系，目的在于国民之间通过社会保险和互助互济的原则，维护和提高国民的正常生活水平。

（一）日本养老金制度的基本体系

日本养老金制度主要包括国民年金（基础年金）、厚生年金和共济年金

---

* 丁英顺，中国社会科学院日本研究所研究员，研究方向为日本社会、少子老龄化。

① 日本养老金体系由国家根据有关法律运营和管理的公共养老金制度、企业根据自身情况设立的补充养老金制度以及个人根据自身财务能力委托国内保险公司、银行运营的补充养老保险等组成，本文的养老金制度指的是公共养老金制度。

三个部分。1959 年，日本制定了适用于全体国民的《国民年金法》，并于 1961 年开始正式实施。此项制度是对参保人在出现年老、残疾及死亡等情况之后发给参保人本人或其家属的养老金或抚恤金，以保障参保人或其家属生活的稳定，并覆盖了日本全体国民。《国民年金法》的颁布和实施，使日本实现了"国民皆年金、国民皆保险"的目标，养老金制度也成为日本社会保障制度的支柱之一。

日本养老金制度以社会保险的形式实现，具有强制性，主要有国民养老金（基础养老金）、厚生养老金和共济养老金等三种形式。日本养老金制度从结构上基本分为两层，也可称为双层结构，第一层是国民养老金，第二层是厚生养老金。2015 年 10 月起，共济养老金与厚生养老金合并为厚生养老金（见图 1）。国民养老金也称为基础养老金，是日本养老金中最为基础的部分，由国家直接管理和运作。日本法律规定，凡达到法定年龄的日本国民均须加入国民养老金。在日本合法居住的外国人也有参加养老金制度的义务，参保条件与日本国民完全相同。缴纳保费期限最低为 25 年（2017 年 8 月改为 10 年），原则上从 65 岁开始，可根据投保缴费的具体情况领取养老金。参保国民养老金的对象主要由三部分组成：第一类被保险者为自营业者、农业人员、学生等；第二类被保险者为加入厚生养老金和共济养老金的参保人员，包括公务员、私立学校的教职员工以及民间企业的员工等；第三类被保险者与妇女有密切关系，是第二类被保险者的配偶，即 20 岁到 60 岁、年收入不满 130 万日元且不到其丈夫年收入 1/2 的人，她们不必缴纳保费，在年满 65 岁后可以领取基础养老金。

日本的企业人员和公务员等分别加入厚生养老金和共济养老金，同时自动加入国民基础养老金。厚生养老金和共济养老金也称为"收入比例部分"的养老金，是按照参保人员工作期间收入的一定比例来计算缴费额和支付金额。厚生养老金的参保对象是工薪阶层员工，而共济养老金的参保对象是公务员。原则上，企事业单位只要有 5 人以上的正式职工就必须加入厚生养老金。日本养老金制度是全国统一的制度模式，在全国的任何保险事务所都可以办理相关手续。通过社会保险的方式，日本实现了"全民皆年金、全民皆保险"。

图1　日本养老金制度的双层结构（2015年）

注：数据截至2015年3月末。

资料来源：厚生労働省『公的年金制度の仕組み』、https：//www.mhlw.go.jp/stf/seisakunitsuite/bunya/nenkin/nenkin/zaisei01/index.html。

日本最初建立养老金制度并非全国统一的制度，而是按照受雇者、非受雇者、国营、私营等不同的类型分为不同的保险形式和制度。但在实施的过程中，这种模式逐渐出现了管理混乱、财政资金分散且难以形成稳定而灵活的财源基础等问题。在这样的背景下，日本于1985年修改了《国民年金法》，将国民养老金的覆盖面进一步扩大，建立统一的公共养老金制度，实现公共养老金制度的公平性、合理性。

（二）日本养老金制度的特点

养老金制度是日本社会保障制度的基石，它对日本国民年老后的收入保障起到了重要作用。养老金制度具有以下几方面的特点。第一，具有强制性。凡在日本居住、年龄在20～60岁的所有本国和外国居民都必须加入国民养老金，打造了人人享有养老金的"全民皆年金"体制。但是，不少逗留在日本的外国人因逗留时间和缴纳保险金的时间都比较短，即使缴纳了保费也和领取养老金没有多大的关系。为了解决这一问题，日本国民养老金和厚生养老金给短期在日本逗留的外国人建立了支付"一次性支付补助金"

的机制，激发了在日本的外国人参与养老金制度的积极性。第二，设立了政府主导的雇员养老金制度。日本政府在国民养老金的基础上，设立了以企业在职人员为对象的厚生养老金制度和以公务员为对象的共济养老金制度。厚生养老金和共济养老金也被称为雇员养老金，加入厚生养老金和共济养老金的同时，也就自动加入了国民养老金。第三，日本养老金制度以家庭为单位。日本主流的家庭模式是"男主外、女主内"，厚生养老金制度按照日本家庭模式而制定。日本政府在1985年的养老保险制度改革中，强制要求企业职工和公务员的配偶作为"第三号被保险者"加入国民养老金制度，以此将养老金制度覆盖到日本的全体妇女。

二 日本养老金制度面临的挑战

随着人口老龄化的不断加剧、生育率不断下降，年轻人口与劳动年龄人口持续减少，领取养老金的老年人口越来越多，日本养老金财政面临收支不平衡的问题。

（一）人口结构变化导致养老金面临财政困境

日本养老金制度采取的是"下一代赡养上一代"的现收现付制，即用当前年轻人所缴纳的保费来支付老年人的养老金。但是，随着日本人口结构的变化，劳动年龄人口减少，领取养老金的老年人数量增多，从而出现了支付与负担不平衡的问题。1970年，日本老龄化率达到7.1%，预示着日本进入老龄化社会，2018年这一比例为28.1%，预计到2065年日本老龄化率将达到38.4%。另外，日本的劳动年龄人口持续减少。1990年，日本劳动年龄人口占总人口的比例为69.7%，达到最高值，之后持续减少，2065年预计将减少到51.4%。少儿年龄人口所占的比例将减少到10.2%（见图2）。

日本人口年龄结构的变化导致老年抚养比上升，而老年抚养比是衡量一个国家养老负担的重要指标。第二次世界大战后，日本经历了总抚养比由高到低又由低到高的过程，但在总抚养比的具体内容上截然不同。1970年，

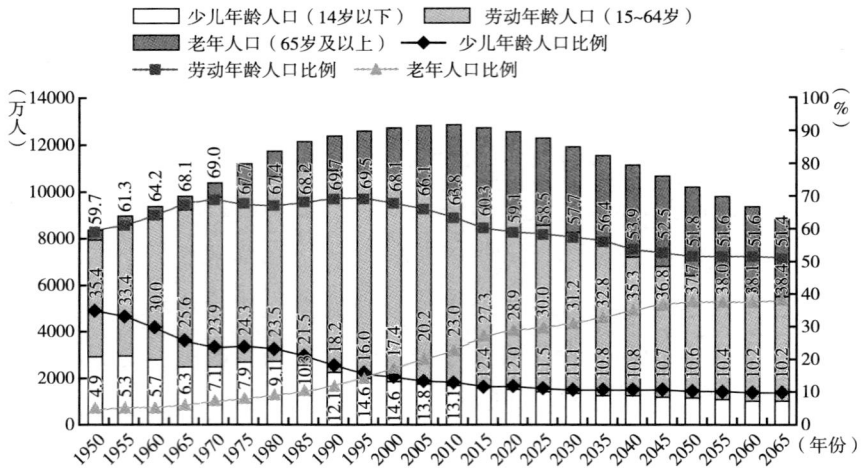

图2　日本三个年龄段人口及所占比例的推算

资料来源：「平成 29 年版　厚生劳働白書」（全体版）、20 页、https：//www. mhlw. go. jp/toukei_ hakusho/hakusho/，2019 年 4 月 17 日检索。

日本总抚养比是 44.9%，其中少年儿童抚养比是 34.7%，老年抚养比只有 10.2%，少年儿童抚养比高于老年抚养比的情况一直持续到 1995 年。2017 年的总抚养比上升到 67.1%，其中，少年儿童抚养比减少到 20.3%，而老年抚养比上升到 46.8%。如果按照这种趋势继续发展下去，到 2060 年日本总抚养比将达到 96.3%，其中，少年儿童抚养比为 17.9%，而老年抚养比则达到 78.4%，老少抚养比之间的差距越来越大,① 老年人口已经成为日本社会的主要抚养对象，这样的人口结构变动将不利于社会经济的良性运行。随着生活水平的提高和医疗技术的进步，长寿的老年人将越来越多。截至 2018 年 9 月，日本 100 岁以上的老年人达到 69785 人，其中女性占 88.1%,② 日本进入 "人生 100 年时代"。老年抚养比的提高意味着年轻一代劳动力人口的养老负担增加，但未来的养老金收入能否满足当前年轻一代

① 国立社会保障・人口问题研究所「人口统计资料集 2017 年版」、http：//www. ipss. go. jp/syoushika/tohkei/Popular/P_ Detail2017. asp？ fname = T02 - 08. htm&title1。
② 「100 岁以上最多 6.9 万人」、『読売新聞』2018 年 9 月 14 日。

的养老还是一个未知数。①

养老金支出一直是日本社会保障中支出最大的部分。在人口少子老龄化背景之下，日本的养老金财政困难有增无减。1970 年日本社会保障支出为 3.5 万亿日元，2018 年增长到 121.3 万亿日元，在大约 50 年的时间里增加了 30 多倍。在社会保障支出的具体项目中，养老金的支出增长最快。1970 年，养老金支出为 0.9 万亿日元，占社会保障支出总额的 24.3%；2016 年，养老金支出上升到 54 万亿日元，占社会保障支出总额的 46.5%，养老金在社会保障支出中所占比例已近一半。② 这些情况说明，随着人口老龄化的加剧，领取养老金的老年人数量不断增多，养老金面临财政压力。

（二）雇佣制度发生变化导致养老金收支不平衡

日本长期的经济萧条带来传统雇佣制度的变化。20 世纪 90 年代初，日本的泡沫经济崩溃，经济发展陷入了长期低迷，工作方式出现了多元化趋势，终身雇佣制度发生变化，非正式劳动者增多。根据厚生劳动省的统计，日本非正式劳动者在全体劳动者中所占的比例，从 1984 年的 15.3% 增加到 2016 年的 37.5%（见图 3）。非正式劳动者在工资水平、社会保障等待遇方面都不及正式劳动者，造成同代之间的收入不平等，贫富差距扩大。日本以前的非正式劳动者大多以家庭主妇和勤工俭学的学生为主，他们的工作收入不是家庭的主要收入来源，而只是家庭收入的补充。但随着雇佣形式的多样化，年轻男性的非正式劳动者不断增多，他们的收入支撑不了家庭生活，缴纳不起养老金的年轻人越来越多，养老金保费的缴纳情况不容乐观。

从厚生劳动省发表的统计数据来看，日本国民养老金缴纳率不高，2017 年只有 66.3%。从年龄分布来看，各年都是 25～29 岁年龄段的缴费率最

---

① 张玉绵、李明洋、李玮：《日本公共养老金可持续的实证研究》，《日本问题研究》2018 年第 6 期。

② 国立社会保障・人口問題研究所「社会保障給付費の部門別推移（1950～2016 年度）」、http：//www. ipss. go. jp/ss－cost/j/fsss－h28/fsss_ h28. asp。

低。2017 年，25～29 岁缴费率只有 54.87%，说明这一年龄段中近 50% 的人没有缴纳养老金保费。[①] 养老金保费缴纳率降低，除了失业者、低收入阶层等无力承担缴费的人之外，还存在虽具备缴费能力，但对养老金制度不信任而拒缴的人。出现拒缴现象是因为在出生率下降和劳动年龄人口减少的背景下，一些人担心自己未来进入老年期之后，依靠后人来支撑自己老年后的生活保障几乎是不可能的。这些问题的存在进一步影响了日本养老金制度的财务情况。

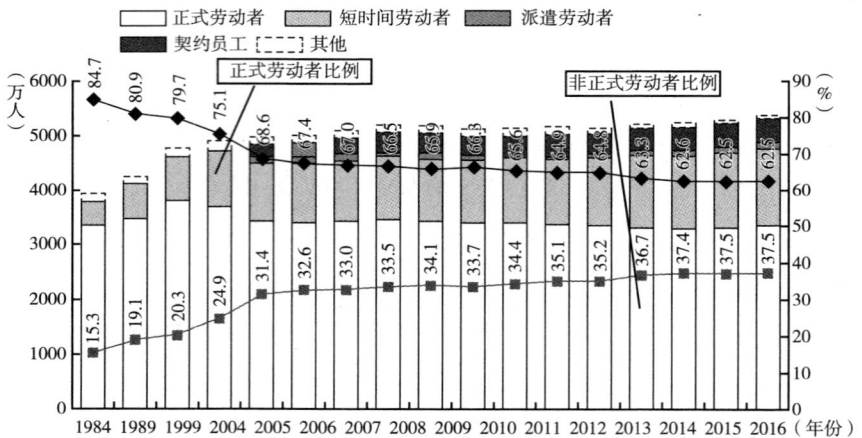

图 3　日本雇佣形式的变化情况

资料来源：「平成 29 年版　厚生労働白書」（全体版）、22 頁、https：//www. mhlw. go. jp/toukei_ hakusho/hakusho/。

三　日本养老金改革的主要内容

面对少子老龄化的日趋严重，日本养老金制度受到了严峻挑战。为此，日本政府针对人口老龄化制定对策措施，加大了对养老金制度的改革力度。

---

① 厚生労働省「平成 29 年度の国民年金の加入・保険料納付状況について」、https：// www. mhlw. go. jp/stf/houdou/0000213494. html。

它们面对滞纳保费问题严重、国民养老金出现空洞化、领取养老金人数猛增等情况，采取了以下几点相应的措施。

（一）固定养老金保费，力图减轻年轻一代的压力

2004年，在少子老龄化、养老金空洞化进一步加剧的背景下，日本政府对养老金制度进行了大规模改革。此次养老金改革的主要目的是缓解养老金财政收支不平衡现象，增强国民对养老金制度的信心。在人口结构发生变化的背景下，日本为了解决收支不平衡，减轻年轻人的负担，进行了调整养老金保费的改革。2004年，日本通过《年金改革相关法案》，修改了保费负担金额。此次改革的主要内容包括：（1）拟从2009年开始，将国民养老金中国家财政负担的部分由原来的1/3提高到1/2；（2）厚生养老金保费从2004年10月起，在工资收入13.85%的缴费率基础上每年提高0.354%，逐渐达到2017年18.3%的缴费率水平，此部分由企业和个人各负担一半，2017年之后将永久固定在这个水平上，不再提高保费；（3）从2005年4月开始，国民养老金保费的月缴费额在13300日元的基础上每年提高280日元，至2017年提高到16900日元；（4）从2007年4月开始，随丈夫加入国民养老金的妻子一方在离婚时可以分割丈夫厚生养老金保费，最高可以领取其养老金的一半。① 此次养老金制度改革用法律形式规定了将厚生养老金的保费缴纳额提高到18.3%、国民养老金每月的保费缴纳额提高到16900日元之后不再提高，稳定了日本养老金的保费金额。可见，2004年养老金改革控制了年轻人负担的养老金保费上升，并严格控制缴费率上升，力图实现养老金的给付与负担合理、公正，保证养老金保险制度财源的稳定和可持续发展，以确保国民对养老金制度的信赖。

为更好地进行养老金的管理和运营，取得民众对养老金制度的信任，日本于2007年制定了《年金机构法》，并根据此法于2010年成立了年金机构，同时取消了社会保险厅。日本年金机构在全国47个都道府县设有事务中心，

---

① 本沢巳代子、新田秀樹編著『社会保障法』、不磨書房、2018、71頁。

统管相关养老金的所有事物。2010 年 3 月，日本通过了《国民年金法》修改案，将养老金保费的补交时间由 2 年延长到 10 年，根据该法，当时有 40 多万人摆脱了 65 岁之后没有养老金的状况。[①]

（二）扩大养老保险的适用范围，增加缴费人群

日本养老金的财政方式为"现收现付制"，也就是"下一代赡养上一代"，以现在参保人缴纳的养老金保费来支付老年人的养老金。但是，随着人口老龄化的加剧，缴纳养老金的年轻人越来越少，加上长期的经济不景气导致非正式劳动者增加，缴纳不起养老金保费和有能力也不愿缴纳养老金保费的人数增多，直接给养老金财政带来压力。日本的厚生养老金在日本公共养老金体系中处于基础养老金之上，其参保对象是正式劳动者在 5 人以上企业中的 70 岁以下的雇员，保费和受益都与雇员工资收入挂钩，非正式劳动者很难享受。为了扩大养老金制度的适用范围，2012 年 8 月，日本国会通过了《年金功能强化法案》，把厚生养老金的适用范围扩大到每周工作 30 小时以上的非正式劳动者，改变社会保险制度上的不平衡，加强了针对非正式劳动者的社会保障制度，并采取免除产假期间厚生养老金的保费负担等举措，以此鼓励和支持育儿。2012 年 11 月，日本通过了《年金生活者支援给付金法案》，向 65 岁及以上老年人和残障人提供福利性帮助。从 2016 年 10 月 1 日开始，日本进一步扩大了加入厚生养老金的范围。在规模为 501 人以上的企业中，每周工作 20 小时以上、月收入在 8.8 万日元以上的非正式劳动者也可以加入厚生养老金和健康保险，以保证非正式劳动者的待遇得到改善，缓解有可能出现的经济贫困问题。[②] 2018 年 9 月，日本进一步降低了非正式劳动者加入厚生养老金的标准，由原来月收入 8.8 万日元降到 6.8 万日元，根据该措施，当年新增 200 万人加入厚生养老金。[③]

---

① 「年金追納期間を10年に延長、改正案を閣議決定」、『読売新聞』2010 年 3 月 5 日。
② 厚生労働省「年金改革法（平成 28 年法律第 114 号）」、https://www.mhlw.go.jp/stf/seisakunitsuite/bunya/0000147284.html，2019 年 3 月 30 日检索。
③ 「厚生年金パート適用拡大」、『日本経済新聞』2018 年 8 月 27 日。

另外，采取缩短参保人缴纳养老金时间的措施。日本对领取养老金资格有比较严格的规定。《国民年金法》规定，必须在加入国民养老金25年以上方具有领取国民养老金的资格，而领取年龄则规定为65岁。为了让更多的人加入国民年金，并确保社会保障的财政来源，日本从2017年8月开始，把国民养老金领取资格年限从原来的参保25年以上缩短到10年以上，让64万日元没有缴满25年保费的人也能够领到养老金。[①] 国民养老金是日本养老制度当中最为基础的部分，由国家直接管理和运作。此次日本养老制度改革的目的是希望促使更多的人加入国民养老金，它们为此采取了两方面的措施：一方面，增加养老金财政的保费收入；另一方面，让更多的人在年老后能领取养老金。经过这些调整，到2017年底，加入厚生养老金的人数达到4358万人，比上一年增加了2%。[②] 这个改革促使更多的人加入国民养老金，最大限度地保证了财源，以缓解养老金财政紧张的状况，有利于消除养老金方面的不平等现象，在一定程度上保证了养老金制度的可持续性。

（三）延迟领取养老金的年龄，保障养老金财政状况稳定

随着领取养老金的人口数量逐年增加，养老金支出直线增加，国家财政压力越来越大。为了缓解人口老年化给社会带来的压力，日本逐渐推迟了养老金的领取时间。以日本企业男性员工为例，从2013年4月开始，领取厚生养老金的年龄从60岁提高到61岁，之后每3年提高1岁，到2025年将领取养老金年龄全部提高到65岁。[③] 针对男性领取养老金年龄的改革从2013年开始到2025年结束，女性则从2018年开始到2030年结束。日本养老金原则上是从65岁开始领取，但老年人可以根据自身的生活情况，提前到60岁开始领取，也可以推迟到65岁到70岁开始领取。如果提早领取，

---

① 「年金受給資格の短縮」、『毎日新聞』2017年7月19日。

② 「高齢者や女性の加入増加」、『日本経済新聞』2019年4月16日。

③ 広田薫『改正高年齢者雇用安定法の解説と企業実務』、日本能率協会総合研究所、2012、39頁。

则养老金将打折给付，如果推迟领取，则增加领取金额以资奖励。① 与此同时，日本实现了将企业员工退休年龄从 60 岁逐渐推迟到 65 岁的制度，避免了企业员工退休后不能领取养老金而出现的"收入空白期"。目前，日本政府又开始讨论推迟国家及地方公务员退休年龄的问题。2018 年 8 月，日本人事院向国会和内阁提出要把国家公务员的退休年龄从 60 岁分阶段提高至65 岁的建议。日本老年人就业率上升也为延迟领取养老金提供了有利条件。2018 年，日本就业人数相比 10 年前增加了 255 万人，为 6664 万人，而 15～64 岁年龄段的就业人数减少了 54 万人，65 岁及以上的就业人数增加了 309万人。② 根据内阁府的统计，在每 3 人中有 2 人希望工作到 65 岁以上，说明今后日本老年人就业将持续增多。

四　日本养老金制度改革的今后趋势

根据日本总务省统计，截至 2018 年 11 月，日本 65 岁及以上人口占总人口的比例为 28.1%；0～14 岁少儿人口占总人口的比例只有12.2%；15～64 岁劳动年龄人口占总人口的比例减少到59.7%，③ 说明少儿人口和劳动年龄人口继续下降，老年人口持续增多。这种人口结构变化进一步增大了日本养老金的财政压力。为了应对日益严峻的少子老龄化问题，日本对养老金制度继续进行规划和改革，其基本方向大体有以下几方面。

第一，实施针对各年龄层次的社会保障制度，形成不同代际间的相互支持。迄今为止，日本社会保障重视的是养老金、医疗、护理等与老年人密切相关的问题，今后，"以老年人为中心"的社会保障要向"以各年龄层为对

---

① 日本养老金制度规定，65 岁以后领取养老金时间每推迟一个月，可以在法定养老金的基础上增加 0.7%。

② 「高齢者や女性の加入増加」、『日本経済新聞』2019 年 4 月 16 日。

③ 総務省統計局『人口推計（2018 年 11 月 20）』、http：//www.stat.go.jp/data/jinsui/new.html。

象"的社会保障方向转变。为此，日本一方面实施"育人革命"①、"幼儿教育免费化基本方案"等措施支持年轻人；另一方面强化收紧养老金的发放额。目前的制度在修改每年度的发放额时，主要重视影响老年人生活的物价变动，从2021年起将变为重视年轻一代的工资水平，如果年轻一代薪金下降，那么随之会减少支付给老年人的养老金。

第二，对养老金的财政方式将出现争议。日本养老金制度在建立之初的财政运行方式为完全积累制，经过修改逐渐转为目前的现收现付制。所谓完全积累制，就是个人把自己年轻时缴纳的养老保费积累起来，供退休后使用。它更强调个人的自我保障，不具有再分配功能，容易受到通货膨胀的影响，面临较大的贬值风险，是一种确定缴费但不确定收益的财政方式。1973年石油危机爆发后，日本政府为了减轻财政压力，只得通过现收现付方式向投保人转移压力，日本养老金财政方式也开始向现收现付制转变。现收现付方式实际上体现的是养老金制度的代际抚养，也就是"下一代赡养上一代"，以现在参保人缴纳的养老保费来支付老年人的养老金。这种方式是日本养老金制度的一大特点，但随着老龄化的发展，这也成了一大难题。因为出生率的降低，平均寿命的增长，日本的人口结构发生了变化，劳动年龄人口减少，而领取养老金的老年人数在增加，于是出现了缴纳与支付的不平衡。在这种背景下，有人提出重新实施积累制，但这种改革是非常艰难的，同样存在很多问题。2019年，日本进行每五年一次的养老金精算，评估养老金财政状况，主要根据人口结构变化情况、社会经济发展等因素定期对养老金的保费负担水平和给付水平进行调整，届时，也可以评估今后的养老金财政方式。

第三，构筑"终生劳动"制度。2018年9月，安倍晋三实现第三次连任自民党总裁，并继续出任首相一职。安倍政府提出关于未来三年社会保障制度改革具体措施和目标期限的"时间表"，在2021年9月前，为中长期

---

① "育人革命"：安倍政府为应对少子老龄化社会提出的改革措施，包括缓解社会保障支出不平衡，对各个年龄层的教育及雇佣方式进行的改革。

的社会保障改革确定方向。其中养老金方面要制定选择 70 岁后领取的制度。[①] 在 2019 年 5 月召开的未来投资会议上，日本政府确定了即将出台的"新经济成长战略"主要内容。其中，为应对人口减少的问题，日本政府提出再次延长退休年龄的方案。主要是让身体健康和有劳动意愿的老年人为社会贡献经验和智慧，因而有必要修改法律，保证老年人工作到 70 岁的机会。日本正在打造一个"终生劳动"的制度。制度修改后，如果选择 70 岁以后开始领取养老金，那么每月的上浮率应该还会进一步提高。

总之，日本已进入年轻人减少、老年人增多的超老龄社会。这样的人口结构变化将导致劳动力短缺和养老金负担的急剧增加。提高生育率、实现人口结构平衡发展是保障养老金财政可持续发展的关键。虽然中国目前的人口老龄化率还未达到日本的水平，但老龄化速度快，老年人口基数大，养老金财政将面临更为严峻的问题。中国借鉴日本经验，可以做到以下几点。一是加强法律法规制度的建设，构建强制性加入养老金的体系。长期以来，中国养老金制度覆盖面不大，制度不完善，人们加入养老金的意愿不强。完善养老金制度的各项内容，增强企业和个人缴纳养老保险的动力和积极性，同时实现强制性是制订可持续计划的关键。二是建立全国统一的养老保险制度。中国目前的养老保障制度存在地区与地区之间、行业与行业之间不统一的问题，使劳动力资源不能得到有效配置，影响养老保险事业的顺利进行。三是制订养老保险的可持续计划。中国的养老保险体系也面临劳动力的逐渐减少和老龄人口快速膨胀的挑战。人口老龄化与少子化紧密相连，而且人口发展有它自身的特殊性，出生率持续下降的影响要经过几十年才会显现。因此采取相关应对政策措施提高生育率，预防人口结构失衡问题的发生，以应对养老金财政收支不平衡的问题。

（原载《国外理论动态》2019 年第 8 期）

---

① 「社保改革 3 年行程表」、『読売新聞』2018 年 9 月 27 日。

日本象征天皇制中天皇、
政府和国民关系探究

熊淑娥[*]

2019 年 4 月 30 日，日本明仁天皇正式退位，翌日德仁皇太子即位成为第 126 代天皇，宣告令和时代开启。明仁天皇生前退位和德仁皇太子即位的法律依据是 2017 年 6 月 9 日日本众议院通过的《关于天皇退位等皇室典范特例法》（下称《皇室典范特例法》）。^①《日本国宪法》规定："皇位世袭，根据国会决议的皇室典范规定继承之。"^② 战后日本天皇虽然没有国家统治权，却是日本国民统合的象征，也是现代化日本国家的象征。象征天皇制是战前日本国体的延续，代表着日本的传统文化与精神，在战后日本政治体系中具有弥合社会分歧的特殊作用。本文以明仁天皇生前退位过程中天皇、政府和国民关系为视角，分析安倍政府在天皇、保守势力和民意之间的妥协过程，国民尊重天皇又回避讨论象征天皇制问题的原因，以及明仁天皇在强调尊重宪法和皇室传统时又不断做出有违宪嫌疑言行的目的。本文认为，尽管各方都重视所谓的"民意"，但如果回避国民支持的是天皇个人还是象征天皇制这个根本问题，那么最终的历史结果仍将由全体日本国民来承担。

---

* 熊淑娥，中国社会科学院日本研究所助理研究员，研究方向为日本思想史、日本文化。

① 日本衆議院「天皇の退位等に関する皇室典範特例法」、2017 年 6 月 16 日、http：//www. shugiin. go. jp/internet/itdb_ housei. nsf/html/housei/19320170616063. htm。

② 《皇室典范》根据《日本国宪法》第 2 条及第 5 条制定，是规定皇位继承及摄政等相关事项的皇室基本法，与宪法在 1947 年 5 月 3 日同时生效。

一 《皇室典范特例法》是政治妥协的产物

《皇室典范》第一条规定"皇位由皇统所属的男系男子继承"，第四条规定"天皇驾崩时皇嗣即刻即位"。① 2016 年 8 月 8 日明仁天皇发表《关于象征履职的天皇陛下讲话》（下称"象征讲话"），表达了自身年事已高无法全身心履行公务且希望退位的意愿。② 但是，现行的《日本国宪法》和《皇室典范》没有与退位相关的规定。因此，如何解决象征天皇生前退位及退位后的皇位继承合法性问题，是日本政府必须面对的课题。最终，在征求朝野各党派意见后，日本国会通过了《皇室典范特例法》。作为《皇室典范》第四条的特例，该法规定了天皇退位、皇嗣即位以及天皇退位后的地位等事项。《皇室典范特例法》为明仁天皇退位和德仁皇太子即位提供了法律依据，皇位交替得以顺利进行。

明仁天皇希望退位表面上与其年过八旬难以继续履行象征职能有关，实际上源于他对象征天皇制和皇位稳定继承的担忧。对于当今日本皇室而言，维持天皇家族的延续是最大的课题。根据"男系男子继承皇位"的规定，德仁皇太子即位后有皇位继承权的只有 54 岁的秋篠宫文仁亲王、13 岁的悠仁亲王和 84 岁的常陆宫正仁亲王 3 人（2019 年）。考虑到正仁亲王的年龄，事实上已无继承可能。同时，根据《皇室典范》第十二条"皇族女子同天皇及皇族以外人士成婚后必须脱离皇籍"的规定，现在皇室 6 名未婚女性倘若未来全部成婚，皇室成员数量将大幅减少。皇位继承人和皇室成员的减少是关系到天皇制存续的最大危机。

深感危机的明仁天皇发表"象征讲话"，就是希望用这种委婉的方式引起日本政府和国民对象征天皇制和皇位继承问题的重视。不过，现实并没有

---

① 日本 e-Gov「皇室典範」、https：//elaws. e‑gov. go. jp/search/elawsSearch/elaws＿search/lsg0500/detail？lawId=322AC0000000003。

② 日本宫内厅「象徴としてのお務めについての天皇陛下のおことば」、2016 年 8 月 8 日、https：//nettv. gov‑online. go. jp/prg/prg14077. html。

如明仁天皇所愿。日本国会对于天皇退位问题的讨论久已有之，政府一直以强制退位和恣意退位将导致上皇和天皇同时存在，从而产生双重权威等问题为由持否定态度。① 在明仁天皇发表"象征讲话"之前，2016年7月13日日本放送协会（NHK）就已经报道了相关消息。对此，与政府关系良好的日本电视台翌日援引政府消息人士称，宪法规定"陛下不可能生前退位"，政府应该讨论的是减轻天皇公务活动负担。② 安倍晋三首相在明仁天皇发表"象征讲话"后并未明确表态，只是称"将对此予以认真考虑"。③

从法理上看，明仁天皇的"象征讲话"虽有违宪之嫌，但是并未在日本社会引发大的争论，反而获得多数国民的理解。NHK的舆论调查结果显示，91.3%的人支持天皇通过讲话表达退位想法，84.4%的人支持天皇生前退位，73.6%的人对皇室抱有好感，70.3%的人认为应该修改《皇室典范》确立退位制度。④ 因此，对民意非常敏感的日本政府转变了一贯的反对态度，着手进行退位相关安排。受自公联合政权控制的日本国会众参两院在听取各党派意见后得出有必要制定相关法律的结论，最重要的依据就是"明仁天皇的讲话得到国民广泛理解"，在尊重支持明仁天皇退位"国民民意"的基础上开始制定《皇室典范特例法》，为天皇生前退位创造合法性。⑤

然而，对日本政府而言，民意可以被尊重，也可以被忽略。针对上述调查中多数人认为应该修改《皇室典范》确立退位制度的意见，政府视而不见，制定的只是适用于明仁天皇个人退位的《皇室典范特例法》。而且，为避免引发对象征天皇制这个根本问题的彻底讨论，政府将讨论的范围限制在

---

① 日本首相官邸「憲法における天皇に関する主な国会答弁等」、https：//www. kantei. go. jp/jp/singi/koumu_ keigen/dai1/sannkou4. pdf。

② 日テレNEWS24「政府関係者『陛下の生前退位は無理だ』」、2016年7月14日、http：//www. news24. jp/articles/2016/07/14/04335378. html。

③ 日本 NHK NEWS WEB「首相『重く受け止める』」、2016年8月8日、https：//www3. nhk. or. jp/news/special/japans－emperor/index. html。

④ 日本 NHK「生前退位に関する世論調査（RDD 追跡法）単純集計結果」、https：//www. nhk. or. jp/bunken/research/yoron/pdf/20160905_ 1. pdf。

⑤ 日本衆議院「天皇の退位等についての立法府の対応に関する衆参正副議長による議論のとりまとめ」、https：//www. kantei. go. jp/jp/singi/koumu_ keigen/dai10/siryou6. pdf。

退位问题上。① 如果尊重大多数民意修改《皇室典范》确立退位制度，从根本上解决退位及其后的皇位继承问题，则将违背安倍政府支持天皇终身在位制的立场，所以《皇室典范特例法》是政府在尊重天皇和民意而又不违背自身立场情况下进行政治妥协的产物。

另外，安倍政权不愿意修改《皇室典范》还和当时的政治日程有关。如前所述，修改《皇室典范》需要经过国会审议，光是讨论过程本身可能就需要数年时间。皇室是国民高度关注的话题，一旦进入国会辩论程序意味着需要大量政治资源来平衡各方利益。更为重要的是，对于安倍政权来说，政治日程上的重点议题是修宪而非皇室。就在明仁天皇发表电视讲话前一个月，2016 年 7 月 10 日日本国会参议院第 24 届选举结果出炉，自民党得到121 席，公民党得到 25 席。② 加上支持修宪的大阪维新会等，修宪势力已经超过了修宪动议所需的 2/3 席位，修宪的制度环境初步成熟。不过政府一边控制天皇退位进程，一边推进修宪议题，推出具有妥协意味的《皇室典范特例法》也有为自民党向国会提出修宪案争取空间的考虑。

二 象征天皇制是战前日本国体的延续

日本政府回避讨论象征天皇制问题，与支持安倍政府的保守势力有密切关系。对于战后保守势力来说，长期以来批判的主要对象是战后民主改革成果和社会主义，其中，象征天皇制是战后民主改革的重要成果之一。冷战结束、意识形态对立缓和后，保守势力将批判目标集中在战后改革成果上，第一届安倍内阁期间修订教育基本法，并且为推动修宪制定了国民投票法，回归战前的倾向逐渐明显。

---

① 佐藤致人「二つの天皇代替わりをめぐる論説」、『歴史評論』2018 年 8 月号、89 頁。
② 日本総務省「第 24 回参議院議員通常選挙結果調」、http://www.soumu.go.jp/main_content/000640535.pdf.另外，神奈川选举区的中西健治以无党派身份当选后加入自民党，因此自民党在此次选举中共获得 56 席，参见日本参议院「議員情報」、http://www.sangiin.go.jp/japanese/joho1/kousei/giin/profile/7010037.htm.

保守势力中与安倍立场较为接近的是神道政治联盟和日本会议两个组织。神道政治联盟，简称"神政联"，是宗教法人神社本厅在 1969 年成立的活动团体。"神政联"以"神道精神为国政基础"，主要开展拥护皇室、制定新宪法等活动。1970 年，"神道政治联盟国会议员恳谈会"成立，2019 年有安倍晋三首相、麻生太郎副首相和大岛理森众议长等 211 名众议院议员和 83 名参议院议员。①

日本会议成立于 1997 年，前身是 1974 年由保守文化界人士、原军官成立的右派宗教团体"守护日本会"和 1981 年成立的神道系宗教团体"守护日本国民会议"。日本会议的主要活动包括拥戴皇室、制定新宪法和编撰历史教科书等。同年该组织还成立了超党派的"日本会议国会议员恳谈会"，目前拥有 223 名众议院议员和 81 名参议院议员，对政治具有很大影响力。②

对于明仁天皇的"象征讲话"，日本会议副会长、东京大学名誉教授小堀桂一郎表示，"如今若敢允许出现天皇生前退位先例，事实上将面临破坏国体的严重危机"。③ 小堀所说的破坏国体指的就是修改《皇室典范》，在保守势力看来，现行《皇室典范》中保留着天皇及皇室传统这个"万世一系之国体"。国体具有国家的体面、国威、特殊制度和传统国家体制等内涵，天皇与国体的结合使其具备超越政治和宗教纷争的决定性权威。对于保守势力而言，天皇制是日本民族自我认同的重要标志，是日本优越性的根据。

其实，直到江户中期，"万世一系"的神圣天皇观、侍奉神圣天皇的皇道、研究神圣天皇传统的皇学等国体观念才逐渐形成。④ 19 世纪，日本不断遭遇欧美列强要求开放国境的外部危机，在此背景下，后期水户学大力提倡强调日本历史独特性的皇道论并和尊皇相结合，成为尊皇攘夷派的思想源泉。日本国家体制基础内原本并不存在"神"，明治维新政府

---

① 神政连 WEB NEWS「神道政治連盟国会議員懇談会」、http：//www.sinseiren.org/ouenshiteimasu/ouensimasu.htm。

② 青木理『日本会議の正体』、平凡社、2016、47 頁。

③ 産業経済新聞社「生前退位 私はこう思う（2）」、『産経新聞』2016 年 7 月 16 日。

④ 島薗進『神聖天皇のゆくえ』、筑摩書房、2019、33 頁。

需要借助天皇权威确立正当性，所以借助古代神话将天皇上升为国家神道中的"神"。明治时代建构国家神道，将"国体论"载入帝国宪法。[①]从 1890 年公布《教育敕语》到 1937 年文部省编撰《国体之本义》，近代日本天皇作为"万世一系的现人神"不断被神化，天皇制作为日本国体特征的传统不断被强调，天皇和天皇制成为近代日本民族国家形成时期的思想纽带。

由此，每当日本遭遇危机时，天皇的权威作用就显现出来。1930 年世界经济危机爆发，加上滨口雄幸内阁解除黄金出口禁令的影响，日本也出现了政治和经济危机。受此影响，日本在政治上出现了天皇亲政论，思想文化上出现了和辻哲郎的尊王论、拥戴皇室的西田几多郎哲学和宣扬回归日本古典的昭和浪漫派文学等动向。在国家陷入危机时，天皇论同日本文化传统论交织在一起，创造出天皇是日本的国体象征、天皇是日本文化传统象征的"思想传统"，这种传统一直延续到第二次世界大战以后。

二战后以美国为首的盟军进驻日本，开始主导民主化改革，打破了天皇是"现人神"的神话。战后颁布的《日本国宪法》保留了天皇制，规定"天皇是日本国及日本国民统合的象征"，舍弃了"天皇万世一系"的表述。对于国体是否因此发生变化，时任国务相金森德次郎表示，"如果仅从统治权来看国体无疑发生了变化，但是从精神道德层面而言，天皇依然是国民理想的中心，与国民心心相印，国体未曾改变"。[②] 在宪法颁布前的舆论调查中，支持"象征天皇制"的人占 85%，反对的人占 13%。[③] 究其原因，既在于战后宪法大大削弱了天皇的政治权力，降低了朝野上下对于追究昭和天皇战争责任的要求，也在于对于刚刚经历战败的日本人来说，象征天皇制是日本国体的延续，具有超越性的意义。

---

① 宋成有：《"终战史观"评析：战后日本右翼史观揭底》，《日本问题研究》2019 年第 3 期，第 37 页。
② 庄娜：《日本"国体论"研究：以近代国家建构为视角》，中国社会科学出版社，2016，第 2 页。
③ 佐藤達夫『日本国憲法成立史（第 3 巻）』、有斐閣、1994、206～209 頁。

三 天皇、政府和国民关系的困境

象征天皇制确立 70 多年来，特别是 1989 年明仁天皇即位后，天皇和政府、国民的关系一直面临多重困境。它与日本政治环境、经济形势、社会氛围、国民心理和国际地位变化有关，也与世界局势变动有关。

昭和时代后半期日本经济高速增长，在大幅提升国力的同时也制造了大量泡沫，日本人在泡沫繁荣中迎来了平成时代。以股市为例，1989 年 1 月 4 日日经指数开盘值为 30243 点，同年 12 月 29 日达到 38915 点的历史最高值，2019 年 4 月 26 日平成时代最后一个交易日的收盘指数仅为 22258 点。① 平成时代的日本如同日经指数走势一样，呈现高开低走的态势，带给国民巨大的心理落差。随着平成时代日本经济长期低迷和综合国力相对下滑，国民变得不如从前自信。加上"日本社会久治不愈的痼疾"——少子老龄化问题严重②、社会贫富差距逐渐扩大和自然灾害频发等原因，社会整体氛围转向保守。

日本国民对平成时代的期待是"内成外平"，现实却是"内灾外乱"，"在摆脱昭和攀登新高时却迎来了跌落的 30 年"。③ 经济的跌落使政治家、官僚和产业界合作的"铁三角"逐渐瓦解，长期执政的自民党在选举资金和选票号召力上不如从前，加上与之抗衡的日本社会党势力衰退，无党派选民增多。④ 经济和政治变化增大了选举结果的不确定性，这种不确定性又促使政府推行选举制度、行政、金融、地方分权等一系列改革。在此过程中，日本国民对社会的认同感和归属感越来越弱。尽管如此，日本社会并未出现

① 日経平均プロフィル「ヒストリカルデータ」、https：//indexes. nikkei. co. jp/nkave/archives/data。
② 曾婧：《日本少子老龄化对策探微》，《河北大学学报》（哲学社会科学版）2018 年第 5 期，第 133 页。
③ 猪木武徳・北岡伸一「這い上がろうとしては滑り落ちた30 年」、『中央公論』2018 年 1月号、92 ~ 102 頁。
④ 三谷太一郎『近代と現代の間』、東京大学出版会、2018、84 ~ 87 頁。

大的动荡，这是因为当政治权力在维持社会表面秩序失效时，维护社会内部秩序的天皇权威发挥了弥合社会裂痕的作用。

天皇的权威和国民对天皇的爱戴，对以安倍政府为代表的保守势力而言是一个两难困境。象征天皇制剥夺了天皇的政治实权，但是天皇在日本社会的权威得以保留。拥戴天皇的国民固然是安倍政府争取支持修宪的对象，但倘若完全顺应民意则等于承认天皇拥有宪法赋予的基本人权，可以根据自身意愿选择生前退位，而现行《皇室典范》中并无天皇生前退位相关规定，因此面临着必须修改《皇室典范》的问题，这同其本身坚决维护天皇权威并试图将天皇元首化的目标是矛盾的。① 而且，将天皇地位从"象征"变为"元首"容易令人想起战前的《大日本帝国宪法》，国民尊重天皇权威，但也对回归战前体制抱有一定的警惕。② 在保守势力看来，国民对象征天皇制和明仁天皇的支持，是对其主张回归战前天皇制的反对。在此情况下，政府倘若坚决不认同国民对年迈天皇的同情和对天皇的普遍好感，则犯了不尊重天皇又不尊重民意的忌讳。因此，日本政府面临着如何尊重和利用二者的困境。

同样，国民的广泛支持对天皇而言亦是两难困境，长期以来，明仁天皇通过皇室外交、慰问灾民和海外慰灵等活动营造出一个亲近民众、热爱和平和反省战争的天皇形象。明仁天皇的"象征讲话"体现出其希望与民众对视和对话的姿态，问题是民众是否愿意和天皇对视和对话，换言之，民众是否真正愿意思考象征天皇制的未来。答案恐怕并不那么乐观。对于经历泡沫经济崩溃、奥姆真理教地铁沙林毒气事件、阪神大地震和"3·11"大地震的日本人来说，平成时代是一个色调暗淡的时代。如果说"御宅族"形象地描绘了日本国民的个人生存状态，"无缘社会"则形象地描绘了整个

---

① 战后日本象征天皇制确立以后，自民党政府与昭和天皇都重视"国际亲善"。对于天皇的对外地位，无论是在赴国外访问受到的礼遇方面，还是在接见访日的外国元首和政要的规格方面，实际上都是按日本的"元首"来操作的。此外，2012 年 4 月 27 日自民党通过了《日本国宪法修正草案》，第一章第一条为"天皇是日本国的元首，是日本国及日本国统合的象征，其地位以主权所在的全体日本国民的意志为依据"。

② 河西秀哉『近代天皇制から象徴天皇制へ』、吉田書店、2018、237 頁。

社会形态，大多数人选择专注于个人生活，对政治选举和社会公共事务漠不关心。

尽管舆论调查显示大部分国民对天皇抱有好感，但这只是一种敬而远之的好感。天皇和皇室的作用只有在社会遭遇危机或重大事件时才得以显现，并不在日本国民日常关心的范围之内。反过来，日本国民对天皇制的高度支持说明大部分国民并未意识到天皇制度真正存在的问题。不可否认的是，明仁天皇与昭和天皇在对待战争责任问题、历史问题的态度有较大差别，但是因为象征天皇制自确立以来始终存在作为和平国家清算军国主义历史的象征和维系日本国体象征的内在矛盾。事实上，昭和天皇作为近代绝对天皇制中的"神"和战后象征天皇制中的"人"，所具有的连续性并不随着他的去世而断裂，从皇室祭祀的传统和国民对天皇的感情等方面来看，这种连续性非常明显地体现在明仁天皇的言行之中。

四　明仁天皇对象征天皇制的思考与实践

明仁天皇在"象征讲话"中指出，自己在战后宪法规定下履行象征职责，因为坚持与国民同在、体念国民和为国民祈祷，获得国民广泛的信赖和敬爱。① 值得注意的是，"与国民同在"和1945年8月15日昭和天皇发布的《终战诏书》② 中的"常与尔臣民共在"相似，"信赖和敬爱"同昭和天皇在1946年元旦发布的《人间宣言》③ 中的"然朕与尔等国民共在，欲常同厉害分休戚。朕乃尔等国民间纽带，始终依赖相互信赖敬爱，而非单纯依赖神话传说"相同。

对于自己和昭和天皇的关系，明仁天皇表示，"我几乎继承了昭和天

---

① 日本宮内庁「象徴としてのお務めについての天皇陛下のおことば」、2016 年 8 月 8 日、https：//nettv. gov – online. go. jp/prg/prg14077. html。

② 日本国立公文書館デジタルアーカイブ「終戦の詔書」、https：//www. digital. archives. go. jp/DAS/pickup/view/detail/detailArchives/0101000000/0000000002/00。

③ 日本国立国会図書館「人間宣言」、https：//www. ndl. go. jp/constitution/shiryo/03/056/056_0011. html。

传承的所有东西并坚持至今，其中既有新尝祭这种古老的传统祭祀，也有始自昭和天皇的插秧仪式。将新尝祭这种古老的传统原封不动地保留下去非常重要，同时像插秧这种新的仪式，我希望人们重视的是其意义而非形式"。①事实上，明仁天皇对象征天皇制有自己的理解并为此付诸实践。例如，在国事行为之外，他非常重视与象征相关的公务行为。

战后宪法将天皇行为分为国事行为、公务行为和私人行为三种。天皇的"国事行为"需要获得内阁的建议和承认，包括任命内阁总理大臣和最高法院法官，公布修改宪法、法律政令及条约，召集国会，解散众议院等。"私人行为"是指与神道相关的宫中祭祀。需要指出的是，昭和天皇的"御大丧"和明仁天皇即位后的"大尝祭"这两种典型的神道仪式，在平成时代变成了使用国费的国家仪式，都有违背宪法政教分离规定之嫌。天皇的"公务行为"在日本现行法令中并无任何具体规定，现实中包括出席节日庆典、正式的外国访问、地方视察、慰问灾区和海外慰灵等。② 明仁天皇正是通过一系列"公务行为"特别是1991年7月赴长崎县慰问受云仙普贤岳火山喷发影响的灾民时，与美智子皇后双膝就地同每一个人对视交谈的行为，改变了天皇和皇室在日本国民中的形象，逐渐赢得国民爱戴。

2019年4月30日，明仁天皇在《退位礼正殿之仪天皇陛下讲话》开头说道："今天我结束了作为天皇的职责。"③ 此句中的"结束"使用的是表示主语主动行为的"他动词"④，表明退位是他个人的主观意愿，这是一个极其危险的信号。尽管在法理上天皇不应该发表政治性言论，政府也不应该在承认天皇个人人权前提下讨论皇室相关事项，但是明仁天皇通过发表

① 日本宫内厅「天皇皇后両陛下御結婚満50年に際して」、http：//www. kunaicho. go. jp/okotoba/01/kaiken/kaiken‐h21‐gokekkon50. html。

② 特别是慰问灾区和海外慰灵，尽管不属于宪法规定的国事行为，但由于明仁天皇将其理解为"象征行为"，因而其被归为"公务行为"。最新相关研究可见末木文美士『日本思想史』、岩波書店、2020、229頁。

③ 日本宫内厅「退位礼正殿の儀の天皇陛下のおことば」、http：//www. kunaicho. go. jp/page/okotoba/detail/46#155。

④ 在日语中，"他动词"与"自动词"对应，指需要有一个宾语才能完整地表现主语的动作或作用的动词。

"象征讲话"获取国民的同情和支持，促使安倍政府改变反对态度并启动退位程序，最终顺利实现生前退位已是事实。

五 结语

伴随着明仁天皇退位和德仁皇太子即位，日本已经进入令和时代。出生于战后的德仁天皇是否将继承上一代天皇的精神，值得期待和关注。但更为重要的问题是，日本国民支持的是作为个人的天皇还是宪政体制中天皇制的象征意义。近代日本为避免天皇干预政治，不断强调天皇"万世一系"的神圣性，反过来神圣天皇又被当作政治工具利用，最终使整个国家走上万劫不复的深渊。诚如丸山真男所言，近代日本政治体制是一种"无责任体系"[1]，全体日本国民都是对外侵略战争的参与者。

特别值得一提的是，2019年7月21日日本令和时代的首场国政选举——日本国会参议院第25届选举结果显示，自民党得到57席，与非改选的56席共计113席；公民党得到14席，与非改选的14席共计28席。[2]从2016年7月10日的第24届参议院选举到2019年7月21日的第25届参议院选举3年多时间内，日本经历了明仁天皇的"象征讲话"、《皇室典范特例法》的出台、令和年号制定和公布[3]、明仁天皇退位和德仁天皇即位，自公两党加上支持修宪的大阪维新会和无所属的席位，修宪势力失去了发动修宪动议必需的2/3以上席位优势。尽管如此，修改战后日本和平宪法第九条、将自卫队明文写入宪法，仍然是安倍政权任内最大的政治目标。

对照近代日本的教训思考战后日本的象征天皇制特别是天皇、政府和国民在退位问题上的态度和关系时，"民意"成为关键词。民意应该被尊

---

[1] 丸山真男『増補版現代政治の思想と行動』、未来社、1964、129頁。

[2] 日本総務省「第25回参議院議員通常選挙結果調」、http://www.soumu.go.jp/main_content/000640535.pdf.

[3] 冯晶：《日本新年号"令和"及其政治考量》，《日本问题研究》2019年第4期。

重，而不是被有选择地利用。因为，日本天皇、政府和民众三者关系互动的结果不仅关系到象征天皇制和日本的未来，而且也关系到亚洲和世界的未来。

（原载《日本问题研究》2020 年第 3 期）

日本推进积极老龄化城市治理的经验与启示

郭 佩*

引 言

改革开放 40 年以来，中国城市面貌发生了翻天覆地的变化，城镇人口占总人口比例从 1980 年的 19.36% 呈直线上升趋势，到 2018 年达到 59.15%①，尽管仍与发达国家平均 80% 左右的城市化率有一定的差距，但其以迅猛发展的态势已进入城市化发展的中后期阶段。提升城市治理能力不仅是未来城市发展的必然要求，同时也是推进国家治理体系和治理能力现代化战略的重要组成部分。发达国家在城市治理过程中面临的主要问题之一便是人口老龄化，随着人口不断向城市集聚，城市人口老龄化问题越来越严重，从而引发社会劳动力不足、医疗养老费用支出增加等社会问题。中国人口老龄化程度持续加深且速度之快令人关注，截至 2018 年，65 岁及以上人口比重达到 11.9%，人口年龄结构从成年型进入老年型仅用了 18 年左右的时间②，随着人口老龄化的进一步加深，日本同样会面临发达国家在城市治理中的问题。但从可持续发展理论来看，如果未来城市充分考虑老年人特点，提前做出相应的规划和规范，构建城市治理新模式，打造适宜"全世

* 郭佩，中国社会科学院日本研究所助理研究员，研究方向为日本少子老龄化、社会福利。

① 世界银行数据库，http://data.worldbank.org.cn/。
② 《国家统计局报告：人口总量平稳增长，人口素质显著提升——新中国成立 70 周年经济社会发展成就系列报告之二十》，中华人民共和国中央人民政府网，http://www.gov.cn/xinwen/2019-08/22/content_5423308.htm。

代"的居住环境，完善相关社会保障、社会包容机制，有助于快速增强城市竞争力。日本作为全球老龄化程度最高且城市化率在90%以上的国家，在城市治理中加入了可以使老年人实现"在地安老"的社会友好理念，取得了一定的成效。本文通过梳理日本在积极应对人口老龄化方面的城市治理举措，探讨制度设计与运行机制，旨在为中国城市治理中科学应对人口老龄化提供借鉴。

一 "积极老龄化"的概念建构及实践

随着全球多个国家老龄化问题的不断深入，世界卫生组织在"成功老龄化""健康老龄化"概念的基础上进一步提出了"积极老龄化"的概念，主要涉及健康、参与和保障三个方面（如图1所示）。首先，"健康"是指提高老年人生活质量，减少其因衰老带来的疾病，使慢性疾病得到治疗并康复，以延长老年人社会参与的时间。[①] 健康是实现积极老龄化的内在基础，只有保持身心健康，老年人才有机会在政治、经济、社会、文化领域继续贡献力量。其次，"参与"是老年人根据自己的身体、精力、能力和需求，参与到社会经济、文化等活动中，这也是实现积极老龄化的前提条件。再次，"保障"是实现积极老龄化的重要保证，是指即使老年人在不能照顾自己的情况下，也会有家庭、社区和其他社会力量通过多种方式去照顾他们，免去后顾之忧，从而使老年人放心投入社会生活中。在这里，"保障"的含义远远超越了社会保障的范围，不仅包括经济保障，还包括医疗、护理、社会救助等，以维护老年人的尊严和权利。可以说，积极老龄化强调的是积极向上的老年生活方式和价值观，充分实现老年人的价值，同时需要我们营造一个适合老年人参与的社会氛围。

为了更好地促进积极老龄化实现，世界卫生组织于2005年在全球33个

---

① 邬沧萍、彭青云：《重新诠释"积极老龄化"的科学内涵》，《中国社会工作》2018年第6期，第28页。

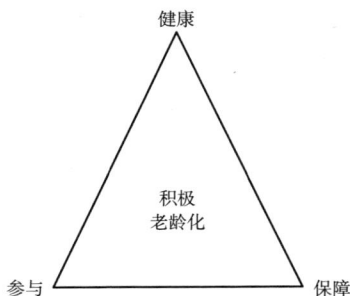

图 1　"积极老龄化"的主要框架

城市启动"老年友好城市"项目，并于 2007 年完成《全球老年友好型城市指南》。"老年友好城市"的理论来源正是"积极老龄化"概念。国内多位学者围绕"积极老龄化"与"老年友好城市"进行了不同学科的分析，主要分为以下三类。一是从国际视野的角度对国外先进友好城市或社区的相关研究及典型做法进行了分析探讨，如李小云总结分析了老年友好社区的内容框架及相关评价基准，为中国构建友好社区提供了借鉴与启示①；王德文等分析发达国家老龄友善城市建设的轨迹和特点②。王德等③与康越④都以日本东京为案例阐释了东京都进行高龄城市建设的模式，并从养护机构、老年公寓、医养结合、智能养老模式、养老人才培养等多个角度进行了分析。二是从城市规划、城市居住环境的角度对应对老龄化社会进行分析考察，如胡仁禄主要围绕老年群体居住行为特点，通过分析老龄化城市的居住环境面临的主要问题和国际经验，针对改善老龄化城市居住环境提出建议⑤；柴彦威、李昌霞⑥

---

① 李小云：《国外老年友好社区研究进展述评》，《城市发展研究》2019 年第 7 期。
② 王德文、马健囡、王正联：《发达国家老龄友善城市建设轨迹及其借鉴意义》，《公共行政评论》2016 年第 4 期，第 105 页。
③ 王德、吴德刚、张冠增：《东京城市转型发展与规划应对》，《国际城市规划》2013 年第 6 期。
④ 康越：《东京都高龄城市建设模式对我国超大城市借鉴研究》，《北京行政学院学报》2017 年第 5 期。
⑤ 胡仁禄：《老龄化城市居住环境初探》，《建筑学报》1994 年第 10 期。
⑥ 柴彦威、李昌霞：《中国城市老年人日常购物行为的空间特征：以北京、深圳和上海为例》，《地理学报》2005 年第 3 期。

和张纯等①通过对北京、深圳和上海三个城市的老年人购物空间机构的研究指出要重视和完善老年人居住周边的商业设施规划建设；李峰清和黄璜在借鉴分析各种养老模式的基础上，以中国老龄社会城市空间面临的问题和矛盾为切入点，从空间"硬环境"和"软环境"两方面的创新需求探讨城市规划中的空间对策②；李小云和田银生围绕老年社区、养老设施、道路交通等多个方面对中国城市规划应对老龄化社会的相关研究和问题进行了综述研究。③ 三是从老年公共服务设施、养老服务体系建设等着手分析，如胡小武指出，为了应对新型城镇化发展和"银发"浪潮，需要加快实施养老空间、养老服务等结构创新与转型。④ 以上文献有的着眼于中国国内研究，有的着眼于国外经验，国外侧重如加拿大、澳大利亚等国家的经验，对于老龄化与城市化发展均较快的日本则集中于对东京等大城市的介绍。事实上，日本不论大城市还是中小城市都在积极探索城市化发展下的老龄友好社会应对战略，尤其个别地方城市在"积极老龄化"理论框架下摸索出了可持续的城市再生模式。因此，本文主要以"积极老龄化"为理论框架，探讨在城市化发展快速发展的当下，日本城市实现积极老龄化的途径、方式以及对中国的启示。

二　日本城市推进积极老龄化的主要措施

（一）日本老龄化及城市化发展

日本作为东亚最早进入老龄化社会以及老龄化水平最高的国家，老龄化

---

①　张纯、柴彦威、李昌霞：《北京城市老年人的日常活动路径及其时空特征》，《地域研究与开发》2007 年第 4 期。

②　李峰清、黄璜：《我国迈向老龄社会的两次结构变化及城市规划对策的若干探析》，《现代城市研究》2010 年第 7 期。

③　李小云、田银生：《国内城市规划应对老龄化社会的相关研究综述》，《城市规划》2011 年第 9 期。

④　胡小武：《城镇化与老龄化叠加时期的中国养老模式转型》，《新疆师范大学学报》（哲学社会科学版）2016 年第 9 期。

道路一直备受关注。日本总务省统计局的数据显示，截至 2019 年 9 月，日本 65 岁及以上老年人口为 3585 万人，老龄化比例为 28.4%。根据日本国立社会保障与人口问题研究所预测，到 2025 年，日本 75 岁及以上高龄老年人口占总人口的比例将达到 17.8%，而 65 ~ 74 岁低龄老年人口占总人口的比例减少到 12.2%，人口高龄化特点非常突出。① 在老龄化快速发展的同时，城市化也在不断发展。日本自二战之后加快了工业化、城市化进程，根据世界银行数据，2018 年，日本城市化水平为 91.62%，远超同期世界平均水平。此外，从发展模式来看，日本是典型的高度集中型城市化。二战后到 1975 年，随着日本战后经济高速增长，城市化也迅猛发展，城市化率也从 1947 年的 33.1% 上升至 1975 年的 75.7%，在这个阶段，每年平均增长 1.52 个百分点。但 1973 年第一次石油危机后，日本从高速增长进入了低速增长期，城市化水平从 1975 年的 75.7% 增长为 2018 年的 91.62%。日本由于人口众多，国土狭窄，因此城市化的发展呈现高度集中型特点，主要集中在东京、大阪和名古屋三大都市圈内。

高度集中的城市化发展模式一方面使经济发展相关的资源可以集中配置，从而有效支撑日本经济高速发展；另一方面，由于城市人口多，长期人口流入产生了很多社会问题，如交通拥堵、房价高企、老龄化集中等。尤其近年来常被提到的是老龄化背景下的独居、孤独死与生活贫困等问题。如何面对高度城市化带来的一系列独居、孤独死、认知症高发等老龄化问题，如何提高老年人的身心健康和生活质量，如何更有效地推进适合老龄化发展的城市治理，已成为全社会重点关注的问题。

（二）日本城市推进"积极老龄化"的主要措施

"积极老龄化"包括健康、参与和保障三大领域。日本作为全球老龄化与城市化"双高"的国家之一，在构建老年人健康照护体系、鼓励老年参与，健全多角度和全方位的老年保障体系方面进行了一系列探索。

---

① 丁英顺：《日本护理保险财政困境及应对措施》，《日本问题研究》2019 年第 3 期，第 56 页。

1. 立足社区，做好多元整合"健康守门人"

日本老龄化发展至今，有两个重要的特点。一个是高龄化，75 岁及以上老年人口占全体人口比例，2015 年为 12.8%，根据预测 2040 年为 20.7%，2060 年为 26.9%，并且 75 岁以上老年人口将达到老年人口数量的一半以上[①]。另一个是大城市圈的老龄化发展速度较快，而非城市地区将迎来老年人口和总人口共同减少的局面。在这样的背景下，日本政府于 2012 年修订《护理保险法》，正式提出构建能够整合提供护理、医疗、预防、居住以及生活照料等服务的"社区综合护理体系"。2014 年 6 月 25 日，日本颁布实施《关于综合确保地域医疗与护理的法律》（医疗护理综合确保法），再次对护理保险法进行了修改。

首先，老年人在自己熟悉的区域生活需要确保"住房"。为了方便老人在自己熟悉的社区生活，日本于 2011 年修改后的《高龄者居住法》提出要建设附带服务功能的老年住宅，通过提供安全适宜的生活环境，构建包括医疗、护理、预防、安全确认、生活咨询等在内的综合服务体系。2011 年 4 月 28 日，日本修改了《关于确保高龄者居住稳定的法律》，并于 10 月 20 日起实施。该法规定，注册附带服务功能的老年住宅必须符合入住者标准、设施标准、服务标准和合同标准四项标准。[②]

其次，"住房"保证后，老年人可以根据需要就医或护理的程度的不同选择不同的服务，可以去机构，也可以在家中接受治疗或康复疗养。该体系要求，需要根据老人的身体和家庭状况提供综合性的护理、医疗及其他服务，比如安全确认、护理预防等。在这之前，不同的服务提供者之间没有交流和信息分享，存在多重的信息壁垒。而在构建该体系后，医疗、护理与其他福利相关人员共享老年人各种信息从而提供有针对性、更完善的定制化与

---

① 〔日〕小岛克久：《日本老龄化的地区差异和社区综合护理体系》，万琳静译，《社会政策研究》2017 年第 6 期。

② 入住者标准指必须是 60 岁以上或被认定为需要护理或需要援助的人；房间面积一般要求每户在 25 平方米以上；房间要有无障碍设施等；服务标准具体指要有安全确认、生活咨询等配套服务以及配有医师、护士、社会福利士等相关人员；合同标准具体指必须签署书面合同，明示居住内容、收费内容等。

整合式服务。承担整合各类资源和信息的正是每个社区的"社区综合支援中心"。① 一般来说，社区综合援助中心以市町村为主体，配置保健师、社会福祉士、主任护理经理等三类专业人员，主要业务一般包括为需要护理或预防的老年人制定预防计划或援助方案、为当地居民提供综合性的护理方面的咨询（包括政策福利）等。

2. 在"百年人生"下鼓励"终生学习"与"社会参与"

日本在鼓励老年人参与社会政治、经济、文化、社区及家务等社会参与方面进行了多方面的探索。日本早在 1966 年颁发的《雇佣对策法》中就明确就老人职业选择、职业资料、老人兼职支付金、再就业的促进等进行了规定。1971 年颁发的《中高龄者雇佣促进特别措施法》规定 55 岁以上老人的雇佣数量应占人口总数的 6% 以上，并推出为老年人提供再就业辅导、出台老年人雇佣办法、开办老年人职业介绍所等措施鼓励老年人再就业。1973 年，东京都成立了"高龄者就业对策协议会"（即"银发人才中心"），为有就业意愿的老年人提供帮助。另外，日本的雇佣政策并非政府直接为老年人提供就业岗位，而是通过向企业或雇主提供补助的形式，间接为老年人创造适宜、灵活的雇佣环境。日本的老年人与其他发达国家相比，劳动参与率非常高。综观全球主要发达国家，日本老龄者就业人口比例②高达 24.3%，仅低于韩国，位居第二。从就业类别来看，从事非正规劳动比例较高，其理由为时间自由灵活，可供老年人根据自己合适的时间选择工作。

另外，日本政府鼓励构建适合老年人多样化学习的包容环境。近些年来，日本的部分大学推出了面向老年人学习的各种课程和考试，例如东京的立教大学早在 2008 年就开设了面向 50 岁及以上中老年人的课程，课程设计紧贴老年人自身生活，包括经济、老年社会学、保健等。这样的包容设计可以使老年人与年轻人共同在同一个学部、图书馆等场所学习，不再像之前单设独立于其他人群的老年大学。同时，在信息化、人工智能的快速发展下，为了使

---

① 社区综合支援中心是负责厚生劳动省规定的各类相关事业，为维持地区居民的身心健康和生活稳定提供必要的援助，提高医疗保健水平，促进福利发展的综合性服务机构。

② 老年就业人口数量占老年人口总数的比例。

老年人也能尽快掌握相关技术以更好地提高生活质量，从 2018 年 11 月开始，由总务大臣政务长官与厚生劳动大臣政务长官共设"信息化助力共生社会"会议，开始探讨构建如何使老年人在自己生活圈获得信息化教学的路径。

3. 在"共生社会"中实现全方位、多层次老年保障

实现全方位、多层次的老年保障是"积极老龄化"中的重要一环，此"保障"并不是医疗、就业、生活保障等单方面的社会保障，而是有着丰富的外延。在针对个人的基本社会保障之外，还包括全社会、所处社区对老年人的认同与包容。此外，城市主要特点是人口流动性强，因此为了实现"共生社会"，在构建城市老年保障体系时需要遵循城市的特点。

日本近些年来针对城市老年人孤立、孤独的各种问题，主要以强化当地居民的感情纽带为目标，加强基于居民自治体的"共生社会"活动，包括民俗活动、交通便利、社区环境美化、老年人福利等相关活动。例如，实施访问独居高龄者、为其配送食物的送餐服务；邮局快递员和送报员在配送时间内向独居老年人打招呼，并将其生活、精神状态报告福利协会及地区综合援助中心等相关部门；在可步及范围内增加公民馆等公共设施；充分利用城市里不断出现的空巢住宅，举行聚餐等活动；面向超市工作人员开展应对老年认知症患者的培训，以积极构建第一时间发现认知症老人迷路即能向有关部门联系的地域支持体系。

此外，基于"共生理念"，把不同年龄的人置于同一生活圈下，打破年龄的隔阂与不同代际间的鸿沟，推动社会协调发展。日本厚生劳动省近些年鼓励推行"幼老所"模式，以社区为依托，让托幼服务与养老服务融为一体，专门为有照看幼儿和老年人需求的家庭提供日间托管、短期照看、上门服务等多样化的服务。例如，位于千叶县市川市的"行德之家"同时提供老年人与幼儿照看服务，利用做早操等机会加强老年人与幼儿的交流；又如神奈川县相模原市的"二本松幼老所"通过共同手工或主题活动等形式加强了老幼隔代互动。

4. 对"在地安老"老年友好城市的推进

随着老龄化、高龄化与城市化的不断推进，养老服务、照料需求不断增

加，政府财政捉襟见肘，让老年人在生命末期也可以在熟悉的社区或家中生活的"在地安老"越来越受到老年人的喜爱。以"在地安老"为基础，从环境建设、住房、社区支持、医疗卫生、交通等多方面深入推进老年友好城市建设。截至2018年，日本共有21个城市加入了世界卫生组织的"老年友好城市"项目，秋田市作为日本首个于2009年加入计划的城市，近些年来在推进积极老龄化过程中进行了多方面的探索与努力。例如，从2011年10月开始，秋田市为了鼓励老年人外出参加社会活动，实施对65岁以上老年人进行公共交通乘车优惠的措施；从2015年4月开始为创造全社会对老年人尊重、包容和支持的环境，秋田市推出老年友好合作单位登记制度，可申请单位既包括企业法人，也包括社会团体等组织，经营业务主要为银行、酒店、美容院、超市、商业店铺、建筑公司、保险公司等，经申请通过后，政府会在店铺入口醒目处贴有"老年友好"徽章。这些公司或社会团体既以各自优势和特点为老年人提供服务，也包括增加对老年人员的雇佣、开办认知症等健康预防讲座、配送牛奶时对独居老人安全的确认等。

老年友好城市的建设是积极老龄化社会的重要实践，其目的在于创造一个适合老年人生活并参与社会活动的兼具尊重与包容的城市，可以说比起老年城市"硬件"的规划与设计来说，更重要的是全体成员对于老年友好城市构建的一种全新理念的建立。

三　日本城市积极应对老龄化措施的启示

中国的城镇化与老龄化呈现"双快"发展趋势，未来人口出生率的下降和人口寿命的增加，会直接加速老龄化的发展，也会形成城镇化与老龄化双重叠加的特点。结合日本城市积极应对老龄化的经验，主要有以下几方面启示。

第一，新时代背景下，城市治理思路需从政府一元治理转变为多元治理理念。未来社会承担积极应对老龄化社会的重任必然不是政府一方来完成，需要引入市场、社会团体、家庭等多方参与治理理念。政府与社会力量的合作及联动是需要的，这种合作与联动可以体现在规划制定过程中，尽可能鼓励不同业界代表（包括老年人）参与其中，出台相对贴近需求的政策。

第二，积极应对人口老龄化城市建设需要立体化、多角度为老年群体提供安全、健康、可及的公共服务。老龄社会的规划不是单一的，是系统化、立体化从上至下解决不同方面的老年问题。可以说，类似日本富山市所推行的"紧凑集约型"或"收缩型城市"正是在城市层面满足老年人多样需求的较好模式。通过混合型土地和可及性公共交通的设计，将社区、商业设施、医院、保健中心、公园等集中于公共交通沿线，方便老年出行，从而促进社会参与。同时，创造更安全的城市环境，优化解决出行过程中的交通、活动空间适老化不足等问题。

第三，以社区为基础，以实现"在地安老"为目标，推进医疗和护理整合式服务。日本当前大力推广"社区综合护理体系"，通过整合预防保健、医疗、护理等服务资源，立足老年人生活圈，为其提供给 24 小时在 30 分钟内可及的健康保障服务，而社区成为资源的衔接和组织平台。中国当前医疗和养老服务由不同部门负责，存在一定的分割性，社区为老服务体系也呈现资源碎片化的特点。因此，今后需要从顶层设计的角度，整合服务于老年社区生活圈的各方资源，并通过专业化的服务来衔接老年人的需求与养老服务供给。

第四，营造对老龄人口尊重和包容的城市环境。一方面，对老年人尊重和包容，就要打破旧有的观念和政策壁垒，鼓励其多参与社会事务，包括参与公共事务管理决策，参加相关志愿者活动，进行课程学习以及就业。老年人是社会的财富，积累了丰富的人生和工作经验，在身体健康的条件下继续灵活就业或参加志愿者活动等，有利于发挥老年人参与城市社会生活的潜能，从而保持健康的生活方式。另一方面，积极应对人口老龄化也需要全社会成员的共同努力和行动。增强全民意识，自觉参与加强对老龄社会的理解和认同，构建政府、社会、家庭、老年人共同参与的良好环境。

尽管日本在积极应对老龄化城市治理中取得了一定的经验和模式，但中国要根据自身发展特点、地区差异性等，摸索促进可持续发展的城市治理之路。不仅要对设施环境进行适老化改造，还要完善老年相关公共服务，倡导代际和谐社会文化，保障老年人的各项社会参与权利，建设积极、有活力的老年友好城市。

（原载《日本问题研究》2020 年第 2 期，有删减）

日本对外文化输出战略探析

——多元实施主体与国家建构路径

张 梅[*]

日本新年号定为"令和"。令和元年 6 月，日本政府对 21 世纪初开始实行的"酷日本"战略进行了重新评价，9 月发布了新版的《酷日本战略》。它强调"酷日本"战略的出发点是通过以世界视线为起点的努力获得世界的"共感"。[①] 这意味着令和时代日本对外文化输出战略和国家构建的新的出发点。

"酷日本"并不是一个客观的存在，而是被建构起来的。日本这个国家通过"酷日本"战略相关的国家政策性文件、经贸活动、对外宣讲活动、媒体表述等各种文化实践被不断想象、发明、质疑和改变。以"酷日本"为代表的日本对外文化输出战略已经发展成为一个由日本政府各部门诠释和定义、民间人士参与、外国从业者深耕、媒体的外宣保障等多方积极配合、相得益彰的系统性工程。其实施路径、机制及经验教训对我国的文化"走出去"策略具有重要借鉴意义。

一　国家建构

建构主义认为，物质因素固然是国际关系的重要因素，但最重要的还是

---

[*] 张梅，中国社会科学院日本研究所助理研究员，研究方向为日本文化、人类学。

[①] 知的财产战略本部「クールジャパン」、http：//www.kantei.go.jp/jp/singi/titeki2/kettei/cj190903.pdf。

相关国家在看待对方国家时持有怎样的看法。一国的国际威望、角色身份和特征不一定是这个国家固有的，而是由主观的文化概念建构起来的。[①] 而国际威望的建构是通过对国家软实力资源的发掘和利用来实现的。相对于硬实力是指一个国家用军事和经济等力量来强制对方做它不愿做的，软实力产生于"一个国家能让其他国家想己之所想"的时候，从行为上讲强调的是非强迫地吸引对方。[②] 至于产生软实力的资源，约瑟夫·奈最早提出的是文化、意识形态和制度，在 2004 年的著作中则演变成了文化、价值观和政策[③]，由此可见文化始终是产生软实力的重要资源。

国际文化交流和文化政策是探索国家认同形成与构建过程的有效手段。认同（identity）是指关于自己和他人的主体认识。认同对于我们分析行为主体选择的形成与国民国家系统的发展与变化来说是一个重要的概念。国家政策制定者通过举行文化交流事业，把外国人眼里的"我们"和自己国民所考虑的"我们"往理想的形式塑造。文化交流事业可以反映国家政策制定者如何认识世界中的"我们"，如何构建与"他者"的关系。反过来说，文化交流事业也能够修正和改变政策制定者起初的认同，进而可能会对国际关系整体产生影响。[④]

很多学者探讨了知识分子和政治精英是如何形成鲜明的国家文化来建构自己的国家的。利普玛和梅尔佐夫指出，精英们创造了一个国家公共空间和公共文化，以便形成一种共同的认同，并使之"看起来是真实的、不容置疑的，并成为个人认同的内在要素"。[⑤] 精英们不仅建构了外在的国家认同，而且也建构了内在的国家认同，以建立本国的文化，当地居民由这种国家认同所定义，并回应这种认同。沃尔夫声称，国家必须"拥有文化形式或机

---

① 李智：《文化外交：一种传播学的解读》，北京大学出版社，2005，第 24 页。

② Nye, Joseph, "Soft Power," *Foreign Policy*, No. 80, 1990, pp. 166 – 167.

③ Nye, Joseph, *Soft Power：The Means to Success in World Politics* (New York：Public Affairs, 2004), p. 11.

④ 戦後日本国際文化交流研究会『戦後日本の国際文化交流』、勁草書房、2005。

⑤ LiPuma, Edward, Meltzoff, Sarah Keene, "Ceremonies of Independence and Public Culture in the Solomon Islands," *Public Culture*, No. 1, 1990, p. 89.

制，在全方位关系网中都涉及的群体可以在彼此的正式和非正式交往中使用这些文化形式或机制"①。福斯特则认为，国家建设是一个不断变化的过程，有许多不同的影响因素促使一个国家维持其"想象的共同体"。他写道："无论是作为社区的国家，还是因此而来的国家文化，都没有任何本质的属性……国家和国家文化是由个人、国家和全球商品流通机构不断想象、发明、质疑和改造的艺术品。"②

各国用来实现国家认同的手段各不相同。日本的对外文化政策可以看作日本的国家认同形成的文化实践。下面将着重考察日本知识分子和政治精英如何在文化实践中，创造一种公共空间和公共文化，以便形成一种共同的认同，并试图使这种认同被国内和国际社会所接受，以及民间力量、外国业者、媒体等如何回应和配合这种认同。

二 "酷日本"战略的实施主体与建构路径

二战后，日本非常重视通过对外文化政策和国际文化交流在国际上建构国家形象。随着日本的国际地位、国家战略需求、国内政治经济形势的变化，文化政策在不同时期被赋予不同的含义，在国家建构方面起到不同的作用。概括来讲，其文化政策经历了五个阶段。从与民主、和平并称的文化，发展到国际经济合作服务的文化，再到作为消除经济摩擦手段的文化，文化在"立国"和构筑日本国家品牌方面的重要性日益凸显。在日本政府提出"酷日本"战略并使之不断体系化的今天，分析其多元的实施主体和建构路径很有必要。

（一）中央省厅的国家建构：国家文化的发明

国家文化（national culture）的发明体现在内阁府和中央省厅对"酷日

---

① Wolf, Eric R., "Aspects of Group Relations in a Complex Society: Mexico," *American Anthropologist*, No. LVII, 1956, pp. 1065 – 1078.

② Foster, Robert J., "National Cultures in the Global Ecumene," *Annual Review of Anthropology*, No. 20, 1991, pp. 235 – 260.

本"的定义上。日本政府各省厅分工合作，互相配合，不断诠释和定义"酷日本"。"酷日本"战略是日本政府敏感回应美国学界提出的"软实力""酷日本"等新概念，适应全球化和国内政治经济社会发展变化而做出的战略选择。日本政府通过在内阁府设立知识产权战略本部作为总协调，各个官厅各司其职、发挥优势的机制，把"酷日本"提升到了国家的全面性战略的高度。

由内阁总理大臣担任本部长的知识产权战略本部是推行知识财产战略、协调各省厅有关"酷日本"政策的专门机构。该机构自2003年成立以来，每年都召开以调查和讨论振兴内容产业为宗旨的"内容专门调查会"，并推出每年度的《知识产权推进计划》。在这些文件中，"酷日本"的范围被不断拓宽。2015年，"酷日本"的定义是"外国人觉得'酷'的日本固有魅力，包括动画片、漫画、游戏、服饰、食品、传统文化、设计、机器人以及环境技术等"①。"酷日本"战略是从"酷日本"的信息传播、海外商品和服务的销售、赴日旅游三个阶段依次开展，吸收世界经济的增长，促进本国经济增长的品牌战略。2019年9月知识产权战略本部发布的新版《酷日本战略》则在原来的基础上将范围进一步拓宽，加上"具有外国人认为'酷'的可能性的事物"，例如涉谷嘈杂的路口、便当盒、学生社团活动、露天风景等。

由此可见，"酷日本"的定义具有几个特点。一是开放性，不断扩大，不断有新的内容加进来。二是统合性，把日本所有的文化进行打包，囊括酷、优雅、传统、现代等多重含义。三是从外国人的视点出发，目标是在他者心中树立良好的形象，继续保持他者所喜欢的因素，改善他者不喜欢的因素。四是使文化与经济增长相结合，创造价值。该定义反映了民族主义的意识形态，即外国认为日本好的地方就是日本的魅力和特色，哪怕这种魅力并不为日本人自己所发觉。而且它认为日本的魅力是无限的，可以不断被发掘和发现的，日本只要能够向外国解明本质，正确地进行发言，就能获得世界的共鸣和认同。

---

① 内閣府知的財産戦略推進事務局「クールジャパンについて」、https：//www.cao.go.jp/cool_japan/about/pdf/cj_initiative.pdf。

经济产业省的关注点则是日本 GDP 的增加，因此把重点放在日本制作的内容产品的出口上。经济产业省致力于内容产业的海外市场拓展和内容产业就业岗位的创造。其基本思路是，20 世纪五六十年代日本对于制造业所实行的古典产业政策——业界组织化和海外拓展支援对于内容产业也仍然适用。① 外务省的"酷日本"政策可以归结为基于软实力理论的流行文化外交。该省以前把对外宣传日本文化称作"国际文化交流"，现在则更倾向于使用"文化外交"一词，把改善日本国际形象视为战略目标。外务省的海外活动主要是通过驻外使领馆和国际交流基金来展开。日本不再只推崇脸谱化的外交官，而是让外交官成为日本流行文化的国家代言人。

此外，国税厅、文化厅、农林水产省、观光厅等都积极参与到了"酷日本"战略的推行当中来。文化厅的着力点在于文化艺术的振兴和海外发信。国税厅致力于对外推广日本酒，农林水产省致力于日本食品、饮食文化的普及，观光厅大力推介日本旅游资源，吸引外国游客来日本旅游。为了配合"酷日本"战略，打击盗版行为，日本警方也展开了抓捕在日居住的"汉化组"（将未引进中国市场的国外软件、游戏或漫画翻译并修改成中文的人）的活动。

日本内阁府和各省厅从各自的职责分工出发定义、阐释和呈现"酷日本"。阐释和呈现的过程是一场为日本流行文化正名的运动。动漫文化、御宅族文化本来是一种自下而上的文化，属于青年亚文化的范畴，以前在日本社会是很难登上大雅之堂的，是被污名化的存在。但是由于它们在国际社会中的影响力，日本政府自上而下地进行了重新阐释，将其标榜为"软实力"产业、"日本魅力"、"酷日本"的象征。日本的政治精英们以流行文化为主体，将食品、传统文化、设计、机器人以及环境技术乃至便当盒这样的生活细微之处都进行打包，创造了一个国家公共空间和公共文化，以便形成一种"酷日本"的共同认同，并使之看起来自然、真实并且不容置疑。

---

① 松井剛「ブームとしての「クール・ジャパン」－ポップカルチャーをめぐる中央官庁の政策競争」、『一橋ビジネスレビュー』2010 年第 3 号、86～105 頁。

（二）官民合作机制：知识和感性

日本内阁府和各中央省厅在实施对外文化政策的同时，并不是单单凭借政府官方的力量，而是广泛建立官民合作机制，寻求建构国际社会对日本的认同，把外国人眼中的"日本"往理想的方向塑造。"酷日本"战略在推进过程中主要从决策、资金和实施层面构筑官民合作机制，以民间的姿态与外国消费者和外国受众接触，以消费和客观性知识的面貌出现，充分发挥日本文化易感染性特点。虽然实施过程在一定程度上隐藏了其从上而下的特性，但是仍然在实施国家建构的职能。

在决策层面，官民合作主要以各类咨询会议的形式进行。"酷日本"有关的咨询会议都少不了行业代表人士的身影。安倍晋三再次当选首相之后，建议发起了"酷日本推进会议"，由"酷日本"战略担当大臣稻田朋美担任议长，内阁副大臣任副议长，主要成员囊括中央各省厅的副大臣。除官员之外，还包含传统文化和流行文化产业的民间人士代表，例如秋元康（AKB48的发起人之一、词作家）、千宗室（茶道里千家家元）等①。"酷日本推进会议"曾在新潟县、福冈县等各地举行，吸收当地的"酷日本"相关的产业人士参加。从构成上来看，2019 年负责制定新版《酷日本战略》的知识产权战略本部包括内阁理大臣担任本部长、内阁府特命担当大臣、内阁官房长官、文部科学大臣、经济产业大臣担任副本部长，也包括作为"有识者"的东京大学总长和 8 位企业人士代表。高校和企业人士以"有识者"的身份参与到决策中来，有利于进行更加合理的对外文化政策的制定，在世界范围内赢得人们对日本的认同和肯定。

在资金层面，官民共同成立了"酷日本机构"进行"酷日本"相关的投资。该机构的正式名称是株式会社海外需要开拓支援机构，由政府出资300 亿日元，民间企业出资 75 亿日元，于 2013 年 11 月成立。截至 2019 年

---

① 知的財産戦略本部「クールジャパン推進会議の開催について」、https：//www.cao.go.jp/cool_ japan/kaigi/suishin/1/pdf/siryou1.pdf.

7 月，该机构出资额已达 828 亿日元，其中政府出资 721 亿日元，民间出资 107 亿日元。它已投资在海外销售正版产品的网站、为销售日本优质食品而在越南新建的冷藏仓库、马来西亚的伊势丹商业设施、宁波的日本商城等多个项目。① 其定位从最初的"建立在海外销售和发布日本文化产品的据点"，调整为"民间投资提供风险资金，进行商品展示等经营方面的支援"。其宗旨是在全球化竞争日益激烈的过程中，利用日本固有魅力引进外需，弥补内需的不足，促进日本经济增长。

日本外务省和文化厅都加强了与产业方面代言人的合作。樱井孝昌是内容媒体的制片人、作家、日本数码好莱坞大学大学院的特任教授，经常作为嘉宾去外国进行宣讲活动。他曾在世界 24 个国家共 100 多个城市进行讲演，可以说是使用动画和原宿时尚进行文化外交的先行者。日本文化厅自 2003 年开始向其他国家派遣"文化交流使"，将日本传统文化的传承者和现代文化的精英人物派遣到海外居住一段时间，进行与日本文化相关的演讲和授课活动。2003~2019 年，日本文化厅共计向其他国家派遣了 194 名文化交流使。② 同时，日本政府自 2016 年开始把在国外具有传播力的日本人或喜欢日本的外国人任命为"酷日本大使"。这样，从决策、资金和实施各个层面进行官民合作发掘文化软实力资源的机制被构筑起来。

（三）外国中介者的"文化转码"功能

"酷日本"战略要在国际社会建立对于日本的认同，并非仅仅靠日本各界的努力就能建构起来，而是要与外国共同构建。2019 年 9 月知识产权战略本部推出的新版《酷日本战略》更加重视这一点，它强调今后将以世界的视线为起点，在日本人和外国人的共同努力下发掘日本魅力并进行传播，从而获得世界的共感。这也可以解释为何 2019 年 6 月内阁府知识产权战略

---

① クールジャパン機構「投資中の案件一覧」、https：//www. cj – fund. co. jp/investment/deal＿ list/。

② 文化庁「文化庁文化交流使」、https：//culturalenvoy. jp/envoys/h31。

推进事务局成立"创造日本工作小组",在讨论新的"酷日本"战略时,小组成员除日本学者、2 名日本企业代表之外,还包含 6 名在日外资企业的外国人代表。这种人员构成显示了今后"酷日本"战略调整的方向是充分发挥外国业界人士在发掘和传播日本魅力方面的作用。

日本文化输出到外国时,外国从业者的作用至关重要。本土化的过程其实是一个文化转码的过程。比如,《超级战队》(Power Rangers)系列本来是以低年龄层为对象的日本电视剧,想在美国电视台放映的话,需要进行大幅度改编。海姆·塞班(Haim Saban)这个拥有美国和以色列双重国籍的关键人物成就了日本原作的《超级战队》在北美的巨大成功。① 他把作品按照美国人的口味进行翻拍,凭借他在欧洲和美国政界、商界、娱乐圈所拥有的广泛人脉将其改编成风靡美国的电影,还取得了该作品在法国和德国的放送局的经营权。塞班的成功意味着在海外国家特别是在欧美实施文化输出时,由当地力量和中介者进行本土化、让当地从业者因传播文化而受益是非常重要的。美国市场喜欢翻拍或改编日本的动画片。光是 1996~2010 年,美国电影公司把日本的原作进行翻拍或改编后进行商业放映的电影就达 14 部②,《铁臂阿童木》《龙珠》都是成功的案例。正如麦当劳和肯德基在保持自身风味的同时,在中国已经进行了本土化改造一样,"酷日本"战略在具体实施的过程中,也离不开外国从业者的协助和深耕。

另一个典型的例子是,冯小刚在电影《非诚勿扰》中以北海道为拍摄地,掀起了北海道旅游热潮。于是,2008 年日本首相麻生太郎访华时特意安排了与冯小刚见面。当然,冯小刚并不是为了宣传日本旅游而拍摄电影,也不是日本政府任命的"酷日本大使",而是市场利益驱使。日本政府以事后追认的方式给予了肯定,试图将其纳入日本官方的对外文化输出战略中,意在鼓励外国中介者从本土视角对日本文化产品进行转码,能够投放在主流

① 豊永真美「パワーレンジャーをヒットさせた男─ハイム・サバンと日本のコンテンツ─」、『一橋ビジネスレビュー』2010 年第 3 号、36~51 頁。
② 海部正樹「アメリカにおける日本のコンテンツ市場」、『一橋ビジネスレビュー』2010 年第 3 号、6~21 頁。

的媒体或平台上，从而吸引更多外国受众在日常生活实践和消费活动中建立对该国家的想象。

（四）媒体外宣找好角度，在议题设置上化不利为有利

日本文化产品"走出去"离不开外宣的保障。日本在对国际社会特别是西方国家做外宣方面拥有较长的传统和较多成功经验，擅长找好角度，把自身的文化特点作为一种优点呈现给其他国家。例如，早在1899年，新渡户稻造在对外宣扬武士道时，基于潜在的西方受众宣扬日本传统精神即所谓"日本之魂"，行文中大量引用西方的历史和文学典故进行比较，以贴近西方受众理解的方式，重新建构了武士道。[①] 尽管武士道精神存在偏执、残忍的一面，但是他找准角度，阐释了武士道的本质和内涵，非但没有引起攻击，反而赢得了国际社会对武士道精神的理解。当时的美国总统西奥多·罗斯福不仅亲自读了此书，还把此书赠给许多友人。可见，在一个国家的文化对外传播过程中，一定要深入理解受众对象的文化视野，并通过恰当的传播策略凸显自身文化独特的文化内质，如此方可取得事半功倍的效果。

直至今日，日本外宣时仍然非常注重外国人的"他者"视角。日本国营电视台NHK专门推出了一个叫"发掘酷日本"的节目，自2008年至今每周一次，已经连续播出了11年。节目的出发点是，时尚、动漫、日本料理等很多日本人习以为常的文化却可能会被外国人当作很酷的东西流行开来。因此节目的目的是充分发挥外国人的感性，发掘酷的日本文化，揭示其魅力和秘密。[②] 主题包括酒、玩具、厨房、日本男性、日本女性、明星、铁路、防灾、农业、家电等，节目邀请外国人担任嘉宾，从外国人的视角使日本的衣食住行和社会客体化。从主题选择来看是非宣传色彩的、生动有趣的话题，避免意识形态问题，求取不同国家受众能够接受的最大公约数。

在一些重要事件的国际舆论方面，日本擅长掌握议题设置的主动权，化

---

① 新渡戸稲造『岬龍一郎訳・武士道』、PHP研究所、2010。

② NHK「COOL JAPAN～発掘! かっこいいニッン～」、https：//www4.nhk.or.jp/cooljapan/。

批评为同情。"3·11"东日本大地震后，日本东电公司曾宣布将开始向海洋排放 10000 吨左右的含有低浓度放射性物质的废水。这一举动引起周边国家的强烈不满，担忧如果福岛核废水排入太平洋，就不单会对日本，对太平洋西岸的国家，甚至对流动的全球海水都将是可怕的核灾难。地震和与之相伴生的核事故损害了日本产品安全、安心的良好口碑，导致产品出口和访日游客数量锐减。但日本在舆论中强调其灾后重建，迎合了西方人道主义的主流价值观，赢得了国际社会的同情和支持。

三 再评价和质疑

"酷日本"战略实施至今成果斐然。主要体现在：食品、观光、"御宅族"文化等广泛的领域采取了与"酷日本"相关的举措，不断挖掘日本各地的魅力；人才得到培养，人际关系网络得以扩大；积累了相关经验，制度正处于逐步完备的过程中。从质的方面讲，越来越多的外国人对日本的文化和传统有浓厚兴趣，积累了一定知识，并且对日本抱有强烈的好感；从量的方面讲，在与其他政策相辅相成形成合力的情况下，日本商品和服务的出口额和访日外国旅行者人数大幅增加（见表1）。

表1 "酷日本"战略的效果

	2012 年	2018 年	与 2012 年相比
访日外国游客人数	约 836 万人次	约 3119 万人次	约 3.7 倍
访日外国游客消费额	约 1.1 万亿日元	约 4.5 万亿日元	约 4.2 倍
日本酒的出口额	约 207 亿日元	约 618 亿日元	约 3 倍
锦鲤等的出口额	约 27 亿日元	约 43 亿日元	约 1.6 倍
日本米的出口额	约 7 亿日元	38 亿日元	约 5 倍

资料来源：新版《酷日本战略》。

不过，"酷日本"战略在实施的过程中也遭遇了质疑和反对。首先，对于偏重流行文化外交的指责来自不同政党。国立媒体艺术综合中心项目的中断就是一个典型事例。拟建的该中心是以文化厅推进的以"整顿媒体艺术国际据点"为目的的综合设施，又被称为"动漫殿堂"。建设此设施的构想在第一次安倍晋三内阁时代已经产生。但是，鸠山由纪夫领导的在野党民主党在媒体上大肆讽刺该设施是为麻生太郎而设的"国营漫画茶座"。最终该项目成为众矢之的，被迫搁置。

其次，尽管"酷日本"战略不时被奉为文化输出战略的典范，但是因其具有"官方主导"的性质而遭到不少日本国民的责难。比如，2013 年 4月，内阁官房召开的第二次"酷日本推进会议"中，日本人气女子团体AKB48 的创始人、著名作词家秋元康因其发言而遭到了日本网民的声讨。他号召日本动漫行业的从业者用行动支持"酷日本"的国策。但是，日本网友和一些动漫从业者认为他是在号召从业者"无偿"地为国策服务，于是对他的发言进行了毫不留情的批判。这件事说明一些日本网友在内心深处对于日本政府官方主导的战略持有抵触和警惕心理。

而日本流行文化业界对于国家主导的"酷文化"战略也并不持完全配合的态度。不少从业者认为该战略对产业的有利影响有限，未能直接改善创作者的待遇，只是从国家层面加强了宣传而已。2018 年初，日本警方逮捕了 10 名在日从事"汉化"的中国人。当警方主动与 25 起侵权事件中的受害公司联系，请求他们提起诉讼时，只有 9 家应允。其他 16 家公司认为"汉化组"能够帮助自家产品在国际市场上的传播，便以"影响公司形象"为由拒绝起诉。① 这凸显了"酷日本"相关企业的利益驱动性与政府对文化产品的选择性"挪用"之间的矛盾。

四　今后展望和借鉴

日本政府在令和元年宣告了新的"酷日本"战略的开始。"酷日本"战略在 2025～2030 年的愿景是"价值设计"。2025～2030 年，未来日本社会

---

① 何泓威、张笛扬：《危险的汉化："汉化者"在日被捕记》，《南方周末》2018 年 4 月26 日。

最核心的价值需要体现个人的多样性、多面性以及日本特征。日本特征是指"不想一人独胜的平衡感、与自然的共生、思想的柔软性、吸收新东西钻研的编辑力"。价值设计社会的定义是，日本构想出新的价值，进行发行，并把其定义为价值，让世界承认。未来一段时间，新的"酷日本"战略将依据新的愿景朝着"价值设计社会"的方向调整，争取社会价值和经济价值的定义权，提高日本在价值设计方面的原创能力，以及集结全世界优秀人才的能力，并把日本设计出来的价值传播到全世界，获得国际社会承认。①

日益体系化和深化的"酷日本"战略对中国打造全方位文化交流平台、讲好中国故事、构建系统性的对外文化传播体系、塑造良好国际形象提供了有益的借鉴。首先，中国应把文化"走出去"提升到国家战略高度，建立官民间合作机制。其次，可以在国内外培养中国文化的代言人和"转码者"。最后，友善的国际舆论对于中国文化产品"走出去"有极为重要的意义，应在外宣中把握适度、以柔克刚的原则。

（原载《日本问题研究》2020 年第 2 期，有删减）

---

① 知的財産戦略本部『知的財産戦略ビジョン—「価値デザイン社会」を目指して—』、https：//www. kantei. go. jp/jp/singi/titeki2/kettei/chizai_ vision. pdf。

战后日本地震社会记忆变迁
与灾害文化构建

—— 以阪神淡路大地震为中心的考察

王瓒玮[*]

2011 年 3 月 11 日，9 级强震突袭日本，日本国民面对大灾时的冷静与从容赢得了世人慨叹，中国也对日本灾后表现出的"国民秩序"给予高度评价。但当我们肯定日本地震防灾减灾事业取得重大成就的同时，不应忘记这个"居安思危"的民族在地震中经历了堪比切尔诺贝利事故的福岛核泄漏灾害。被认为是世界上最重视灾害防御的国家却一直经历大灾，这看似矛盾的表征值得深入反思。

一直以来，1995 年的阪神淡路大地震（以下简称阪神大地震）与2011 年东日本大地震后的福岛核泄漏被视为两起相对独立的灾害事件。回顾国内外既有研究，均少有论及两者相互关联的层面。虽然在灾害理论研究中，我国学者早已于 20 世纪 80 年代提出灾害链概念，关注单一或多灾种之间的相互作用过程，但仅限于对灾害因子及自然环境变化的要素讨论，忽视了承灾体的人类社会与自然之间的复杂联系。笔者试图以环境史为研究视角，在较长历史时段中考察日本阪神大地震的记忆变迁过程，探析地震记忆是如何与自然的不确定性纠葛一处，并在"遗忘—记忆"的动态过程中获得了"重要的连贯性"，从而推动日本灾害文化建构实现有效防灾；同时，地震的经验教训又是如何失效，导致"3·11"地震中发生福岛核电站泄漏事故，导致日本走入另一场灾难。探寻灾害历史的生态演

* 王瓒玮，中国社会科学院日本研究所助理研究员，研究方向为中日环境史、灾害史比较。

化脉络，不仅有助于破除灾难循环带给人类的迷思，还可以为重塑人与自然之关系提供镜鉴。

一　遗忘与阪神大地震的发生

与记忆相对的是遗忘，它体现了记忆的不稳定性也让我们失去了从"过去"获得经验的可能。1923 年关东大地震后，寺田寅彦便写下了"天灾总是在我们忘记它的时候发生"的名言，警示后人要保持防灾意识。短短70 余年，阪神大地震便成为另一场震惊日本的"意外之灾"，它不但使地域社会遭受重创，甚至还打破了日本战后 50 年创造的地震安全神话。

事实上，阪神大地震的严重灾情正是日本地震记忆危机的反映，而自然在人们记忆变化的曲线间扮演着重要角色。二战后的日本在相当长的一段时间内并未经历大灾，除 1959 年伊势湾台风中出现 5000 名左右死难者外，日本几乎未出现大规模人口死亡的自然灾害事件。得益于自然的眷顾，日本开启了经济高速发展期并迅速崛起，日本学者将此过程视为生存的"侥幸"[①]。阪神大地震前，这种幸运之感已四处弥漫，民间甚至广泛流传着"关西地区不会发生大地震"的传言。然而依据自然科学家藤田和夫的"六甲变动说"，六甲山造山运动出现的活断层是阪神地域地震安全的最大隐患。但活断层运动是以数百乃至数千年的时间尺度来计算的，因此对人们而言每次地震都像是一次突然到来的个别事件。历史地震资料显示，10～19 世纪以来的千年时段中，阪神地区几乎没有大地震的活动记录。[②] 众多地震亲历者也证实："自己从未在阪神地区经历过小震，更未从老人那里听到任何有关地震经历的讲述。"[③] 地震的静稳让人的记忆产生了偏差。

---

① 鎌田浩毅『西日本大震災に備えよ：日本列島大変動の時代』、PHP 研究所、2015、59 頁。

② 力武常次『日本の危険地帯：地震と津波』、新潮社、1996、89 頁。

③ 「安全と信じた故郷の大惨事」、『朝日新聞』1995 年 1 月 19 日第 13 版；朝日新聞社『阪神大震災：朝日新聞大阪本社版紙面集成』1995 年 1 月 17 日至 2 月 17 日、1995、57 頁。

与此同时，近代以来，以科技为媒介的人工环境发展，改变了日本的自然认知方式。相比了解自然，日本人更倾向于依赖建筑耐震性。[①] 但建筑耐震标准从技术提高到广泛应用，两者并不同步。1971 年与 1981 年，日本曾两次修改耐震标准，连续提高建筑防震等级。但新标准只适用于新建筑，大量旧有建筑依然存在隐患。不仅如此，日本以往的灾害记忆也未能得到有效的社会整合，转化为连贯稳定的灾害观念意识。二战后，随着社会秩序的逐步稳定，防灾减灾以保证经济发展成为国家发展的当务之急。以此为背景，灾害的社会记忆运动由此开始。1960 年，日本将关东大地震发生日 9 月 1 日定为国家防灾日。1982 年，日本确立了防灾周。20 世纪七八十年代，随着日本政治体制进入“地方的时代”，各自治体纷纷设立县级防灾日。当原本游离于关西地域空间之外的灾害记忆与漫长的地震静稳期重叠，关西民众几乎已将地震的恐怖遗忘殆尽。

1995 年 1 月 17 日，阪神大地震发生后，造成 6434 人死亡，43792 人受伤，大量城市建筑物惨遭损毁。此震不但标志着日本列岛结束了地震平稳期，进入“大地动荡时代”，还以严重灾情后果成为日本地震灾害史中少数死亡千人以上的地震。[②]

二　追寻记忆之场：地震社会记忆的再塑与变迁

对人们而言，死亡是灾难冲击最直接的后果，因而围绕罹难者的纪念便为地震记忆保持了最持久的温度。但一场创伤性灾害事件之后，种种教训很难脱离灾害场景得到完全的保留。因此，记忆需要依附特有的符号与象征物以汇聚集体的认同，从而实现记忆的传承。法国历史学家皮埃尔·诺拉（Pierre Nora）在他的鸿篇巨制《记忆之场》中提出了“记忆之场”的概

---

① 石橋克彦『阪神・淡路大震災の教訓』、岩波書店、1997、3 頁。

② 根据日本著名地震学家宇佐美龙夫的统计，1868～1949 年，死亡千人以上的地震次数共有 7 次，死亡万人以上地震有 1 次。但史料情况记载缺失，或情况不明的状态也很严重，无法统计死亡人数的地震次数为 197 次。具体数据可参见宇佐美龙夫『新編日本被害地震総覧』（増補改訂版）、東京大学出版会、1996、20 頁。

念，其所指十分广泛，从纪念物、纪念仪式到教育、国境、历史文化遗产、语言文学等都可被视为记忆的装置物。① 记忆借助"记忆之场"得以表达与释放，但其形式与内容受到社会框架的约束，使记忆塑造的过程转化为社会各群体复杂权利介入的关系表达。战后日本受到政治体制变革的影响，政府权力被法律约束。这一特点在某种程度上制约了国家应对突发性自然灾害的行动能力，以致阪神大地震后政府救灾行动迟缓，社会反而迸发了自主救灾的活力，使 1995 年被称为"志愿者元年"。战后日本地震社会记忆正是在此背景下得以塑造与蔓延的。

首先，围绕慰灵与镇魂而来的地震死难者纪念活动，是地震社会记忆的重要组成部分。震后不久，广大灾区民众提出要向世人昭示此次地震教训的要求获得政府大力支持。1999 年，经过长时间筹备，一处重要的地震记忆公共空间在神户市政府旁的东游园地正式建成。为铭记地震，将灾后复兴的过程传承后世②，在每年地震纪念日，此地都会举行盛大的追悼纪念仪式，成为唤醒地震记忆的重要场所。与世界上很多国家建造纪念碑的方式不同，阪神大地震的慰灵与复兴纪念碑设立在地下，创造出一处根植于日本传统文化的内敛性哀悼冥想空间。纪念碑上镌刻着几乎所有震亡者姓名，并对地震发生时间、震源深度及所造成的生命和物质损害作了清晰而简洁的描述。追悼者们在这里寄托哀思，使灾难的过去与当下的怀想凝聚一处，地震记忆得以不断重构。

震后 20 余年间，阪神大地震纪念碑建造更是跨越了地域边界向全国场域蔓延。这一特点具有跨时代的历史意义。至 2004 年，日本各地为阪神大地震所建纪念碑总数已超过 230 个。③ 与社会自组织相对，日本政府在地震记忆构建中的政治参与作用并不明显。2006 年，东游园地仅增立了皇后支

---

① 关于"记忆之场"的概念及皮埃尔·诺拉的研究可以参见孙江《皮埃尔·诺拉及其"记忆之场"》，《学海》2015 年第 3 期。

② 『慰霊と復興のモニュメント・1.17 希望の灯り』、神戸大学震災文庫、震災 - 15 - v364。另外可参见神户市政府的公开信息说明，http：//www. city. kobe. lg. jp/safety/hanshinawaji/revival/monument/。

③ 「7 年ぶり帰った61 人」、『神戸新聞』2004 年 8 月 5 日、神戸大学震災文庫、震災 - 15 - v303。

援灾后复兴的诗文碑。2015 年 5 月 16 日，安倍晋三作为震后 20 年来唯一参加地震纪念仪式，并为死难者献花的日本首相显得姗姗来迟。[1] 在这种情形下，社会记忆的无限膨胀也为灾害认知带来了某些负面作用。难以推动地震记忆传播，甚至会使地震的纪念警示功能日渐丧失。2002 年 4 月 1 日，兵库县正式将阪神大地震纪念日设置为"兵库县安全日"。无疑，纪念日的固定化将地震记忆引向了更为宽广的未来，但随着地震记忆的不断变迁，如何在多元意象中寻求防灾意义的有效传承成为日本社会亟须解决的新课题。

东游园地中另一重要地震纪念物是长燃不灭的"一·一七希望之灯"。地震纪念碑落成后，民众倡议以"温情""体味""活着的证明"为象征意义设立纪念灯。灯中火种从地震灾区及日本全国 47 个都道府县分别运来，合而为一。纪念灯的碑文记录了受灾者的复杂心绪：

> 一九九五年一月十七日午前五时四十六分，阪神淡路大地震。地震夺去的是我们的生命、工作、团圆、家园、回忆……我们看到了不能在地震来临前一秒进行预报的人类的极限。但地震留给我们的是温情、体谅、人与人的羁绊、朋友。这展灯将夺去的所有生命及活着的我们的思绪连为一体。

简短的叙述表达了人在自然面前应有的谦逊，大灾中生命意义的领悟，以及借由"希望之灯"传递的地震记忆所建立的生死维系。

更为重要的是，希望之灯还衍生出分灯仪式，灯火由神户传向全国。截至 2003 年，全国各地都曾点燃过"一·一七希望之灯"，这意味着阪神大地震的记忆已不再限于震灾之地而走向开放。与此相应，东游园地地震纪念集会时，追悼蜡烛的形状甚至去掉了 KOBE（神户）的地域字样。[2] 随之，

---

① 「安倍首相が阪神・淡路大震災の被災地視察」、『神戸新聞』2015 年 5 月 16 日。
② 「阪神淡路大震災 1. 17 のつどい現在に至る経緯」、神戸市政府对外公开信息、震災 – 15 – v364。另外可参见神户市政府的公开信息说明，http：//www. city. kobe. lg. jp/safety/hanshinawaji/revival/monument/。

阪神大地震记忆在此后的地震发生过程中产生了共振效应。2011 年东日本大地震后，受灾地岩手县大槌町、陆前高田市及福岛县南相马市等 5 个地区都陆续模仿神户建造起"希望之灯"。灯中火种在神户取得，再带回点燃。希望之灯的纪念形式逐渐开始适用于其他灾害纪念仪式。2015 年 8 月 12 日，东日本大地震灾区的岩手县大槌町为纪念 2014 年广岛泥石流灾害中丧生的死难者也举行了分灯仪式。他们"不仅是为死难者慰灵与镇魂，还将祈求复兴的心情与不忘灾害的愿望与神户、大槌、广岛等地域共同分享"①。

除却纪念之物与纪念仪式，那些融入日常风景的地震遗址，也是值得追寻的记忆之场。尽管巨灾之下的生活风景变动阻断了人与城市间原本熟悉的记忆构图，令人产生强烈的丧失感，但那些由不易变动的山川、河流所构成的独特自然环境以及花草、绿树组成的公共环境，是记忆弥合的重要元素。② 震后，随着大规模重建的开展，地震痕迹几乎抚平不见，那些附着于灾难现场的地震记忆也随之湮灭。

面对地震废墟的消逝，社会上出现了一种声音，"为了不忘记震灾，不仅需要活着的证人，还要保存地震遗迹"③，受灾建筑物应作为宝贵遗产留传后代。④ 为此，志愿者们付出了艰辛的努力，其中影响较大的是保护地震残迹的"记忆神户"（Remember Kobe Project）运动。领导者三原泰治与三原一真在受灾最重的神户长田区寻找具有保存价值的遗迹时，发现了一处经历二战战火和地震双重打击却屹立未倒的残壁，并将之命名为"神户之壁"。此后，"神户之壁"逐渐演变为灾区民众纪念地震的重要场所。随之，市民又将生活美学融入其中，使它逐渐蜕变为日常生活的交流之地，吸引一

① 「希望の灯り、土砂災害 1 年の広島へ分灯大槌で」、『読売新聞』2015 年 8 月 12 日。
② 鳴海邦碩、小浦久子『失われた風景を求めて：災害と復興、そして景観』、大阪大学出版会、2008、102 ~ 107 頁。
③ リメンバー神戸プロジェクト『「神戸の壁」保存活動記録：震災を決して忘れないために』第 1 巻、リメンバー神戸プロジェクト、1998、序言。
④ 「被災建物を遺産に」、『読売新聞』1995 年 2 月 26 日、リメンバー神戸プロジェクト『「神戸の壁」保存活動記録：震災を決して忘れないために』第 1 巻、リメンバー神戸プロジェクト、1998、14 頁。

批艺术家聚集于此。市民们甚至自发创作了歌曲《神户之壁》，在当地传唱。可以说，作为地震记忆之场的"神户之壁"已将防灾与社会文化连为一体。1999 年 2 月，"神户之壁"被迁往淡路岛津名町永久保存，它将成为全人类的地震物质文化遗产，继续发出声音。①

值得指出的是，阪神地区经历重建后，像"神户之壁"一样得以保存的地震遗迹并不多见。神户港震灾纪念公园与神户震灾复兴纪念公园中仅有为数不多的地震遗迹残存。北淡路岛的震灾纪念公园中的野岛断层保护馆，保存了地震活断层的自然痕迹。因此，"神户之壁"的永久保存必将成为日本地震记忆延续中一抹无尽的风景。

此外，神户还创造了用霓虹灯饰品表现地震祭典的人工景观"光之祭"，它试图以艺术之力将地震的自然韵致与人类内在情感谐和起来，以表现生命的感染力。神户"光之祭"还契合了日本战后发光城市发展策略，将地震记忆与神户城市形象建设及旅游融为一体，随着地震记忆不断日常化，知识界中一场围绕地震记忆"脱场所化"与"再场所化"的讨论与反思也正在进行。② 地震记忆正在通过不断的社会交往重塑日本，彰显特定历史时代的意义。

三 面向自然：日本灾害文化的兴起与教训

地震袭来的瞬间显露了自然的狂野，强烈冲击着人类社会，给人们留下了创伤性的"闪光灯记忆"。但个体的记忆是凌乱、分散与感性的，诸多记忆细节需要在社会集体记忆的框架中不断相互参照、修正，才有可能整合为理性的体系以反映事件全貌，进而获得沉淀与传承。阪神大地震后，人们不断追问自身之于灾害的生命意义，反思地震记忆传承的内涵。经过思想碰

---

① リメンバー神戸プロジェクト『「神戸の壁」保存活動記録：震災を決して忘れないために』第 2 巻、リメンバー神戸プロジェクト、1998、79 頁。

② 平山洋介「ファンタジー・プレイス：神戸ルミナリエの都市戦略」、『都市住宅学』1999、29～33 頁。

撞，一种基于对自然重新理解而生的新观念逐渐形成，推动了日本灾害文化勃然兴起。在这场前所未有的文化变革中，知识界首先以其敏锐的触觉不断改变着对自然的探索方式与认知范畴。

地震后，知识界迅速组成了志愿者组织，工作范围从最初的灾害情报公开、历史资料抢救扩展到救灾记录保存。1995 年 1 月 31 日，东京大学生产技术研究所成立了"阪神大地震支援联络会"（KOBE net 东京），它们不仅在东京设立事务所和展示室对民众公开报道灾况，还积极向海外研究者提供专业资料。同日，神户组成了"阪神大地震当地 NGO 救援联络会"（简称 NGO 联络会），设立"文化情报部"，以抢救性保护历史资料。3 月，成员们反思了 1990 年云仙普贤岳火山灾害中没有将救援记录保存下来的问题后，自发成立了"震灾活动记录室"，尝试记录救灾体验并将之作为地震资料保存。4 月，在 NGO 联络会的呼吁下，一批有志于地震记录保存事业的图书馆工作人员成立了"地震记录保存图书管理员网"NGO 组织，他们以"不应遗忘，将大地震的记录传递后世"为主旨，推进灾区公共图书馆地震资料收集与保护，并面向公众开放。① 自此，阪神大地震开创的地震资料保存运动逐渐展开，知识的不断更新成为地震记忆传承的重要形式。

神户大学奥村弘教授曾回忆："震后，一些人开始有意识地进行地震资料的收集、保存工作，这些资料并非自然科学的数据，而是能够表明人们在灾害中如何思考与行动的记录。而活动的目的是推进公众对地震资料的大规模利用，这也是日本前所未有的创举。"② 1995 年 2 月，奥村弘联合关西地区历史研究者组建了"历史资料保全情报网络"（简称史料网）。他提出，应该创建一种新形式将无数从地震中获得的教训与经验保存、整理、开放，

---

① 稲葉洋子『阪神・淡路大震災と図書館活動：神戸大学「震災文庫」の挑戦』、人と情報を結ぶWEプロデュース、2005、16 ~ 18 頁。

② 奥村弘、佐々木和子「大災害の記録事始め 阪神淡路大震災資料の保存活用をめぐって」、岩崎信彦等編『災害と共に生きる文化と教育：「大震災」からの伝言（メッセージ）』、昭和堂、2008、163 ~ 164 頁。

将其作为全人类应对灾害的历史文化中的一部分不断传承。[①] 1995 年 10 月，政府正式将该活动纳入兵库县震后复兴计划。1998 年 4 月，神户又成立"阪神淡路大地震纪念协会"。2000 年，该组织在国家资助下深入灾区腹地进行大规模社会调查，"共有约 450 名调查员走访了各种团体、组织、企业、灾后复兴公营住宅、城市重建协议会等"[②]。目前，史料网活动范围仍在不断地扩大。2004 年，日本在遭受了一连串水灾打击后，青年们纷纷地加入灾害资料收集与保存运动中来。2011 年东日本大地震后，年轻人成为组织的中坚力量。

地震资料搜集与保存是阪神大地震给予日本乃至世界的宝贵财富。活动的深入改变了日本对"地震资料"的认知，使之超越了自然科学的范畴，个人生活记录、震灾体验、传单、避难所板报等，那些突破传统知识的记忆载体都被统合到"地震资料"体系中。2000 年，为促进地震资料利用，将之切实转化为社会防灾力，神户建造了"人与防灾未来中心"。在中心诸多先驱性的尝试中，以阪神大地震为契机萌生的人们对地震及其他灾害防灾减灾的愿望正在慢慢实现。日本灾害文化在这一进程中逐渐形成与发展，使应对灾害的知识、经验和教训在更加广域的时空中薪火传承。

在灾害文化构建中，教育也发挥了重要的作用。日本近代最早的防灾教育文本可追溯到明治时期的《稻草之火》（*A Living God*），但战后日本教课书对之未加采用。1971 年《城市震灾对策推进纲要》制定后，防灾教育逐步被纳入自治体的防灾计划与防灾演练中。但阪神大地震后，一位老师指出，防灾训练并未对防御大地震起到丝毫作用，这是因为学校的防灾训练是以震度 3 级的地震为前提，导致防灾演练模式化，无法灵活应对强震。灾后

---

① 奥村弘「阪神大震災をとらえ返す」、神戸大学震災研究会『大震災を語り継ぐ：阪神大震災研究』第 5 巻、神戸新聞総合出版センター、2002、205 頁。

② 人と防災未来センター「震災資料の収集・保存事業の経緯概」、http://www.dri.ne.jp/material/material_ details；奥村弘、佐々木和子「大災害の記録事始め阪神淡路大震災資料の保存活用をめぐって」、岩崎信彦等編『災害と共に生きる文化と教育：「大震災」からの伝言（メッセージ）』、昭和堂、2008、168 頁。

一项问卷调查的结果显示，灾区大部分民众甚至毫不了解何为"活断层"。①
这说明日本的防灾教育体系出现了问题。

　　震后，兵库县开始思考如何将地震教训有效地融入防灾教育中。教育工
作者认为，震前防灾教育的最大的不足在于仅以防灾演习为中心，不重视对
防灾知识的体系化教学。② 1995 年 11 月，兵库县根据小中高各阶段学生理
解力的不同特点，完成了《让幸福来》（幸せを運ぼう）的防灾教材制
作。③ 此外，各地学校还纷纷组织学生前往灾区进行地震知识学习与交流，
掀起了日本战后防灾教育新高潮。2000 年，兵库县立舞子高中正式设立了
"环境防灾"专业，成为日本唯一设置防灾教育专业的学校。

　　不仅如此，由民众参与建设的新型灾害文化的兴起也改变了日本地震记
忆与灾害历史的存在方式。长期以来，记忆与历史间存在复杂的转换关系，
历史书写者决定何种记忆得以流传，而更多人群的记忆则被埋没。近代后，
日本举凡大震害均采用"震灾志"的形式进行记述。记录形式有地震史料
目录表、地震年表、市史"灾害篇"的地震部分、地震灾害地图、各类震
后调查报告、应对记录、复兴计划等。受近代记忆媒体变革的影响，照片
集、报纸等新记录方式也随之出现。④ 但历史书写者大多是地方自治体、警
察、消防等救灾专门机构。战后，伊势湾台风灾害又形成了《复兴志》书
写体例。阪神大地震后，受地震资料保存运动的影响，日本社会开始出现留
存自我记忆并保存下去的公共意识。市民阶层的自我觉醒改变了历史的认识
方式，他们试图将个体的灾害体验编入地震共同记忆之中，从而突破了近代

---

① 社会科の初志をつらぬく会関西ブロック『阪神大震災を教育に生かす』、黎明書房、
1996、92 頁、109 頁。
② 神戸市立中学校長会編『幸せ運べるように：神戸・教育復興の10 年』、みるめ書房、
2005、25 頁。
③ 震災復興調査研究委員会編『阪神・淡路大震災復興誌』第 1 巻、21 世紀ひょうご創造協
会、1995、416 頁。
④ 建設省建築研究所図書室編『わが国における震災誌リスト』、建設省建築研究所図書室、
1967。

民族国家史学的意识藩篱，重新审视被扭曲的历史。① 老人、孤儿、女性、残障人士等，那些长久以来曾被遗忘、失去声音的群体，成为自身历史的书写者。新形势使曾经作为记忆替代品的档案文书、史料集等再也无法容纳重新建构的记忆本身。相反，自由、鲜活的记忆开始超越科学的历史，并大有将其取代之势。同时，地震相关研究成果作为地震历史的重构力量，也犹如雨后春笋般涌现。那些围绕地震灾害成因、地震影响、震灾应对、灾民心理等广大学术问题展开的讨论，强化了地震认识并再次汇入地震记忆。

　　阪神大地震的发生促使日本经济高速发展过程中人与自然关系中存在的诸多风险得以暴露，力量日益壮大的市民阶层以自立之精神反躬自省。但东日本大地震后福岛核电站的泄漏事件再次诘问了日本的防灾能力。日本政府在事故后仍将这场灾难解释为"意外之灾"，多位政要在新闻发言中含糊其词，试图将一切责任转嫁给自然力。早在1997年，地震学家石桥克彦便通过阪神大地震看到了日本的危机，最早提出"原发地震"（它是指由地震引起的核电站事故演变为放射线灾害的复合地震灾害）。他指出阪神地震中虽未曾发生但可能在未来频繁的地震中造成更大破坏的隐患。日本自1963年正式使用核电站以来，到1997年共有51座投入使用中，仅关西地区便有13座，一旦因地震出现问题，后果就将十分严重。对此，他曾深刻地批评了政府重视政治经济利益而忽视自然，在错误地震认知的基础上进行防灾顶端设计。2007年，新潟中越冲地震后柏崎·刘羽核电站危机敲响了原发地震的警钟。虽然当时并未造成核泄漏，但核电站变压器在地震中发生火灾的场景已经让日本民众神经突起。事后，核能安全委员会委员长铃木笃之诚恳地承认："在核电站耐震安全性的评价问题上，的确存在一种不会发生大地震的侥幸心理。"正因自然敬畏之心的缺失，阪神大地震以来的地震记忆没有对防灾产生应有的作用。而这个灾害先后继起的过程，已经超越了自然科学研究中灾害链的作用机制，是在人与自然乃至人与人之间相互作用的进程中产生的生态链式反应。

---

① 奥村弘『大震災と歴史資料保存：阪神・淡路大震災から東日本大震災へ』、吉川弘文館、2012、69～73頁。

四 结语

与日本相同，中国是世界上少数的地震多发国家，地震具有频度高、强度大、分布广、震源浅、灾害损失严重等特点。当前，中国正处于经济快速发展时期，平衡经济增长与灾害损失之间相互影响的关系，制定行之有效的灾害治理方案，是时代赋予我们的重要命题。因而，日本的经验与教训具有一定的借鉴意义与警示作用。

首先，要重视灾害历史的社会、文化功用，在大力推进城市化的同时培养民众的防灾减灾意识。从历史来看，作为致灾因子的自然现象并未发生改变，但人类栖居的环境发生了深刻变革。变化中的某些因素起到了防灾减灾作用，但遗憾的是，城市综合承灾力变弱的态势表现得更为明显。正因如此，我们应思考建设一种与时俱进的灾害文化以提高社会整体防灾能力。

其次，加强灾害文化软实力建设，注重灾害记忆空间的恢复与保护。我国要注重博物馆、纪念碑、纪念馆、灾害遗址的记忆教育功效，使地区间的灾害教训实现跨境整合。政府除了要参与记忆内容的建构之外还应尊重多元记忆主体，建设开放包容的记忆体系，凝聚民众认同。同时，重视非正式社会制度的社会网络结构的作用与影响。依靠非政府组织建立政府与社会之间的良性互动，改善灾害教育模式。

最后，以生态文明建设为中心转变灾害治理理念，反思"人类中心主义"。党的十九大将生态文明建设提升到前所未有的高度。生态文明建设是一场涉及价值观念、生活方式乃至发展格局变化的系统性变革。在此时代背景下，应重新定位人与自然之间的生态关系，在人与自然共生的生态网络中寻求灾害治理之路。唯有如此，才能实现中华民族的永续发展，建设美丽中国。

［原载《南京林业大学学报》（人文社会科学版）

2017 年第 4 期，有删减］

疫情下个人何以自处：
"B面岩波新书"中的新冠写作

邹皓丹[*]

2020年4月，"B面岩波新书"以"紧急寄稿"标注，刊载了藤原辰史的《全球大流行病中的生存指针——历史学的方法》和根本美作子的《近距离、远距离与新冠病毒》两篇文章。

B面岩波新书，指的是"岩波新书"网络版，诞生于2018年。其创刊词中写道："B面——对于数字时代的各位来说，可能是陌生的词语。要知道，过去的唱片和卡带都是由正面的'A面'和背面的'B面'两面构成的。如果说读者们在书店和图书馆见到并阅读的岩波新书是'A面'的话，我们岩波新书编辑部设立这个网站，则是希望读者们在'A面'之外，也能见到岩波新书的'B面'。每一本新书都是由作者和编辑共同完成的。如果把作者的工作视为'A面'，那么作为支持作者的我们，即编辑的工作，则可视为'B面'。在这个网站上，我们将展示平时扮演幕后工作者的我们编辑的工作。如果AB两面能够融为一体，则可能会为读者带来更多享受岩波新书的乐趣吧。"[①] 由此可见，B面岩波新书的创立，不仅意味着书刊出版形式从纸张到网络的转变，还承载了岩波新书编辑部编辑者们的立场思想，为从出版者的角度重申岩波新书的价值理念——教养主义——提供了舞台。

---

* 邹皓丹，中国社会科学院日本研究所助理研究员，研究方向为日本近代史、中日关系史、东京审判。

① 岩波新書編集部「このサイトについて」、https：//www.iwanamishinsho80.com/about。

一　教养主义理念下的大众启蒙：
岩波新书一贯的发行指针

2018 年同时也是岩波新书创立 80 周年。1938 年，岩波书店创始人岩波茂雄在出版过古典文学学术著作类的"岩波文库"系列（1927）以及最值得信赖的基础学术书籍类的"岩波全书"系列（1933）后，又创刊了岩波新书系列，以刊行具有时代性的、新锐作者的新书为目的。三个系列各有侧重，以廉价出版物实现大众启蒙却一直是岩波茂雄的初衷。在岩波文库发刊之际，他阐明道："谨望真理为万人所求，艺术为万人所爱。过去，为愚弄民众，学艺曾被封锁在最为狭窄的堂宇中。现在，把知识和美从特权阶级的垄断中夺取回来，这一直是进取民众的迫切要求。岩波文库即是应因此一需求、受到此一需求鼓励而产生的。它将把那些有生命的、不朽的书籍，从少数人的书房和研究室中解放出来，使之散布于街头，与芸芸民众为伍。"①在岩波新书发行词中，岩波茂雄更是将其出版主旨与当时方兴未艾的大正教养主义联系起来，"以前，为了振兴学术，蔽社策划了岩波讲座、岩波全书；现在，这里，以现代人的现代教养为目的，拟发行岩波新书"。②

所谓大正教养主义，综合学者筒井清忠、竹内洋等的研究，大致可以将其理解为：一种思想训练与生活态度养成的理念，试图通过使个人广泛领略文化的各个层面，在阅读哲学、历史、文学等人文书籍的过程中，塑造理想人格，以确立其在学识基础上的理性批判精神和独立思考意识。它作为西欧

---

① 岩波茂雄「読書子に寄す—岩波文庫発刊に際して—」、http://daimyoshibo. la. coocan. jp/ppri/kankounoji. html。

② 岩波茂雄「岩波新書を刊行するに際して」、http://daimyoshibo. la. coocan. jp/ppri/kankounoji. html。有关大正教养主义问题的讨论参见竹内洋『教養主義の没落：変わりゆくエリート学生文化』、中公新書、2003；筒井清忠『日本型「教養」の運命：歴史社会学的考察』、岩波書店、2009；田中文憲［日本の教養（1）：教養主義をめぐって］、『奈良大学紀要』2014 年第 42 号；田中文憲［日本的教養（2）：教養主義をめぐって］、『奈良大学紀要』2015 年第 43 号。

启蒙理念在日本的表现形式，根源于明治末期所提倡的修养主义，发端于大正时期，在帝大精英中盛行，受到德国特别是黑格尔哲学思想的极大影响。它曾经是孕育日本马克思主义思想的温床，也曾被置于昭和总体战体制的思想统制之内。其中，岩波书店作为战前教养主义的代理人，与其背后的学院派学术相互成就，乃至形成了被称为"岩波学术"的战前教养主义传统，带有很强的精英色彩和欧化意味。

及战后至今，虽历经日本社会变迁，教养主义在时代面前越显落寞，但岩波新书所秉持的、以教养主义启蒙大众并回应时代的发刊理念，始终不变。首先在制度上制约战前教养主义理念的是 1945~1948 年的美国对日战后改革。在此阶段，教养主义的存在载体——战前高等教育体制——被美国式的学制与办学宗旨所取代；另外，教养主义不可能脱离时政所赋予的意识形态，其在战前不同时段与马克思主义、军国主义之间皆存在复杂、隐秘的关联。在美国既要清除战前日本军国主义思想，改革日本政治体制，又要消灭马克思主义对战后日本既有政治体制威胁的双重统治原则下，岩波新书被迫于 1946 年中止发行。以 1949 年美国改革政策的放松为背景，岩波新书再次发行，并改版为蓝封版，重申教养主义，转变为进步知识分子、左翼学者的言论阵地，体现了其"不畏惧现实情况，以确信、希望和勇气对待现实的自主态度"以及"为国民大众提供精神自立食粮的愿望。"①

20 世纪 60 年代后半期，日本高等教育逐步从精英向大众普及；高速成长时期，教育倾向更多体现了对专业化技能的培养；在"一亿总中流"的社会构造下，以工薪阶层为核心的大众消费文化逐步兴起，充斥着精英感的战后教养主义随之走向衰颓。感受到时代压力，1977 年岩波新书再次改为黄封版，它一边意识到"科技的发展从根本上要求重新审视文明的内涵，以前形成'现代'的各种概念存在新的探讨空间，以世界为规模，时代转变的胎动在各方面显现出来"；一边忧虑着"今天所看到的价值观过于多层

---

① 岩波新書編集部「岩波新書の再出発に際して」、http://daimyoshibo. la. coocan. jp/ppri/kankounoji. html。

次，过于多元，甚至可能使人类失去了通过漫长历史追求的共同目标"①；一边固执坚守着其发刊初心，即培育现代人的现代教养，维持理性的批判精神。1988 年，岩波新书自主进行了第 3 次改版，并借发刊辞，表达了左翼对冷战国际动荡与本国立场的忧虑，"地球社会并没有从核时代的恐惧中解放出来，各地战火不断，饥饿和贫困被搁置不理，歧视没有被克服，人权侵害仍在持续。科学技术的发展虽然产生了新的巨大的可能性，但也具有导致人类良心动摇的面相。满溢的信息，反而使人们的现实认识陷入混乱，开始丧失对乌托邦（未来）的想象。日本不仅至今仍没有得到亚洲民众的信任，近年来，甚至不能否认其恐怕存在再次走向独善偏狭的倾向"。② 不曾想第二年，冷战格局终结，左翼随之势微，岩波新书也走入没落期。

进而 20 世纪 90 年代，日本泡沫经济的崩溃与教训和"宽松世代"教育的自由与放任，导致精英层的启蒙被视为说教，进一步受到排斥。2006年，岩波新书第 4 次改版。以重新回归其创刊最初的红封版为意象，它选择以与时代逆行的方式解决时代的问题。在改版辞中，岩波新书的编辑者们是如下定义我们身处的"现代社会"的："现代社会，变化成为常态，速度和新鲜度被赋予了绝对的价值。消费社会的深化和信息技术的革命，消除了各种界限，从根本上改变了人们的生活和交流方式。生活方式多样化，一方面开启了各自选择个人生活方式的时代，另外，新的歧视由此产生，各种维度的裂缝和分裂由此加剧。对社会和历史的意识发生动摇，对普遍理念的根本性怀疑和对改变现实的无力感正悄悄生根。每个人都对'活着'感到困难的时代已经到来。"③ 尽管如此，他们依然坚信岩波新书自始至终贯穿的教养主义，它不但是过去，而且是现在，更是未来解答时代困惑的通路。"现在所要诉求的——那就是，在重复进行个人与个人之间开放式对话的同时，

---

① 岩波新書編集部「岩波新書新版の発足に際して」、http：//daimyoshibo. la. coocan. jp/ppri/kankounoji. html。

② 岩波新書編集部「岩波新書創刊五十年、新版の発足に際して」、http：//daimyoshibo. la. coocan. jp/ppri/kankounoji. html。

③ 岩波新書編集部「岩波新書新赤版一〇〇〇点に際して」、http：//daimyoshibo. la. coocan. jp/ppri/kankounoji. html。

每个人都要不间断地思考如何像人一样生活的条件。我们认为，能够作为这些活动食粮的，只有教养。历史是什么？如何好好生活？世界以及人类应该走向何方？——与这些本源性问题的格斗，造就了文化与知识的厚重，成就了作为支撑个人和社会存在的基础——教养。希望为通向这样的教养之道指明方向，正是岩波新书创刊以来所持续追求的目标。"①

二　"自救"与"人类共同体"，新冠肺炎疫情下的两种生存路径

2020 年 1 月 15 日，日本确诊第 1 例新冠肺炎患者；至藤原辰史的作品获 B 面岩波新书发表的 4 月 2 日，累计确诊 2256 例；再至根本美作子的文章被发表的 4 月 18 日，累计确诊 10608 例，16 天增长了 4 倍多。整个 4 月，疫情不知不觉间加速侵袭日本，安倍内阁也被迫于 7 日发表"紧急状态宣言"，规定东京都等 7 县进入防疫紧急状态，16 日更将其适用范围扩展至日本全境。与此同时，3 月中旬以来，疫情全球化态势下，震中由中国转移至欧美，及至 4 月底也没有迹象表明其扩散态势得到明显抑制。

在全人类所面临的大灾难面前，岩波新书秉持着以文化与知识承载教养、启蒙大众的理念，回应时代，决定于 5 月再次出版村上阳一郎的《鼠疫大流行》（1983 年初版）和山本太郎的《传染病与文明》（2011 年初版）。如果将这两部作品视为岩波新书的"A 面"，为长远理性反思此次疫情提供了大历史的视角，那么选取刊登藤原辰史和根本美作子的文章，将其作为岩波新书的"B 面"，并以"特别寄稿"标注，使人感受到出版者们对当下的紧迫感、发声的使命感。他们迫切希望直接向置身疫情当中的每一位日本国民所传达的信息，借二位学者的笔触，在文本中铺陈开来。

藤原辰史是任教于京都大学的历史学者，主攻农业史（特别是饥荒

---

① 藤原辰史「2020 版研究紹介」、http：//www. zinbun. kyoto - u. ac. jp/ ~ fujihara/。

史）。立足于这人与自然发生最直接互动的环境史研究领域，他批判道："没有食物的政治和经济，没有自由的教育和农业，没有想法的暴力和杀生，面对充满上述问题的现代世界的黑暗，只追认现实的现状分析和只追求理想的理想论都行不通。"① 他主张关注最底层农人的生活状态，以人类记忆的实践经验为前提，从基础性研究中反思现代性。《全球大流行病中的生存指针——历史学的方法》中，藤原延续其治学理念，以 1915～1918 年西班牙流感时期的政治社会状况——这一早已被大众所遗忘却被历史学家拾遗的过去经验——为参照，理解当下日本乃至西方的新冠肺炎疫情。

他冷酷地指出，疫情期间甚至疫情结束以后，日本人都不应该抱持着虚假的希望，而要尽力做最坏的打算。这是因为，乐观的希望与有根据的预测是不同的，毫无根基的乐观心态无助于解决面前的危机，只会成为"使判断能力变得迟钝的廉价酒"。② 不要依靠"科学万能主义"，也不要依靠"道德主义"，历史常识告诉我们，"在巨大的危机到来的时候，现实的发展总是冷酷地打破了希望"。③

他警告人们，以下事实正在发生："新型冠状病毒正在分裂世界，也在分裂日本内部自身。"④ 面对疫情，国内政府反应迟缓；家庭难承重压，家内感染、虐童和家暴的概率正在提高；社会支持弱势群体的功能正在下降。这导致新冠肺炎疫情不仅在持续破坏人们的健康，还在不断破坏人们对国家、家庭以及未来的信赖。

更糟糕的是，根据西班牙流感的经验，如果疫情继续扩散，没有得到抑制，那么日本人有可能要直面的如下历史事件再次成为现实：它不但会使个人体验到生活中存在大量死亡的状态，而且可能引发原以为理所当然的日常

---

① 藤原辰史「2020 版研究紹介」、http：//www. zinbun. kyoto－u. ac. jp/～fujihara/。

② 藤原辰史「パンデミックを生きる指針—歴史研究のプーチ—」、https：// www. iwanamishinsho80. com/post/pandemic。

③ 藤原辰史「パンデミックを生きる指針—歴史研究のプローチ—」、https：// www. iwanamishinsho80. com/post/pandemic。

④ 藤原辰史「パンデミックを生きる指針—歴史研究のプローチ—」、https：// www. iwanamishinsho80. com/post/pandemic。

生活分崩离析。疫情期间，每个人都会受到如下问题的困扰：疫情将出现反复的可能性；染疫却被迫继续工作的可能性；医生与护士大量感染的可能性；疫情信息传达受限的可能性；政府和民众过于情绪化而丧失理智最终导致谣言四起的可能性；公共环境恶化的可能性；政府行政停滞导致社会失序的可能性以及本国中心主义（孤立主义）泛滥的可能性。即使疫情过后，个人也许还会面对：新冠肺炎疫情的个人体验从集体记忆中消失的可能性；过度洁癖导致自身免疫失调的可能性；种族主义再起的可能性，甚至还存在疫情叠加水灾、地震进而引发复合灾害的可能性。

在他看来，"世界史上的人们一次也没有从危机的反省中，制定出以不重蹈危机覆辙为目的的、面向未来的方针"。① 而且，最好不要怀有"对政府抱有希望而有可能获救"② 的念想，因为政府很可能会"断尾求生"而损害个人。"无论是当时（西班牙流感时期）还是现在，疫情都很难用至今为止的自己的经验来应对，以至在惊慌失措中不断被扩散开来。"③ 面对全世界流行的疫情，在新自由主义思想引领全球的今天，不断被社会解构为原子化的个人，更显无助。

尽管如此，疫情面前，个人还是要凭借自己渺小的力量进行自救。藤原对此建议，大家至少要努力维持自身在日常生活中的生存底线，保持日常习惯不因疫情而紊乱，按时做到漱口、洗手、刷牙、洗脸、通风、洗澡、吃饭、清扫、睡眠等事务；至少要对公司组织内、家庭内部的暴力和霸凌事件提出异议，而不要默默忍受。

这些自救建议与该书作者所警示的诸多困境相比，如此卑微而无力，甚至都不如 20 世纪 70 年代马来西亚塞达卡村农民以个人偷奸耍滑的方式反抗

---

① 藤原辰史「パンデミックを生きる指針—歴史研究のプローチ—」、https：//www. iwanamishinsho80. com/post/pandemic。
② 藤原辰史「パンデミックを生きる指針—歴史研究のアプローチ—」、https：//www. iwanamishinsho80. com/post/pandemic。
③ 藤原辰史「パンデミックを生きる指針—歴史研究のアプローチ—」、https：//www. iwanamishinsho80. com/post/pandemic。

既得利益者时所采用的"弱者的武器"来得有效。① 维持日常生存需要基本的经济能力，反抗公司霸凌及家庭暴力则面临失业或失去家庭资助的风险，当染疫风险叠加经济风险，这些自救建议还会实现个人自保吗？近来美国发生的诸多大规模复产复工的抗议游行即反映了在上述两难中，许多底层劳动者选择以生命为赌注博得维持生计的能力。

与满眼悲观的藤原相比，明治大学文学部的根本美作子则显得乐观许多。在她看来，这次悲剧存在转危为机的契机，"它清晰反映了人类这个共同体的轮廓。疫情不仅能使个人在头脑中理解何为'共同体性'，而且这种'共同体性'也因为疫情，成为个人能够在现实中体会到的经验"。②

与藤原所持的历史感不同，受到自己研究对象——当代法国作家皮埃尔·帕谢（Pierre Pachet，1937～2016 年）——思想的影响，美作子的论述集中于哲学层面，而且她对日本的定位也是"脱亚入欧"式的，认为日本属于西方世界的一员。

帕谢的著作几乎都是自传体的，其认识论——其认识主体并不是具有普遍性的人类全体或人类个体，而是具有特殊性的"自我"——也是以"自我"的主观感受为出发点，理解整个世界的。一方面，他区分了科学与知识的范畴，认为"自我"的知识来源存在于与科学"具有不同秩序的生态空间"③ 中，生活经验和学习经历构成了个人的知识积累。从这个意义上讲，"自我"的无知是不可消除的。另一方面，在他看来，"无知"并非完全消极的存在，"自我"正是在与"无知"的共处与冲突中，才能实现突破，在"无我"境界中创造出新的思维方式。美作子将这种由"自我"到"无我"的到达过程，诠释为"从单数个人向复数个人的飞跃"，其方式则

---

① 参见〔美〕詹姆斯·C.《斯科特．弱者的武器：农民反抗的日常形式》，郑广怀、张敏、何江穗译，译林出版社，2011。

② 根本美作子「近さと遠さと新型コロナウイルス」、https://www.iwanamishinsho80.com/post/pandemic。

③ 〔法〕皮埃尔·帕谢：《哲学家的休息》，载《第欧根尼》中文精选版编辑委员会编选《哲学家的休息》，商务印书馆，2007，第 14 页。

来源于"自我的去中心化"。①

如果说18世纪，在因地理大发现、由东方传入西方的异文化叙述影响下，西方启蒙哲学家构筑了以想象中的同情与共感为基础的、有边界的道德观念②；那么新冠肺炎疫情能够成为形成人类共同体的契机，在于它为此前"想象中的同情与共感"提供了现实体验场景。美作子叙述道，当下，病毒成为全球每一个"自我"共同的敌人，它打破了"自我"由距离感所构成的认知限制——远在东方的危机近在西方人眼前；它打破了"自我"在日常生活中的常识和习惯限制——即使对欧美人来说，在公共场合佩戴口罩是对集体的保护，而不是对个人的侵害；它打破了"自我"在当代全球化浪潮中固化的个人主义——覆巢之下，焉有完卵，脱离集体的"自我"无法凭借个人力量对抗病毒；它击碎了"自我"在历史演变中所形成的西方优越感——欧洲首次以亚洲为范本，学习抗疫经验。

疫情破除了西方的"自我"成见，但并不能直接完成"自我的去中心化"。美作子进一步引用西蒙娜·薇依③（帕谢最推崇的作者，Simone Weil，1909～1943年）的观点，认为，成就"自我的去中心化"，必须改变"自我"的认知方式，否定"自我"位于世界中心的虚伪想象，将世界的所有方面都视为同样的中心。正如西蒙娜·薇依以短暂的一生、决绝的手段、身体力行对抗纳粹主义侵蚀一样，美作子呼唤日本人的"自我"从灵魂深处觉醒，努力打破道德感的边界，意识到疫情不仅仅是各国所面临的挑战，也是世界上每一个人面临的考验，进而不以亲疏远近为依据，而是以人类共同体理念为指引，进行政治判断。

以特朗普当选为标志，民粹主义政党势力的急速扩张，成为当代西方政治世界发展的突出特征。疫情期间，欧美社会阴谋论横行，动摇西方民主制

---

① 根本美作子［アジアにおける一個人—ピエール・パシェの作品を読むへのイントロダクション—」、『文芸研究』2018 年第 135 号。
② 参见〔德〕汉宁·里德《无处安放的同情：关于全球化的道德思想实验》，周雨霏译，广东人民出版社，2020。
③ 参见〔美〕帕拉·尤格拉《西蒙娜·薇依评传》，余东译，漓江出版社，2014。

度的根基。虽然 2019 年 4 月 1 日，日本成立了首个自诩为民粹主义的政党——令和新选组，但是其主流政治思想和社会思潮并没有追随此一民粹化浪潮，其发展方向还是理性的。在社会裂痕逐渐加剧的今天，日本政治没有走向民粹，固然与政治体制的顶层设计、相对完善的教育升学体制有关，以岩波书店为代表的日本出版界长期以来坚守的教养主义启蒙传统，日本学术界一直坚持的精英启蒙大众的社会责任感，也功不可没。正因如此，疫情期间，不同的、理性的声音才得以在日本获得传播的空间，被多数人听到。

三 新冠肺炎疫情下的个人与国家

思想无国界，但思想家有国界。近代以来，民族国家作为一种"文化的人造物"，建构了这个围绕个人生活存在的、最重要的"想象的共同体"。① 新冠肺炎疫情最吊诡的地方在于，日本人发现，原子化的个人过于脆弱，在没有国家制度的情况下，迅速有效地与新冠病毒对决是不可能的；但是有了国家制度的前提下，也不确定是否能够迅速有效地对抗新冠病毒，原子化的个人依然岌岌可危。而且，在全球化的今天，民族国家的边界在病毒全球蔓延时没有意义，以人为划定的主权框架为基础，只保护置身其中的国民、对非国民置之不理，也是无法完全对抗病毒的。

这种对近代民族国家怀疑又不得不依靠的态度，在藤原和美作子的论述中，表露无遗。藤原虽然悲观地认为国家不可信任，个人需要自救，但也忍不住呼吁政府精简脱离日常生活的节会赛事，加强对弱者的救助；美作子虽然批判政府抗疫缺乏同理心，呼吁每个日本人不再以道德的亲疏远近作为政治判断的标准，但其根本目的则是希望通过精英"自上而下"的大众启蒙，以大众"自下而上"的集体呼声，改变政府现状，破除本国中心主义的窠臼，以人类共同体的理念实现国际合作。

---

① 参见〔美〕本尼迪克特·安德森《想象的共同体：民族主义的起源与散布》，上海人民出版社，2011。

这种认知反映在现实路径中，两位作者不约而同地诉诸对平等的追求。藤原认为，与西班牙流感一样，新冠肺炎疫情蔓延不过是现代国家和社会隐藏的结构性不平等所导致的"日常危机表面化"的反映；在美作子看来，平等是实现"自我的去中心化"，通向人类共同体的必由之路，"只有存在个人平等交换的可能性的维度，'自我'才能从内在的垫脚石上跳起来，（朝着其他个人）不停地旋转"。①

新冠肺炎疫情放大了当今以民族国家为单位的内外各种不平等。它促使约瑟夫·斯蒂格利茨（Joseph E. Stiglitz）断言，新自由主义将因新冠危机而终结。它促使亨利·基辛格（Henry Alfred Kissinger）预言，新冠肺炎疫情肆虐将永远改变世界秩序。它敦促各国政府以更多的措施来抑制因疫情加剧的不平等，它迫使各个国家站在同一个战壕中，共同探讨共担风险的新国际秩序存在的可能性。

后疫情时代会变得不一样吗？虽然20世纪初有关西班牙流感的经验教训消失在人类集体记忆中，但14世纪横扫欧洲的黑死病动摇了西欧教会的绝对权威，从秩序破败中涅槃重生，文艺复兴竟成为民族国家成立的先导，影响了以后全世界的历史进程。② 当下，人类共同体的信念作为思想的先行者，担纲构筑后新冠时代的价值，则需要现行"想象的共同体"的组成者——民族国家及其国民——通过"自我的去中心化"，不断去实践，去超越。

（原载《中国图书评论》2020年第12期）

---

① 根本美作子「アジアにおける一個人—ピエール・パシェの作品を読むへのイントロダクション」、『文芸研究』2018年第135号。
② 参见朱孝远《欧洲涅槃：过渡时期欧洲的发展概念》，学林出版社，2002。

历史研究篇

邪马台国方位卮言

——以古代中国人海外时空观为中心

高　洪[*]

　　邪马台国位置问题是日本古代历史研究中的一大难点。长期以来，史学界为探索这一千古之谜做了大量工作，对相关文献史料的考证达到穿细入微的程度，考古学界也不断为各派观点提供物证，结果使问题更为复杂，莫衷一是。

　　在林立的诸家学说中居于主流地位的是"九州说"和"畿内大和说"，即主张邪马台国地处今天的九州或近畿大和地区。此外，还存在对日本的中国地方、爱媛县、德岛县、山梨县、南洋群岛、菲律宾乃至埃及等地的种种比定和推测。持"九州说"与"畿内说"的学者们通过历史文献学、语言发声学、考古学、民俗学、人类文化学、历史地理学等方法对此进行了有益的探讨，从当时日本社会状况以及中国的典籍文献、地图编制、度量衡单位、行程划定方法等角度提出若干破译方案。然而，双方立论均以改动《魏志·倭人传》中关于行程或方向为前提，故而难以驳倒对方，无法做出定论。笔者不揣冒昧，愿在前辈学者研究的基础上，从三国、两晋时中国人的时空观念（主要是古人对"天下"及"海外"的方位意识）入手，提出一孔之见，以就教于中日两国史学界的同道先学。

一　问题的症结所在

　　在《魏志·倭人传》中，有关邪马台国地点的记述主要有以下内容：

---

[*]　高洪，中国社会科学院日本研究所研究员，研究方向为日本近现代政治史、当代日本政治、中日关系。

"倭人在带方东南大海之中，依山岛为国邑……从郡至倭，循海岸水行，历韩国，乍南乍东，到其北岸狗邪韩国，七千余里，始度一海，千余里至对马国……又南同渡一海千余里……至一大国……又渡一海，千余里至末卢国……东南陆行五百里，到伊都国……皆统属女王国……东南至奴国百里……东行至不弥国百里……南至投马国，水行二十日……南至邪马台国，女王之所都，水行十日，陆行一月。"问题是，如果从位于朝鲜半岛南端的狗邪韩国按照《魏志·倭人传》所述行程距离和前进方向去寻找邪马台国，其位置只能在九州以南的大海之中或今冲绳诸岛之间，显然是不成立的。于是，"九州说"学者力主将"陆行一月"改为"陆行一日"；而"畿内说"学者则大多主张将"南至投马国""南至邪马台国"的"南至"改为"东至"，以求自圆其说。但是，在尚无其他史料印证、缺少足够证据的情况下，随意更改古书是不足取的。因为，第一，中国历史上官修正史的主要目的是为皇朝提供统治的借鉴，治史是一项极为严肃认真的活动。古史，尤其是官修正史具有很高的可信度。近年来，许多过去被认为是史料记载有误的历史疑案，由于考古发掘的新进展而验证为确有其事，证明中国正史（在某些场合也包含野史、杂史）是言之有据和可资凭信的。

第二，《魏志·倭人传》中关于往赴邪马台目的行程距离一般不会有错。首先，对于"汉时有朝见者"（实际上中日民间交通往来势必更早）的日本九州地区，其对行程之数应该是有较深了解的。而且，从史料来看，仅景初二年（公元238年）以来的十年之中，女王使节七次使魏，魏使两度赴日，在如此频繁的交往中，魏使及负责记录该项外交活动的官吏对了解较多的对马国、一支国以及九州的末卢国、伊都国、奴国、不弥国等地里程记载，自然应当是比较准确的。这里用"里"来记述走行距离，既是合理的，也是可靠的。其次，对于相对陌生的投马国、邪马台国，由于"草木茂盛，行不见前人"，"道路如禽兽径"，转而采用"夷人不知里数但以计日"的借助倭人以日记程的办法，既是稳妥的，也是可行的。在此要着重强调的是，使节们对后半段路程的长度虽然不能准确把握，但行走共花费多少日时，即用了多少天的数字绝不会搞错。因此，在没有任何史料旁证的前提下，轻改古史是不能服人的。

第三，如果里程记述不虚，那么方位，或曰行走方向为什么记为"南至"呢？中日两国史学界中持"畿内说"的学者大都认为实际上是"东至"，也就是说要把不弥国之后的"南行"改为"东行"。可是，如此改动仍然缺乏史料凭据，仅仅基于主观推测，还不足以说明问题。

笔者认为，古代中国人对日本列岛的方位关系（九州同本州之间的相对位置）的认识存在错误，而且这种错误观念还长期影响后世。日本学者室贺信夫在《〈魏志·倭人传〉中描绘的日本地理像——地图学史的考察》一文中对历史地图的考证，以及中国一些学者所做的相近的论证都充分说明了这一问题。从目前能够见到的历史地图来看，《华夷图》的注记，朝鲜的金士衡、李茂根据元代吴门李泽民的《声教广被圈》及明初天台僧清浚的《混一疆理图》绘制而成的《混一疆理历代国都之图》都把本州放置在九州的南面（九州的下方），也为上述观点提供了证据。相反，将古代中国人描绘的日本列岛以九州中部为轴心由南向东做90°逆时针旋转，才能得到列岛实际的正确位置。由此可见，当时的使节或其他通交人员到达九州后，把自己实际上向东的前进方向错认为向南行进，因而留下了"南至"的错误记录。

导致出现这一错觉发生的原因何在？现代心理学告诉我们，错觉的产生往往是在知觉对象的客观条件有了某种变化的情况下出现的。错觉往往与人们过去的知识经验有关，又往往是各种感觉互相作用的结果。曹魏使节囿于自己对"天下"的知识经验，在有限的地理概念影响下对日本列岛在"天下"中所处的位置有错误的理解，加之对白昼定方向主要依靠的太阳的视运行的错误认识，自然难免发生以东为南的错觉。换言之，假如我们设身处地地从魏使的时空观念（即古代普通人对大地形状和天地关系，而非当时天文学家曲高和寡的推论）出发，就不难得出从九州向本州行进是在向南走的错误结论。揭开魏使将实际上的"东行"误记为"南行"之谜的关键就在于此。

下面让我们循着历史文献中关于中国古人对时空、方位，尤其是海外方位的一般认识，去探讨邪马台国的方位。

二　古代普通中国人心中的天下和倭在天下的位置

如同世界上许多民族对宇宙生成的认识过程一样，远古时期华夏民族对天地的产生亦有种种猜测，我们今天还可从神话传说中窥视到这些蛮荒时代的遐想。

从周至两晋，中国古代哲人先后提出六种关于"天地"——宇宙结构的设想，即所谓盖天、浑天、宣夜、昕天、穹天、安天等六家学说，后人称之为"论天六家"。六家之中，以盖天说、浑天说的影响为大，特别是盖天说逐渐成为古代中国人对"天下"认识的正统观念。

今天，一般认为盖天说起自周代。《周髀算经》中记有商高告诉周公"方属地，圆属天，天圆地方"的内容，该说后因"天曝如张盖，地方如棋局"的提法得名。在人们认识水平低下的远古，从直观出发观测身边的自然环境，很容易得出天空像半圆的巨大罩子，盖在平直的地面上的感觉。这种朴素的宇宙观在战国已经为世人所接受，似乎成了古来中国人对天地关系的最初认识。宋玉（公元前3世纪人）在《大言赋》中就曾唱道："方地为车，网天为盖。"后来，孔子用"天圆地方"比附"天尊地卑""天地阴阳"的道，"夫子曰：天道曰圆，地道曰方"，将这种原始朴素的天地观同社会政治结构相联系，使之具有普世性。战国末年，秦国的吕不韦又进一步阐发，"天道圆地道方，圣王法之所以立上下"，对自然的认识扩展为世界观，在中国历史上造成广泛影响。秦汉以后，对统治集团成员的朝臣、官吏们来讲，"天圆地方""天尊地卑"的理念，是将自然观与社会观有效地统一起来的宇宙结构，既容易消化理解，又符合位居官方正统意识形态的儒家思想。因此，"天圆地方"这一早期盖天说占据了世人天地认识的主导地位，并在横向上向地处周边的区域辐射。一些少数民族亦基于自身的天地观念与之认同，譬如南北朝时期的鲜卑族大将斛律金唱道："敕勒川，阴山下。天似穹庐，笼盖四野。"在纵向方面，这种观念向后世传播，几乎沿袭至封建社会晚期，保存至今的北京天坛和地坛就分别为正圆形和正方形建筑，恰恰是这种正统天地观念的写照。

那么"盖天说"的具体解释如何呢？古人曾对此做了种种臆测。最早的解释大约是关于禹治水划天下为九州的说法，冀州、兖州、青州、徐州、扬州、荆州、豫州、梁州、雍州等各州如井田制的"井"字排列，洛阳位于天下之中。此说无疑是基于人们对中原的认识而给定的概念。到了战国时期，阴阳家邹衍提出"大九州说"，认为禹时的九州仅仅是中国本身，叫"赤县神州"。而在"赤县神州"之外还另有八个州，合为真正的"九州"，这个"九州"之外环绕着"裨海"。"裨海"之外更有八个"九州"，之外又有"大瀛海"包围，"大瀛海"外即天边地界。因而，中国只是天下的八十分之一。而《淮南子·地形训》中描述的"天下"则是另一种"九州"的解释，即所谓"九州之外，乃有八殥，八殥之外，而有八纮"，"八纮之外，乃有八极"，"八极"便是天地的边界。

至于天圆地方说中大地的面积，或者说"地广"，同样有各种各样的推算。《山海经》记为："天地之东西二万八千里，南北二万六千里。"邹衍的学说已不可考，但据王充的推算，邹衍的"天下"大体为"二十二万五千里"。而王充本人则估计为南北十万里，东西十万里，"相承百万里"。此外，《河图括地图》中则讲，"八极之广，东西二亿三万三千里，南北二亿三万一千五百里"；夏禹所治四海内"地东西二万八千里，南北二万六千里"。而且，在《淮南子·天文训》中还专门讲述了一套计算大地广度的方法，得出"阖四海之内，东西二万八千里，南北二万六千里"的结论。但无论何种算法，大都认为从天下之中洛阳"向南行一万三千里"左右便可到达四海之内大地的南部边缘，而这个南部边缘又正是古人理解的太阳运行轨道的下方，这一点对分析魏使到达日本九州后将东行误记作"南行"问题至关重要。

除了盖天说外，浑天说以至宣夜说等也是古代中国人对天地形状、大小的不同学说。然而，浑天说实际上仍未跳出地平（天圆地平）观念的窠臼，宣夜、昕天、穹天、安天等说仅限于理论探讨，并未被世人普遍接受。总之，三国两晋时期普通中国人对天下的认识恐怕只能建立在盖天说指导下的天圆地方观念之上，并不精通天文知识的朝廷命官亦不能免俗，何况他们更需要信奉符合王纲法纪的天地观念。

在当时中国人的方形大地观念中，日本处于什么位置呢？这一问题是理解魏使将日本九州向本州的东行误解为"南行"的错觉的关键。如同许多学者指如的那样，古代中国人对日本列岛位置的理解大大偏向南部。所谓"倭在措方东南大海中"，"计其道里，当在会稽东冶之东"，"自鄂至女王国，万二千余里"。会稽在今浙江绍兴，而东冶则在今福建福州，就是说古人认为倭国在相当于今天北纬250°～370°（因为当时尚不涉及本州北部和北海道，故从略），这就意味着倭国是在方形大地的东南端。尽管带方郡位于天下之中洛阳以东且偏北，但从带方郡南行万余里后，仍可得出大体抵达四海之内的大地的东南边缘的结论。

这种把倭国想象在大地东南端的思路，恐怕是基于以下几点认识。第一，"从郡至倭，循海岸水行，历韩国，乍南乍东，到其北岸狗邪韩国，七千余里"，已经向东南前进七千余里。第二，其后又"始度一海，千余里至对马国……又南渡一海千余里，名曰翰海，至一支国……又渡一海，千余里至末庐国"。这里的三次渡海均向南行（第一次渡海虽来讲"南渡"，但后文有乘船"南北市籴"，可知是为南行），所以必定到达大地东南端。我们知道，从朝鲜半岛南端向对马、壹岐至松浦实际上是向东南航行，但《魏志·倭人传》记为"南渡"，方向已有谬误。一些学者认为，记为"南渡"是古人在记述方向时简单化使然。笔者以为，魏使在报告重要的航行方向之时势必审慎，不会无端将东南行程记为"南行"，何况后文中还再三出现"东南陆行五百里""东南至不弥国百里"的记录。造成以东南方向航海为"南渡"的原因，似乎可以做如下考虑。身为魏使的带方郡使节并不熟悉航海，而且三国时期的航海尚无罗盘导航，主要靠以海岸、岛屿为标志的"对景航行"。岛屿作为航标只有标志意义，不能体现方向，在较低的古代木船上能够眺望的岛屿有限，加上海上气候和能见度的影响，航行应主要由太阳和星辰来确定航向。对马海峡中因季节流动着流速为 1～1.5 节（每昼夜约 24 海里）的北上洋流，对船产生大约为每小时 1850 米的横向推力，这给航速在每小时约 4 公里的木船的影响非常之大，只有将航船的船头指向正南，才能驶到位于东南的岛屿和九州的松浦。古代倭国渔民对海流的认识水平已不可考，中国辽东和朝鲜渔民对航行倭国的航路当然不如在辽东半岛和朝鲜半岛沿岸航行那样熟悉，至于使者本人自然不懂航海中洋流知识，所以将船头指示的正南方向误以为行驶方向是完全可能的。第三，在末庐国登路后，又"南行"或"东南行"数目，所以便认定自己已置身大地的东南端了。

三　太阳定位与方向记录上的900偏转问题

为什么将倭国置于大地东南端会影响使节及通交人员对方向的判断呢？这个问题要从古人的方位概念和定位方法来考虑。众所周知，古代中国天文学非常发达，早在西周已有以太阳、星辰判定方位的成熟经验。大约成书于公元前 5 世纪的文献《考工记·匠人》中已有："匠人建国，水地以悬，置槷以悬，眡以景，为规识日出之景……昼参诸日中之景，夜考之极星，以正朝夕。"这是说工匠施工时，平整土地，而后垂直悬挂准绳，以观表影，观测日出和日没时表影位置，白天参看日中时分表影方向，夜里参看北极星方位，以定出准确的东西方位。不难想见，这种被工匠普遍应用的定向方法也必然为早期的地图绘制所利用，并成为人们通常判定方向的基本方法。

然而，对于魏使来讲，依靠太阳判定方向甚至可能是唯一可行的方法。因为尽管夜观星象是准确定出正北方向的简捷方法，但此法只能适用于长期居住的熟悉地域。在陌生的国度中，每天因行进变换住所，而且翌日昼间又前进在荒山野岭，其行路必然曲折多变，即使夜里得出方向也不足以指导辨别白天的行进方向。而白天对方向的辨别自然是依据太阳所处的方向来理解自己行进的方向。

我们知道，相对于地面上的观测者而言，太阳有两种视运动：每日的东升西落和每年在南北回归线之间的黄道运动。对地处北半球的人来讲，朝阳从东方升起，正午在南方上空达到最高点，傍晚从西方落下，这是古人长期观察得出的生活经验。古代中国人素以洛阳为"天下之中"，西周成王营建洛邑的理由便是"此天下之中，四方入贡道里均"，《吕氏春秋·审分览》也讲"古之王者，择天下之中而立国"，魏校《地理说》亦言"洛阳，风雨之所会，阴阳之所和，天地之中也……以天下大势言之，长安龙首穴也，洛阳龙心穴也"。天下四方以洛阳为中心，在古人心目中太阳东升西落，正午高挂在南方上空都是以洛阳为中心的中原及北方为前提的，而到了汉武帝元鼎六年（公元前111年），其派路博德征服南越设置的日南（今越南广治一带）、儋耳、珠崖（今海南岛）等南方边陲的九个郡，则是"在日之南，所谓开北户以向日"。

　　关于太阳运行轨道与方式，古人有种种推测。屈原在《天问》中说："出自汤谷，次于蒙汜"，后来的浑天家也认为太阳以阳城为中心，出自东方"汤谷"，落于西方"蒙汜"。后期的盖天说虽然改用旋转来解释日月运行，但太阳东升西落和在南方升至最高点还是没有疑问的。那么，在古人眼里太阳由东向西运行的南部边缘在何处呢？或者说太阳在南边大地的什么地方的上空呢？由于当时对世界认识的局限，人们对太阳的视运行轨道的认识有一个发展变化的过程。前汉时代，只知道西方的极限是西海，北则瀚海，东面是大海，南则日南。到了后汉始知"北燮丁零，南谐越裳，西包大秦，东过乐浪"。其中日南郡已是"在日之南"，"开北户以向日"。可见，当时是认为太阳视运行轨道在日南郡以北，即北回归线以北。后汉时，天文学家才知道"日南郡去洛且万里，徒民还者，间之，言日中之时，所居之地未能在日南也。度之，复南万里乃在日之南，是去洛阳二万里乃为日南也"。然而，日南郡在日之南的定见并没有得到普遍修正。譬如，在《后汉书》卷三十三刘昭注中仍使用为"日南郡……武帝更名……洛阳南万三千四百里"。日南的地名沿用下去，使太阳在四海之内的南边即中国南方边陲上空运行的观念继续流传。

　　那么，上述对太阳视运行轨道的认识对魏使产生了何种影响呢？简言之，太阳在四海之内大地南部边缘上空走过的观念导致他们将东误解为"南"。因为三次"南渡"大海又使日本九州历经数国的魏使头脑中形成了"已经置身大地东南端"的错误概念，由此便会推导出：每天见到的日升最高点——太阳在大地南部边缘显示的方向是西方，而非在洛阳或北方辽东见到的南方的错觉。这样一来，如果迎着太阳走，就是向西走（实际上迎着太阳走仍然是向南走）的错误结论。而魏使在不弥国之后的长距离跋涉基本上是用身体右侧对着太阳前进，所以就得出朝"南"走的误解。这当然是他们在"太阳高挂在西面上空"这一错误概念指导下得出的结论，事实上太阳始终高挂在南面上空，在日本九州用身体右侧对着太阳走，无疑是在朝东走。结果，魏使便把实际上的"东行"误记为"南行"。

这里还必须做两点解释：第一，白天把太阳最高点当作西方的认识似乎同夜晚用星辰判定的北方矛盾，但如前所述，使节每天在陌生的土地上行进，这种方向的矛盾既不存在，又容易化解；第二，如果认为自己置身大地东南端，看到的正午太阳的方向是西面，那么会把日升方向当为东北，日落方向当为西北，但在"草木茂盛，行不见前人"的山区，使节携带大量回赐物品（倭使节则携带贡品）和武器、干粮等辎重，在荒山野岭中连续跋涉，加之朝有露水浸湿，暮有蚊虫叮咬，很难想象他们会日出而行、日落而息，相反倒是太阳升起后出发，落日前歇息的估计更为合理。因此，用白天中午的太阳位置来判断行进方向便是自然的了。

四 一个相同的例证

以上从魏晋时期普通中国人的天下观念出发，分析了魏使的方位意识并探讨了误记行走方向的原因。这种推测能否在历史上找到相同的例证或史料、实证方面的凭据呢？笔者认为，与之处于同一时期的中国人的印度洋航海活动似乎提供了一个佐证。

两汉三国时期，中国人为贸易利益远航黄支国。所谓黄支国，经史家考证为今天印度科罗曼德海岸的建支补罗。无独有偶，中国史家如汉代的应劭和晋代的范晔均将这个在中国西面的黄支国记为"日南之南"，即中国的南面。原因何在？船队启航于洛阳正南而偏西的合浦郡，因沿岸航行，越过金瓯角后需要西行至暹罗湾西岸的都元国，而后南至马六甲海峡后又再朝西北行驶。这样一来，水手们便会得出已到达四海之内大地的南端的概念。由于当时对南方海外各国同西域如何邻接尚未形成明确的地理观念，出于对前文所述的同样的误解，船队很容易将正午的太阳看作"东方"。于是，沿孟加拉湾北岸向黄支国的长距离西行便成了"南行"，结果留下了黄支国在"日南之南"的错误记录。

当然，对方向的错误认识并不妨碍船到达正确的目的地。因为当时的航海是在以沿岸景物、岛屿为参照系的经验基础上的"对景航行"，无论观念上的方位是否正确，均可以凭经验抵达目的地。就此而言，西行航海与魏使节在"大地的东南端"去向邪马台国可谓异曲同工。

五　结语

综上所述，《魏志·倭人传》中关于邪马台国的里程和方位应做如下理解。首先，里程的记录是基本可信的，对此持"畿内大和说"的中日学者已做过详尽考证，本文不再赘言。其次，方向中的问题并非史书在刊刻传抄中的谬误，而是使节及其他通交人员理解上的错误。他们把不弥国之后的实际上的东行报告为"南行"，致使史书中留下千古悬案。

此外，笔者还想强调一点，古代中国天文学、地理学十分发达，地图学亦较早取得了长足的进展。史官并未亲自到过日本，撰写史书的资料只能来自使节的报告，而这些人的认识水平同精通天文地理知识的史学家、天文学家、地图学家是不可同日而语的。

（原载《日本研究》1994 年第 1 期）

通商富国战略的思想先驱

——本多利明及其"交易"学说

高增杰[*]

一 时代造就的思想家

18世纪中期，日本封建社会正处在从繁荣走向危机的转折时期。德川幕府在经历了早期"文治主义"政治变革以后，社会处于稳定时期，农业生产获得巨大发展，然而不久之后就已经显现出诸多社会危机。随着商品经济发展，传统自然经济面临巨大挑战。一方面，德川中央军事贵族统治集团和各地政权都遇到了财政困难，武士阶层生活穷困；另一方面，城市商人聚敛财富，或贷予武士，或经营新田，甚至进入政治舞台，活跃在社会的各个层面。德川幕府实行享保改革和宽政改革，政策摇摆不定，重臣田沼又推行了一整套旨在吸收商人能量的措施，也遇到严重挫折。这一时期涌现出许多重大政策课题，呼唤经世致用的思想家们认真思索日本封建社会面临的挑战。

在这一时期，适应社会改革的需要，日本政治思想界出现了重大转折。幕府原来钦定的"官学"朱子学遭遇挑战，而对解决社会现实问题的需求显得苍白无力，内部出现变异；古学派和阳明学显现生气，甚至在儒学内部还出现了诸如海保青陵倡导"交易""士道"的变异；国学派则从根本上否定汉学，针对朱子学提出质疑，倡导皇室权威，实质上为质疑幕府统治的正

---

[*] 高增杰，中国社会科学院日本研究所研究员，研究方向为日本社会思潮、日本近代思想史。

统性做了前期思想准备。至于这一时期蓬勃发展的兰学，则随着1720年解禁图书进口而呈现一片繁荣，西洋医学、天文学和数学各个领域出现了前所未有的业绩，一大批倡导西洋科学合理主义的思想家活跃在日本社会。可以说，18世纪中期，日本思想界迎来了一个新思想迸发的时期。

在涌现出来的众多的思想家中，本多利明（1743～1820年）是一个色彩特异的思想家。他既不属于传统的儒学家，也没有作为军事贵族参与实际政治活动，虽然步入老年期时曾经受到幕府征召，但他只推荐他的学生应召而自己坚持在野。另外，他虽然受到兰学熏陶，而且掌握了相当程度的兰学知识，并且借助兰学书籍思索日本的现实问题，提出了一些具有真知灼见的观点，但是在当时并未被人们视为正统的兰学家，与师承严格的兰学家集团存在一定距离，自学和思索是他治学的一个重要特色。同时，他虽然一直在野，但始终关心日本国家发展的方策，提出了一系列有关日本未来发展战略的建议，成为一代思想先驱。

本多利明出生于1743年，幼名长五郎，成人后名繁八，人称其名曰三郎右卫门。他到晚年更名利明，又写作理明或李明，有时自号北夷。据东京小石川桂林寺墓碑铭，他出生在越后蒲原郡，即今新潟地区。在18世纪中期，这一地区是稻米生产区域，新田不断得到开垦，手工业也有所发展。正因如此，商业资本和新田地主加重剥削，加之天灾不断，这一地区曾经多次出现农民反抗活动。从一定意义上说，少年时代的见闻很可能给本多利明造成一定影响，规定了他关心现实和思索方策的思想成长过程。据记载，本多利明幼年时代不愿遵父命学习儒学教义"素读"，"思欲使国家未有之事，念及到此，以为不如算道，以是为本"，对于数学极感兴趣，而这在一定程度上规定了他后来的政治哲学特质。

1761年，本多利明离开家乡，奔赴江户游学，师从关孝和派弟子今井兼庭学习算学，其后，他又师从中根元圭弟子幸田亲盈门下，学习天文和历法。在求学的过程中，他不但努力学习和掌握师门及先学有关算学、天文和历法的知识，而且拓宽视野，学习西洋数学，逐渐吸取西洋天文、测量和地理知识，形成了他思索各种社会现实和日本发展方略的思想基础。在他成长以后，曾于 1794 年召集关孝和一派门人共同修建孝和碑，主持关孝和百年祭，充分显现他在这一学派中的重要地位。

作为一名学者，本多利明卒业师门以后，于 1760 年在江户音羽开办了一间教授算学和天文的学校。他不具备军事贵族的身份，这时的正式身份只是"町人"，晚年曾得到加贺藩征召，但时间很短，"身为浪士，居住东都数十年"，主要从事教育工作，教授门徒数百人，尤其曾经培养了"通达天文地理算术弟子九人"，分布在日本各地。

此外，本多利明作为一名思想家，认真思索日本未来发展的方略，在从事教育工作的同时，把主要精力用于著述和翻译。他始终钟情于自己师承的算学与天文和历法，著作有《四约术》《天文大意隐题解》《整数术》《精要算法解》等。他认真思索当时日本的现实社会问题，致力于思索经世方策，先后写下了《自然治道之辨》《经世秘策》《西域物语》《交易论》《长器论》等著作，阐述他关于日本发展道路的观点，并且曾经写下《关于四大急务的奏折》等，直接向幕府提出建议。

本多利明一生致力于教育和著述，并培养学生，研究日本发展方略，成为一代思想先驱。但是，由于他位处在野，未能直接参与军事贵族统治集团的政治活动，因此一生作为"市中隐士"度过。但是，本多利明关于日本发展方略的思想本来就具有长远意义，毋宁说是为后人思索日本发展问题提供了丰富的思想材料，具有一代思想先驱的意义。

二 "交易"富国战略

本多利明生活在日本封建社会经过繁荣而遭遇种种危机的时代，看见了诸如天明饥馑等天灾人祸造成的严重社会危机。在他生活的时代，"天明癸卯以来，饿死百姓死于田地者甚多"，"癸卯以后三年，凶年饥馑，奥州一国饿死人数百二百万人之多"。[1] 他同时还看到，武士和农民陷于极端困苦，"士

---

[1]　本多利明『経世秘策』（卷下）、『日本思想大系』44、岩波書店、1982、27 頁。

农二民如此艰难困苦，实为日本开国以来前所未有"①。本多利明认为，日本本是一个岛国，然又以农业为本，而重税盘剥，只有伤害农民的根本利益，而"领主地主起于贪欲"，导致国家无由发达，而且农民生活困苦。对于种种社会问题，本多利明苦苦思索，提出了他认为最理想地解决这一问题的设想。

本多利明认为，从根本上说，社会的发展产生于"万民增殖"。他认为这是人们思索问题必须遵循的"天理"。他屡屡指出日本社会"间苗"溺婴的旧习，认为这是社会贫困的一种表现。人口繁殖，不断增多，需要不断增加国家的财富，而不是完全消极地抑制消费。这可以说是本多利明不同于那个时代儒学家们否定加压抑人欲观念的一大特征。一方面，"其国之本，即为夫妇"，而"夫妇则有子孙"，于是"善养之则国本立也"，将人口繁殖当作国家根本予以考虑。② 本多利明利用自己的算学知识，根据社会现实风俗，仔细地计算了人口增殖的数量规律。他认为，"夫年十五岁，妇年十三岁，初生一子"，其后"经历三十三年期间"，生育子女十七人，如此循环往复，"一人终生皆增殖十九人七分五厘"，结果"三十三年之中，扩展日本人口十九倍七分五厘"，人口大量增多。③ 另一方面，"本来局限之土地出产物品，无策以供无限增殖之万民衣食住所用"④，"田产有限，出产米谷有限，地租及税金有限"，"国用不足"。⑤ 当政者不谙治理之道，而"士农工商之国用不足，惟知欺虐农民"⑥，结果只能是"农民穷困"，造成社会危机，"治乱、存亡、兴废之因皆出于此"。⑦

本多利明动态地把握社会发展，由此解剖日本出现的种种社会问题，依据现实来思索治国之策。如上所述，他看到官吏的残酷盘剥，并且认为这种盘剥只能造成恶性循环，"收纳过重租税"，属于"邪道"，因此唯有开辟新

---

① 本多利明『経世秘策』（卷下）、『日本思想大系』44、岩波書店、1982、39 頁。
② 本多利明『西域物語』（下）、『日本思想大系』44、岩波書店、1982、146 頁。
③ 本多利明『西域物語』（下）、『日本思想大系』44、岩波書店、1982、146 頁。
④ 本多利明『西域物語』（下）、『日本思想大系』44、岩波書店、1982、146 頁。
⑤ 本多利明『西域物語』（下）、『日本思想大系』44、岩波書店、1982、145 頁。
⑥ 本多利明『西域物語』（下）、『日本思想大系』44、岩波書店、1982、144 頁。
⑦ 本多利明『西域物語』（下）、『日本思想大系』44、岩波書店、1982、145 頁。

的思路，才能实现富裕，建立一个堪与西域诸国比拟的日本国。简单地说，经过思考，本多利明提出了他的"治国之本"，倡导"交易之利润源于自然"，将国家发展的基础置于"交易"这一关键环节。

本多利明将"交易"视为治国之"本"，认为"交易乃守护国家之基本"，提出"交易"是日本治者应予实施的国策。他是一个不拘教条而重视社会现实的思想家，因此特别强调源于现实的理论。他举出"天明癸卯以后二、三年关东奥羽大饥馑"的实例，指出"奥羽二国尤甚，绝净买卖食物，吃尽饲养牛马犬鸡，以至人人相食"，"天命之救助未至，国民凡二百万余人饿死"，强调现实危机的严重性。本多利明认为，"如果此前举办官府贸易，自丰收之国尽意收买谷果以及一切可供食用之物，利用船舶，渡海运送，备于奥羽二国，广泛交易，直至庶民，则无有饿死之民"。因此，他将"交易"视作治国的根本方策，认为"交易"是当局治国的功罪所在。他说："如此大量天民，视而不救，此国政当局之大罪，而无致灾难，则为幸甚，是堪称天救"，所以"依据如此深奥道理"，可见"交易乃守护国家之基本也"。[1]

我们可以看出，本多利明倡导"交易"，认为"交易"是根本国策，完全不同于儒学强调"重农抑商"的教义。本多利明不同于那一时期的儒家们（例如荻生徂徕）重农贱商的观点，而是从社会现实出发，倡导商业贸易，认为这是国家应该积极实施的重要政务。他不但倡导"交易"，而且从不避讳交易带来的巨大利润。不过，值得注意的是，本多利明倡导"交易"，但是反对商人通过商业活动聚敛不正当的财富，而是倡导政府实施商务活动，通过"交易"实现国家的富足。他憎恨商人利用流通盘剥农民，利用精密的计算揭露商人的重利盘剥。他说："丰收时节，奥州米泽及秋田仙北郡附近之米，一升价值五、六钱。经过交易，进入商人之手，及至江户，无论丰歉，均至百文。如果按此比例，则投本金一万两，买入羽州之米，其售价可达金十六万两。"经过计算，本多利明明确指出："天下为十六份，商贾收其十五，而武

---

① 本多利明『西域物語』（下）、『日本思想大系』44、岩波書店、1982、166 頁。

家仅收其一。"① 与此相比，"领地农民""终年艰难辛苦"，所产"血泪获物"，几乎尽入商之手。正是由于本多利明看见"商贾势盛"而"武家贫困"，② 因此他一方面倡导"交易"，但另一方面又反对商人的活动。本多利明十分明确地提出，"交易乃国君之天职，不可委之商民"③，主张发展官船，进行官营贸易，由此通过商品流通将利润和财富掌握在幕藩官府手中，以此为治国之"本"。由此可见，本多利明倡导"交易"，强调的是以贸易为国家的根本政策，通过贸易来求得社会安定和国家昌盛。

需要指出，本多利明倡导交易，固然包括上述通过交易获取利润的动机，用以解决现实问题，但它的重点是强调日本需要依靠对外贸易寻求发展的国家战略。他指出："日本为海国，渡海、运送和交易本为国君天职首要政务，派遣船舶奔赴万国，获取国用所需之产物以及金银铜，置入日本，增强国力，此海国富足之方策也。"④ 他反复说明，日本不是大陆国家，"国力渐弱"，"农民连年耗减"，"此乃自然之势"，必须开展国际贸易，求得国家的富强。本多利明在他的《经世秘策》中提出了"四大急务"，希望由此解决日本的发展问题。但是，无论是"焰硝"开河道，还是开拓金银铜矿，抑或是他反复倡导的发展"船舶"，都直接与他所说的海外贸易密切相关。实际上，他思索社会现实的最终结论就是倡导走向海外，进行通商贸易，并将这作为日本发展的"秘策"，规定日本未来发展的基本走向。尤其值得注意的是，本多利明生活的时代，幕府实行锁国政策，他的这种方略和设想正为其后开启先河。至于他关于以"交易"为经国之本的海外贸易方略，则更成为后来日本发展战略的先声。

本多利明一直被人们认为是一个重商主义者。从一定意义上说，他试图通过幕府政权开展海上贸易求得日本发展的设想，确实带有欧洲早期重商主义的色彩。不过，本多利明不仅像同时代的思想家们那样一般地强调"交

---

① 本多利明『経世秘策』（卷上）、『日本思想大系』44、岩波書店、1982、13 頁。
② 本多利明『経世秘策』（卷下）、『日本思想大系』44、岩波書店、1982、39 頁。
③ 本多利明『経世秘策』（卷上）、『日本思想大系』44、岩波書店、1982、18 頁。
④ 本多利明『経世秘策』（卷下）、『日本思想大系』44、岩波書店、1982、32 頁。

易"，而且思索得更为深刻一些，对于海外贸易的基本形态进行过深入的思考。他明确地认识到，在国家之间的贸易中，如果双方的贸易产品基本相似，那么就不可能以此达到富国的目的。他将相似贸易产品称为"互格"产物的交易，指出"互格"产物的交易，不会产生胜劣，也就是差额，因此意义不大。基于这种思考，本多利明指出："如无胜劣，则成互格，利润亦无胜劣，其胜劣源于自然产品与人巧产物之多寡，出现胜劣，分出贫穷，其两端相差甚远。"本多利明所说的"人巧产物"也就是指那些经过人工加工的精制产品。按照本多利明的意见，它们与农产品等原料值钱，日本应该尽量出口这类"人巧产物"，由此获得贸易盈余，用以富足国用。应该说，在 18 世纪中期的日本，本多利明进行如此深入的思考，提出了增加出口产品附加价值的基本理论，并由此设计了通过贸易获得盈余的富国方策，堪称后来日本"贸易立国"思想的先驱。

本多利明结合当时日本封建社会幕府统治的现实提出了一系列"急务"，用以作为对于德川幕府治国的建议，同时也经过深入思考，提出了一整套日本未来发展的方略。他不仅提出要开国实行海外贸易，而且倡导利用西洋科学改进社会生活（如改装铸铁瓦和玻璃窗等），甚至还设想开拓殖民地，建立富强的日本。但是，有一点值得注意，那就是本多利明不像那一时代的林子平等人主张军事称雄，而是强调和平发展的思想。一方面，本多利明清醒地看到，贸易实际上必然伴随"获取"；另一方面，他又明确地提出"以交易取代争战"的思想，通过"仁政"实现和平的贸易，达到未来实现富强日本的目的。[①] 他专门撰写《西域故事》一书，考察欧洲等西方国家发展的历程，清晰地指出，这些欧洲国家"利用船舶，渡海万国，举行贸易，建立自然实现大利之道，教化民众，富饶国家"，强调和平发展的道路。他甚至结合日本历史上多年争战的经验，指出"涉海渡洋，宛如身临战场，获得大利，则等于争战取胜而占领邻国"[②]。因此，本多利明认为，经过贸

---

① 本多利明『交易論』、『日本思想大系』44、岩波書店、1982、167 頁。
② 本多利明『交易論』、『日本思想大系』44、岩波書店、1982、166 頁。

易，可以获得超过战争的利益，日本未来的发展也自然应该通过实施"仁政"，通过和平方式发展海上贸易，实现"丰饶"日本的远大目标。

以上分析告诉人们，18世纪中期，本多利明学习算学和天文历法，逐渐成长为一名"经世"的思想家，提出了一系列"秘策"，试图由此实现他建立丰饶日本的理想。他经过认真思索，提出了一系列治国方略，这成为其后思想家们思索日本发展道路的思想材料，为之后日本发展海外贸易、实现富国理想的国家战略开启了思想先河。从这种意义上说，本多利明对后世的影响和意义，的确值得人们予以足够的重视。

三　日本发展战略的理论基础

作为一代思想先驱，本多利明思索日本发展道路，描绘了通过和平贸易实现富国的蓝图。如果深入观察，那么人们还会发现，本多利明为日本设计的发展道路具有独特的思想哲学基础。

本多利明区别于那一时代的多数思想家，没有学习儒学，因此不是从儒学的理论背景来思索日本的社会现实。他虽然学习过兰学知识，但是鉴于那时的兰学主要局限于医学和部分自然科学，因此他的思想也并不主要源于兰学。从根本上说，本多利明主要是以他掌握的最基础的算学知识为基础思索日本的现实而得出了他自己的一系列方略。从这种意义上说，如同那一时代的安藤昌益一样，本多利明也是一个具有独创性的特异思想家。

本多利明思索日本发展蓝图的思想基础是他自己命名的"自然治道"学说。他经历了天明饥馑，看见了民众挣扎在死亡线上的悲惨情景，在8世纪70年代末期完成了思想飞跃，从自然科学转向社会现实，形成了他的基本思想体系。这些基本思想主要表现在他于那一时期撰写的《经世秘策》和《西域故事》等文集中。

本多利明的"自然治道"的主要理论基础，是他对日本社会贫困的详细观察。他认为，作为治者，江户幕府和各藩的"善政"就是赡养民众。民众数量则由于"万民繁殖"而不断增加。国之基本在于家，而家则为夫妇之道。其必然的结果是子孙繁衍，人口增多。如前所述，他应用算学进行精密计算，设定一对夫妇在组成家庭以后的 33 年之中繁衍 17 个家庭，如此增多，人口急剧膨胀。另外，他依据简单再生产的原理认定，物产增加受到制约，因此必然出现需求与供应之间的尖锐矛盾。他的这种简单计算构成了他思索日本现实、规划日本未来的重要基础。

正是从这一基础出发，他提出了开展"交易"的重要命题。本多利明作为 18 世纪中期的知识分子，已经了解到世界的全球性质，不仅掌握了关于哥白尼理论的知识，而且批评东方传统的"天圆地方"学说，指出"地体也如天体，呈椭圆状，如球形，正如从中央切开，则成两个半球"①，具有比较准确的近代全球世界观念。他考察欧洲各国情形，得出欧洲各国"以德治而不以武治"②的结论，认识到欧洲国家广开交易而获得富足，日本既然是海国，当以渡海为"国务第一"③，开展交易，实现富饶。

正是出于这种思索，本多利明结合当时日本的社会现实，提出了他倡导的"四大急务"。具体说来，"第一焰硝，第二诸金，第三船舶，第四属国之开业"。这"四大急务"，无一不是直接针对现实问题，也无一不是志在实现"开拓良田，富饶国家"的方策。在本多利明看来，要开垦良田，进行交通运输，不许开拓河道，而这就是焰硝的重要意义所在。同时，金银铜诸金是"永久不朽的长货，实为国家骨骼"④，因此必须设法防止外流，相反倒是应该设法从海外"获取"，以便富足国用。船舶是本多利明"四大急务"的关键之处。"所谓船舶，即利用官府船舶，渡海，运送，从事交易，通天下之有无，救万民之饥寒"⑤，具有"国君天职"的性质，是他设计的日本发展战略的主要环节。至于"开业"，则是本多利明主张殖民的设想。综合起来说，本多利明提出诸多大小"急务"，都是基于他关于"交易"的

---

① 本多利明『西域物語』（上）、『日本思想大系』44、岩波書店、1982、91 頁。
② 本多利明『西域物語』（上）、『日本思想大系』44、岩波書店、1982、98 頁。
③ 本多利明『西域物語』（上）、『日本思想大系』44、岩波書店、1982、99 頁。
④ 本多利明『経世秘策』（卷上）、『日本思想大系』44、岩波書店、1982、18 頁。
⑤ 本多利明『経世秘策』（卷上）、『日本思想大系』44、岩波書店、1982、17 頁。

理论，这构成了他的日本未来发展方略的主要内容。

本多利明的人口繁殖理论和地理环境学说，在很大程度上具有朴素的合理主义的科学性质，这一切在一定程度上源于他的算学和天文历法知识。依照本多利明的思维逻辑，"窃以为，仅用其国所产之物，常不足以养其国。如欲强行，则必国民疲弊而无所成就"。于是"不借他力，无以成就大事"，相反，"获取万国之力，且惟有利用交易获取"，而"交易则需涉洋渡海，涉洋渡海则需天文地理，天文地理则需算术"。于是，本多利明得出结论，"此乃兴国之大要也"①。在他的著作中，他曾反复强调日本不明了天文地理之学，造成今日之贫弱，而"国务之中，自有前务、后务、本首和末尾"，"欲问贯通前后本来之首尾缘何知晓，则算术之道"。反过来说，"以算术为基础，则熟知天文地理和渡海之道"。② 总之，归根结底，本多利明的战略方策源于他的"算术之道"。人们自然会感到，本多利明的基本理论明显地带有技术决定论的色彩。

历史是不断前进的。作为18世纪中期的知识分子，他的理论也存在许多缺陷，技术决定论自然片面，他的另一个重要理论支柱地理环境论明显缺乏根据，至于殖民的"开业"理论就更难于为人接受。但是，本多利明掌握一定程度的西方近代科学知识，在那一时代他提出了解决日本现实社会问题的方案，指出了日本未来通过和平贸易实现富饶的方略，成为思想先驱。时至今日，我们探索本多利明的日本发展方略，依然可以引起诸多思考。他给后世日本人留下了一份珍贵的思想遗产，发人深思，依然可以为日本今日的发展战略提供有益的启示。

（原载《日本学刊》2001年第6期）

---

① 本多利明『西域物語』（下）、『日本思想大系』44、岩波書店、1982、160頁。
② 本多利明『経世秘策』（後編）、『日本思想大系』44、岩波書店、1982、55頁。

明治维新与近代日本

1868 年，日本在幕末的风云激荡中实现了明治维新，走上了模仿西方的近代化道路。明治维新后的日本，作为非欧美国家的唯一特例，很快便跻身帝国主义列强的行列，不仅改变了日本的发展道路，还引起了全球规模的国际关系的剧变。日本学者三谷博曾指出："现在的世界秩序，尤其是东亚的国际秩序，都与开始于 19 世纪后半期的日本变革引起的这一波动，以及对周边区域实施的统治与造成的伤害有关。"[①] 笔者认为，上述论述完全适用于明治维新。

关于明治维新的研究，在很长时期内是国际学术界的热门话题，各种研究成果如汗牛充栋。[②] 概括而言，关于明治维新的开始时间主要有两种观点，即"天保说"（始于幕末的"天保改革"）和"开国说"（始于 1853

---

[*] 崔世广，中国社会科学院日本研究所研究员，研究方向为日本思想史、日本文化论、中日比较文化论。

[①] 〔日〕三谷博：《黑船来航》，张宪生、谢跃译，社会科学文献出版社，2013，第 1 页。

[②] 在日本，代表性的研究成果可以举出：遠山茂樹『明治維新』、岩波書店、1951；坂田吉雄『明治維新史』、未来社、1960；藤原彰『明治維新』、講談社、2003；三谷博『明治維新を考える』、岩波書店、2012；明治維新史学会編『講座 明治維新』（全 11 卷）、有志舎、2010~2017。在西方，代表性的研究成果可以举出：〔加拿大〕诺曼·赫伯特《日本维新史》，姚曾庆译，吉林出版集团有限责任公司，2008（原著于 1940 年出版）；〔英〕威廉·G. 比斯利《明治维新》，张光、汤金旭译，江苏人民出版社，2017（原著于 1972 年出版）。在中国，代表性的研究成果可以举出：吴廷璆《明治维新与维新政权》，《南开大学学报》（哲学社会科学院版）1964 年第 7 期；周一良《关于明治维新的几个问题》，《北京大学学报》（人文科学版）1962 年第 4 期；吕万和《简论明治维新》，载中国日本史研究会编《日本史论文集》，生活·读书·新知三联书店，1982。

年的"黑船来航"）。关于明治维新的结束期，则依次有明治四年（1871年）的"废藩置县说"、明治 10 年（1877 年）的"西南战争说"、明治 17 年（1884 年）的"自由民权运动结束说"以及明治 22 年、23 年（1889 年、1890 年）的"颁布《大日本帝国宪法》说"或"帝国议会成立说"。在中国学界，还有吕万和把明治维新的下限定在 1894 年（签订日英新约和挑起甲午战争）、万峰将其定在 1911 年（最终完成修改不平等条约）的主张。① 关于明治维新的性质，则主要有"绝对主义"、"资产阶级革命"、"不彻底的资产阶级革命"、"革命和改革"与"民族运动"等观点。② 可以说，上述关于明治维新的见解的多样性，也从一个侧面反映了明治维新的复杂性和多面性。

中国以往的明治维新研究，把注意力主要放在对明治维新本身的探讨上，而对明治维新与近代日本的关联没有给予应有的关注和深入的考察。虽然有学者指出了明治维新的"不彻底性"或者"局限性"③，但对这种不彻底性和局限性与近代日本所走过的道路，特别是其与军部法西斯主义的内在关联，并没有给出有力的解释。

在日本，对明治维新也存在各种各样的见解，作家司马辽太郎那样的明治维新论，应该说代表了相当多日本人的看法。他积极肯定和歌颂明治维新到日俄战争为止的历史，而对昭和前期的历史则采取否定和批判的态度。④ "光辉的明治"与"黑暗的昭和"的二分论，明显割裂了明治维新与近代日本的连续性，不能解释从"美好的"明治维新中怎么会产生出"丑恶的"法西斯主义，因而在逻辑上是讲不通的。如果从这样的非历史主义的观点出

---

① 吕万和：《简明日本近代史》，天津人民出版社，1984，第 1、2 页。

② 参见武安隆、王家骅《明治维新史研究评介（上）》，《世界历史》1979 年第 5 期；《明治维新史研究评介（下）》，《世界历史》1979 年第 6 期。

③ 参见吴廷璆、武安隆《资产阶级革命与明治维新》，载中国日本史研究会编《日本史论文集》，生活·读书·新知三联书店，1982；吕万和《简论明治维新》，载中国日本史研究会编《日本史论文集》，生活·读书·新知三联书店，1982。

④ 司馬遼太郎『明治という国家』、NHK 出版、1989；『この国のかたち』（一）、文藝春秋、1990；『この国のかたち』（四）、文藝春秋、1994。

发，不仅难以恰如其分地评价明治维新，也难以准确地理解近代日本所走过的道路。

基于上述状况，本文尝试综合运用政治体制、政治文化、政治力学的研究手法，主要从政治过程论的角度来考察明治维新与近代日本的关联，以期为从明治维新看近代日本、从近代日本看明治维新提供某种新的思路和见解。

一 明治维新与明治宪法体制的成立

笔者比较倾向于将明治维新定义为民族主义变革的观点，即认为明治维新发生的主要原因是西方列强的外压，其实质上是一场包括革命和改革在内的民族主义运动。与此相关联，关于明治维新的断限，笔者认同明治维新研究中的主流观点，认为将明治维新的始点定在 1853 年开国，将其终点定在 1889 年《大日本帝国宪法》颁布或 1890 年开设国会比较合适。

1853 年是日本历史上具有划时代意义的一个节点，美国海军准将佩里率领四艘美国军舰来到日本的浦贺港，逼迫日本开国通商。1854 年，在美国的武力威胁下，日本和美国签订了不平等的《日美亲善条约》。随后，英国、俄国、荷兰等西方列强也效仿美国，与日本签订了类似条约。这些条约的签订，打破了日本 200 多年的锁国状态，引发了严重的政治后果，导致日本国内出现激烈的"尊王攘夷"运动，原来被排除在政治决策过程之外的天皇和有实力大名，也开始登上政治舞台，幕末日本进入剧烈动荡的时期。

1863 年发生于萨摩藩与英国之间的"萨英战争"和 1864 年英国、美国、法国、荷兰四国舰队炮轰下关的"下关战争"，是日本幕末政治的重要转折点。萨摩藩在"萨英战争"中失利，对西方列强的实力有了新的认识。长州藩则经过"下关战争"的失败，使攘夷志士们意识到攘夷之不可行，从而走上"尊王倒幕"的道路。1866 年，萨摩藩与长州藩结成军事同盟，导致幕府第二次征伐长州战争失败。1867 年，萨摩藩与长州藩决心联合武力讨幕，在同年 10 月幕府的"大政奉还"上奏获得朝廷许可的情况下，于

12月9日依靠武力发动政变，挟朝廷发布"王政复古大号令"，建立了以天皇为中心的新政府。经过1868年1月开始的"戊辰战争"（1869年5月结束），新政府军彻底打败了幕府方面军，成功统一全国，取得了倒幕维新革命的胜利。

实际掌握了政权的维新派（西南强藩的中下级武士），最初并未明确建国的目标。在倒幕成功后的立国过程中，维新派也分为民族主义派、工业化派、民主化派等几种势力，有着不同的国家构想。① 可以想象，在当时严峻的国内外形势下，由国内改革来建设近代国家会面临各种矛盾和曲折。但是，经历过幕末惊涛骇浪的维新领导人，充分发挥了群体的智慧和才能，领导日本逐步构筑起近代国家体制。1871年，断然实行"废藩置县"，建立起中央集权政府，完成了国内的政治统一。1873年，成功压制政府内的"征韩论"，实行优先整顿内治的政策，迫使西乡隆盛、板垣退助等征韩派下野。1877年，在"西南战争"中成功镇压以西乡隆盛为首领的士族叛乱，解除了最大威胁，奠定了新政府的基础。1881年，在自由民权运动高涨、廉价处理北海道国有资产引发舆论激愤、参议大隈重信的激进主张带来政府内部严重对立的险恶局势下，又通过发动"明治14年政变"，发布"开设国会敕谕"，承诺以1890年为期召开国会，成功化解了政治危机。1889年，《大日本帝国宪法》（下称"明治宪法"）颁布，1890年召开第一届帝国议会，天皇制立宪主义国家体制正式成立。明治宪法的颁布和国会的召开，是倒幕维新以来立国过程的终点，标志着明治维新的结束。

对明治新政府而言，其"肩负的最大课题有两个：一个是独立，另一个是文明。独立，是就国际地位而言；文明，是就社会发展而言"②。为了完成这两个课题，明治政府一方面需要调动和利用日本的传统资源，另一方面需要顺应世界大势获取西方的近代资源。在倒幕维新后发布的《五条誓文》中，就明确表达了这样的志向："广兴会议，万机决于公论；上下一

---

① 参见〔日〕坂野润治《近代日本的国家构想》，崔世广、王俊英译，社会科学文献出版社，2014，第1、2页。

② 武寅：《近代日本政治体制研究》，中国社会科学出版社，1997，第43页。

心，大展经纶；公卿与武家同心以至于庶民，须使各遂其志，人心不倦；破历来之陋习，立基于天地之公道；求知识于世界，大振皇基。"①

但是，传统的和近代的、日本的和西方的这两种资源，是根植于不同历史文化、有着不同原理和内涵的。将两者结合，纳入作为国家根本大法的明治宪法中，对维新领导人来说不啻一个艰巨的任务。以伊藤博文为首的宪法制定者，从日本的历史传统和现实政治需要出发，在经过多方利弊权衡之后，参考西方特别是普鲁士的立宪政治经验，最终将"万世一系"的天皇制定为"国体"，而把立宪当作巩固国体的手段和形式，从而将国体和立宪糅合在了一起，建立起一套不同于任何欧美国家的、日本独有的立宪政体。他们希冀通过制定将君权置于基轴的宪法，使"固有的国体"日益巩固，并以此规定今后整个国家机构的活动。

明治宪法本身，体现了维新领导人和宪法制定者的良苦用心。一方面，明治宪法坚持"钦定宪法"的形式，天皇"依承于祖宗之大权……宣布此不磨之大典"，而且"朕及朕之继承统治子孙执提议权，议案交付议会，议会依此宪法规定之要件决议之，朕之其他子孙臣民不得敢试纷更"②。明治宪法还规定主权在君，赋予了天皇至高无上的权力，天皇独揽行政、立法、司法、军事等大权，而将国民置于"臣民"的地位。另一方面，明治宪法又是非西方国家中第一部具有近代体裁的宪法，不仅设定了立法、行政、司法"三权分立"，还规定了"臣民的权利和义务"等，不可否认，其在形式及内容上具有某种近代性质。这样，日本就形成了特有的明治宪法体制（见图1）。

维新领导人本期望通过颁布宪法，实现"上统元首之大权，下展股肱之力，依大臣的辅弼和议会的翼赞，机关各得其所，进而明臣民的权利及义

① 《五条誓文》，载《世界历史》编辑部编《明治维新的再探讨》，中国社会科学出版社，1981，第168页。在该书中，"五条誓文"为"五条誓约"。

② 本文引用的"宪法发布敕语"和"明治宪法"的有关条文，均译自「大日本帝国宪法」、『日本近代思想大系9 宪法构想』、岩波书店、1989、429～434页。

务，以期日益增进其幸福"①。但是，将源自两种不同原理的要素糅合在一起的明治宪法，本来就包含内在的、难以调和的矛盾，再加上其中有诸多暧昧、模糊的规定，使明治宪法体制存在不容忽视的缺陷和漏洞，如天皇的权威和权力问题，行政、立法、司法的相互制衡问题，军队统帅权的独立问题，还有宪法之外元老、重臣的干政问题等。在这种宪法体制下，很容易导致对明治宪法做出不同的解释，并在实际的政治运行过程中出现机制上的问题，从而为从明治宪法体制中衍生出另一种政治力学结构提供了可能。

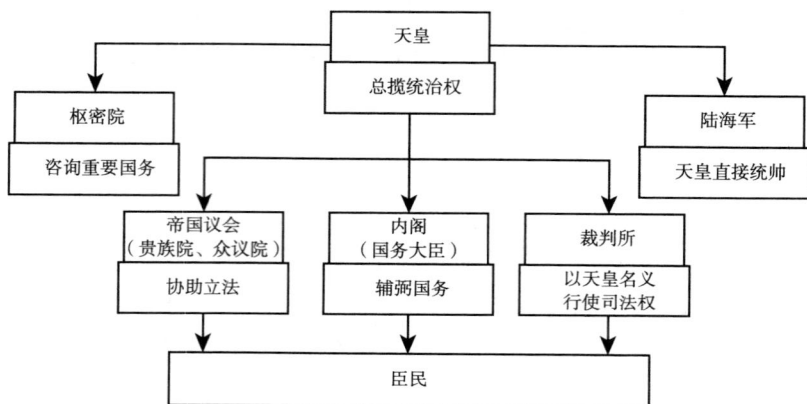

图1 明治宪法体制的结构

近代日本政治在运行过程中，完全超出了维新领导人当初的设想。明治宪法本身具有缺陷和漏洞，再加上日本政治文化的深刻影响，在近代日本的政治实践中发生了实质性的变化，即明治宪法体制中的天皇—行政、立法、司法（三权）—臣民的垂直统治结构，演变成了天皇（权威）—藩阀元老、政党、军部（政治主导势力）—民众（舆论）的新政治力学结构。在这一结构中，第一层是天皇，高高在上拥有绝对权威，但并不拥有多少具体的政治权力；第二层是实际掌握政治权力的三个政治集团或者说政治势力，即藩阀元老、政党和军部，这三种势力相互牵制和斗争，都想利用天皇权威和民

---

① 伊藤博文『憲法義解』、岩波書店、1940、21 頁。

众舆论来争夺和拥有政治上的主导权；第三层是民众，他们属于被统治阶级，但也会通过舆论和行动对实际政治过程发挥影响作用（见图 2）。

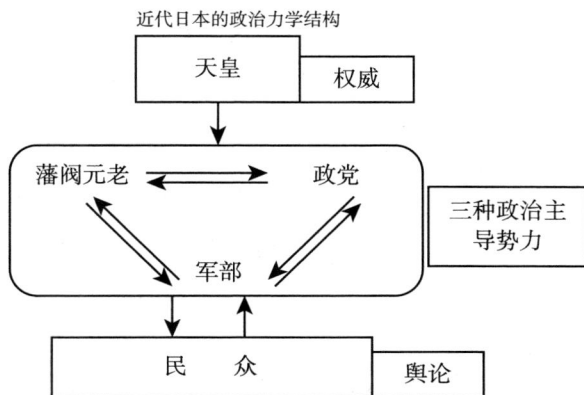

图 2　近代日本的政治力学结构

也就是说，第一，虽然天皇在两个结构中都居于顶端，但相比明治宪法体制，天皇在新的政治力学结构中基本上只拥有权威性。第二，明治宪法体制中形式上行政、立法、司法三权分立，但由于宪法制定者以为"司法不过行政之一部"①，在现实中，司法也很难形成与行政、立法相抗衡的势力，三权之中实际仅存行政、立法二权；加之军事权在明治宪法中占有特殊地位，从而出现了行政、立法、军事三权并立的局面，在这三权的基础上形成了藩阀元老、政党、军部这三种政治势力。第三，明治宪法体制中的"臣民"，在新的政治力学结构中衍变为"民众"，也意味着其在政治过程中的作用发生了变化。天皇（权威）—藩阀元老、政党、军部（政治主导势力）—民众（舆论）这一政治力学结构，从根本上规定近代日本政治的格局和走向。

下文将从明治宪法体制和近代日本政治力学结构入手，结合日本的政治文化特点，对近代日本的政治过程展开分析，力图通过分析揭示明治维新与近代日本政治的关联。

---

①　伊藤博文『憲法義解』、岩波書店、1940、94 頁。

二　近代日本政治架构中的天皇

在明治宪法体制中，天皇拥有绝对权威和权力，居于政治体制的顶端。明治宪法第一章为"天皇"，规定"大日本帝国由万世一系之天皇统治"（第一条），"天皇神圣不可侵犯"（第三条），"天皇乃国家元首，总揽统治权"（第四条）。除此之外，还规定天皇"行使立法权"，"天皇召集帝国议会，并命其开会、闭会、停会，及众议院之解散"；"天皇决定行政各部之官制及文武官吏之俸禄及其任免"；"天皇统帅陆海军"，"天皇决定陆海军之编制及常备兵额"；"天皇行使宣战、媾和及缔结各种条约权"，"天皇宣布戒严"，"天皇授予爵位、勋章及其他荣典"，"天皇命令大赦、特赦、减刑及恢复权利"等。

可见，明治宪法的制定者用近代宪法的形式，赋予天皇唯一正统性的源泉，确立了主权在君的原则，使天皇统揽了所有统治大权。"但是作为维新的真正创业者，他们心里清楚，维新的根本使命决定了这个政权既不可能是真正的天皇专制式，更不可能是天皇以外的其他任何个人的专制统治。"① 主导明治宪法制定的伊藤博文也阐明："盖总揽统治权乃主权之体，依宪法条规而行乃主权之用。有体无用失之于专制，有用无体失之于散漫。"② 因此，在明治宪法体制中，对天皇的权力做出了种种限制，如在立法权方面，"天皇以帝国议会之协赞，行使立法权"；在国务方面，则需受国务大臣的"辅弼"，"凡法律敕令及其他关于国务之诏敕，须经国务大臣副署"；在军队统帅方面，也要依赖相关"责任大臣"以及参谋总长和海军军令部长的"辅翼"。

也就是说，名义上天皇具有神圣和至高无上的权力，位于中央集权国家体制的顶点，但并不能无限制地直接行使这种权力。"与天皇权威的绝对性

---

① 武寅：《近代日本政治体制研究》，中国社会科学出版社，1997，第82页。
② 伊藤博文『憲法義解』、岩波書店、1940、27頁。

和无限性相比，明治宪法体制中天皇的权力部分则是相对的和有限的。"而且，"天皇与国家政权的关系及自身所处的地位不应该是中国皇帝那种客观的、物质的支配，而应该是无形而高尚的心灵的支配。被置于这种意境中的统治权，已经无所谓有，也无所谓无；无所谓大，也无所谓小，它已经与精神的权威融为一体，成为一种伸缩自如的力量，虽然宪法承认它统治日本，但是用现代政治学的尺度去衡量和检验，则这种权力不能不给人一种难以捉摸的虚空感"。①

上述状况，与日本的"君临而不治"以及"在臣为政"的政治文化传统有着密切关系。在日本历史上，天皇真正掌握实权的时候并不多，只有一二百年的时间。实际上不仅天皇，而且就连幕府的将军也有这种倾向。暂且不说镰仓时代、室町时代的将军，即便如江户时代，除了德川家康、德川吉宗、德川庆喜等少数将军以外，基本上把权力交由臣下来行使。各诸侯大名也是如此，其中最有名的是长州藩的毛利敬亲。幕末时期，在尊王攘夷派掌握了长州藩的主导权时，毛利表示"そうせい"（大意是"就这样吧"）而主张攘夷；但当佐幕派掌握了藩政后，他又表示"そうせい"而压制高杉晋作、木户孝允等攘夷派；在尊王攘夷派再度控制藩政、举兵对抗幕府的第二次征伐长州时，他还是说"そうせい"表示支持。因此，人们在背地里将毛利敬亲称作"そうせい侯"。②

天皇在日本是一个非常特殊的存在，具有既是神又是人的两重属性，即"现人神"。天皇的这种性格特质，为日本出现强调天皇神性的一面或强调其人性的一面等主张提供了广阔的空间，但在近代以前的日本历史中，更重视天皇神性的一面。强调天皇的神性，自然会突出天皇的神圣性、权威性和正统性，但相应地就会减少其人性一面的作用。为了做到这一点，天皇就应该少干预政治和人事，"天皇最好不要在国民面前行使具体的权力……最好的方法就是以一种超越性和多样性兼备的形象君临天下，也只有这种形象才

---

① 武寅：《近代日本政治体制研究》，中国社会科学出版社，1997，第89、90页。

② 司马辽太郎「日本の君主」、『この国のかたち』（一）、文藝春秋、1996、186～192頁。

能与其使命相吻合"①。出身于长州藩的伊藤博文，深谙日本的政治文化传统，所以在其主持制定的明治宪法中，虽然规定天皇拥有绝对权威和无限权力，但同时又对其行使具体权力进行种种限制。

天皇对自身地位及角色的体认，及其在近代日本政治过程中所起的作用，也为此做了很好的注脚。在倒幕维新之时，明治天皇只是个 15 岁的少年，即便有心掌权也不可能实现。从倒幕维新前后频繁发生的所谓"夺玉"事件可以看出，天皇不过是各种政治势力试图控制和利用的工具。明治天皇成年后，曾出席内阁会议和大本营会议，以及制度上并无规定的御前会议。昭和天皇也在日本发动全面侵华战争后，出席过十几次御前会议，以决定侵华战争的根本方针、缔结德意日法西斯同盟、发动太平洋战争，以及接受《波茨坦公告》等。但是，"在御前会议上天皇一般都不发言"②。天皇只有两次积极发言的例外，一次是"二二六事件"，另一次是接受《波茨坦公告》。③

诚如安丸良夫所说："在近代天皇制的历史上，天皇个人的意见与能力和天皇所体现的权威之间的差距甚大，与前者相比，后者带有巨大的绝对权威印记。二者间之所以会产生如此大的差距，是因为很多人希望借助天皇的权威来赋予自身的愿望、欲求以普遍性意义，并从自我内部汲取可能性与活力，这样一来，他们就需要寻求一个权威性中心。因此从根本上说，是因为人们需要一个作为权威的天皇，所以才把它制造出来。"④ 维新领导人制造出这样的天皇，是因为对打着天皇的旗号举行倒幕维新和建设近代国家的人

① 〔日〕安丸良夫：《近代天皇观的形成》，刘金才、徐滔等译，北京大学出版社，2010，第213页。
② 〔日〕竹内理三等编《日本历史辞典》，沈仁安、马斌等译，天津人民出版社，1988，第294页。
③ 三岛由纪夫对天皇在"二二六事件"和结束战争问题上的发言非常不满，认为天皇应该是神，为"二二六事件"写了《英灵之声》，并在结尾处再三发问"天皇为什么要变成人呢"。参见〔日〕安丸良夫《近代天皇观的形成》，刘金才、徐滔等译，北京大学出版社，2010，第219页。
④ 〔日〕安丸良夫：《近代天皇观的形成》，刘金才、徐滔等译，北京大学出版社，2010，第213页。

来说，天皇的正统性能够赋予他们的行动以正统性，天皇的权威性会使他们的施政拥有权威性。

但是，天皇形式上"总揽统治权"和实际上"统而不治"，这种绝对权威与实际具体权力之间的巨大反差，很容易给近代日本的政治实践造成混乱，导致出现政治多元化和政出多门的现象。丸山真男指出，明治宪法虽采取了"大权中心主义"和"皇室自律主义"，"造成了非依靠元老重臣等超宪法的存在作媒介就无法使国家意志达到一元化的体制"。而且，"'辅弼'说到底，就是一边揣度统治的唯一正统性源泉的天皇意志，一边通过向天皇进言来对其意志赋予具体内容"。① 在维新领导人健在的年代，这种内在于宪法体制的问题还不够突出，因为他们可以靠自身的影响力做到"使国家意志达到一元化"。但是，在他们去世或退出政治舞台后，这些问题便成为日本政治中难以克服的顽疾，一直困扰着近代日本。这是维新领导人当初没有预料到的。

京极纯一认为，近代日本体制实际上是一种责任和权力所在不明的"无责任体制"。② 在这样的体制中，天皇的主要作用基本上是对各种势力进行协调，对"众意"加以确认，以维持统治集团的"全体一致"。而统治集团"众意"的形成及其政治路线和政策的确立，则取决于统治集团内各种势力的消长。当然，人们也不用担心在日本会出现权力真空，近代日本政治自有其运行机制。如前所述，明治宪法体制下衍生出了新的政治力学结构，藩阀元老、政党和军部三种政治势力先后登上了政治舞台，并围绕政治主导权展开激烈斗争，从而呈现政治的掎角之态势。但是，随着形势的发展，总会有一种政治势力占据上风来主导政局，其结果是在近代日本出现了政治的多元化与相对一元化并存、三种政治势力轮流执掌政权的特有局面。

---

① 参见〔日〕丸山真男《日本的思想》，区建英、刘岳兵译，生活·读书·新知三联书店，2009，第40页。
② 京極純一『日本の政治』、東京大学出版会、1983、158～159頁。

三　近代日本的三种政治势力

在近代日本政治力学结构中处于中间层次并实际掌握政治权力的，是藩阀元老、政党和军部这三种政治势力。虽然在明治宪法体制下，他们只有辅弼天皇的责任，但由于天皇更多地体现为政治权威，因此这个中间层实际上居于近代日本政治的中枢。这三种势力犹如近代日本政治中的三匹马，都想由自己来驾驭日本政治这辆马车的走向，因而围绕政治的主导权展开了激烈竞争，并随着国内外形势的变化对宪法做出对本集团有利的解释。近代日本政治的最理想状态是在天皇的权威之下各种势力取得平衡，但在实际运行过程中，藩阀元老、政党和军部总是很难达到势均力敌的状态。结果，随着时代的发展，藩阀元老、政党、军部依次占据优势地位，近代日本政治的主导权几经易手，出现了从藩阀元老政治到政党政治再到军部政治的交替局面。

近代日本政治的这种独特现象，也与日本的政治文化有密切关联。共同体主义（集团主义）是日本政治文化的一个突出特点。日本社会的基本单位不是个人，而是一个个相互区别、异质的共同体。共同体对其成员而言，不仅是共同生活的场所，还是提供安全与秩序以及实现人生意义的场所，是共同体成员生活价值的保证和根据。这样，共同体对其成员而言便具有头等重要的意义，是优越于其成员的存在。共同体不仅是忠诚和效忠的对象，还是牺牲和献身的目标。共同体优先、共同体利益优越于其成员的利益，是共同体主义社会存在的基本前提。为了共同体的利益，可以采取任何行动，行动本身就被赋予了合理性。可以说，这种共同体主义政治文化是近代日本政治形成藩阀、党阀、军阀等各种派阀，并在各大派阀内又形成诸多小的派系（如藩阀中的长州派、萨摩派，政党中的政友会、民政党，军部中的陆军、海军等）的社会基础。[①]

藩阀元老来自倒幕维新的西南强藩，即萨摩藩、长州藩、土佐藩、肥前

---

① 参见崔世广《日本人的社会秩序意识与政治行为方式》，《日本学刊》1995 年第 2 期。

藩，其中占据主导地位的是长州藩和萨摩藩。倒幕维新成功后，出身这些藩的维新功臣们垄断了政治，政治家和官僚基本出自这几个藩。虽然他们之间也有争斗，意见并不完全一致，如：围绕"征韩论"的斗争，导致西乡隆盛（萨摩藩）、板垣退助（土佐藩）等下野；在"西南战争"中，维新元勋之一西乡隆盛兵败自杀；下野的板垣退助发起了自由民权运动；"明治14年政变"罢免大隈重信（肥前藩）在政府的职位等。但总体而言，明治时代的政治权力基本被包揽于这几个藩构成的藩阀之手。

1889 年（明治 22 年）11 月 1 日，天皇向出身长州藩的伊藤博文和萨摩藩的黑田清隆颁布了"元勋优遇"诏敕，标志着元老的正式诞生。成为元老必须具备以下几个条件：维新元勋、萨长藩阀首领、任过首相或大臣以及接受过"元勋优遇"和"匡辅大政"之诏。① 从 1889 年元老产生到 1937 年最后一位元老退出政治舞台（元老西园寺公望因身体原因，推掉了推荐后继首相之责），元老政治在日本政治舞台上活跃了整整半个世纪之久，跨越了明治、大正、昭和三个时代。元老们利用地位和政治影响力，充分发挥了推荐后任首相以及政治协调等政治功能。②

日本的近代政党出现于明治初年的文明开化和自由民权运动蓬勃开展的时代。1874 年，板垣退助等创立了立志社，1875 年成立了爱国社。1880 年，爱国社召开第四次全国代表大会，成立了"国会期成同盟"。日本政府于 1881 年（明治 14 年）发布"召开国会敕谕"，决定以 1890 年（明治 23 年）为期召开国会后，民权运动家着手组建近代政党。1881 年成立了以板垣退助为党首、主张自由主义的自由党，1882 年成立了以大隈重信为党首、主张议会主义的立宪改进党。自由党汲取了立志社的源流，主要以地方农村为基础，而立宪改进党则得到了城市的实业家和知识阶层的支持。

---

① 在近代日本，前后共有九人成为元老，他们是伊藤博文、黑田清隆、松方正义、西乡从道、山县有朋、大山岩、井上馨、桂太郎和西园寺公望。除了西园寺公望出身公卿外，其他八人均为西南强藩出身（长州四人、萨摩四人）。

② 参见安志达《论日本近代元老政治》，中国文联出版公司，1994。

国会召开后政党势力获得很大发展，但在明治时代，政党势力还是无法与藩阀元老的势力抗衡。到了大正时代，随着民主主义运动的高涨，政党的政治影响力迅速增强，开始乘着民主主义的东风谋取政治上的主导权。1913年兴起的第一次拥护宪政运动，成为大正民主运动的出发点。大正民主运动的主要目标，是在明治宪法体制的范围内，缩小元老、枢密院、贵族院、军部等特权阶层的权力，而使议会、政党成为政治的中心，扩大人民群众参加政治的范围。第一次护宪运动打击了藩阀和军部势力，1918年的"米骚动"推翻了寺内正毅内阁，代之成立了以政友会总裁原敬为首的内阁。1924年以第二次护宪运动为背景成立了护宪三派内阁，从这时起，由众议院第一大党首脑组阁的政党内阁形成惯例，政党取得了政治的主导权。

然而，元老并没有退出历史舞台，政党内阁的惯例仍取决于掌握首相奏请权的元老西园寺公望个人的判断。而且，1913年军部大臣现役武官制仅废除现役制，军部大臣仍由陆海军的大将和中将担任，不可能组织完全由政党成员组成的内阁。尤其在1930年签订《伦敦海军裁军条约》而发生干涉统帅权问题后，以军部和右翼势力为中心的法西斯势力激烈攻击政党，特别是批判政党和财阀的勾结、政党的腐败和争权夺利。1932年犬养毅内阁因"五一五事件"而倒台，西园寺促成建立所谓举国一致的斋藤实内阁，二战前政党内阁的历史遂告结束。从此，日本政治进入了军部势力占据优势地位的时代。

日本的军部也形成于明治时代。在明治时代的军队初创期，受西南战争以及"竹桥事件"① 的影响，日本政府着手防止军人干预政治，陆军卿山县有朋发布了"军人训诫"，论述了军队纪律的必要性，要求军人不得参与政治、应绝对服从长官等。② 1882年1月4日，其又以天皇的名义发布了"军

---

① 1878年（明治11年）8月23日夜，近卫炮兵大队的数百名士兵发生叛乱，他们杀害了对叛乱予以制止的大队长宇都宫茂敏少佐和值班士官深泽巳吉，想由竹桥的兵营向赤坂的临时皇宫进发以进行"强诉"，但立即遭到镇压。陆军裁判所对他们的处分相当重，首谋者三添卯之助等53人于10月14日被处以死刑（后追加两名），其他300多人也相继受到处分。

② 「軍人訓誡」、由井正臣・藤原彰・吉田裕編『日本近代思想大系4　軍隊　兵士』、岩波書店、1989、162～172頁。

人敕谕"，进一步论述了天皇必须固持军事大权，以及军人必须遵守忠节、礼仪、武勇、信义、质素等五项内容。[1] 加之在明治时期统帅军队的首脑均是明治维新的藩阀元勋，他们凭借自己的资历和影响力足以掌控军队，所以没有出现军队不服从统帅的根本性问题。但是，明治宪法体制存在的漏洞，为军人干政提供了充分的可能。伴随近代日本的对外侵略扩张，军队规模不断扩大，军队在国家对内对外政策中的影响与日俱增，军人形成了一个独立的利益集团，而这个集团的首脑便是军部。

明治宪法规定陆海军统帅权及军队编制、兵力的决定权属于天皇，导致掌管军令事项的参谋本部和军令部脱离内阁和议会而推进独立的政治路线。日俄战争后，日本为了统治中国台湾与朝鲜，维持和扩张在中国东北的势力范围，需要加强军事力量，从而使这种倾向得到更进一步发展，终于从制度上确立了军部成为一种政治势力的态势，即元帅府、参谋本部和军令部无须同内阁及政府各机关协商，只要得到天皇的同意就能决定兵力和用兵事项。再加上明确规定军部大臣现役武官制，军队上层能够左右内阁的军事决策及对外政策，而且还规定军令为敕令事项，不受内阁和议会的干涉。

军部势力在政党政治盛行的大正时代，曾受到一定程度的抑制和打击。但是，进入昭和时期以后，面对国内外出现的经济萧条、农业和中小企业凋敝、裁军等堆积如山的问题，政党内阁并没有给出有力的解决办法。于是，军人集团便企图趁机建立以军部为中心的强力政权，把国家置于军队的支配之下。他们以明治宪法的"统帅权独立"为依据，攻击政党"干犯统帅权"，批判政党政治是"政党的横暴"，并多次发动针对政党、财界、元老重臣的暗杀或武装政变。特别是在"九一八事变"爆发后，陆军大臣对处理事变、退出国际联盟及有关中国政策的发言日益强硬。1932 年发生的"五一五事件"更是极大地增强了陆海军大臣干涉政治、排斥政党的发言权，进一步扩大了军部的权势。直至后来，发展到直接干涉首相和陆军大臣

---

① 「軍人勅諭」、由井正臣・藤原彰・吉田裕編『日本近代思想大系 4 軍隊 兵士』、岩波書店、1989、172~177 頁。

人选推荐，军部取得了政治上的绝对优势。

政党、藩阀元老和重臣无力抑制军部的崛起。这不仅是因为军队所策划的一系列暗杀可能危及他们的生命，还由于在日本的政治力学结构中，没有能够有效制止军部干政的机制。一旦军部执政权的牛耳成为一种潮流，政党和藩阀元老、重臣就变得无能为力。1937年，元老西园寺公望由于身体原因开始从政界隐退，政党也在军部咄咄逼人的进攻下步步退却，最终导致军部法西斯体制确立。到1940年，政党全部解散，成立了大政翼赞会。从此，日本走上了一条疯狂对外侵略扩张的不归之路。

四 民众舆论对近代日本政治的影响

在近代日本政治力学结构中居于第三层次的是民众。在明治宪法体制中，日本国民属于"臣民"，处于被统治的地位。但是，作为被统治者，其作用也是不能完全被忽视的。具体原因如下。第一，不论是为了抵抗西方列强，还是建设新的强大日本，抑或是对外扩张，都离不开下层民众的支持。第二，从天皇与臣民的关系来看，虽然天皇的正统性来源于神授，但臣民也是天皇要护佑的存在。明治宪法发布的敕语宣称"朕谨以国家之昌盛与臣民之幸福为中心之欣荣"，如果大多数臣民对现状不满，则只能表明天皇政府的失政。第三，模仿西方文明建设近代国家的日本，也不能无视西方的权利观念。在明治宪法中专设一章规定"臣民的权利和义务"，其中虽然做了诸多限制，但还是规定了民众享有的若干权利。这些都为民众和舆论对近代日本政治产生影响提供了可能。

另外，民众和舆论对近代日本政治过程发生作用，还与日本政治文化中顺应和追随"大势"的传统有关。丸山真男在《历史意识的古层》中指出，日本人的历史意识中具有重视历史变化"趋势"（或"大势"）的特征①，这种历史意识反映到政治上，便成为日本政治文化中"追随大势"（或时

① 丸山真男「歴史意識の『古層』」、『丸山真男集』第10巻、岩波書店、1996。

势）的传统。尊崇和顺应历史变化趋势的政治文化，使日本人对政治的
"气候"和"环境"十分敏感，一方面为了自己的利益试图形成某种势头；
另一方面在政治的潮流和大势面前，往往采取无条件承认和追随既成事实的
行为。①

在日本，审时度势、顺应时代潮流是政治家必备的重要素质，"识时
务者为俊杰"这一信条也被不断实践着。原是织田信长和丰臣秀吉家臣的
诸大名，在关原之战（1600 年）后，看到天下大势已归德川氏，转而臣
从之而成为德川幕府的外样大名。幕末维新时期，诸多原德川幕府的大
名，在幕府军于鸟羽—伏见之战失败后，看到幕府大势已去，便纷纷举起
"勤王"的大旗，反对幕府；德川庆喜亦能鉴于形势，交出江户城投降。
这些例子都说明日本人灵活适应、顺从历史趋势的基本态度。就是在对外
关系上，也如亨廷顿所指出的那样，"自一个世纪前出现于世界舞台以来，
日本一贯采取了追随战略，与有势力的大国结成同盟"，"第一次世界大
战前与大英帝国、20 世纪 20～30 年代与法西斯强国，以及第二次世界大
战后与美国结为同盟"②。

前文所述的三种政治势力总是处于相互牵制、相互斗争的紧张关系中，
并利用一切条件为本集团谋取权力和利益。对他们来说，除了居于政治顶点
的天皇权威外，另一个可以利用的对象则是居于底层的民众。一方面压制，
另一方面又利用民众舆论，以使本集团在政治角逐中处于有利地位，是近代
日本三种政治势力惯用的手法。这样，近代日本政治随着"时势"的变化
而变化，而民众舆论恰恰在形成"时势"时起重要作用。

早在幕末维新时期，维新领导人就明白除了利用天皇权威外，还要掌
握、利用"公议"和"舆论"。他们先是利用天皇名义和幕末舆论实行"尊
王攘夷"，后来乘着幕府威信失坠的时机又促成反对幕府的"公议"，成功
地实现了倒幕维新。明治新政府成立后，维新领导人一方面对民众进行压

---

① 参见蒋立峰主编《日本政治概论》，东方出版社，1995，第 440～442 页。
② サミュエル・ハンチントン『文明の衝突と21世紀の日本』、鈴木主税訳、集英社、2000、
52 頁。

制；另一方面不得不对民众的能量有所顾忌，表明了重视民众舆论的姿态。在维新派取得政权后发布的《王政复古大号令》、《五条誓文》和《政体书》中，都提出诸如"民为王者之大宝"，"为扫除旧弊、广开言论之道"，要"皆须尽力发表至当之公议"；宣明"广兴会议，万机决于公论"，要"建立议事之制，为实行舆论公议也"等。①

最早对近代日本政治过程产生较大影响的民众舆论，来自自由民权运动。1874年，因"征韩论"下野的板垣退助等人为了打倒藩阀专制，使国民舆论能够反映到政治中，向政府提出"设立民选议院建议书"，并将建议书在报纸上公布，以谋求国民舆论的支持。以此为契机，自由民权论迅速高涨起来。1877年，立志社提出"立志社建议"，列出八项批判专制政治的弊害，要求设立民选议院，这成为此后民权运动的目标，获得了地主和工商业者的支持，发展为广泛的国民运动。1880年，民权派结成"国会期成同盟"，打算向天皇请愿开设国会。面对民权运动的蓬勃发展之势，明治政府一方面制定"谗谤律"、"新闻条例"和"集会条例"等，对自由民权运动进行压制；另一方面也不得不采取妥协的态度，于1881年宣布十年后开设国会。应该说，自由民权运动的兴起，对明治宪法的制定起了一定的促进作用。

民众舆论对近代日本政治过程产生的最大影响，集中体现为在大正年间出现政党政治过程中所起的推动作用。进入大正时代后，随着国际形势的变化，以及国内无产阶级和小资产阶级的成长，日本进入了近代第二个积极吸收西方文化的时期。在这一时期，以美浓部达吉"天皇机关说"和吉野作造"民本主义"为代表的民主主义思想开始流行，呼吁政党责任内阁和实现普选的声音日益高涨。在这样的背景下，日本出现了打倒藩阀专制、要求确立民主和普选的运动。1913年，在藩阀桂太郎任首相期间，爆发了日本近代史上第一次护宪运动，这次护宪运动以"打破阀族、拥护宪政"为口

---

① 《王政复古大号令》《五条誓文》《政体书》，载《世界历史》编辑部编《明治维新的再探讨》，中国社会科学出版社，1981，第167~169页。

号，在日本全国各地广泛展开，最终推翻了桂太郎内阁，成为大正时代的标志性事件。在这样的风潮中，1918 年政友会总裁原敬出面组阁，政党内阁应运而生。

本来，由于大正初年的陆军增设二个师团问题，以及西门子事件（德国西门子公司向日本海军当局行贿的事件。1914 年 1 月该事件被曝光，引起舆论的强烈谴责和民众的抗议浪潮），山本权兵卫内阁倒台。受此影响，军队的威信已经降低，出兵西伯利亚的失败（1922 年撤兵），使否定军国主义的潮流开始出现。例如，父亲斥责儿子时会说"现在送你去当军人"，人力车夫不愿意给军人拉车，民众不愿意将房屋借给演习士兵，年轻军官很难找到结婚对象，种种现象明显表明军人形象的下降。[1] 在民众参政、反对军部干政的风潮下，1924 年日本又掀起第二次护宪运动，该运动推翻了清浦奎吾内阁，建立了护宪三派内阁，使日本的政党政治走向全盛。

但是，这种民主主义高涨的时代持续时间并不长。正如大正民主主义的旗手吉野作造所言，"大正五年如我的所谓民主主义论之所以成为世人的热议话题"，其中一个原因是"适应了时势的要求"。[2] 但是随着形势的发展，"民主主义"似乎已经变得不流行了。到 20 世纪 30 年代，日本经济受到世界经济危机的沉重打击，社会陷入深刻的危机状态，出现工厂倒闭、工人失业、农民贫困等现象，在这样的时代背景下，社会风潮也开始改变方向，新兴起的法西斯主义思潮影响日增。

1932 年，继"血盟团"事件之后，5 月 15 日发生了日本近代史上著名的"五一五事件"。这一天，以军队青年将校为中心的一些人袭击了首相官邸、警视厅、内大臣宅邸、政友会本部等，犬养毅首相中弹后于翌日身亡。很明显，"五一五事件"是集团恐怖活动，旨在否定政党政治，建立军部中心政权，对国家进行法西斯主义化的改造。

---

[1] 橋川文三・鹿野政直・平岡敏夫編『近代日本思想史の基礎知識』、有斐閣、1971、267 頁。

[2] 吉野作造「民本主義鼓吹時代の回顧」、『近代日本思想大系 17 吉野作造集』、筑摩書房、1976、430～431 頁。

但陆军对"五一五事件"的公审过程充满了戏剧性。事件的主谋在军事法庭上慷慨陈词，堂而皇之地为自己的行为进行辩护，强调发动政变的动机是突破国难和解除农民的贫困。他们的辩护词被大肆报道，蛊惑了不明真相的国民，博取了民众的同情。为 11 名被告提出减刑的请愿书如雪片般寄来，据说最后突破了 10 万人，其中有全用血书写成的，也有写完按上血印的。另外，新潟县有 9 名青年切断了自己的小指，将其夹在请愿书里送了过来。陆军省将这些小指置于酒中加以保存，当装有小指的瓶子拿到法庭时，审判官、检察官、被告、辩护人，甚至连旁听的人无不动容落泪。结果，要求对参与"五一五事件"的军人予以减刑的运动蓬勃发展，形成了一个"同情的白热化与感激的旋涡"的国民运动。①

"五一五事件"后，成立了所谓举国一致同意的斋藤实内阁，政党内阁时代至此告终。但是，事件的影响还在持续发酵。在社会舆论澎湃的旋涡中，人情压倒了国法，参与事件的军人被从轻发落。这种无视国法而重视舆论的审判，对后来激进军人的行动产生了很大影响。在"五一五事件"中进行指挥的原海军中尉古贺清志后来回忆说："'五一五事件'除了导致犬养毅首相与一个警官的死亡之外，究竟带来了什么呢？首先，国家改造运动的真意，通过公判明确展现在国民面前。对血盟团的评价也变了，被叫作国贼的小沼正和菱沼五郎也被称为国士了。""如果没有这个逆转，我认为'二二六事件'不会发生。我们所抱有的信念确实为历史的潮流带来了转机。"②

此后主导"二二六事件"的中心人物，绝对没有想到自己会被当作国贼遭到镇压。尽管他们被视为叛军遭到镇压，历史潮流却不可逆转地走向了军部法西斯主义。"二二六事件"后，陆军"统制派"趁机清理和排除了"皇道派"，军部则完全掌控了国家政权。而不知道事件真相的民众，也被军部无情地带入战争的深渊，并为此付出了沉重的代价。

对上层统治阶级而言，下层民众和舆论既是他们统治管理的对象，又是

---

① 角冈知良「非常時の非常時犯」、『文藝春秋』1933 年 10 月号。
② 古賀不二人「初めて語る五・一五の真相」、『文藝春秋』1967 年 6 月号。

欺骗利用的对象。无论哪一种政治势力，首先关心的还是自身的利益，民众和舆论往往都只是实现他们目的的手段之一（例如，即便在政党政治时期，在通过《普通选举法》的同时，制定了《治安维持法》）。底层民众在既定的政治框架内不可能成为国家的主宰，他们对现实感到不满时，往往只能在既有的政治势力中做出选择。再加上民众与统治阶级之间的信息不对称，统治阶级对民众舆论的煽动利用，也会影响到民众舆论的走向。因此，在近代日本政治的发展过程中，民众舆论有时也会产生意想不到的作用。

五 结语

明治维新对近代日本产生的影响是多方面的。维新革命的实际经历者、明治初期的政治家和理论家板垣退助，在大正中期曾将明治以来的日本近代国家运动分为第一、第二、第三维新革命，"第一的明治初年的维新革命是解决'国家统一'问题的运动；明治十年代的民权运动是完成'个人的自由、独立、自治'的运动，是以'解决权利问题'为目的的；大正年代的'第三维新的问题在于解决生活问题'"。① 而"五一五事件"的参与者后藤映范，在其记述的《五·一五事件陈情书》中则说，在感受到国难的非常时刻，决心以非常手段实行国家改造的自身原因有两个，即"从军队教育以及军队生活得到的信念和由明治维新史以及维新烈士研究所得到的信念"②。

但是，明治维新对近代日本的决定性影响，应该还是来自明治宪法体制这一国家政治体制。正如武寅所指出："日本自明治维新以来，在国家政体建设上所经历的大起大落和表现出的强烈反差，归根结底都与明治宪法体制的内部结构特点有关。"③ 明治宪法自 1889 年颁布到 1945 年因战败废止，

① 長谷川如是閑「吉野作造博士と彼れの時代」、『近代日本思想大系 17 吉野作造集』、筑摩書房、1976、454 頁。
② 後藤映範「五・一五事件　陳情書」、『現代日本思想大系 31 超国家主義』、筑摩書房、1964、147 頁。
③ 武寅：《近代日本政治体制研究》，中国社会科学出版社，1997，第 72 页。

前后历经56年一直没有修改，从根本上规定近代日本政治的发展过程和方向。明治宪法体制中存在的矛盾和内在缺陷，为宪法体制内的各种政治势力利用宪法规定的模糊和漏洞"解释修宪"提供了可能。

在近代日本政治的实际运行过程中，在日本政治文化的作用下，形成了天皇、政治主导势力和民众这三层构成的政治力学结构。其中，居于顶层的天皇基本上只是权威性的存在，居于中层的藩阀元老、政党和军部三个政治集团是起主导作用的政治势力，居于底层的民众则既是统治阶级压制的对象，同时又是他们利用的对象。这三种政治势力一方面利用天皇权威，对明治宪法做出对己有利的解释；另一方面利用民众舆论的"大势"，形成对己有利的社会环境，以此来争夺政治上的主导权，结果形成了近代日本政治中藩阀元老、政党和军部三种势力相继执掌政权的独特现象。由于藩阀元老、政党和军部三种势力的起源不同，其自身性格也不同，随着军部法西斯掌握了日本政治的主导权，其将日本拖入疯狂对外侵略战争的深渊也就成为历史的必然。

明治维新之初，维新领导人灵活适应当时的国际国内形势，抓住历史机遇，巧妙地利用天皇权威，发动了推翻德川幕府的维新革命。而后又解决了诸多国内矛盾和危机，制定了天皇制立宪主义的明治宪法，建立了近代国家政治体制，最终完成了明治维新的变革。但是，他们恐怕做梦也不会想到，正是在他们制定的明治宪法体制下，政党和军部靠着体制的力量成长起来，而在军部建立法西斯政权后，发动了以世界为敌的侵略战争，将日本送上了不归路。而最后能够阻止日本继续走这条道路，并终止作为其根源的明治宪法体制的，只能是外部的力量。

总之，明治维新作为近代日本的起点和源头，从根本上规定和影响了近代日本的发展道路，整个近代日本历史都处在明治维新的延长线上。如果从这样的角度重新审视明治维新与近代日本的关系，也许会对明治维新乃至近代日本的性格特质，得出一些与以往不同的认识和结论。

（原载《日本学刊》2018年第3期）

美国解密日本二战档案考察

孙伶伶*

2007 年 1 月 12 日，美国国家档案管理局（The U. S. National Archives and Records Administration，NARA）在其网站上宣布，最新公开 10 万页关于日本帝国政府战争罪行的档案。[①] 同年 6 月，中国社会科学院"日本军国主义史研究"课题组部分成员专程赴美国国家档案馆及国会图书馆对此进行调查，找到了大量珍贵的第一手资料。这些无可辩驳的史实证据，真实地记录了日军战时的残虐暴行，再现了人类历史上的黑暗一页。

一 美国公开二战日本档案的背景

美国拥有的二战日本档案文件被分散在各机构保管，20 世纪 50 年代和 70 年代曾解密公布了一部分。此次最新解密的日本帝国政府战争罪行档案共计 10 万余页，包括文件、电报、照片、日记、报道、证词、审讯记录等，来自战略情报局、中央情报局、军事情报局、联邦调查局以及其他机构，多形成于 1931～1951 年，内容包括太平洋战争以及战后美国与日本的关系等。其中与日军在中国所犯罪行相关部分包括在中国的战争掠夺、"三光"政策、大屠杀、"七三一部队"活体实验、毒气战、细菌战、

---

* 孙伶伶，中国社会科学院日本研究所研究员，研究方向为日美关系、当代日本法律制度、中日关系中的法律问题。

① *100000 Pages Declassified in Search for Japanese War Crimes Records*（Press Release of NARA，January 12，2007），http：//www. archives. gov/press/press – releases/2007/nr07 – 47. html.

强掳劳工、性暴力、远东审判记录及证据（包括被法庭采纳及未被采纳的证据）等内容。

此次具体负责档案解密工作的是美国"纳粹战争罪行和日本帝国政府档案跨机构工作组"（The Nazi War Crimes and Japanese Imperial Government Records Interagency Working Group，IWG）。1998 年美国国会制定了《纳粹战争罪行披露法案》（"Nazi War Crimes Disclosure Act" p. l. 105 - 246）；2000 年底又通过了《日本帝国政府情报公开法》（"Japanese Imperial Government Disclosure Act" p. l. 106 - 567），IWG 就是根据上述两个法案设立的跨机构调查组，职责是寻找美国国内由不同机构保管的、与纳粹德国及日本帝国政府战争罪行有关的档案，对其进行识别、编制目录并提出是否解密的建议。解密后的档案存放在位于马里兰州大学公园（College Park，MD）的美国国家档案 II 馆，向公众开放。

美国之所以设立 IWG 对二战档案进行解密，是与 20 世纪 90 年代以来美国国内二战受害者索赔浪潮的兴起以及要求解密纳粹与日本罪行档案的呼声日益高涨分不开的。首先，20 世纪 90 年代以来，以二战犹太受害人在美国法院起诉德国政府和企业要求赔偿为开端，包括美国退伍军人在内的原日本强迫劳工、"慰安妇"等受害人，也在美国法院掀起向日本政府和企业索赔的运动。其次，美国国内很多华裔及其他亚裔人士为揭露日本二战罪行进行了长期不懈的努力。如 1997 年著名华裔女作家张纯如撰写的《南京暴行——被遗忘的二战浩劫》（*The Rape of Nanking*：*The Forgotten Holocaust of World War II*）① 一书，在美国引起强烈反响。很多美国人称，正是通过这本书了解到日本军队曾犯下如此暴虐的罪行。其他如"抗日战争史实维护会"等华人团体也为此做了大量工作。此外，在美韩裔人士对"慰安妇"等问题也非常关心，支持受害人在美国法院提起诉讼及国会听证等。一些在美日裔人士出于正义感或竞选政治的需要，强烈要求美国政府调查日本二战

---

① Iris Chang, *The Rape of Nanking*：*The Forgotten Holocaust of World War II*（New York：Basic Books, 1997）.

罪行，如 2007 年 7 月日裔议员马克·本田等人推动美国众议院通过了"日本强征慰安妇决议案"（众议院第 121 号决议案）。受上述多种民间力量的推动，美国政界人士开始改变以往对日本二战遗留问题的"健忘"或姑息态度，推动相关立法与档案解密工作。

二 公开的日本二战罪行档案的主要内容

为便于研究者和公众利用这批档案，IWG 还出版了以下三份文件。一是《研究日本战争罪行档案：介绍性文章》（Researching Japanese War Crimes Records：Introductory Essays），介绍了 IWG 成员在本次调查解密档案过程中发现的一些有价值的档案内容，并附有部分重要档案的全文影印件。二是针对普遍关注的日军生物战问题，制作了《日本战争犯罪与日本生物战文献选编 1934—2006》（Select Documents on Japanese War Crimes and Japanese Biological Warfare，1934 – 2006），从有关日军七三一部队进行活体实验、生物战研究和实战的 1400 余份档案中节选而成。三是 1700 多页的电子版检索工具——《日本战争罪行与相关档案：国家档案馆档案索引》（Japanese War Crimes and Related Records：A Guide to Records in the National Archives）。这套索引目录不仅涉及本次最新解密的十万页档案，还包括以往已经解密的部分，为研究者查找和利用相关档案提供了便利。①

本课题组的调查，主要在位于马里兰州的国家档案馆 Ⅱ 馆。调查得到了该馆资深档案员劳伦斯·H. 麦当那（Lawrence H. Mcdonald）、艾力克·万·斯兰德（Eric Van Slander）等人的大力协助。他们耐心细致地解答询问，帮助查询所需的档案，其认真负责的工作态度与精神令人感佩。经过前后一个多月的艰难搜寻，课题组取得了大量有关日军在中国进行大屠杀、毒气战、生物战、性暴力、强掳劳工等罪行的珍贵文字档案，以及反映日军战

---

① 上述三个文件的电子版可从美国国家档案馆的主页（http：//www. archives. gov/iwg/Japanese – war – crimes/）上免费下载。

时残酷暴行的照片。这批资料将于近期节选重要部分译成中文后，作为《日本军国主义重要文献集》的组成部分出版。

此外，我们还在位于华盛顿的国会图书馆的科技工业部［位于约翰·亚当斯大楼（John Adams Building）］四层，查找到了日军七三一部队在中国进行活体实验的报告。在国会图书馆查找资料过程中，得到了亚洲部一位中年华裔馆员（非常遗憾的是忘记询问其姓名）、科技馆的李培成（Betty Turner）女士、劳伦斯·马库斯（Lawrence Makucs）等人的大力帮助，最终见到了这批珍贵的档案。现对此予以介绍。

（一）有关七三一部队进行活体实验的档案

20世纪30年代起直至二战结束，侵华日军在中国犯下的累累罪行罄竹难书，如南京大屠杀等广为人知的惨案。除此之外，还有战后一直被掩盖、世人了解甚少的日军生物战和细菌战罪行，其中最惨绝人寰的当属七三一部队在中国利用活人进行实验。在七三一部队的活体实验中，被注射致命病菌、被无麻醉解剖的试验对象——活生生的、有知觉的人——却被称为"圆木"，人的生命被视为草芥。

美国目前已解密的有关日军在中国东北进行细菌战研究的机密文件包括二战结束后美方对石井四郎等七三一部队有关人员的调查记录、石井向美方提供细菌战研究成果报告以换取自身及有关人员安全的证据等，这些文件当时都是最高机密。在国会图书馆保存的题为《二战期间日本的生物医学实验》（Japanese Biomedical Experimentation During the WWⅡ Era）的英文报告，分为有关鼠疫菌的"Q报告"、有关炭疽菌的"A报告"和有关鼻疽菌的"G报告"。三份报告共计1500多页，翔实记载了日军七三一部队在中国平房地区所进行的活体实验情况，包括详细的实验过程、解剖数据，甚至有很多手绘的彩色解剖图。

（二）有关美国与七三一部队主犯幕后交易的档案

随着美国解密公开相关的档案，日军进行活体实验的反人道罪行进一步为铁的证据所证实，而二战后美国因对战犯的姑息与包庇也同样难辞其咎。美国学者克里斯托夫·里德斯（Christopher Reeds）[1] 以及日本学者常石敬一[2]均曾撰文，对美国与日本七三一部队主犯的幕后黑色交易予以披露。[3]

在冷战格局下，美国对七三一部队的追查，一直都伴随着政治交易。当时的交换条件是石井四郎将细菌战的数据交给美国，美国免除对石井的战争罪行进行起诉。1947 年 7 月的两份绝密档案证明了这一幕后交易的细节。一是 7 月 17 日联合国军参谋第二部（G2）的威洛比部长所做的《关于细菌战的报告》，二是 7 月 22 日威洛比提交给陆军部情报部长钱柏林的信件。威洛比写道："调查七三一部队活体实验罪行的美国陆军部细菌武器专家费尔博士在对七三一部队人员进行询问的过程中，获得了无与伦比的珍贵数据"，"获得的情报对于未来的美国细菌武器计划，拥有最大限度的价值"。档案记录了"第一级的病理学家"等是提供资金的对象。这些情报是通过支付钱款、请客吃饭、娱乐等报酬获得的。当时从美陆军情报部门的秘密资金中支付了总额 15 万～20 万日元的资金，文件中说，用如此小额的费用就"获得了需要 20 年才能获得的实验和研究成果"。

从上述美军信件中可以看到，石井四郎和他的部下至少向美军提供了以下情报：一是由 19 人编写、长达 60 页的《用活人作细菌武器的实验报告》；二是长达 20 页的《对摧毁农作物的细菌战的研究》；三是由 10 人编写的《关于对牲畜进行细菌战的研究》；四是石井本人撰写的《20 年来对细菌战的全面研究总结性文章》。此外还附有 8000 张有关用细菌武器做活人实验和活人解剖的病理学标本和幻灯片等。日军七三一部队进行活体实验这一人

---

[1] Christopher Reeds，" The United States and the Japanese Mengele：Payoffs and Amnesty for Unit 731 Scientists," *Japan Focus*，August 1，2006.

[2] Tsuneishi Kei-ichi，"New Facts about US Payoff to Japan's Biological Warfare Unit 731," *Japan Focus*，August 31，2006.

[3] 上述两文已由美国格兰威利大学单富良教授译成中文，由笔者校对，拟编入由中国社会科学院日本研究所组织编撰出版的《二战期间日本的生物医学实验》（*Japanese Biomedical Experimentation during the WW II Era*）一书中。

人类史上惨无人道的罪行，二战后在美国的操纵下被掩盖放纵，在以钱财与豁免罪行换取实验资料的交易中，战争罪犯得以逍遥法外。

三　美国解密档案过程中存在的问题

2007 年 4 月，IWG 向国会提交了最终调查报告，七年间 IWG 共计解密涉及纳粹罪行的档案 800 多万页，而涉及日本帝国政府罪行的档案却只有 10 万页。为什么二者之间差距如此之大？美国政府是否仍保留属于保密级别的日本罪行档案？对此，IWG 成员进行了解释和答复。①

首先，最主要的原因是大量有关日本战争罪行的资料已经被彻底销毁。二战结束时，在日本宣布投降与盟国军队登陆日本本土之间存在两周左右的时间差，日本帝国政府正是利用这一期间下令藏匿和销毁了大量关于日本战争罪行的文件，尤其对敏感文件的销毁非常彻底，如日本防卫大学教授田中宏已认为，被日本帝国政府下令销毁的文件中，幸存下来的还不到 0.1%。

其次，战后由于冷战需要，美国为了修复与日本的关系，于 1958 年起直至 20 世纪 60 年代初期，将绝大部分缴获的日军档案返还给了日本政府。在档案返还之前，由于当时时间紧、经费有限、懂日语的专家少以及美国政府及学界均不很重视等原因，只有一小部分档案被做成微缩胶卷保存在美国（而同期美国返还给德国的档案则几乎全部被制成了微缩胶卷保存）。并且，返还给日本的档案，当时并没有正式的接收文件，也未约定今后日本政府应当公开等。日本政府至今拒绝公开相关资料，并且仍然拒绝承认实施生物战等战争罪行。

此外，美国保有的相当部分日本帝国政府档案在过去（20 世纪 50 年代和 70 年代）已经解密，但由于有关文件被分散保存在多个机构，查找不便，因此只有很少一部分被研究人员利用过。而且，此次档案解密中的保密

①　"Do U. S. Archives Still Hold Classified Evidence of Japanese War Crimes？" January 18, 2007, http：//chronicle. com/live/2007/01/records/.

等级和解密范围仍存在问题。按照美国政府规定，在 IWG 成员中，只有级别较高者才有资格接触那些尚未解密的材料。美国政府解密的文件，很多是 20 世纪八九十年代的部分，1945 年二战结束之后的很多材料没有解密，这使研究人员很难找到真正反映二战后美国政府对日立场的内容。有些文件即使解密了，研究者在国家档案馆看到的也都是复印件而非原件，很多文件关键性的地方被涂黑。

四　调查后记

此次调查，考察组成员感触颇多。一是很多日本学者和韩国学者在对美国公开的档案的调研方面比我们做得更早、更全面、更扎实。他们经常是几个教授带领几个学生，带着数台电脑和扫描仪，在国家档案馆进行长达数月的资料调研。在国会图书馆做调查时，华裔馆员李培成女士的一席话也让我们感慨良久，她说："今天我非常高兴，终于见到了我们中国的学者。这批资料解密后，日本学者来过好几批，但一直没有中国学者来。"因此，今后有必要加大对美国解密的日本档案的研究工作力度，只有以第一手的原始档案为依据，对日本某些政要及右翼分子否认侵略罪行的回击才有说服力。同时，要使二战日军罪行不仅作为日本历史、亚洲历史被记载，更是作为人类历史的组成部分被记忆和反省，唯有如此，人们对于日本的侵华历史、战争罪行与战争责任的认识才能取得共识。

二是战后揭露日本在华罪行的出版物，尤其是英文作品数量太少，西方社会对此关注和了解不够。美国各大图书馆的书架上，有大量关于"THE HOLOCAUST"（德国纳粹对犹太人大屠杀）的英文著作，美国大学里将"THE HOLOCAUST"作为历史系必修课，但关于日本战争罪行和战争责任的英文书籍寥寥可数，许多关于东亚史的英文著作中对这部分历史只做简单描述，甚至对"南京大屠杀"和"远东国际军事法庭的审判"等表述为"存在争议"。此外，笔者还曾通过世界最大的网络图书馆系统对有关出版物进行了调查，发现同为二战期间反人道罪行，以"犹太大屠杀"为关键词的书、音像作品超过 32700 种，其中英文、德文、法文书超过 21000 种；而以"南京大屠杀"为关键词的出版物只有 60 余种，其中英文 34 种（且有相当部分是日本人所著的否认南京大屠杀的作品的英译本）；以"慰安妇"为关键词的出版物有 220 余种，其中英文 98 种（大部分为韩国学者所写或与韩国慰安妇相关）。① 这表明，与纳粹罪行相比，西方学界和国际社会对日本二战罪行的关注和了解远远不够。唯有通过更多中国学者踏实地进行史料调查，出版更多反映日本侵华战争历史真相的著作，国际社会才会更关注战后未被彻底追究的日本军国主义战争罪行。

令人欣慰的是，近年来，对于日本在二战中对亚洲各国民众以及盟国战俘的反人道罪行，国际社会开始给予更多关注，甚至有升温迹象。以美国为例，2007 年 1 月美国国家档案馆解密日本帝国战争罪行档案，7 月底美国国会通过了敦促日本政府向"慰安妇"道歉及赔偿的决议案。再看日本，2007 年 4 月，最高法院以中国受害者"个人请求权放弃"为由，使通过日本司法途径解决二战历史遗留问题已几无可能；6 月，日本右翼学者在美国《华盛顿邮报》上发表粉饰战争罪行的宣传内容，遭到国际舆论的强烈谴责。上述事件在一定程度上表明，在日本当局一再顽固地拒绝对二战战争遗留问题进行解决的同时，以美国为代表的西方社会开始更多地关注曾被掩盖、被遗忘的二战日本罪行，更多地关注受害者个人的不幸遭遇及其要求公平正义的呼声。可见，日本有关当局一意孤行、推卸责任，已经并将继续背负二战遗留下的负面遗产和历史包袱，将受到国际社会普遍公认的国际规则、人道正义与人类良知的审判，为其不负责任的言行付出代价。

（原载《日本学刊》2008 年第 1 期）

---

① 以上数据是笔者于 2007 年 3 月 26 日搜索美国网络图书馆系统（http：//worldcat. org/）所得的大概统计结果。

日本的"近代"与"近代的超克"之辩

——以丸山真男的近代观为中心

唐永亮[*]

对近代的批判本是西方社会面对自身资本主义发展产生的弊端进行自我反思的产物。然而,伴随西方资本主义"把一切民族甚至最野蛮的民族都卷到文明中"①,非西方世界在"接受与应对"西方资本主义的背景下也开始认识近代,既有赞同派,也有反思派。其中,与欧洲的自我反思、自我批判不同,非西方世界对近代的反思因同时与超越欧洲的世界支配这一特殊的课题相重复而具有更加复杂的内涵。在日本,二战中盛极一时、二战后又再度复兴的"近代的超克"即如此。无论是战中的"近代的超克",还是战后从各个视角对它的重读,在以日本对西方的逻辑寻求日本民族主体性的华丽辞藻下,掩藏的是为日本帝国主义对外发动侵略战争之行为与历史的辩解之词。丸山真男作为一位学者,敏锐地认识到"超克论"的上述本质,对其展开了深入批判。

在中国,伴随现代化的发展,知识界也开始认识和反思"现代",亦注意到了日本战后重新认识"超克论"的思想动向。多数人从狭义角度,对战时"超克论"的形成背景、思想流派等做了深入研究。② 也有些学者从广

＊ 唐永亮,中国社会科学院日本研究所研究员,研究方向为日本社会文化、日本社会思潮。

① 《马克思恩格斯选集》(第1卷),人民出版社,1972,第255页。

② 这方面主要的研究成果有魏育邻《"现代的超克"的民族主义基调——对其产生背景及有关主要言论的考察》,《日本学刊》2010年第2期;吴玲《西田几多郎与"近代的超克"》,《北方论丛》2013年第3期;刘超《"近代的超克"思想谱系中的"满洲浪漫派"》,《外国文学评论》2015年第4期。

义视角，对战中与战后日本兴起的若干次围绕"超克论"的讨论做了较清晰的梳理和分析。① 但是，尚很少见围绕"近代"与"近代的超克"之论争的研究。日本学者子安宣邦和中国学者韩毓海虽对此有所关注，② 但均未从历史维度对之加以充分展开。本文通过梳理丸山真男的近代观及其与超克论批判的关联，深入分析丸山真男对"超克论"的批判，揭示"超克论"的历史变迁与思想本质，以期有助深化对战后日本社会的认识。

——

战中的"超克论"就是所谓狭义的"近代的超克"，主要指20世纪三四十年代以"世界史的立场与日本"和"近代的超克"为主题的若干次座谈会所引发的对西方近代原理与近代日本的批判思潮。该思潮是在日本工业化基本实现的背景下出现的，在这一社会转型过程中有些人获得了成功，有些人则作为失败者满怀着对"传统"与"消失故乡"的怀念和感伤。更为直接的政治背景是，这一时期日本企图利用世界秩序的变迁，努力挤进世界霸权体系中并参与新秩序的建构。当然，这一思潮的出现与西方思想影响也不无关系。铃木贞美认为德国文化哲学家斯宾格勒（Oswald Spengler）在《西方的没落》一书中对"欧洲中心论"的猛烈批判在日本思想界起到了巨大思想解放作用。③ 反近代主义的纳粹主义思想在20世纪三四十年代伴随日德关系的紧密化而涌入日本，无疑对日本思想界也产生了深刻影响。④

1941年11月至1942年11月，中央公论社组织高坂正显、西谷启治、

---

① 赵京华：《"近代的超克"与"脱亚入欧"——关于东亚现代性问题的思考》，《开放时代》2012年第7期；孙江：《在亚洲超越"近代"？——一个批评性的回顾》，《江苏社会科学》2016年第3期。

② 〔日〕子安宣邦：《东亚论——日本现代思想批判》，赵京华编译，吉林人民出版社，2011；韩毓海：《日本"近代的超克"及其变奏》，《21世纪经济报道》2006年10月16日。

③ 〔日〕铃木贞美：《日本的文化民族主义》，魏大海译，武汉大学出版社，2008，第157页。

④ 多田真鉏「『近代の超克』の思想—高山岩男教授の所説をめぐって—」、『横浜商科大学紀要』第7巻、1992。

高山岩男、铃木成高等京都学派的年轻哲学家、历史学家先后召开了题为"世界史的立场与日本""东亚共荣圈的伦理性与历史性""总力战的哲学"三次座谈会。1943 年中央公论社将这三次会议上的发言结集出版，名为"世界史的立场与日本"。所谓"世界史的立场"按照西谷启治的理解就是，近代西方"将它的势力向全世界扩展，世界开始出现了一种整体性"。① 日本面对西方帝国主义统治下的世界，面对崇尚物质价值、科学主义、理性主义的西方文明所暴露出的种种弊端，需要回归日本传统，通过"祖先传承下来的民族精神"来克服西方文明给日本带来的危机。② 那么，西方文明究竟有哪些弊端呢？学者们对之做了深入分析。高山批判西方近代理性主义所倡导的"唯有理性才是真正正直的人性，其他都是动物性"的观点。他认为，"理性的立场归根结底是必须要尊重的。……但是理性也是受限制的。在现实世界中，非理性的原理和理性一样具有普遍性和必然性，起着支配作用"。③ 西方近代民主政治也存在弊端。高山岩男认为，"由人民掌握的民主国家的主权从一开始就是毫无任何掣肘的至上性存在，由此开启了近代人民专制的时代。伴随大众社会、大众民主政治的发展，掌握着国家主权的'大众'正在成为人类政治史上从未有过的暴君"④。西方近代文明观所暗含的"人类至上主义"也是需要深刻反思的。"丧失谦虚之心的人类主义陷入自私自利的人类至上主义中。从根本上改变这种近代精神的就是精神革命。而在精神革命中最不可或缺的就是宗教的精神、虔诚之心。"⑤ 其于日本而言，就是以基于"绝对无"立场上的"日本精神"为武器，超越西方近代，创造出以自身为主体的世界史。⑥ 京都学派的学者具有深厚的西学素养，他们对西方近代的批判是深入西方近代思想体系内部的批判，这是京都学派"超克论"的突出特点。

---

① 西谷啓治『西谷啓治著作集』第 8 卷、中央公論社、1943、422 頁。
② 西谷啓治『西谷啓治著作集』第 1 卷、中央公論社、1943、150 頁。
③ 高山岩男『哲学の人間学』、岩波書店、1938、2～4 頁。
④ 高山岩男『哲学とは何か』、創文社、1977、186～187 頁。
⑤ 高山岩男『哲学とは何か』、創文社、1977、154 頁。
⑥ 高坂正顕『世界史の立場と日本』、中央公論社、1943、205 頁。

在日本对英美刚宣战不久的 1942 年 7 月，《文学界》杂志组织召开"近代的超克"座谈会，龟井胜一郎、河上彻太郎、小林秀雄、津村秀夫、吉满义彦、西谷启治、铃木成高、中村光夫等代表参加了会议。会后不久，1943 年创元社将这次会议论文与会议记录结集出版，名为"近代的超克"。这次会议的宗旨是讨论知识界如何应对刚刚爆发的太平洋战争，希冀掀起一场精神革命，以建设"新日本精神之秩序"来超越西方。"近代的超克"是对这次会议宗旨的高度凝缩，而究其本质，"近代的超克"只是实现上述宗旨的手段而已。总之，"近代的超克"是沿着东洋对西洋这种抵抗的逻辑来思考问题的，无论是一味批判西方近代也好，还是以肯定的态度扬弃近代也罢，其目的在于抵抗西方的冲击，树立日本民族的主体性。

归根结底，"超克论"作为意识形态与国家政治权力密不可分，其现实目的是为日本帝国主义发动对外侵略战争提供理论支撑。值得注意的是，"超克论"对西方近代的批判是比较彻底的，他们对西方近代的认识相比当政者只想打败西方国家但不标榜打倒资本主义体制的认识要更为复杂。① 此外，就如子安宣邦所言，"超克论者"将自己作为"世界史"的审判者在批判西方近代原理时，缺失了对"近代国家日本"本身的认识视角。②

丸山真男从东京帝国大学毕业后留校任教，从事日本政治思想史等教学研究工作。丸山反对政府日渐明显的集权统治，批判为日本帝国主义充当"注脚"的"超克论"。

这一时期，丸山对"超克论"的本质已有较深刻的认识。他认为"超克论"是要打倒英美法等代表的"落后于时代的自由主义诸种意识形态"，助力日本、德国、意大利等轴心国站在前列不断向前推进的"世界新秩序"的建设。③ 也就是说，超克论不仅站在轴心国对抗同盟国的立场上，而且包

---

① 広松渉『「近代の超克」論—昭和思想史への一断想—』、朝日出版社、1980、23 頁。
② 〔日〕子安宣邦：《东亚论——日本现代思想批判》，赵京华编译，吉林人民出版社，2011，第 10 頁。
③ 丸山眞男「『日本政治思想史研究』英語版への著者序文」、『丸山眞男集』第 12 卷、岩波書店、1996、93～94 頁。

含要求日本国内意识形态使之齐一化的目的。而其具体则建立在两种相互关联的对日本历史与现状的"诊断"之上。① "明治以后的日本早已充分近代化,现代日本的最大病患,就是过分吸收西欧近代文化和制度而滋生出了毒素";② "在被'近代'污染以前的日本,古代信仰和以儒学为代表的来自亚洲大陆的'东方精神'浑然融合形成了美好的传统,其在文化、社会、政治各个领域中历经风雨被保持了下来。因此,现在把我们祖先这种美的传统从'近代'的污染中拯救出来,才是日本应对'世界新秩序'建设所应做的贡献"①。丸山认为超克论者对时代的"诊断"是错的,"近代"只是超克论者趋炎附势的替罪羊。② 而为了抵抗"近代的超克"论以及作为其支撑的极权主义思潮,有责任感的知识分子只能站在拥护"近代"一边,把拥护它作为自己的义务。

但是仅就学问而言,丸山认为日本的近代化需要反思。他在为麻生义辉《近世日本哲学史》一书所写的评论中指出近代日本引入的西方精神文明实际上只是"物质文明的哲学",而其并不具有从内部塑造日本国民近代精神的力量。在这一点上,丸山的观点与"超克论"有一致之处。也正因如此,丸山曾指出超克论者的见解"在当时的我看来也包含着合理的东西"③。

丸山对超克论的批判主要基于学问以外的目的,但无奈当时思想检查的严酷形势,而被迫采取了导师南原繁所教导的迂回方式,即"对于涉及时局性学问对象的日本思想史,恐怕要加以非时局性的处理",④ 遂将自己对日本当时政治社会状况的担忧困扰都凝聚到了全身心的历史考察中。⑤ 丸山

---

① 丸山眞男「『日本政治思想史研究』英語版への著者序文」、『丸山眞男集』第12卷、岩波書店、1996、94頁。

② 丸山眞男「『日本政治思想史研究』英語版への著者序文」、『丸山眞男集』第12卷、岩波書店、1996、93~94頁。

③ 丸山眞男「『日本政治思想史研究』英語版への著者序文」、『丸山眞男集』第12卷、岩波書店、1996、93頁。

④ 丸山眞男「『日本政治思想史研究』あとがき」、『丸山眞男集』第5卷、岩波書店、1995、293頁。

⑤ 丸山眞男「『日本政治思想史研究』あとがき」、『丸山眞男集』第5卷、岩波書店、1995、292頁。

首先从批判超克论者的一个诊断结果入手，就是要证明在日本维新以前的前近代，也不像超克论者所美化的那样，与"近代"无缘的"东方精神"一成不变地持续着。对此，丸山感叹道："将无论是多么坚如磐石的体制其自身都包含着崩溃的内在必然性的道理用德川时代——当然是从思想史这一限定的角度——来证实，在当时的环境中，夸张点说，这件事本身就是灵魂的救星。"① 当然，对于这种做法的缺点，丸山内心中也是有清醒认识的。他在《日本政治思想史研究》一书的后记中表明：他虽然也意识到历史实证考察因一些具体的政治主张而会有直接造成歪曲的危险性，但是迫于当时的特殊情况，"由于当时在历史叙述之主体性的美名下，可笑的国体史观泛滥横行"，在"危机意识"与"历史意识"的拮抗中，他最终选择了前者。对此，他坦然道：如果读者就此认为支撑这篇稿子的主体意识，超出了历史学家最低所需要的"禁欲"② 而泛滥于叙述之中，那么，我甘愿接受这一非难。③

　　丸山认为"近代"的核心是"近代精神"，即区别"存在"与"价值"，以抽象普遍化来获得客观性的近代主体性思维。④ 而"公"与"私"的分离、"存在"与"价值"抑或"自然"与"人为"的分离是近代主体性思维形成的关键。

　　子安宣邦在《"近代"主义的错误与陷阱》一文中通过考察丸山真男的《日本政治思想史研究》一书后批判在丸山的思想中，"存在着一个围绕'近代'而展开的抗争性话语图式：把批判和克服近代的言行当作法西斯主

---

① 　丸山眞男「『日本政治思想史研究』あとがき」、『丸山眞男集』第 5 卷、岩波書店、1995、290 頁。

② 　丸山在 1943 年为清原贞雄《日本思想史　近世国民的精神生活》一书所写的评论中指出："历史特别是思想史不可避免地会参入史家自身的价值体系，正因如此，更要求思想史家必须严格地'禁欲'。既然要叙述历史，就不能隐蔽乃至歪曲实际上并非如此的地方。日本思想史特别容易陷入诱惑。那样对待历史的态度，看似忠于自己的国家，实际是对自己国家走到现今的发展史缺乏虔诚敬意，在这一点上反而是对国史的冒渎。"

③ 　丸山眞男「『日本政治思想史研究』あとがき」、『丸山眞男集』第 5 卷、岩波書店、1995、292 頁。

④ 　丸山眞男「政治学に於ける国家の概念」、『丸山眞男集』第 1 卷、岩波書店、1996、7 頁。

义，这就是说，一方面是克服所谓同一个'近代'，另一方面则是对于同一个'近代'的拥护。而主张要克服的那个'近代'并没有得到追究，在丸山等人所抱有的对法西斯主义的强烈危机意识中，于抵抗的话语里被拥护的'近代'概念得以创造出来"①。上述结论中出现两处问题值得商榷。

第一，子安宣邦认为丸山"把批判和克服近代的言行当作法西斯主义，而对此加以抵抗便是拥护'近代'的话语"。其中涉及丸山在这一时期究竟如何评价"超克论"的问题。弄清这个问题仅仅关注《日本政治思想史研究》是不够的，要把《读麻生义辉的〈近世日本哲学史〉》《政治学中的国家概念》《清原贞雄〈日本思想史 近世国民的精神生活〉上》等丸山前期的作品作为一个整体来把握才行。这一时期丸山对"超克论"的态度是有着极强"超学术"痕迹的。丸山企图通过支持"超克论"批判的"近代"、否定"超克论"的时代诊断回击"超克论"，从而以迂回的方式抵抗其背后赖以支撑的极权主义。然而从学问本身而言，丸山"超克论"则是既肯定又否定的。两者的共通点主要集中在对西方近代的评价上。丸山并不认为"超克论"者都是法西斯主义者，他们对西方近代的批判也有正确的一面。丸山本人对西方近代亦有微词，他在为麻生义辉《近世日本哲学史》写的书评中就明确指出，19世纪中叶以后仅仅关注经验和现实生活的西方近代是哲学荒芜的时代。两者的分歧则主要集中在对日本近代化的认识上。超克论者认为日本已经近代化，而因这种近代化的发展产生出了各种毒素。而丸山则认为日本并没有真正实现近代化，特别是精神层面的近代化。"近代日本把采用物质文明的方法完全用在了摄取一切欧洲精神上了。"日本人所接受的功利主义、实证主义、进化论只是所谓"物质文明的哲学"，无法深入人的内心从根本上改造他们的意识，塑造人们的主体性人格。② 因此从本质

---

① 〔日〕子安宣邦：《东亚论——日本现代思想批判》，赵京华编译，吉林人民出版社，2011，第223页。

② 丸山眞男「麻生義輝『近世日本哲学史』を読む」、『丸山眞男集』第2卷、岩波書店、1996、190~194頁。

上讲，日本"从未有过与真正意义上的欧洲精神的对话"①。在这一时期，丸山基于现实需要，放大了他与超克论的差异，掩藏了他与超克论的共鸣。

第二，批判丸山缺乏"近代"批判的视角，即"主张要克服的那个'近代'并没有得到追究，在丸山等人所抱有的对法西斯主义的强烈危机意识中，于抵抗的话语里被拥护的'近代'概念得以创造出来"。毋庸讳言，超克论批判的近代，既包括西方的近代，也包括日本近代化，只是他们批判在日本随着近代化而逐步帝国主义化、法西斯主义化的问题上却戛然而止。这种断裂性恰恰暴露出了超克论者的认知矛盾与"阴暗"的心理，超克论者批判近代的目的就是为日本法西斯体制服务。丸山的立足点与超克论者完全相反，丸山基于批判现实的日本法西斯体制而拥护文艺复兴以后的以自律性人格、怀疑主义等为内涵的近代精神（广义的），② 而其采用的具体方式除了《日本政治思想史研究》中证明日本中世已经自然产生近代自主意识的萌芽、批判阻碍近代自主意识产生的幕藩体制以外，在《读麻生义辉〈近世日本哲学史〉》一文中也毫不留情地通过批判日本近代化的现状而批判了狭义的西方近代精神。"日本刚刚开始全面接触欧洲文明时，恰逢 19 世纪中叶，黑格尔庞大的哲学体系土崩瓦解，欧洲已经失去了内在的支柱，随之而来的是仅仅关注经验和现实生活的哲学荒芜的时代。自然科学取得了令人瞩目的成绩、产业技术变革也带来了物质生活方式上急速的进步、市民对政治生活的广泛参与，这一系列现象归根结底并没有对人的内心产生多大影响。……这一时期兴起的思潮是实证主义、功利主义、机械唯物主义论、进化论。维新不久，纷纷涌入日本的恰恰是这一时期的欧洲精神。"而这种

---

① 丸山眞男「麻生義輝『近世日本哲学史』を読む」、『丸山眞男集』第 2 巻、岩波書店、1996、194 頁。"我认为这种自由的学习方法在日本大体是缺乏的。当然，学生拼命地研究西方典籍，事实上以他们的智力是能理解这些知识的。但是，他们从这些研究没有产生增强他们自身的日本式自我的任何结果……就像住在二层楼的家里，在楼下按照日本式思考、感知。而到了二楼从柏拉图到海德格尔的学问被用一根线索穿着摆在那里。而欧洲的教师却为找不到往来于一楼和二楼的梯子而犯难。"

② 当然，19 世纪中叶以后，以功利主义、经验主义、进化论为主要内容的狭义近代精神毋宁丸山也是反对的。只是出于批判现实的需要，丸山弱化了这种批判。

欧洲精神只是"物质文明的哲学",它们并不具有从内部改变国民精神的力量。所以丸山感慨,近代日本在哲学思想上有"欧化"的表象,而其在本质上却从未与真正意义上的欧洲精神有过对话。

丸山战后初期也意识到自己在战争期间的近代观中,存在"把从内部促使封建意识形态解体的思想契机直接看作是近代意识的表征"的机械性问题,[1] 也存在对超克论及其背后的日本法西斯体制批判的旗帜不够鲜明、批判不够彻底的问题。但是日本法西斯对内施行高压政策,甚至在一度坚持反战反法西斯统治的马克思主义者都纷纷转向的情况下,丸山仍能坚守立场,将批判的矛头指向为大东亚战争摇旗呐喊的"近代超克论",这种勇气实在难能可贵。

二

1945 年日本战败投降后,被美军单独占领。虽然 1951 年日本与美英等国单独媾和,签订《旧金山和约》使日本国家主权得到恢复,但在一些知识分子看来,同时签署的《日美安全保障条约》却意味着日本将长期处于美国监管的"次殖民地状态。"[2] 在这种危机感的促发下,由于战后民主化改革而一时归于沉寂的"超克论"因民主化的戛然而止而再度兴起。

1952 年 1 月同样由《文学界》牵头组织了一次讨论会,战争中"超克论"的代表人物龟井胜一郎、中村光夫、河上彻太郎等人俨然是这次会议的核心人物。会议的主题在会后刊于《文学界》1952 年第 1 期的特辑"现代日本的知识命运"的编者按有明确的表述:"和谈条约之成立,虽给予了独立的名义,然众所周知日本所处之地位极不安定。战争之危机依然未去,日本正立于重大的歧路之上。于国际国内两方面问题重重,而文学家对此有

---

① 丸山眞男「『日本政治思想史研究』あとがき」、『丸山眞男集』第 5 巻、岩波書店、1995、290 頁。

② 赵京华:《世界秩序的重组与东亚现代性问题——以二战前后日本"近代的超克"论为例》,载钱永祥主编《普遍与特殊的辩证:政治思想的探掘》,台湾"中央研究院",2012,第 100~101 页。

何见解与信念？不仅为了讨论现实状况，还为了追究明治以来日本人所备尝之种种悲剧，或认知上的混乱，即所谓'近代日本'之实体，并为预知与省思未来相互探讨。"① 由此可见，会议的主题依旧是批判"近代"，"近代"被视为造成明治以来日本人备尝种种悲剧、认知上产生混乱的"罪魁祸首"，战后日本要实现真正独立归根结底还是要依靠"近代的超克"。这次研讨会无疑暗含欲为战中"超克论"平反，与当时日本国内主流舆论——"近代的超克"是为军国主义支配体制服务的"思想战"之一翼，它是为了灭绝近代的民主主义思想体系及生活诸欲望而进行的宣传活动——相对抗的姿态。但这次研讨会并没有给出具体如何解决战后"近代的超克"的答案。直到20世纪50年代末60年代初，伴随着日本经济的复兴以及冷战格局的日益深刻化，以《日美安全保障条约》的续签为契机，日本再次面临国家战略抉择的十字路口。新《日美安全条约》无疑意味着日本在军事上将持续对美从属依赖，并大大增加了被卷入美苏战争的危险性。在这种背景下，以竹内好为代表的一批思想家进一步深入分析战中的"近代的超克"论，试图通过将历史与思想分割开来，重新评价"超克论"的思想意义，以从中寻找重塑日本民族独立意识新的思想方法。

丸山真男与竹内好是同道友友，② 两个人的近代观有诸多相似之处。首先，两个人都是从主体人格的角度来理解近代的。竹内认为"近代"的核心是主体人格的产生。"所谓近代，乃是欧洲在从封建社会中解放自我的过程里（就生产方面而言是自由资本的发生，就人的方面而言是独立平等的个体人格的成立）获得的自我认识，近代是历史进程中的一个环节，它要求主体把区别与封建性质的自我作为自我来对待，并在历史中把这个自我相对化。"③ 丸山也认为精神上的"近代"相比物质上的"近代"更重要，近代主体性思维、主体人格是"近代精神"的核心。其次，两者都对近代日本持批判态度。竹内批判日本近代缺乏"反抗精神"，而丸山也批判日本近

① 〔日〕竹内好：《近代的超克》，李冬木等译，生活·读书·新知三联书店，2005，第296页。
② 丸山眞男「竹内日記を読む」、『丸山眞男集』第12卷、岩波書店、1996、37頁。
③ 〔日〕竹内好：《近代的超克》，李冬木等译，生活·读书·新知三联书店，2005，第183页。

代后，传统思想越发增强了零碎片段的性质，"既不能将各种新思想从内部进行重新构建，亦不能作为与异质思想断然对抗的原理发挥作用"①。总之对于主体"精神"的高扬和日本近代化的批判，使他把竹内好和丸山真男紧紧联系在一起，就如伊藤虎丸所言："竹内好批判日本近代缺乏'精神'，缺乏'反抗'，缺乏'发展'，从根本上说，是和丸山真男在《日本的思想》中所指出的'缺乏思想的坐标轴'，即思想并没在交锋和积淀的基础上被历史性地构筑起来的'传统'（即思想的'杂居'性）是完全重合的。"②

但是，丸山与竹内在选择如何塑造日本人主体人格的方式上走上了两条不同的道路。竹内选择的是分割历史与思想的"超克论"，而丸山却对此持反对态度。丸山在《围绕竹内好的谈话》一文中直言不讳地指出：竹内好"在《近代的超克》中把思想只是作为思想来看，如果不把谁谁说过什么话都去除干净的话，就不能做到思想的批判"③。不仅如此，丸山还认为就近代思维层面而言，在日本别说"超克"近代，它甚至还没有真正的形成，这是事实。但是，丸山同时也反对完全看不到日本历史上近代思维的自发成长。这种与"超克论"完全相反的"无缘论"，容易使日本国民对传统思想的力量丧失信心，最终反而带来一种危险，即简单地认为近代思想等同于西欧思想。④ 也就是说，在丸山看来，日本既不应简单地言说"超克"近代，也不能机械地认为近代化就等同于西方化，而完全看不到在日本历史上存在近代思想的自发成长的事实。竹内主张重建日本传统，而丸山却着力批判传统。丸山在《日本的思想》一文中指出："我们在探讨思想至今的状态、批判样式或其理解方法时，如果其中存在妨碍思想的积累和形成构造的各种契机，就应对这些契机逐一地不断追寻其问题之所在，虽未必能追寻到究极的原因，至少也能从现在我们所处的地点出发，开拓出一条前进的道路。因

---

① 〔日〕丸山真男：《日本的思想》，区建英、刘岳兵译，生活·读书·新知三联书店，2009，第9~10页。
② 〔日〕伊藤虎丸：《鲁迅与终末论——近代现实主义的成立》，李冬木译，生活·读书·新知三联书店，2008，第227页。
③ 丸山眞男「好さんについての談話」、『丸山眞男集』第9卷、岩波書店、1996、339頁。
④ 丸山眞男「近代的思惟」、『丸山眞男集』第3卷、岩波書店、1996、4頁。

为，如果不变革那种妨碍思想和思想之间进行真正对话或对抗的'传统'，大概就不可能期望思想自身会形成某种传统了。"如果说丸山在战中发表的《"前期"国民主义的形成》一文只是开启了批判阻碍日本近代主体性思维发展的社会政治结构的一个端口，那么二战后，"对那些从三十年代到四十年代，为许多人已经注意到的病理现象仅仅被视为一时的不合常理和例外事态而要成为过去被埋葬的动向的强烈抵抗感"①，丸山对之展开了更加深入而尖锐的批判。

丸山批判近代天皇制以及与之相关联的"思想的无构造传统""抑压转嫁平衡"病理和现实主义性格。丸山在战后不久发表的《超国家主义的逻辑和心理》一文中指出近代日本国家的政治秩序"是以作为绝对价值体的天皇为中心的、连锁式的自上而下的秩序。万民在相距中心的各种各样的距离上翼赞天皇，距离越远价值就越小"。② 在《日本的思想》中，丸山又进一步指出，日本的国体是以杂居性的"传统"本身为自身的实体的，所以它并不能成为将日本人的思想进行实质性整合的原理，而只是在排除异端方面发挥了强大作用。"它对于人格性主体——无论是自由认识主体上的意义、伦理责任主体的意义，或是秩序形成的主体意义——的确立，从一开始就包含着成为决定性桎梏的命运。"③ 从这个意义上讲，日本缺乏思想上的坐标轴，"没有形成这样一种思想传统，即那种可以给各个时代的观念和思想赋予相互关联性，使所有的思想立场在与其相关的关系中——即使是通过否定而形成的关系中——力图定立自己的历史地位的那种核心性的，或相当于坐标轴的思想传统"④。丸山将之称为"无构造的传统"。它在思想继承方式上表现为：思想没有被作为一种传统沉淀下来，按一定时间顺序引进的各

---

① 丸山眞男「『日本の思想』あとがき」、『丸山眞男集』第9卷、岩波書店、1996、112～114頁。

② 丸山眞男『現代政治の思想と行動』、未来社、1983、23頁。

③ 〔日〕丸山真男：《日本的思想》，区建英、刘岳兵译，生活·读书·新知三联书店，2009，第64页。

④ 〔日〕丸山真男：《日本的思想》，区建英、刘岳兵译，生活·读书·新知三联书店，2009，第4页。

种思想，在日本人的精神世界中无时间顺序地并存着，失去了历史的结构性。它在思想受容方式上则表现为：各种哲学、宗教、学问——甚至连从原理上相互矛盾的思想——"被无限（界限）地拥抱进来"，它们在日本人的精神世界中"和平共存"。当然，在日本历史上也并非没有传统思想对外来思想的反抗，只是这种反抗仅仅是一种非原理立场的意识形态上的批判而已。这种非原理立场的意识形态上的批判，否定了现实与规范之间的紧张关系本身的意义，由此产生了两种倾向：一是对与生俱来的感性的尊重，二是对既成的统治体制的被动追随。①

　　丸山认为自由多元的市民社会才有利于市民主体性人格的养成。丸山在《福泽谕吉其人与思想》一文中指出，只有从"权力偏重"的社会发展到多元的自由并存的社会，民主主义才会免于向"极权主义"倾斜，人的"独立精神"才能够从一味盲信的"惑溺"传统中摆脱出来。② 丸山借用结核菌素阴性反应形象地说明了这个问题。"结核菌素阴性反应的状态既不能证明现在状态是健康的，也不能保证将来是健康的。相反，因情况还可能提高进一步感染的危险性，尽管如此还是礼赞'无菌'的阴性状态，这样做本身阻碍了通过将身体暴露于病菌中，以不断提高自身的抵抗力和免疫力的努力。"③ 而实际上，丸山也注意到伴随日本经济高速增长，日本从"农村型社会"向"都市型社会"所带来的新问题。农村共同体的解体并没有带来"大众规模的自主人格的确立"④，相反却产生了因社会巨变而对现实生活感觉恐惧、不安和挫折感，对公共问题漠不关心的大众。而"市场经济"的洪流，却在日本社会催生了"生活方式上的极权主义"和"追求安乐的极权主义"。因此，丸山感叹民主主义革命是没有止歇的。

---

① 〔日〕丸山真男：《日本的思想》，区建英、刘岳兵译，生活·读书·新知三联书店，2009，第20～21页。

② 丸山眞男「福沢諭吉の人と思想」、『丸山眞男集』第15卷、岩波書店、1996、291頁。

③ 丸山眞男「個人析出のさまざまなパターン」、『丸山眞男集』第9卷、岩波書店、1996、417頁。

④ 丸山眞男「現代政治の思想と行動第一部　追記および補注」、『丸山眞男集』第6卷、岩波書店、1995、272頁。

竹内的"超克论"建立在西方与东方相对立的图式上，而这种图式恰恰是丸山所反对的，丸山主张"开国"、异文化接触。丸山将文化接触论引入思想史研究，通过研究，他发现，日本文化在与外来文化交流接触中存在文化的上层与底层截然分开的二重构造。底层部分具有很强的同质性和连续性，而上层部分则很容易受到外来文化的刺激而产生时代性的变化。丸山认为日本文化的底层部分就是日本文化的"原型"（prototype），它是日本社会的结合样式及政治行动样式的原初形态，以及神话、古代传说中所表现出的思考样式和价值意识。① 后来，在意识到"原型"一词带有浓厚的宿命论色彩之后，丸山又先后用地层学上的"古层"和音乐学上的"执拗低音"取而代之。丸山认为，日本文化的本质就是"执拗低音"的文化。② 在近代，当对村落共同体的乡愁被巨大都市的杂然无章进一步刺激后，就形成了隐藏在各种旋律中的"'近代超克'的执拗低音"。③ 那么，如何才能突破"执拗低音"形成日本人的主体性人格呢？丸山提出了一条对传统进行再解释、再创造的重要路径。其主要包含以下几层含义。

第一，对不言自明的"常理"进行重新认识和反省。丸山认为："学习思想史的一个意义就是重新认识我们以前未曾反省就作为前提的观念和在刻意宣扬的作为意识形态的'主义'底层所潜藏着的、我们自身尚未意识到的为意识形态所制约的思考方式，以此将我们自身从这些思考方式中解脱出来。"④

第二，积极地与异质思想对话。丸山认为："只有通过了解与之完全不同的思考方式和世界观，才能做到对现代的真正研究——我们才能真正对现代发挥主体作用。如若不然，就容易产生如下结果：自我受一个个现代情景下的共通观念所制约，使我们错误地认为它们就是我们自己的思想。所谓主体意识（independent minded）并不像嘴上说的那么简单，在报纸、收音机、

---

① 丸山眞男『丸山眞男講義録』第4卷、東京大学出版会、1998、41頁。
② 丸山眞男『原型・古層・執拗低音—日本思想史方法論についての私の歩み一」、『丸山眞男集』第12卷、岩波書店、1996、153頁。
③ 丸山眞男「日本の思想」、『丸山眞男集』第7卷、岩波書店、1996、232頁。
④ 丸山眞男『丸山眞男講義録』第6卷、東京大学出版会、2000、250頁。

电视以及其他传递外界信息的通讯方式急剧扩大的现代社会，尤其如此。"①

第三，重读古典。丸山认为："阅读古典，从古典中学习的意义——至少有一个意义，那就是将自己与现代隔离开来。所谓'隔离'是主体自身的积极作为，而不是'逃避'。毋宁说，正相反。我们通过有意识地将自己从所生活的现代的氛围中隔离开来，才能够真正养成'有距离地'观察现代之整体状况的眼界。""对过去的怀念，实际上只不过是使自己经常将现在的情况投射到过去，而后再拉回到现在，与自我合为一体，从而实现自我满足而已。"②

三　丸山近代观之评价

丸山真男是战后思想的象征性存在。③ 东京大学渡边浩认为丸山真男的思想是战后思想的坐标，"二战以后对于日本思想史的所有研究都是在丸山的影响下展开的。……即使是反对他的人，也全都受到他的影响"，研究者们都是根据与丸山先生的关系来进行自我定位的。④ 也正因如此，丸山的近代观、"超克论"批判，也成为战后学界研究甚至批判的对象。

有学者将丸山的近代观概括为"近代主义"，即以"西欧近代"为模板，以"欠缺的逻辑"来评判"落后的日本"。对此丸山本人做了回应。丸山在为《日本的思想》写的后记中指出，他没有预料到会受到这样的误解："说我是专门揭露缺点和病理的，或说我把西欧的'近代'理想化了，并与西欧对比的差距来评判日本的思想传统，诸如此类的。对此作为现象论的回答，只能是让他们看看我同样在战后不久发表的论文《陆羯南》和《明治

---

① 丸山眞男『丸山眞男講義録』第 6 卷、東京大学出版会、2000、250 頁。
② 丸山眞男『丸山眞男講義録』第 6 卷、東京大学出版会、2000、251 頁。
③ 小林一喜『戦後精神における近代と超近代：田中角栄にみる"地"民主主義の立ち上げとその軌跡』、文芸社、2000、61 頁。
④ 渡边浩「渡边浩谈日本思想史研究」、『东方早报』2010 年 2 月 21 日。

国家的思想》。"① 丸山的这两篇论文充分体现了他对日本近代化的客观态度。在《明治国家的思想》一文中，丸山通过对明治时期近代化过程的考察指出，虽然明治日本作为近代国家在发展过程中存在变质和堕落的问题，但与其后的时代相比，明治时代整体上包含某种本质上健康进步的精神。② 而在《陆羯南——人与思想—》中，丸山指出，日本主义思想及运动就如同凶恶的罪犯也有过天真无邪健康的少年时代一样，明治时期陆羯南所提出的日本主义，与同法西斯专制紧密结合在一起的日本主义相比，包含着健康进步的精神，发挥过积极的社会作用。③

当然，丸山也曾公开宣称自己是"近代主义者"。为了与社会上兴起的批判近代的"超克论"相对抗，丸山主张应该回到"近代"的初始点上去把握"近代"的本质，在思想上重新认识"近代"。丸山说："从这个意义上我被称为'近代主义者'，毋宁是光荣的。"④ 通过对丸山发表的诸多著述的分析，我们发现丸山所谓近代的"本质"具有以下含义。①"近代"不是高度成熟的资本主义的模式，而是近代社会产生出来的毫无完美可言的初始点。⑤ 正是在这个意义上，丸山认为西欧近代原理不应被绝对化。②"近代"的核心是近代精神。丸山认为近代精神应该追溯到西方文艺复兴时期，而倡导自由、理性、怀疑精神、辩证思维的黑格尔哲学⑥以及建立在多元价值中自主选择力之上的主体性人格是理解近代精神的关键。⑦ 正是在这个意义上，丸山批判日本近代化是不得要领的。维新不久日本所接受的实证主

---

① 丸山眞男「『日本の思想』あとがき」、『丸山眞男集』第 9 卷、岩波書店、1996、112～114 頁。

② 丸山眞男「明治国家の思想」、『丸山眞男集』第 4 卷、岩波書店、1995、94～96 頁。

③ 丸山眞男「陸羯南一一人と思想一」、『丸山眞男集』第 3 卷、岩波書店、1995、93 頁。

④ 丸山眞男「五・一九と知識人の『軌跡』」、『丸山眞男集』第 16 卷、岩波書店、1996、33 頁。

⑤ 丸山眞男「五・一九と知識人の『軌跡』」、『丸山眞男集』第 16 卷、岩波書店、1996、33 頁。

⑥ 丸山眞男「麻生義輝『近世日本哲学史』を読む」、『丸山眞男集』第 2 卷、岩波書店、1996、190～194 頁。

⑦ 丸山眞男『丸山眞男講義録』第 6 卷、東京大学出版会、2000、19 頁。

义、功利主义、机械唯物主义论、进化论只不过是"物质文明的哲学",日本本质上从未与真正意义上的欧洲精神有过对话。① ③近代化是可以多种多样的。丸山对日本近代化的批判,不是要否定近代,也不是否定已经实现了近代化的方面,而是"要否定近代日本,否定一方面背负着封建的东西,另一面又实施着眼花缭乱之近代化的日本"。②

总之,丸山对近代的认识是辩证的,他既褒扬文艺复兴时代的西方近代精神,又批判自 19 世纪中叶以来"西方近代"的变质。他既主张日本应该走近代化之路,又批判日本近代化没有抓住近代精神的精髓,批判对日本社会阻碍日本近代主体意识形成的结构性病理。正是基于以上近代观,丸山对"超克论"一贯持批判态度。所不同的是,前期的"超克论"批判,主要通过揭示日本近世思想中已经孕育出了近代主体性的萌芽,来揭露战中"超克论者"所主张的回归前近代,创造新的世界秩序的欺瞒性。后期的"超克论"则着力批判以传统抵抗西方的思维模式。当然,丸山"超克论"批判是以日本为中心来考量的,缺乏亚洲视点,从而造成对"超克论"特别是战前战中"超克论"之世界观批判不够彻底。从这一点上说,子安宣邦批评丸山真男的超克论批判缺少对日本"近代"的追究③不够准确,应该当说丸山真男是较少关注对日本"近代"之世界观的追究。

（原载《世界历史》2017 年第 2 期,有删减）

---

① 丸山眞男「麻生義輝『近世日本哲学史』を読む」、『丸山眞男集』第 2 卷、岩波書店、1996、194 頁。
② 丸山眞男「点の軌跡—『沖縄』観劇所感—」、『丸山眞男集』第 9 卷、岩波書店、1996、137 頁。
③ 〔日〕子安宣邦：《东亚论——日本现代思想批判》,赵京华编译,吉林人民出版社,2011,第 223 頁。

近代日本右翼溯源：
发展路径与系谱重构*

吴限　谢明**

　　右翼是活跃在日本历史舞台上的一支重要政治势力，其思想与行动不仅极大地影响了日本的内政和外交，而且对现实的中日关系亦产生了不容忽视的破坏作用。从战前的充当日本军国主义侵略扩张的马前卒和鼓手犯下罄竹难书的罪行，到战后的死灰复燃以至如今的猖獗无度，随着日本整体右倾化与保守化的加剧，赢得广泛的社会基础和政治认同的日本右翼在历史认识、修改和平宪法、解禁集体自卫权以及钓鱼岛等问题上的言行日益趋于危险性和极端化，明显表现出向罪恶的军国主义回摆的迹象。有鉴于此，中国学界十分重视该课题的研究，也取得了许多成果。① 这些研究针对日本右翼的历史观、对华观以及对外侵略扩张等问题，非常有深度，但对涉及右翼勃兴的动因、组织系谱的构成、演进的基本路径等源流期问题疏于厘清。

　　本文认为对于有着百年发展历史并正处于演进中的日本右翼，从源头检

---

　*　原文题为《日本早期右翼溯源：发展路径与系谱建构》。

　**　吴限，中国社会科学院日本研究所助理研究员，研究方向为日本政治思想史；谢明，山东大学文学与新闻传播学院博士，研究方向为日本古典文学艺术。

　①　如步平、王希亮《日本右翼问题研究》（社会科学文献出版社，2005），孙立祥《战后日本右翼势力研究》（中国社会科学出版社，2005），《日本右翼势力与"台独"》（人民出版社，2012），何理主编《日本右翼的历史发展演变及影响》（湖南人民出版社，2009），王向远《日本右翼历史观批判研究》（宁夏人民出版社，2007），《日本右翼言论批判——皇国史观与免罪情节的病理剖析》（昆仑出版社，2005），崔新京、李坚、张志坤《日本法西斯思想探源》（社会科学文献出版社，2006），蒋立峰、汤重南主编《日本军国主义论》（河南人民出版社，2005），梅桑榆《日本浪人祸华录》（中共党史出版社，2005）等。另外，还有相关的论文及媒体文章，因篇幅所限，恕不再列。

视的历史的长程视角不可缺失。丸山真男曾指出："日本右翼对国家的忠诚超过一切。强调平等与国际联合，憎恶宗教，抵制反战和平运动，赞美'武德'，歌颂国家使命感。宣扬国民的传统和文化，抵制外来文化的恶劣影响，强调义务高于一般性权利，强调秩序高于自由。以社会性的结合为基本的联系纽带，重视乡土与家族的联系，以权威主义建立人际关系，确立正统的国民宗教或道德观。对知识分子和自由职业者抱有成见、警惕和猜疑，因为他们的破坏性思想容易普及。"① 很显然，丸山所归纳的右翼的诸般特征在战前与战后右翼身上都有所体现，可谓贯穿右翼史的始终。比如，战后意欲染指钓鱼岛、独岛并鼓噪修宪、解禁集体自卫权以实现军事崛起的极右势力与战前热衷侵略中国、朝鲜的右翼明显存在思想上的某种关联，还有当下颇具影响力的"一水会""黑龙会遗族会"等右翼团体为了统合右翼势力和扩大政治影响力，纷纷强调在组织系谱上传承玄洋社、黑龙会的历史正统性，还有前首相森喜朗公然宣称"日本是神国"、现任首相安倍晋三对天皇"三呼万岁"等言行都折射出被战前右翼奉为圭臬的"神国思想"和"尊皇思想"在当代日本某些政治家的身上得到了"顽固地继承"。这仅是就个案而言，若从历史的宏观面审视，则战前与战后的右翼史虽不是简单的重复但有惊人的相似之处。战前的日本右翼与军部沆瀣，把向海外殖民扩张作为实现日本走向近代化强国的唯一道路，将亚洲人民复兴的希望绑架在标榜"大东亚共荣圈"的军国主义战车上，给亚洲带来深重灾难。同样，战后的右翼与政府共谋，把国家复兴的希望寄托在修宪、解禁集体自卫权以实现"军事崛起"上，再一次打开"潘多拉的盒子"，搅动亚洲和平、繁荣、稳定的局面。由此可见，日本右翼隐没于现实表征下的诸般言行都不是随意或无序发生的，根本上是其自体演进历史选择的结果，是其"历史记忆"在当下的辐射和延伸。上述事实同样明证，日本右翼并没有因战前与战后的时间划定而区隔，相反，二者在组织系谱与思想理念上呈现强烈的承继性，可以说，"母体"与"子体"的

---

① 丸山真男「战前日本右翼运动史」、『丸山真男集』（第 9 卷）、岩波书店、1996、151 頁。

"血缘"关系恰恰是其联系的本质。

毋庸赘言，战后右翼绍承战前，那么战前右翼是否又源于学界一般认为的成立于1881年的"玄洋社"。这是一个关涉日本右翼的历史起点与系谱源头乃至如何勃兴的重要问题。在参鉴相关研究的基础上，本文试图从组织系谱的视角尝试性展开探讨。预设的问题包括：其一，日本右翼运动是否始于1881年玄洋社的成立，在此之前，是否存在一个早期右翼的历史活动阶段？如果存在，那么其勃兴的契机缘何？其发展的路径与方式如何？其二，玄洋社是不是日本右翼团体系谱的源头，其自身是否由其他组织沿革而来，换言之，日本右翼的系谱是否在玄洋社成立前已有构建，如果系谱的源头可以进一步追溯，那么其构造形态与沿革的特点如何？"物有本末，事有终始。"在历史语境中缕析上述问题之端绪，似有助于从根本上阐明右翼怪胎如何孳生和演进，进而疏浚其系谱传续与变容的历史通路。

笔者先行抛出管见：在玄洋社成立之前，日本右翼即已诞生，以福冈为中心，因明治维新改革而瓦解的旧封建武士阶层和没落的浪人集团是其主要身份来源，参与不平士族的叛乱（"武斗"）和自由民权运动（"文斗"）是其主要的政治活动，而在上述政治活动中相继建立起来的"矫志社""强忍社""坚志社""向阳社"等诸多组织与之后建立的玄洋社明显存在人员与组织的继承关系，成为实际上的前身组织，在右翼的系谱上显著居于祖源的位置。也就是说，在玄洋社成立之前应该存在一个"早期右翼"的活动阶段，日本右翼系谱的源头当以此为始端。这可能意味着，以1881年玄洋社为原点建构起来的系谱有向前追溯和重构的必要，而如果简单地承袭定见则不仅窄化了右翼史应有的界域，还会遮蔽其演进的历史轨迹，进而抵消我们对其做出的客观评价。

一 战前日本右翼的系谱

系谱通常是一个宗族（家族）、团体组织或势力集团传续、演进的历史图式，具有呈现图式中个体间的亲缘关系、彰显传承的历时性以及标定其祖源的功用。① 战前的日本右翼作为在野的政治势力能够纵横明治、大正、昭和三代而不衰，又能始终对政局产生重要的影响，其中一个重要的原因在于其有一套自成体系的、始终能够牢牢统合右翼势力并在组织上保证长久传续的系谱。日本右翼的系谱主要由众多右翼团体组织因循相互衍生关系而在时间序列上构成的集合。据统计，从1881年"玄洋社"的诞生到1939年大批法西斯右翼团体的建立，日本全国共有右翼团体1733个、成员182192人，达到了战前右翼团体数量的最高峰。② 虽然团体数量众多，但总体上战前日本右翼的系谱主要由"四大派系"构成③，即玄洋社、黑龙会系；老壮会、犹存社系；经纶学盟系和农本主义系，这四大派系也被认为是右翼运动史的四大支柱④（如表1所示）。

表1　日本右翼的四大派系

序号	派系	核心团体	代表人物	创立时间	团体类型
1	玄洋社、黑龙会系	玄洋社、黑龙会	头山满、内田良平	1881年、1901年	国粹、日本主义
2	老壮会、犹存社系	老壮会、犹存社	大川周明、北一辉	1918年、1919年	国家社会主义
3	经纶学盟系	经纶血盟、大众社	高畠素之、上杉慎吉	1921年、1923年	国家社会主义
4	农本主义系	自治学会、爱乡会	权藤成卿、橘孝三郎	1920年、1928年	农本自治主义

资料来源：公安調査庁『戦前の右翼団体の状況・上巻』、公安調査庁、1964。

---

① 《不列颠百科全书国际中文版》认为，"系谱表示血统或纯种的记录"，作为一门学科"系谱学是家族渊源及历史的研究，系谱学者按祖先传宗顺序列为表谱，其形式不一"（参见《中国大百科全书出版社》，1999，第13卷第105页、第7卷第49页）。《辞海》解释为"系统的记载动植物祖先情况的档案材料，可以用以推断动植物的遗传特性和确定其个体间的亲缘关系"（参见上海辞书出版社，1999，第3250页）。两本词典虽为权威解释，但较为狭义。如今，系谱概念已被广泛用于政党、团体、势力集团的思想、组织传承关系的研究之中。此类著述如《正统性的意欲——北宗禅的批判系谱》《日本百大企业的系谱》《日本海军潜水艇的系谱及其战史全记录》等。

② 荒原朴水：『大右翼史を補填する』、大日本一誠会、1974、519頁。

③ "四大派系说"为日本学界通说。详论者参见警備警察研究会『右翼運動』、立花書房、1954。另外，木下半治曾提出"两大派系说"。他认为："战前的日本法西斯主义运动大体分为两大潮流——纯正日本主义派和国家社会主义派。纯正日本主义派偏重国家主义，国家社会主义派则偏重国家社会主义。前者源于国粹主义阵营，后者源于社会主义阵营中转向的人员。"很显然，木下半治的观点是从思想史而非组织系谱的视角立言，其更强调的是右翼在思想理念上的传承关系。详见木下半治『日本右翼の研究』、现代評論社、1977。

④ 猪野健治『日本の右翼』、ちくま文庫、2007、16頁。

就系谱而言，战后右翼虽然自我标榜传承于战前的四大派系以彰显其类历史性和正统性，但显而易见，事实上的战后右翼很难能梳理出类似战前右翼的"四大派系"式的系谱。从战后一直延续至今，由于包括知识分子、市井之徒、军人和政客等在内的大量来自不同阶层、不同文化背景的群体的加入，战后右翼已打破了组织上传统的封闭性和纯洁性，呈现团体众多、人员庞杂、思想混乱的局面。战后右翼缺失系谱传承的有序性和系统性恰恰反映出，随着日本社会保守化和右倾化的不断加剧，原有的系谱很难承载和包容迅猛发展的右翼势力，脱离系谱的约束，呈现无系谱化成为历史必然。

虽然战前日本右翼在系谱上号称"四大派系"，但派系之间并非平行的关系——组织隶属关系上的非对等性和时空关系上的非共时性是其主要特征。具体言之，非对等性主要体现在玄洋社、黑龙会系在四大派系中的领导地位上。玄洋社创始人头山满和黑龙会头目内田良平可谓日本右翼的巨头，头山满更是被吹捧为纵横明治、大正、昭和三代的"右翼的帝王"。① 二人不仅掌控着自己所属的派系，还常常以名誉顾问的身份加入其他派系。头山满曾出任"黑龙会"干事，并与内田良平一起担任"日本国民党""大日本一新会"的顾问。之后内田良平出任"大日本生产党"总裁，头山满又担任该组织的名誉顾问。此外，头山满与内田良平还参与、指导了其他右翼团体的工作，是众多右翼团体幕后的实际领导者。可以说，右翼派系以玄洋社、黑龙会为核心所形成的"你中有我，我中有你"的组织架构，在通过"近亲繁殖"构建起特有的"金字塔式"系谱结构的同时，也在一定程度上形塑了自我排他性、封闭性的集团性格。

非共时性则主要体现在构成"四大派系"的各派系团体成立时间的不同。如玄洋社、黑龙会分别成立于1881年和1901年，属于明治时代的右翼团体，老壮会、犹存社、经纶学盟分别成立于1918年、1919年和1923年，属于大正时代的右翼团体，而农本主义系的主要团体"爱乡会"则成立于

① 大野達三『昭和維新と右翼の恐怖』、新日本出版社、1981、22頁。

1928 年，属于昭和时代的右翼团体。以时间为序，在右翼史的向度上，显然玄洋社是成立最早的右翼团体，正因如此，玄洋社才被右翼誉为"我国国家主义团体的鼻祖"①。毫不夸张地说，之后成立的各色右翼团体无不以玄洋社为"母体"，并深受其影响。这种影响主要体现在右翼团体继承了玄洋社尊崇天皇、热衷扩张和崇尚暴力恐怖的理念，甚至在后代右翼的集团性格中表现出强烈的路径依赖效应。就恐怖主义而言，玄洋社社员来岛横喜用炸弹暴击外相大隈重信的恐怖暗杀行径就被后世右翼所继承。如 1930 年"爱国社"社员佐乡屋留雄在东京火车站枪击浜口雄幸首相事件，还有 1932 年"血盟团"团员小沼正在文京区的小学校前枪杀井上准之助事件，最恐怖的是"血盟团"的井上日召于 1932 年策划的暗杀日本政财界重要人物的恐怖活动。即便是战后的右翼在反工人运动、反共产主义还有反华的行动中也常常诉诸暴力恐怖主义，尤其是当下已经蜕化为带有黑社会性质的右翼团体更是与黑恶势力勾结，以暴力、恐怖等极端行为为自己谋取政治、经济利益，造成日本社会极度不稳定。虽然上述史实不能否认玄洋社与后世右翼团体在组织和思想理念上的传承关系，但就其系谱而论，玄洋社也是得益于比之更早的早期右翼②的影响。

二　早期右翼兴起的背景

明治初期，"征韩论"的甚嚣尘上以及由此导致政府的分裂构成了早期右翼兴起的重要历史契机。为了恢复因德川幕府倒台而中断的日朝关系，明治政府向朝鲜递交国书，要求恢复邦交，而朝鲜方面认为日方建交国书中含

---

① 公安調査庁『戦前の右翼団体の状況・上巻』、公安調査庁、1964、1 頁。
② 本文所谓的早期右翼特指在时间上早于玄洋社出现的，并在系谱上能够构成玄洋社前身的右翼，即作为个体的早期右翼是指以武部小四郎、头山满、平冈浩太郎为首的右翼势力；作为团体的早期右翼是指以"矫志社""强忍社""坚志社""向阳社"为代表的右翼组织。本文第二、三部分有详论。

有"皇上""公"等种种不合礼数的称谓，有视朝鲜为属国之嫌而婉拒。[1]
日本对朝鲜的不合作大为恼火，国内放言"惩处韩国乃是当务之急"的论
调甚嚣尘上，这就是所谓的"征韩论"。

在明治政府高层中，西乡隆盛是"征韩论"的主要倡导者，并在其主
导下紧锣密鼓地为征伐朝鲜进行战略布局。不久"岩仓使节团"回国，学
习和追赶欧美以实现日本近代化的宏伟目标促使绝大多数政治精英搁置征韩
动议，理性地选择了"内治优先论"，以图发展日本的资本主义工业化。但
高层的决定并没改变西乡征韩的意志。如此一来，在国家的根本发展战略
上，政府内部发生了严重分歧。围绕内治优先还是征韩为上，最终形成了以
大久保利通、岩仓具视等人为代表的"内治派"和以西乡隆盛、江藤新平、
坂垣退助等人为代表的"外征派"。[2]"内治派"掌控政局后，"外征派"愤
而下野，连带着出身土佐、萨摩的文武官员也辞官返乡与政府分庭抗礼，统
治阶级内部彻底分裂。需要指出的是，无论是内治优先还是征韩为上并无本
质区别，只是实现国家"富强"手段的差异，更有学者指出"其论争的焦
点无非是其扩张策略及时机选择上的差别而已"。[3]

根据对明治政府的态度，下野后的"外征派"又分成以坂垣、后藤为
代表的"民权派"和以西乡、江藤为首的"主战派"。民权派主张发动自由
民权运动，通过议会斗争来维新政府，"主战派"则力主武力推翻。之所以
分化成"民权派"与"主战派"，皆是因为"外征派"内部存在"文斗"
与"武斗"两条截然不同的反政府斗争路线，而"外征派"的形成则缘于
"征韩论"及其失败的结局。右翼也自认，"'征韩论'实在是导致政府分
裂，佐贺、鹿儿岛之乱以及江藤新平、西乡隆盛殒命的祸根，更是福冈草莽
兴兵、大久保被杀以及民权论、民选议院开设运动勃发的内在诱因"。[4]

---

① 『日本外交文書』第 3 卷、32 頁，参见多田好问编集『岩仓公实记』下卷、原书房，1979、
　　8 頁。
② 玄洋社史编纂会『玄洋社社史』、玄洋社史编纂会，1917、72 頁。
③ 『近代日本思想史講座 8』、筑摩書房、1961、14 頁。
④ 玄洋社史编纂会『玄洋社社史』、玄洋社史编纂会、1917、59 頁。

本文无意探讨"外征派"及其内部"民权派"与"主战派"两条斗争路线孰是孰非，只想阐释其作为外部性条件对右翼的诞生及其发展所产生的影响。事实上，"外征派"下野导致政府的分裂，直接的后果是打破了武士阶级稳定、均衡的政治态势。当时，大批因明治维新改革在政治上被边缘化、经济上日益贫困化的没落武士和浪人集团极力赞同征韩论，意图通过征伐朝鲜改变自身不利的政治地位①，尤其以武部小四郎、头山满、平冈浩太郎为代表的福冈不平士族更是确立了欲征朝鲜先要打倒岩仓具视和大久保的"清君侧"方针。他们认为："讨韩亦可伐清，以继承神功皇后、丰臣公的遗志，以报元寇来袭之辱。当集天下志士以共遂其志，然征韩论败于庙堂之上，西乡公愤懑下野，我福冈志士无不扼腕叹息。为今之策，只有断然讨伐专制政府，天下大势才有望达成。"② 福冈不平氏族与"外征派"由于对外扩张的政治理念的趋同而合流，并最终催生出近代日本早期右翼——以福冈为中心包括"武部小四郎、越智彦四郎、头山满、平冈浩太郎、近藤喜平太、箱田六辅等一批号称'青年志士'的人成为骨干分子"③——的诞生，历史也决定了这批人作为最初的元老级右翼成为构建早期右翼系谱的最基本、最核心的力量。

另外，"武斗"与"文斗"两个不同的斗争策略也在事实上为早期右翼运动的展开预设了发展的进路——促成其反明治政府的武装暴动与投机自由民权运动两个运动阶段的达成，也促使其组织系谱在运动中得以构建。

三　早期右翼运动的展开与系谱的建构

虽然"外征派"内部存在两条斗争路线，但是早期右翼并未在选择

---

① 明治初期推行的"废藩置县""版籍奉还""秩禄处分"，还有《废刀令》等维新措施不仅剥夺了武士的特权，而且从根本上瓦解了武士阶级。一部分武士在被迫向士族转化的过程中对政府充满怨恨，他们被称为"不平士族"。早期右翼即从"不平士族"转化而来。

② 玄洋社史编纂会『玄洋社社史』、玄洋社史编纂会、1917、73～74 页。

③ 步平、王希亮：《日本右翼问题研究》，社会科学文献出版社，2005，第 67 页。

"武斗"还是"文斗"的路线上"摇摆不定"，一开始就义无反顾地选择了参加武装叛乱。1874 年，江藤新平在佐贺发动叛乱（史称"佐贺之乱"）。箱田和头山立即制订支援江藤的计划，但是由于佐贺叛乱很快被政府军镇压，江藤又被处死，计划"胎死腹中"，后转而密谋刺杀大久保但也是无功而返。1876 年，箱田、头山又派兵支援前原一诚在山口县发动的"荻之乱"，但叛乱很快被镇压，箱田也因此被捕。头山、近藤等人受营救箱田和密谋刺杀大久保事件的牵连也被逮捕，其余人等被迫逃亡鹿儿岛投靠西乡。翌年，随着"西南战争"的爆发，右翼的武装叛乱运动也达到高潮。为支援西乡，武部、越智纠集近千人发动武装叛乱（史称"福冈之变"）。叛乱被镇压后，主犯武部、越智等五人被处死，此役死伤者有百余人。[①] 头山、近藤等人由于事变之前既已被捕，故而侥幸躲过此劫。正是历史的这次"偶然"为右翼的再度勃兴保存了力量。被特赦返回福冈的头山着手重组右翼势力并向自由民权运动靠拢。

其实，早在参与武装叛乱时期，越智和武部就已尝试与"民权派"接触。1875 年 2 月，受坂垣民权理论的启发，二人出席了"大阪会议"，接受了"大力伸张民权"的主张[②]，随后二人加入了坂垣创立的"立志社"。为了更加深入地学习民权理论，以越智、武部、箱田、头山为核心的"矫志社""强忍社""坚志社"政治结社在福冈建立。三社构成如下[③]：

> 矫志社：社长武部小四郎，社员有箱田六辅、平冈浩太郎、头山满、近藤喜平太等。
> 强忍社：社长越智彦四郎，社员有舌间慎吾、久光忍太郎、川越庸太郎等。

---

① 『近代日本思想史講座 8』、筑摩書房、1961、14 頁。
② 木下半治『日本右翼の研究』、現代評論社、1977、49 頁。
③ 玄洋社史編纂会『玄洋社社史』、玄洋社史編纂会、1917、105 頁。

　　坚志社：社长箱田六辅，社员有中岛翔、月成功太郎、的野恒喜[1]等。

三社共同秉承如下宗旨：

　　新政府优柔寡断、苟且偷安，以至于受到朝鲜小国之侮辱，实乃外交之大误；排挤正义忠节之士，压制公议而独断专行；大兴土木而劳民伤财……此等政府存之何用？当推翻之。如今三社始成，当与四方志士勠力同心以申明大义。[2]

　　为了进一步发展自由民权运动，1877 年，头山、箱田等人在福冈设立"开垦社"（别名"向浜塾"），以图"评议时政，督促政府改善政策"。"开垦社"主要领导者为头山满、近藤喜平太，主要社员有奈良原、藤岛一造、月成勋、大原义刚、来岛恒喜等人。

　　"开垦社"成立的翌年大久保被暗杀，叛乱之心复燃的头山亲赴土佐鼓动板垣"趁势发动叛乱以继承西乡遗志"。但板垣坚持认为"唯有伸张民权、实行立宪政体、扩大议员权利日本才有出路"[3]。被板垣说服的头山回乡后开始致力于民权运动。1879 年，头山、箱田等人关闭"开垦社"，建立"向阳义塾"。为了"讲习实学、宣讲自由民权学说，兼论政治时局之用"[4]，另设"向阳社"，由箱田出任社长。"向阳社"即为"玄洋社"的前

---

① 的野恒喜后改名来岛恒喜，于 1889 年作为玄洋社一员在霞关制造了自杀式爆炸袭击大隈重信的恐怖事件。该事件不仅震动朝野，导致"修改条约案"戛然而止，也令玄洋社名声大噪。头山评价该事件为："鄂天下者，莫如君之一击。"［参见西尾陽太郎『頭山満翁正伝』（未定稿）、葦書斎、1980、180 頁］来岛恒喜虽不是右翼的领导人物，但他的行为具有象征意义，其恐怖主义行径被后世右翼团体所效仿，成为其重要特征。即便时隔百年之久，当今著名的右翼团体"一水会"依然宣称要"继承来岛之精神"，足见其影响深远。参见 http://www. issuikai. jp/issuikai. html。

② 玄洋社史編纂会『玄洋社社史』、玄洋社史編纂会、1917、106 頁。

③ 木下半治『日本右翼の研究』、現代評論社、1977、51 頁。

④ 玄洋社史編纂会『玄洋社社史』、玄洋社史編纂会、1917、208 頁。

身。"向阳社"成立后，为了"宣扬民权思想兼顾开设国会请愿运动"，头山奔赴鹿儿岛出席大阪民权派的"爱国社"大会，并依据"爱国社"大会的决议，到各地组织集会、宣传民权思想，"向阳社一时成为自由民权运动的重要基地"。①

"向阳社"参与自由民权运动的做法，短时间内使其政治影响力和资源整合能力得到双向提升，这为日后玄洋社的"腾飞"奠定了坚实的基础。②1881 年 2 月，玄洋社在福冈成立并确立"敬戴皇室、热爱日本、固守人民之权利"的宗旨。平冈浩太郎出任第一代社长，其他主要社员有头山满、箱田六辅、近藤喜平太、来岛恒喜、内田良平、大原义刚、月成勋等人。玄洋社成立的意义在于，重新整合了日本既有的不平士族和浪人集团，并将右翼运动的方向转向国权扩张，这在根本上促成了早期右翼向组织纯化、结构稳定、政治目标明确以对外扩张为终极价值追求的真正意义上的近代日本右翼转变③，同时也在事实上拉开了右翼全面参与军国主义侵略扩张的大幕。

可以说，这一时期是以头山为代表的早期右翼与自由民权运动的"蜜月期"。对此木下半治不无调侃地说："从日后玄洋社从事右翼活动来看，此时头山热衷民权运动的做法，不禁给人相当异样之感。"④ 右翼之所以转向，除了自身所面临的现实困境之外，根本原因是自由民权运动附着浓厚的国家主义色彩及所暗含的国权主义性格迎合了右翼的政治诉求。有学者评

① 公安調査庁『戦前の右翼団体の状況・上巻』、公安調査庁、1964、8 頁。
② 按照玄洋社官方史书《玄洋社社史》的记载，头山、平冈等人认为虽然"向阳"二字本意指向太阳，但在日本，太阳是天皇的代指，所以其难免含有指向天皇之大不敬之意，应该换名字。经过一番改组后，"向阳社"更名为"玄洋社"（参见玄洋社史编纂会『玄洋社社史』、玄洋社史編纂会、1917、227 頁、225 頁）。这次换名改组，不仅扩大了原组织的规模，也使其明确了政治目标，即以玄洋社为根基，转而向国权扩张，雄飞大陆。
③ "真正意义上的近代日本右翼"是相对于早期右翼而言的。早期右翼无论在组织上还是思想上都处于不成熟阶段，人员不稳定、组织变更、纲领废立频繁，行动也以旧式武装叛乱为主，整体上带有较浓厚的封建帮会性质。而玄洋社成立后，右翼组织日益稳定和完善并呈壮大趋势，右翼系谱开始"开枝散叶"。另外，玄洋社热衷的侵略扩张理念也成为后世右翼奉行不渝的信念和重要特征。从这个意义上说，早期右翼可视为右翼的"童年"，而玄洋社则是其即将走向成熟的标志。
④ 木下半治『日本右翼の研究』、現代評論社、1977、53 頁。

论："自由民权运动把以基本的人权为基础的民权论和把重点放在天皇、国家上面的国权论，互为表里地结合起来。"① 坂垣也承认自由民权运动的立场就是"根据国家观念所调节的个人自由的主义……小则保全一身一家，大则维系天下国家，最终以增进天皇陛下的尊荣福祉，使我帝国与欧美各国对峙屹立，并驾齐驱于宇内，我等所欲，皆在于此"。②

由此观之，"更多带有浓厚的国家主义色彩，运动的发起人和参与者大都具有国家主义倾向"③ 的自由民权运动本质上拒斥西方资产阶级的自由、民主理念，根本目的只是维护"天皇陛下的尊荣福祉"。也许当时的头山并没有深刻认识到自由民权运动的实质，但凭直觉他已敏锐地嗅到了运动所散发的国权主义味道。从这个意义上说，早期右翼所从事的自由民权运动从一开始就已经在国权主义的延长线上。

综上所述，在组织上，玄洋社大抵经历了前期的"矫志社"、"强忍社"、"坚志社"、"开垦社"以及"向阳社"的组织沿革。"上述结社组织虽然社名各异，但其宗旨、主义、功能都一脉相承"④，构成了玄洋社事实上的前身组织（如图1所示）。

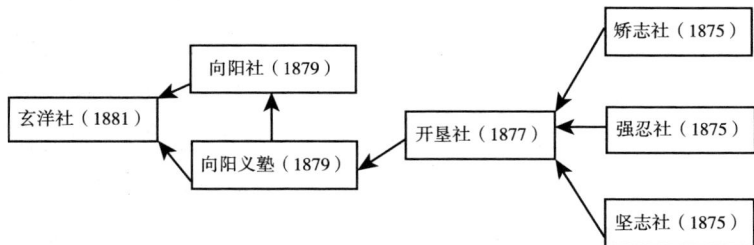

图1　玄洋社前身组织系谱

① 永井秀夫「自由民权」、『日本历史』第 25 卷、小学馆、1977、46~47 頁。
② 板垣退助監修『自由党史』（上）、岩波文庫、1957、247 頁。
③ 〔日〕松本三之介：《国权与民权的变奏——日本明治精神结构》，李冬君译，东方出版社，2005，第 51 页。
④ 玄洋社史編纂会『玄洋社社史』、玄洋社史編纂会、1917、227 頁。

四　右翼扩张理念的形成及与"西乡精神"的链接

在右翼的思想构造中，尊崇天皇、侵略扩张是其核心理念，并且从诞生之始就已牢固确立。这一理念的源头不能忽视日本传统的神国观念文化提供的逻辑支撑。其基本的逻辑推论为，由"神创日本论"为逻辑起点导引出日本是万邦无有的神国，天皇是神族后裔，作为"现人神""万世一系"统治日本，由此推出其他的国家和民族理应臣服于天皇陛下，希求日本解放之，由最优秀的大和民族统治的结论。这一推论成为右翼鼓吹侵略扩张的精神动力和冠冕堂皇的理由，也预设了日本侵略扩张的合理性和正义性。这也是至今包括右翼在内的极右势力不承认侵略战争和不反省侵略历史的认识论根源之一。同时，也应检视右翼所参与的政治运动对其行动选择的规约，因为后者是孕生右翼的重要外部条件。

早期右翼的政治运动虽然包含武装叛乱和自由民权运动两个阶段，但民权运动与右翼的"蜜月期"十分短暂，思想上对其影响也微乎其微。从现实的角度考虑，头山、平冈等人投身自由民权运动完全是武装叛乱被血腥镇压后的政治投机行为。1881 年成立玄洋社后，右翼迅速与自由民权运动分道扬镳转向海外扩张以及 1893 年策划"干涉选举"来镇压民权派就证明了这一点。① 相反，无论在思想的传承还是集团性格上，早期右翼与西乡代表的"主战派"一脉的"血缘关系"更深，受西乡精神的影响更大。

西乡的精神世界比较复杂②，就对右翼的影响而言，主要体现在"王政

---

① 1892 年 2 月，头山领导的玄洋社为了松方内阁的扩军备战案能在议会上顺利通过，公然采取暴力、恐吓等手段打压民党派议员，干涉选举。选举当天，头山纠集一群手持器械的暴徒对民党派大打出手。到选举结束，死伤人数多达 173 人，酿成严重流血事件。

② 西乡虽被认为是浮于历史表面的只知穷兵黩武的军人，但其在儒学上颇有造诣。《南洲翁遗训》（西乡号南洲）是有关西乡的语录集，主要阐释如何实现儒家"修身、齐家、治国、平天下"的理想。该书被认为是西乡领悟儒学精髓的集中体现（日文版见山田济斋编『南洲翁遗训』、岩波文库、1991，中文版见许文编译《南洲翁遗训》，新世界出版社，2011）。应该说，武士道的信仰与儒学的伦理自持对西乡都产生了深刻的影响，共同构（转下页注）

维新"和"东亚经略"思想上。①

"王政维新"思想主张废除700年来的幕府将军专权的所谓武家政治，还政于天皇，无论在意识形态上还是在政治上，天皇都将作为国家的最高统治者，通过统和国民、维新政治，从而建立起近代资本主义国家。这一思想的逻辑展开的首要任务就是推翻幕府统治，所以有了后来的"倒幕运动"，在此基础上"明治维新"才得以实现。西乡始终主张天皇必须独揽大权，"万机亲裁"，即便是推行近代化，也不能偏离这一"国本"。明治政府成立后，西乡对大久保、岩仓等人排挤异己和利用藩阀势力架空天皇的行为非常不满，于是发动"西南战争"，意欲实现"二次维新"，还政于天皇。西乡的政治生涯轨迹鲜明地折射出"王政维新"思想对其的支配作用。就其本质而言，"王政维新"要求"清君侧"以维护天皇独裁实际上是"皇权中心主义"的一种表现。毋庸赘言，右翼本就是皇权中心主义的狂热追捧者。如内田良平（黑龙会会长）在告慰明治天皇的悼词中称："日本自开辟以来，万世一系之天皇用神器统御我日本国、教化四方……明治天皇具足神武天皇肇国之精神，吾皇固守我日本之精神，不失国民之本，又秉承维新之洪谟，求知于世界以振兴皇基，完成光复我日本亚细亚之旧版图，其功甚伟。"可见，在尊皇这一基点上，二者实现了精神上的连接。

右翼元老的野半介（"玄洋社"机关报《福陵新报》社社长）在回忆西乡对右翼的影响时曾指出："由于岩仓、大久保等当局者在东洋政策上毫无建树、优柔寡断，所以大西乡、江藤、前原等豪杰才会断然与其决裂，清君侧以图维新，实现吞并朝鲜、中国的战略。头山氏为国事奔走呼号亦是要推翻幕府、整顿内治，然后吞并朝鲜乃至中国……"② 的野的话似乎更加佐

（接上页注②）筑了西乡的精神世界。但在日本实现近代化的历史语境下，武士道的尚武精神与儒学的"仁爱"理念产生了不可调和的矛盾，这造成了西乡精神世界的内在冲突与不安，同时也造成了其人格的"分裂"。可以说，一方面主张武力扩张，另一方面不忘以"仁爱"为本，这种矛盾又统一的"二重精神构造"不仅存在于西乡的精神世界中，也是当时日本精英阶层普遍的精神写照。

① 安腾英男『西乡隆盛评传』、白川書院、1976、243 頁。

② 平井晩村『頭山満と玄洋社逸話』、武俠世界社、1914、第197 頁。

证了这一点。

"东亚经略"思想则主张面对西方列强的殖民侵略日本应与列强抗衡以实现"与万国对峙"和"富国强兵"。这一思想的展开包含两个逻辑层面。一方面要通过谋求与同样面临殖民危机的东亚诸国的联合（主要是与中国、朝鲜的联合）来共同抵御西方；另一方面则主张日本若实现了独立，就效仿列强的殖民模式向东亚扩张以实现"开拓万里波涛，宣布国威于四方"。前一方面被右翼受容后衍生出了"东亚连带论""东洋盟主论""大亚细亚主义"① 等思想，而后一方面对其的影响更为深远——"我忧国志士传承征韩论之精神，为出兵朝鲜、中国等东亚经纶之策倾注大量心血……"②，"我帝国应全力推行积极地扩张，以确立东亚之大政策……对支那实施必要的高压手段的同时，还要依循其国民性而驾驭之……先占南满洲及内蒙古一地，确立我帝国大陆扩张之优越地位，以便牵制列强对支那的瓜分，然后乘此时机向支那的南方推进"。③

显而易见，西乡的"东亚经略"思想不仅在根本上影响了右翼在朝、华问题上的扩张立场，而且与其对外扩张思想具有内在关联，是构筑右翼扩张理论的思想基盘。可以这样认为，"西乡精神"与之后政府出笼的"大陆政策""扩军备战"等扩张计划，一个作为精神动力、一个作为政策导向，

---

① 亚细亚主义思想十分驳杂，中国学界对于亚细亚主义做了很多有意义的研究。如王屏在《近代日本的亚细亚主义》一书中提出，按表现形式，将亚细亚主义分为"思想"的亚细亚主义、"行动"的亚细亚主义、"外交战略"的亚细亚主义三个层次，并从"古典亚细亚主义"的萌生、"扩张亚细亚主义"的形成、"侵略亚细亚主义"的质变三个演化阶段，对其做了历史性的考察和分析。另外，杨栋梁在回应盛邦和、戚其章有关亚细亚主义之辩的论文中，将早期亚细亚主义划分为"朴素、策略、征服"三种类型，并对其形态、特征、本质进行了辩证的分析。详见王屏《近代日本的亚细亚主义》（商务印书馆，2004），杨栋梁《日本"早期亚细亚主义"思潮辨析——兼与盛邦和、戚其章先生商榷》（《日本学刊》2009 年第 3 期），盛邦和《19 世纪与 20 世纪之交的日本亚洲主义》（《历史研究》2000 年第 3 期）、《日本亚洲主义与右翼思潮源流——兼对戚其章先生的回应》（《历史研究》2005 年第 3 期），戚其章《日本大亚细亚主义探析——兼与盛邦和先生商榷》（《历史研究》2004 年第 3 期）。

② 内田良平『日本的亚细亚』、黑龍会出版部、1931、234 頁。

③ 内田良平『支那観』、黑龍会出版部、1913、61 頁、62 頁、73 頁。

共同构筑起了右翼向朝鲜、中国扩张的维度，从而在事实上加快了日本走向军国主义侵略扩张的步伐。

在右翼中，受西乡影响最深者当属头山。头山曾这样评价西乡："敬天、爱人乃是南洲翁（西乡隆盛号南洲）一生恪守之信念。世间诸事皆在于敬爱二字，小到父子、夫妇、兄弟，大到市町、国家、国际。"① 为此，头山把西乡酷爱的"敬天爱人"四字题为匾额，每日三省其身。② "敬天爱人"在西乡的语境里，除了道德层面上的基于人性的普遍价值追求之外③，"敬天"二字更多指向尊崇天皇、敬戴皇室之意涵。以此为座右铭，彰显了头山要继承西乡遗志"义勇奉公"以"扶翼天壤无穷之皇运"。

在《我毕生的志愿》一文中，头山更加明确地表达了这一志向：

> 自古以来，我大和民族是唯一拥有纯洁无二国魂的民族，以此为根基实现世界的和谐统一是我国的大使命，也是大和民族的天职。为此，我们毕生要贯彻敬戴神明、尊崇皇室、万民同心、世界一家的信念……④

正因为头山、平冈等右翼受到西乡的影响太深，他们才自觉地秉承了西乡的理念，并在思想上与西乡精神保持高度的契合，这种排他性的契合也使早期右翼根本无法最终与坂垣退助所萌生的近代民主政治意识完成对接，反而是貌合神离而渐行渐远。松本健一在《右翼·国家主义的传说》一书中认为："玄洋社并非作为民权运动其中一环而成立的，毋宁说是以参加西乡

---

① 小林宽、井川聪『頭山満和玄洋社』、海鸟社、2003、262 頁。
② 头山所书"敬天爱人"的墨迹现藏于下关市赤间神宫；西乡的墨迹被鹿儿岛市"西乡南洲彰显会"收藏。
③ 关于敬天爱人，西乡有如下论述。"道是天地间自然形成的东西，人们应该去顺应它，因此首先应把尊重天地作为目标，天赐予我爱，我应当用爱己之心爱他人。"参见安藤英男『西郷隆盛史伝』、鈴木出版社、1988、285 頁。
④ 藤本尚则『頭山の精神』、葦書斎、1993、10 頁。该书中收录的多为复刻头山满的亲笔书信和题字的拓片。

隆盛的'私学校党'、前原一诚的'荻之乱'的不平士族以及'矫志社'为根基。他们的民权伸张论，并不是直接受容欧美自由民主理念，而是传承不平士族反明治政府的思想。"①

可以说，西乡的"王政维新""东亚经略"思想已然被右翼作为最"本色的精神"顽固地传承下去。"所谓右翼者，皆是西乡精神的子孙"②，在回溯自己扩张思想的渊源时，估计没有哪个右翼会忘记承认西乡精神的恩惠。从思想史的角度言说，在系谱上"西乡隆盛成为日本右翼的原点、源流"③。

五　结语

以"征韩论"为契机，福冈不平士族沿着"武斗""文斗"的发展路径演进的过程中，受西乡"王政维新"和"东亚经略"思想的影响，在牢固确立侵略扩张理念的同时也实现了其右翼身份的转化，并最终完成了早期右翼系谱的建构。之后，右翼迅速地勃兴起来，整体性转向"高举大亚细亚主义旗帜，极力促成中日、日俄两国之战端，日韩之合并"的侵略扩张运动④，并最终蜕变为服膺政府对外扩张的鹰犬。

（原载《日本学刊》2014 年第 5 期，有删减）

---

①　松本健一『右翼・ナショナリズムの伝説』、河出書房新社、1995、77 頁。

②　松本健一『思想の右翼として』、第三文明社、1976、20 頁。

③　池田諭『日本の右翼』、大和書房、1985、22 頁。

④　警備警察研究会『右翼運動』、立花書房、1954、13 頁。

美军统治琉球群岛的历史考察

陈静静[*]

1945～1972 年美军统治琉球[①]群岛期间，不断调整统治政策，驻琉球美军的最高军事指挥官几乎主导琉球所有事务，美国和日本政府只是负责制定琉球的大政方针。美国在其他国家也有很多军事基地，一般通过外交途径解决与基地所在国之间的问题，由美国国务院和所在国外交部来处理这些问题，必要时美国国会也会参与。但在琉球，无论是军事事务还是民事事务都由军方决定，而且军事事务绝对优先于民事事务。为什么驻琉球美军能够主导岛内一切事务、实行名副其实的殖民统治，又是如何统治琉球群岛的呢？目前国外研究成果多少涉及这一问题，但未进行系统研究；而国内学术界尚

[*] 陈静静，中国社会科学院日本研究所助理研究员，研究方向为日欧关系、冲绳问题。

[①] 需要强调两点。一是关于"琉球"和"冲绳"的表述问题。美国政府在 1945 年以前的文献里对于"琉球"均称 Liuqiu，1945 年 12 月改用 Ryukyu。"冲绳"英文为 Okinawa，1879 年"琉球处分"以后，日本在琉球群岛设置冲绳县。美国政府所称的"琉球群岛"，主要包括冲绳群岛、奄美群岛、宫古群岛和八重山群岛等四个群岛，美军统治琉球期间，也主要是对这四个群岛进行管理。其中冲绳群岛面积最大，人口最多，大约集中了整个群岛90% 的人口，驻琉球美军的大部也分布在冲绳主岛。另外，1954 年，美国放弃了对奄美群岛的施政权。美国占领琉球之后，其机构及相关正式文件使用的都是"琉球"。美国相关外交档案大部分使用的是"琉球"一词，日本方面则主要使用"冲绳"一词。有鉴于此，本文使用"琉球"一词，文中引用部分按照原文处理。二是关于"归还""返还""回归""复归"等相关表述。作为《旧金山对日和约》签字国的日本，认为琉球是其领土，为安抚日本，杜勒斯在旧金山和会上声明日本拥有琉球的"剩余主权"。因为琉球问题是战后美日之间的重要外交问题，它们之间的交涉必然涉及美国"归还"琉球施政权问题。本文研究的是美军对琉球群岛统治的演变，不涉及琉球的主权归属问题。鉴于本文使用材料多为美国外交档案和美日学者研究成果，因而必然出现"主权""剩余主权""归还""返还""回归""复归"等关键词，但这仅为忠实于原始史料，并不代表笔者认为日本拥有琉球群岛的合法主权，本文对这些关键词均使用引号加以标注，以示区别。

未对该问题进行专门讨论。有鉴于此，本文拟对这一问题进行探讨，集中考察美军对琉球统治的历史演变，深化美国军事史研究。

一 确立统治：从军政府的建立到民政府与琉球政府两级行政机构的形成

冲绳战役结束后，约有 1.5 万名美军驻扎在琉球群岛，但是美军进驻琉球各地时间不一，因此战后初期没有在整个琉球群岛建立起统一的军政府，而是对其主要群岛奄美、冲绳、宫古和八重山采取分别统治的方式。这样就出现了冲绳群岛军政府（后改名为琉球军政府）、南部琉球军政府和北部南西诸岛军政府并存的局面。1946 年 4 月，由当地人组成的冲绳咨询会成为冲绳民政府，向居民传达美军政府的命令并确保其被正确执行，同时成立冲绳议会。无论是冲绳民政府的知事，还是议会的议员，都由美军政府任命。1946 年上半年，美冲绳海军军政府发布了一系列指令，重建对冲绳的管理体系，初步确立对琉球群岛的统治。

整体来看，战后初期美军基本以群岛为单位进行统治，一方面统治具有临时性，军政府直接管理琉球民事事务，没有组建统一的琉球中央政府，没有制定长期的、系统的统治政策；另一方面统治具有一定的混乱性，由于美军进驻各个群岛的时间不一，军政府成立的时间也不一，各个军政府对当地的管理也不完全一样，总体上尚未走上正轨。

随着美国远东政策和琉球政策尘埃落定，琉球基地重要性逐渐凸显，并成为美国立足远东的"太平洋基石"。自中国革命的成功成为不可动摇的事实时开始，冲绳军事基地建设即进入正轨。此后，美国决策层开始采取政策减少管理当局的军事色彩并将对琉球的占领常态化。1950 年 12 月 15 日，麦克阿瑟发布了第 79 号基本指令，建立美国琉球群岛民政府（United States Civil Administration of the Ryukyu Islands，以下简称"民政府"）①，以取代原先的军

---

① Neal A. Marcot, "The Japanese Foreign Policymaking Process: A Case Study, Okinawa Reversion," Ph. D Dissertation from Georgetown University, 1981, p. 91.

政府。但是这个体系没有发生任何变化，军政府将其所有的权力转交给了民政府，其军事长官直接改为民政府长官，副军事长官改为副长官。①

1952 年 2 月 29 日，民政府发布 13 号公告，建立由当地人组成的覆盖整个琉球群岛的政府——琉球群岛政府（Government of the Ryukyu Islands，以下简称"琉球政府"）。该公告规定，琉球政府在岛内可以行使所有的权力，但要受到民政府的公告、法令和指令的约束。② 同一天，民政府发布了 68 号法令，规定琉球政府以主席为首，琉球政府主席和副主席由民政府副长官委派。③ 这样，琉球就有了两级行政机构——民政府和琉球政府，但民政府仍拥有最高权威。④ 民政府和琉球政府两级行政机构的建立，非但没有改变琉球仍被美军统治的本质，反而使美军的统治更加行政化、制度化，这标志着美军对琉球统治的最终确立。

二 稳固统治：设立高级专员与美军 在岛内的统治达到顶峰

1952 年 4 月，《旧金山对日和约》生效后，美国国防部负责管理琉球，远东总司令是琉球群岛民政府的长官，他任命副长官行使管理该岛的职责。⑤ 国

---

① "Memorandum by the Assistant Secretary of State for Far Eastern Affairs（Robertson）to the Secretary of State," *FRUS*, 1952－1954, Vol. 14, 8 January 1954, p. 1583.

② Civil Administration Proclamation No. 13, February 29, 1952, Subject：Establishment of Government of the Ryukyu Islands. 参见 Arnold G. Fisch, Jr., *Military Government in the Ryukyu Islands 1945－1950*（Washington, D. C.：Center of Military History United States Army, 1998）, pp. 317－319。

③ Civil Administration Ordinance No. 68, February 29, 1952, Subject：Provisions of the Government of the Ryukyu Islands. 参见 Arnold G. Fisch, Jr., *Military Government in the Ryukyu Islands 1945－1950*（Washington, D. C.：Center of Military History United States Army, 1998）, pp. 320－329。

④ Draft Directive for United States Civil States Administration of the Ryukyu Islands, *FRUS*, 1952－1954, Vol. 14, 11 January 1954, p. 1588.

⑤ Draft Directive for United States Civil States Administration of the Ryukyu Islands, *FRUS*, 1952－1954, Vol. 14, 11 January 1954, p. 1587.

防部将这个责任交给了陆军部，陆军部对民政府的构成和运行负责。国防部几乎不干涉民政府的具体事务，国务院在琉球具体事务上没有发言权，民政府副长官几乎掌管着琉球的所有事务。

20世纪50年代以来，随着朝鲜战争爆发、台湾海峡和印度支那局势紧张，琉球基地的重要性越发凸显。美军用"刺刀加推土机"的方式开始大规模征用琉球土地修建军事设施，土地问题不断恶化，琉球和日本的"回归"呼声兴起。为了加强美国政府对琉球事务的影响，稳定琉球局面，将现行的占领政策继续下去，美国决策层开始考虑制定相关政策。1957年6月5日，艾森豪威尔发布10713号行政命令，取消民政府长官和副长官职位，构建了琉球高级专员（High Commissioner）体系，高级专员取代副长官成为民政府实际的最高领导。10713号行政命令确认了在《旧金山对日和约》第3条之下美国拥有对琉球群岛的"所有行政权、立法权和司法权"，这些权力将由国防部部长来行使。[①] 10713号行政命令实际上相当于美军占领时期的"琉球宪法"，调整了琉球的管理机构并将其固定下来，将琉球民政府与琉球政府的关系书面化、正式化。该行政命令密切了美国政府与琉球的联系，为美国政府直接干预琉球事务留下了空间，其将琉球直接置于国防部而不是国务院的管理之下，以书面的方式正式规定了军方在琉球的主导地位，而高级专员无疑成为上述命令的执行者，具体负责稳固美军对琉球群岛的统治。

10713号行政命令颁布前，詹姆斯·摩尔（James E. Moore）少将是美国琉球民政府的副长官，同时也是美国琉球陆军司令。在行政命令颁布后，摩尔即被委派为高级专员。在既定的宽泛的政策框架内，高级专员在管理琉球上拥有很大的自由度。在摩尔在任期间，美军在琉球的活动特别是军事用地问题上引发当地人不满。

1960年声势浩大的安保斗争使美国非常担心这股强大的反美力量转移到琉球问题上，在此背景下，美国出台了肯尼迪新政策。肯尼迪要求国防部

---

① Executive Order 10713, June 5, 1957, Box 5, Records of the U. S. Civil Administration of the Ryukyu Islands (USCAR), RG 260 Records of United States Occupation Headquarters, World War Ⅱ. N. A.

部长：第一，向国会提出修改普赖斯法案①的修正案，提高向琉球援助的上限；第二，指示高级专员加快推动琉球政府自治以及扩大琉球人自由的进程，高级专员应该以调查小组报告为政策指导。②

那霸的高级专员原本应该是肯尼迪新政策的执行者，但是第三任高级专员保罗·卡拉维（Paul Caraway）坚决反对新政策。他拒不执行肯尼迪新政策，并采取三项旨在削弱日本在琉球的影响力与加强美军对琉球的管控力的举措。第一，全面抵制日本增加对琉球的援助，尤其是经济援助。第二，利用民政府对琉球政府的控制掀起被称为"直接统治"的改革。第三，隔离琉球与日本的各方面交流。卡拉维独断专行的统治使其陷入与琉球政府、琉球民众、赖肖尔领导之下的美国驻日使馆以及日本政府的冲突中。③ 他打破了琉球人对肯尼迪政策的美好憧憬，导致琉球政府集体辞职以及冲绳自民党的分裂。面对琉球形势恶化以及日益增大的日本方面的压力，美国政府相关部门开始探索如何缓解这种紧张局面，并围绕高级专员本身的身份及其人选展开了博弈。

总之，卡拉维坚决抵制肯尼迪新政策，其背后有美国军方的大力支持，这也反映了美国政府内部关于其琉球政策的斗争，军方反对任何可能会威胁到其在琉球不受约束地位的行为，卡拉维在岛内推行的各种措施恰是为了维护军方特别是陆军在琉球的利益。卡拉维在琉球的独断专行也标志着美军对琉球的统治达到顶峰，此后美军开始逐步放松对琉球的控制。

三 弱化统治：美军放松对琉球的管控

约翰逊上台后，致力于巩固美日同盟关系，扶植亲美的日本领导人——

---

① Price Act 是关于美国向琉球提供经济援助上限的法案。该法案在 1960 年 7 月，由伊利诺伊州代表梅尔文·普赖斯（Melvin Price）提出并在国会通过，当时设定美国每年向琉球提供援助的上限为 600 万美元。

② "National Security Action Memorandum No. 133," *FRUS*, 1961 – 1963, Vol. 22, China; Korea; Japan, pp. 723 – 724.

③ Nicholas Evan Sarantakes, *Keystone: The American Occupation of Okinawa and U. S. – Japanese Relations* (Texas: Texas A&M University Press, 2000), p. 117.

来自自民党的佐藤。随着 1970 年新《美日安全条约》到期，在此之前必须对琉球政策进行较大幅度调整，否则琉球问题将成为日本国内反对党攻击自民党的焦点。① 如果佐藤或是自民党的执政地位受到影响，这将是美国远东政策最大的失败。此时，维持友好、密切的美日关系的重要性已经超过了琉球军事基地所带来的收益，而且此时的调整以不损害美国在远东的军事力量为前提。有鉴于此，美国必须调整美日同盟，给日本更多"伙伴"待遇，而在琉球问题上取得实质性进展成为这种调整不可避免的一步。

鉴于琉球基地在越战和遏制中国方面发挥着非常重要的作用，为保持在琉球基地的军事灵活性，约翰逊政府对琉球政策的调整是逐步进行的。1965年，在约翰逊—佐藤第一次峰会上，美国向日本做出让步，同意日本增加对琉球的经济援助和扩大琉球人自治。② 1967 年，在约翰逊—佐藤第二次峰会上，美国决定放弃"晴空"政策③以及"归还"小笠原群岛行政权。④ 这表明美国终于放弃了将琉球"回归"与远东形势挂钩的政策，这在美国对琉球政策上是一个巨大的转折。与此同时，美国政府也逐渐放松对琉球的控制，约翰逊政府两次修改 10713 号行政命令，意在缓解琉球和日本不断增长的"返还"压力。1965 年 12 月 20 日，约翰逊发布 11263 号总统行政命令，这是对 10713 号行政命令的第二个修正案，该行政命令规定琉球主席由议会

---

① Visit of Prime Minister Eisaku Sato of Japan November 14 – 15, 1967, November 8, 1967, Box 253, NSF, Country File, Japan, President Johnson Library.

② Text of Joint Communique between President and Lyndon B. Johnson and His Excellency Eisaku Sato, Prime Minister of Japan Following Talks in Washington, January 12 and 13, 1965, Box 253, NSF, Country Files, Lyndon B. Johnson Library.

③ 1953 年 12 月，美日签署了"返还"奄美群岛施政权的协议之后，美国一直执行"晴空"政策（英文表述为 Blue Sky 或是 Clear Sky）。该政策的实质是美国不为占领琉球规定一个时间，而是根据远东形势的变化决定琉球施政权"回归"与否。之后，肯尼迪和约翰逊政府都遵循了这一方针。该政策在 1961 年《池田—肯尼迪联合公报》、1965 年《佐藤—约翰逊联合公报》中被提及和确认。

④ Joint Communique between President Lyndon B. Johnson and His Excellency Prime Minister Sato of Japan, for Immediate Release, November 15, 1967, Box 253, NSF, Country File, Japan, Lyndon B. Johnson Library.

议员选举产生。① 此后，民选琉球主席成为琉球最强烈的呼声，在此背景下，1968 年 1 月，约翰逊总统发布了允许民选琉球主席的 11395 号行政命令。②

而从卡拉维拒不执行肯尼迪新政策引发了琉球群岛、日本和美国的严重不满后，后继的约翰逊政府的各部门就围绕高级专员的身份及其人选展开了博弈。国务院和国家安全委员会都主张以文职官员管理琉球，淡化美军统治的色彩，但军方特别是陆军坚决反对。为了应对这一局面，国防部准备委派艾伯特·沃森（Albert Watson）将军为下一任高级专员，国务院决定暂时搁置设立文职高级专员的方案，打算先看看沃森能否缓解琉球形势。③ 国家安全委员会也向军方妥协，并正式宣布支持沃森为高级专员。④

1964 年 8 月沃森上任，他主要在放松对琉球的管控和在可控的范围之内增加日本对琉球的影响这两个方面采取举措。在放松对琉球的管控方面，他采取措施下放立法权⑤，取消或修改一系列法令、公告和指令，以扩大琉球政府的职能。⑥ 在增加日本对琉球的影响方面，他积极与日本政府合作发展当地经济⑦，

① Executive Order 11263—Further Amending Executive Order No. 10713, Providing for Administration of the Ryukyu Islands, https：//www. presidency. ucsb. edu/documents/executive – order – 11263 – further – amending – executive – order – no – 10713 – providing – for.

② Executive Order 11395—Further Amending Executive Order No. 10713, Providing for Administration of the Ryukyu Islands, January 31, 1968, http：//www. presidency. ucsb. edu/ ws/index. php? pid = 106208.

③ Letter from the Under Secretary of State for Political Affairs（Johnson）to the Ambassador to Japan （Reischauer）, Washington, April 12, 1964, FRUS, 1964 – 1968, Vol. 29, Part 2, Japan, pp. 10 – 12.

④ The Future of Japan Secret, Minutes, May 11, 1964, Japan and the U. S. , 1960 – 1976, JU00321, http：//nsarchive. Chadwyck. com/quick/displayMultiItem. do? Multi = yes&ResultsID = 12E3F1b0F59&queryType = quick&queryName = cat&ItemNumber = 46.

⑤ Message to the 28th Session of the Legislature of the Government of the Ryukyu, 1 February 1965.

⑥ Kensei Yoshida, *Democracy Betrayed*：*Okinawa under U. S. Occupation*（Center for East Asian Studies Western Washington, Bellingham, Washington, 2001）, pp. 132 – 135.

⑦ Seigen Miyasato, "USCAR Policies：1964 – 1969", in Chihiro Hosoya, ed. , *Okinawa Reversion*, International Studies Association, 1977, pp. 31 – 33.

同意冲绳连接日本的电视网，① 简化旅行程序。② 这些措施在一定程度上缓解了琉球形势，受到各方好评。③

1966 年 11 月，费迪南德·T. 昂格尔（Ferdinand T. Unger）将军成为第五位高级专员。此时，越战升级，琉球基地成为"另一个战场"，这加剧了当地人可能会被卷进这场战争的恐惧，他们强烈反战，要求"回归"，琉球政治形势变得严峻起来。有鉴于此，陆军部部长和副部长特别指示昂格尔尽快扩大琉球自治权。鉴于当地的形势和根据美国政府的指示，昂格尔认识到其基本的使命是保持亚洲的和平和安全以及提高冲绳人的福利，④ 于是完全接受美国政府调整和修改其权力的决定。⑤ 他在上任后主要采取两方面的举措：一是放松对琉球的司法控制；二是减弱对琉球政府的影响。

总之，沃森和昂格尔都执行了约翰逊政府的琉球政策，符合美国新的远东战略走向，这些举措有效地应对了来自琉球民众的要求"回归"的压力，提高了琉球自治的程度，总体上弱化了美军对琉球的统治。

四　结束统治：美军逐步"返还"琉球施政权

尼克松入主白宫后提出尼克松主义，谋求在全球实现战略收缩。尼克松政府认为，中国不再是其远东最大的安全威胁，苏联是其在全球也是远东地区最主要的敌人；其在远东的首要目标是从越南实现体面的撤

---

① Seigen Miyasato, "USCAR Policies: 1964 – 1969", in Chihiro Hosoya, ed., *Okinawa Reversion*, International Studies Association, 1977, p. 33.

② Kensei Yoshida, *Democracy Betrayed: Okinawa under U. S. Occupation* (Center for East Asian Studies Western Washington, Bellingham, Washington, 2001), p. 142.

③ Memorandum from James C. Thomson, Jr., of the National Security Council Staff to Robert Komer of the National Security Council Staff, October 29, 1964, FRUS, 1964 –1968, Vol. 29, Part 2, Japan, pp. 40 –41.

④ Priscilla Clapp, "Okinawa Reversion: Bureaucratic Interaction in Washington, 1966 – 1969," *International Relations*, No. 2, 1974, pp. 29 –30.

⑤ Frederick Lambert Shiels, *The American Experience in Okinawa: A Case Study for Foreign Policy and Decision-making Theory*, Ph. D Dissertation from Cornell University, 1977, p. 395.

退从而实现在亚洲的战略收缩，实现这一政策的具体手段是建立在地缘政治基础之上的均势政策和伙伴关系；其具体政策是进一步加强美日同盟，缓和与中国的关系。这在某种程度上弱化了琉球基地在尼克松远东安全政策中的地位。

与此同时，琉球的形势也影响着尼克松的琉球政策。1968 年 11 月，琉球左翼屋良朝苗当选为琉球政府主席，这次选举证明了琉球人对日本和琉球保守党"回归"政策的极大不满。日本国内民族主义情绪日渐高涨，琉球问题成为民族主义势力关注的焦点，左翼和右翼在这个问题上联合起来，而且打算借 1970 年《日美安全条约》到期向佐藤政府发起攻击。为了塑造更加积极有效的美日同盟，避免琉球问题成为反对派攻击美日安全条约的焦点，"'归还'冲绳就被定为美国为了重新调整远东政策而强化日美协作关系的中心环节"。[①] 此时，美国已经减轻了对中国的敌意，决定与中国缓和，同时也决定体面结束越南战争。这在一定程度上为美国做出"返还"琉球决定提供了有利条件。综合考虑之下，1969 年 11 月，在美日峰会上，美国决定"返还"琉球施政权。[②]

为落实美国政府的决定，民政府开始采取行动，逐步放弃琉球施政权。尼克松上台后，昂格尔离任，1969 年 1 月，詹姆斯 B. 兰帕特（James B. Lampart）成为最后一位高级专员。兰帕特上任之初就认识到冲绳的"回归"压力。[③] 实际上，他和驻日大使迈耶在尼克松—佐藤峰会之前就已经开始为"返还"做准备了，此外，他也与屋良密切合作。[④] 他认为，美国琉球民政府的主要任务是尽最大的努力保持基地的有效性，在琉球自治方面让步

---

① 〔日〕新崎盛晖：《冲绳现代史》，胡冬竹译，生活·读书·新知三联书店，2010，第 177 页。

② Joint Communique between President Richard Nixon and His Excellency Prime Minister Sato, Unclassified, Press Release, November 21, 1969, Container 8, Chief of Military History/ Historical Division, RG 0319, Army Staff, N. A.

③ Seigen Miyasato, "USCAR Policies: 1964 - 1969", in Chihiro Hosoya, ed., *Okinawa Reversion*, International Studies Association, 1977, p. 35.

④ Nicholas Evan Sarantakes, *Keystone: The American Occupation of Okinawa and U. S. - Japanese Relations* (Texas: Texas A&M University Press, 2000), p. 186.

以避免进一步的麻烦；① 除非与军事基地的安全相关，否则逐渐地尽可能少地干预当地政府。为此，民政府采取以下举措。第一，进一步下放司法权。第二，将发放外来投资许可证的权力转给琉球政府。② 第三，允许日本对琉球政府和基本政治的影响继续增强。③ 1971 年 6 月 17 日，美日签订《日本国与美利坚合众国关于琉球群岛和大东群岛的协定》④，1972 年 5 月 15 日协定生效，美军正式结束了对琉球的统治。

五　结语

与美军其他的海外军事基地相比，统治琉球期间，美军统管琉球军事和民事事务，而且军事事务绝对优先于民事。从美国政府的角度来看，军方在琉球问题上占主导地位，国务院在琉球问题上的地位远远低于军方，随着琉球问题在美日关系中的政治价值上升，国务院的发言权逐渐上升。从琉球岛内的角度来看，琉球当地的最高军事指挥官几乎主导琉球的所有事务，美国政府只负责制定琉球的大政方针。无论是军政府还是民政府，其最高领导都是琉球军事基地的司令，其组成人员也以军人为主，国务院在琉球群岛没有代表，因而无法在岛内直接施加影响，只能在美国政府通过与军方博弈间接影响岛内事务，而国防部和陆军部也不太干涉琉球事务。高级专员体系建立之前，驻琉球美军与美国政府之间没有直接联系，国务院只能在美日关系的大背景下考虑琉球问题。高级专员体系建立之后，美国政府对高级专员的约束非常宽泛，国务院在琉球事务上的发言权也很小。

---

① Seigen Miyasato, "USCAR Policies: 1964 – 1969", in Chihiro Hosoya, ed., *Okinawa Reversion*, International Studies Association, 1977, pp. 35 – 36.

② Kensei Yoshida, *Democracy Betrayed*: *Okinawa under U. S. Occupation* (Center for East Asian Studies Western Washington, Bellingham, Washington, 2001), p. 144.

③ Seigen Miyasato, "USCAR Policies: 1964 – 1969," in Chihiro Hosoya, ed., *Okinawa Reversion*, International Studies Association, 1977, p. 36.

④ 美日新闻界和学术界很多人将该协定简称为《冲绳返还协定》或《冲绳复归协定》，这一说法也影响到中国学术界，国内一些学者被误导，将之称为《冲绳返还协定》。

美国对远东安全形势的认知与琉球基地在其远东安全战略中的地位密切相关，而这两者的变化直接影响到美军对琉球的统治。美国远东政策调整的过程伴随着美国不断平衡美日同盟的有效性和琉球军事基地的有效性。随着日本力量的增强、美国对日本信任的增加、越战渐趋失败，美国不断调整其远东政策，在此过程中，美国越来越重视日本在琉球问题上的立场，因此调整对琉球政策成为必然。沃森及其之后的高级专员逐步放松对琉球的管控就是这种政策调整的产物。

日本的默许也使美军主导琉球事务成为可能。关于琉球基地在美国远东政策中的地位、对远东安全特别是日本安全的重要性，日本与美国的看法相差无几，日本的要求是"返还"琉球施政权，并不是将美军赶出琉球。因此，二战后，日本坚持的安保政策是，尽量把基地塞给琉球，以避免日美安保问题成为日本本土的政治焦点。这种一致性的认识使美国能够统治琉球近30年。20世纪60年代末70年代初，美军放弃对琉球的统治成为美日关系中体现平等的重要因素，这将决定美日同盟是否能够存续。美日都希望通过谈判解决琉球问题，从而延续、巩固美日同盟。美国打算推动日本分担美国在远东的义务，在经济上甚至也许以后在军事上承担更多责任；日本的目标是借美日同盟实现其大国志向。基于这些考虑，美国愿意逐步放松对琉球的控制，并最终放弃对琉球的占领，日本则尽最大努力在占领结束后给予驻琉球美军更多军事自由，并在其他方面向美国做出一定让步。

总体而言，美军对琉球的统治经历了确立、稳固、弱化和结束四个阶段。美军统治琉球的问题，涉及美国、日本和琉球三者之间的关系协调；国际形势变化特别是远东形势变化是影响美国对琉球价值判断的主要因素，而美国政府对琉球军事价值和政治价值的判断又直接影响美军对琉球统治的调整。可以说，美军统治琉球的变化是美日之间、美军与琉球之间以及美国军政各界间博弈的结果，总体上深受美国远东政策的影响。

（原载《军事历史研究》2019年第4期，有删减）

图书在版编目（CIP）数据

日本研究文选：上下册：1981~2020/杨伯江主
编．--北京：社会科学文献出版社，2021.5
ISBN 978-7-5201-8275-1

Ⅰ.①日… Ⅱ.①杨… Ⅲ.①日本-研究-文集
Ⅳ.①D731.3-53

中国版本图书馆 CIP 数据核字（2021）第 073170 号

日本研究文选（1981~2020）（全2册）

主　　编／杨伯江
副 主 编／王晓峰　吕耀东　张季风

出 版 人／王利民
责任编辑／王晓卿

出　　版／社会科学文献出版社·当代世界出版分社（010）59367004
　　　　　　地址：北京市北三环中路甲29号院华龙大厦　邮编：100029
　　　　　　网址：www.ssap.com.cn
发　　行／市场营销中心（010）59367081　59367083
印　　装／三河市东方印刷有限公司

规　　格／开本：787mm×1092mm　1/16
　　　　　　印张：53.25　字数：801千字
版　　次／2021年5月第1版　2021年5月第1次印刷
书　　号／ISBN 978-7-5201-8275-1
定　　价／288.00元（全2册）